財經企管 CB515A

驅動大未來

牽動全球變遷的六個革命性巨變

The
Future

Six Drivers of Global Change

AL
GORE

高 爾 ___ 著

齊若蘭 ___ 譯

政治家的卓越遠見

蕭萬長

中華民國第十二任副總統

美國前副總統高爾在卸下公職之後，致力於探討人類的未來，不斷提出誠懇的建言，顯現了政治家思維的深度，對國際社會似乎更具影響力！2006 年，他參與《不願面對的真相》紀錄片，提出地球環境遭到人類破壞的實況，得到廣大的迴響，也因此獲得諾貝爾和平獎的殊榮；2013 年，他又發表了更具前瞻性的巨著《驅動大未來》（*The Future*），從文化、科技、政治、經濟各個層面，探討人類面臨的重大變局及挑戰，實在值得全球有識之士，以及一般大眾深入拜讀。

早在 1993 年，在網路科技還未被大眾理解使用之時，美國政府就實施了重要的政策——「國家資訊基礎建設」，讓美國資訊科技發展得到相當大的支持，推動了資訊產業，提升了全民的資訊科技普及率，創造新的經濟發展，高爾功不可沒，因為他就是這項政策的負責人。

在環保議題上，高爾更與國會議員奮戰多年，終於得以讓柯林頓總統在 1998 年，代表美國簽署〈京都議定書〉；在哈佛大學攻讀政治學的高爾，二十八歲即踏入政壇，對美國民主政治所面臨的難題知之甚詳。高爾對科技、環保、政治、經濟上數十年的實務參與，這樣獨特的歷練，以及親身與尖端研究的優秀學者間的討論，讓他對於人類未來的思考，特別具有真知灼見，實在是全球政策制定者的典範。

《驅動大未來》一書近三十萬字，從經濟的全球化、資訊科技的超速發展、全球政治軍事權力的新變化、人類大量且快速的消耗資源、生物科技帶來物種的新問題，以及人類文明與地球環境如何永續等影響人類未來的六大驅動力，深度而全面的讓讀者認識我們當下的處境，以及未來的危機。種種訊息皆有數據及研究支撐，並非危言聳聽，然而，卻如當頭棒喝，讓我們體認到現在不做改變，人類的未來將遭逢前所未有的挑戰。

本書最觸動我的是，高爾在書中充滿使命感的反省：「21 世紀初，曾經有個世代承接了先人遺留下來的繁華盛世，以及地球從未擁有的先進科技，他們卻背棄了未來。他們只為自己著想，忙著享受他們所承接的豐饒富庶，卻毫不關心未來。後代子孫會原諒我們嗎？還是在奄奄一息時，不停詛咒我們？」

這是高爾卸下美國副總統職務後，為人類及地球的未來寫書奔走的積極動力。他挺身而出，號召全球各界，面對挑戰，扛起為後代子孫捍衛未來的責任。

正如高爾所言，我們最需要的其實是改變思考方式！台灣不能自外於國際，在這個全球未來的議題上，我也誠懇呼籲大家閱讀此書，深度去看問題，並以具體行動，為我們及全人類盡一分心力，共同打造充滿希望的未來。

蕭萬長

穿透時空，洞視未來
——高爾之「識」，果然不凡！

曾志朗

中央研究院院士、台灣聯合大學系統系統校長

　　兩年前，我應邀在教育部舉辦的全國大專院校校長會議中演講，談的是我們培養出來新世代的大學生，應該具備什麼樣的學識和眼光，才能覺識到世界的變化？才能有自發性的終身學習，強化自己的知識？才能對國際事務（包括政治體系、宗教信仰、文化異同，以及人道關懷）的發展，有好的見識？更重要的是，才能有膽識，有信心到世界各地去創業和豐富自己的生命力？最後，還能有足夠的常識，判斷周遭的人情世故？這其中最重要的概念，就是個「識」字，也就是要培養個人的洞視力，穿透時空——了解歷史（過去），知道當前的社會動態（現在），並對未來有一些較實務的期待。

　　在演講中，我從社會演化的觀點，提出了下列的幾項觀察。這些簡要的敘述，凸顯了當今社會在科技快速進展的衝擊下，正經歷本質上的蛻變，而這些變動對我們的下一代，絕對會產生生命上的全面影響（包括食、衣、住、行、育、樂、就業、創業、生活的幸福感等）。這些因工具和思維形態的提升而產生變化的有：

1. 從自我的局限轉變為知識視野的急遽擴展。

2. 網路無遠弗屆，訊息和能量成為社會脈動的核心。

3. 全球化和高層次的系統化的結果，不在系統內的社會就被邊緣化了。

4. 科學家逐漸掌握生命（包括物理世界和動植物及人類）起始和滅絕的關鍵。在此之際，發展共榮及行義的忠恕之道是全球新知識體系必須建立的文化。

5. 知識擴張的自發性動能已然形成，而且無所不在，結果是危機和機會並存；M型的智慧落差，在弗林效應（Flynn effect）下，正加速擴大。

6. 知識經濟社會的形成，貧富差距因科技市場的特性（如贏者通吃）瞬間引爆，造成富者愈富、貧者愈貧的現象。

7. 經濟金融的重鎮由歐美轉向亞洲，更往非洲、拉丁美洲移動。此時，超越過往鬆散紛亂的民族概念架構，轉化成包容特色且凝聚整體的世界觀，極為重要。尊重大不同就是大同，也才是由危機轉成契機的主軸。

這幾年來，我不停的根據這些觀察，思索這些變化的成因、它們發展的速度和所影響的層面，深深體會到以系統化去理解這些變化本質的重要性。高爾的書，來的正是時候。打開第一頁，我就愛不釋手，一頁又一頁的精讀，由前言到結語，經歷中間每一章節所談的六個未來世界的驅動力，例如地球公司的聚合和轉型、網路聯結造成的全球心智網絡、經濟和金融的流動由西方轉向東方，人口膨脹威脅自然資源的極限、躍進的奈米材料與3D印刷術改變了產業生態鏈，以及大氣變遷所帶動的環保與永續發展的新文明系統，都顯示了高爾的洞視力確實不同凡響。他寫的未來，其實就是這六個驅動力互相碰撞之後，必然湧現的新世界。

這是一本務實，也充滿了智慧的著作。高爾從國家行政者和大企業經營者的經驗，看未來全球化的社會運作。我前面所提出的現象，他也都看到了，而且描繪得更淋漓盡致，對發展的歷程和可能發生的影響也分析得更為高明。我讀了兩遍仍意猶未盡，第三次閱讀時，速度快了，體會也更深。但放下書稿，心裡浮起的卻是濃濃的憂慮，我們下一代的學生們，對這些已在湧現的未來世界，有足夠的想像力嗎？

我要鄭重推薦這本高爾的新作，因為它實在很棒！書中所舉的實例，都才發生不久，高爾的分析讓讀者有如身歷其境，對事件的來龍去脈終於有更透澈的了解！我很希望更多的學生讀到這本書，因為他們未來的命運，也許將因了解高爾所點出的六大驅動力而有所改進。

獻給我的母親
紀念她的一百歲冥誕：
寶琳·楠鳳·高爾（Pauline Lafon Gore）
1912.10.6 – 2004.12.15
她賦予我未來
賦予我持續的好奇心去探索未來
更賦予我責任感去改造未來

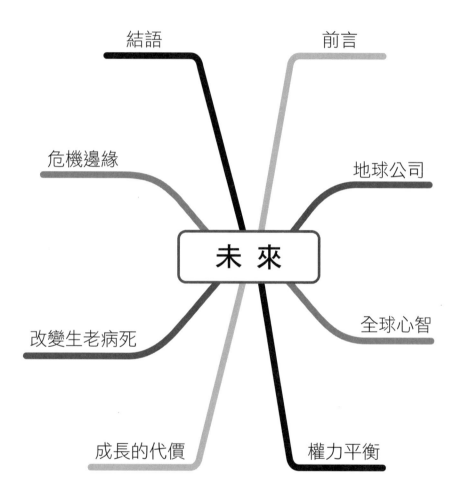

驅動大未來
目錄

序	政治家的卓越遠見	蕭萬長	002
序	穿透時空，洞視未來	曾志朗	004
前言			013
第 1 章	地球公司		036
第 2 章	全球心智		080
第 3 章	權力平衡		134
第 4 章	成長的代價		188
第 5 章	改變生老病死		258
第 6 章	危機邊緣		344
結語			433
謝詞			449
參考資料			453
附注			460

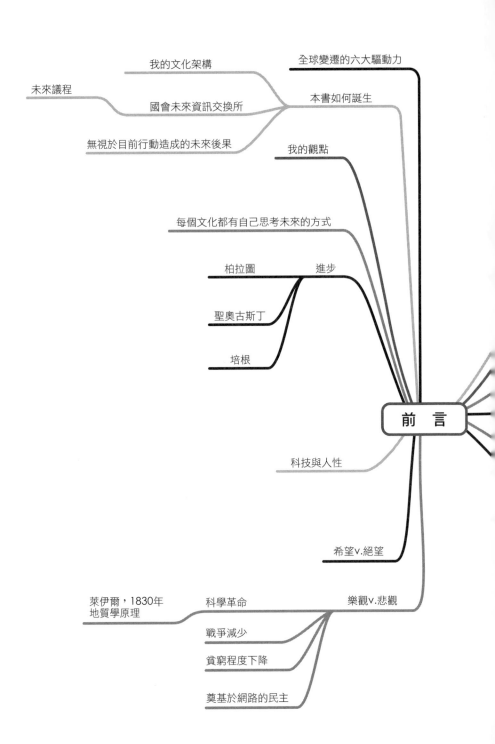

未來議程

我的文化架構

國會未來資訊交換所

無視於目前行動造成的未來後果

全球變遷的六大驅動力

本書如何誕生

我的觀點

每個文化都有自己思考未來的方式

柏拉圖　　　進步

聖奧古斯丁

培根

科技與人性

前　言

希望v.絕望

萊伊爾，1830年
地質學原理

科學革命

戰爭減少

貧窮程度下降

奠基於網路的民主

樂觀v.悲觀

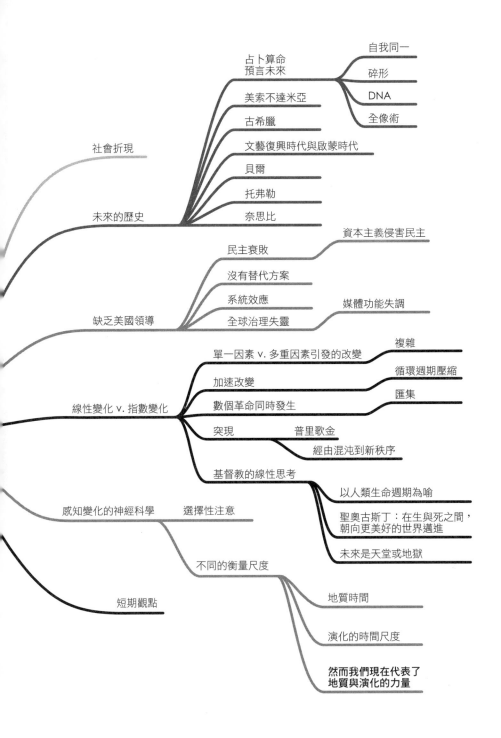

占卜算命
預言未來

自我同一

碎形

DNA

全像術

美索不達米亞

古希臘

文藝復興時代與啟蒙時代

貝爾

托弗勒

奈思比

社會折現

未來的歷史

資本主義侵害民主

民主衰敗

沒有替代方案

系統效應

全球治理失靈

媒體功能失調

缺乏美國領導

單一因素 v. 多重因素引發的改變

複雜

循環週期壓縮

匯集

加速改變

數個革命同時發生

線性變化 v. 指數變化

突現

普里歌金

經由混沌到新秩序

基督教的線性思考

以人類生命週期為喻

聖奧古斯丁：在生與死之間，
朝向更美好的世界邁進

感知變化的神經科學

選擇性注意

未來是天堂或地獄

不同的衡量尺度

地質時間

演化的時間尺度

短期觀點

**然而我們現在代表了
地質與演化的力量**

前言

　　本書正如許多充實豐富的旅程，並非始於答案，而是從問題開始。八年前一次旅途中，有人問我：「全球變遷背後的驅動力是什麼？」我列出幾項常見的可能因素，然後就把它拋到腦後。但第二天早上，在搭機返家的漫長旅程中，這個問題一直縈繞不去，要求我更精準而正確地提出答案——不是先入為主的教條式答案，而是正在突現的新世界中，逐漸湧現的各種證據引領我找出解答。結果我發現這個問題擁有自己的未來。我開始在電腦上列出大綱，花幾個小時寫下標題和副標，接著更改各個標題的順序和相對重要性，把標題從這個類別移到那個類別，然後一讀再讀，同時把愈來愈多的細節加進去。

　　接下來幾年，我花很多時間提升大家對氣候變遷的警覺，並轉往商界發展，但仍然繼續一讀再讀這張清單，修改內容，釐清大綱。兩年前，我終於確定，我已經被這個問題迷住了，假如不深入探究，設法完整回答問題，絕對無法善罷甘休。

結果就出現了這本書。本書是探討全球變遷的六個驅動力，包括這六股力量如何彼此匯聚，又如何交互作用，這些力量會把我們帶往何方，以及人類及全球文明如何影響這些變化發展的方向。為了重新掌控自己的命運，塑造我們的未來，我們一定要有新思維，明智思考在這些趨勢下，我們必須面對哪些關鍵抉擇：

- 相互依存、緊密連結的全球經濟興起，愈來愈充分融合為完整的實體，與資本流動、勞動力、消費市場和各國政府之間，產生與過去截然不同的關係；

- 全球電子通訊網格串連起數十億人的思維和感覺，並讓他們連結快速擴張的龐大資料；連結嵌入式感應器，這類感應器急遽成長，幾乎遍布全世界、無所不在；以及連結到愈來愈聰明的智慧型裝置、機器人和思考機器，其中最聰明的機器在愈來愈多的心智功能上，能力已超越人類，未來可能很快展現出我們以為人類才獨有的智慧；

- 全球已出現全新的政治、經濟、軍事力量的平衡態勢，新的權力平衡與 20 世紀下半葉的局面截然不同（當時美國扮演全球領導的角色，穩定世界局勢），而今影響力和主導權已經由西方轉移到東方，從富國轉移到世界各地快速崛起的新興權力中樞，從民族國家轉移到私人企業，從政治體系轉移到市場力量的手中。

- 以不永續的方式高速成長——人口成長、城市擴張、資源大量消耗、表土損耗、水資源供應枯竭、生物瀕危、環境汙染，並以舉世通用的荒謬歪曲指標來衡量和引導經濟產出，因而慣常做出各種自欺欺人的選擇，並對其帶來的毀滅性後果，完全視而不見；

- 人類研發出各種革命性且威力強大的新生物學，以及生化、基因和材料科技，我們因此能重新組合所有固態物質的分子結構，改變生命原本的設計，包括動植物和人類的外表形貌、遺傳特性和各種特質，積極掌控演化過程，跨越區分物種的古老界線，發明自然界從未出現過的新物種；

- 人類文明的集體力量與地球生態系統（包括要維持人類繁榮所必須仰賴的大氣與氣候的平衡）湧現全新的關係，以及我們的能源、工業、農業和建築技術都必須展開大規模的全球轉型，才能重新在人類文明與未來之間，建立起健康而和諧的關係。

本書是以深入的研究和報導為基礎，以數據為依據——而不是單憑推測或一味危言聳聽，也不是過於天真的樂觀、不切實際的猜測。本書代表了多年來努力調查、解析資料的成果，呈現出目前所能找到的最佳證據，以及全球首屈一指的專家對於我們正在創造的未來所提出的看法。

今天大家都有一個清楚共識：我們即將面對的未來和我們過去所知的一切都截然不同；不是程度上的差別，而是本質上完全不同。歷史上沒有任何變遷足以和人類即將經歷的變化相比擬。過去，人類也曾面對巨變的時代，但沒有任何變動如此有威力，也不曾同時醞釀著機會與危險這對異卵雙胞胎。這麼多革命性巨變在同一段時間分別開展又逐漸合流，也是前所未見的情況。

本書的重點不是探討氣候危機，雖然氣候危機也是其中一個正在塑造未來世界的變動力量，而且我從氣候危機與其他五個驅動力之間的交互影響，找到理解變動的新方式。本書的重點也不是在探討美國民主制度衰敗的趨勢，以及全球治理機制失靈的問題——雖然我仍然認為，人類如果想要重新掌控自己的命運，勢必要解決當前的領導危機。的確，在全球領導出現危險真空的歷史關鍵時刻，這六個革命性巨變帶給我們莫大的威脅。

本書也並非是預先為未來政治競選活動奠定基礎的宣言。我競選公職的次數已經夠多了。每當有人問我，是否終於打消了再度投入選戰的念頭時，我通常都用一個笑話來轉移問題的方向，這個笑話最能說明我對政治的態度：我正從政治病康復中，隨時間流逝，舊病復發的機率日益消減，而且時間一久，我愈來愈有信心，不會再屈從於這類誘惑。不過，在最後的結論中，各位仍會看到我根據本書的分析，所建議採取的行動方案。

新的自然法則

1976 年，我成為美國眾議院的年輕新成員，並加入由北卡羅萊納州眾議員羅斯（Charlie Rose）所創立，由參眾兩院議員合組的跨黨派團體「國會未來資訊交換所」*。我在眾議院的第二個任期，羅斯要我接下他的棒子，擔任國會未來資訊交換所的主席。我們籌辦各種研討會，探討新科技的意涵，並與企業界及科學界領導人會面討論。我們還說服美國國會全部的 200 個小組委員會一起發表報告，列出預期未來二十年將出現的最重要議題，集結出版《未來議程》（The Future Agenda）一書。最重要的是，我們研究新興趨勢，並經常與關注未來議題的思想家會面研討，包括貝爾（D. Bell）、米德（M. Mead）、富勒（B. Fuller）、薩根

（C. Sagan）、托弗勒（A. Toffler）、奈思比（J. Naisbitt）、潘佳斯
（A. Penzias）以及其他數百位專家。

來訪的學者中，我印象最深刻的是一位身材短小、頭髮漸疏
的科學家——普里歌金（Ilya Prigogine）。普里歌金在 1917 年俄國
大革命爆發前幾個月出生於俄羅斯，但後來在比利時受教育，我
們會面當時甫因發現熱力學第二定律的重要推論，而獲得諾貝爾
化學獎。

根據熱力學第二定律，「熵」是使所有無法與外界接觸的封
閉物理系統，在一段時間後崩壞解體的原因，也同樣因為熵，大
自然才具有「無法逆轉」的特性。舉個簡單的例子，不妨想像一
下煙圈的情況：一開始，煙圈像甜甜圈般，有明顯清晰的邊緣。
但隨著圓圈上的分子慢慢分開，能量在空氣中消散，煙圈會逐漸
崩解，消失不見。所有類似的封閉系統都有相同的分解過程；分
別只在於速度快慢而已：熵在某些系統運作得比較快，在其他情
況下運作得比較慢。

普里歌金發現，開放系統的情況又大不相同。開放系統的
特色是會從外界輸入能量，能量流經這系統，然後又回到系統之
外。普里歌金又發現，開放系統不單會崩解，而且當能量持續流
動時，系統會重新自我組織，達到更高層次的複雜性。從某個角
度來說，普里歌金描述的現象跟熵恰好相反。這種自我組織的改
變過程，也是自然界的一種定律，是十分令人震驚的現象，現象
背後的意義是，透過自我組織的過程，有可能自然湧現一種新的
複雜型態。

想想看，在網際網路和全球資訊網出現後，全世界激增了多

＊ 「國會未來資訊交換所」（Congressional Clearinghouse on the Future）有一個非常能幹的執行
長，齊泰姆（Anne Cheatham）。

少資訊流量。舊資訊型態的各個重要元素開始一一崩解。許多報社宣告破產,而還在發行的報紙,讀者人數大都急遽減少,書店紛紛整併和關門。許多商業模式都變得落伍了。但是從中突現的新型態,也觸發數以千計的新商業模式開始自我組織,網路上冒出大量的線上資訊,令傳統紙媒的資訊量相形見絀。

從整體來看,地球本身也是一個開放系統。地球從太陽獲得能量,能量進入地球,流經構成地球體系的能量轉換模式(包括海洋、大氣、地質化學過程及生命本身),然後以紅外線輻射的熱能形式,從地球返回周遭宇宙中。

突然湧現的全球暖化危機的本質在於,我們從地殼輸入太多能量,並輸出熵(也就是愈來愈嚴重的失序)到過去一直十分穩定(雖然很有活力)的生態系統中,而人類文明的持續發展乃深深仰賴這個生態系統。而這些新的能源流量,古早之前就已從太陽輸入地球,只是數百萬年來一直穩定封存於地下的惰性碳儲量中。

當我們重新動員這些長期儲存的能源,並且將燃燒後的廢棄物排放到大氣層中,我們就打破了從上個冰河期結束後(一萬年前),持續至今的穩定氣候型態。冰河期結束後不久,最早的城市誕生,農業革命啟動。8,000 年前,石器時代的人類辛苦採集和選擇性培育各式各樣植物品種(現代人的飲食依然十分仰賴這些品種),自此農業開始普及於尼羅河、底格里斯河、幼發拉底河、印度河、黃河等流域。在這個過程中,新的氣候模式逐漸湧現,而且與過去孕育人類文明的舊氣候模式非常不一樣。

普里歌金發現的新自然定律看似神祕難解,卻對我們思考未來的方式深具啟發。「emergence」(突現或湧現)這個英文字在現代科學界的獨特意涵，以及複雜理論的整個知識領域，都源自普里歌金的研究。他之所以探索突現現象，是因為他渴望了解未來為何以不可逆轉的方式不同於過去。他寫道：「由於我對於時間的概念深感興趣，自然而然，我會把注意力放在……研究無法逆轉的現象上，這個現象如此清楚展現了『時間之箭』（arrow of time）的概念。」

關於未來的歷史

人類如何思考未來，其實也有一段過去。縱觀人類文明史，每一種文化都有其對未來的概念。澳洲未來學家米洛耶維克（Ivana Milojević）指出：「雖然舉世皆有時間和未來的觀念，但不同的社會卻有不同的理解方式。」有的社會認為時間是循環的，過去、現在與未來，都屬於同一個反覆出現的循環。有的社會則認為唯一重要的未來是來生。

人們往往因為對現況的強烈失望而對未來出現信心危機。但大多數人從人生經驗和長輩的教誨中學到的是，我們根據過去累積的知識，在今天採取的行動，將塑造更美好的未來。

人類學家提出的證據是，早在5萬年前人類就試圖借助先知或神媒預知未來。有的人從生命呈現的種種模式來解讀，例如從祭神牲禮的臟腑中尋找蛛絲馬跡、靠解析魚群動態或地球上出現的各種符號標記或其他跡象，試圖預測未來；還有一些人藉由看手相或用塔羅牌來算命。以上種種嘗試隱含的假設是，所有的現實都是由過去、現在和未來交織而成，我們可以藉由整體的某個特定部分來洞悉整體設計的含意，並將之應用在整體的其他部分，以解讀即將開展的未來。

醫生和科學家如今從細胞的 DNA 模式中，尋找預知個人未來的線索。數學家透過觀察圖形在每個更微細層次所呈現的「自我同一」（self-sameness）型態，而看清碎形方程式以及從中衍生的幾何圖形的本質。當我們將全像式影像投影在氣體上，裡面的每個分子中都包含小小的完整全像式影像。

根據歷史學家的說法，古巴比倫占星家會使用雙時鐘：一個時鐘用來測量人類活動的時間尺度，另一個用來追蹤他們認為會影響地球動態的天體運行。我們在預測未來時，也必須注意兩個時鐘：一個時鐘衡量時刻與日夜，另一個時鐘則以百年和千年的尺度，衡量我們對地球生態系統的破壞。

即使今天有許多科學研究團隊與時間賽跑，競相發布基因科技的新發現，而且這些突破或許在未來能治癒某些疾病，或為價值數十億美元的產品奠定基礎，但我們必須參考另外一個衡量演化時程的時鐘──因為從生命科學革命爆發後突現的新能力，正促使人類成為推動演化的主要媒介。

由於地球上 70 億人透過新科技行使的新力量，加上我們貪婪的消費型態和過度經濟發展，科學家告訴我們，我們所引發的某些生態變化，在超乎人類想像的長時間後仍將持續顯現。我們每天都排放 9 千萬噸地球暖化汙染物質到大氣中，其中有將近四分之一在一萬年後仍會留存在大氣中，並繼續阻礙熱能散發。

結果，為了調和「現況」（實然）與「應然」的差距，我們正面對存在的難題。雖然我們很難根據地質時間來設想一切，但我們卻形成一股影響地球動態的力量；雖然我們難以想像演化的時程，我們卻成為演化背後的主要驅動力。

有些人長久以來一直認為，人類歷史是隨時代演進而不斷進步的觀念，乃源自啟蒙時代，其實不然。古希臘時代哲學蓬勃發展，象徵人類當時已開始思考未來，並記錄下他們對未來的思索。西元前 4 世紀，柏拉圖將進步形容為「一種持續的過程，能改善人類處境，從最初的自然狀態到愈來愈高層次的文化、經濟組織和政治結構，並邁向理想狀態。當社會變得愈來愈複雜，需要透過科學和藝術的發展擴展知識時，就會產生進步。」

西元 4 世紀時，喜歡引用柏拉圖思想的聖奧古斯丁（St. Augustine）寫道：「通過神的子民所象徵的整體人類教育，如同個人教育般，經過不同時期與年代的推進，可能會逐漸從俗世的事物提升到上天的層次，從有形進入無形的境界。」

進步也不全然是西方的發明。在許多人的詮釋中，古中國的「道」，在人們於世間奮力前行時，為希望有所進步的人們指點迷津——雖然東方與西方對進步的概念非常不一樣。11 世紀的伊斯蘭哲學家加扎里（Muhammad al-Ghazali）曾寫道，伊斯蘭的教誨是「真誠努力地邁向進步與發展，是一種宗教崇拜的行為，也會受到獎勵。成果必然嚴謹且完美，是真正的科學進步，因此也是平衡完整的發展所獲致的實質成就。」

文藝復興時代剛開始時，由於重新發現古希臘哲學中的亞里士多德派的思想〔一直以阿拉伯文的形式保存於亞歷山卓，並在安達魯斯王國（Al-Andalus）時期重新引進歐洲〕，人們重新燃起對於古希臘羅馬物理學及哲學的興趣。文藝復興時代在古希臘羅馬文化遺產滋養下孕育的夢想，終於在啟蒙時代開花結果，當時形成強烈共識，認為世俗社會的進步是人類歷史發展的主要型態。

哥白尼、伽利略、笛卡兒、牛頓，以及其他科學革命推動者的發現帶來的信念是，無論上帝扮演何種角色或有何規畫，知識的增長都會促進人類社會的進步。培根比其他人更重視以「進步」來描繪人類邁向未來的旅程，也率先在探討人類進步時，格外強調其壓倒、支配和控制的本質，彷彿人與自然乃是分隔對立的，就如同笛卡兒的「身心二元論」將肉體的世界與心靈的世界分隔開來那樣。

數百年後，人類社會仍需要矯正這類錯誤的哲學概念。如果我們假定人類隔絕於地球上的生態系統之外，那麼當我們看到種種現象顯示，人與大自然之間有密不可分的關係時，往往大吃一驚。隨著人類文明的力量日益壯大，這類意外發現愈來愈令人不快。

今天的科學方法依然深受化約主義所影響——也就是把研究對象不斷分割成更小的單位來分析。我們把緊密相連的複雜現象及過程分割開來，發展出不同的特殊專業。但當我們把注意力的焦點放在整體中愈來愈狹小的片段時，往往疏忽了整體，看不清全貌，以致於當環環相扣的各種流程與網路交互作用後，意外湧現前所未見的新現象時，我們往往忽略了它的重要性。這是為什麼採取線性推演方式預測未來，經常會得到錯誤的結果。

新眼光看過去與未來

無論是發明新工具、培養新洞見，或發現新大陸，都會帶來理解世界的新方法，讓我們更樂觀看待未來。17 世紀，微生物學之父雷文霍克（Antonie van Leeuwenhoek）改良顯微鏡鏡片（顯微鏡則是在 16 世紀由荷蘭人發明），並透過顯微鏡觀察而發現活細胞和細菌。在此同時，由於當時對光學的新理解，他在荷蘭台夫特（Delft）的好友維梅爾（Johannes Vermeer）得以利用暗箱技術，革新了肖像繪畫技巧（大多數藝術史專家都同意這點）。

隨著科學革命加速推進，工業革命方興未艾，進步的觀念塑造了當時盛行的未來觀。美國第三任總統傑佛遜在過世前幾年，曾以文字敘述他一生中目睹的進步，「沒有人知道何時會停下進步的腳步。但同時，隨著社會的穩定改善，野蠻行為逐漸減少，而且我相信，終將在地球上消失。」

傑佛遜逝世後四年，萊伊爾（Charles Lyell）的名著《地質學原理》（*Principles of Geology*）於 1830 年問世，改變了長久以來人類對時間的看法。尤其在猶太教與基督教的世界裡，大多數人都以為地球只有數千年歷史，而且人類在地球誕生不久後，就被創造出來。但萊伊爾充分證明了地球的歷史不止幾千年而已，地球至少已存在了幾百萬年（我們現在知道是四十五億年）。萊伊爾在重新塑造過去的同時，也重新塑造了人類對未來的看法，並且為達爾文的演化論提供了時間脈絡。的確，當年小獵犬號載著年輕的達爾文遨遊四海時，他還隨身攜帶著萊伊爾的著作。

萊伊爾揭露了過去難以想像的人類漫長歷史——鼓舞許多人開始夢想著人類的進步能達到無限高度的遙遠未來。在萊伊爾之後的世代，在凡爾納（Jules Verne）想像的未來中，火箭會登陸月球，潛艇深入海底，人類會到地心旅行。

對許多人而言，19 世紀蓬勃的樂觀氣氛因為第二次工業革命缺乏節制而受到抑制。但是在 20 世紀最初十年誕生的政治運動，又重振樂觀精神，當時的信念是：人類的進步需仰賴政府的政策干預和社會改革，以改善工業化帶來的問題，並整合其明顯效益。由於科技革命實現了凡爾納和後繼者想像的一部分未來願景，樂觀主義獲得更多動能。

　　但 20 世紀接下來數十年，卻爆發了兩次世界大戰，右翼和左翼的極權主義獨裁者為了滿足自己扭曲的進步觀念，不惜殺害數百萬人——我們對未來的看法開始改變。納粹德國的「千年帝國」（Thousand Year Reich）大夢、猶太人大屠殺，以及史達林、毛澤東等人殘酷暴行帶來的夢魘，都象徵人類的邪惡潛能，這是人格扭曲卻掌握過多權力的人，不擇手段強勢主導，意圖使有關人類未來的宏偉設計符合他們自己的願景。

　　第二次世界大戰後，許多人對於戰時集權主義政府運用神奇的新傳播科技（收音機和影片），居然能說服數百萬人壓抑本能、屈從於邪惡設計的驚恐猶未消散，再加上原子彈的「達摩克利斯之劍」*帶來的深沉情緒和精神衝擊，核武競賽的陰影籠罩人類文明，重新喚起人們的疑慮，認為新發明或許是雙面刃。社會大眾心中普遍不安，擔心威力強大的科技不管能帶來多大的好處，也可能會誘發人們內在的傲慢，導致大家對於進步是否真能扮演可靠的指路明燈，更加缺乏信心。

　　後來，赫胥黎、歐威爾、威爾斯預言的未來，取代了凡爾納的預言。在賣座電影中，因核子試爆而驚醒的遠古猛獸，或因人類基因工程技術失敗而改造出來的危險生物，還有來自遙遠的未來或遠方星球的邪惡機器人，似乎都一心一意想要摧毀人類的未來。

　　於是許多人開始納悶：我們是誰？亞里士多德曾寫道：事物的最終狀態定義了事物的本質。如果我們不得不思考人類文明可能在我們手中終結的可能性，那麼這樣的思考必然會影響我們如何回答以下問題：人類物種的本質為何？有一位科學家曾經重新架構這個問題：結合了相對的拇指與大腦新皮層，就能成為地球上可持續發展的生命形式嗎？

我們一方面自然而然傾向樂觀看待未來，另一方面又憂心忡忡，認為其實所有的一切都不妙，如果放任未來自由發展，可能會威脅到我們最珍視的人類價值，兩者之間很難調和。換句話說，未來已經為現在投下陰影。一味表示：「我是樂觀主義者！」也許能安撫人心，卻無濟於事。樂觀其實是一種祈禱的形式。在我看來，祈禱中蘊含了真正的精神力量。然而我也很相信古老的非洲諺語：「禱告的時候，也要邁開腳步。」一味禱告而缺乏行動，就好像一味樂觀卻缺乏投入與承諾一樣，只是消極地邁向未來。

然而即使是那些了解我們面對的種種危險，也承諾要採取行動的人，也經常充滿無力感。比方說，就氣候問題而言，他們改變自己的行為與習慣，降低對環境的衝擊，積極發聲和參與投票，卻仍然覺得自己的影響極有限，因為我們為了促進人類進步而建造的全球機器，它的強大動量似乎完全不聽人類指揮。我們應該在何處拉下槓桿，按下按鈕？有沒有任何操縱機制？我們的雙手有足夠的力量來進行操控嗎？

歌德在創作《浮士德》之前的十多年，寫下他的著名詩作《魔法師的學徒》，描述魔法師的年輕學徒趁老師不在時，大膽施展老師的魔咒，希望讓掃把活過來，替他打掃屋子。但是咒語一旦生效，掃把有了生命後，就再也停不下來了。驚惶失措的學徒拚命想停止掃把愈來愈瘋狂的舉動，於是他拿了斧頭，把掃把劈

＊譯注：sword of Damocles，比喻隨時可能發生的潛在危機。

成兩半，結果掃把開始自我複製，每半邊掃把又重新變成有生命的新掃把。唯有等魔法師回家後，一切才又重新恢復秩序。

民主的資本主義

有些人早已將未來寄託於市場那看不見的手中，而非人類身上。在他們看來，試圖在民主政治中制定真正有意義的集體決策，以引導全球機器的方向，想法太過天真。在制定有關未來的決策時，愈來愈多的權力已經從政治系統流向市場，威力強大的新科技更擴大了市場的力量，民主社會的自我治理功能已經日益萎縮。

靠肆無忌憚操作全球機器而積聚龐大財富的人，事實上很高興看到這樣的結果。的確，他們之中有許多人早已利用自己的財富，大力宣揚民主自治無用的觀念，或即使民主發揮效用，也會危險地干擾市場和科技決定論。資本主義與代議式民主制度結盟形成的意識型態共治，曾經擴大了自由、和平與繁榮的可能性，如今卻因為過度集中的財富從市場領域侵入了民主範疇，而分崩離析。

雖然在蒐集、處理和利用大量流通的資訊來分配資源和平衡供需時，市場的力量可說無以倫比，但市場資訊的特性是，它完全沒有任何看法、特質、個性、感覺、關愛或信仰，而只是一堆數字罷了。另一方面，當民主在健全的型態下運作時，擁有不同觀點、傾向和人生經驗的人會經由互動，產生智慧和創意，以及對未來的夢想和希望。但由於我們經常容忍某些人運用財富來扭曲、貶低和腐化民主程序，面對人類文明前所未見、最具破壞性且混亂的巨變，不啻自我剝奪了利用「最後的最佳希望」，為人類找到永續發展的道路的機會。

在美國，許多人為民主自治的萎縮而歡呼，很高興我們不再試圖經過民主決策來掌控自己的命運。有的人半開玩笑地建議，政府應該縮小權力，直到「淹死在浴缸中」。他們徵募政客來癱瘓政府效能，不讓政府為全球機器之外的任何利益服務，同時也在新聞媒體中大肆招募裡應外合的同路人，並雇用說客軍團來阻擋任何符合公共利益、關係到未來的集體決策。他們甚至似乎真心相信，根本沒有「公共利益」這回事。

對提供大部分的選舉經費，供候選人（連任者及挑戰者）花大錢買電視廣告的特殊利益團體而言，美國國會自我組織的新模式顯然符合他們的利益。美國國會不再回應人民最迫切的憂慮。國會議員雖然仍是「民意代表」，但他們之中絕大多數的人，如今只代表捐錢支持他們的個人和企業，而不代表在選區中實際投票給他們的廣大人民。

目前，全世界比過去任何時候都迫切需要美國提供明智、清晰、以價值為基礎的卓越領導，而且顯然也沒有其他替代方案。不幸的是，美國民主政治的衰敗削弱了美國的集體思考能力，導致在重要議題上出現一連串拙劣的政策決定，讓全球社會在需明智快速地因應本書列舉的六大變遷帶來的影響時，陷入群龍無首的局面。要了解並因應這些重大變化，以塑造人類的未來，我們必須重振美國民主制度，否則就必須有新的全球領導力量應運而生。

本書描述的其中一個變動趨勢將帶來最大的希望——連結全球每個國家中大多數思想與情感的數位網路湧現。人類終將重建民主思考與集體決策的健全功能，重新透過共同理性論辯，規畫邁向未來的安全道路。

在試圖改變人類企業與地球生物／生態系統之間的關係時，經過改革且追求永續的資本主義會比其他任何經濟制度，都更適合今天世界的需求。永續的資本主義加上健康的民主決策，將賦予我們拯救未來的力量。所以我們必須想清楚，應該如何修補和改革這兩項重要工具。

這些決策機制的結構，以及我們衡量進步的方式（朝向我們認為重要的目標前進），都對於我們實際開創的未來有深遠影響。當我們選擇「成長」為經濟發展方向時，我們如何定義成長，就變得很重要。如果我們在衡量所謂「進步」的時候，有系統地排除汙染帶來的衝擊，那麼我們就會開始忽略汙染帶來的後果，如此一來，當我們看到許多進步都伴隨大量汙染時，也就不必太過訝異了。

如果我們用以衡量利潤的制度是根植於狹隘的定義──比方說，每季推估每股淨利；或在計算當季失業率時，忽略了放棄找工作的人、漠視被迫大量減薪以保住飯碗的人，以及不考慮只能在漢堡店打工而無法發揮所學，或多年經驗培養的高價值技能完全派不上用場的狀況，那麼我們所見到的只是殘缺的局部，無法代表更廣大的整體。當我們逐漸習慣根據歪曲錯誤的資訊，來做有關未來的重要選擇時，決策的結果可能比較不符預期。

心理學家和神經科學家已經在研究所謂的「選擇性注意」的現象──當人們決心專注於某些特定影像時，他們對眼前其他影像會視而不見。我們不只出於好奇心、偏好及習慣，而選擇性特別關注某些事物，也會受到我們做選擇時仰賴的觀察工具、技術和制度所影響。這些工具暗示某些事物很重要，對其他事物含糊帶過，以致於我們完全忽視它們。換句話說，我們使用的工具也會扭曲了選擇性注意的方向。

比方說，我們稱之為「國內生產毛額」（GDP）的經濟價值衡量方式將某些價值涵蓋在內，但又任意將其他價值排除在外。所以當我們把 GDP 當成觀察經濟活動的透鏡時，我們自然而然會關注 GDP 所衡量的經濟活動，而完全無視於 GDP 不衡量的經濟活動。英國數學家與哲學家懷德海稱這種對衡量指標的執著為「具體性錯置的謬誤」（the fallacy of misplaced concreteness）。

以下的比喻可以說明這個觀點：我們往往把電磁光譜描繪為狹長的水平長方形，分成不同顏色的區塊，代表不同電磁能量的波長──通常左邊是無線電波等非常低頻的波長，然後從微波、紅外線、紫外線、X 光等，一路延伸到最右邊極高頻的伽瑪射線。

靠近光譜中央有個非常狹小的區塊，代表可見光──當然，這是整個光譜中人類肉眼唯一看得到的部分。由於我們大多數人通常只靠眼睛來觀看世界，因此我們自然會對光譜上其他 99.9% 不可見光中包含的資訊視而不見了。

只要為我們的天生視覺輔以工具，讓我們有能力「看到」光譜的其他部分，我們就能蒐集和詮釋更多資訊，對世界有更多了解。在我任職白宮的八年期間，我每星期六天，每天都接受情報單位的簡報，詳細說明影響美國國家安全和重要利益的所有問題，其中固定包含了幾乎以電磁光譜所有部分蒐集到的資訊。結果，這確實能更完整而正確地描繪出錯綜複雜的現實狀況。

最令我驚訝的商業世界現況之一是，大家幾乎都認為今天的市場「缺乏長期目標，追求短期利益」。如果提供工商界領導人和政治領袖的誘因都著眼於極短期的利益，難怪他們為了得到獎勵所做的決策都聚焦於短期目標，完全不顧及長期目標。薪酬制度和獎勵措施都會加強這些偏見，並且懲罰膽敢重視長期永續策略的企業及其執行長。「短期觀點」早已成為商業圈內經常使用的流行語。無論在商業界或政界，短期決策都成為主流。

有些人以「季度資本主義」（quarterly capitalism）來形容以三個月為單位來經營企業的現行做法，而制定預算和策略時，都努力確保每季的每股淨利報告不會偏離預估或不符合市場預期。如果投資人和企業執行長聚焦的「成長」定義，都不考慮企業所在社區的健康福祉、不關心承擔了大部分工作的員工的身心健康狀況、也不在乎企業營運對環境的衝擊，那麼他們就是默默選擇忽視重要事實，有可能因此導致不符合永續原則的實質成長。

同樣的，由於現代政治中（尤其在美國），金錢扮演要角，可能帶來所謂「季度民主政治」的現象。在美國，每隔 90 天，競選連任的現任官員及競逐大位的挑戰者，都必須公開報告他們過去 90 天來籌募到的經費總額。因此每到季末，總會出現目不暇給的募款活動，許多人會接到無數敦促捐款的電郵與電話，每個候選人都希望盡量擴大報告上列舉的募款總額。這種情形就好像當河豚看到另外一隻河豚侵入領域時，會拚命鼓脹身子，讓自己看起來大一點。

人類經由演化而承襲的遺傳特性，令我們特別受激發短期思考的誘因吸引。雖然我們也具備長期思考的能力，但當然需要靠格外的努力才辦得到。神經科學家告訴我們，我們聚焦長期的過程很容易受到注意力分散、壓力和恐懼所干擾。由於民選官員在持續的系統性壓力下，必須關注短期目標，長遠的未來自然備受輕忽。

　　在快速變化的時期，這樣的情況尤其危險。目前正在發展的某些趨勢，在過去的觀察中已留下完整紀錄，我們可以頗準確地預估趨勢的未來演變，並達到很高的信心水準。就以大家最熟悉的電腦晶片為例，由於大家已經非常了解電腦晶片的進步速度，因此對於電腦晶片未來仍將快速進步的預測，會覺得十分合理。

　　同樣的，大家都充分理解 DNA 定序的成本之所以急遽下降的原因，因此也會認同有關 DNA 定序將持續塑造人類未來的預測。今天大家也已充分明白，人類過去已累積了大量溫室氣體，並因而引起全球增溫，因此當我們預測，如果繼續以相同速度增加溫室氣體排放，全球氣溫將出現何種變化，以及預測當全球暖化加劇時可能帶來的後果時，應該也視為合理的推論。

　　不過，其他還有許多變化似乎突然之間一舉迸發：自遠古以來持續至今的舊模式突然就轉換到新模式。人類一直很習慣漸進式的線性變化。但有時候，變化在檯面下默默醞釀成形，直到改變的壓力達到臨界點，突破了過去一直阻擋改變的系統性障礙，新模式才突然湧現，取代了舊模式。這種系統性變化的「突現」往往難以預測，但不管在大自然或在人類設計的複雜系統中，都經常出現。

　　過去許多人都曾為了未來的各種可能性而感到興奮、充滿熱忱，但現在他們只專注在：對目前的商業、政治以及安全問題相關策略而言，未來代表的潛能與涵義。20 世紀的最後十年，在科學革命加速向前之際，負責規劃企業大計的主事者及軍事策略家開始花更多力氣，研究未來的各種可能面貌，因為大家擔心，新科技的強大威力，可能威脅到各種商業模式的策略利益，甚至存活機會，也影響國與國之間的權力平衡。

我們今天到底要如何想像未來？我們對未來的想像又如何影響今天的選擇？我們是否仍然相信，人類有能力形塑我們在地球上的整體福祉，從各式各樣可能的未來中，選擇最能保存人類深層寶貴價值、並帶來更美好生活的方向？還是說，我們對人類的未來已出現信心危機？

如果我們將過去、現在與未來，像平常解說電磁光譜那樣，用長條的長方形來顯示，45 億年前地球誕生的時刻會放在最左邊。往右移動，我們會看到 38 億年前出現生命，接著在 28 億年前出現多細胞生物，4 億 7 千 5 百萬年前陸地上出現植物，4 億多年前出現脊椎動物，以及 6 千 5 百萬年前靈長類動物出現。然後往右走到長方形另一端，大約在距今 75 億年之後，是太陽的滅亡。

在電磁光譜中，可見光只是圖中窄窄的一小片。而人類存在的時間，在地球的歷史長河中占據的部分就更狹小了。我們花在回顧廣袤的過去及浩瀚未來的力氣委實不多。

然而對於未來，我們有充分理由要保持樂觀。目前，戰爭似乎逐漸減少，全球貧窮程度也在下降。人類已經征服或至少控制住一些可怕的疾病。人類壽命逐漸延長。至少從全球的基準來看，生活水準及平均所得都在進步中。知識日益普及，識字率上升。我們開發的工具和科技（包括網路通訊等）繼續增加，且效能日益提升。我們對於世界、甚至宇宙的理解呈指數增長。在過去的某些時刻，人類的成功和成長極限似乎威脅到我們的未來，然後新的進展——例如 20 世紀中葉開始的綠色革命，又讓人類超越困境。

所以，正面和負面趨勢會同時出現。但當然，有些趨勢深受歡迎，有些卻備受排斥，以致於影響到我們對這些趨勢的看法。這些趨勢受到輕忽的原因很明顯，因為單單想到這些趨勢，我們就會覺得不舒坦，任何一丁點的不確定，都會讓大眾有理由合理化自己的輕忽，樂得不採取任何應變措施，而能證明實際情況的新證據，則會遭到抗拒及否認，成為大家不願面對的真相。

無疑的，太天真的樂觀可能導致自我欺騙，但未經仔細判斷的悲觀，也可能令我們盲目，忽略了希望的存在——我們或許仍有可能找到一條繞過或穿過未來險境的道路。真的，我是樂觀主義者，不過我的樂觀是基於一個希望——人類可以清楚看到並認真思考那些愈演愈烈的明顯趨勢，而且大家能一起理性分析，關注目前我們形容或衡量重大變遷的危險歪曲方式，積極保留和維護人類的價值觀，對抗科技引發的諸多機械化及破壞性的後果（尤其當過去世代、或甚至科幻小說家凡爾納都無法想像的強大科技，放大了人類內心較卑劣的本能之際）。

我已盡了最大努力來說明：我相信依目前證據顯示，確實存在一些重要抉擇，有賴大家共同明智做出決定。而我之所以會這麼說，不是出於恐懼，而是相信未來。

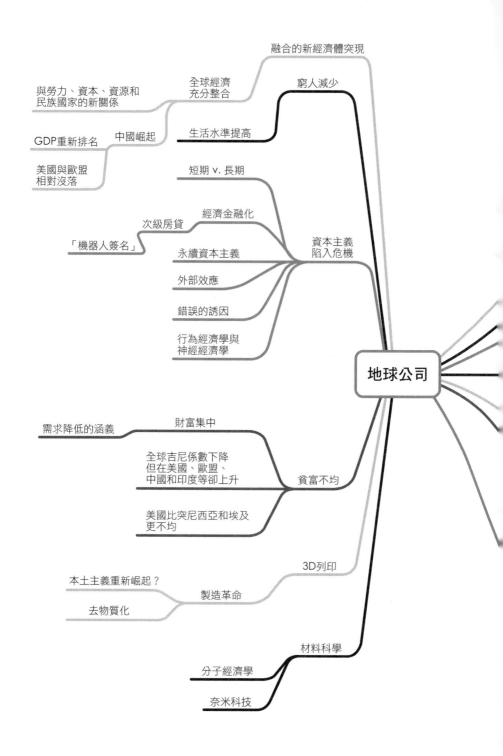

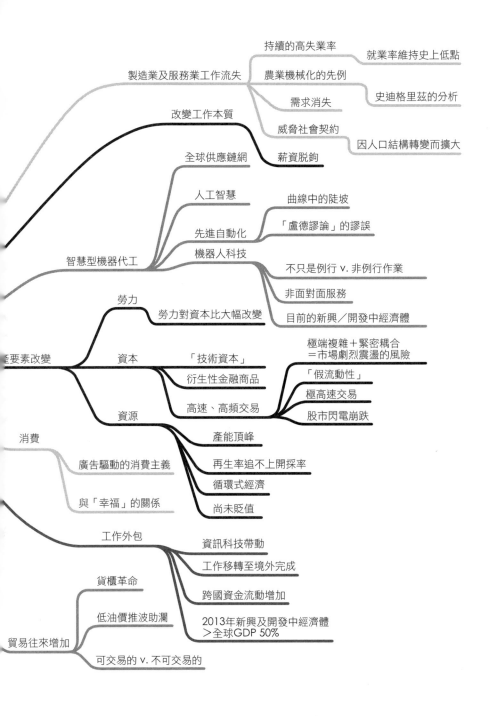

01

地球公司

今天，巨變正驅動全球經濟大轉型，變動的速度之快、規模之大，可說在人類歷史上前所未見。我們生活在「地球公司」中，也學著適應「地球公司」：無論國家政策、區域策略或大家接受多年的經濟理論，都不再適用於新的經濟現實，我們面對的是高度連結、緊密融合、互動頻繁，而且科技不斷帶動變革的經濟型態。

全世界最成功的大企業如今都在「虛擬的全球工廠」中生產商品，在蛛網般錯綜複雜的供應鏈中，與數十個國家裡數以百計的企業相連結。愈來愈多的商品市場，以及愈來愈多不需要面對面互動的服務，在本質上都已全球化。愈來愈高比例的打工族現在不但需要和其他國家的打工族競爭，還需要和透過電腦網路緊密相連的智慧型機器競爭。

工作數位化，以及過去所謂的「自動化」造成的戲劇性轉變，同時帶來兩個重大變化：

一、工業化國家把工作外包給擁有龐大人口、工資低廉的開發中國家和新興經濟體；

二、人類把工作外包給機械化流程、電腦軟體、各式各樣的機器人，以及還在起步階段、但效能和威力日益強大的人工智慧。

全球經濟的轉變可說是複雜學中的「突現」現象；也就是說，整體不但大於各個部分的總和，而且從許多重要層面看來，整體也和各部分的總和大不相同，一種全新的經濟型態於焉誕生——這種新興經濟型態不僅是過去就往來密切的國家或區域經濟體更緊密連結後的集合體，更搖身一變為全新的經濟實體，內部動態、運作模式、原始動能，都與我們過去熟知的不一樣。當然，跨國界的人員流動仍然有所限制，鄰國間的貿易關係自然也較緊密，但整體而言，全球經濟已經比過去任何時候都更緊密相連，環環相扣。

正如同北美洲 13 個殖民地在 18 世紀的最後二十五年合而為一，古代高牆環繞的義大利城邦在 19 世紀下半葉成為統一的國家，如今，全世界正經由「突現」，形成單一經濟體，快速邁向完全整合。至少在工商界和科學界，以及當新科技快速普及於全球各大商業中心之時，這是我們面對的新現實。

在政治和政府政策的領域，民族國家依然扮演要角。無論在心理和感情層面，或從身分認同的角度來看，大多數人的思維和行為模式在在都顯示出，我們似乎仍活在年輕時代所熟知的世界裡。事實上，從生活的經濟現實面來看，那樣的世界正在逐漸消失中。

這股改變全世界的強大力量，有時候泛稱為「全球化」──不只標示一個歷史時代的結束，同時也揭櫫新時代的開始。人類必須正視的新現實正逐漸成形。

工作消失中

過去我們一向把「工作外包」和「機器代工」視為兩種不同的現象──探討和研究這兩種現象的是兩群不同的經濟學家、科技專家和政策專家。其實，這兩種現象相互緊密交織，代表同一個巨大現象的兩個層面。

目前，工作的兩種結構性轉變──把工作委由機器代勞，以及在資訊科技輔助下將工作外移的趨勢，戲劇化改變了生產過程中資本投入和勞力投入所占的比例，工業化國家的勞工要求提高薪資的能力，也因此大不如前。

在二十世紀上半葉的勞工運動中，企業勞工組織起來為勞資之間的所得分配問題，與資方抗爭。但如今科技驅動的改變扮演了更重要的角色，不但影響工作的未來，也決定人們可以從工作中得到多少報酬。當雇主可以選擇：（1）乾脆關廠或結束營運，外移到工資低廉的國家另起爐灶，或（2）用機器人或自動化系統取代勞工時，過去採取零和觀點的爭辯方式就不再奏效，也毫無說服力。

在遭到裁員的歐美工人眼中，自動化和工作外包帶來的衝擊基本上沒什麼差別。從工廠老闆的觀點來看，海外生產和機器代工都能提升生產力（無論把新技術用在既有的工廠或海外生產基地都一樣）。

政府決策者通常都把這樣的結果視為成功，因為大家總認為生產力提升是進步的象徵，卻沒有看到這個過程對就業的巨大衝擊，在這些號稱生產力提升的國家裡，許多企業僅僅在名義上是當地企業，而且這個趨勢如今愈演愈烈，以致於勞工在未來經濟中扮演的基本角色，變得十分不明確。

全球經濟緊密連結，使工作外包和機器代工的現象同時都變本加厲。舉例來說，今天新興經濟體和開發中國家，都加速將大量工作委託智慧型機器代勞，因此不久前才從先進工業國家外移到開發中國家的工作，已開始消失不見。

在海外投資設廠，複製西方國家的工作模式，和注入經濟學家所謂的「技術資本」，其實大不相同——技術資本雖然會提升企業和產業的生產力，但無論在工廠外移的工業化國家或吸引西方企業設廠的新興經濟體，長期下來都會因此而減少大量的工作機會。

低工資國家的勞工最初受惠於新增的工作機會，後來透過他們的努力，生活水準日漸提升，於是開始要求更高的工資，接著也漸漸面臨被取代的危機，因為工廠老闆為西方企業代工賺到錢以後，會購置效能愈來愈高、價錢卻愈來愈便宜的機器人和自動化設備。全球電子大廠富士康就在 2012 年宣布，將在兩年內採用一百萬個新的機器人。

地球公司一方面加速整合，另一方面又積極採用相互連結的智慧型機器，形成正向回饋環路。換句話說，貿易和投資促使全球經濟高度連結，加上機器代工盛行，這兩股趨勢會相互強化。

談到機器代工對就業的衝擊時，我們有時會誤以為每當出現重大技術突破時，突然之間相互連結的智慧型機器就取代了大量人力，導致某類工作完全消失。但其實更常見的情況是，雖然網路連結的智慧型機器取代了大部分工作，但僅存的少數員工由於懂得充分發揮機器的效率，生產力也大幅提升。

所以，還沒被取代的少數工作，薪水較高，但相對的也需具備運用新科技的新能力。如此一來，大家更容易誤判機器代工帶來的整體衝擊，以為只不過是重複大家過去習以為常的型態——舊工作逐漸消失，更好的新工作取而代之。

但今天不同的是，在科技發展的上升曲線中，我們已經來到更陡峭的坡段，而且不同的產業都出現相同的趨勢，形成的集體效應大幅削減了各行各業的工作機會。此外，許多員工也都缺乏新工作所需的技能。

新公司紛紛誕生，他們利用網路，以低成本和高效率，仲介各種外包工作。成功的線上人力仲介公司 oDesk 執行長史華特（Gary Swart）表示，各行各業的外包需求高漲，包括「律師、會計師、財務主管、甚至經理人」。

機器代工的趨勢也開始衝擊新聞業。西北大學智慧資訊實驗室（Intelligent Information Laboratory）的兩位主持人創辦了 Narrative Science 公司，他們利用電腦演算法分析體育競賽、財務報表和政府研究報告中的各種統計數據，並自動產生文章，供應報章雜誌。其中一位創辦人漢默德（Kristian Hammond）任教於麥迪爾新聞研究所（Medill School of Journalism），他告訴我，他們的業務快速擴展到許多新興的新聞領域。執行長法蘭柯爾（Stuart Frankel）指出，在他們公司上班的少數真人寫手已經轉型，他們設計新聞的模版、架構和角度，讓電腦演算法據以嵌入資料，進行分析。如此一來，他們「可以寫出數百萬則新聞報導，而不是一次只寫一則新聞。」

　　無論在已開發國家或新興經濟體，加速運用機器智慧，以及
把工作外移到低工資國家，都進一步造成所得不均的現象。勞工
丟掉飯碗，收入減少，而技術資本增值過程的獲益者，收入卻愈
來愈高。

全球財富差距變大

　　隨著技術與勞工的相對價值加速變動，所得分配不均的程度
也愈來愈嚴重。這不僅僅是理論而已，而是社會上普遍發生的實
際狀況。當技術資本變得愈來愈重要，遠高於勞工創造的價值，
從生產活動中得到的收入也會愈來愈集中於少數菁英手中，大多
數勞工的收入反而下降。

　　幾乎在每個工業化國家，以及中國、印度之類的新興國家，
財富都愈來愈集中於高所得階層。拉丁美洲則是少見的例外。放
眼全球，將大量的工業及服務工作外移到低工資國家，雖然能暫
時改善所得不均的情況，但如果一一檢視各國情況，中國和印度
的人民所得及財富分配不均急速擴大，情況甚至比美國和歐洲還
嚴重。根據全球性非政府組織「拯救孩子」（Save the Children）
的統計，2012 年有 32 個開發中國家，所得不均的情況達到二十年
來的高點。

　　吉尼係數（Gini coefficient）以 0 到 100 的尺度來衡量各國所
得不均的程度，（0 代表人人所得均等，100 則代表 1 人擁有全國
所有財富）。過去 25 年來，美國的吉尼係數從 35 上升到 45，中
國從 30 上升到 40 出頭，俄羅斯從 25 左右上升到 40 出頭，英國
從 30 上升到 36。如果從薪資水準來看，則對比更加驚人。比方
說，根據經濟合作與發展組織（OECD）的統計，如果把印度上班

族中,薪資最高的 10% 與薪資墊底的 10% 相比較,前者的收入是後者的 12 倍,但二十年前,兩者的差距只有 6 倍。

美國人所得差距日益擴大的另一個原因是,稅法變得對高所得者愈來愈有利,尤其是幾乎等於取消遺產稅,以及投資收益只需繳納最低稅率 15% 的措施。當針對資本投資所得課徵的稅率,居然遠低於針對勞務所得或銷售天然資源所得課徵的稅率,資本家的所得占比自然大幅攀升。

美國所有的資本利得收入有 50% 流入金字塔頂端前十萬分之一的富豪手中。目前支持這種所得分配方式的政治意識型態,稱這類有錢投資人是「創造就業機會的人」,然而由於工作外包和機器代工的趨勢,無論他們提供的資本帶來什麼效益,並無助於創造就業機會。

請注意,今天的美國甚至比埃及和突尼西亞還不平等。「占領華爾街」運動之所以燃起熊熊烈焰,是因為廣大的美國人開始覺醒,正視財富日益集中於最有錢的前 1% 富人的事實,這些富豪擁有的財富超越了後面較不富裕的 90% 美國人財富的總和。美國最有錢的 400 名億萬富翁擁有的財富相加之後,比中低收入的 50% 美國人(約 1 億 5 千萬人)的財富總和還要多。沃爾瑪(Walmart)商場創辦人沃頓兄弟的五名子女和一個媳婦擁有的財富,超越了最貧窮的 30% 美國人的財富總和。

就年收入而言,最富有的 1% 美國人年收入約占美國人每年總收入的四分之一(相較之下,二十五年前只占 12%)。過去二十五年來,一般美國人稅後所得平均只上升了 21%,但同一段時期,金字塔尖端 0.1% 的有錢人稅後所得卻上升了 400%。

技術革命帶動的創新與生產力上升,造成許多服務業、製造業和農業的工作改變或消失，今天的社會迫切需要找到所得替代方式。

經濟轉型的後遺症

截至 2011 年，三十年來工業化國家在其他地區累積的投資額，已增長 8 倍之多，占已開發國家 GDP 的比例從 5% 上升為 40%。預估在未來五年，全球 GDP 將增加 25% 左右，預期跨國界的資本流動會以比 GDP 成長率快 3 倍的速度，持續快速增加。

世界其他地區在先進國家的累積投資額也不斷成長——雖然成長幅度沒那麼大。從 1980 年到 2011 年，美國等工業化國家的「FDI 存量」*從 GDP 的 5% 成長為 30%。結果雖然美國某些工作消失了，卻也創造了許多新的就業機會。比方說，美國的外商汽車公司現在雇用了將近 50 萬名美國員工，付的薪資比全國平均薪資高 20%。

整體而言，外商持有大部分股權的公司，目前為美國公民提供了五百多萬個工作機會，其他還有許多工作機會來自於外國公司的供應商或外包廠商。比方說，雖然中國是全球最大的太陽能面板生產國，但美國太陽能產業對中國的貿易仍是順差，因為美國大量輸出加工後的多晶矽材料及先進的生產設備到中國。

儘管如此，像這樣的全球經濟革命已經對美國、歐洲、中國和其他新興經濟體的相對角色，帶來結構性的改變。十年前，中國的經濟規模只達美國的三分之一，如今卻將在十年內超越美國，成為全球最大的經濟體。的確，無論從製造業產出、新增固定投資、出口額、鋼鐵消耗量、能源消耗量、二氧化碳排放量、

---

* 譯注：stocks of foreign direct investment，指外國直接投資累計值。

汽車銷售量、專利核准數和行動電話數來看，中國都已經超越美國。中國的上網人口已經是美國的兩倍。中國崛起，已經成為全球新經濟型態最有力的象徵，新經濟型態正快速取代長期以來由美國主導的局面。

然而，全球經濟轉型的後遺症也漸漸出現：失業率居高不下、就業不足的情況出奇嚴重，同時消費導向的經濟體對商品和服務的需求也趨緩。過去在景氣循環中，經濟衰退和復甦會交替出現，就業機會也如潮起潮落般增增減減，但如今工業化國家不能再一味將中等收入工作流失的現象，歸咎於景氣循環。雖然景氣循環因素仍然影響就業機會的多寡，但幾乎每個工業國家在努力創造能提供適當薪資的就業機會時，都充滿困惑與無力感，拚命設想如何才能刺激消費者對商品和服務的新需求，再次啟動並穩固新一波經濟復甦。

過去十年，是美國自經濟大恐慌以來，頭一遭沒有增加任何新工作機會的時期。但也是美國自 1960 年代以來，生產力成長幅度最高的十年。除了生產力，企業獲利也恢復健康的成長率，然而失業率卻幾乎沒怎麼下降。美國企業花費在設備和軟體的支出大約增加了 30%，但私營部門的工作支出卻只增加 2%。更重要的是，北美的新型工業機器人訂單增加了 41%。

整體而言，由於科技促進的全球經濟整合，開發中國家和新興經濟體的經濟力量日益強大。2013 年，這些國家的 GDP（以購買力衡量）將在現代史上頭一遭超越先進經濟體的 GDP 總合。但新興經濟體仍可能因為難以維持政治穩定和社會安定，也無法因應治理國家的挑戰，解決貪腐問題，以致於發展受阻。但推動新興經濟體崛起的科技力量十分強大，或許能成功扮演整合和推動的角色，為全球經濟勢力的平衡帶來戲劇性的根本轉變。在「經濟大衰退」＊之後，新興經濟體成為推動全球經濟成長的主要引擎，成長速度比已開發國家快得多。有些分析家懷疑他們能否持續這樣的成長速度。但無論新興經濟體的成長率如何，這些國家遲早會像西方國家一樣，體驗到智慧型機器取代人類勞工、工作機會大量流失的慘況。

工業國家的大多數人民和政治領袖，迄今仍以為產業外移或境外生產是中等收入工作消失的主因，而忽視了潛在的原因：地球公司崛起後的新現實，以及工作外包和機器代工之間的緊密連結。由於這樣的誤判，大家對於是否要降低工資、實施貿易限制、大幅修改年輕與老年世代及貧富之間的社會契約，以及是否要為有錢投資人減稅，以鼓勵他們在西方世界設廠等，意見分歧，莫衷一是。

這類針對勞工政策無意義的擾人爭論，正好呼應了地球公司時代有關國家政策如何影響資金流動的種種辯論。今天的全球經濟愈來愈緊密連結、環環相扣，資本移動的本質和數量都與過去大不相同，在極短期內快速進出的金融交易，絕大多數都仰賴超級電腦和精密複雜的軟體來處理。這樣的轉變大幅提高了全球經濟整體的震盪幅度和連動性。主要金融市場崩盤的頻率增加，而且會日益廣泛波及全世界。

＊ 譯注：Great Recession，基本上是指從2007年底到2009年10月的全球經濟衰退。

追求速度，毫秒必爭

2008 年，信貸市場突然開始崩盤，引發全球經濟衰退，導致世界各國喪失了 2 千 7 百萬個工作。一年後，雖然經濟疲軟復甦，世界各國重新增產，但就業機會恢復的速度卻遠遠落後，而且工業國家失業率居高不下的情形特別嚴重。許多經濟學家認為，這次經濟復甦之所以無法創造就業機會，乃是因為雇主急於引進新科技，而不是雇用更多勞工。

形形色色的電腦化金融商品（例如導致經濟大衰退的衍生性金融商品）所代表的資本流動，其名目價值已是全球 GDP 的 23 倍。這些所謂「衍生性金融商品」目前每天交易量已是全世界股市總交易量的 40 倍。的確，即使把股市加上債券市場來衡量，衍生性金融商品的估計值仍然超過地球上所有股票和債券價值總和的 13 倍。

一般人腦海中的證券交易所依然是一片人聲鼎沸，人們一邊比手勢，一邊交互喊價，然而在今天的全球市場上，人類已淪為小角色，超級電腦造就的高速、高頻率交易方式，已主導全球資本流動。2009 年，這類高速、高頻率的交易占了美國總交易量的六成。到了 2012 年，歐洲和美國一樣，電腦交易量達到總交易量的六成。的確，各國證券交易所目前都競相提升交易速度，倫敦證交所最近在廣告中宣稱，能在 124 微秒內完成一筆交易（一微秒等於百萬分之一秒）。很快的，我們就能借助更先進的演算法，在十億分之一秒內完成交易，某些專家認為，如此一來，市場動盪、發生危機的風險也大增。

英國布里斯托大學研究自動交易的學者卡特里吉（John

Cartlidge）最近指出，交易速度愈來愈快的結果是「今天全球金融市場掌控了我們生活的世界，而我們對這個市場卻缺乏完整理解。」2012 年 10 月的第一個星期，某個「神祕演算法」占據美國股市十分之一的交易頻寬，相當於所有股票報價進出量的 4%。專家懷疑其用意是拖慢資料處理的速度，以提升高速電腦交易者的優勢。

早在兩百年前，掌握資訊流動的速度就已成為金融市場上的重要優勢。洛希爾銀行（Rothschild bank）利用飛鴿傳書，提早得知拿破崙在滑鐵盧戰敗的消息，因此放空法國債券，大賺一筆。五十年後，有個美國投資人雇了速度較快的帆船，及早獲知美國南北戰爭中幾場重要戰役的結果，然後放空南軍的政府債券，藉由同樣的手法大撈一筆。但是今天對速度的重視已經到達匪夷所思的地步。交易所總是把超級電腦放在緊鄰交易廳的房間，因為即使透過光速傳送數據，資料從馬路這一頭傳送到對面建築物所花的短短時間，都可能影響競爭優勢。

幾年前，有個矽谷的商界朋友告訴我一個不尋常的投資機會──從芝加哥市中心的交易中心拉一條光纖電纜，筆直通到新澤西州莫瓦市的紐約證券交易所。這個工程計畫的價值在於，電纜鋪設完成後，相隔 1,328 公里的兩地，資料傳輸速度將可加快 3 毫秒（傳輸時間從 16.3 毫秒下降為 13.3 毫秒）。由於比競爭對手快 3 毫秒，能帶給股票投資者莫大的優勢，因此他們以高價出售新電纜的使用權。目前在同一條路線上正在架設更新的微波系統，能提供更快的資料傳輸速度（儘管天氣不好時，微波傳輸較不穩定）。

北極冰帽逐漸融化，催生了在北極海底部興建光纖電纜，連結東京與紐約股市,以高速傳送金融資訊的新工程計畫。此外,三個連結日本與歐洲的北極海電纜興建工程也已動工,另外還有耗資 3 億美元的跨大西洋電纜工程,希望能為紐約和倫敦之間的資料傳輸省下 5.2 毫秒的時間。

經濟金融化

為了省下區區幾毫秒的資料傳輸時間而不惜耗費三億美元巨資,其實只是小小的例子,顯示過去分配於生產活動的財富,如今漸漸轉移到經濟學家所謂的「經濟金融化」。金融部門占美國經濟的比例已成長一倍,從 1980 年的 4% 成長為目前的 8%。

驚人的成長一部分反映了 2000 年 4 月之前,投入資訊科技業資金的爆炸性成長,一部分則反映了截至 2008 年為止,隨著美國房地產泡沫逐漸形成而快速增加的房貸金額。然而,即使在網路泡沫和後來的房地產泡沫破滅後,金融服務業占美國 GDP 的比例仍然持續上升。這種歷史性的轉變背後有兩個重要因素:一是金融界運用超級電腦和電腦程式的巨大威力,打造出形形色色的奇怪衍生性金融商品;以及當金融業大力遊說美國政府放寬法令規章的限制,以免阻礙這類金融商品的行銷時,美國政府輕易屈服了。

據估計,82% 的衍生性金融商品乃是奠基於利率,11% 與外匯合約掛鉤,將近 6% 則是與信用衍生性商品相關。真正以實際的商品價值為基礎的衍生性金融商品,占比還不到 1%。然而這類交易牽涉到的資金流動量十分龐大,簡直到了匪夷所思的地步。舉例來說,任一天在市場上交易的石油衍生性金融商品的價值,是同一天交易的真實石油總價值的 14 倍,實在太驚人了!

理論上,這些透過電腦高頻率交易的大量資金流動,應該能提升市場的流動性與效率。許多經濟學家和銀行家都認為，衍生性金融商品代表的龐大資金流量，事實上能夠穩定市場，而不會提高系統性風險，部分原因是，銀行大都持有與交易商品價值接近的抵押品。

其他專家則指出，這類觀點乃是基於如今已過時的理論，假設流動性愈高愈好。這個假設的理論的基礎是早已失去「標準模型」光環的兩個經濟學理論：認為市場總是會趨於平衡（其實不會），以及完美的資訊將隱含在市場的集體行為中（其實不會）。曾獲頒諾貝爾獎的經濟學家史迪格里茲（Joseph Stiglitz）認為，這種高速交易過程是「假流動性」。

股市閃電崩跌與全球金融海嘯

與股市及債市不同的是，衍生性金融商品的交易幾乎毫無規範，因此風險升高，市場震盪加劇，尤其如今每天經由電子轉帳的資金金額，已超越了所有先進國家中央銀行準備金的總額。電腦交易過程逐漸取代了人類的決策，人造的金融工具交易爆量，全球經濟中實質商品的交易量相較之下，實在少得可憐。如此一來，大家會誤把資本當做可靠、高效率的生產因素，而且情況日益嚴重。今天在市場上大量交易的這類金融商品，有些已經和賭博無異。

管理經由超級電腦在微秒間產生的全球資本流動時，之所以會在市場上形成新的系統性風險，有兩個原因：極端複雜與緊密耦合，而且兩者會聯合發威。首先，由於系統太過複雜，有時會因為「演算法和聲」（algorithmic harmonics，基本上是電腦程式對同時作業的其他電腦程式產生的反應，而不是反映市場實際情況），而產生大量擾人的異常數據。在這種情況下，要了解系統作業究竟哪裡出錯，是極端困難的事，必須耗費大量時間追根究柢，才能找到問題。其次，由於多部超級電腦緊密耦合，沒有人有辦法耗費龐大的時間釐清問題，遑論解決問題了。

且看其中一個例子：2010 年 5 月 6 日，紐約證券交易所在短短 16 分鐘內，莫名其妙的先暴跌一千點，接著又反彈將近一千點。通常股市在這麼短的時間內劇烈暴跌，都是因為出現市場高度敏感的消息，當天卻沒有看到任何這類消息。《紐約時報》第二天報導，「埃森哲（Accenture）股價暴跌 90% 以上，只值一分錢，寶僑（P&G）股價在幾分鐘內，從 60 美元直線下滑，只剩 39.37 美元。」《泰晤士報》則引用一位交易員的話：「簡直好像『陰陽魔界』（*Twilight Zone*）的劇情一樣。」

專家花了五個月的時間努力研究，才了解股市之所以發生「閃電崩跌」（Flash Crash），是因為許多超級電腦使用的自動交易程式之間複雜的交互作用，彷彿製造出演算法的回音室，導致股價驟然崩跌。

為了防止「閃電崩跌」再度發生，史迪格里茲提議建立新規則，買單和賣單必須保持開放一秒鐘。然而在目前運作形態中牽涉到最多利益的金融公司財務主管，都十分害怕這個提案付諸實施，他們聲稱這個一秒鐘的要求會拖垮全球經濟。這個提案後來遭到拒絕。

2008 年全球金融海嘯的主要禍首是某種特殊的衍生性金融商品──證券化的次級房貸，它以一種古怪的保險形式避險，結果後來化為泡影。超級電腦把次級房貸拆解切割成極其複雜、令人難以理解的衍生性金融商品。在智慧型機器協助下，這些奇怪的金融工具得以廣泛行銷到全球各地。

等到住宅抵押貸款的實際品質與真實價值受到遲來的檢視時，房價突然大規模修正，引發信用危機，戳破了美國房地產泡沫。由於這類房貸還連結到其他透過電腦操作的複雜金融交易商品（例如「債務擔保債券」，簡稱 CDO），引發了信用危機，嚴重破壞全球經濟中的基本生產因素——資本的供應。於是，全世界都出現銀行擠兌，結果導致經濟大衰退，一直到現在我們都還在努力掙脫這波衰退。

這類衍生性金融商品一旦設計完成，順利推出，並發展到一定規模，過程中人類唯一能扮演的角色，只剩下法律要求的程序而已。這些已被切割分解和證券化的房貸，會由負責審核的人員在文件上簽名，並由腐化的評等機構扮演橡皮圖章，蓋上 3A 評等後，在全世界銷售。

根據隨後的訴訟案所揭露，由於依照法令規範審核及簽名的速度趕不上電腦作業的速度，所以當時金融機構雇用低薪人員仿冒審核人員的簽名。他們可以無視於文件實質內容或代表的意義，每分鐘簽名一百次。大家現在普遍稱這種做法為「機器人簽名」（robosigning）。雖然其實沒有任何機器人參與其中，但這個名詞也反映出工作外包和機器代工交互作用的現象。

在 2008 年金融危機之前，衍生性金融商品的交易量早已從 2000 年起，以每年成長 65% 的速度持續增加。由於美國的銀行每年從衍生性商品交易中賺到的錢高達 350 億美元，因此可以預期，過去的高成長終將再現，更可以預期的是，銀行仍會繼續運用遊說力量和政治捐款來避免金融管制。

全球整合

好幾個因素同時出現，帶動全球經濟以前所未見的速度，加速整合，這些因素包括：共產政權崩潰瓦解，前共產國家紛紛引進更市場導向的政策；中國在鄧小平主政時期，大力推動現代化和經濟改革開放政策（也促使中國經濟力量快速崛起）；以及交通運輸、通訊和資訊科技的革命。

或許最重要的因素是，二次世界大戰結束後開始推動的關稅及貿易總協定（GATT, General Agreement on Tariffs and Trade）啟動了自由化的過程，大幅降低國與國之間的貿易障礙。在過去三十年中，國際貿易額成長 10 倍，從每年 3 兆美元上升為每年 30 兆美元，而且持續高速成長。

歷史上曾有幾個時期，在國際貿易激增的同時，也為全球經濟型態帶來重大改變。15 世紀初，中國的傳奇人物、明朝太監鄭和下西洋的著名旅程，最遠曾抵達非洲東岸；之後又有哥倫布發現新大陸，達伽瑪（Vasco da Gama）環繞好望角，科提斯（Hernan do Cortés）、皮薩羅（Francisco Pizarro）等探險家則連結起歐洲與新大陸及亞洲。

在人類開闢跨洲的海上貿易路線之前，13 世紀建立的蒙古帝國和隨後締造的「蒙古和平」（Pax Mongolica）時代，在中國和印度、中亞、俄羅斯及東歐之間開闢了陸路貿易路線，帶來前所未見的大量貿易往來。然而到了 14 世紀中葉，歐洲爆發黑死病，加上蒙古的統治式微，歐亞間的主要陸路貿易路線關閉，改為經由中東的狹隘通路，歐亞間的貿易往來主要受威尼斯和埃及掌控。

西歐國家大膽探索通往中國和印度的航海路線，有一部分乃是為緊繃的經濟壓力所迫。先是新大陸開採的金與銀大量輸入歐洲，不久後，伴隨農業生產力大幅提升，玉米和其他新大陸糧食作物也引進了歐洲和非洲，為全球經濟型態掀起革命性的改變。

經濟史學家提醒我們，19 世紀中葉第二次工業革命開始之時，中國和印度的 GDP 總和已占全球 GDP 一半以上。中國早在西元 1500 年，就曾是全世界最大的經濟體，19 世紀初，在 1839 年第一次鴉片戰爭開打之前，中國再度成為全球最大經濟體。

從這個角度看來，美歐過去一百五十年來主導全球經濟的局面，其實打破了長期以來亞洲占全球過半 GDP 的優勢地位。西方國家在過去一個半世紀異軍突起，先是英國，接著美國和西北歐國家都大力擁抱工業革命，世界其他五分之四的人口則被遠遠拋在後面。到了現代，情勢逆轉，換成中國和其他新興經濟體及開發中國家異軍突起。在 19 世紀之前，全球財富分配和人口分布大致相當，但工業革命和科技革命帶動生產力激增後，西方國家開始更快速累積財富。等到東方國家也更容易取得新科技後，舊型態又再度出現。

有些經濟專家認為，中國之所以快速崛起，並即將取代美國成為全球最大經濟體，要歸功於國家主導的資本主義制度的固有優勢，他們聲稱這樣的制度凌駕於美國較自由的資本主義制度之上。如果真是如此，美國可以稍感安慰的是，西方人也曾在 1950 年代末期（當時蘇聯被視為重要的經濟和軍事威脅），及 1970 年代和 1980 年代（當時西方深怕日本成為新的經濟霸主），聽過類似的警告，結果都證明只是假警報。

不過，萬一真如我所相信，今天，地球公司是這些現象背後的主因，那麼這回情形真的不一樣了。像印度之類以往深陷貧窮的開發中國家，如今開始釋放出巨大的潛力，年輕創業家與全球各地的合作夥伴串連起來，開發出大大小小各種創新商品。

在過去，特殊技術領域發展中心或產業重鎮，通常都座落在人才匯聚之處，具有類似技能和專業經驗的人才相互串連，形成網絡，大家彼此學習，帶動科技創新的逐步調整與改進。英裔加拿大籍作家葛拉威爾（Malcolm Gladwell）為《紐約客》撰寫的文章提供了一個好例子來說明這個現象：

1779 年，英國蘭開夏郡快退休的天才發明家克朗普頓（Samuel Crompton）發明了走錠紡紗機，促使棉紡業步向機械化。然而英國真正的優勢在於，還有霍維契的史東斯（Henry Stones）為紡紗機加上金屬滾輪；托汀頓的哈格里夫（James Hargreaves）想出如何讓紡車穩定加速減速；格拉斯哥的凱利（William Kelly）加入水力做為紡紗機的動力；曼徹斯特的甘迺迪（John Kennedy）則改造紡車，紡出細紗；最後也來自曼徹斯特的精密機具高手羅柏茲（Richard Roberts），打造出「自動」紡紗機：他重新思考克朗普頓的原始設計，把它變成精確、高速、可靠的新機器。經濟學家認為，正是這些人提供了「必要的微發明，才能讓重要發明生產力高且有利可圖。」

18 世紀，英國如火如荼展開工業革命，發明家、工匠、鐵匠和工程師聯手奉獻心力，大幅改進了當時的技術，英國的工業技術後來更傳播到世界各地。他們所啟動的革命最初局限在英國，後來慢慢擴及北大西洋區域。

科技聚落確實重要。北加州的矽谷就是很好的例子。相關領域身懷尖端技術的專家頻繁地面對面互動，仍是促進創新最有效的方式之一。然而今天全球的高度連結加速了各式各樣新技術的應用，同時也帶來更頻繁的大大小小發明，相互連結的智慧型機器快速取代了原本由人類從事的工作。在自動化和提升效率上看似微小的一步，往往會對於某個特定部門的整體效率和生產力帶來巨大衝擊。

小改變，大衝擊

為了說明這點，不妨思考以下兩個例子：第一個例子是 1950 年代的農業機械化；以及同樣發生於 1950 年代的全球交通革命，這促使全球經濟發揮高度連結。

小時候，我總是在自家農場上過暑假，有時候，我會趁早上母雞離開雞籠享受餵食時，幫忙把雞蛋一個個從雞籠裡撿起來。但不到二十年，父親就蓋了兩棟大雞舍，每個雞舍養了五千隻雞，同時把撿拾雞蛋的流程完全自動化。還記得我看到時頗感訝異，但當時這樣的設計在美國養雞場中快速流行起來。在每個雞舍裡，母雞每天在鐵絲網上漫步，生蛋時則退到雞舍中唯一的陰暗處，而此處恰好就位於輸送帶正上方。所有自動蒐集到的雞蛋，接著會送達雞舍前端簡單的分類機器裡，然後滾入一個個紙箱中。每個紙箱一裝滿，就會自動送到適當位置，預備運到指定販售地點。

由於雞也需要基本社交生活，每天才會開心生蛋，因此每個雞舍裡，差不多每隔 0.42 坪，會放進一隻被下了藥的公雞。公雞漸漸恢復意識後，會開始為各自的領域建立規範，於是附近的母雞都很開心。結果，由於農場把雞都關在固定區域裡，讓雞農有了一項新能力（當時這令我感到些許不安），他們利用人工照明設備，讓旭日東升的情況每天不止出現一次，刺激母雞生更多的蛋。（報告「善待動物組織」，我跟雞舍早已經沒有瓜葛了。）

但最令我震驚的是，農場只需要雇用一位員工來蒐集一萬隻母雞每天產下的雞蛋。只靠一個人，居然就能收集這麼多蛋，實在令人訝異，至於為什麼還需要人參與其中呢？因為有時候雞蛋破了，需要有人把破蛋移出紙箱；有時會發生機械故障，中斷了輸送流程，需要有人來排除故障；此外，卡車會定時前來取貨，需要有人協調運送流程，將裝滿雞蛋的紙箱裝上卡車，記錄每天出貨的紙箱數目等。

如果能把基本人工智慧導入生產機具，讓雞舍各部分都能透過網路與品管軟體相連結，透過電腦來安排貨運時程，並有一位技工隨時待命，以排除罕見的機械故障，那麼不難想像，連這個僅存的工作也很容易遭到取代。

有沒有任何政府政策能保護勞工，讓工作機會不至於在這樣的過程中流失殆盡？不妨想一想早期試圖遏止農業工作流失的種種努力吧：19 世紀初，美國農場工作已經開始流失，但大家仍然難以想像接下來幾十年發生的大轉變。1859 年 9 月 30 日，林肯就任總統前，曾在演講中指出：「農民階級人數最多，他們的利益是最大的利益，因此他們的利益也最值得重視和發展——如果農民的利益和其他利益不可避免地發生衝突，其他利益就應該讓步。」

在林肯上任前，農場工作占美國所有工作的比例已經持續下降，從 1789 年美國開國時期的 90% 滑落為 60% 以下。林肯總統上任的第二年，1862 年春天，他設立了美國農業部，並在六星期後簽訂摩利爾土地撥贈學院法案（Morrill Land Grant College

Act），提供各州公有土地，以建立農業與機械學院。而各州也確實建立了許多這類學院。

對大多數美國人而言，農民湧入城市，到工廠找工作，大規模的改變了工作的本質。美國進步時代（Progressive Era, 1890-1920）的改革，以及後來推行的新政（New Deal），基本上都是為了因應上述轉變所造成的後遺症，希望透過制度化的所得移轉，例如失業津貼和社會福利、殘障津貼，來彌補流失的所得。

我在 1993 年就任美國副總統時，美國的三千個郡中，平均每個郡有四個不同的農業部局處，但農場工作占整體工作的比例已下降到 2%。換句話說，一百五十年來，儘管美國不惜耗費巨資，以堅定的政策振興農業，效果卻十分有限，農場就業機會仍然大量流失（雖然照理說，這些政策應該有助於大幅提升農業生產力）。不過，更重要的是，有許多科技驅動的系統化改變，力道實在太強了，絕非任何政策所能遏止。

事實上，今天農民普遍採取工廠化的畜牧養殖方式，大量引進半自動化系統來飼養雞牛豬等家禽家畜，以及生產雞蛋。過去四十年來，全球的蛋產量提升了 350%。（中國是最大的產蛋國，每年生產 7 千萬噸蛋——是美國蛋產量的 4 倍）。在同一段時間內，全球禽肉的貿易額也上升了 3,200% 以上。

貨櫃革命改變全球貿易

下面是第二個例子，以 1957 年 10 月 4 日開始的貨櫃革命說明看似平凡的一小步，如何為整個工業部門的效率，帶來革命性大突破。〔巧合的是，第一個人造衛星——蘇聯的旅伴號（Sputnik），也在同一天發射升空。〕美國北卡羅萊納州一家貨運公司的老闆麥克連恩（Malcom McLean）納悶了二十年，為什麼從海外運到美國港口的貨物，總是散裝在規格、形狀各異的箱子裡，必須把一箱一箱貨物吊起，放到碼頭上分類，再重新裝進可用的運輸工具，運送到目的地——而不是把包裝好的貨物放進尺寸完全相同的封閉式貨櫃裡，再直接把貨櫃從船上吊起，放到火車和拖車上，運到目的地。

1956 年春天，麥克連恩決定試驗一下他的革命性構想，他把五十八個拖車上的貨櫃車體與車頭及底盤分離，直接將貨櫃置於貨船的甲板上，然後從新澤西州紐華克港駛往德州休士頓。這個實驗非常成功，十八個月後，麥克連恩就為貨運史開創了嶄新的一頁，他在紐華克港將 226 個貨櫃裝上一艘貨船，一星期後貨船抵達休士頓港口卸貨時，再直接將船上的貨櫃卸下，安裝到在碼頭上等候的 226 輛卡車底盤上，然後駛往貨物的最後目的地。

1957 年秋天展開的這場「貨櫃革命」，對全球貿易帶來巨大的影響，到了 2013 年，全世界將有超過一億五千萬個貨櫃在國與國之間載運貨物。

幾乎在製造業的所有領域，由於業者持續引進電腦智慧與網路，正加速推動相同的過程。比方說，高畫質的大螢幕電視機每年價格都滑落 5% 以上，早已供給過剩（就好像幾十年前糧食供給過剩一樣）。第一部彩色電視機在 1953 年推出，當時的售價如果換算成今天的幣值，將高達 8,000 美元。今天市場上最便宜的彩色電視機，只需花 50 美金就買得到，螢幕尺寸甚至還比過去更大，畫面更清晰，還可以收看數百個頻道的節目，而不像過去只有三個電視頻道。換句話說，只要花以往 1% 都不到的成本，就可以獲得品質更高、性能更強的產品。

近來，大家把這種戲劇化降價（且降價的同時也改善品質）的現象視為理所當然，但這種情形經年累月下來，對工作產生的影響已不容忽視。的確，許多一度被形容為高科技的消費性產品，如今是經濟學家口中的大宗商品。世界貿易量激增，工作外包、機器代勞的趨勢，以及新的資訊和資金流動串連起全世界，以上各種趨勢都在大規模的全球回饋環路中相互強化。

服務業也開始請機器代勞

數以千計的產業都以同樣的型態，持續不斷改善機器智慧的使用方式和使用效能，日積月累後，在全球造成巨大衝擊，改變了工作的本質和目的。就拿美國礦業為例。過去二十五年來，儘管美國礦業工作減少了 33%，產量卻提升 133%。

再看另一個例子。儘管美國銅礦業的產出在過去半世紀大幅增長，工作機會卻直線下滑。每當新技術取代了既有工作，通常工作機會都不是穩定而漸進地減少，而是每逢創新科技出現並落實後，工作機會就會驟降。從 1980 年到 1986 年的六年間，生產一噸銅需要的工時減少了 50%。1980 年代，數一數二的大銅業公司肯尼科（Kennecott）的其中一個大銅礦，勞動生產力甚至增長 4 倍。

如果我們更深入檢視銅業，希望以銅業的變化來說明大趨勢的演變，那麼會發現，取代人類工作的新技術包括更大的卡車和鐵鍬，更廣泛利用電腦來細部安排卡車運輸時程和管理礦場營運，把更有效率的壓碎機連接上更好的輸送帶，引進新的化學和電子化學製程，從礦石中自動分離出純銅等等。

美國採銅業的變化也反映出工作外包和機器代工的趨勢對第三個生產因素（資源）所產生的衝擊。隨著科技進步，勞動生產力和每年銅產量逐步提升，美國銅業終究會達到臨界點，符合經濟效益的可採銅礦日益減少，銅的供給量下滑，其他國家（主要是智利）開發出更多新銅礦。由於生產效率大幅提升，加上人口成長和財富增加導致消費激增，許多產業製程中不可或缺的自然資源，都面臨供給瓶頸。

不只工業部門的工作減少，智慧型機器和資訊科技輔助下的工作外包趨勢也開始嚴重衝擊服務業，而服務業是提供最多就業機會的類別。就以律師事務所研究法令和分析文獻的智慧型程式為例，有些研究顯示在這些軟體協助下，過去需要 500 名新手律師才能完成的工作，如今單靠一名初出茅廬的新手律師就能完成，而且達到的正確度更高。

的確，許多人預測，委託機器代勞對服務業造成的衝擊，將比製造業更甚。Google 研發的無人駕駛汽車廣受媒體矚目。這種汽車已上路行駛了 48 萬公里，途中面臨各種駕駛狀況，卻不曾發生任何車禍。許多人預測，無人駕駛汽車的技術很快就會成熟，想想看，屆時美國境內的 37 萬 3 千名計程車司機和高級轎車司機，會受到多大的衝擊。有些澳洲礦業公司已經打算用無人駕駛的卡車來淘汰掉高薪的卡車司機。

顧客親力親為

就服務業而言，我們也看到第三個趨勢，或許可姑且稱之為「顧客親力親為」（self-sourcing）的趨勢：服務業的消費者運用筆電、智慧型手機、平板電腦和其他提高生產力的工具，和智慧型程式互動，有效取代了許多服務人力。今天，許多搭飛機的旅客都自己上網預訂機位、挑選座位、列印登機證。許多超市和商店都有特殊設計，方便購物者自行處理付款程序。銀行開始利用自動櫃員機提供現鈔，還提供廣泛的網路銀行服務。許多服務業的顧客現在都經常跟電話和電腦打交道。由於電子郵件普及，網路社交媒體盛行，包括美國在內，許多國家的郵政服務都逐漸喪失了居間協調的功能，無法繼續扮演「中間人」的角色。

這種「顧客親力親為」的趨勢剛開始醞釀成形，但隨人工智慧技術愈來愈精進，這個趨勢未來將愈演愈烈。如此一來，顯然會造成一個問題：雖然過去企業付出薪水，雇用員工來完成這些工作，但員工被裁後，由於經濟情勢惡化，許多新工作交由顧客自行完成，但卻沒有人得到任何報酬。顧客親力親為確實提升了效率，也省下不少時間，但整體而言，中等收入的上班族收入日益減少，已經開始對市場整體需求產生明顯衝擊。在消費導向的社會中，這種現象尤其明顯。

從全球觀點來看，海外生產和機器代工兩股力量相加後，會把經濟推向需求減弱和生產過剩的局面。經濟出現系統性轉型後，儘管生產量大幅提升，就業機會卻不見增長，導致人們收入下降，消費金額與市場需求也隨之下降。而凱因斯式的振興經濟措施（藉由政府舉債提供金融誘因，刺激集體需求暫時增長），時間一長，會愈來愈看不到效果。除此之外，我在後面會詳細說明，前所未見的人口結構轉變，包括工業國家中仰賴社會安全保險的退休老人占比提高，造成政府龐大負擔，因此沒有能力為正值工作年齡的人口推出所得替代方案。

除非工業國家的失業和半失業的勞工能夠找到其他賺錢方

式，來取代原本消失的收入，否則高度自動化的新工廠製造出來的商品，需求量會日益下滑。畢竟工業國家迄今仍是全球消費主力和最大的需求來源。由於文化因素使然，當開發中國家和新興經濟體的勞工薪資愈來愈高時，他們往往把錢存起來，而不是花錢消費。雖然今天的勞動力和資本早已全球化，但全球經濟的消費主力仍然是富裕的工業國家，造成的結果是，在驅動全球經濟成長時，消費扮演的核心角色與全球實際所得分配狀況相較之下，顯得十分不匹配。

重新思考資源問題

因此我們必須重新思考，現今消費在經濟中扮演的核心角色，同時讓更多收入流向目前有能力帶動消費的工作者。今天消費水準持續高漲與全球經濟的健康狀態，兩者的關聯愈來愈不穩定。

愈演愈烈的科技革命，不但改變了生產要素中勞動力與資本在全球經濟扮演的角色，也改變了資源的角色。分子操控的新技術為材料科學帶來革命性突破，新的複合材料所具備的物理特性，遠優於過去靠冶金和陶瓷等舊技術開發出來的任何材料。德日進（Pierre Teilhard de Chardin）在六十幾年前就曾預測：「在『星球化』的過程中，人類逐漸獲得組織物質的超級新物理能力。」

在這門先進的材料科學新領域中，科學家運用非常精密的機具，幾乎從原子層次來研究、操控和製造固態物質，其中包含了許多跨領域（工程、物理、化學和生物等）的研究。科學家運用新的發現與洞見，開發出新方法，在分子層次操控物質的生物、化學基本功能，以及原子和次原子在形成固態過程中的交互作用，這些新科技加速了專家所謂「分子經濟學」的興起。

很重要的是，新分子與新材料毋須再經由傳統反覆試驗的累人方式來評估。先進的超級電腦如今可以模擬新分子和新材料與其他分子及材料交互作用的方式，然後只挑選最適合在真實世界中試驗的材料。的確，除了演繹法和歸納法之外，計算科學（computational science）的新領域，已經被視為第三種創造知識的基本形式。而且計算科學等於綜合了演繹法和歸納法的要素，透過電腦模擬人工實境，以更具體的形式呈現假設，也透過細部實驗，檢視新材料的特性，並分析新材料如何與其他不同的分子及材料交互作用。

物質在奈米層次（從1到100奈米）的特性，往往和形成大塊物質時的原子和分子特性天差地別。由於這些差異，科技專家可以把奈米材料鋪在一般產品表面，以發揮除鏽、抗刮和避免凹痕的功能；用在衣料上，則可以防汙、防皺、防火。到目前為止，奈米材料最常見的用途是利用奈米層次的銀來殺菌，對於希望防止感染的醫院和醫生而言，這項功能特別重要。

人類社會在不同時期都曾出現重大的科技成就，從歷史學家為這些時代命名的方式（例如石器時代、銅器時代、鐵器時代），就可看出性能超強的新材料興起，代表的意義是多麼深遠。而且正如同人類經濟發展的歷史階段是從歷時最久的漁獵－採集時代開始，在依照重大科技成就命名的時代中，石器時代也歷時最久。

人類究竟在何時何地不再仰賴石器，改採金屬技術，考古學家對此莫衷一是。大體而言，最早的煉銅技術應該約在七千年前出現於西伯利亞，雖然在那段時期，不同地方都曾出現鑄銅器物。

更複雜精密的青銅器是在高溫和適度壓力的熔銅製程中加入

錫的成分，青銅器較不易碎、也比銅器用途更廣。中國人和希臘人都分別在五千年前打造出青銅器，一千多年後，英國也開發出青銅器鑄造技術。

雖然史上第一件鐵器出現於四千五百年前的土耳其，但人類直到三千二百年前到三千年前，開發出高溫熔爐來熔化鐵礦石，以打造工具和武器後，才真正進入鐵器時代。當然，鐵器比銅器堅固多了。至於用鐵和少量的其他元素煉製的合金——鋼，則到19世紀中葉才出現。

第三次工業革命

分子層次的新材料出現後，展開新紀元，帶動了製程的歷史性轉變。正如同二百五十年前，人類以燃煤為能源，產生動力來驅動機器運轉，取代各種形式的人類勞動力，因而啟動了工業革命；同樣的，奈米科技很可能推動許多人口中的「第三次工業革命」，分子機器能重新組合基本元素所組成的結構，打造出截然不同的產品，包括：

- 奈米碳管能儲存能量，展現出過去難以想像的特性；
- 在某些特殊應用中，超堅固的碳纖已經取代了鋼鐵；
- 陶瓷基奈米複合材料將在產業界發揮廣泛用途。

方興未艾的奈米革命，加上生命科學的許多重大突破，也影響了人類其他方面的努力。今天市面上已經有一千多種奈米產品，大多數都屬於健康和健身領域，只是將既有製程做漸進式改良。其他應用包括運用奈米結構來提升電腦處理、記憶儲存能力，辨識環境中的毒性物質，水質過濾和淡化等。

奈米材料的反應性及其熱、電、光特性，都可能帶來各種不同的商業用途。比方說，石墨烯（只有一個原子厚的石墨形式）能與電子產生不尋常的交互作用，令科學家非常興奮，未來可能以此開發出許多新用途。

已經有許多人針對奈米粒子可能帶來的潛在危險展開研究。大多數專家如今都認為，21 世紀初曾引發嚴重關注和激烈爭論的「自我複製的奈米機器人」，出現的可能性極低，但他們也更認真看待其他風險——例如人體內長期累積奈米粒子後，會不會對細胞造成損傷。在美國威爾遜國際學者中心（Woodrow Wilson International Center for Scholars）主持科技創新計畫的雷赫斯基（David Rejeski）指出：「關於〔奈米材料〕對健康與環境的衝擊，我們知道的非常有限，更完全不清楚可能會出現什麼協同衝擊。」

就某個程度而言，至少早在巴斯德（Louis Pasteur, 1822-1895）研究微生物學時，當然尤其在 1953 年發現雙螺旋時，奈米科學就已存在。史莫利（Richard Smalley）在 1985 年發現碳六十（C_{60}，亦稱富勒烯或巴克球）之後，讓科技界重新產生濃厚的興趣，積極應用奈米科技來開發新材料。六年後，第一個奈米碳管帶來新希望，新材料的導電性比銅更優異，而且製造出來的碳纖維有可能比鋼鐵堅固 100 倍，但重量卻只有鋼鐵的六分之一。

奈米科技和新材料科學之間沒有明顯的分界線，兩個領域近年來都致力開發威力更強的顯微鏡、能在奈米層次操控物質的新工具、更厲害的超級電腦軟體（以便在原子層次模擬和研究新材料），並針對奈米層次新分子材料的特性（包括量子特性），持續進行基礎研究，且屢有重大突破。

3D 列印技術興起

人類擁有操控原子和分子的新能力之後，帶來了顛覆性的製造革命—— 3D 列印。這種也稱為「疊層製造」*的新製程，在製造物件時，會根據 3D 數位檔案逐層列印，將超薄的製造材料一層層堆疊上去，直到形成立體物件，而且可以運用的材料不止一種。雖然這種技術還在初步發展階段，但它能為製造業帶來的好處已經很明顯，也已經創造出一些驚人的成果。

自從 1908 年亨利‧福特首度在移動的裝配線上，使用可相互替換的相同零件，組裝 T 型車以後，大量生產就成為製造業的主流模式。大量生產過程的效率和速度，加上節省下來的成本，為工商業帶來革命性的改變。但今天許多專家預測，3D 列印技術的快速發展將會像百年前的大量生產技術一樣，為製造業帶來深遠的改變。

事實上，幾十年來，業界一直使用一種叫「快速原型設計」（rapid prototyping）的製程——在這個特殊利基市場上，製造商先打造出產品最初的模型，隨後再經由傳統製程量產。舉例來說，設計新飛機時，廠商往往會先打造新飛機的 3D 原型，以進行風洞試驗。如今新的 3D 印表機正逐漸破壞這個利基市場。有一家位於美國科羅拉多州、專門為建築師製作建築模型的公司 LGM，已經開始出現劇烈變化。公司創辦人歐佛瑞（Charles Overy）告訴《紐約時報》：「我們以前會花兩個月的時間來完成 10 萬美元的模型。」現在，他們只需一個通宵，就能打造出 2,000 美元的模型。

3D 印表機的潛力也凸顯了大量生產作業缺乏效率的一面：傳統生產線需要囤積大量零件，因此需要龐大的營運資金，容易造成物料的浪費，當然，還要加上雇用大量員工的成本。熱心提倡3D列印的人也聲稱，3D列印需要的材料通常只是量產製程的10%，更遑論還能省下大量的能源成本。3D列印也延續並加速了生產商品時「去物質化」的長期趨勢——過去半個世紀以來，儘管全球商品價值增長三倍以上，商品總噸數卻保持穩定不變。

除此之外，由於量產作業要求產品的尺寸和形狀標準化，造成「一個尺寸，一體通用」的情況，不見得適合各式各樣的特殊產品。量產作業必須集中使用生產設備，將零件運到工廠組裝，再把成品送到遙遠的市場上銷售，因此增加了許多運輸成本。相反的，採取3D列印的生產方式後，可以將產品相關的設計資訊與藍圖以數位檔案的形式，傳送到遍布各市場的3D印表機。

英國羅浮堡大學（Loughborough University）疊層製造研究小組的資深講師霍普金森（Neil Hopkinson）表示：「如果使用者在街角的3D列印商店就可以拿到所需的零件，那麼繞過大半個地球到海外生產可能就不符成本效益，不如在國內生產划算了。廠商毋須再在世界各地囤積備用零件，而可以把設計圖不費分文地儲存在虛擬的電腦倉庫，等到需要時再在當地列印出來就好了。」

3D列印技術目前的開發重心是體積較小的產品，但隨著技術持續改善，為打造大型產品和零件而設計的3D印表機很快就會面世。有一家位於洛杉磯的公司Contour Crafting已經打造了一部巨大的3D印表機，用貨櫃拖車把3D印表機運到建築工地後，可以在短短20小時內，把整棟房子列印出來（不包括門窗）！除此之外，目前的3D印表機可以生產從1個起，最多到1,000個物件，專家預測，不出幾年，3D印表機將有辦法生產出數十萬個相同的

＊譯注：additive manufacturing，亦譯「積層製造」。

零件和產品。

不過，關於 3D 列印的智慧財產權，還有許多問題尚待解決。在 3D 列印經濟中，最有價值的部分是 3D 設計，但當初制定著作權和專利權相關法令時，沒有料到會出現 3D 列印技術，因此必須修法才足以因應新現實。大體而言，依照目前的著作權法，「有用的」物件往往無法在法律保護下禁止複製。

雖然仍有人質疑這項新科技何時才會成熟，但美國、歐洲和中國的工程師和技術專家，都在努力開發 3D 列印技術的潛力。3D 印表機早期是應用在列印義肢和其他醫療裝置上，如今這方面的應用正逐步加快發展速度。今天較便宜的 3D 印表機已經打入玩家市場，甚至只需花 1,000 美元就可以買到。歐特克（Autodesk）公司就積極投資 3D 列印技術，執行長巴斯（Carl Bass）在 2012年表示：「有的人視之為利基市場，認為不可能達到一定規模。但這是大勢所趨，而不是一時的風潮。一場驚天動地的大地震正在發生。」

在美國，主張人民應普遍擁有槍枝的部分人士正鼓吹 3D 列印槍枝，視之為規避槍枝管制的好方法。反對者憂心忡忡，擔心如此一來，罪犯可以輕易將犯案時使用的 3D 列印槍枝熔化，避免執法單位拿來當犯罪證據。

工作外包和機器代工的潮流，使工作機會逐漸從已開發國家流向新興市場和開發中國家，但很快的，近年來在低工資國家創造出來的新工作機會，又會因為自動化的趨勢而遭到取代。3D 列印技術可能會加速這個過程，而且最後可能促使製造業的工作重新回到已開發國家。許多美國公司已經表示，拜不同形式的自動化之賜，他們已能把過去外包給低工資國家的部分工作移回美國。

資本主義陷入危機

地球公司突現，破壞了勞力、資本和自然資源三個生產要素，導致資本主義陷入危機。2012 年的彭博全球調查（Bloomberg Global Poll）發現，70% 的企業領導人認為資本主義「碰到麻煩了」。約有三分之一的人表示，資本主義的「規則和規範需要大幅修訂」──儘管美國的受訪者不如其他國家的受訪者那麼認同這樣的結論。

我們很可以理解，相較於其他制度，資本主義制度在組織經濟活動方面，的確有其固有的優點。資本主義制度能夠以較高的效率，分配資源和平衡供需，也更能夠有效創造財富，以及容許高度的自由。而且基本上，資本主義提供了廣泛誘因，獎勵努力和創新，因此能激發出人類的龐大潛能。人類世界也曾試驗過其他制度（包括在 20 世紀實施共產主義和法西斯主義的慘痛經驗），因此到了 21 世紀初，全世界幾乎毫無異議達成共識：選擇民主的資本主義制度為全球最主要的意識型態。

然而過去二十年來，世界各地的民眾都受到一系列市場崩盤的衝擊，尤其以 2008 年的經濟大衰退及其後遺症為甚。除此之外，在全球主要經濟體中，所得分配不均的現象日益嚴重，財富愈來愈集中在金字塔頂端的富人手中，導致民眾對於目前市場上運作的資本主義制度，出現信心危機。由於工業國家失業率居高不下及未能充分就業，加上龐大的政府赤字和私人債務，也降低民眾對經濟政策的信心，不相信目前的方案能帶動經濟復甦，重振經濟活力。

曾獲諾貝爾獎的經濟學家史迪格里茲在 2012 年指出：

難怪廣大美國人都擁有高所得的年代，也是美國經濟成長最快的年代，高所得的部分原因，是進步的稅制減少了所得分配不均的情況。同樣的，也難怪本次經濟衰退就和當年的經濟大恐慌一樣，之前都先出現貧富差距擴大的現象。當太多財富集中於上層社會時，一般美國人就必然減少花費，或至少在缺乏人為補助的情況下必將如此。因此，當財富從社會底層轉移到社會頂層手中，會導致整體消費降低，因為高所得者的消費只占他們所得的一小部分，不如低所得者所占比例那麼多。

雖然開發中國家和新興經濟體的生產力、工作機會、國民所得和經濟產出都大幅提升，但同時所得分配不均的情況也持續擴大。而且許多國家都還有為數眾多的人民深陷極端貧窮的困境。全球有十餘億人口每天只靠不到 2 美元來維生，其中有將近 9 億人過的是「極端貧窮」的生活——每天的收入還不到 1.25 美元。

最重要的是，今天全球市場機制之所以運作失靈，部分原因是大家幾乎完全拒絕承認主要的外部效應，尤其是拒絕考量每天 24 小時排放到大氣層的 9 千萬噸全球暖化汙染物造成的代價和後果。雖然大家已經很熟悉市場理論中的外部效應問題，然而今天問題的嚴重性遠遠超乎以往。同時，大家也習慣忽視正面的外部因素，以致於對教育、健康和其他公共財長期投資不足。

包括美國在內，許多國家的財富都日益集中於金字塔頂端的 1% 手中，造成政治制度扭曲，每當政府考慮修改政策，試圖犧牲少數人利益（至少是短期利益），以造福大眾時，每多掣肘。政府已經形同癱瘓，沒有能力採取必要的作為，因此也破壞了社會大眾對於當前資本主義市場機制的信心。

今天，緊密連動、數量龐大的資金在全球經濟體系中自由流竄，所有的政府都覺得遭到全球資本市場的意見所挾持。例如希臘、愛爾蘭、義大利、葡萄牙和西班牙等國家面對政策選擇時，似乎都不是聽從本國人民以民主方式表達的集體意志，而是屈從全球市場的認知來做決定。許多人的結論是，今天唯有能因應全球經濟新現實的政策，才能有效重振人類塑造未來經濟的力量。

追求永續價值

我與共同創辦世代投資管理公司（Generation Investment Management）的夥伴布勒德（David Blood）一起提出一套結構性的補救方案，倡導「永續資本主義」（sustainable capitalism）的觀念。今天，投資人短視近利已是眾所周知的問題，付出的代價是無法累積長期價值。四十年前，美國投資人平均持有股票的時間是 7 年左右，當時這樣做非常合理，因為一般企業往往要經過 1.5 個產業循環週期（大約 7 年），才能建立起四分之三的企業實際價值。然而時至今日，投資人平均持有股票不到 7 個月，就會賣掉股票。

投資人之所以愈來愈考量短期利益，原因很多。全球經濟緊密相連和快速轉型的大趨勢，更加重短期思考的壓力。一位分析師在 2012 年指出：「我們的銀行、避險基金和創投家，都積極投資各種金融工具和軟體公司。在這種情況下，即使最不起眼的投資，都可能在極短時間內創造出驚人的巨額報酬。反之，投資於實體工廠不但耗費巨資，非常辛苦，而且快速獲得高報酬的可能性也較低。」

　　投資人的短視近利為企業執行長帶來莫大壓力，迫使他們同樣只看近，不看遠。比方說，美國有一家商業研究公司（BNA）幾年前針對企業執行長和財務長做了一項調查，其中有個假設問題問道：假如你有機會為貴公司進行一項投資，這項計畫能令公司獲利更佳，也促進永續發展，然而一旦推動計畫，貴公司下季的盈利卻會稍稍落後，未能達標；在這樣的情況下，你仍然會一本初衷，進行這項投資嗎？結果有八成的人回答不會。

　　今天資本主義制度面臨的第二個眾所周知的問題是：獎勵制度普遍出現偏差。大多數投資經理人（每天大部分的資本投資決策都出自這些人手中）的薪酬都是依照每季（或最多每年）的績效來計算。同樣的，許多公司也都根據高階主管的短期經營績效來計算薪酬。其實，薪酬調整的時間應該考量公司需要多長的時間來創造最大價值，而薪酬計算也應該呼應能創造公司長期價值的根本因素。

　　除此之外，應該鼓勵企業放棄行之有年的做法，不再提供每季盈利目標。這些短期數字太受矚目，卻未將能獲得長期報酬的投資計畫納入考量，結果反而重懲了試圖建立永續價值的企業。

工作的本質改變

　　可以確定的是：由於全球經濟轉型及地球公司興起，我們需要全新的政策，讓人類重新掌握開創未來的能力。我們目前所經歷的一切，和全球企業早已習以為常的產業循環或短期市場亂流，都沒有太大關係。今天地球公司掀起的巨變真正具備了全球性、歷史性，而且改變的速度還在不斷加快。

雖然我們今天所面臨的改變無論在速度或規模上，都可說是史無前例，但對大多數人而言，在人類歷史上，生產活動的型態當然早已經歷過好幾次大轉變。最明顯的是農業革命和工業革命，兩者都大幅改變了全世界大多數人每天的生活方式。

根據人類學家的說法，我們所知最早的人造工具（包括矛頭和斧頭等），和人類持續了二十萬年的打獵和採集式生活型態有關。直到後來（在冰河時期消退後不久），以農耕為主的新型態興起，才取而代之。農業社會延續了不到八千年。工業革命則花了不到 200 年的時間，就讓美國農業人口占總工作人口的比例從90% 降為 2%。即使把自給自足式的農耕社會也納入全球農業人口的計算，全世界仍然只有不到一半的工作屬於農業工作。

犁和蒸汽機，加上在農業革命和工業革命中誕生的各種複雜工具及技術，破壞了傳統專業技藝的價值──長久以來，人們很重要的人生意義就在於靠這些技能來養家活口，滿足物質需求，和提供社會所需物資。儘管如此，舊型態消失之後，新型態隨之誕生，生活變得比較輕鬆便利，而生產活動依然能滿足實際需求。

可以確定的是，當工作機會轉變，社會型態也需要隨之大幅改變，最顯著的例子是：大批人口開始從農村往城市流動，許多人離鄉背井到異地工作，家園與工作場所分隔兩地。但結果仍大致符合我們對於進步的描繪，同時也帶動經濟成長，大幅提高所得，為了滿足人類基本需求（食衣住等）而投入的工作量，也大為減少。在上述情況中，以往常見的工作型態消失，新興的工作要求新的技能，也重新解讀生產力的意義。

這些大轉變都跨越了好幾個世代，經歷很長的時間。在農業革命和工業革命中，新技術開啟了新機會，創造了人類活動的新型態，雖顛覆了既有模式且常帶來混亂，但也大幅提升生產力，增加許多工作機會，並提高平均所得，減少窮人數量，大多數人的生活品質獲得前所未有的改善。

再思考一下我們在這三個歷史時期追蹤到的普遍社會型態：第一個時期延續了二十萬年，第二個時期延續了八千年，第三個時期則延續了一百五十年。上述改變人類經驗本質的歷史性轉變一個比一個重要，都在相對而言較短的時間內發生，而且都和技術創新有關。

整體而言，上述的歷程展現了重大技術革命如何孕育、萌芽，經過緩慢發展後，終於成為推動人類文明的重要力量——之後又逐漸加速發展，累積動能，在最後四百年間更以愈來愈快的速度全力衝刺，直到似乎自成一格，獨立發展。今天，科技革命正以超乎想像的速度帶領我們邁向〔套用克拉克（Arthur C. Clarke）的形容詞〕「有如魔法般的」新現實。

由於目前的轉變不只在程度上，而且在型態上也與過去大不相同，我們對於正在發生的變化缺乏充分準備。今天人類的大腦結構和二十萬年前的祖先其實沒有太大差異。由於科技革命大幅改變了我們的生活方式，也迫使我們不得不思考如何在極短時間內，重新設計人類文明，以因應新的現實。

我們甚至很難清楚認知和思考目前面對的改變速度。大多數人都難以理解所謂「呈指數變化」的實際意義為何——意思是，不但改變的幅度愈來愈大，改變的速度也愈來愈快。不妨想想看指數曲線的基本型態，這類曲線所衡量的變化型態一開始還十分緩慢，接著就彷彿攀爬陡坡般，以愈來愈快的速度往上竄升。來到急遽上升的坡段時，曲線改變的速度會非常快，遠勝過原先在緩坡的速度——到了這個階段，改變造成的後果不只發生在程度上，也在型態上。摩爾定律正充分說明了這點，今天第四代 iPad 的電腦運算威力甚至超過三十年前最厲害的超級電腦 Cray-2。

這個超級巨變的新時代不僅有數學上或理論上的意義，基本上也改變了人類兩種行為之間的根本關聯——我們如何在人生中有所貢獻，以及如何滿足自身需求。人們的所作所為——我們的工作與生涯發展，從事生產活動來換取收入，滿足基本需求並獲得幸福感、安全感、榮譽、尊嚴，及在社群中的歸屬感：我們生活核心的這些基本交換，如今在全球都大規模的轉變，而且速度之快，可說前所未見。

長久以來，現代社會都使用金錢和信用卡、簽帳卡等其他金融工具來追蹤這類持續進行的交易行為。但即使在還未把金錢當作交易媒介的舊社會裡，生產活動仍然和滿足個人需求相關，對滿足群體需求有貢獻的人能獲得社會的肯定，而這些人自身的需求則有一部分要靠群體中其他人來滿足。但時至今日，過去形成人類社會核心的這類基本關係開始發生劇烈變化。

許多經濟學家自我安慰的說法是，這只不過是老調重彈罷了，自從盧德（Ned Ludd）的時代開始，類似的情節就一再上演，毫無必要地發出假警報（盧德是工業革命時代的英國紡織工人，他醒悟到 18 世紀末發明的紡織機正逐漸搶走紡織工人的飯碗，便以搗毀紡織機做為抗爭手段）。後來甚至還出現一個新名詞——「盧德謬論」（Luddite fallacy），指出這類看法（新技術將降低人力需求、減少工作機會）的謬誤。沒錯，農業機械化的趨勢確實令相關工作機會大量流失，然而新增的工廠職缺不但數目超出流失的農場工作機會，還能提供更高的收入，而且隨著農業生產力大幅提升，食物價格也直線滑落。直到最近，大規模的工業自動化似乎仍在重複相同的型態：辛苦的重複性例行工作消失了，取而代之的是薪水更高、更好的工作機會。

另一次痛苦的大轉型？

然而面對今天的超高速變動，我們在早期科技革命中學到的教訓或許不再適用。有了網網相連的智慧型機器，再加上人工智慧的輔助，全球經濟中岌岌可危的工作可能遍及更多行業，占的比例也更高。為了因應新現實，我們可能必須重新思考：人類究竟應該採用什麼方式發揮生產潛能，以換取收入，滿足需求。

包括麥克魯漢（Marshall McLuhan）在內，許多學者都致力於研究科技與社會型態的關係，他們往往形容這類重要新科技是人類基本能力的「延伸」。如果借用這樣的比喻，汽車延伸了人類的行動力；電報及廣播電視則延伸了我們遠距交流的能力；鏟子和蒸汽挖土機都延伸了雙手的功能和我們抓取物件的能力。這些新技術都淘汰掉某些類型的工作，但另一方面也創造新的工作機會──通常都是因為需要一批頭腦清楚的人員在受訓後，安全、有效地使用新技術或操作新機具。

從這個角度來看，威力強大的人工智慧新形式不只代表人類能力的另一次延伸，而是進一步擴大了人類獨特的思考能力。雖然科學研究早已證實，人類不是唯一有感知能力的物種，不過顯然人類之所以是萬物之靈，是因為我們有能力對周遭世界發展出自己的心智模式，並透過思考來操控心智模式，以取得力量，改變周遭環境，並主宰整個地球。因此藉由科技來延伸人類思考能力，和其他以技術延伸人類能力的方式，有根本上的差異。

隨著人工智慧技術漸趨成熟，與其他各種延伸人類能力的技術相連結（包括掌握和操控物件，將物件重新組合成新形式，遠距輸送，利用高速傳輸的龐大資訊流互相通訊，自行建構對現實的抽象理解，以及各種超越人類學習能力的學習方式等），人工智慧革命產生的衝擊將超越過去所有的科技革命。

其中一個重大衝擊是，生產力提升與中產階級生活水準的關聯將加速脫鉤。在過去，每當經濟效率有所提升，通常大多數人的薪資水準也會隨之改善，但是當技術資本取代勞動力的趨勢大幅削減了工作機會時，能獲得龐大利益的往往是提供資本的人。技術與就業的基本關係也從此改變。

如今，這股趨勢正接近重要門檻，跨過這道門檻以後，大量的工作將會流失，消費者需求也將大幅下降，以致於無法維持健康的經濟成長。史迪格里茲在針對經濟大蕭條的新研究中指出，隨著農耕機械化，農業工作大量減少而導致需求緊縮，是引發經濟大蕭條的重要因素之一，其重要性可能超越我們過去的認知。由於目前製造業的工作不斷流失，我們可能要準備好迎接另一次痛苦的大轉型。

新的工作機會可能會出現，而且也必須創造出來。其中一個顯然可以創造新就業機會的方式是提供公共財，以取代因機器代工與工作外包而失去的收入。但是從地球公司突現而獲益的菁英階級，目前正有效運用他們累積的財富和政治影響力，防堵工作機會流向公共部門。好消息是，雖然網際網路帶動了機器代工與工作外包的趨勢，卻也提供了建立新型態政治影響力的新工具，使政治不再處處受制於菁英階級。我們將在下一章進一步討論這個議題。

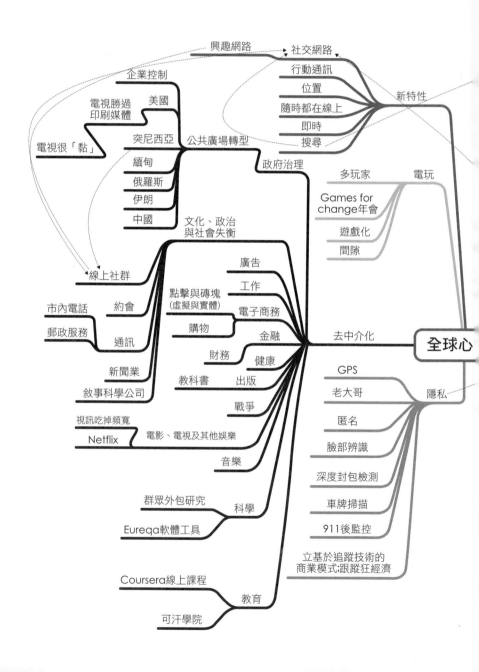

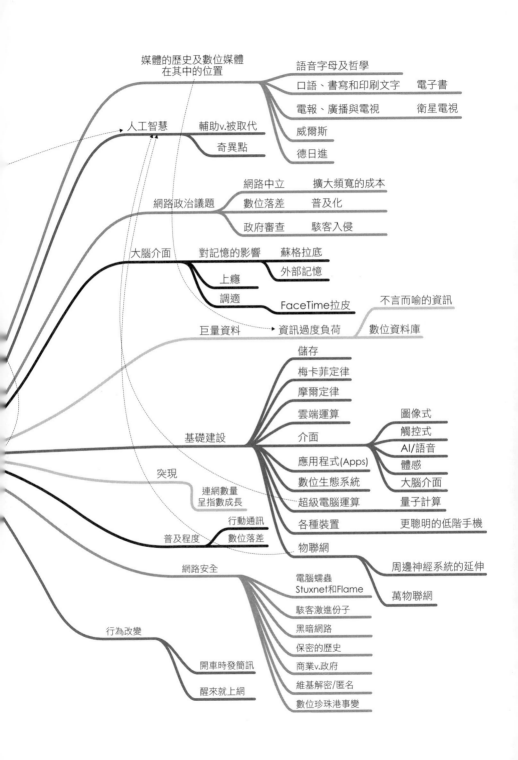

媒體的歷史及數位媒體
在其中的位置

語音字母及哲學

口語、書寫和印刷文字　電子書

電報、廣播與電視　衛星電視

人工智慧　輔助v.被取代

威爾斯

奇異點

德日進

網路政治議題

網路中立　擴大頻寬的成本

數位落差　普及化

政府審查　駭客入侵

大腦介面　對記憶的影響　蘇格拉底

外部記憶

上癮

調適　FaceTime拉皮　不言而喻的資訊

巨量資料　資訊過度負荷　數位資料庫

儲存

梅卡菲定律

摩爾定律

雲端運算　圖像式

基礎建設　介面　觸控式

AI/語音

應用程式(Apps)　體感

突現　數位生態系統　大腦介面

連網數量　超級電腦運算　量子計算
呈指數成長

各種裝置　更聰明的低階手機

行動通訊　物聯網

普及程度　數位落差

周邊神經系統的延伸

網路安全　萬物聯網

電腦蠕蟲
Stuxnet和Flame

駭客激進份子

黑暗網路

保密的歷史

行為改變　商業v.政府

開車時發簡訊　維基解密/匿名

醒來就上網　數位珍珠港事變

02

全球心智

　　工作外包和機器代工這兩種趨勢同時出現，造成地球公司「突現」，同樣的，網路的應用加上電腦隨處運算的威力，讓人類神經系統無遠弗屆向全球延伸，以光速在數十億人之間傳遞資訊、思想和感覺。

　　今天，我們透過電子郵件、文字訊息、社交網路、多玩家線上遊戲和其他數位溝通形式，以前所未見的速度，和廣大的全球數據網路相連結。這些革命性的全球通訊方式，造成海嘯般的巨變浪潮，從藝術到科學，從政治集體決策到企業經營，各個領域都不得不進行顛覆性和創造性的調整。

　　某些我們很熟悉的行業，如今正奮力求生：包括報業、旅行社、書店、音樂、影片出租、照相館等，都是最常被提及的例子，這些行業都很早就面臨新科技的挑戰，如果不能進行激烈變革，可能只好關門大吉。一些大型機構也辛苦掙扎：例如當數位通訊取代了寫信，郵局會逐漸流失顧客，淪為發送廣告 DM 和垃坡信函的服務單位。

　　同時，我們也親眼目睹新的商業模式、社會組織和行為模式大量出現，這是電腦與網路興起之前難以想像的奇景：從臉書、推特，到亞馬遜網路書店、iTunes，從 eBay、Google 到百度、俄羅斯的 Yandex.ru 和巴西的 Globo.com，還有在你閱讀這個句子時剛冒出來的各種新事業──都是全球 20 億人口連結上網所帶動的現象。除此之外，今天全世界相互連結的各種數位裝置和機器的數量，已經超越地球總人口。多項研究預測，到 2020 年，與網際網路連結的裝置將超過 500 億個，彼此間持續不斷地交換資訊。當 RFID 標籤之類的簡單裝置也能透過無線傳輸，把資訊傳送到讀取機時，「相連結的物件」數量將更加驚人。（有些學校已經要求學生配戴有 RFID 電子標籤的名牌，以遏止逃學，引起許多學生抗議。）

新科技與「世界腦」

　　自從電報發明以來，就不時有作家借用人類神經系統來形容電子通訊。1851 年、也就是摩斯成功接收第一通電報訊息「神行了何等的大事？」（What hath God wrought?）的六年後，霍桑（Nathaniel Hawthorne）便寫道：「透過電力，物質世界變成巨大神經線，在極短時間內顫動數千里。圓形的地球是充滿智慧的巨腦。」不到一百年後，威爾斯（H. G. Wells）提出「世界腦」這個構想時，修改了霍桑的比喻，威爾斯描繪的世界腦是──全世界資訊的統合，是全球每個人都能接觸到的「某種心智上的交流中心：接收各種知識和觀念，並將之分類、整理、消化、釐清、比較的寶庫」。雖然威爾斯形容的「世界腦」一開始只是個比喻，如今卻已成真，當你在網路上查閱維基百科，或藉由搜尋Google，連結到上兆網頁的一部分時，這就是「世界腦」的概念。

由於神經系統連結到大腦，而大腦是心智的源頭，難怪 20世紀的偉大神學家德日進，又再度修改了霍桑的比喻。德日進在1950 年代就預見，人類意識會在科技促成的思想網路中「星球化」，他稱之為「全球心智」。雖然目前的情況或許還不符合德日進提出這個意象時的廣闊意涵，但有些科技專家認為，今天正在「突現」的種種現象，正預示了新紀元的開端。套用笛卡兒的話，就是：「它思故它在。」*

今天大家使用的超級電腦和軟體，都是由人類設計出來的，然而正如同麥克魯漢所說：「我們塑造了工具，因此工具也塑造了我們。」網際網路及透過網路相連的全球數十億智慧型裝置和機器所形成的「全球心智」，堪稱是人類使用過威力最強大的工具，難怪這個威力強大的工具，正以無孔不入、也無所不在的各種微妙方式，重新塑造我們的思維模式。

正如同跨國企業藉由工作外包和機器代工的模式，提升了生產力及效率；個人在運用腦力工作時，也因為能立即和世界各地的電腦、伺服器和資料庫連線，而變得更有效率和生產力。正如同工作外包和機器代工形成的正回饋環路帶動了全球經濟巨變，同樣的，電腦普及與上網人口激增的趨勢也相互強化。「地球公司」正在改變人類在生產過程中扮演的角色，同樣的，「全球心智」也正在改變我們與資訊世界的關係。

今天大家全盤採用網路為最主要的資訊交換方式，帶來的轉變具顛覆性和創造性。未來學家凱利（Kevin Kelly）表示，充滿智慧的科技新世界愈來愈像「非常複雜的生物，往往受自我需求的驅使」。而這個龐大的複雜系統中不只包含電腦與網路，也包含了我們。

不妨思考一下對話的力量。今天，不管晚餐桌上閒聊時迸出什麼問題，許多人都很習慣透過智慧型手機，上網找答案。的確，大家都花大量的時間盯著手機和其他上網裝置，幾乎不再和別人交談。著名的網路哲學家塔克爾（Sherry Turkle）最近寫道，我們花愈來愈多的時間「一起獨處」。

由於線上科技令人沉迷的特質，許多人不禁納悶：某些網路使用者是不是較容易上癮。美國《精神疾病診斷與統計手冊》（*Diagnostic and Statistical Manual of Mental Disorder*）2013 年 5 月的修訂版首度在附錄中，將「網路使用失調」納為需要進一步研究的項目。據估計，全世界目前有 5 億人每天至少玩一小時線上遊戲；美國 21 歲以下的未成年人平均花在線上遊戲的時間，幾乎相當於他們從 6 年級到 12 年級在教室上課的時間。而且這不是年輕人獨有的現象：線上社交遊戲的典型玩家，是 45 歲上下的中年婦女。據估計，美國有 55% 的社交遊戲玩家為女性（英國的比例更高達 60%）。就全球來看，臉書上的女性留言占了 60%，而且有 70% 的相片是由女性張貼上去的。

記憶、「標記」及古騰堡效應

這些小小的行為改變似乎微不足道，卻反映出更大的趨勢。

---

* 關於人工智慧發展到某個階段時，是否真能如人腦般具有「思考」能力，以及何時會達到這樣的境界，科學界一直在激烈爭辯。本章的分析所根據的假設是：這樣的發展純屬臆測，在未來數十年，人工智慧可能都無法達到那樣的境界。由於科學家目前還不清楚意識的本質，因此很難對人工智慧的發展有一致的看法。超級電腦目前已經有某些能力超越人類，同時也能為人類做某些重要的決定，例如處理金融市場的高頻交易，以及釐清巨量資料之間過去隱而未見的複雜關係。

許多專家在研究人與網路的關係時，碰到的其中一個有趣爭議是：我們會如何調整大腦的內部組織（以及意識的本質），以便適應我們耗費大量時間上網的行為。

每逢通訊技術出現大躍進時，就會影響到人類記憶力。心理學研究顯示，當研究人員要求實驗對象記住一連串事實，並且預先告訴一組受測者，之後可以在網路上找到這些資訊，卻不告知另一組受測者，結果會發現，被告知的這組記住的事實不如未被告知的人那麼多。類似的研究也顯示，經常使用 GPS（衛星定位系統）的人會逐漸失去原本的方向感。

換句話說，很多人把網路，以及與網路相連的各種裝置、電腦程式和資料庫，當作大腦的延伸。這可不是比喻，許多研究都指出，這是心智能量的實質重新分配。從某個角度而言，為了節省腦力，我們只在腦子裡儲存少量資訊，等需要時，再從外部資料庫擷取資訊，其實也不無道理。至少愛因斯坦就是這麼想的，他曾說：「可以在書本上找到的，就絕對不需要記在腦子裡。」

半世紀以前，神經科學家就已經發現，某些特殊的神經迴路用得愈多，就長得愈好，如果久不使用，神經元「樹」就會萎縮，逐漸失去功能。即使在神經科學界有這些發現之前，麥克魯漢也已隱喻過類似的過程。他寫道：適應了能延伸或替代心智功能的新工具之後，我們會逐漸喪失原本的能力，因為「內建麻痺機制」會巧妙幫助我們接納新增的心智義肢，促使大腦與新工具帶來的新能力配合得天衣無縫。

在柏拉圖對話錄中，埃及神祇休斯（Theuth）告訴法老王塔姆斯（Thamus），有了新的溝通工具──書寫技術之後，人們記得的事情會比過去多了許多。法老王卻深深不以為然，他說如此一來，「只會將健忘深植於靈魂中，不再鍛鍊記憶力，因為人們從此仰賴書寫紀錄，借用外部的標記來記住事情，而不再運用本身記憶力。」*

所以這種情況不是第一次出現。然而網路與個人行動裝置結合後，帶來的不同效應是：我們的大腦可以在需要時，立刻輕而易舉連結到浩瀚的數位宇宙，以致於大家開始習慣仰賴外部記憶。當這種行為變得愈來愈普遍，我們對外部記憶的依賴就愈來愈深，也愈來愈不仰賴儲存在腦子裡的記憶。塔姆斯王兩千四百年前所說的「外部標記」，變得愈來愈重要。的確，能不能輕輕鬆鬆在網路上快速找到所需的資訊，成為21世紀衡量聰明才智的新指標之一。

意識向來都會受到外在影響。人類之所以成為獨特的萬物之靈，正是因為我們有能力進行複雜抽象的思考。自從大約二十萬年前，人類大腦皮質發展成接近現代人的形式後，讓人類成為萬物主宰的優勢就不再取決於體格上的演化，而是出自人類愈來愈懂得運用工具，來增進駕馭現實的能力。

人類複雜的語言能力究竟是伴隨著基因突變而突然產生的，還是漸進式發展出來的，科學家看法分歧。但無論如何，人類具備了複雜的語言能力之後，可說史上頭一遭，人與人之間可以互相溝通錯綜複雜的想法，從此改變了人類利用資訊來控制周遭環境的能力。可以說，我們也首度懂得將資訊儲存在大腦之外。歷史上絕大部分時候，口語都是人類社會最主要的「資訊科技」。

---

* 網路的記憶庫正日漸退化，我的好友、人稱「網路之父」的瑟夫（Vint Cerf，他和康恩一起開發出TCP/IP協定，讓網際網路上的電腦和各種裝置能相互連結）稱這樣的過程為「位元腐壞」（bit rot）——資訊消失的原因包括新軟體無法解讀複雜的舊檔案格式，或是連結到資訊的網址沒有更新。瑟夫呼籲應該建立可靠的媒介（他稱為digital vellum，數位羊皮紙）來保存網路記憶。

在漫長的漁獵採集時代，人類一直靠口語來溝通。直到農業時代初期，才出現書寫文字。之後，人類逐漸發展出各種複雜的書寫工具：從石板到莎草紙到羊皮紙到紙，從象形圖到象形文字到拼音字母——美索不達米亞、埃及、中國、印度、地中海及中美洲的複雜文明也應運而生。

古希臘人改進了腓尼基人設計的字母，帶來新的思考方式，也促使雅典文明在西元前四、五世紀突然大放異彩，湧現出哲學思想、戲劇作品，也形成像民主制度這樣的複雜觀念。和象形文字及楔形文字相較之下，希臘字母的抽象形狀（和所有現代西方字母一樣）就像數位編碼的 0 與 1 一樣，本身並沒有任何隱含的意義，但是當你把字母作不同的排列組合時，就可以賦予每個字獨特的涵義。歷史學家在比較古希臘文明與更早的古文明時所發現的顯著差異，與大腦內部組織為了適應新的溝通工具而做的調整，是息息相關的。

多虧了新的書寫溝通形式，人類從此能將前人的集體智慧儲存於大腦外部，而且依然可以從中擷取知識。後來的進步，尤其是 14 世紀在亞洲、15 世紀在歐洲發明的印刷術，也都和人類大量擴增外部儲存的知識，而且愈來愈多人能夠輕鬆獲取知識有關。隨著印刷術的發明，衡量文明複雜度的指數曲線突然直直攀升。我們的社會改變了，我們的文化改變了，我們的商業模式改變了，我們的政治也改變了。

在麥克魯漢所謂的「古騰堡星系」（Gutenberg Galaxy）出現之前，歐洲人大多是不識字的文盲，因為無知而無能為力。圖書館的藏書多半只有幾十部手抄書籍，有些書籍甚至還被鏈在桌子上，書中使用的是唯有僧侶才看得懂的文字。當時的統治階級與教廷結盟，藉由武力掌控大權，他們訂下嚴格限制，唯有封建制度的統治菁英才能接觸到圖書館內的知識。印刷術發明後，人民可以大規模掌握、複製和傳播前人的集體智慧，也得以透過各種管道共享資訊，推動人類進入現代世界。

古騰堡發明印刷術之後不到兩個世代，哥倫布啟航展開「發現之旅」。哥倫布從巴哈馬返歐之後，共出現十一個印刷版本的航海記，風靡整個歐洲。此後二十五年，許多歐洲帆船相繼完成環繞地球的壯舉，從美洲、亞洲和非洲一些過去不為人知的地區，帶回各種器物和知識。

同一段時期，以德文和其他語文撰寫的基督教《聖經》大量散布，導致宗教改革（由於印刷術的加持，當時羅馬教廷大量販售贖罪券，甚至還衍生新的商品：赦免未犯之罪的贖罪券；馬丁·路德對此感到非常憤怒，成為另一條導火線）。1517年，路德用拉丁文寫下了「九十五條論綱」*，並釘在威登堡（Wittenberg）教會大門上，後來再印了幾千份德文版大量發送給一般民眾。十年內，各式各樣的宗教改革小冊子總共印製了六百萬份，其中超過四分之一是路德本人撰寫的。

隨著文字書寫大量出現，觸發了一連串新的資訊流通，一股學習識字的熱潮從歐洲北部開始，後來逐漸南移。這股熱潮達到巔峰時，法國人把印刷機斥為「魔鬼的發明」。但是，隨著人民對印刷文字傳達的無限資訊胃口大開，古希臘羅馬的古老智慧變得唾手可得，促進思想大爆發並帶動交流，激發新的思維方式，於是，人們開始重新思考前人的智慧及關於未來的種種可能。

關於當今世界的知識大量普及化之後，封建秩序的基礎開始撼

---

* 譯注：Ninety-Five Theses，討論贖罪券的意義及其效果。

動。歐洲文明在經歷了印刷機的創造性破壞後，現代世界從文明的廢墟脫胎而出。古騰堡印製《聖經》後不到百年的時間，哥白尼的《天體運行論》出版了（哥白尼臨終前在病榻上拿到一本剛印好《天體運行論》），揭開科學革命序幕；不到一個世紀後，伽利略證明了日心說；幾年後，笛卡兒提出「機械論的宇宙觀」*。新觀念繼續不斷演進。

原本只是挑戰中世紀教會與封建領主至高無上的權威，卻漸漸轉變成對統治者絕對權力的挑戰。商人和農民開始質疑：人民為何不能根據自己掌握的知識，行使某種程度的自決。社會大眾交流觀念的虛擬「公共廣場」於焉誕生。古雅典和羅馬共和國的公共廣場或市集（英文分別是 Agora 和 Forum），都是讓大家交流各種意見與想法的實體集會場所，印刷機所創造的大型虛擬論壇，則仿效了古代廣場的所有重要特色。

隨著印刷機的改進，印刷成本日益降低，眾多印刷業者迫切需要可出版的材料，無論想要取得別人的印刷作品或發表自己的想法，都變得容易許多。很快的，由於民眾對知識的渴求，現代作品應運而生——從塞萬提斯、莎士比亞、到各種刊物和後來的報紙。今天，可引發廣大共鳴的想法能吸引到更大量閱聽者——只不過今天的媒介變成 Google 搜尋引擎。

在接下來的啟蒙時代，知識和理性成為足以和財富及武力相抗衡的政治力量源頭。新的公共廣場在印刷媒體的資訊生態系統中誕生，在代議式民主制度下實施自治的可能性也因此大增。當個人擁有閱讀的自由以及與他人溝通的自由，就能夠集體決策，塑造自己的命運。

1776 年 1 月初，潘恩（Thomas Paine）出版了一本小冊子

《常識》，在這本小冊子推波助瀾下，那年 7 月燃起了美國獨立戰爭的戰火。當初潘恩從英格蘭移民到費城時子然一身，身無分文，也沒有任何影響力，但他很懂得運用印刷文字清楚表明自己的理念。

　　亞當‧斯密（Adam Smith）也在同一年，提出現代自由市場的資本主義理論，依循的是相同的基本原則。當個人能自由取得市場資訊，就能自由選擇要買或賣，同時集合眾人決策，會形成「看不見的手」，影響資源分配，平衡供需，並制定最適價格，以達到最大經濟效率。那一年還出版了吉朋的《羅馬帝國衰亡史》第一卷，這本書熱銷的現象和當時對未來的樂觀情緒相互輝映。舊秩序崩解，當前的世代則忙著透過印刷革命，塑造新思維、新體制，重建新世界。

新「人權」指標

　　比起 18 世紀的印刷革命，今天橫掃全球的數位革命速度更快，威力也更驚人，難怪帶動了另一波社會、文化、政治和商業模式的新浪潮，塑造嶄新的世界。儘管過去印刷革命曾掀起戲劇性變革（就好像歷史上複雜語言、書寫文字和拼音字母出現的時候），但這些都無法和我們即將體驗的巨變相比，幾乎隨處可得的電腦運算加上網路，產生的效應可說前所未見。過去半世紀以來，每隔十八到二十四個月，電腦處理速度幾乎加快一倍，儘管不時有人預言摩爾定律很快就會失效，這樣的成長模式卻符合摩爾定律。有些專家認為，摩爾定律在未來十年內將不再適用，不過其他人卻相信，像量子計算之類的新突破，會繼續快速提升運

＊ 譯注：Ninety-Five Theses，討論贖罪券的意義及其效果。

算能力。

隨著全球心智誕生，數位資訊呈指數成長，我們的社會、文化、政治、商業、教育制度、人際關係和思考模式，都開始重組。個人和企業每年生產及儲存的數位資料，是美國國會圖書館全部館藏資料的六萬倍。截至 2011 年，我們創造和複製的資訊量，短短五年內就成長了九倍。（2002 年之前，數位資訊的儲存量還沒有超越類比資訊的儲存量，但是接下來五年內，以數位方式儲存的資訊已占所有資訊儲存量的 94%。）兩年前，透過行動裝置傳送的資料量，已經超越了所有語音資料傳輸量。也難怪從 2003 年到 2010 年，每通電話的平均通話時間變短了，從 3 分鐘縮短為 1 分 47 秒。

從 2005 年到 2010 年，全球上網人數增加一倍，在 2012 年，網路使用人口更多達 24 億人。到 2015 年，全球行動裝置的數目將和人口數差不多。未來五年，只透過行動裝置上網的人數，預計會成長 56 倍，透過智慧型手機傳送的總資訊量，也將增長 47 倍。在美國和其他已開發國家的手機市場上，智慧型手機已占超過一半。

但這不是富裕國家特有的現象。雖然電腦和平板電腦的使用者仍然多半集中於先進國家，但電腦愈來愈便宜，加上更小、更方便攜帶的行動裝置紛紛誕生，今天無論在世界哪個角落，都可以接觸到全球心智。全球 70 億人口中，如今超過 50 億人使用手機。2012 年，全世界只有 11 億人經常使用智慧型手機，還不到全球市場的五分之一。雖然今天對開發中國家大多數的消費者而言，能上網的智慧型手機價格依然過高，但從一開始，數位時代的特色就是成本不斷下降，在這股降價風潮驅策之下，消費者負擔得起的低階智慧型手機，很快將大行其道，變得幾乎人手一支。

由於大家對上網的重視，聯合國一份報告已將能否上網列為新的「人權」指標。尼葛洛龐帝（Nicholas Negroponte *）針對全世界尚未擁有電腦的孩子發起一項計畫，希望提供每個孩子一部平價電腦或平板電腦（100 美元到 140 美元左右）。這個計畫希望拉近「資訊落差」，所遵循的模式過去也曾在富裕國家發生。比方說，1990 年代，美國人憂心「資訊擁有者」與「資訊匱乏者」之間的落差，因此通過新法案，撥款補助所有學校和圖書館連結上網。

數位革命在已開發國家改變了人們的行為模式，或多或少也預示了整個世界未來將面對的改變。根據愛立信（Ericsson）公司的調查，有 40% 的智慧型手機使用者每天一睜開眼睛（甚至還沒下床），就立即上網。而且在他們醒著的時候，這樣的行為模式會持續一整天。舉例來說，他們早晨開車上班的時候，會面對一項危及公共安全的新威脅——許多人一邊開車，一邊用行動通訊裝置收發電子郵件、傳訊息，或玩線上遊戲、講電話。

最極端的例子是，曾有一架民航客機已經過了預定降落時間九十分鐘，仍未飛抵目的地，原因是駕駛艙中的機師和副機師都在筆電上玩遊戲，玩得渾然忘我，連續三個城市的至少十二名航管員，都試圖引起他們的注意，他們卻充耳不聞，在兩名不專心的機師終於放下筆電前，美國戰略空軍司令部甚至已經下令戰機準備升空攔截。

iPhone 流行之後，許多人花大量時間透過 FaceTime 視訊，其中一些人甚至因為這項新科技，跑去修飾門面。整形醫師席格

＊ 譯注：MIT 媒體實驗室創辦人，《數位革命》作者。

爾（Robert K. Sigal）就表示：「有些病人拿著 iPhone 走進來，要我看看他們在 FaceTime 上面的樣子。由於拿手機的角度，使用者會往下看著攝影鏡頭，因此臉部和頸部有任何肌肉鬆弛的發福跡象，都無所遁形。他們會說：『我從來不知道自己看起來是這副模樣！我得想想辦法！』我開始稱此為『FaceTime 拉皮』效應。我們已經特別針對這種需求發展出一套療程。」

「巨量資料」興起

隨著意識延伸到「全球心智」，我們也將周邊神經系統延伸到「物聯網」（Internet of Things），這個由實體物件串起的網路完全在意識層次底下運作，控制著維繫地球公司效率的重要功能。全球網際網路在物聯網這個部分快速擴展，產生龐大的資料，遠遠超過上網人口所產生的數據，並逐步演化，朝著某些人所稱的「萬物聯網」（Internet of Everything）邁進。

「巨量資料」（Big Data）是資訊科學界令人興奮的新領域之一，電腦科學專家紛紛為超級電腦開發新的演算法，用來過濾以往無法處理的龐大資料量。美國地球資源衛星蒐集的資訊，有九成都沒有經過任何人腦分析，也沒有透過電腦處理能力來分析其中的模式和涵義，就直接傳送到電子資料庫儲存。像這樣從來不曾利用過的龐大資料寶庫，如今終於可以開始進行分析。

同樣的，目前透過嵌入式系統、感測器、驅動器等小型裝置，在工業流程中蒐集到的種種資料，大部分都在不久之後即遭丟棄。隨著資料儲存的成本直線下滑，以及巨量資料分析技術日益精進，如今這類資訊有部分會被保存起來、進行分析，而且已經產出大量有用的洞見，有助於提升產業和企業的效率。

　　再舉另外一個例子。有些車輛會在擋風玻璃上安裝行車記錄器，持續蒐集資料，但每次只保存二十秒的影像紀錄；一旦出車禍，事故發生前和發生當下那幾秒的影像紀錄都會被儲存起來，以供分析。飛機上的黑盒子和大部分的大樓監視攝影機也一樣。蒐集到的資料隔一段時間就會刪除，以挪出空間來儲存更新的資訊。但不用多久，絕大多數的資訊都會被儲存起來，並透過巨量資料演算法處理分析，從中獲得有用的洞見。

　　今天全世界都在設法蒐集和分析更大量的資料。IBM 公司與荷蘭電波天文學研究所合作，試圖開發出新一代電腦科技，以儲存和處理新型望遠鏡即將蒐集到的資料。這種叫「平方公里陣列」（SKA）的電波望遠鏡，每天蒐集到的資訊量，將是目前全球資訊網所有資訊量的兩倍。

　　巨量資料技術很快將深刻影響到所有會固定產出大量資料的人類活動。正如同心理學家和哲學家試圖解析潛意識，從中尋找深層意義一樣，最先進的超級電腦，如今也試圖從持續蒐集到的巨量資料裡，推測出有意義的模式，不只分析物聯網上的資料，也試圖從人際交流的龐大資訊中（包括每天在推特、臉書這類社群網站上張貼的數十億訊息），找出模式。

　　例如，美國地質調查所建立推特地震探測器系統（Twitter Earthquake Detector），希望在更短時間蒐集到地震發生地點和影響的資訊，尤其能在地震儀器不足的人口稠密地區發揮效用。2009年，聯合國祕書長潘基文推出「全球脈動」（Global Pulse）計畫，希望透過分析數位通訊，更快探查到並了解經濟和社會衝擊。民眾為手機預付卡加值的模式，可能是工作流失的早期警訊；進行線上食品價格的調查，有助於預測物價上揚和食品短缺的趨勢。

「流感」和「霍亂」等關鍵字的搜尋量大增，可能預示即將爆發傳染病。

情報機構也運用巨量資料分析技術，來搜尋通訊量暴增的模式，以便推測特定國家或地區的社會動亂。有些剛成立的公司也採用類似的技術，來分析上百萬的訊息和推文，希望預估好萊塢（及寶萊塢）電影的票房成績。

平衡的民主政治

工商界和國安部門出於迫切的必要性，都很快因應新科技的發展，但新時代的民主政治會出現什麼變化呢？

網路通訊快速崛起，當然是暗示著恢復健全自治的樂觀跡象，主要原因是，網路世界在結構上的特色，與印刷時代的特質十分相似：網路世界的進入門檻很低，人人都可輕輕鬆鬆使用網路。而且也和印刷時代一樣，在網路上發表的想法，至少有部分能透過引發多大的共鳴，來評估其品質。當愈來愈多人對網路上某篇文章或某段影片產生共鳴，其他人也會益發注意到這些愈來愈受歡迎的文章或影片。

今天，由於社會大眾對網路內容的龐大需求，閱讀風氣也大幅改善——這正遙遙呼應了「古騰堡星系」誕生後、民眾讀寫能力「大爆炸」的現象。事實上，自從電視機問世，閱讀風氣就日益衰落，如今卻因為網路的主要內容絕大部分以文字形式呈現，而重振閱讀風氣（為三十年前的三倍）。

在許多國家，公共利益往往操控在有錢有勢的富人與大企業手中，民主制度正面對艱難挑戰；而在其他一些國家，牢不可破的威權獨裁政權掌控一切。許多民主自治的支持者，都對網路時代寄予厚望，希望能重振健全的民主論述。

從開羅解放廣場的示威者，到西班牙的「憤怒者」運動，從美國的「占領華爾街」運動，到莫斯科抗議大選舞弊的龐大群眾，近年的革命性政治運動主要都透過網路號召，臉書和推特是好幾個政治運動的幕後功臣。「Google 地球」也在揭露菁英階層的豪奢生活上扮演要角，例如發生在巴林王國的例子；而在利比亞革命中，米斯拉塔當地的叛軍就實際使用「Google 地球」來指引迫擊砲的發射方向。（順帶一提，「Google 地球」一度誤將哥斯大黎加的一小塊領土劃入尼加拉瓜疆域，還曾在兩國之間引發小小的邊界紛爭和短暫武力對峙。）

不過到目前為止，網路啟動的改革運動和革命大多依循相同的模式：激情過後，就是一連串的失望與停滯。網路鼓動的改革運動能否激發第二波熱潮，在累積能量一段時間之後再度引爆，並終於達到目標，還是未知之數。

2007 年緬甸的番紅花革命，是網路點燃的第一波革命運動。當時緬甸激進份子不顧個人安危，在網咖匿名使用網路，或將隨身碟偷運出境，送達在泰國的緬甸流亡份子，將要求民主改革的訊息傳送出去。不幸的是，後來緬甸威權政府不惜切斷境內網際網路，壓制番紅花革命。

儘管如此，在網路斷線前早已點燃的革命火花，仍然持續在緬甸悶燒，並且在世界其他地區燃起熊熊烈焰，良知的力量已被喚醒，民眾不再坐視緬甸獨裁政府的濫權和不公不義。（飄流海外、受過西方教育、家境富裕的緬甸人，近年來充分運用網路的力量，成為推動祖國改革運動的要角。）幾年後，緬甸政府在壓力下終於放鬆管制，開啟政治對話，釋放了長年被軟禁的改革運動領導人翁山蘇姬，而且翁山蘇姬還在 2012 年 3 月當選國會議員。許多跡象都顯示，經由網路啟動的這波群眾運動又重新點燃，成為改革的推動力，而且似乎終會成功掌控政權。

不過，在其他許多威權國家，當權者猛烈壓制改革的做法，通常都能有效澆熄異議份子在網路點燃的群眾運動。2009 年，伊朗的綠色革命最初只不過是反對總統大選舞弊的群眾示威活動。雖然在西方同情者印象中，推特在發動抗議活動和維持活動熱度上，均扮演要角，但實際上，社群網站在伊朗境內的角色反倒不如在伊朗境外重要，因為伊朗政府大體上成功箝制了抗議者的網路使用。儘管 YouTube 影片記錄了伊朗政府的惡行（最著名的是女大學生妮塔‧阿嘉索爾坦遭無辜射殺的悲劇），但異議份子號召大規模抗議活動時可能使用的大型社群網站，幾乎全數遭到關閉。的確，在伊朗大選期間，主要反對黨候選人穆薩維開始透過臉書組織群眾、蓄積氣勢時，伊朗政府乾脆封鎖臉書。

更糟的是，伊朗安全部隊在世人面前，充分展現出邪惡威權政府如何透過資訊控制手段，來對付自己的公民：他們藉由分析網路連結和社交圖譜得到的蛛絲馬跡，來辨識和追蹤異議份子，讀取私人通訊內容，並有效壓制任何反抗運動。整個事件發出令人寒心的警訊：由於網路上嚴重缺乏隱私，結果反而強化了政府控制人民的力量，而不是促進改革與革命。

中國的防火長城

中國就實施非常複雜的網路內容審查和控制措施，避免網路成為激發改革與革命熱潮的工具。中國的「防火長城」是全球規模最龐大的網路監控手段。（伊朗和白俄羅斯的獨裁政權，是另外兩個試圖實施這類控制的國家。）中國與全球網際網路的連結是由國營機構壟斷，他們審慎依循一套通訊協定系統，將境內的網際網路有效變成中國內部網路。2010年，總理溫家寶在受訪時提倡改革，然而這段訪問卻在中國國內遭查禁，因此中國人民根本看不到訪問內容。

2006年，全球最大搜索引擎公司Google認為，中國對網路內容的控制，與Google主張開放的價值觀相衝突。我正好參與了Google對這件事審慎計議的過程，親身觀察到當時可以選擇的方案是多麼有限。中國決心封鎖所有政府反對的內容，然而Google一向承諾資訊完全開放，因此在試圖尋求各種妥協方案卻未果後，Google做了撤出中國的重大決策，轉而利用香港網站提供服務，因為香港雖然受北京政府箝制，卻仍保有相當高的自由度。

順帶一提，臉書從未獲准進入中國。Google共同創辦人布林（Sergey Brin）曾在2012年表示，中國政府有效控制網路的程度遠超乎他的預期。布林指出：「我原本以為絕對不可能把精靈重新放回瓶子裡，但如今看來，在某些地區精靈已經被收回瓶中了。」

備受讚譽的中國藝術家艾未未卻有不同看法，他認為：「〔中國〕承受不了這樣做的後果……想要控制網路是不可能的。」目前中國的上網人口超過五億，占中國總人口的四成，人數在世界各國高居首位。所以，大多數觀察家都認為，遲早中國內部會出現愈來愈多的開放辯論（甚至是針對中國共產黨眼中的爭議性話題），情形將變得難以掌控。已經有一些中國領導人發現，為了回應公共爭議，他們自己就必須借助網際網路；連鄰國俄羅斯的前總統麥維德夫，都感受到這股必須親自上網的壓力。

阿拉伯之春遍地開花

隨著網路與行動運算裝置愈來愈普遍、也愈來愈重要，威權政府很難像過去那樣嚴密控制人民。「阿拉伯之春」的火花之所以在突尼西亞首先燃起，有一部分原因是每十個突尼西亞人就有四人上網，其中大約 20% 使用臉書（臉書使用者有八成年齡不到三十歲）。

根據無國界記者組織列出的名單，雖然突尼西亞也會在網路上從事政治審查，但這場大體上非暴力的革命卻仍以驚人的速度累積動勢，而突尼西亞境內的網路普及程度，使得政府很難控制反抗運動在數位世界中遍地開花。引火自焚抗議政府的突尼西亞攤販布阿齊齊（Mohamed Bouazizi），不是第一個這樣做的人，但卻是第一個自焚時被現場拍攝下來的人。正是這段不斷被下載的影片，啟動了阿拉伯之春。

在沙烏地阿拉伯，推特也引發對政府（甚至皇室）的公開批評。2012 年，當沙烏地阿拉伯推文數量的成長速度高於其他國家時，三十一歲的律師阿布杜拉（Faisal Abdullah）告訴《紐約時報》：「推特就好像我們的國會，不同政治立場的人可以在那裡集會並自由交談。」

但中東地區的專家認為，必須謹慎看待阿拉伯之春運動中，網路與其他要素的交互影響──在這波社會政治運動大爆發中，其他一些因素扮演的角色至少和網路同樣重要。包括人口成長、年輕人比例愈來愈高、經濟停滯、糧食價格上漲等，都是造成社會動盪不安的因素。政府先承諾進行經濟與政治改革，但後來又縮手，導致人民的挫敗感終於達到沸點。

許多分析家都認為，中東地區之所以會悄悄埋下阿拉伯之春的種子，最重要的改變因素，是半島電視台在 1996 年成立。這個積極活躍的獨立衛星電視頻道成立之後不久，人民只要裝個便宜的衛星小耳朵，就可以收看將近 700 個衛星電視頻道的節目（雖然在某些國家，這樣做在技術上是犯法的）。好幾個中東國家的政府都試圖控制小耳朵增加的速度，結果反而爆發政治性的討論，討論內容甚至包括許多過去從沒公開辯論過的話題。阿拉伯之春運動在開羅解放廣場爆發之前，衛星電視和網路在埃及和中東地區已經非常普及。

這兩種新興媒體對阿拉伯之春的成因究竟有多大影響，一直是社會學家和政治學家難以解析的頭痛問題，不過他們大半認為，半島電視台和其他許多系出同門的電視台是比較重要的因素。2004 年，埃及總統穆巴拉克參觀位於卡達的半島電視台總部時曾說：「這小小火柴盒就帶來這麼多麻煩？」或許網路和衛星電視都是必要因素，但都不是充分條件。

和突尼西亞一樣，埃及發現很難仿效緬甸及伊朗封鎖網路的做法。到 2011 年，上網已經變得太過普遍，當埃及政府企圖封鎖網際網路進入該國的存取點時，民眾反應非常強烈，反抗的浪潮甚至愈演愈烈。抗議者意志堅決，最後終於成功迫使穆巴拉克下台，但是在隨之而來的政治鬥爭中，他們的凝聚力也逐漸消退。

包括葛拉威爾（Malcolm Gladwell）在內的一些分析家認為，在線上建立的人際連結十分脆弱而短暫，當群眾運動需要靠親身出席集會來表達堅定支持時，這樣的關係就無以為繼。比方說，開羅解放廣場的群眾，事實上只代表埃及龐大人口中的一小撮人，其他埃及人雖然同情他們對穆巴拉克政府的不滿情緒，但是等到埃及需要形成全國共識、決定在推翻穆巴拉克之後，要建立什麼樣的政府時，廣大民眾並沒有站在抗議者這一邊。埃及軍方很快控制住政府，伊斯蘭勢力則在隨後的大選中勝出，成功建立新政權，而他們秉持的政治理念，與當初受網路號召、占據解放廣場的改革者提倡的理念，可說是南轅北轍。

的確，不只埃及如此，利比亞、敘利亞、巴林、葉門和其他國家（包括伊朗）皆是如此：在網路上形成的新集體政治意識，點燃了新的改革運動，並激發改變，卻無法順利整合，鞏固勝果。結果，反革命力量收緊對媒體的控制，重新掌控大局。

中東與北非獨特的傳播科技發展歷程，為改革失敗提供了部分解釋。印刷革命之後，歐洲人民政治意識大增，北美後來也出現同樣的自覺，但中東與北非卻不然，因為鄂圖曼帝國禁止說阿拉伯語的民族使用印刷機。所以儘管印刷術的發明帶動歐洲快速進步（例如科學革命），鄂圖曼帝國的領土卻長期隔絕在外。兩個世紀之後，阿拉伯的穆斯林才首度提出這個歷史性的問題：「到底是哪裡出了問題？」其中部分答案就在於，他們自我剝奪了大好機會，沒能享受到印刷革命的果實。

結果，西方為了實現代議式民主而建立的體制，從來不曾在中東地區真正成形。也正因為如此，數百年後，在網路上誕生的新政治意識，仍然很難在中東國家的政治結構中具體實現，並依照改革派的理念來治理國家。然而中東國家的威權主義政權卻能在既有體制中，透過軍隊、警察和專制的官僚體制，隨心所欲控制社會和經濟。

科技樂觀主義？

其他分析家則認為，解放廣場的改革運動帶來的挫敗與失望，正是「科技樂觀主義」（techno-optimism）的好例子。人們往往對令人興奮的新科技抱持不切實際的希望，卻忽略了一個簡單的事實：所有的科技都可以為善，也可以為惡，完全要看究竟誰發揮了科技的最大效用，以及他們如何運用科技。網路可以為改革者所用，但是反對改革的人同樣也能運用網路的力量。不過，正因為人們可以透過網路吸收政治觀念，提出自己的看法，參與政治對話，並因此形成新的集體政治意識，因此以網路為基礎的改革運動——無論是提振公共財或振興民主——仍然會持續鼓舞自由鬥士。

某些國家的政府開始利用網路傳播重要資訊，並開放公民與政府之間的雙向溝通管道，大幅提升服務品質，更強化了這種科技樂觀主義。有些國家（尤其是愛沙尼亞）甚至開始針對選舉和公投，實驗網路投票方式。鄰國拉脫維亞則已經根據人民在政府網站上的提議，通過兩個法案。這個網站開放民眾提出建議，任何提案只要能得到超過一萬人的支持，就能直接進入立法程序。除此之外，許多城市目前正利用電腦統計數據和複雜的視覺展示方式，更針對性地準確運用資源，達到更高的服務品質。有些激進份子則大力提倡以網路為基礎的民主形式，包括紐約大學教授薛基（Clay Shirky）提議了一些極具創意的做法，要運用開放原始碼的程式設計，將公民連結在一起，進行建設性的對話及辯論議題和法案。

不過在西方國家，運用網路進行改革的可能性正日漸消減。

即使在美國，雖然大家依然認為網路終將重振民主制度，目前為止，卻看不到什麼成果。要了解背後的原因，必須更廣義地看待歷史上政府治理與傳播媒體的關係，並從中分析網路對政治意識的新興影響力，尤其要關注像電視這種強勢大眾媒體對印刷媒體造成的威脅。

包括美國在內，許多國家的政治圈從電視時代轉型到網路時代，速度都極其緩慢。電視仍然是現代社會最重要的傳播媒介，許多人甚至在電視螢幕上觀賞網路影片，而不是用電腦螢幕來觀賞。目前因為頻寬限制而無法觀賞高畫質影片的困擾，未來愈來愈不成問題，套用小說家吉卜森（William Gibson）的話，未來電視勢必將「轉進數位領域」。但在那之前，無線電視、有線電視及衛星電視仍然主導公共言論廣場。結果，無論是公職候選人或改革運動領袖都仍需付出巨款，以換取與社會大眾有效溝通的特權。

其實早在網路與電腦革命爆發之前，電子媒體已開始改變印刷媒體所塑造的世界。電視只經過一個世代，就取代印刷媒體，成為大眾傳播的主要形式。即使目前已進入網路時代的初期，美國人每天除了睡覺與工作之外，花在看電視的時間仍然最多，超過從事其他活動的時間。美國人每天花在看電視的時間平均超過五小時，因為這個緣故，美國國會議員候選人平均都把八成的競選經費，用在打三十秒鐘的電視競選廣告上。

要了解電視媒體長期主宰下的民主政治，不妨先思考印刷媒體的資訊生態與電視的資訊生態之間的巨大差異。首先，在印刷革命後出現的虛擬公共廣場，是很便宜的傳播工具；《常識》的作者潘恩只要走出費城的家門，就可輕而易舉找到幾家收費低廉的印刷商。

　　然而，如果想要運用電視打造出來的公共廣場，代價可就昂貴多了。接觸廣大電視觀眾的管道，牢牢掌握在扮演守門人的少數幾家公司手中，而且這些公司如今已整併成龐大的集團，繼續收取高昂的頻道使用費。現代版的潘恩今天如果走進離家最近的電視台，想要在電視上播出《常識》的內容，可是卻付不出可觀的金額，他可能只好在嘲笑聲中訕訕離去。相反的，領酬勞上節目的專家或名嘴，只要政治觀點與電視台經營者的理念一致，每星期可有好幾個小時宣揚他們的意識型態。

　　只要商業電視台繼續主導政治議題的討論，候選人就只得設法向有錢人、企業和特殊利益團體，籌募日益龐大的經費，以獲取在最重要的公共廣場發聲的機會，因為大多數選民在休閒時間多半盯著電視螢幕看。於是這批富有的政治捐獻者（尤其是企業說客），往往左右了美國政治決策。由於美國聯邦最高法院最近的幾個判決——尤其是「聯合公民」（Citizens United）一案的判決，可說推翻了長期禁令，不再限制企業對候選人捐助政治獻金，此破壞性趨勢很可能每下愈況。這幾乎就好像在慢速進行企業政變般，威脅到美國民主政治的誠信，摧毀其運作。

　　雖然每個國家的政治制度和法律結構大不相同，但電視和網路扮演的角色卻相似得驚人。值得注意的是，無論在中國或是俄羅斯，政府對電視的嚴密控制都甚於網路。普丁在俄羅斯建構的假民主，可以容忍網路上較寬的言論尺度，但電視上的言論就沒有這麼自由了。俄羅斯前總理卡西亞諾夫曾經告訴我，他在普丁手下擔任總理時，接到的明確指令是：只要政府持續嚴密控制俄羅斯電視台的內容，網路在辯論什麼根本無關緊要。（卡西亞諾夫原本想競選總統，與普丁親手挑選的接班人麥維德夫一爭高下，但後來在普丁命令下，被剝奪候選資格。）

四年後的 2012 年春天，俄羅斯人在網路上號召抗議活動，質疑總統大選舞弊（不出所料，普丁在這次大選中順利勝出）。一位俄羅斯分析家指出：「老人家來了，然後又是老人家，接著又是老人家，他們的選票都只投給一位候選人——普丁。為什麼他們都投票支持普丁？因為看電視。電視上只出現一張臉孔：普丁。」的確，無論在哪個國家，電視幾乎都是最重要的政治媒體，其中一個原因是，老人家通常投票率較高，而且每天花在看電視的時間比其他年齡層更多。以美國人為例，六十五歲以上的老人家每天平均花將近七小時看電視。

在許多國家中，關係著民主政治崛起與生存的重要機構，例如新聞業，幾乎也都深受傳播科技歷史性轉變的影響。

今天報業處境艱困。過去，報社可以從訂戶、商業廣告和分類廣告獲得充足營收，用以支付報紙的印刷與發行費用，以及各線記者、編輯、和調查報導記者的薪水。電視誕生之後，尤其是晚間新聞節目出現以後，大城市的晚報首先遭殃，走上破產的命運（過去人們總習慣在下班回家的路上買一份晚報）。後來，由於電視台和廣播電台搶走了愈來愈多的商業廣告，早報也受到重創。等到連分類廣告都大量出走，投向網路的懷抱，線上新聞唾手可得，導致許多讀者停止訂閱報紙後，早報也和晚報一樣，走向破產一途。

網路新聞業終將開始蓬勃發展。在美國，數位新聞報導的讀者已經超越報紙讀者或廣播聽眾。不過，今天網路上的高水準報導文章，有極高比例仍然源自印刷媒體。創始於網路的新聞業還沒找到適當的商業模式，來創造充足的營收，以支付記者薪水，讓他們從事在民主政治中十分重要的調查性採訪報導。

民主制度本身則和新聞業一樣，現在也面臨怪異危險的轉型期，卡在逐漸衰老的印刷媒體時代和才剛成熟的網路民主論述時期之間。愈來愈多改革者和公共利益倡議者，在網路上彼此串連，積極尋找各種方式，希望破解廣大電視觀眾身上的魔咒——花大錢製作的誘惑性電視節目沒日沒夜、有如催眠般施加在他們身上的魔咒。

幾乎所有像這樣的電視節目，每小時都會被打斷好幾次，不是插入企業精心設計、極具吸引力的產品推銷訊息，就是出現試圖塑造政治議程的議題式廣告。尤其在美國，每逢大選年，由於電視媒體的經濟考量，電視觀眾會不斷受到候選人的政治廣告疲勞轟炸，因為有錢有勢的政治捐獻者會持續施壓，迫使候選人採納金主設定的政治議程——想當然，這些議程就與企業議題式廣告中包含的議題不謀而合。

教育、醫療照護、環保、公共安全、自我治理等公共財，還沒像私有財那般從數位時代的新效率充分受益。顯然利潤動機更能有效驅策人們善用數位宇宙中的種種新機會。相反的，民眾希望政府在提供公共財時，也能採取更有效率的數位新模式，但在數位式民主還未發展成熟的轉型期，由於民主體制太過僵化，這樣的努力往往嚴重受阻。

新世界需要新教育

公共教育的危機就是個好例子。人類與知識世界的關係已經產生結構性的轉變，我們的教育系統卻還沒有啟動必要的流程，來適應這樣的變化。當前的教育依然太強調重要事實的背誦。然而在今天的世界裡，所有的事實都藏在我們指尖下，我們不只要傳授學生理解事實的能力，也要讓學生有能力了解事實之間的關聯性、能評估資訊的品質、找出宏觀的模式，並能探索這些模式中隱含的深層意義。學生習慣了電視、電玩和社群網站身歷其境的豐富體驗後，往往會覺得坐在教室裡瞪著黑板上的粉筆字，是每天最無聊乏味的活動。

今天我們已經可以在平板電腦上閱讀電子書，還出現各種以搜尋為基礎、身歷其境式的協力學習線上課程，這也開啟了設計各種新課程的無窮可能。威爾森（E. O. Wilson）新推出的進階電子版教科書《地球上的生命》（*Life on Earth*），正是描繪未來教育的絕佳範例。在高等教育的領域，新一代的優質創新事業已經成形——包括 Coursera、Udacity、Minerva 和 edX 等線上教學網站，已經推出革命性與全球化的世界級大學課程教學，而且大多數的課程都免費對所有人開放！

由於美國各級政府的財政收入大幅縮水，以致於在迫切需要改革的關鍵時刻，公共教育預算銳減（財政收入減少的部分原因是薪資降低，失業率居高不下，而這又和地球公司工作外包和機器代工的趨勢，加上次級房貸釀成全球經濟危機，導致房地產價值劇降有關）。除此之外，已開發國家人口老化，加上家有學齡兒童的父母所占比例下降，都讓主張提高教育預算人士的政治影響力大不如前。

不過，即使政府教育經費下滑，許多有創意的教師和校長仍設法改變教材和課程，以順應數位時代。可汗學院（Khan Academy）就是特別有趣的創新突破，能有效協助許多學生學習。儘管如此，教育界和新聞業一樣，尚未出現具足夠吸引力的長期營運模式，足以取代日漸老化衰頹、已達不到必要標準的既有教育模式。有些線上新創營利事業，例如鳳凰城網路大學（University of Phoenix）和阿格西線上大學（Argosy University Online），似乎充分掌握到民眾渴望在網路上進修大學課程的契機，但是他們對於付學費的學生，卻沒有善盡責任。其中的三一南方大學（Trinity Southern University），甚至頒發線上企管學位的文憑給一隻名叫 Colby Nolan 的貓，而貓主人碰巧是一位檢察長。這所學校後來遭到起訴，只好關門大吉。

醫療照護產業和教育界一樣，正努力適應數位世界帶來的新機會。今天，諸如危急情況處理、醫療處置費用、保險公司及其他提供醫療服務的公司要求的貴得離譜的紀錄存檔費用，仍然在醫療服務中占了極高比例。現在的智慧型手機和數位健康監控裝置，已經可以追蹤個人的健康變化，讓我們能以符合成本效益的方式及時介入，預防慢性疾病，而絕大多數的醫療問題都來自慢性疾病——我們還沒有充分運用這樣的新潛能。

還有一些更複雜的、以資訊為基礎的策略（例如利用基因體和蛋白質資訊），顯然能以更低的成本，大幅改善醫療結果。有些流行病學策略，例如監控在網路搜尋引擎上搜尋流感症狀的集體行為，已經開始改進公共衛生資源的配置和運用。不過，雖然在不同領域都有一些有趣的實驗，迄今為止，仍然缺乏能有效聚焦的公眾壓力或政治倡議，推動以網路為基礎的新健康醫療策略。有些保險公司開始利用資料探勘技術，來過濾社群網站和市場行銷公司的資料庫，以評估販賣壽險給某人的風險。至少有兩家美國保險公司發現這個策略非常有效，他們甚至在過濾資料後，讓標示為低風險的客戶投保時免除健康檢查的程序。

與魔鬼交易

儘管網路展現了驚人的潛力，能大幅改善我們的生活，為什麼到目前為止，我們看到的成果卻如此撲朔迷離？也許是人性使然吧，每當有重要新科技誕生，我們很容易過度強調新科技的正面效益，而不幸的是，我們也很容易忽視新科技蘊藏的風險，低估了意料之外的副作用。

當然，歷史教導我們，包括偉大的網際網路在內，任何工具都能為善，也能為惡。網路或許改變了我們的思維方式，也改變了人際交往的方式，但網路無法改變基本人性。因此亙古以來秩序與混沌的拉鋸，以及善惡之間的拔河，都將以新方式呈現。

四百多年前，印刷機帶來的資訊大爆炸剛發生時，開始流傳浮士德博士的傳奇故事。有些歷史學家聲稱，傳奇的浮士德是以古騰堡的金主兼事業夥伴福斯特（Johann Fust）為藍本。由於福斯特可以透過神奇的處理過程，把相同的文本完美複製幾千份，法國人曾指控他施展巫術。

數百年來，浮士德傳奇以各種不同形式流傳下來，主人翁浮士德與魔鬼達成交易，決定出賣自己的靈魂，以換取「無限的知識與世俗的歡愉」。從此以後，隨著科技革命快速發展，重要的新突破（例如核能發電或幹細胞技術）常被形容為「浮士德式的交易」，以比喻權力的代價——而在交易之初往往無法充分領會需付出的代價。

到了今天，當我們調整思考過程，將網際網路（以及各種行動裝置和線上資料庫）當成個人心智的延伸時，我們不啻在進行「網路世界的浮士德交易」，是在換得網路世界中「無限的知識與世俗的歡愉」。然而除非我們加強隱私權保護和網路安全，否則許多比世俗財富更珍貴的價值可能會陷入險境。

這樁交易帶來的好處，是隨時隨地取得資訊和處理資訊的權力，對個人而言，這個好處能大幅提升我們和別人溝通及合作的能力，讓這樁交易變得很有吸引力。付出的代價則是：當我們在這個延伸的神經系統中傳送資訊和交流思想時，很難保護自己的隱私及掌控資訊安全。因此，「地球零距離」與「隱私消失」這兩個悄悄冒出的新詞彙，其實彼此密切相關。許多網站都會追蹤上網者的使用習慣，然後再將相關資訊賣掉。政府可以在未經許可、完全未告知的情況下，閱讀私人電子郵件。駭客入侵已經變成普遍現象。

企業和政府已經在進行類似的網路浮士德交易。企業和個人一樣，才剛剛開始體認到在網路安全上必須持續付出的龐大代價。老實說，幾乎所有人都同意，資訊經濟在結構上的變革，能提升效率、生產力和便利性。但大家不清楚的是，我們的世界究竟要如何克服、或至少管理這場變革對安全與隱私造成的巨大威脅。

網路與軟體公司本身，也在從事相同的交易，將原本在電腦內部作業的軟體、資料庫和資訊服務，大量轉移到「雲端」上運作。換句話說，這種做法，基本上是把網際網路、遠端伺服器及相連的資料庫，當成每部電腦本身記憶體、軟體和處理能力的延伸。愈來愈仰賴雲端資源以後，資料安全和服務可靠度變成新關鍵。2012年的年底，亞馬遜網路書店位於維吉尼亞州的資料中心大當機，就導致美國好幾家仰賴亞馬遜雲端服務的知名網路公司作業也停擺。

當全世界都進入網路時代，創造了橫跨全球的龐大神經系統，讓所有的人都連結上全球腦，就使得我們不得不面對其中隱含的兩難困境。之所以會產生這些問題，其中部分原因在於，數位資訊如今已經成為 21 世紀的重要策略性資源。

資訊和土地、鐵礦、石油或金錢等資源都大不相同。你可以賣掉資訊或送出資訊，卻仍然擁有資訊。分享資訊的人數愈多，資訊的價值也愈大，但等到最初的資訊擁有者不再獨占資訊後，資訊的商業價值可能也隨之消失。專利法與著作權法就是為了解決這樣的張力而存在，遵循公平正義的原則，為最多的人追求最大的利益。發明新的演算法或發現新的電磁學原理的人，都應該獲得報酬，如此一來，也可以鼓勵其他人追求類似的突破，而社會整體也應該從廣泛應用這類新發現中得益。

在網路時代，這種潛在的張力愈來愈緊繃。許多人都喜歡引用科技思想家布蘭德（Stewart Brand）在網路時代初期說過的話：「資訊想要變成免費。」但布蘭德真正的說法其實是：「一方面，資訊想要變得昂貴，因為資訊的價值是如此寶貴。」但又補充說：「另一方面，資訊又想要變成免費，因為資訊取得的成本不斷下降。所以有兩種趨勢互相對抗。」

由於數位資訊已經變成地球公司的重要經營策略，我們正目睹一場攸關網際網路未來的多頭拉鋸戰，而且戰線跨越政治權力、工商業界、藝術文化、或科技等各種相互重疊的領域，是兩種人之間的爭鬥：

- 一邊是希望資訊免費的人，另一邊是想透過控制資訊和交換資訊來獲取財富與權力的人；
- 一邊是希望大眾擁有充分自由的人，另一邊是想要掌控大眾生活的人；

- 一邊是想在社群網站上自由分享私人訊息的人，另一邊是以意想不到或甚至有害的方式利用這些資訊的人；

- 一邊是任意蒐集大量顧客資訊的網路公司，另一邊是重視隱私的顧客；

- 一邊是傳統權力中心（曾在如今逐漸崩解的舊資訊秩序中占據有利地位），另一邊是新興的權力中心（正在即將醞釀成形的新模式中尋找自己的位置）

- 一邊是重視透明度的激進份子（以及激進駭客），另一邊是重視保密的國家與企業；

- 一邊是重視智慧財產的企業（營運模式能否有效運作，端視連線電腦中儲存的智慧財產能否受到充分保護），另一邊是競爭對手（試圖利用其他同樣可以連結上網的電腦來竊取同業的智慧財產）；

- 一邊是網路罪犯（想在網路上龐大的資訊流與金流中尋找新的犯案目標），另一邊是執法單位（政府遏止網路犯罪的策略，有時會試圖侵犯個人領域，可能會摧毀好不容易才建立起來的歷史性私領域界限）。

　　由於所有的衝突都同時在人人共享的網路上發生，更增添了問題的複雜度。難怪針對某個衝突提出的補救方案，往往會破壞了為解決其他衝突而做的努力。

　　有些人提倡廢止網路匿名的新措施，以保護網路安全，對抗網路犯罪，不過一旦實施這類措施，威權主義國家的異議份子將飽受威脅，很難再像過去那樣大力推動改革，串連其他志同道合的改革派。同樣的,世界各國的改革派幾乎都懷抱著相同的夢想——網際網路終將推動全球變革,讓個人擁有更多的自由——也令威權統治者心懷畏懼。

即使在自由國家,激進份子揭露政府機密後,通常會促使政府訂定新措施,更大幅度地蒐集公民資訊。當一個住在瑞典的澳洲人以瑞典、冰島和其他地方的伺服器為據點,經營維基解密組織,並在網路上發布他們從美國政府竊取的資訊時,各國政府打壓維基解密的行動惹惱了其他激進駭客,導致全球許多政府與企業網站都遭駭客侵入。

全球網路軍備競賽

過去各國透過能反映國家價值觀(或至少是當權者價值觀)的法令規範,來管理這類衝突,如今由於網際網路能跨越國與國的疆界,國家的管制能力大減。獨立的激進駭客團體,有辦法侵入美國聯邦調查局、中情局、參議院、五角大廈、國際貨幣基金組織所控制的網站,以及梵蒂岡教廷、國際刑警組織、英國首相辦公室與司法部,和美國航太總署的官方網站(他們甚至在太空站繞行地球軌道時,侵入太空站的軟體)。當聯邦調查局召開機密電話會議,和倫敦警方一起討論如何因應這類攻擊時,駭客竟然錄下會議內容,並公布在網路上。這就好比護理長瑞奇(Nurse Ratched*)私下有關安全的談話遭公開播放,所有人都聽見之後,原本被關起來的病患就控制了網路精神病院的大部分區域。

如果連美國的國家安全局、中情局、五角大廈、白宮、國土安全部,和許多重要國防包商都雇用的技術安全公司EMC,都遭到據信來自中國的駭客滲透，可見維護網路安全是多麼困難的事情。一般認為 EMC 的系統是最先進的，能防護連線的所有電腦，這是為什麼上述這些亟需保護數位資料的組織都採用 EMC 系統。雖然有關單位並未公布究竟有多少敏感情報遭竊取，但對他們而言，這次網路攻擊不啻為當頭棒喝。

2010 年，美國國防部長蓋茲（Robert Gates）將網路空間列為陸海空及太空之外，最可能發生軍事衝突的「第五個領域」。2012 年，擔任美軍網路司令部（成立於 2009 年）情報處處長的海軍少將寇克斯（Samuel Cox）表示，我們正目睹「全球網路軍備競賽」。其他專家也指出，網路安全技術發展到目前這個階段，攻擊比防禦更占優勢。

重要通訊內容如何保密，一直是個難題。「歷史之父」希羅多德，在寫到溫泉關之役促使古希臘軍隊獲勝、避免遭波斯征服的「祕密通信」時，首度提到這個問題。波希戰爭時，住在波斯的希臘人迪馬拉圖斯（Demaratus），目睹了波斯國王賽瑟斯（Xerxes）在突襲希臘前做的種種準備，於是他祕密送了一封信到斯巴達，裡面精心隱藏了警告訊息。後來在同一場戰爭中，其中一位希臘將領剃掉信差的頭髮，將想傳達的訊息寫在信差的頭皮上，然後「等頭髮重新長出來」。從中世紀使用的「隱形墨水」，到納粹德國在二次大戰期間採用的奇謎（Enigma）密碼機，各種不同形式的密碼術對於國家生存都至關重要。

由於網路發展的速度實在太快，網際網路最初的建構者根本來不及彌補網路在安全上的缺陷——他們在網際網路發展初期很快就發現，缺乏加密系統是結構上的大問題。「網路之父」瑟夫

＊譯注：電影「飛越杜鵑窩」中的角色，以專制高壓的手段管理精神病院。

（Vint Cerf）曾說：「系統有些鬆脫了。」*

　　理論上，確實可能找出更有效的新方式，來保護網路資訊流動的安全，許多工程師和資訊科學家也努力解決這個問題。不過，由於地球公司極快就適應了網路、與網路交融，工商界早已高度依賴目前的網路架構，若想要大幅改變原本的設計，就會碰到重重障礙。更何況全球數十億人的日常生活，已經與網路使用密不可分，想要改變網路的根本架構，將是複雜的大工程。

　　麥肯錫企管顧問公司最近在報告中指出，網路資訊安全問題是四大趨勢匯流的結果：

- 價值持續在線上移轉，數位資料變得愈來愈普遍；
- 大家期待企業變得比過去更「開放」；
- 供應鏈愈來愈緊密連結，環環相扣；
- 心懷不軌的反派勢力變得愈來愈複雜。

　　結果，在全球經濟劇烈轉型的過程中，幾乎所有將網路使用當成核心營運策略的公司，都面臨嚴重的網路安全威脅。尤其令人矚目的是，中國某些組織持續透過有組織的行動，竊取私人企業、政府機構和組織的高度敏感情報。

　　長期以來，大家都假定美國情報機構會對外國政府進行監聽，包括當他們認為美國的安全受到威脅時，會利用網路技術取得電腦資料。中國的做法不同之處在於，他們的行動似乎不是僅出於軍事或國家情報的考量，而且也受商業利益驅使，企圖提升中國企業的優勢。前美國反恐小組召集人克拉克（Richard Clarke）指出：「兩者有極大的分別。我們不會駭入像華為之類的中國電腦公司，然後把華為的技術機密交給他們在美國的競爭對手思科。我們不會做這樣的事情。」

無庸置疑，美國公司經常受到網路攻擊。根據亞斯本研究院（Aspen Institute）最近發表的研究，美國每年因為智慧財產遭竊取而流失 373,000 個工作，經濟損失達 160 億美元。聯邦調查局網路犯罪處前高級官員亨利（Shawn Henry）指出，有一家美國公司十年來的研發成果（價值 10 億美元），在一夕之間就化為烏有。

前美國國家情報總監麥康奈（Mike McConnell）最近表示：「無論是重要的政府、國會、國防部、航空太空電腦系統，或是儲存了許多商業機密的民間企業電腦系統，所有我們檢視過的電腦系統，都逃不過先進網路犯罪技術的持續威脅。」美國祕勤局在 2010 年證實，美國每年遭竊取的資料「幾乎是國會圖書館館藏量的四倍。」聯邦調查局局長也證實，網路安全的重要性很快就會超越反恐議題：「網路威脅將成為美國的頭號威脅。」

---

* 1969年10月29日，加州大學洛杉磯分校（UCLA）在電腦上傳送訊息到位於門羅公園的史丹佛研究院（SRI），這是電腦與電腦之間首度遠距通訊，可說是網際網路的前身。隨後美國國防部開發出ARPANET，確保遠方軍事單位之間的通訊不受干擾，同時也是美國在經歷了蘇聯可能發動核彈攻擊的危機後，為了確保國防部與洲際彈道飛彈地下發射台之間的通訊而採取的做法。然而一直到瑟夫和康恩（Bob Kahn）1974年5月發表的論文中，才首度描繪了以TCP/IP通訊協定為基礎的「網際網路」，並在1977年11月22日，首度展示三個網路互相連結的情況。1983年1月1日，網際網路正式開始運作。美國政府撥款補助連結超級電腦的示範網路——美國國家研究教育網路（National Research and Educational Network），這與1840年代電報發明時的情形如出一轍，當時也是由公家撥款資助摩斯展示他的新發明——電報，將「神行了何等的大事？」的訊息從華盛頓傳到巴爾的摩。（事實上，摩斯早在七年前就曾在新澤西州接收到三英里外傳來的第一通電報訊息——那通電報的內容比較不那麼鼓舞人心，令人難忘：「能耐心守候的人不會是輸家。」）「即時」電子通訊的時代於焉誕生。五天後，他們首度在一小群觀眾面前公開展示電報，透過兩英里長的電報線傳送的訊息，凸顯了新發明在商業上的意義：「鐵道車剛抵達，345名乘客。」1876年5月24日，距首度公開展示電報不到三十二年後，電話發明人貝爾展示了如何透過電流，將「華森先生，過來一下，我有事找你」的聲音傳送出去。

　　另外一家數位資安公司麥克菲（McAfee）揭露，2010 年名為「暗鼠行動」（Operation Shady RAT）的一連串網路攻擊事件，駭進許多高度機密電腦系統，不只是美國，包括台灣、南韓、越南、加拿大、日本、瑞士、英國、印尼、丹麥、新加坡、香港、德國、印度、國際奧委會、十三個美國國防承包商，以及其他許多企業的電腦都遭入侵，但遭駭的組織沒有一個在中國境內。

　　由於美國電子交易的風氣遠甚於其他國家，因此面臨的風險也最高。聯邦調查局曾通知美國商會，他們有些經常造訪中國的亞洲政策專家電腦已遭駭客入侵，但是商會還來不及做好網路防護，駭客就已經竊取了商會與美國許多大企業之間六週內往來的電子郵件。過了很久以後，美國商會才發現，他們辦公室的其中一台印表機，和公司代租公寓裡的溫度調節器，仍在透過網路傳送資訊到中國。

　　今天除了印表機和溫度調節器之外，還有數十億裝置與物聯網連線，從冰箱、電燈、爐具、空調到車、船、飛機、火車，以及工廠機具中的嵌入式系統、或產品包裝盒等，幾乎無所不包。瑞士有些牧場主人，甚至會在母牛的生殖器安裝連網電子裝置，這種裝置可監控母牛的發情期，並會在母牛準備交配時發送簡訊。不知這算不算人畜之間的「色情簡訊」？

　　由於物聯網的普及性和重要性，網路攻擊不但可能威脅到具商業、軍事、情報價值的重要資訊，也帶來強烈衝擊。今天有這麼多連網的電腦裝置，控制著水力電力系統、發電廠和煉油廠、以及交通網和其他重要系統，難以想像，如果對國家重要基本設施發動協同攻擊，將會造成多大的實質傷害。

根據白宮反恐官員布瑞南（John O. Brennan）的說法：「就我們所知，單單 2011 年，這些設施的控制系統就發生了近 200 次駭客企圖入侵或成功入侵，幾乎是 2010 年的五倍。」

2012 年春天，由於不斷受到不明來源的網路攻擊，迫使伊朗宣布切斷波斯灣主要輸油站、鑽油平台、以及石油部德黑蘭辦公室的網路連線。後來，沙烏地阿拉伯的國營石油公司 Aramco 也遭到網路攻擊，美國安全官員表示，幾乎可以確定這次攻擊是由伊朗發動的，因為之前在 2011 年，當伊朗納坦茲（Natanz）核武設施遭電腦病毒攻擊後，伊朗政府曾宣稱已經建立起一支網路作戰的特種部隊。遭駭的 Aramco 公司有 75% 的電腦，內部資料全變成燃燒的美國國旗圖像，套用克拉克的說法，這樣的駭客攻擊證明了「不需要尖端技術，也能造成極大傷害。」

據信美國和以色列曾合作釋出電腦蠕蟲 Stuxnet，讓 Stuxnet 入侵西門子的小型工業控制系統，這套系統連結到伊朗氣體離心機的驅動馬達，而氣體離心機是核武計畫中用來提煉濃縮鈾的設施。電腦蠕蟲 Stuxnet 確認進入目標設備之後，就會自我啟動，令驅動氣體離心機的馬達轉速不一，不再同步作業，並導致系統自我癱瘓，運轉失靈。根據報導，在 2010 年，伊朗及中東、北非多國的電腦都被另一隻更複雜的電腦蠕蟲 Flame 感染。分析家表示，和 Flame 包含的龐大程式碼比起來，Stuxnet 只能說是小巫見大巫。

雖然 Stuxnet 的攻擊拖慢了伊朗發展核武的腳步，全球大多數國家都額手稱慶，但許多專家都十分憂心，有些人可能會利用這些複雜的程式碼（許多程式碼現在都可以在網路下載），針對工業國家的連線機器和系統，進行毀滅性攻擊。有些電腦系統已經在不經意間感染了 Stuxnet。2012 年末，美國金融機構遭到一連串據信來自伊朗的網路攻擊之後，美國國防部長潘內達（Leon Panetta）公開警告，「網路珍珠港事變」可能會對美國的資訊基礎建設造成嚴重傷害。

電腦病毒、蠕蟲和其他威脅，可以透過全世界任何國家的遠端伺服器重新傳送出去，所以幾乎不可能找出發動攻擊的源頭。即使大部分的間接證據都指向某個國家（比方說中國），仍然很難釐清發動攻擊的禍首是該國的哪個組織或哪個人，遑論還要先確定究竟應該負起最後責任的是該國政府或某家公司或某個團體了。前反情報人員及網路犯罪專家亞肯（Scott Aken）表示：「在大多數情況下，企業都不曉得自己已經被駭，直到多年後，外國競爭對手推出了一模一樣的產品，只不過製造成本低了三成，才恍然大悟。」

在這方面，中國組織顯然是主要的侵權者，不過許多西方公司也會對競爭對手採取類似的行動。新聞集團（News Corporation）旗下某個涉及超市展示架廣告的部門，曾駭進主要競爭對手的私人電郵，竊取智慧財產，然後搶走對方最重要的顧客。新聞集團另外一個部門也承認曾經為了新聞報導，駭進私人電郵蒐集資訊。還有一個部門坦白招認，他們曾駭進數千名英國人的電話語音信箱。

長期仰賴上網裝置後，會產生一種虛假的安逸感，以致於疏於防範，這樣的行為模式幾乎成為網路上所有通訊方式的嚴重漏洞。專家大多同意，任何安全系統最弱的一環都是與人類行為相關的部分。獨立行事的駭客已經證明：他們有能耐駭進創投公司、法律事務所、石油公司、製藥公司舉行的（看似機密的）視訊會議，甚至高盛公司董事會，只因為負責操作視訊會議系統的人忘了使用複雜的隱私權設定功能，或可能根本不知道該怎麼設定。基於財務上的理由，許多網路犯罪的商業目標都不願承認重要資訊遭竊，寧可祕而不宣。有些公司即使已經遭到公開警告，知道自己成為網路犯罪的目標，仍然無法採取行動，自我保護。

無孔不入的追蹤

　　許多公司都很習慣在未經允許下，蒐集顧客和用戶的資訊。像臉書之類的社群網站及 Google 之類的搜尋引擎，商業模式都仰賴廣告收入，因此為了達到最高的廣告效益，他們會固定蒐集每一位用戶的資訊，希望以個人化的廣告，滿足每個人的興趣。

　　事實上，許多網站都把顧客當成他們的產品。也就是說，大量的用戶相關資訊帶來的收入實在太重要了，令他們難以割捨。每當用戶在臉書上按個「讚」，就自動「容許」網站在未徵求同意的情況下，追蹤用戶的興趣。從某個角度而言，這也是網路世界的浮士德交易。這些公司之所以能透過針對性廣告創造營收，要拜一種叫「cookie」的軟體之賜（cookie 是在用戶連上網站時，被偷偷置入用戶電腦的小程式），容許網路上大量寶貴內容「自由」散播出去。大多數的網路使用者，似乎都覺得還可以接受這樣的利益交換，畢竟他們會看到自己比較有興趣的廣告。套句分析家的話，這類追蹤技術「只不過讓『看不見的手』擁有更強大的控制工具罷了。」

　　究竟要不要接受這樣的交換，臉書和推特等社群網站的用戶展現出世代差異。比方說，許多跟我同輩的人看到年輕人把這麼多資訊放上臉書分享，往往大感訝異。有些社群網站的用戶在大學畢業、進入職場後，吃驚地發現未來雇主會瀏覽他們所有的貼文，有時候還挖掘出一些他們不希望雇主知道的資訊。近來有些雇主會要求應徵者提供臉書帳號密碼，方便他們瀏覽求職者在私人臉書上張貼的內容。（臉書曾一再重申，根據公司政策，他們絕對不會提供這類密碼，他們也奉勸用戶不要這樣做。不過在人浮於事的求職市場，有些求職者或許會屈從於壓力，不惜把自己的線上動態呈現在未來雇主眼前。）值得注意的是，今天許多員工在受雇之後，也會遭到公司網路監視。

網路提供了莫大的便利，因此許多使用者覺得即使為此失去愈來愈多隱私，代價也不算大。單單就下列事實來看：我居然可以透過網路找到我居住的田納西州納許維爾市的每一家公司，以及美國任何地方的企業（甚至其他任何國家的企業），實在太不可思議了。這正是經濟學家所謂「網路效應」的具體例證。所謂「網路效應」，是指任何網路的價值，尤其是網際網路的價值，都會隨著連線的人數愈來愈多而呈指數成長。的確，根據梅卡菲定律（Metcalfe's Law），網路的潛在價值會隨著使用人數的平方成長；提出這個定律的梅卡菲（Robert Metcalfe），是網路發展早期的開路先鋒之一。

同樣的，由於「Google 街景」之類的線上導航軟體帶來的便利，我們很容易就忽略了把住家照片和位置展現在網際網路上造成的疑慮。（Google 公司顯然從所拍攝住宅和公司的未加密 Wi-Fi 網路中，蒐集了大量資訊，儘管 Google 聲稱並非蓄意，他們的行為在許多國家仍持續引發爭議。）

令許多人感到安慰的是，還有幾億人也和他們一樣，面對相同的風險。所以，情況會有多糟呢？但絕大多數的人根本不清楚

被蒐集的個人資料本質為何、範圍有多大。有些人雖然警覺到風
險，也開始擔心，卻很快發現，即使不想讓自己在網路上的一舉
一動遭到追蹤，卻也無從選擇。網站上發布的隱私權保護政策通
常文字冗長，語意模糊，內容複雜得難以理解，而且有些網站提
供的更改設定選項往往太複雜了，很難操作。

　　有充分證據顯示，今天在線上追蹤網路使用行為的新現實，
與一般人對維護隱私的殷切期望，簡直是天差地遠，法律的保護
遠遠跟不上網路使用的腳步。包括美國在內，某些國家的網路使
用者，雖然可以選擇不再收到根據追蹤資料傳來的廣告，卻無法
選擇完全不受追蹤。原本網站應該提供一個「不追蹤」網上使用
動態的選項，但由於廣告商持續不斷遊說而形成壓力，基本上，
這項保護仍付之闕如。即使人們選擇不被追蹤，企業照樣會持續
追蹤下去，原因很簡單：蒐集到每個人的網路使用行為之後，可
以靠這些資訊大賺一筆。使用者每一次點閱網頁創造的價值或許
微乎其微，但每年網站上會有無數的點閱，牽涉到數十億美元的
龐大利益。

　　《華爾街日報》曾經刊登一系列的調查報導，描述 cookie 程
式如何通報使用者的線上動態。你只要點進 Dictionary.com 網頁，
就會有 234 個 cookies 自動安裝到你的電腦或智慧型手機上，其中
223 個 cookies 會蒐集使用者線上活動的資訊，並通報廣告商及其
他購買這項資訊的客戶。

　　網路上無孔不入的資訊追蹤長期累積下來，可能引起反彈。網
路使用者經常用「感覺毛毛的」，來形容這種無孔不入的追蹤帶給
他們的感受。雖然追蹤上網行為的公司總是說，他們不會把網路使
用者的姓名附在時時更新的資料檔上，但專家指出，將個別電腦編

號與使用者的姓名、地址及電話號碼相配對，其實很容易。

由於電腦處理速度愈來愈快、愈來愈便宜，能力愈來愈強大，有些政府與企業甚至開始使用侵入性更強的技術——所謂的深度封包檢測（DPI）技術。這門技術是把傳送給不同路由器的數據「封包」蒐集起來，然後重組，以便重建原始訊息，同時還會挑出封包中的特殊字眼和詞句，目的是為了進一步檢視和重組。全球資訊網發明人柏納李（Tim Berners-Lee）曾經公開反對使用深度封包檢測技術，認為會對網路使用者的隱私造成嚴重威脅。

今天，許多人都會利用電腦來暴露私人資料，其中最廣受矚目的例子，是美國羅格斯大學的一名學生利用網路攝影機，偷拍同性戀室友的親密行為，並放到網路上分享，他後來被判有罪。（不幸的是，他的同性戀室友在事發不久後自殺了。）

包括臉書在內，有些網站現在會採用臉部辨識軟體，自動標示出網站張貼的照片上有哪些人。許多網站現在也會利用聲音辨識軟體，來辨認說話的人是誰。企業通常用這些聲音檔來提升軟體能力，促使電腦軟體更了解每一位使用者的口音和用語，因此能提高語言辨識的準確度。為了保護網路使用者的隱私，有些公司會在幾星期後刪除聲音檔，不過其他公司則會繼續保留檔案。同樣的，許多電腦軟體和行動裝置應用程式都利用位置追蹤程式，方便使用者取得與目前所在位置相關的資訊，據估計，每年有 25,000 名美國公民成為「GPS 跟蹤狂」的受害者。

所有這些資訊加總起來（不管是使用者造訪的網站、在網站上仔細瀏覽的項目、每時每刻的地理所在位置、在網路上提出的問題、放上網的照片、購買的東西、信用卡付款紀錄、社群網站貼文，以及可在政府資料庫取得的大量個資），幾乎就等於對這個人一生有如百科全書般的詳盡描述，其中包含了絕大多數人都不希望別人蒐集到的細節和行為模式。二十五歲的奧地利法律系學生施瑞姆（Max Schrems）曾引用歐盟的資料保護法，要求臉書將蒐集到的所有關於他的資訊都提供給他，結果施瑞姆收到一片光碟，裡面有超過 1,200 頁的資料，而且其中大部分都是他以為已經刪除的資料。這個案子目前還在審理中。

所以，即使網路使用者不上任何社群網站，也不接受商業網站上的 cookie 程式，隱私權仍然不時會遭到侵犯，駭客和網路犯罪集團會利用像「網路釣魚」這類技術，利用誘導性的電子郵件訊息（有時候假冒使用者通訊錄中的姓名與電子郵件地址），騙收信人點擊暗藏惡意程式的附件，以便從收信人的電腦或行動裝置中竊取資訊。另外還有一種叫「身分竊盜」的新犯罪類型，部分原因正是今天私人資訊在網路上隨處可見的後果。

網路竊賊曾利用這類技巧，對索尼、花旗集團、美國運通、金融服務公司 Discover Financial、線上支付公司 Global Payments、美國安全智庫 Stratfor、AT&T 和富達投資公司發動攻擊，造成龐大損失。（索尼損失了一億七千一百萬美元。）據資安研究機構波奈蒙研究院（Ponemon Institute）估計，在 2011 年，數位資料的安全漏洞平均讓每個組織蒙受七百二十萬美元的損失，而且付出的代價一年比一年高。資安公司諾頓（Norton）也估計，全球每年為網路犯罪付出的成本為三千八百八十億美元──「比大麻、古柯鹼和海洛英加起來的市場總值還高。」其他還有許多商業網站遭駭，包括 LinkedIn、eHarmony、Google 旗下的 Gmail 等。2012 年秋天，美國銀行、摩根大通銀行、花旗銀行、美國合眾銀行、富國銀行和 PNC 銀行，同時遭到網路攻擊，導致顧客無法登入網路帳戶或利用帳戶支付款項。

由於迫切需要找到更有效的方法來對抗網路犯罪，尤其是保護美國公司對抗來自中國、俄羅斯、伊朗及其他國家的資安威脅，加上 911 之後，美國人深恐遭遇另一次恐怖攻擊，一些新提案因此被合理化，有了正當性。但許多美國人擔心，這些新提案可能會從根本改變美國公民（以及重視自由的其他國家公民）的基本權利，從此美國人不再擁有免於遭受政府不當搜索、逮捕及監控的權利。

老大哥監控下的「反烏托邦」

關於網路安全，長期以來最大的問題是，龐大資料檔案和線上監控技術的使用，改變了政府與人民之間的關係，這種情形簡直和六十多年前歐威爾（George Orwell）筆下，由「老大哥」監控的反烏托邦如出一轍。當年出版歐威爾小說的英國，如今已經提出新法案，容許政府儲存每個英國人的網路通訊和電話通聯紀錄。事實上，英國政府早已在全國各地安裝了六萬個監視攝影機。

有些人憂心美國可能逐漸變成嚴密監控的國家，政府權力太大，威脅公民自由，但許多盲目樂觀者對此卻不以為意。六十多年前，美國最高法院大法官法蘭克佛特（Felix Frankfurter）曾寫道：「危險的擴權不是一天形成的，而是來自於長時間毫無警覺地漠視那些為捍衛權威（即使出於無私）而設下的種種限制，無論這過程多麼緩慢。」

英國哲學家培根率先提倡根據理性分析資料，來達成聰明決策。他曾經簡單扼要地表達聖經上的教誨：「知識就是力量。」所有實施自治的自由國家遵循的核心原則之一，就是將政府權力分散到彼此制衡的不同中心（包括獨立的司法體系），避免將過多權力集中於少數人手中。如果知識確實是權力的來源，如果執掌政府權力的行政中樞掌握了龐大的資訊庫，對每個公民的思想和行動都瞭若指掌，那麼真正的自由也就岌岌可危。

美國是第一個以崇奉個人尊嚴為立國精神的國家，一向以來，美國也是最關注隱私權保護、積極維護自由的國家，反對中央政府蠻橫侵犯人民的隱私與自由。縱觀歷史，美國曾一再經歷相同的歷史循環，許多美國人也因為了解過去的循環而感到安心：在危機時期，美國政府可能會擴權，跨越合理界限，侵犯個人自由；但接著就是反省與贖罪期，在這個階段，政府會設法矯正彌補擴權的情況，與人民的關係也重新恢復適當平衡。

2001 年 911 恐怖攻擊之後，基於可以理解的反應，美國政府再度進入過度擴權和侵犯個人權利的時期，但這回我們很有理由擔心，上述的美國歷史循環型態可能就此中斷。根據一位美國國安局前雇員的說法，911 之後，「基本上，所有的規則都被扔到窗戶外面，他們會用任何藉口來合理化窺探美國人的行為。」──包括竊聽電話。前國安局高級官員德瑞克（Thomas Drake）說，911 之後的政策轉變「開始快速把美國改變得和外國一樣，開始布下天羅地網，實施電子監控。」

一位前國安局官員估計，911 之後，美國國安局攔截了「15兆到 20 兆」通訊，而且這場「反恐戰爭」眼前似乎還看不到盡頭。今天，愈來愈多個人和非政府組織有辦法取得大型毀滅性武器。深怕遭遇致命攻擊，已成為美國政府揮之不去的夢魘。美國在 911 之後啟動的緊急戰備狀態期限一延再延，直到 2012 年仍照例再度延長。美國公民自由聯盟（ACLU）指出，他們在 2012

年根據資訊自由法案申請調閱的資料顯示，過去兩年來，愈來愈多美國人遭受司法部未經授權的電子監控，遭監控的人數大幅激增。該聯盟的「言論、隱私與技術計畫」首席技術專家索赫恩（Chris Soghoian）表示：「政府可以仔細查看你的通訊紀錄，而你卻渾然不知，往深處想，還真讓人毛骨悚然。」

其次，第二次世界大戰後，由於美蘇核武競賽，美國行政部門逐漸集大權於一身，國會地位大不如前。如今大家普遍擔心再度發生恐怖攻擊，也成為美國政府大舉監控的最佳理由，如果在幾年前，像這樣大規模監控一定令美國人震驚不已。

不過歷史告訴我們，當我們把缺乏制衡的權力交付給不擇手段的領導人時，他們很容易濫用權力。當年威爾遜和尼克森兩位總統濫權侵犯公民自由的行為，令美國良知為之震撼，因此後來特別立法防範這類行為。時至今日，顯然在恐懼的驅使下，足以震撼美國人良知的門檻已經升高了。舉例來說，2012 年，美國聯邦最高法院判定警察有權對嫌犯進行脫衣搜身，包括檢查身體孔道，即使嫌犯只是犯下未付停車費、或騎上路的自行車車鈴故障之類的輕罪也一樣。歐威爾在小說裡描繪警察國家的權力時，說不定還刻意捨棄這類不可思議的情節，擔心無法取信於讀者。（不過也必須指出，聯邦最高法院也判定：警察部門在未經法院許可的情況下，將電子 GPS 追蹤裝置祕密安裝在公民的汽車上，乃是違憲。）

另外一個例子如果發生在幾年前，也會引發群情激憤：今天，美國公民從國外返國入境時，海關人員可以從他們的電腦或其他數位裝置，擷取和複製任何資訊，即使沒有任何值得懷疑之處，海關仍然可以取走旅客的電腦資料，包括私人電郵、線上搜尋紀錄、私人照片、商業紀錄和其他任何電腦檔案。如果政府有充分理由相信，比方說旅客可能曾經散布兒童色情圖片，或可能在國外與恐怖組織碰面，那麼進行這樣的搜索還可謂情有可原。然而，如今這類搜索卻被歸類為「例行」項目，不需要充分理由就可以這樣做。有一位曾質疑美國政府政策的紀錄片製作人，就無緣無故在海關遭到搜索，並取走電腦裡的資料。

依照今天監控技術的進步程度，警察國家所需的基本配備可說已大致齊備。根據美國公民自由聯盟的調查，許多美國城市的警察局現在經常在未獲授權的情況下，取得數千人的定位資訊。根據《紐約時報》的報導，「這已經變成行動電話公司的大生意，有好幾家電話公司會對警局推銷林林總總的『監控費』項目。」美國政府也補助各地警察局經費，讓他們在警車上安裝追蹤攝影機，以便在巡邏時掃描和拍下經過車輛的車牌，然後替每張照片標上時間與 GPS 位置，儲存進資料庫。《華爾街日報》調查後發現，有 37% 的大都市警察局都以這種方式蒐集資訊，把每個人在城裡開車經過哪些地方的大量資訊累積起來、建檔儲存。至少有兩家私人公司，也會固定拍下車牌，建立類似的資料庫，並且把資訊賣給資產管理公司；其中一家公司在廣告上聲稱擁有七億筆掃描資料，另外一家公司的執行長打算將資料賣給私家偵探、保險公司，和其他有興趣追蹤人們行蹤或日常習慣的公司。

尤其在 911 事件發生後，監控設備製造商生意好得不得了。過去十年來，監控技術的市場已經成長為每年 50 億美元的規模。這些技術就像網際網路一樣，可以輕鬆跨越國家疆界。威權主義國家（包括伊朗、敘利亞和中國在內）用來監控和審查資訊內容的軟硬體設備，主要的製造商和供應商都是美國公司。

　　美國公司最初為了戰場上的需求而開發的監控技術，後來往往回過頭來用在美國本土。美軍曾在伊拉克、阿富汗和巴基斯坦廣泛使用的無人飛行載具技術，如今已是美國本土某些警察部隊愛用的新技術——根據預測，安裝了攝影機的新一代微型無人飛機，將成為執法機構常用的工具。電子疆界基金會（Electronic Frontier Foundation）透過一件自由資訊法的訴訟案發現，2012年，美國已經有六十三座使用中的無人機起降場地，分布於二十個州。

　　由於微電子技術愈來愈進步，隱藏式攝影機和麥克風的使用也愈來愈方便。有些精密的間諜軟體，能在遠端啟動智慧型手機或電腦上的麥克風和攝影機，在未經允許、或在使用者渾然未覺的情況下，記錄他們的談話並拍攝照片及動態影像——即使電子裝置已經關閉。同樣的，許多汽車上面安裝的 OnStar 系統內含麥克風，因此也被用來監聽嫌疑犯的談話。還有一些軟體程式可以安裝在電腦或行動裝置上，能夠追蹤使用者的打字敲鍵動作，藉以取得密碼和機密資訊。

　　美國企業面對的嚴重網路安全威脅，加上恐怖主義的威脅，都成為安全機構進行監控的新理由，據以建立起史上最具侵入性、威力最強大的資料蒐集系統。2011 年 1 月，耗資 20 億美元的超大型新設施在猶他州舉行破土典禮，美國國安局高級官員英格里斯（Chris Inglis）宣布，這個「尖端設施」的目的是「維護國家網路安全」。新設施將在 2013 年年底開始運作，能監控美國公民收發的每一通電話、電子郵件、文字訊息、Google 搜尋、或其他電子通訊的內容（無論加密與否），並將所有通訊內容永久儲存起來，以供資料探勘之用。

　　詭異的是，這套系統和小布希政府在 911 恐怖攻擊兩年後提出的計畫十分相似。當時這項名為「全面資訊探知」（Total Information Awareness）的提案曾引起公憤，導致國會採取行動，扼殺這項計畫。但之後多年，兩黨政治人物都不敢再挑戰任何（號稱以維護國安為目的）的情報蒐集提案。

　　近年來，美國人民已成功說服國會，立法禁止政府某些侵犯公民隱私的做法。2011 年，娛樂界和資訊內容公司為了捍衛智慧財產權而督促參議院提出的「保護智財權法案」（PROTECT IP Act），以及「禁止網路盜版法案」（Stop Online Piracy Act），都賦予政府新的權力，當政府發現網站上出現侵害著作權的內容時，有權封鎖廣受歡迎的網站。但這兩個提案引發了強烈反彈和網路抵制行動，結果法案都遭撤回。不過，相對於無法取得線上娛樂內容時的沖天怒氣，美國人民對於政府可能不經授權就任意監控私人通訊，似乎並沒有展現同樣的激憤。

　　「網路情報分享與保護法案」（Cyber Intelligence Sharing and Protection Act）就是個好例子，顯示美國如何透過提出法案，授權政府在有理由懷疑網路犯罪的情況下，窺伺線上通訊。這項提案背後的動機其實不難理解，但是在這個法案的廣泛定義下，網際網路上流通的大量資訊，都可能被視為有網路犯罪的嫌疑而受到監控，政府形同得到豁免權，導致原本意圖保護網路使用者隱私的諸多法律因此破功。

　　從另外一個例子也可看出，我們與網際網路的網路版浮士德交易，如何造成美國建國精神與全球心智主導的新現實發生衝突。最近有一位科技作家指出：「假如美國仍然要持續實驗民主制度與經濟自由，我們就必須重新思考如何培養必要的公民德行，拒絕科技意識型態的誘惑。」中國和其他威權主義國家也因為全球心智的新現實，而面臨歷史性的斷裂。

全世界每個國家都使用網際網路，而且每個國家對於網際網路的未來，都有自己的看法。隨著全球踏入網路時代而產生的各種衝突，迄今還看不出解決的跡象。於是開始有人呼籲，應該建立起某種形式的全球網路管理機制，因為自從網際網路創始以來，一直由美國政府（以及美國政府建立的半獨立性組織），依循能反映美國傳統價值觀和行事規範（言論自由與健全的自由市場）的原則，以良性的方式管理網路。

與美國價值觀和行事規範南轅北轍的國家，如中國、俄羅斯、伊朗等，正是大力主張應該將網際網路管理權移轉給國際組織的主要國家，令人不禁對這個提議有所疑懼，應該審慎追蹤後續發展。不幸的是，巴西、印度和南非等國也追隨中國和俄羅斯的腳步。

有些企業和政府機構正在發展「黑暗網路」，也就是沒有和網際網路相連結的封閉網路，將這類網路當作保護寶貴機密資訊的最後手段。有些網路公司（尤其是擁有十億用戶並禁止匿名的臉書），目前採取所謂「隔牆園地」（walled garden）的封閉式管理，將某些資訊與網際網路區隔開來。

除此之外，有些公司在提供網路連結服務的同時，也在網路上銷售高價值的資訊內容，於是他們會企圖拖慢競爭對手的速度，或讓其他公司的類似內容變得比較昂貴。雖然這類公司提出了值得討論的合理議題——如何分攤擴大頻寬的成本，但其中隱藏的利益衝突，也是關乎網路未來的重要議題。這也是為什麼許多人呼籲制定網路中立法，以保護言論自由和自由競爭。

　　由於某些大公司試圖控制網路資訊，令人擔心網際網路最後可能會分裂成好幾個各自獨立的網路。不過，網際網路的價值，正是在於它能透過各種不同的方式，與全世界大多數的個人、公司與組織相連結，因此不太可能發生這樣的情況。同樣的，像中國和伊朗這類國家，雖然試圖將人民阻絕於網路世界之外，不希望人民受到流竄全球網路的顛覆力量所影響，但他們可能注定會失敗。

　　今天，我們的世界正在打破行之久遠的舊型態，也就是以民族國家為基礎的系統誕生時就已存在的型態。無庸置疑，在今天的世界裡，國家仍將持續扮演最重要的治理單位。但正如同在印刷革命的年代，印刷機誕生，有助於統合各國；如今整個世界共同使用的主要資訊系統——全球心智，也勢必發揮其潛在的統合功能。今天，全世界共同面臨的抉擇，絕不是任何單一國家或少數幾個國家能決定的。過去數十年來，每當美國下定決心，全世界就會跟從美國的領導，不過，和遍布全球的數位資訊一樣，今天塑造全球未來的力量，分散於世界各地。正因如此，全球心智要做出一致的決定，並不是那麼容易。

網路戰爭

無人機與機器人

戰鬥私人化

衝突數目降低

核武擴增
仍是重大威脅

個人及小型團體
藉由科技擁有巨大力量

戰爭的本質改變

新興經濟體

技術生產力

權力從西方轉移到東方

分散至多個新興中心

缺乏領導

找不到明顯替代方案
來取代美國

「殭屍化」的國際協議

二次大戰後組織陷入泥沼

全球治理功能失靈

公司人格

民主遭「駭」

企業崛起

權力平衡

貨幣聯盟與政治聯盟的結構性缺失

德國可能同意移轉支出

排外風潮與新法西斯主義興起

歐洲重新出現衝突的可能性

歐盟可能即將失敗

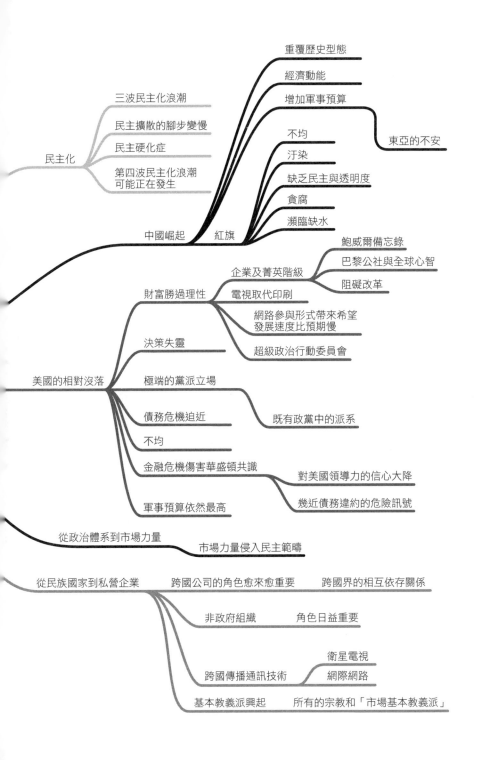

民主化
　三波民主化浪潮
　民主擴散的腳步變慢
　民主硬化症
　第四波民主化浪潮可能正在發生

中國崛起　紅旗
　重覆歷史型態
　經濟動能
　增加軍事預算　東亞的不安
　不均
　汙染
　缺乏民主與透明度
　貪腐
　瀕臨缺水

美國的相對沒落
　財富勝過理性
　　企業及菁英階級
　　　鮑威爾備忘錄
　　　巴黎公社與全球心智
　　　阻礙改革
　　電視取代印刷
　　網路參與形式帶來希望
　　發展速度比預期慢
　　超級政治行動委員會
　決策失靈
　極端的黨派立場
　　既有政黨中的派系
　債務危機迫近
　不均
　金融危機傷害華盛頓共識
　　對美國領導力的信心大降
　　幾近債務違約的危險訊號
　軍事預算依然最高

從政治體系到市場力量
　市場力量侵入民主範疇

從民族國家到私營企業
　跨國公司的角色愈來愈重要　跨國界的相互依存關係
　非政府組織　角色日益重要
　跨國傳播通訊技術
　　衛星電視
　　網際網路
　基本教義派興起　所有的宗教和「市場基本教義派」

03
權力平衡

　　隨著世界經濟緊密整合，數位網路遍及全球，我們正目睹真正的全球文明首度誕生。當知識和經濟力量不斷倍增和普及化，發展速度遠非印刷革命和工業革命時代所能比擬，全世界的政治均衡態勢也出現巨變，改變規模之大，是自五百年前歐洲向海外擴張到南、北美洲及亞洲以來未曾見過的。

　　結果，各國之間的權力平衡出現戲劇性轉折。正如同工業革命之後，西歐和美國主導了世界經濟局勢，地球公司興起之後，經濟力量則從西方轉移到東方，並分散到全球各地的高成長新興經濟體，尤其是中國已經超越美國，成為全球經濟發展重心。

　　更重要的是，正如同印刷機發明之後，「民族國家」興起，成為主要的政權組織形式，全球心智誕生，也改變了民族國家體制賴以建立的許多社會政治假設。過去主要由國家行使的某些權力，如今不再為國家獨自掌控。雖然國籍仍然代表個人最重要的政治身分，而且未來很長一段時間仍是如此，但由於資訊全球化與市場全球化的趨勢，以往由政府獨享的權力，如今正逐漸轉移到私部門手中（包括跨國公司、緊密串連的企業家，以及全球數十億躋身中產階級的個人）。

任何國家都無法單憑一己之力，逃過這場巨變的衝擊。這些牽動我們未來的重要選擇，也是全世界共同面臨的抉擇。但由於民族國家擁有在全球談判與執行政策的獨特權力，要重新掌控我們的命運，唯一可行之道就是在各國之間尋求共識，設法執行能維護人類價值的政策。自從第二次世界大戰結束，至少一直到最近，全世界大多數的國家在需要建立這類共識時，都仍然指望美國發揮領導力。

不過許多人擔心，相對而言，美國領導世界的能力正日漸下滑。2010 年，中國成為全球最大的製造國；美國曾是全球製造業龍頭長達一百一十年之久，如今這個時代終告結束。牛津大學納菲爾德學院的經濟史學家艾倫（Robert Allen）指出，這個里程碑標示了「經濟史上五百年週期的結束」。未來十年內，當中國整體經濟實力超越美國之時，將會是 1890 年以來，世界其他經濟體首度超越美國經濟規模的一刻。

更糟的是，從 1890 年代至今，美國政府的決策從來不曾像今天這般脆弱失調，屈從於大企業和其他特殊利益團體。美國民主品質下滑的危險與嚴重性，大家普遍還沒有意識到。今天美國的決策不再訴諸理性分析，而深受錢與權的影響，這將導致極糟的政策選擇、僵化的決策，同時也會大幅削弱美國在全球的影響力。

美國在世界上的優越地位即使只是相對下滑，都會造成重大後果。今天，美國依然在全球扮演不可或缺的角色，防止許多可避免的衝突不要真的發生，包括保持海上航道暢通、監控與對抗恐怖組織,並在中東和東亞等情勢緊張地區,以及若缺乏美國主導,可能出現緊張局勢的地區(例如歐洲),扮演制衡力量。美國的角色還包括擔當穩定國際貨幣體系的重任,並在發生市場危機時,採取有系統、有組織的因應措施。

雖然目前美國政治體系衰落,導致全球政治體系也嚴重管理失調,無法透過宏觀願景和密切合作,因應需要解決的問題。這是今天全球權力平衡問題真正的關鍵所在——而且亟需修補。如果美國無法展現強大的領導力,世界各國顯然就不會再共同支持各項國際協議,建立起解決全球問題必需的合作治理機制。

近年來,(如今比 G8 更受矚目的)G20 會議每年只不過提供一連串機會,讓會員國領袖可以共同發布新聞稿。在高峰會上,各國領袖總是習慣穿上能反映地主國時尚風格的各色上衣,讓人不禁想到國王新衣的寓言故事。只不過在高峰會上,是只見新衣,卻看不到國王。

由於美國政府決策經常以大企業的利益為考量,使得原本很有希望的多邊談判,例如 2001 年開始的杜哈回合談判,以及 1997 年開始的〈京都議定書〉,如今有時候形同「殭屍」;也就是變得要死不活的,只是晃來晃去四處嚇唬大家。同樣的,聯合國海洋法公約如今也陷入停滯狀態。

第二次世界大戰後在美國主導下建立的全球組織,包括聯合國、世界銀行、國際貨幣基金組織、世界貿易組織(過去叫「關稅暨貿易總協定」),如今都成效不彰,主要是因為,全球的變化動搖了這些組織初創時根據的地緣政治假設,其中最重要的假設是:美國會扮演全球領導者的角色。

只要美國繼續為這些組織提供必要的願景,而且大多數國家也深信在美國主導下，全世界將往對大家都有利的方向邁進，那麼這些組織往往能展現良好成效。任何國家如果能從對大家都有利的方向，來訂定國家目標，那麼政治影響力必然大增。反之，如果一個國家之所以挺身而出，扮演世界領導者，只是為了增進狹隘的自我利益（例如企業的商業前景），那麼它的領導能力就會被貶低。

這些多邊組織在成立了三分之二個世紀後，由於許多人眼中的「民主赤字」（democratic deficits），而遭到開發中國家、環保份子和窮人權益倡議者的諸多批評。世界銀行和國際貨幣基金組織的決議，必須獲得會員國 85% 的表決權支持才成立，由於美國在兩個組織擁有的表決權都超過 15%，因此能有效否決議案。同樣的，有些國家質疑，為何英、法兩國仍然是聯合國安理會的永久會員國，而巴西和印度卻不是永久會員國，畢竟巴西的 GDP 已經超越英國和法國，而印度不但 GDP 大於英、法兩國總和，不久以後更將成為全球人口最多的國家。

由於對美國領導力的信心大減（尤其在 2007–2008 年經濟危機之後），更加速了全球權力平衡狀態改變。有些專家預測，新的權力平衡狀態將變成由美、中兩國在核心共享權力；有些專家甚至已經開始稱之為「G2」。

美國真的沒落了嗎？

其他專家則預測，未來將出現一個更危險、更不穩定、多元對立的世界。在全球達到（不是由少數強權界定的）更複雜的新權力均衡狀態之前，全球市場日益整合、資訊流動無遠弗屆的趨勢，很可能帶來長期的不確定狀態。過去窮國與富國的分野已然改變，許多昔日的窮國如今經濟成長率已超越富裕的已開發國家。當快速成長的開發中新興經濟體和富裕的成熟經濟體之間，差距日益縮小，不但經濟與政治力量開始從西方轉移到東方，而且也會普遍分散到世界各國：分散到聖保羅、孟買、雅加達、首爾、台北、伊斯坦堡、約翰尼斯堡、拉哥斯、墨西哥市、新加坡和北京。

　　無論未來出現什麼樣的權力均衡狀態，有好幾個不確定因素關係到美國、中國和一般民族國家的未來，這些問題最後如何解決，將影響到未來的權力均衡結構。這些因素包括：第一，美國是否真的步向衰落？如果答案是肯定的，那麼美國的沒落有可能逆轉嗎？如果不能的話，所謂的沒落只是相對於其他國家的沒落，還是會陷入「絕對沒落」的危險？第二，中國有可能持續目前的成長速度嗎？或是中國的繁榮基礎其實有其弱點？最後，在地球公司與全球心智的年代，民族國家是否喪失力量？

　　美國真的開始沒落了嗎，這個問題在學界掀起熱烈爭論。其實美國逐漸喪失地緣政治影響力，是近代史上反覆出現的主題，時間之久遠超乎許多美國人的想像。甚至早在美國成為全球超級強權之前，就不時出現美國力量式微的警告。有的人認為，許多人擔憂的問題（中國在經濟產出之外，政治力量也將超越美國），其實只不過是另外一個例子，和 1970 年代及 1980 年代，許多人擔心「日本公司」崛起，及更早的 1950 年代和 1960 年代，許多美國人把前蘇聯當作美國霸權最大的威脅，情形如出一轍。

　　二次大戰結束十多年後，許多策略思想家都擔心，美國會從世界強權的巔峰快速走下坡。當蘇聯建立核武能力，收緊對東歐及中歐的控制後，更強化了這類憂慮。旅伴號人造衛星在 1957 年發射升空，使得蘇聯成為第一個進入太空的國家之後，「美國沒落論者」把警鐘敲得更響了。

目前有關美國沒落的諸多警告，主要是基於今昔對照——把美國當前的困境，拿來和自己對過去的錯誤記憶比較，誤以為美國在20世紀後半葉完全主導了全球決策。然而美國應該將下列事實納入考量，才能更務實而細膩地看待問題：事實上，美國過去在執行外交政策時，總是挫敗連連，從來不曾出現過毫無阻力的黃金年代。

另外值得注意的是，儘管美國占全球經濟產出的百分比，從1940年代末的50%，跌落到1970年代初的25%左右，但在過去四十年，卻一直維持在相同水準。中國占全球GDP的比例持續攀升，加上其他新興經濟體和開發中國家的經濟實力日益壯大，遭殃的其實是歐洲，而不是美國。

早在20世紀初，當老羅斯福總統積極擴展美國的外交影響力和軍事力量，以及在威爾遜總統領導下，躍升為決定第一次世界大戰結果的關鍵要角後，美國就乘勢而起，成為全球霸權。當然，在二次大戰期間，美國提供決定性的經濟與軍事力量，成功擊敗軸心國之後，又以勝利者之姿，躍上歐洲與亞洲舞台，成為世界領導強權。當時，歐洲國家飽受戰火摧殘，元氣耗損；日本和德國的經濟已遭到嚴重破壞；蘇聯的戰時傷亡人數是美國的一百倍，國力大傷。更何況史達林在1939年與希特勒締結條約，以及對自家人民施以殘酷暴行後，其道德權威早已破壞殆盡。

美國很快發揮關鍵領導力，成立戰後組織，以重建世界秩序和推動全球治理，包括簽訂布列頓森林協議（Bretton Woods Agreement，美元從此正式成為全球儲備貨幣），以及推動一系列區域性的軍事與國防聯盟，其中最重要的是北大西洋公約組織。美國藉由對外援助，以及及談判貿易協定，開放美國市場，更加壯大為主導世界的力量，在非共產世界大力提倡民主資本主義。

美國又藉由催生歐洲煤鋼共同體（ECSC），促成歐洲經濟與政治統合（歐洲煤鋼共同體後來又發展為歐洲共同市場和歐盟）。高瞻遠矚的「馬歇爾計畫」協助飽受戰火摧殘的歐洲國家邁向繁榮，並鼓勵歐洲各國實施民主制度，推動區域整合。被小羅斯福形容為「聯合國之父」的國務卿赫爾（Cordell Hull），大力提倡自由互惠的跨國貿易，認為「當商品跨越國界時，軍隊就不會跨越國界。」由於美國在戰後負責監管日本的重建、民主化與廢除軍備過程，鞏固了美國在亞洲的重要地位。

1949 年，蘇聯成為全球第二大核武國家，中國則在毛澤東勝出後，成為共產國家，長達四十年的冷戰為全球體系的運轉增添獨特動力。伴隨著美蘇兩國的核武對峙，在政治組織與經濟組織的設計上均相衝突的兩種意識型態，展開了全球鬥爭。

之後數十年，兩個極端對立的意識型態之間持續的緊張關係，決定了世界權力平衡的架構。其中一端是美國領導的聯盟，包括恢復民主政治的西歐國家及重建後的日本，他們都提倡民主的資本主義制度。另外一端則是蘇聯領導的中歐和東歐國家，提倡共產主義的意識型態。當然，上面這個簡化的描述背後，其實隱藏了更複雜的態勢，但幾乎全世界所有的政治和軍事衝突，都是因這個更大的鬥爭而起。

當蘇聯無法與美國的經濟實力相抗衡（在此同時，蘇聯的中央控制計畫經濟和權威式的政治文化也無法適應初期的資訊革命），共產政權就崩盤了。隨著柏林圍牆在 1989 年倒塌，以及兩

年後蘇聯解體（俄羅斯退出蘇聯），共產主義不再是全球重要的
意識型態。

第四波民主浪潮

美國在世界的霸權於是達到巔峰，民主資本主義的意識型態
非常普及，以致於有一位政治哲學家推測，我們正目睹「歷史的
終結」──暗指民主制度或資本主義都不太可能再面臨進一步的
挑戰。

美國在意識型態和政治地位上全面獲勝，至少短期內在看似
一元化的世界裡，成為舉世公認的世界強權。然而，表面的標籤
掩蓋了伴隨權力均衡態勢轉移後產生的複雜變化。

早在二次大戰爆發前，蘇聯共產政權的作為就違背美國開國
元勳清楚理解的基本真理：當你把過多的權力集中在一個人或少
數人手中，就會腐化了他們的判斷力和人性。

相反的，美國的民主制度建立在對人性的細膩理解，以及從
「群眾智慧」產生的卓越決策品質之上，並謹記從古羅馬歷史學到
的教訓──中央集權會危害自由。美國人認為，權力過度集中，
對自由有害，所以，美國刻意將權力分散到相互對立的不同領
域，以達到制衡效果，維護個人的言論、宗教與集會自由。

任何國家能否說服他國遵從其領導，通常受到道德權威的影
響。就美國的情形而論，自從 1790–91 年間美國制定憲法和通過
權利法案之後，美國的建國理念就深獲世界各國人民的共鳴。

從 18 世紀末以來，有三波影響全世界的民主化浪潮。美國獨
立革命後的第一波民主化浪潮，誕生了二十九個民主政體。「偉
大的解放者」玻利瓦（Simón Bolívar）在美國建國後二十年內，領

導南美洲的民主革命，他胸前口袋中隨時都放著喬治‧華盛頓的照片。

接下來一直到第二次世界大戰前，是民主政治的衰落期，民主國家的數目縮減為十二。1945 年之後，出現第二波民主化浪潮，民主國家的數目增加到三十六。但擴張之後，緊接著又是衰退，從 1962 年到 1970 年代中期，民主國家的數目縮減到三十。1970 年代中期開啟了第三波民主化浪潮，然後隨著共產集團在 1989 年崩解，民主政治加速發展。

在美國國內，反映美國憲法精神（比方說，個人權利）的政策，往往在企業利益的考量與實際政治的算計下遭到犧牲，難以推動。當西歐國家開始讓海外殖民地一一獨立，逐步撤出在帝國主義時期建立的勢力範圍，美國藉著提供對外援助，以及和許多剛獨立的國家建立經濟、政治和軍事關係，填補了部分權力真空。但是當美國憂心法國撤出越南，不再扮演宗主國的角色，將導致共黨勢力坐大時，美國誤解了胡志明的民族主義根本動機，導致悲劇性的誤判，釀成越戰。

儘管美國在越南犯下戰略錯誤（之前還耗費巨資，打了很久的韓戰），又以強勢軍力介入拉丁美洲局勢，此外還面臨其他種種艱困的挑戰，美國依然鞏固了作為全球領袖的地位。二次大戰後數十年，美國經歷了史無前例的繁榮，並持續提倡自由，因此成為其他國家效法的榜樣。假如二次大戰後的世界局勢不是由美國主導，很難想像全球的人權和民主自決能有這麼大的進步。

近來，民主制度發展的腳步逐漸變慢。2007–08 年金融海嘯之後，全世界民主國家的數目下滑，而且包括美國在內，許多國家的民主素質和民主程度也都降低。不過，儘管目前的世界仍處於

「民主衰退」狀態，有些人依然相信，阿拉伯之春和其他靠網路帶動的民主運動，可能象徵了第四波民主化浪潮的開端，雖然結果如何，仍是未知之數。

無論如何，要預測美國是否已面臨絕對的沒落，時間還太早。有一些正面跡象顯示，美國相對沒落的速度或許已減緩；到目前為止，美國的大學仍然是全世界最好的教育體系，創投文化也持續為美國帶來源源不絕的創新與創意。雖然今天美國的國防預算占 GDP 的比例，比二次大戰之後的大多數時候都低，但就絕對數字而言，國防預算已經成長到 1945 年以來的最高水準。到目前為止，美國軍隊仍然是全世界力量最強大、訓練最精良、裝備最佳、預算最充沛的部隊。美國每年的軍事預算，幾乎相當於緊追在後的五十國軍事預算的總和，而且幾乎和全世界其餘國家的軍費支出加總一樣多。

新型態的戰爭

我在國會和白宮服務期間，經常被形容為支持國防的民主黨員，我深知無論對美國而言或為了維護自由，維持絕對的軍事優勢是多麼重要。然而十多年來，美國打了兩場似乎永無止境的戰爭，同時還要努力維持美國在歐洲與亞洲的龐大軍事部署，軍事資源十分緊繃，幾乎快不堪負荷。由於美國的經濟力量和富裕程度正面臨相對衰退，不得不重新思考是否還要維持這麼龐大的軍事預算。

促使生產活動分散到整個地球公司，以及將世界各地的人們連結到全球心智的兩大趨勢，也同樣使得過去只掌控在民族國家手中的戰爭相關科技，廣泛散布開來，比方說，發動毀滅性網路攻擊,如今在網路上是非常普遍的技術。

今天,有些發動暴力戰爭的手段也已經外包。伊拉克戰爭和阿富汗戰爭都大量使用無人機和其他半自動化的機器人武器。美國空軍目前接受無人機作戰訓練的飛行員人數,已經超過有人戰機的飛行員受訓人數。(有趣的是,出現創傷後壓力症候群的無人機飛行員比例,和戰機飛行員的比例差不多,雖然他們只在電視螢幕上看到數千公里之外的目標。)

無人機曾經有好幾次遭到預定攻擊目標派人駭入。2010 年,情報分析員發現,伊拉克的伊斯蘭好戰份子利用 26 美元買來的軟體,駭入美國無人機發出的未加密影像訊號,因此可以即時觀看無人機傳送回美國控制中心的影像。阿富汗的叛軍也有這樣的能力;2011 年底,伊朗曾駭入美國匿蹤無人機的控制系統,下令無人機降落在伊朗喀什米爾的簡易機場。

新一代的海陸空機器人武器,正在快速發展。全球已有五十多國在實驗半自動化的軍事機器人。(美國軍方律師已經發展出「機器人權」的法律規範,讓無人機和機器人在遭到威脅時能合法開火,就好像戰機飛行員警覺到自己被敵方鎖定時,有權開火一樣。)

同時,現在有些危險的戰鬥任務也開始採取外包方式。美國在伊拉克戰爭期間,把戰區重要行動外包給私人部隊來執行。*名聲不佳的越戰結束之後,美國就放棄徵兵,仰賴職業志願役軍隊來作戰,許多人聲稱,這種做法可以讓一般美國人在情緒上比較不受戰爭衝擊。

中國崛起？

同時，中國的軍事預算正不斷上升──雖然比起美國整體國防預算，只是小巫見大巫；不過，中國究竟能否維持目前的經濟成長，頗令人質疑。許多人認為，現在還無法預測中國能否成為未來的世界強權，乃至能不能在新的權力均衡狀態中，和美國共同占據中心位置，因為他們懷疑中國的社會、政治和經濟基礎維持不了多久。雖然中國經濟快速發展，但專家警告，由於中國人沒有言論自由，採取中央集權的專制統治，加上政治經濟體系普遍貪腐嚴重，在在都令人懷疑中國將無法持續近年的高成長率。

比方說，2010 年底，據估計，中國有六千四百萬間公寓裡面空無一人。房市泡沫發生的原因很多，但許多年來，前往中國的訪客都曾提到，接受補助興建的公寓大廈如雨後春筍般大量冒出，卻長時間無人居住。根據摩根士丹利（Morgan Stanley）的研究，中國建造的發電風車，幾乎有 30% 沒有連結到電力網；許多風車蓋在偏遠地區，當地雖有強風，卻沒有符合經濟效益的方式延伸電力網。中國如果能成功以低成本建造再生能源系統，不但對本身有利，也會造福全球市場，然而就和大量空屋一樣，閒置風車也是很好的警訊，告訴我們中國經濟奇蹟的某些趨勢，可能無法再以相同步調走下去。中國的金融體系也同樣遭到政府操控和扭曲；有些國營銀行循環利用手中的信貸資金配置，資金流入黑市高利放款。

中國正經歷顛覆性的經濟轉型過程，加上遭逢史上最大規模的內部遷徙潮和嚴重環境汙染，在這樣的非常時期，中國能展現

---

* 戰爭史上，傭兵軍團一直都存在，但是在某些為期甚久的衝突中，傭兵扮演的角色更加顯著，例如剛果民主共和國的內戰，遭傭兵殺害的人數高達40萬人。

多強的社會政治凝聚力，也令人懷疑。雖然很難驗證統計數字的準確性，但中國清華大學教授孫立平估計，2010 年，中國總共發生了「十八萬次抗議、暴動和其他群眾事件」，是自 2000 年以來四倍的成長。其他許多報導也證實，社會動盪的源頭在於貧富差距、令人難以容忍的環境汙染，以及抗議地方官員扣押房產和濫權。過去兩年來，中國薪資大幅上漲，有一部分正是不滿和不安的情緒（尤其是大量離鄉民工的不滿情緒）造成的結果。

有些學者警告，這些說法其實都反映了西方人的偏見——當某些國家的政府缺乏民主正當性，西方人往往太急於預測該國將陷入不穩定狀態。根據某些專家的說法，中國政府的正當性，不見得在於及來自於政體的參與本質，而是有其他根源。從孔子時代以來，在老百姓眼中，如果當政者施政很成功、是因為功績而獲得權位，而且能展現充分智慧、看來似乎是擔任領袖的好人選，那麼執政者就能贏得正當性。

今天在美國，這些正當性的根源卻岌岌可危。各階層民眾對政府的信任度（以及對大多數大型機構的信任度）遽降，主要是因為民眾覺得政府無法推出成功的政策，也看不到施政成效。過去，理性決策是美國式民主政治的最大優勢。雖然美國人口只占全球人口的 5%，但只要美國能充分展現過去決策時的創造力、膽識與效能，美國就有能力領導全球。

諷刺的是，自從鄧小平在 1978 年推動改革開放以來，中國之所以經濟快速成長，不只是因為推行中國式資本主義，也因為鄧小平能在中央委員會中，成功倡導以理性分析取代過去陳腐的共黨經濟教條——而且懂得運用高明的政治手腕，把這些戲劇化轉變，說成是重申毛澤東的教條。改革開放的頭一年，鄧小平在全軍政治工作會議上的講話中指出：「實事求是，一切從實際出發，理論和實踐相結合，這是不是毛澤東思想的根本觀點呢？」

美國在上兩個世紀之所以能崛起成為世界領導強權，其中一個原因是，長期以來，美國民主政治展現的「實事求是」能力，一直都能比其他國家的政府產出更佳的決策和政策，提升國家利益。當民主體制十分健全且運作順暢時，激烈的辯論往往能激發出創意十足、高瞻遠矚的計畫，成效優於其他任何政府體系。

不幸的是，今天的美國政府已不再是運作良好的自治系統。套用軟體界常用的詞彙，美國民主制度「被駭」了。國會是現代社會經由民選程序建立的立法機構，但如今幾乎任何法案想要通過，都要看掌控議員競選經費的企業說客和特殊利益團體是否支持。

伸向民主的企業魔爪

今天，常見的現象是：律師團擔任企業說客，列席實際草擬法規的會議，為新法令提供精準的遣詞用句，試圖為所屬公司的經營計畫剷除障礙（手段通常是削減為了保護公共利益而訂下的既有法令規定）。許多州議會變成只是橡皮圖章，定期行禮如儀地通過完全由企業遊說人員草擬的法案。

由於我在 20 世紀的最後二十五年，在聯邦政府擔任民選公職人員，可以近距離觀察立法過程，我感到十分震驚和沮喪，沒想到美國民主體制的廉正和效能已接近崩解。美國歷史上也曾經有幾個時期，發生過富人與企業掌控政府運作的情況，但我們有理由相信，這次的情況可能不只是週期性的現象——尤其是近來法院的判決，等於讓富人與企業的主導力量得以體制化。

　　美國民主制度跛腳化現象發生之時，也正逢全球系統面臨巨變，比過去任何時候都需要美國挺身而出，倡導民主信念與人類價值。如果美國不能以膽識和創意來發揮領導力，全世界將很難達成關鍵決策。因此，重振美國民主制度的廉正與效能，就變得特別重要，但要這麼做，必須先正確診斷出美國民主制度嚴重脫軌的原因。事實上，權力從民主國家移轉到市場與大企業手中，由來已久。

　　一般而言，政治自由與經濟自由通常都會相互強化。印刷機誕生後形成的新典範是：每個人都擁有自我尊嚴，個人掌握了自由流通的資訊後，可以透過定期選舉民意代表而集結眾人智慧，並透過市場供需的那隻「看不見的手」，在政治和經濟領域勾勒出自己的命運。

　　縱觀歷史，資本主義比其他任何組織經濟活動的方式，都更有利於高度的政治宗教自由。但在民主資本主義複雜的意識型態中，內在張力始終存在，而且難以調和。美國開國元勳曾擔心政治權力過度集中的危險，同樣的，他們也憂心經濟力量過度集中（尤其是透過公司的形成），會對民主政治帶來衝擊。

　　經營最久的公司，在 1347 年創立於瑞典，只是直到 17 世紀，荷蘭和英國為了拓展與海外殖民地的貿易往來而廣發公司執照後，法定的公司形式才變得普遍。後來英國經歷了一連串驚人的詐騙和舞弊事件，例如南海公司醜聞（South Sea Company scandal，所謂「泡沫」的經濟概念由此誕生），終於在 1720 年禁止公司成立。（直到 1825 年，由於工業革命後，需要推動鐵路公司和其他新公司資本化，以開發新科技，英國政府才撤除這項禁令。）

　　美國革命家很清楚這段歷史，因此最初在美國獲准設立的公司，多半都是為了服務市民或以慈善為目的，而且公司執照有一定的期限。後來為了因應工業化過程中企業籌資的需求，才出現商業公司。

　　傑弗遜總統在 1816 年寫給賓州參議員羅根（George Logan）的信中，曾援引英國經驗指出：「我希望我們能從這個例子得到充分警告，在膽敢挑戰政府權威、違抗國家法律的有錢企業誕生之初，就粉碎他們的貴族統治。」

　　從 1781 年到 1790 年，美國的公司數從 33 增加為 328，然後紐約州在 1811 年制定法令，容許公司數目增長，不再受政府各種狹隘的特殊限制。

　　當大多數美國人都住在農場、也在農場裡工作時，公司通常規模不大，對勞動條件和生活品質的影響也有限。不過到了南北戰爭時期，由於北方工業大舉動員、龐大的政府採購合約、加上鐵路興建計畫，公司的力量大幅擴張。戰後，企業在美國人生活中扮演的角色，很快變得愈來愈重要，企業也愈來愈努力控制國會和州議會的決議。

　　根據歷史學家的說法，1876 年蒙上汙點的美國總統大選（兩黨在選舉之夜對佛羅里達州的選舉人票數爭執不下，陷入僵局），後來經過祕密談判達成妥協，企業財富和影響力在其中扮演了決定性角色，為之後的貪腐時期搭建舞台，導致新上任的總統海斯（Rutherford B. Hayes）後來抱怨：「這個政府不再是民有、民治、民享的政府，而變成由企業擁有、讓企業治理、為企業服務的政府。」

　　隨著工業革命重新塑造美國的面貌，工安意外也時有所聞。

從 1888 年到 1908 年，有七十萬美國工人在工安意外中喪命——幾乎每天有將近一百人死於工安意外。當時的雇主不但提供嚴苛的工作環境，也拚命壓低工資，於是勞工為了設法脫離惡劣的待遇與剝削，開始組織罷工，並推動立法來保護自己，結果激起企業主強烈反彈，除了組織私人警力，對企圖組織工會的勞工施暴，還雇用律師和說客在國會山莊和州議會撲天蓋地展開遊說。

當企業開始雇用說客，試圖影響法案內容，最初引起的反應是厭惡。1853 年，聯邦最高法院判定涉及遊說的契約無效，不能強制執行——部分原因是，提供金錢者是在檯面下祕密運作。法官的結論是：這類遊說行為對公共政策有害，因為「試圖透過不適當的影響力來腐化或汙染政治機構的誠信廉正」，並「玷汙我們託付立法重任者的純正人格或誤導他們的判斷力」，這種「不正當的影響力」會「有如直接舞弊般危害公共利益」。

二十年後，最高法院再度裁定遊說契約無效：「假如美國任何傑出公司打算雇用投機冒險份子，藉此將市場據為己有，試圖通過法令以提倡私人利益，任何有道德感、思想正當的人，都會立刻指責雇主和受雇者太過腐化，斥之為無恥的雇用行為。如果這類行為大量公開出現，且遭到容忍，將被視為公共道德敗壞及時代退步。」喬治亞州的新憲章甚至明令禁止向負責立法的議員進行遊說。

儘管如此，工業革命後的經濟盛世，隨著企業累積的財富愈來愈多，以及法令規章對企業商機的衝擊愈來愈大，立法機構「提倡私人利益」的情況激增。在 1880、1890 年代的「強盜大亨」*時期，根據作家約瑟夫遜（Matthew Josephson）對這段歷史的描繪：「他們把立法殿堂變成大賣場，在那裡針對每一張選票的價錢討價還價,買賣量身訂製的法律。」

也正是在這個貪腐盛行的年代,美國最高法院在 1886 年的
「聖塔克拉拉郡對南太平洋鐵路公司」訴訟判決中,首度明定公司
亦為「人」,有權受到美國憲法第十四號修正案的某些保護。這
個有利南太平洋鐵路公司的判決,本身並沒有真正觸及公司「人
格」的議題,但是法庭書記官(這人其實是某鐵路公司的前總
裁)在案例的「批注」中,把這個用語增添了進去,有些歷史學
家認為這個用語出自大法官史蒂芬・費爾德(Stephen Field)的手
筆。法庭上,首席法官在還未聆聽口頭辯詞之前,就指示:「本
院不希望聽到針對是否……這些公司適用……第十四號修正案的
問題……的辯論。我們一致的意見是適用。」(20 世紀末,保守
的美國最高法院在判決中,就根據這個有關企業人格權的間接先
例,將「個人權利」延伸到公司。後來在 2010 年的「聯合公民」
一案也是如此。)

巴黎公社事件引發疑懼

這個關鍵案例,與後來世界通訊網(「全球心智」)的第一
個神經末梢,有極為有趣的關聯。費爾德大法官的弟弟賽勒斯・
費爾德(Cyrus Field),在 1858 年鋪設了史上第一條越洋電報電
纜。他們有個哥哥叫大衛・費爾德(David Field,多虧這個哥哥慷
慨捐助林肯打選戰,史蒂芬後來被任命為最高法院大法官),1871
年巴黎公社時期,大衛與家人正好待在巴黎,他利用電報,將巴
黎暴動、社會失序及隨之而來的大屠殺新聞即時傳送回美國。這
是美國歷史上破天荒第一遭,能隨著海外新聞事件的進展,每天

＊譯注:Robber Baron,亦譯「斂財大亨」。

追蹤最新情勢。

　　雖然巴黎公社成立的原因很複雜（包括法軍在普法戰爭戰敗而引發的怨恨情緒，再加上共和派與君主制度擁護者之間的鬥爭），卻成為共產主義與資本主義之間首度象徵性的衝突。*馬克思四年前剛出版了《資本論》，並在巴黎公社時期撰寫了《法蘭西內戰》（*The Civil War in France*），指出巴黎公社將「永遠被稱頌為新社會的光榮先驅」。半世紀後，在列寧的葬禮上，列寧身上覆蓋的殘破紅白旗，正是巴黎公社執政的兩個月中飄揚在巴黎市的旗幟。

　　但巴黎公社一方面鼓舞了共產黨員，另一方面卻嚇壞了美國的菁英階級，其中也包括費爾德大法官，他每天都緊盯著哥哥和其他新聞記者傳自巴黎的報導。巴黎公社受美國媒體矚目的程度，幾乎超越當年的任何報導，唯有關於政府貪腐的新聞足堪比擬（但關於巴黎公社的所有報導幾乎都是負面的）。美國人原本已經因巴黎公社事件而心生恐懼，勞工動亂令情況變得更嚴重，尤其是 1830 年代以來，從歐洲窮國來到美國打拚的移民，許多人在缺乏法令規範的情況下飽受剝削，在工廠辛苦做低薪工作，因此心生不滿。兩年後，金融家兼鐵路創業家庫克（Jay Cooke）宣告破產，美國陷入經濟蕭條，工資降得更低，失業率更高。《紐約時報》警告：「紐約像巴黎一樣，也有個『危險階級』，他們一心想找機會將巴黎公社的無政府狀態和混亂失序散播海外。」

　　根據歷史學家的說法，由於巴黎公社事件，費爾德大法官變得十分激進，深恐美國也會出現階級鬥爭，因此決定把強化公司力量當作自己的使命。他採取的策略，是運用剛通過不久的美國憲法第十四號修正案。這項修正案設計的原意，是讓解放後的黑奴享有憲法賦予人民的權利，而費爾德法官則透過這項修正案，將賦予人民的權利延伸到公司。

改革與貪腐拉鋸

19 世紀的最後十年間，企業對美國民主政治的控制力量已達驚人程度，引發大眾反彈。工業革命之後，大批美國人從農場遷移到都市，社會大眾愈來愈關心各種剝削問題，例如童工、工時過長、低工資、危險的工作環境，以及食品藥物安全的問題，改革派運用民主機制，要求政府推出新政策和保障措施。

20 世紀初興起的進步主義運動，開始推動新法規，限制企業力量，包括制定第一個反托辣斯法——1898 年的雪曼法案（Sherman Act），儘管最高法院嚴格限制這個法案的合憲性，正如同他們限制所有進步主義運動法案的運用與執行一樣。1901 年，親企業的總統麥金萊（William McKinley）甫上任六個月，就遭暗殺，老羅斯福意外成為美國總統，並在上任第二年推動一連串措施，打擊專橫的企業勢力，防止企業壟斷與剝削。

老羅斯福在新成立的商務暨勞工部之下設立公司局，提起反托辣斯訴訟，想要讓摩根（J. P. Morgan）旗下的北方證券公司解體，北方證券總共包含 112 家子公司，總值高達 5,710 億美元（按 2012 年幣值），「相當於美國南部十三州所有資產總值的兩倍。」後續又提出四十個反托辣斯訴訟。老羅斯福似乎有用不完的精力，他任內還通過「純淨食品藥物法案」，並且將九千三百萬公頃土地列為國家保護區，包括大峽谷、穆爾紅木森林（Muir Woods）、通加斯（Tongass）森林保護區，同時期他還推動興建巴

---

* 雖然馬克思在《共產黨宣言》中指出，1848年法國大革命是第一次「階級鬥爭」。

拿馬運河，並因成功調停日俄戰爭，而獲得諾貝爾和平獎。

老羅斯福在上任之初，就做了一個重大決定——不在 1908 年競選連任，也就是不尋求第二個完整的總統任期，他認為自己幾乎已經當了整整八年的總統，而美國總統任期最多兩任，是當年由華盛頓建立的「明智慣例」。但是老羅斯福親自挑選的接班人塔虎脫（William Howard Taft），放棄了羅斯福的許多改革計畫，結果企業力量又捲土重來，日益壯大。有鑑於此，羅斯福開始組織雄鹿黨（Bull Moose Party）打選戰，希望在 1912 年總統大選中取代塔虎脫。

老羅斯福在 1910 年 10 月表示：「今天，龐大的特殊商業利益團體往往為了私利，而操控和腐化政府的人與事，正如同南北戰爭前，棉花業和蓄奴制度的特殊利益團體，威脅到美國的廉正政風。」十八個月後，他在競選活動中表示，他的黨是為自己的靈魂而奮鬥：

> 共和黨正面臨巨大危機，必須決定他們是否要像林肯時代一樣，是平民百姓的政黨，進步的政黨，代表社會正義與產業公平的政黨；還是要變成代表特權和特殊利益團體的政黨，成為林肯最大死對頭的接班人，代表華爾街內外的龐大利益團體，意圖透過對政府公僕的掌控，在違法時免受懲處，同時還擁有不該享有的特權。

老羅斯福在那場總統大選中輸給威爾遜之後（塔虎脫則落居第三），仍然繼續大力提倡進步主義的改革理念，以及限縮企業力量。他說，美國最重要的考驗依然是「自由人努力爭取和保有自我治理的權利，以對抗特殊利益團體，因為特殊利益團體會任意扭曲自由政府的制度，把它變成擊潰大眾意志的機制。」他主張美國應該「禁止為了政治目的而直接或間接使用企業資金」。他在一次次演講中指出，憲法「並沒有將投票權賦予任何企業」。多虧老羅斯福大力提倡，進步主義運動的影響力日益擴大，成功推動一項憲法修正案，扭轉了最高法院對所得稅徵收的禁令，並實施遺產稅，還推動眾多法規，限制企業濫權。

威爾遜執政時期，仍然繼續推動許多進步主義的改革，但到了哈定（Warren Harding）主政時期，鐘擺又回到企業掌控民主政治的這一邊。哈定總統任內最叫人難忘的事蹟就是貪腐頻傳，包括茶壺山醜聞案（Teapot Dome scandal）——石油公司高層為了取得公共土地上的油礦，私下賄賂哈定政府的官員。

連續三任親企業的共和黨總統之後，小羅斯福在 1933 年就任總統，當時美國正處於 1929 年股市崩盤引發的經濟大蕭條，小羅斯福一上任就發動了第二波改革。他推行的新政（New Deal），將聯邦政府的市場力量大規模擴增，但保守的聯邦最高法院再度阻止進步派的改革措施，宣稱他們的許多做法都違憲。老羅斯福曾宣稱大法官「是國家福祉的一大威脅」，小羅斯福基本上做了同樣的事，甚至還更進一步，提出「法院填充計畫」，試圖藉由增加大法官人數，稀釋最高法院裡占多數的親企業大法官的影響力。

幾個月後，聯邦最高法院改弦易轍，同意新政的大多數計畫合憲，究竟大法官們是不是因為小羅斯福的威脅而改變立場，歷史學家有不同的看法；直到今天，美國法律界有些右派份子，仍然把那次法院改變立場視為「背叛」。21 世紀初，司法界的右派活躍份子還在試圖恢復新政之前的法院裁決理念。

雖然小羅斯福推出諸多改革計畫，美國仍難逃經濟困境，在
1938 年再度陷入蕭條。等到美國人動員起來，因應納粹德國與大
日本帝國的極權主義挑戰，經濟蕭條才告結束。戰後，美國以戰
勝國姿態崛起，接下來是持續三十年非凡的經濟擴張時期。那個
年代，美國大多數選民不分黨派的普遍共識是：支持聯邦政府擴
大角色，以解決國家面臨的問題。

企業力量大反撲

不過，紛亂的 1960 年代，埋下了企業領導反改革運動的種
子。1963 年甘迺迪總統遭刺殺身亡後，美國各地掀起各式各樣
的社會改革運動，部分原因是龐大的戰後嬰兒潮世代正好進入青
年期，他們充滿理想、活力充沛又蠢蠢欲動。民權運動、女權運
動、首度同志權益遊行、消費者運動、詹森總統的「向貧窮宣戰」
政策，以及日益高漲的反戰示威潮（抗議美國未經周詳考慮，就
持續在東南亞進行反共的代理人戰爭），種種因素相加起來，便激
起企業利益團體和保守意識型態駭人的反作用力。

正如一個世紀前，巴黎公社事件激化了費爾德大法官的立
場，1960 年代美國的社會運動，也喚醒美國民眾對社會動亂的恐
懼，激化了新一代的右翼市場基本教義派，並為即將成為大法官
的鮑威爾（Lewis Powell）注入強烈的使命感。

鮑威爾本是在里奇蒙執業的律師，當時最著名的事蹟是，在
1964 年美國公共衛生署署長發布吸菸與肺癌有關聯之後，代表菸
草業打官司。1971 年，鮑威爾寫了一封歷史性的冗長備忘錄給
美國商會，提出一份完整方案，計畫在長期的龐大經費挹注下，
持續努力改變國會、州議會和司法機關的本質，促使他們更偏向

企業利益團體。兩個月後，尼克森任命鮑威爾為最高法院大法官
——不過直到任命聽證會通過很久之後，鮑威爾呈交美國商會的
計畫才被公開披露。

鮑威爾曾擔任美國訴訟律師協會理事長，在法界備受尊崇，
連與他意識型態相左的人都很尊敬他。然而在他的大法官任期內
影響最大的發展，卻是積極擴張企業權益。

鮑威爾撰寫的判決書，創造了「公司言論」的新穎概念，認
為公司言論也應受憲法第一號修正案的保護。後來法院就引用這
個原則，來廢除許多意圖在企業阻礙公共利益時限縮企業權力的
法令。舉例來說，1978 年，在一項以 5 比 4 票數裁決的案例中，
鮑威爾的書面意見首度駁回麻州禁止企業獻金介入選舉（麻州公
民投票）的法案，理由是這個法案侵犯了「公司人」的言論自
由。三十二年後，聯邦最高法院根據鮑威爾的意見，容許有錢人
在競選活動中，無上限的祕密捐助政治獻金，把 1886 年南太平洋
鐵路一案宣告「公司為人」的先例，又進一步擴大引申。

雖然公司的確是由個人組成，但只要把公司的本質與動機，
拿來和有血有肉的人相比較，就可明顯看出這樣的法學理論（視
公司為憲法中定義的「人」）是多麼荒謬。大多數公司都在法律
上得到州政府特許，只需專注於追求股東的財務利益。公司在理
論上會永久存在，而且通常都擁有龐大財富。以美國為根據地的
二十五家跨國公司，營業額超過世界上許多國家。地球上最大的
100 個經濟體中，目前有超過半數（53 個）是企業。石油公司埃
克森美孚是全球最大的公司之一（如果以營業額和利潤作為衡量
指標），它的經濟影響力甚至超過挪威。

個人在做決定時，會考量很多不同因素，往往超越了狹隘的

自我財務利益考量；他們會擔心兒孫輩以後要面對什麼樣的未來──而不僅僅是遺囑中要留多少錢給子孫；美國開國元勳決定以個人身分立誓，要將「我們的生命、我們的財產、及我們的神聖榮耀」奉獻給比金錢更重要的目標。相對的，今天的公司「人」似乎往往不怎麼在乎可以對國家有什麼貢獻，只關心國家如何幫助他們賺更多錢。

有一次，在華府的石油業者集會上，某家公司的高級主管詢問埃克森當時的執行長雷蒙（Lee Raymond），可否考慮在美國境內多興建一座煉油廠，以防可能出現石油短缺。根據在場人士的說法，雷蒙回答：「我們不是美國公司，我不會根據怎麼做對美國最好，來制定公司決策。」雷蒙的說法，令人回想到傑弗遜 1809年提出的警告，當時傑弗遜離開白宮幾乎不到一個月，他在寫給杰伊（John Jay）的信中談到：「商業自私自利的本質，不以祖國為念，毫無熱情或原則，只關心賺錢。」

隨著地球公司興起，跨國公司得以操弄各國彼此競爭，並從中得利，選擇工資最低廉、法令限制最少的地方設廠。自由意志派智庫卡托研究院（Cato Institute）已故主席尼斯坎南（William Niskanen）曾表示：「企業的力量已經大到足以威脅政府。」他還補充說：「尤其是跨國公司，他們更是毋須仰賴特定政府，因此忠誠度也比較低。」2001 年，印度總理辛格（Manmohan Singh）曾請美國布希總統運用影響力，促使埃克森美孚同意，讓印度國營石油公司加入埃克森美孚與俄羅斯政府及石油公司的合資計畫。結果小布希回答：「沒有人能叫這些傢伙該怎麼做。」

主張擴張市場力量（甚至不惜犧牲民主權力）的人認為，政府無權告訴企業「該怎麼做」。過去四十年，美國企業和保守意識型態依循「鮑威爾計畫」，不但致力於選出立場與他們相近的大法官，而且試圖影響最高法院的看法，同時，他們還決心影響法案起草和政策形成，以擴大企業的力量。他們大幅增加企業廣告，試圖影響輿論走向；擴大雇用說客，以便在華府及各州首府捍衛企業利益；更提高對候選人的政治捐獻，只要這些候選人答應支持他們重視的議題。

短短十年，企業政治行動委員會的數目爆增，從 90 個激增為 1500 個；正式登記雇用遊說人員的公司數目，則從 175 家提升為 2500 家。自此，數字就一直大幅上升；從 1975 年到 2010 年，企業說客的開支，從 1 億美元飆漲到 35 億。（美國商會在遊說經費排行榜上一直高居首位，每年經費都超過 1 億美元——超出鮑威爾計畫剛成形時所有遊說支出的總和。）從一個指標就可以明顯看出，在華府的政治文化中，對遊說的態度如何快速改變—— 1970 年代，即將卸任的國會議員，只有 3% 獲聘為遊說人員；到了今天，即將卸任的參議員和眾議員，分別有超過半數和超過四成會成為說客。

響應鮑威爾計畫的種種努力，並非只仰賴企業金庫作為財源，一些保守派的有錢人及基金會，也因 1960 年代的騷亂（鮑威爾曾形容當時是「反企業體系和西方社會價值的意識型態戰爭」）而激化了右派的立場。當鮑威爾呼籲「企業界對這場針對其基本經濟原則、理念、自我管理的權利及企業操守的大規模攻擊」，以充裕的經費，展開有組織、有計畫的回應，許多保守派企業領導人都挺身而出，響應鮑威爾的號召。

　　比方說，在激進的黑人學生憑武力占領母校康乃爾大學校園建築後，歐林（John M. Olin）的反應是改變基金會的運作重心，將大筆經費拿來資助右派智庫，並展開各種努力，試圖令美國政府變得更加右傾。他推動的計畫為了達到最大的效果，不但花光基金會年度捐款，甚至還快速消耗基金會的本金。其他許多右派基金會也提供金援，響應鮑威爾計畫，其中包括布瑞德利基金會（Lynde and Harry Bradley Foundation）及阿道夫庫爾斯基金會（Adolph Coors Foundation）。

　　或許在重金資助的保守派策略中，最有效的策略是致力於讓聯邦法院（尤其是最高法院）充斥著意識型態相同的盟友。鮑威爾計畫特別強調，「在我們的憲政體系中，尤其當最高法院也採取激進立場時，司法系統或許是進行社會、經濟和政治改革的最重要工具……對商會來說，這個領域充滿龐大的機會……如果企業願意提供經費的話。」

　　結果，在大法官任命過程中，代表企業利益團體的遊說活動，顯得特別活躍而堅持，希望選出的大法官能響應保守派的法律思維──限制個人權利，限縮民主範圍，擴大企業行動的權利與自由。他們也建立保守派法學院，培育出整個世代的反改革份子，並結合各大法律基金會的力量，形成網絡，以影響美國法學理論思維。有兩位大法官甚至曾經接受企業招待度假，並在度假村為有錢的企業利益團體策畫的研習營授課。

　　同時，資金充裕、組織健全的反改革運動也成立智庫，並提供大量金援，以產出各種研究報告，設計出能提升企業利益的政策。除此之外，他們還從地方到中央，出錢贊助各級政治運動。到了 1980 年代和 1990 年代，反改革運動展開猛烈攻勢，將反對大政府政策的候選人送進州議會、國會，甚至白宮。雷根在總統大選大勝，擊敗卡特，是第一個重要分水嶺；1990 年代中期，保守派掌控國會之後，力量更加穩固，得以阻止進步派大多數的改革行動。

小羅斯福的政策，幾十年來雖然受到美國兩黨的總統和國會議員支持，卻也或多或少受到自己的成功所拖累。數千萬美國人紛紛晉升中產階級後，許多人不再熱心支持政府介入經濟活動，部分原因是他們開始抗拒高稅率，然而政府必須仰賴高額稅收，才有辦法在經濟活動中扮演更強有力的角色。工會是少數持續支持改革的團體，但是當製造業的工作機會下降，逐漸流向服務業，同時工作外包和機器代工的趨勢促使中產階級空洞化，工會的會員也日益減少。過去數十年，隨著製造業日益沒落，美國經濟優勢的本質和來源也改變了。地球公司的美國分部，已無法單靠薪資來驅動（投資當然是關鍵），這股趨勢的變化很重要，卻備受忽視。

民主資本主義是美國的主流意識型態，如今已起了微妙的變化，起先改變得很慢，後來速度愈來愈快。在與共產主義對抗的數十年間，民主制度與資本主義之間的內在凝聚力很強。但是當共產主義式微，不再是民主資本主義在意識型態上的主要對手，而且全世界大多數國家也都選擇民主資本主義之後，民主制度與資本主義之間的內部張力又重新出現。隨著經濟加速全球化，跨國公司必須不斷追求商業利益。企業和右派勢力一方面被勝利沖昏了頭，另一方面也因為持續執行鮑威爾計畫而取得龐大資源，開始壓抑政府在美國社會扮演的角色，提升公司的力量。

市場基本教義派開始主張重新分配決策權，將經由民主程序制定的決策，轉由市場機制決定，甚至提議將學校、監獄、公立醫院、公路、橋梁、機場、水電設施、警力、消防隊、緊急救難服務、某些軍事行動，以及其他過去由民選政府肩負的功能，都私有化和公司化。

反之，幾乎任何需要政府行使公權力的提議，即使在自由的民主程序中提案、辯論、設計和制定決策，卻往往被形容成是邁向極權主義的危險、卑劣做法。大力主張應該透過民主機制形成政策、並運用自治工具執行政策的人，發現自己被指控是在替不值得信任、且早已在歷史鬥爭中潰敗的意識型態說話。所謂的公共利益，遭到無情攻擊，被斥為危險的觀念。

這時候，入侵民主程序的大量金錢，早已說服許多民主黨員和幾乎所有的共和黨員採取新的意識型態，支持限縮民主範圍，擴張市場力量。也正是在這段轉型期間，電視取代報紙，成為大多數選民最重要的資訊來源，金錢在選戰中扮演的角色更加吃重，令企業和其他特殊利益團體對國會及州議會的影響力大增，達到不正常的程度。

當決策不是經由民主辯論產生，而是由有錢有勢的特殊利益團體決定，就有可能破壞人民的利益。經費不足且設計不良的美國社會政策，已經造成人民生活條件相對下滑。與其他十九個OECD工業化民主國家相較，美國所得不均的情況最嚴重，貧窮率也最高；根據聯合國的指標，美國的「兒童物質福祉」最差，兒童貧窮率和嬰兒夭折率都最高；此外，美國監獄囚犯人數最多，凶殺案發生率最高，醫療保健支出最龐大，而無力負擔醫療保健費用的公民比例也最高。

同時，企業利益團體成功降低法規監督，也為美國經濟帶來新的風險。舉例來說，金融服務業放鬆管制之後，加上全球貿易投資量大增，結果直接導致 2007 年信貸危機，引起「經濟大衰退」——有些經濟學家現在稱之為「第二次大緊縮」（the Second Great Contraction）或「次級蕭條」（the Lesser Depression）。

市場崩盤在國際間造成的後果是，大幅破壞了世界各國對於美國經濟領導力的信心，同時也標示美國長期經濟霸權的結束。一般而言，世界各國過去都習於把所謂的華盛頓共識，當作打好經濟基礎和追求持續成長的良方。雖然在許多人眼中，共識中大多數的政策建議，只不過反映了合理的經濟常識，但各國仍在剷除全球貿易投資障礙的同時，擴大國內經濟的市場範圍。

還有另外兩個因素，與 2007–2008 年經濟危機結合起來，破壞了美國的領導地位：第一個因素是中國經濟崛起，雖然中國經濟的高成長是靠獨特的中國式資本主義來驅動，但中國並未遵循華盛頓共識開的處方；第二，美國入侵伊拉克——但秉持的理由後來證明是虛假不實的。

在美國內部，經濟災難過後，政治體系最明顯的「民粹式」反應，不是要求立法防範災難再度發生，而是在茶黨煽風點火下提出的右派假民粹式要求，希望再減少政府管制，由此可見，「民主對話」已變得多麼扭曲。這個由企業和右派說客資助和挾持的運動，利用民眾悲傷的情緒，引導他們支持提倡企業利益團體的議程，並進一步削減政府管制的能力。隸屬茶黨的共和黨議員秉持極端的黨派立場，在 2011 年幾乎令美國政府債務違約，同時在 2012 年年底揚言要故技重施。

茶黨突然崛起，有很大部分是靠著梅鐸（Rupert Murdoch）旗下的福斯新聞網大力宣傳。福斯新聞網在尼克森總統媒體策略軍師艾爾斯（Roger Ailes）的領導下，超越了「鮑威爾計畫」強調要改變美國電視生態本質的最狂野夢想。鮑威爾曾提議「全國電視網應該像教科書一樣接受經常的監督」，他呼籲在電視媒體界「為美國體制的支持者創造機會」。

美國民主體制在面對艱難決策時，表現得軟弱無力，如今已威脅到經濟的未來發展，同時也影響到全球系統邁向永續未來的能力。美國的激烈黨派分歧現象，名義上是兩大政黨之間的對立，不過，民主黨和共和黨的本質，多年下來都有多方面的演變，更加深了兩黨間的差異。表面上，似乎共和黨更傾向右派，黨內的溫和派都遭清除，過去身為重要少數的自由派共和黨員如今已絕跡。根據同樣的表面分析，民主黨則變得更傾向左派，溫和派和過去在黨內扮演要角的保守派民主黨員，大多被迫離開。

然而，若深入探究，兩黨其實發生了更複雜的變化。兩個政黨如今都非常仰賴來自企業遊說的龐大資金，來購買電視廣告時段，以求順利連任，因此，積極運用金錢購買影響力的產業，如金融服務業、碳相關能源公司、藥廠等，可以放心將他們推動的特殊利益法案，託付兩大黨來達陣。構成美國主流意識型態（民主資本主義）的資本主義與民主制度，兩者相重疊的內部界線如今發生了歷史性的大轉移，導致兩黨內部都有愈來愈多人支持限縮政府角色。

依照今天兩黨右傾的程度，民主黨議員提出的議案如果與共和黨員幾年前發動的提案不謀而合，其實也不足為奇，只不過今天由民主黨員提案時通常會被斥為太偏「社會主義」。兩黨之間的僵局，將危害到重要福利計畫的未來，包括社會安全計畫和健保制度，同時在面對無法妥協的基本問題時，加深黨派歧見。從南北戰爭爆發前到現在，美國歷史上從來沒有任何時刻，情勢像現在這麼緊繃。

在批評者眼中，「市場基本教義派」有一種近乎宗教般的狂熱，令人想起共產主義失敗前許多馬克思主義信徒的狂熱——雖然被冠上「市場基本教義派」標籤的那些人，覺得自由派和進步派一心一意追求的是「國家主義」的意識型態。美國的自我治理機能如今幾乎完全失靈，無法制定必要的重要決策，重新掌控自己的命運。

麥迪遜（James Madison）可說是最能言善道的美國開國元勳之一，他曾在《聯邦主義者文集》第十號文件中，針對「人類彼此仇視的傾向」及結成敵對團體、黨派的習性，提出警告：

因此在人性中埋下派系的潛在根源；我們看到，這些根源在公民社會的不同環境中，各自發揮不同程度的作用。人們熱烈尋求關於宗教、政府和其他許多問題的不同見解（不管是出於臆測或以實際經驗為依據）；喜歡依附野心勃勃追求成就與權力的各類領導者，或向擁有誘人龐大財富的人靠攏；這些習性都使得人們容易分裂成不同派系，點燃相互仇視的心理，促使他們更傾向於製造紛擾，互相壓迫，而不是為了共同利益而攜手合作。

麥迪遜指出，這種人性的傾向非常強烈，即使「最瑣碎無聊、異想天開的微小差異，都足以激起敵對情緒，引發激烈衝突」。但他也強調，「產生派系最普遍且持久的原因」乃是「財富分配不均」。1929 年以來，美國財富、資產和所得分配不均的情況，可說以今天最為嚴重。「占領華爾街」運動之所以爆發，是因為絕大多數美國人都覺醒了，他們充分認知到，以目前形式運作的民主資本主義，正是造成各種不公平和令人無法忍受結果的元凶。但美國弱化的民主決策機制，以及富人與企業力量對民主政治的強勢掌控，已經癱瘓了國家做出理性決策的能力，能夠修補這些問題的政策往往得不到充分支持。

不幸的是，這兩股趨勢會彼此強化。有錢有勢者愈是控制民主決策，就愈能確保政府制定的政策一定會增進他們的財富和影響力。典型的正回饋迴路，會令貧富不均的現象持續惡化，這樣一來，就更不可能靠民主方式解決問題。

不均的問題已經成為政治、意識型態、心理上的斷層線。拜神經科學和心理學研究之賜，今天政治學家對於各國區分成「左派、右派」或「自由派、保守派」不同政治立場的本質，有了更深的理解。研究顯示這些差異其實「深植於人性」，每個社會中，比較願意容忍不均和比較無法忍受不均的人，在基本個性上有很大差異。

對於是否應該照顧弱勢者和受害者、尊重權威（尤其在面對混亂失序時）、強調對團體或國家的忠誠、展現愛國熱忱、尊崇代表群體價值的象徵等議題，抱持不同態度的人，也有不同個性。兩種人雖然都同樣重視自由與公平，卻對自由與公平有不同的看法。近來的研究顯示，這些個性上的差異或許有部分是天生的，但或許更重要的是，這些差異會受到社會回饋迴路不斷強化。

不均的議題，也與民主制度與資本主義之間的意識型態斷層線有關。對於以資本主義為優先的人而言，不均是激勵員工提升生產力的必要條件。如果某人從市場上獲得特別豐厚的報酬，不只他自己得到好處，其實整個資本主義制度也從中獲益，因為這是很好的示範，其他人看在眼裡，就明白倘若自己能有更多貢獻，可以得到多大的好處。

但如果要求以民主制度為優先的人一再容忍不均，那麼很可能會刺激他們要求改革，修正持續造成不公平的制度或政策。遺產稅已經成為美國政界的引爆點。自由派會問，我們社會的價值觀何以在有錢人過世後，沒辦法把他龐大的財富拿一部分出來重新分配？然而對保守派而言，原本努力賺錢背後的重要動機，就是死後能把龐大財富留給子孫；他們認為，徵收「死亡稅」是侵犯個人自由。（「死亡稅」是保守派策略家給遺產稅下的標籤，他們做過深入的研究，很清楚什麼樣的語言最能激怒民眾。）在我看來，取消遺產稅是很荒謬的事，反而應該提高遺產稅。財富過度集中，無論對經濟活力或民主政治都有害。

想要立法、透過徵稅來解決不均問題，也深化了那條使美國分裂為兩個對立陣營的政治斷層線。1970 年代興起、由企業領導的反改革運動，主要採取「餓死野獸」＊的嘲諷式策略，同時又宣告「平衡預算」和「減少赤字」的重要性，因此這個運動的第一步是推動大量減稅，並以隨後經費短缺為由，強制限縮政府角色。以上種種都是為了更大的目標──縮減民主範圍，擴大市場範圍。

擁護民主制度的一方最憂心的是，由於金錢對政治的影響力大幅上揚，代表富人與企業的力量愈來愈強大，因此即使在大多數美國人都反對的情況下，他們仍有辦法推動自己的議程。事實上，積極主張擴大市場角色的那些人，正是在拚命防止人民透過民主方式制定政策，以因應毫無限制的市場活動帶來的破壞性風

＊ 譯注：starve the beast，所謂「餓死野獸」的策略，是透過減稅來縮減政府支出。

險，而這已經威脅到民族國家的內在邏輯。

美國中產階級之所以空洞化，地球公司興起、退休人口增加，以及昂貴的醫療保健科技變得更加普及，都是部分原因。結果就產生了一次快速形成的金融危機，威脅到美國的世界領導地位。美國的債務對 GDP 比率，已經瀕臨失控。根據國會預算辦公室的研究，美國 2013 年的債務對 GDP 比率為 70%，如果把政府欠自己的錢也加進來計算的話，美國積欠的債務已經超過 GDP。

雖然史坦普（S&P）在 2011 年大張旗鼓調降了美國的債信評等，這件事對於美國債券的需求量，倒沒有帶來顯而易見的影響，但專家已提出警告，未來十年，不能排除大家對美元及美國財政的信心會驟跌。美元今天之所以仍是全球儲備貨幣，有部分原因是歐元過於脆弱，及大家對人民幣沒有信心，因此美國仍然有辦法以極低的利率，向其他國家借錢——截至本書撰稿的時候，十年期的美國公債利率還不到 2%。

不過，隱隱迫近的財政問題，已經嚴重到足以令民眾立即對美元的未來失去信心，而且美國政府立刻需要支付債權人更高的利息。即使支付債權人的利率只提高一個百分點，未來十年，美國支付的利息都會增加一兆美元左右。

當然，任何國家想要在各方面施展影響力，能否掌握經濟優勢都是關鍵。有了經濟實力，才有足夠的財力購買武器，打造強大的軍隊，運用對外援助及貿易讓步的手段，建立必要的聯盟；也才有能力建造卓越的基礎建設，提供公共財，例如教育、職業訓練、公共安全、養老金、強制執行契約、司法制度品質、健保和環保。同時，經濟實力也有助於建立卓越研發能力，在科技日新月異的今天，要獲取科技革命的甜蜜果實，研發能力非常重要。

　　廣泛來說，任何國家能否持續掌握權力，不管是軍事、經濟、政治或道德權力，必須仰賴好幾個額外因素，包括：

- 能制定聰明的政策，並及時執行政策，這通常都需要基於理性而透明的決策機制，以及內部形成共識、支持政策——尤其是實施的政策需要長期承諾的話。以馬歇爾計畫為例，假如不是國會中兩黨共同支持，以及美國人民願意投入龐大資源，這個高瞻遠矚、需要數十年來執行的計畫不可能成功。
- 社會凝聚力：通常民眾必須感到所得分配很公平，生活中的實際需求能透過社會契約獲得滿足，而且政府的權力來自於被治理者的真心認同。但要維繫這樣的社會凝聚力，必須能充分意識到、並尊重不同的經驗及少數族群的觀點，同時也了解外來移民帶來的好處。
- 保護財產權，強制履行契約，有充分的投資機會，且毋須忍受不合理的虧損風險。
- 財政和貨幣政策以及金融法令規範，能將引發市場擾亂的風險降至最低，不會加重景氣循環動盪。同時必須不吝於投資基礎建設、研究發展，並適當執行反托辣斯法，才能在經濟上獲得成功。
- 大力開發人力資本，充分投資於教育和職業訓練、醫療保健及心理健康、食品營養和兒童照護。資訊革命之後，人力資本變得愈來愈重要，必須經常更新做法，採取適當的新策略。
- 採取適當的環保節能措施，以保護、保存和管理自然資本。由於全球氣候危機，我們對於即將來臨的巨變必須有完整的調適策略，同時把更多注意力放在如何快速減少會導致全球暖化的汙染。

今天的美國漸漸達不到上述幾項標準，但面對未來的諸多重要決策，美國不是唯一決策力日益衰弱的民族國家。目前全世界權力平衡狀態面臨的更重大轉變是，民族國家的整體效能正逐漸衰退。哈佛大學教授奈伊（Joseph Nye）指出：「權力從政府手中擴散出去，是本世紀最重大的政治轉變之一。」

轉型中的民族國家

民族國家效能持續下滑的主因，是跨國公司的勢力坐大。由於全球經濟力量重新分配，在許多國家同步營運的跨國企業日益壯大，對母國政策發揮愈來愈大的影響力，以致於民族國家的角色變得愈來愈不重要。

由於企業能將工作外包或交由機器代勞，許多公司不再熱中於支持教育體系的改善及其他提升母國生產力的措施。由於國際貿易與投資額出現驚人成長，跨國企業的角色變得比過去重要許多。有些政治學家認為，企業對現代治理的影響，幾乎等同於封建時代的中世紀教會。

全球經濟整合之後，權力大量轉移到市場。在地球公司裡，由於龐大資本透過數位網路快速竄流，當全球市場對於某些國家財政和貨幣政策的可行與否，出現負面評價時，國家經濟可能會因「熱錢」突然流出而受到傷害。在攸關某國家徵稅與支出問題的辯論中，國際銀行和債信評等公司扮演的角色比過去更舉足輕重。希臘只是眾多無法自行做決策的國家中，比較著名的例子罷了；希臘的財政政策必須先得到歐盟的允許，接著還需贏得擁有債權的國際銀行的支持。

歐元區國家（加入貨幣聯盟的歐洲國家）的權力和影響力，都呈現歷史性下滑，前景也不妙，有很大部分要歸因於，加入貨幣聯盟的歐洲國家在決策上犯了公認的致命錯誤，誤以為可以延後緊密整合各國財政政策的時程（否則終究難以推行單一貨幣），等到支持統合的政治能量累積到一定程度，才進行這個困難的步驟。

最近發布的文件證實，歐元區剛成立時，尤其在德國，許多人都意識到南歐國家的財政狀況還未達標準，不足以降低統一貨幣的風險。然而德國當時的總理柯爾（Helmut Kohl）和其他歐洲領袖決定，由於歐洲統合會帶來龐大效益，值得冒險賭一賭，好處是各國能維持凝聚力，直到全歐洲都能充分支持更緊密的財政統合。2007–08 年的金融危機，暴露了這個大賭注的致命缺陷，全球信貸市場實質上都成了歐洲的賭注。

歐洲現在大體上面臨兩種選擇。第一，他們大可承認歐元區的實驗失敗了，然後大幅縮減與德、法兩國（歐洲經濟核心）一起留在歐元區的成員國數目。這項選擇之所以吸引力不足，有幾個原因：欠缺國家退出歐元區的法律程序；（比方說，對希臘這樣的國家而言）從使用歐元恢復成本國貨幣，過程必然痛苦萬分，且昂貴無比；而且每當德國經濟實力大幅超越鄰國時，必然再度面臨其他國家貨幣競貶的衝擊。

第二個選擇是：不管德國的經濟實力及生產力與南歐國家有多大的差距，仍大膽而快速地實現歐元區財政統合。不過，在財政統合後的歐洲，如果想要拉近各國的生活水準，唯一的辦法是，德國必須對較弱的歐洲國家進行移轉性支付（基本上就是經費補助），為期至少一個世代。雖然就長期的經濟盤算而言，德國這樣做可能很划得來，但在兩德統一後，較有錢的西德納稅人已經扛了二十年的包袱，不斷補貼相對弱勢的前東德人民，估計共付出了 2.17 兆美元，因此他們承擔新包袱的意願很低。

由於歐洲領袖沒能推動必要的財政整合，並且更快速邁向歐洲統一，已經造成重大的經濟政治危機，美國第二次世界大戰後最重要的成就之一，也因此飽受威脅。西歐政治凝聚力與經濟動力減弱（加上日本長期以來一直陷於政治停滯與經濟遲緩），都是美國在扮演全球領導者時面臨的新困難。

正如同民主資本主義的複合意識型態，「民族國家」的政治概念也是由兩個相互重疊的觀念組成的。「民族」（或「國族」）是以居住在國族領土上的一群人的共同認同為基礎；無論是否說同一種語言（通常大多數都說同一種語言），他們通常都認為大家是一個共同體。相對之下，「國家」則是行政、法律和政治上的實體，為生活在其中的人提供基礎建設、安全保障和法治基礎。當兩種觀念相互重疊時，就是一般人心目中的國家，世界文明主要就是透過這樣的組織形式而產生。

歷史上對於民族國家的起源，可說眾說紛紜。最早的大型「國家」大約在五千四百年前誕生，當時人類經歷農業革命，在特別適合栽種植物的地區，包括尼羅河流域、黃河流域、印度河流域、底格里斯河及幼發拉底河流域和肥沃月彎（和鄰近的克里特島），開始大量生產糧食。此外，世界其他地區也出現了這類國家，包括墨西哥、安地斯山脈及夏威夷。

　　民族與國家的結合，則較晚才發生。真正來說，現代民族國家是印刷革命的產物。縱觀人類歷史，其實大半時候，民族國家都不是最主要的組織形式。幾千年來，在地球上廣大的地區，帝國、城邦、邦聯和部落同時存在。雖然在印刷革命之前，也曾經有少數幾個民族國家，但一直要到以相同形式的國家語言印刷的書籍和小冊子廣為散布、激發出人民的國家認同感，現代民族國家才算是真正興起，成為主要的政治組織形式。

　　在印刷革命之前，像法語、西班牙語、英語和德語等語言，都有各種不同的方言和形式，使用不同語言形式的人很難互相溝通。等到印刷革命漸成氣候，利用印刷機大量複製文字內容的經濟需求，形成一股巨大的推力，促使每一種語言都採用一種通行的方言，做為同一國度內的共同語言。當區域內的大多數人都以同一種語言說話與讀寫，就產生了群體認同，進而創造出現代民族國家興起的條件。

　　宗教改革與反改革運動所激發的熱情，結合新的國家認同，引發一連串血腥戰爭，直到 1648 年簽訂西發里亞條約（Treaty of Westphalia），才根據以民族國家為主的原則，並明訂任何民族國家都不得干預他國事務，正式建構了歐洲新秩序。

　　很快的，由於資訊廣泛傳播（以各國文字印刷、且以各國獨特參考架構呈現出來的訊息），進一步強化了國家認同。公民知識的普及，促成了代議式民主和民選立法機構。國民能透過立法和制定政策，取得政治權力時，國家與民族的功能就合而為一了。

　　在工業革命期間，鐵路、公路等交通運輸網，進一步擴大了民族國家的政治角色，並鞏固國家認同。同時，市場運作與國家政治特權之間的潛在衝突，也因為工業技術的本質和規模而擴大。

　　現代民族國家透過學校課程，強化內部凝聚力。他們不只透過教育，推廣國家語言的使用，同時也促進人民對於本國歷史文化的共同理解（採用的手段通常是強調本國歷史上最具正面意義的故事和神話，而略過可能削弱民族認同感的敘述）。舉例來說，日本教科書淡化日本侵略及占據中、韓領土的歷史，經常造成東北亞情勢緊張。

　　網際網路和衛星電視網等跨越國界的全球科技，正開始影響過去主要由民族國家控制的領域。許多區域性電視網的新聞呈現方式，往往去除國家色彩。網際網路尤其帶來重大影響，使得民族國家過去賴以維繫內部凝聚力的策略，變得日益複雜。

　　就像印刷機的發明促使各國採用統一的國語，鞏固國家認同，網際網路興起之後，各國人民很容易取得關於其他國家的知識。例如，目前有許多網站提供機器翻譯服務，其中規模最大的「Google 翻譯」，提供六十四種不同語言之間的翻譯服務，「Google 翻譯」每天翻譯的文件、文章和書籍內容超過全世界翻譯人員一整年的翻譯量。

　　當然，電腦翻譯的文字內容數量，也呈指數成長。經由電腦翻譯的網頁，有 75% 是從英文翻譯成其他語言。大家通常都誤以為網路上的主要語言是英文，但事實上，使用中文的上網人口比美國人口還多。不過，在全世界廣泛散播的網路內容，主要仍源自英文內容。

　　國民義務教育課程中採用的歷史敘述觀點，如今面臨競爭，因為我們很容易就可以在網路上看到其他說法，掌握更能令人信服的真相──比方說，民族國家很難再掩蓋過去曾迫害少數族群的史實。

也因為這些緣故，在某些國家中，原本用來凝聚國人，讓大家不分種族、語言、宗教、部落或歷史歧異，仍然團結在一起的力量，如今似乎喪失了一些凝聚力。舉例來說，比利時將原本屬於中央政府的權力，重新分配給地區政府——法蘭德斯和瓦隆尼亞*就技術上來說，不算民族國家，但也很像民族國家。

世界上很多地方，由民族認同感所驅策的許多運動，都逐漸變得愈來愈急躁，也愈來愈積極脫離原本的國家，追求獨立。民族國家一直被形容為「想像的共同體」；畢竟民族國家的公民不可能和共同體中其他人，全都有所互動，將他們凝聚在一起的基礎，其實是共同的身分認同。如果在國民的想像中，這樣的基本連結力量逐漸減弱，他們可能會另外尋覓能找到認同感的連結——通常是在民族國家形成前就已存在的更古老認同。

在許多地區，基本教義派的勢力日益壯大，也和民族國家中形成國家認同的心理連結減弱有關。伊斯蘭教、印度教、基督教、猶太教、甚至佛教的基本教義派，是當今世界各種衝突的來源。歷史學家對此絲毫不感訝異，因為民族國家之所以崛起，成為首要治理形式，正是為了控制宗教戰爭和宗派間暴力衝突而衍生的迫切需求。

政治哲學家霍布斯（Thomas Hobbes）在英國內戰†期間，發表深具影響力的論述，提出「社會契約」，讓民族國家壟斷行使武力的權力，唯有國家統治者或「人的集合體」才被賜予「發動戰爭或締造和平……以及指揮軍隊」的威權，以防止「人與人相互為敵的戰爭」。

---

* 譯注：法蘭德斯（Flanders）和瓦隆尼亞（Wallonia）分別是比利時北部的荷語區和南部的法語區。

† English Civil War (1642-1651)。

　　從西發里亞條約簽訂，到第二次世界大戰的三百年間，民族主義成為引爆戰爭的重要新因素。到了 20 世紀，由於戰爭所使用的武器也經歷工業化洗禮（先是出現機槍、毒氣、戰車，後來又有戰機、飛彈等），毀滅性力量導致驚人的戰爭死亡人數。而民族國家在境內推行的秩序，有時會造成內部緊張，導致某些國家領導人藉由妖魔化鄰國，來強化內部凝聚力。不幸的是，由於國家壟斷了動武的權力，暴行有時候也用來對付境內不受歡迎的少數族群。

　　第一次世界大戰後，美國、英國和其他歐洲國家，為了尋求中東和非洲等地區的穩定（這些地區由於部落、種族、宗派間的分歧，而有持續暴亂的威脅），而支持許多想像中的民族國家成立。在他們想像的共同體當中，南斯拉夫是其中一個重要的例子。

　　當南斯拉夫境內的不同種族都被迫接受統一的共產主義意識型態，這個民族合體一直運作良好，維持了三個世代。但是等到共產主義垮台，原本凝聚這個想像中國家的膠水就失靈了。俄羅斯大詩人耶夫圖申科（Yevgeny Yevtushenko）曾經借用史前長毛象來比喻接下來發生的事情。當西伯利亞的冰雪融化之後，長毛象的肉開始解凍，象肉裡的古微生物也甦醒了，開始分解長毛象；同樣的，塞爾維亞東正教徒、克羅埃西亞天主教徒與波士尼亞的穆斯林之間，從古代延續至今的敵意，也分解了「前南斯拉夫」賴以凝聚的膠水。

　　由此看來，塞爾維亞與克羅埃西亞的邊界，正好是 1,500 年前東羅馬帝國與西羅馬帝國的邊界，而塞爾維亞與波士尼亞的邊界，又正好是 750 年前分隔伊斯蘭教與基督教世界的界線，都絕非偶然。南斯拉夫解體後，剛獨立的塞爾維亞的新任領導人來到引發爭議的科索沃領土，紀念塞爾維亞帝國在科索沃敗給鄂圖曼帝國之戰的六百週年，他在演講中發表極具煽動性的好戰論調，在追憶古代戰敗歷史的包裝下，重新激發民眾的仇恨情緒，並對波士尼亞人和克羅埃西亞人發動種族滅絕式的武力攻擊。

在民族國家成為主要政治組織形式後許久，帝國的遺毒仍持續困擾政權組織。在 19 世紀最後的三十年，歐洲國家在非洲與亞洲的殖民地面積高達二千六百萬平方公里，占全球土地的 20%，有一億五千萬人淪為受殖民統治的對象。（的確，有幾個現代民族國家，一直到 20 世紀下半葉，仍繼續治理殖民帝國。）舉例來說，鄂圖曼帝國在第一次大戰結束後解體，導致西方強權決定在中東建立新的民族國家，在某些情況下，他們將原本不屬於同一「民族」共同體的人民、部族和文化硬是送做堆，組成國家，其中包括伊朗和敘利亞。難怪這兩個國家一直陷於分崩離析的情況。

由於民族國家的凝聚力減弱，每當某個種族找到獨立於民族國家之外的強烈認同，就會出現動亂。從庫德族、加泰隆尼亞到蘇格蘭，從敘利亞到車臣到南蘇丹，從安地斯山脈諸國的土著，到非洲撒哈拉以南地區的部落，許多人最主要的政治認同都改變了，不再是他們世世代代居住的民族國家。雖然轉變的原因各不相同，而且非常複雜，但像索馬利亞之類的少數國家，已經轉變為「後民族國家實體」。

另外，在世界許多地區，非國家的恐怖組織和犯罪份子（例如目前在「毒品國家」作威作福的犯罪組織），正積極挑戰民族國家的強權。這些非政府力量之間彼此重疊：全球 43 個已知的恐怖團體中，有 19 個與販毒有關。在全球 184 個國家中，今天非法毒品的市場規模已經大於其中 163 國的經濟規模。

　　過去三十年來，美國的最大威脅來自於非政府力量——奧薩瑪‧賓拉登的蓋達組織。蓋達組織之所以發動911攻擊，是出於穆斯林基本教義的一種惡性形式。（根據無數報導的說法，賓拉登對於美國在沙烏地阿拉伯的軍事部署深惡痛絕，因為沙烏地阿拉伯是伊斯蘭聖地的管理者。）

　　911攻擊本身造成的傷害（三千多人喪生）已經非常可怕，但911事件引發的悲劇性反應——美國受到誤導而入侵伊拉克（大家現在都知道，伊拉克與美國遭受的攻擊毫無關係），對美國的勢力、聲譽和地位，卻造成更嚴重的打擊。數十萬人白白喪失性命，浪費掉3兆美金，而後來揭露的資料顯示，最初發動戰爭的理由竟是出於憤恨懷疑而虛假不實的。

　　美國政府決定放棄過去禁止拷打戰俘的禁令，而且未經法定程序，就無限期拘留個人，也公認減損了美國的道德權威。今天全球已分裂成許多不同的文明，各有不同的宗教傳統和種族歷史，可以說，道德權威已成為更重要的權力來源。雖然各國意識型態南轅北轍，但不同國家的人民都很重視正義、公平、平等和永續價值，儘管他們定義這些價值的方式可能大不相同。

　　今天世界改變的速度太快，導致許多人更加緊緊擁抱正統信仰，把信仰當作安定心靈和鞏固文化的力量，於是各種不同形式的基本教義派明顯興起。透過網際網路、衛星電視、CD等媒體帶動的文化全球化趨勢，也是刺激西方社會與基本教義派保守社會之間爆發衝突的源頭。當西方文化商品中描繪的性別角色和兩性價值，牴觸了基本教義派的文化傳統規範時，宗教領袖就會譴責他們眼中有害社會穩定的亂源。

　　不過，文化全球化帶來的衝擊，不只是兩性平等問題或性別議題。文化商品是宣傳生活方式和提倡價值觀的有力工具。就某個角度而言，文化商品身上隱藏著該國的 DNA。當全球的中產階級接觸到各種象徵西方生活方式的意象，如住宅、汽車、電器等等，他們也會施加愈來愈大的壓力，督促自己的國家進行政治經濟改革。

長期造成的影響很可能打破原本的歧異。最近開羅有一項研究發現，看電視的時間長短與會不會減少對基本教義派的支持，有強烈的關聯。促使土耳其在中東影響力愈來愈大的原因之一，是土耳其電影和電視節目在中東地區很普及。美國音樂的主導地位，也塑造了美國社會活力十足、充滿創意的形象。在今天這個環環相扣的世界裡，媒體消費量年年升高，各國透過文化商品（例如電影、電視節目、音樂、書籍、運動和遊戲等）的散播，影響人們思維的能力也日益增強。

戰爭與和平

20 世紀下半葉，儘管全球仍有數百萬人因為獨裁者的病態作為而喪生，死於戰爭的人數卻下降了，而且無論國際戰爭或內戰，戰事發生的次數也在減少。本世紀仍持續這樣的趨勢，因此有些人認為，人類變得更成熟了，人道價值觀日益普及，在相互連結的世界裡，軍事力量的重要性大不如前。正因為如此，即使美國軍事預算仍高居全球第一，超越緊追在後的五十國的軍事預算總和，美國人仍明顯感覺到國力下滑。

不過，許多自稱外交政策「現實主義者」的專家（他們認為民族國家在近乎無政府狀態的國際體系中，還是有相當的競爭力）提出警告：過去曾出現類似的預測，但最後都證明是錯誤的。

　　當社會普遍意識到和平帶來的好處，人們就會沒來由的樂觀起來，認為戰爭將日益減少，這在歷史上不乏先例。1910年全球暢銷書《大幻覺》（*The Great Illusion*）的作者安吉爾（Norman Angell），在書中指出，第二次工業革命之後，隨著經濟日趨整合，戰爭將成明日黃花。不到四年後、就在第一次世界大戰爆發前夕，當時的「比爾蓋茲」、美國鋼鐵大王卡內基，在給朋友的賀年卡上寫著：「我們寄出1914年1月1日的這張賀年卡時，心中堅信世界和平很快就會來臨，因為幾大強權都同意透過國際法的仲裁來解決爭端，筆桿子的力量終究還是勝過槍桿子。」

　　但人性始終沒有改變，幾乎每個國家的歷史都一再提醒我們，武力往往是改變國家命運的決定性力量。包括中國和美國在內，高唱民族主義的各國政客都會利用人民對未來（以及對其他國家）的恐懼，呼籲壯大軍力。當代中國軍事策略家曾經為文表示：儘管美國在傳統武力和核武上皆掌握優勢，中國仍然可以藉由精心策畫網路攻擊，和美國「並駕齊驅」。而且歷史已經一再告訴我們，恐懼往往招致更多恐懼；你打算運用武力對抗的敵人，其實很容易從你積極整軍經武的動作推測出你的意圖。

　　縱觀歷史，許多國家由於害怕遭受軍事突襲，將擴大軍費支出視為首要之務，也因為這種恐懼心理，任何國家的人民和領袖在看待此事時，都很難保持恰當的觀點。這也是為什麼今天各國愈來愈仰賴卓越的情報蒐集分析能力，來維護國家安全，防止遭到戰略突襲，並對各種戰略機會保持警覺。

　　除此之外，新科技的發展屢屢改變戰爭的本質，許多國家原本志得意滿，集中發展昔日戰爭運用的優勢科技，一旦碰上新科技興起，往往措手不及。法國人在第一次世界大戰後辛辛苦苦打造的馬其諾防線（Maginot Line），碰到納粹德國高機動性的新型坦克大軍壓境時，結果不堪一擊。科技革命對武器的演進影響甚巨，今天如果想要提升軍力，當然需要比過去更仰賴高超研發能力，以便充分利用科技革命的優勢。

雖然在今天的世界裡，各國的人民與企業都比以往更緊密相連，軍事力量可能終於變得不那麼重要，但近年來各類型戰爭減少（尤其是民族國家之間的戰爭減少），或許並不是因為人們突然同理心高漲，而是因為美國與盟邦在二次大戰後扮演的角色使然，包括調解衝突、建立聯盟，有時甚至進行有限制的軍事干預加上經濟制裁——例如，美國對前南斯拉夫就採取這樣的做法，防止塞爾維亞、克羅埃西亞和波士尼亞之間的暴力衝突擴散。

超國家組織的角色也愈來愈重要，他們會在某些國家無法遏止暴力衝突時出面干預，並居間斡旋解決紛爭。這類國際團體除了有聯合國發起的全球組織之外，還包括愈來愈多區域型的超國家組織，像是非洲聯盟、阿拉伯聯盟、歐盟、北大西洋公約組織等。非政府組織、宗教慈善團體以及公益基金會的角色，也愈來愈吃重，在國家力有未逮之處，照顧基本的公眾利益。此外，在有必要進行持續軍事行動、而既有超國家組織又無法達成共識時，就會形成「自願聯盟」。

但是在許多這類干預行動中，尤其是牽涉到北大西洋公約組織與自願聯盟的行動中，美國都扮演重要的組織協調角色，肩負關鍵的資訊蒐集分析功能，提供決定性的軍事力量。假如全球權力均衡情勢繼續改變，過去美國的主導角色逐漸弱化，那麼某些歷史學家所謂的「美國主宰下的和平時代」（Pax Americana），可能終告結束。

近年來戰爭減少，可能和美蘇冷戰時期的兩項發展有關。第一，當兩個世界超級強權都建立起龐大軍備，打造出可由洲際彈道飛彈、潛艇和轟炸機攜帶的核彈，全面核戰的可能性大增，顯然美國和蘇聯都承擔不起戰爭的後果，因此冷靜地懸崖勒馬。而且對美蘇而言，維護核武軍備和將之現代化的成本愈來愈高，變成極大的負擔。（布魯金斯研究院計算過，1940 年以來，美國已經耗費 5.5 兆美元來建立核武戰力——除了社會安全福利計畫之外，幾乎超越美國其他所有計畫的支出。）雖然在簽訂軍備控制協議、裁減部分軍備、加強溝通和防護措施後（包括最近的雙邊安全協議），核戰爆發的風險已遽降，但緊張情勢升高的風險依然存在，需要持續注意和管理。

其次，在 20 世紀的最後三十多年間，美蘇兩國都曾嘗試運用壓倒性的傳統軍事力量，來對抗採取非正規戰術、混進平民百姓、大打消耗戰的游擊隊，卻都屢吃敗仗。兩大超級強權學到的教訓，游擊隊也同樣學到了。結果，持續擴散的非正規戰術，嚴重削弱了原本民族國家把戰爭當作政策工具的獨斷權利。

除了打游擊戰的叛軍之外，就連個人、恐怖份子和犯罪組織，也都愈來愈容易取得昔日戰爭期間過度生產的步槍和自動武器。新一代武器製造出來後，舊武器並不會全數銷毀，而是想辦法賣給其他人，結果區域戰爭與內戰往往變得更血腥。不幸的是，軍火製造商與軍備公司還推波助瀾，把武器散布到世界各地。歐巴馬總統在 2009 年改變美國政策，重新倡議限制軍火交易的條約，但由於遭到許多國家反對，加上全球決策系統失靈，所以進展非常緩慢。

現在美國仍繼續主導世界上各種武器的交易，包括長程精準武器和地對空飛彈,有些武器最後流到黑市。艾森豪總統在卸任前的最後一次演說,針對「軍事工業集團」,對美國提出警告。艾森豪身為贏得二次大戰勝利的盟軍總司令,幾乎不可能被指控為在國防上立場軟弱。雖然不可否認,美國可以從軍火買賣中得到很多好處,包括形成有用的聯盟,但世界各地銷售的軍火中竟然有超過一半(2010年為52.7%)來自美國,依然令人困擾。

但更重要的是,透過地球公司和全球心智的力量,科技知識與專業技能普及化之後,也破壞了民族國家發動大規模武力攻擊的獨占權利。今天,非國家組織理論上已經拿得到能引起大規模傷亡的生化武器清單。

建造大規模毀滅性武器(包括核武在內)所需的知識,如今已擴散到其他國家。冷戰剛開始時,全球只有兩個核武強權相互對峙,如今全世界有35到40個國家擁有製造核彈的能力。北韓已經開發出少數核武器,而被大多數人認定有意發展核武的伊朗,正在進行長程飛彈計畫,假以時日,將具備發射洲際飛彈的能力。核擴散專家深深憂心,核武擴散到這些國家之後,風險將大幅升高,因為恐怖份子可能購買或偷竊必需零件,自行製造核彈。前巴基斯坦核武計畫首腦坎恩(A. Q. Khan),與伊斯蘭好戰份子有多方連繫,而一向阮囊羞澀的北韓,已經開始出售導彈技術,許多人相信,北韓也有能力販賣核彈零件。

除此之外,國安專家也憂心波斯灣和東北亞等區域,會出現一連串的核擴散。換句話說,只要伊朗開始發展核武,就可能對沙烏地阿拉伯和中東地區其他國家帶來壓力,覺得也必須自行發展核武,以嚇阻敵人。如果北韓有能力威脅要對日本發動核武攻擊,日本就會承受自行發展核武的極大壓力,儘管日本已嘗到歷史教訓，抱持反對核武的立場。

　　由於世界各國仍然需要領導者，因此迫切需要美國重振民主決策的誠信廉正。許多趨勢都令人滿懷希望，尤其是網路上改革激進派的甦醒。在世界各地，快速增加的全球中產階級，正透過網際網路獲取權力，要求政府擔當起改革的責任，而在歷史上，中產階級一向比窮人和弱勢族群，更可能要求這類改革。史丹佛大學政治學教授福山（Francis Fukuyama）指出，這現象「在達到一定的物質繁榮程度、足以令大多數公民都自認是中產階級的國家，是眾所接受的，這正是為什麼高度發展通常與穩定的民主政治有正向關聯。」

　　這股趨勢加上地球公司興起，尤其是機器代工的趨勢（將人工作業轉交由相互連結的智慧型機器代勞），降低了整體薪資水準，對全球中產階級的興起帶來威脅。不過，歐洲策略及政策分析系統（ESPAS）在最近發表的報告中估計，全球中產階級的人數將在未來十二年倍增，從二十億人增加為四十億人，並在 2030 年之前，達到將近五十億人。

　　這份報告還指出：「到了 2030 年，許多不同國家人民的需求與憂慮，很可能將合而為一，對國家政治與國際關係帶來重大衝擊。這是因為世界公民愈來愈意識到，大家其實有共同的渴求與相同的苦悶。這樣的共同意識，已開始形成某種全球公民議程，強調的是基本自由、經濟與社會權利，以及日益重要的環境議題。」

　　未來，全球心智的內部仍將繼續散播這樣的共同意識——追求更高的生活水準、更高的自由度與人權、更好的環境，以及更能回應民意的政府。全球公民共同意識到，有無數方式可以改善數十億人的生活，這當然會對世界各國政治領袖的行為，帶來深遠影響。

致力於追求民主資本主義的獨立運動，已經在前蘇聯國家蔓延開來，「阿拉伯之春」運動也橫掃中東與北非國家，這些都是很好的例子，顯示在與全球心智相連結的世界裡，會產生新的力量，推動這類改革更快發生。

隨著世界上第一個真正全球文明的誕生，在地球公司的迫切需求和全球心智的龐大潛力中，有良知的人們正努力奮鬥，堅持樹立起尊崇人類價值的標準與原則，限制漫無節制的行為，而人類的未來前途端視今天奮鬥的成果。

儘管聽起來似乎不切實際或過度理想化，但人類過去已經透過既有機制（早在我們還無法運用網際網路宣傳推動之前），建立起許多新的全球典範。從廢奴運動、反種族隔離運動、女權運動、限制童工、反捕鯨運動、日內瓦反酷刑公約、1960 年代的反殖民主義風潮、禁止在大氣層進行核爆試驗，以及一連串的民主浪潮，都是由不同國家中為目標奉獻心力的個人所組成的團體，從互相交流觀念和分享理想中逐漸累積能量，迫使政府設計新的法令條約，才終能在全世界大部分地區帶來廣泛的改變。

無論住在哪個國家，生而為人，我們面臨的選擇是：要不然就是被科技變遷和經濟決定論的巨大浪潮，推往可能威脅我們深層價值的未來，要不然，就要建立起全球集體決策的能力，以能維護人類尊嚴、反映國家與人民熱望的方式，塑造自己的未來。

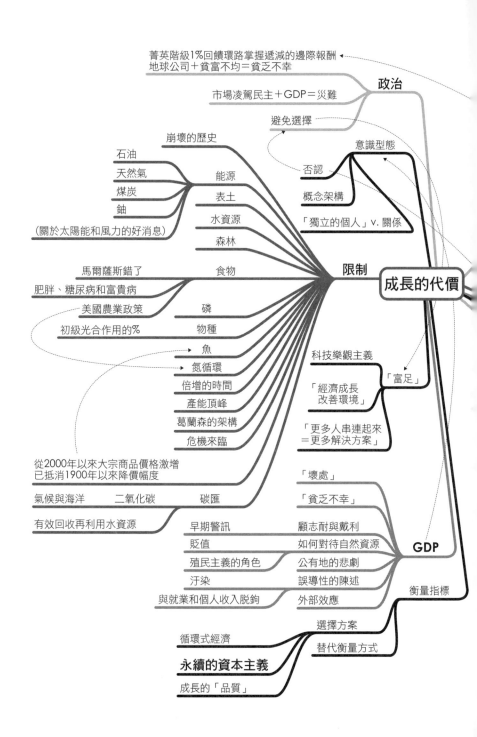

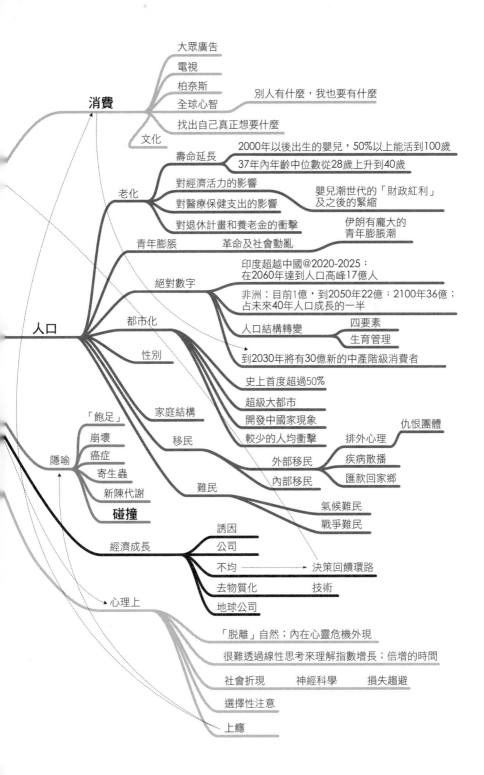

消費

大眾廣告
電視
柏奈斯
全球心智 　　別人有什麼，我也要有什麼
文化 　　找出自己真正想要什麼

人口

老化
　壽命延長 　　2000年以後出生的嬰兒，50%以上能活到100歲
　　　　　　　37年內年齡中位數從28歲上升到40歲
　對經濟活力的影響
　對醫療保健支出的影響 　　嬰兒潮世代的「財政紅利」及之後的緊縮
　對退休計畫和養老金的衝擊 　　伊朗有龐大的青年膨脹潮

青年膨脹 　革命及社會動亂

絕對數字 　　印度超越中國@2020-2025；在2060年達到人口高峰17億人
　　　　　非洲：目前1億，到2050年22億；2100年36億；占未來40年人口成長的一半

都市化
　　人口結構轉變 　　四要素
　　　　　　　　　生育管理
　　到2030年將有30億新的中產階級消費者

性別 　史上首度超過50%
　　超級大都市

家庭結構 　開發中國家現象
　　較少的人均衝擊 　排外心理 　仇恨團體

移民 　外部移民 　疾病散播
　　內部移民 　匯款回家鄉

難民 　氣候難民
　　戰爭難民

隱喻
「飽足」
崩壞
癌症
寄生蟲
新陳代謝

碰撞

經濟成長
　誘因
　公司
　不均 ------→ 決策回饋環路
　去物質化 　技術
　地球公司

心理上

「脫離」自然；內在心靈危機外現

很難透過線性思考來理解指數增長；倍增的時間

社會折現 　神經科學 　損失趨避

選擇性注意

上癮

04

成長的代價

人類文明快速發展（表現在人口數量、科技力量及全球經濟規模上），帶來衝突，不但地球上數十億人賴以生存的重要自然資源（包括表土、淡水等）的供應快逼近上限，也嚴重破壞了重要生態系統的完整性。然而，幾乎所有的全球經濟政策與國家經濟政策，以及幾乎每個公司的營運計畫，仍然會持續以（根據我們特殊定義下的）「成長」為首要目標。

我們衡量經濟成長的主要方式是 GDP（國內生產毛額），GDP 的計算基準其實非常荒謬，完全不考慮所得分配、重要資源不斷耗損、以及任意將有害廢棄物大量排放到大氣、海洋、河流、土壤和生物圈的情況。

GDP 成長通常都和就業機會及平均國民所得增加約略相關。第二次世界大戰後，世界各國紛紛採取美國民主資本主義的發展模式，許多專家認為要評估經濟政策是否往正確的方向走，GDP 是最簡單、也最準確的衡量方式。不過，即使在那時候，於 1937

年提出 GDP 計算方式的經濟學家顧志耐（Simon Kuznets）都曾提出警告：由於 GDP 沒能說明「個人所得分配」或「必須認知的各種成本」，因此有過度簡化的危險，可能會誤導方向，引發「錯覺並導致濫用」。

到了 21 世紀，尤其是自從地球公司興起之後，各國政策都把目標放在追求 GDP 成長，使得財富與權力更加集中、所得分配更不平均、長期失業率攀升、政府及私人積欠更多債務、社會與地緣政治都更加不穩定、市場動盪不安、汙染更嚴重，以及發生生物學家口中的「第六次大滅絕」。然而根據我們賦予成長的瘋狂定義，許多負面後果卻被我們當成正面成就，結果我們拿來當作指路明燈的成長指標，只會將我們直接推向懸崖邊緣。

可悲的是，全世界都沒能認清文明的未來已深陷險境，應該改弦易轍，這個現象正反映出，全球缺乏一致的領導和權力失衡的情況，原因是地球公司的迫切需求主宰了重要決策，使參與式民主政治成了犧牲品。即使 GDP 成長不能再增進經濟繁榮，也無助於提升一般人的幸福感，卻仍然關係到菁英階級的所得高低。

今天，在地球公司結合全球心智的大環境中，菁英份子更有能力為符合本身利益（而非符合公共利益）的政治決策製造共識，並更有效協助企業刺激人們的慾望，以增加商品消費。結果每人平均消費不斷升高，隨著人口持續增加，擴大消費造成的衝擊也更大。

未來十七年，全球中產階級的人數將出現驚人成長，約增加 30 億人。由於電視與網路帶動文化全球化的趨勢，許多人嚮往的不再是鄰居的生活水準，而是富裕國家人民普遍享有的生活水準。這部分說明了為什麼全世界平均每人消耗的糧食、水、肉類、原物料及製成品不斷增加，消耗量的成長速度超越了人口增加的速度。

地球公司（以及地球公司帶給生態系統和重要資源的衝擊）背後的驅動力正是人口愈來愈多，加上每人平均消費量快速增加的趨勢。全球心智中普遍流行的意識型態乃是由廣告商在幕後策動，把更多消費與更快樂劃上等號。當然，這完全是虛假的承諾，就好像承諾 GDP 成長會促進繁榮一樣。

美國傑弗遜總統在 1784 年初，於一封致華盛頓的信函中，談及許多人把增加商品消費與更加快樂混為一談的傾向：「全世界都變得十分商業化。如果能讓我們的新國家與眾不同，我們可能會不斷思索，商業能否為人類帶來快樂。但我們沒辦法完全隔絕於商業世界之外。我們的公民已經充分體會到藝術與商品帶來的慰藉，不可能阻止他們使用這些東西。」

泡沫很快爆裂

傑弗遜如果看到近年來有大量研究探索快樂的根源，大概不會感到訝異。這些研究顯示，過去半世紀以來，美國經濟產出雖然成長三倍，民眾卻沒有感到比較快樂，幸福感也沒有因此提高。在其他高消費國家進行的研究也得到類似結果。可見人們在滿足基本需求之後，即使收入增加，也只能增加快樂到某個程度，超過某個滿足點後，即使進一步增加消費，都無法提升人們的幸福感。

二十二位著名生物學家與生態學家於 2012 年在《自然》期刊發表的研究報告指出，由於每人平均消費增加，人口快速成長，加上人類主宰了所有的生態系統，並在全世界造成普遍的生物改變，我們可能很快就會達到危險的「全球規模的『引爆點』」。
其中一位共同作者布朗（James H. Brown）指出：「我們已經創造
出巨大的人口及經濟泡沫。如果你設法拿到數據，計算一下，就
會知道這完全不是長久之計。我們如果不慢慢放掉一些氣，泡沫
很快就會爆裂。」

在〈放羊的孩子〉寓言故事中，牧童一再的大喊：「狼來
了！」結果都是假警報，導致村民太過鬆懈，等到後來危險真的
逼近時，他們反而對警告無動於衷。過去也曾有人敲響警鐘，
警告人類即將面臨成長極限，卻往往被視為假警報：從馬爾薩斯
（Thomas Malthus）在 18 世紀末針對人口成長提出的警告，到 1972
年米道斯（Donella Meadows）出版的著作《成長的極限》（*The
Limits to Growth*），都是如此。

我們習以為常的成長速度可能碰到極限了，而我們之所以抗
拒這個觀念，部分原因在於，拜新科技之賜，我們總是能以更少
的資源，生產更多東西，並以新資源來替代短缺的舊資源。但今
天，我們仰賴最深的某些資源，包括表土在內（以及一些重要元
素，例如肥料所使用的磷），已經日漸耗損，而且找不到替代品。

壓力增加，極限逼近

全球各大洲的人口和經濟都爆發新需求，大家都需要更多的
食物、淡水、能源、各式各樣的大宗商品和製造加工的產品。然
而令人擔心的是，過去十年來，多項指標都顯示地球已經達到真
正的物理極限了。

2008 年，全球糧價飆升到史上最高點，到了 2011 年，糧價再
創新高。兩次糧食漲價都在許多國家引發搶糧暴動和政治動亂。

重要的地下水含水層正快速乾枯，在中國北部、印度和美國西部，情形尤其嚴重。全球半數人口所居住的國家，地下水位持續下降。在幾個重要的糧食生產地區，表土沖蝕及土壤養分流失造成農作物產量下滑。

過去十一年來，幾乎所有大宗商品在全球的價格都上漲。雖然 20 世紀物價持續下跌 70%（經歷了經濟大蕭條、一次大戰後的不景氣、兩次世界大戰、1973 年和 1979 年兩次石油危機期間物價的上下震盪），但從 2002 年到 2012 年，物價上漲幅度已經完全抵消了原本的降價幅度，甚至比兩次世界大戰後物價上漲的幅度還高。

價格竄升最快的大宗商品包括鐵礦石、銅、煤炭、玉米、銀、高粱、鈀、橡膠、亞麻籽、棕櫚油、黃豆、椰子油和鎳。投資大師葛蘭森（Jeremy Grantham）曾警告，對大宗商品的需求不斷成長帶來的危險是，我們可能會很快達到「所有一切的高峰」。

物價不斷上漲，反映的是伴隨人口增加而湧現的大量需求，更重要的原因則是每人消費水準急遽上升。尤其自 1990 年代中期以來，中國和其他新興經濟體的消費成長率至少比工業國家快三倍。尤其是中國，今天中國消耗掉全球一半以上的水泥，以及全世界將近一半的鐵礦石、煤炭、豬肉、鋼鐵和鉛，與四成左右的鋁和銅。

全球每年有將近四分之一的汽車在中國生產。美國最大的汽車製造商通用汽車公司，如今在中國的汽車銷售量已經超越美國。過去四十年來，全球汽車和貨車數量成長四倍，從兩億五千萬輛增加為 2013 年的十餘億輛。估計未來三十年，全球汽車與貨車數量將倍增，也會消耗更多石油。根據國際能源署（IEA, International Energy Agency）的預估，到 2015 年，開發中國家與新興經濟體的汽車生產量將超越已開發國家，到 2020 年，前者的汽車銷售量也將超越已開發國家，國際能源署還發現：「所有淨成長（在 IEA 的未來情境規畫中，屆時減碳的新政策都已付諸實施）都來自於新興經濟體的交通運輸部門。」

成長的極限

過去兩年有一些跡象顯示，美國（消費水準依然全球最高）和其他已開發國家的消費水準可能逐漸趨緩，而且某些國家的消費水準可能已經達到高峰。樂觀者認為，如此一來，大家原本擔心的持續高成長問題，可能是過慮了。不過，即使已開發國家的 10 億人口減少消費，世界上其餘 60 億人當然不太可能採取相同步調。假如另外這 60 億人也比照美國每人平均購車數來買車，那麼全世界的汽車與貨車數量將會高達 55 億，以致於加劇全球暖化的汙染物大幅增加，石油消耗量也戲劇性成長，超越今天的水準。隨著開發中國家人口愈來愈多，生活水準日益提高，即使已開發國家中工作外包和機器代工的趨勢成功減少了總體經濟需求，但資源限制的壓力仍始終持續。

差不多就在《成長的極限》出版時，美國達到了石油生產高峰。幾年前，備受尊崇的地質學家哈柏特（M. King Hubbert）蒐集了有關美國石油生產的大量數據後，估算出在 1970 年之後不久，美國石油生產將達到不可變的頂峰。雖然當時大家都沒有理會他的預測，但美國確實在他預測的時間達到石油生產頂峰。從那時候起，石油探勘、鑽井和開採技術都有長足進步，美國石油產量可能很快就會比 1970 年的峰值還高一點，但新增的石油供應卻比過去昂貴許多。

　　在石油生產達到 1970 年的里程碑之後，地緣政治的權力平衡起了變化。美國達到石油峰值後不到一年，石油輸出國家組織（OPEC）開始展示實力，兩年後，石油輸出國家組織裡的阿拉伯國家在 1973 年秋天實施第一次石油禁運。在美國達到石油峰值的紛亂年代，全世界的能源消耗量倍增，而中國和其他新興市場的成長率，也預示了未來能源消耗量會大幅增長。

　　雖然美國的煤炭使用量一直下降，許多已開發國家也逐漸淘汰燃燒煤炭的火力發電廠，但過去十年來，中國的煤炭進口量已經成長了 60 倍，而且在 2015 年之前還會倍增。而且在其他開發中國家，燃煤使用量也持續大幅增加。根據國際能源署的估計，未來二十年，淨增加的全球煤炭與石油消耗量將全部來自於開發中國家與新興市場

　　關於全球石油峰值的預測一直充滿爭議，主要是因為不確定在難以到達的遙遠深海海底，還能發現多少石油儲量，以及其他非傳統能源（例如加拿大的髒油砂、委內瑞拉富含碳的特稠油，和深層頁岩中蘊含的原油資源）的儲量有多少。近來美國採用液裂法及水平鑽井技術，開採新發現的大量深層頁岩氣，有些專家預測，運用相同的技術，美國很快就能產出更多石油。不過，即使石油供應量大幅提升，全球需求增加的速度更快。而且無論如何，當大氣中的二氧化碳已經過多的情況下，任何明智的文明社會都不會再增添額外的二氧化碳排放量。

　　依照目前的成長速度，預估全球經濟在未來二十五年內，即使新增的石油供應邊際成本達到史上最高，且就算全球最大石油生產地區政治不穩定，經常面臨戰爭和革命的威脅，或石油供應路線遭到破壞，石油消耗量仍將增加 23.5%。

其實早在三十多年前，從陸地傳統油井開採的石油似乎就已達到產能高峰。自從 1982 年以來，石油產量之所以持續增加，除了仰賴更昂貴的非傳統陸上資源之外，更大幅仰賴外海資源，愈來愈多石油產能來自高風險的深海油井——例如英國石油公司在墨西哥灣的「深水地平線」（Deepwater Horizon）油井。目前，石油公司仍然滿不在乎地在環境極度脆弱的北極海，繼續採用容易發生意外的同一種深水鑽油技術來開採石油。不幸的是，石油公司也逐步增強政治壓力，極力爭取能夠從碳密集度特高的焦油砂中生產石油，如此一來，全球暖化的問題將更形惡化。

這些「骯髒」來源預期蘊藏的石油儲量和深海底部的石油儲量，將開採出比過去昂貴許多的石油。即使石油產能不會在最近的將來達到頂峰，石油價格仍然會永遠高於一個半世紀以來我們習慣的便宜油價，而過去我們都從較易回復且較便宜的石油儲量中開採石油。

較高的油價已經對糧價帶來巨大衝擊，因為工業化的現代農業為了提升移動力，會消耗大量柴油，同時肥料成本九成來自甲烷。根據美國加大柏克萊分校教授兼作家波倫（Michael Pollan）的說法：「要製造出 1 卡路里熱量的食物，需要消耗超過 1 卡路里化石燃料的能量。」難怪石油與糧食的需求持續一飛沖天，尤其在高速成長的新興經濟體，需求高漲的幅度更加驚人。糧食價格上漲對開發中國家帶來的衝擊特別嚴重，因為低所得家庭經常把收入的五成到七成花在購買食物上。

人類社會大崩壞？

雖然過去半世紀以來，糧食產量大幅提升，而且儘管幾百年前就有人提出警告（雖然時機過早），人類的糧食生產已達極限，沒有能力再繼續為更多人供應更多的糧食，但就影響全球糧食供應能力的諸多威脅而言，許多專家幾乎毫無異議一致同意以下趨勢：

- 肥沃的表土繼續快速沖蝕與流失；表土每流失 2.54 公分，糧食產量就會減少 6%。
- 土壤不再肥沃；土壤中的有機物質每減少 50%，許多農作物的產量就會降低 25%。
- 草原加速沙漠化。
- 儘管預估到 2030 年，農業用水需求將比目前多出 45%，但都市與工業用水需求日益升高，農業用水將面臨更強烈的競爭。
- 自從 20 世紀下半葉發生綠色革命以來，農業生產力即不斷提升，但如今成長速度趨緩——從三十年前每年 3.5% 的成長率，降為每年成長率只略高於 1%。
- 植物病蟲害對農藥、除草劑和其他農業用化學品的抗藥性愈來愈高。
- 全球僅存的植物基因多樣性已大量流失，所有的植物基因多樣性可能已流失了四分之三。
- 重要農業生產國由於國內糧價高漲，發布農產品出口禁令的可能性升高：美國外交關係協會指出，聯合國世界糧食計畫的資料顯示，「2008 年，有四十多個國家實施某種形式的出口禁令，希望保障國內糧食供應無虞。」
- 降雨型態日益不穩定且難以預測，加上全球暖化的效應，

導致乾旱期時間更長，情況更嚴重，同時降雨頻率變少，
每次降雨的雨量變大。

- 災難性的熱浪來襲，根據預測，全球會升溫攝氏 6 度，也
就是華氏 11 度，對無法在高溫下生存的重要糧食作物造成
莫大壓力；專家預期，氣溫每上升攝氏 1 度，農作物產量
就會減少 10%。

- 人口成長，加上每人平均消費量上升，造成糧食消耗量不
斷成長，同時各國人民都日益偏好食用資源密集的肉類。

- 愈來愈多原本種植農作物的耕地，現在用來種植適合作為
生質燃料的農作物。

- 由於都市擴張，原本的農地逐漸變成城市或市郊。

我們已經知道，人口不斷成長的國家由於極度缺乏糧食、沃
土和淡水，可能會引發社會秩序崩解、暴力衝突急遽增加。許多
研究都證實，1994 年盧安達發生種族滅絕式百日大屠殺之前幾
年，正出現了上述的致命組合，成為導致大屠殺的因素之一。當
時盧安達的人口成長率高居全球前五名，有 67% 的人民是 24 歲以
下的年輕人口。

《大崩壞：人類社會的明天》（*Collapse:How Societies Choose
to Fail or Succeed*）作者戴蒙（Jared Diamond）寫道：「馬爾薩
斯人口論所預言的悲劇，果然在現代盧安達上演了。其實像人口
過剩、環境破壞和氣候變化等嚴重問題，不可能一直持續下去，
即使我們不能有所作為，成功解決問題，問題遲早還是會自行解
決，不管是透過像盧安達這樣的方式，或其他不是我們規畫設計
的方式。」

如今許多專家擔心，好幾個糧食生產大國（包括中國、印度等）都會碰上生產瓶頸。萬一因此造成全球糧食短缺和糧價飆漲，將變成大災難。國際水資源管理研究院的地下水站主任沙阿（Tushaar Shah）談到該地區即將面臨的水資源危機時表示：「當氣球爆破時，印度農村將面臨數不清的騷亂。」

印度並非特例。比方說，葉門之所以陷入無政府狀態且激進主義盛行，部分原因是人口快速成長及土地、水資源和其他自然資源過度開發。首都沙那（Sana）每 4 天只有 1 天有自來水。此外，過去四十年來，由於缺水和土壤流失，穀物收穫量下降了 30%，也是重要原因。套用地球政策研究所所長布朗（Lester Brown）的話，葉門的水文情況「毫無希望」。

城市興起

人類未能看清目前可衡量的趨勢演變到未來，可能造成什麼後果，也反映出人類在思考未來時眾所周知的弱點。神經科學家和行為經濟學家已經證明，當我們想根據對未來的評估，在目前做出選擇時，腦子會變得不管用。這種思考能力失靈的情況稱為「社會折現」（social discounting）——意思是，我們很容易過度小看目前的選擇對未來的影響。

由於我們喜歡把變化想成緩慢的線性過程，當我們必須評估的變化屬於指數變化型態時（在地球公司和全球心智時代常見的變化型態），上述的弱點會成為更大的問題。過去幾個世代以來，我們尤其遲遲未能認清其中一種指數變化的含義：全球人口的變化。

　　上個世紀，全球人口成長了 4 倍。拉長時間來看，過去人類總共花了 20 萬年，才達到 10 億人口的里程碑，然而我們單單在 21 世紀的頭 13 年，就增加了 10 億人口。而且未來 13 年，全球還會再增加 10 億人口，並在之後的 14 年中，又增加 10 億，於是全世界總人口將在本世紀中達到 90 億。短短 37 年內，人口增加的幅度幾乎相當於二次大戰剛開始時全世界總人口數。新增人口有 95% 以上來自開發中國家。

　　而且全球人口龐大的淨增加，百分之百來自於城市。城市愈大，人口增加愈快。整體而言，全球都市居民的總和將大於 1990 年代初期全世界總人口數。事實上，過去四十年來，超級大都市的人口已經成長 10 倍。在這段高速都市化時期，人口不到一百萬的城市，在全球都市人口中的占比將減少。人口專家對這個推翻過去都市化型態的新趨勢都大感訝異。

　　人類文明的歷史性轉變（從以鄉居型態為主轉變為以都市型態為主），對經濟和社會結構都產生重大影響。由於這股趨勢的力量十分強大，雖然全球總人口巨幅成長，鄉村人口卻維持不變，而且預期在未來十年，還會大幅下滑。

　　自從人類第一個城市興建完成以來，這一萬年間絕大多數的時候，住在城市地區的人口都不超過總人口的 10% 至 12%。19 世紀工業革命之後，都市人口開始增加，但在 20 世紀初，都市居民依然只占總人口的 13% 左右。到了 1950 年，全球大約有三分之一的人住在城市裡。2011 年則是人類史上首度有超過半數的人住在城市中。今天，已開發國家的人民已經有 78% 住在城市裡，到了 2050 年，預估這個數字還會上升到 86%，在低度開發國家中，則有 64% 的人住在城市。

　　四十年前，全世界只有紐約和東京兩個城市的人口超過 1 千萬。但到 2013 年，已有 23 個城市的人口超過 1 千萬。預計在 2025 年之前，地球上將有 37 個這類超級大都市。對許多國家而言，城市的地理規模，加上城市快速擴張到原為農地的周遭鄉村地區，形成重大挑戰。城市蔓延的速度甚至比人口增加的速度還快——預計在 2000 年到 2030 年之間，城市數目將擴增 175%。

　　在新的超級大都市中，成長最快的是奈及利亞的拉哥斯（Lagos）。今天拉哥斯有 1,100 萬人，到了 2025 年，將成長為將近 1,900 萬人。全球 5 個成長最快的城市都位於開發中國家，除了拉哥斯之外，其他 4 個城市為孟加拉的達卡、中國的深圳、巴基斯坦的喀拉蚩（Karachi）、和印度的德里，預估到 2025 年，德里的人口將達 3,300 萬左右。今天最大的超級大都市東京的人口已超過 3,700 萬，預計到了 2025 年，將增加為 3,870 萬人。到了 2050 年，全球人口將有七成左右在城市居住。

　　這種超級都市化的浪潮，將考驗地方政府有沒有能力滿足居民在住屋、淡水、衛生等各方面的基本需求。今天，全球有 10 億人住在貧民窟裡，幾乎每 3 個城市居民，就有 1 人住在貧民窟內。如果不推動重大改革，預計在未來十七年內，貧民窟居民的人數將倍增，達到 20 億人。都市貧窮人口增加的速度，甚至比都市總人口成長速度還快。根據定義，都市貧窮人口是指每天靠 1.25 美元以下的收入維生的人。

　　大多數人都是為了賺更多錢而離鄉背井，遷居都市，在開發中國家尤其如此。即使大多數國家所得不均的現象愈來愈嚴重，但同時也出現了歷史性的社會流動：許多人脫離貧窮，晉升中產階級；而這仍是全球大趨勢，在亞洲尤其明顯。而且全世界日益增多的中產階級，絕大多數仍住在城市裡。

今天，在都市中進行的生產活動已經占全球生產量的八成。都市居民每人平均碳排放量低於郊區居民，不過，儘管都市的資源使用效率不斷提升，都市居民平均每人資源消耗率仍然高於鄉村居民——主要是因為都市居民的所得較高。

此外，過去三十年來，開發中國家每人肉類消耗量倍增，蛋消耗量更成長五倍。高速竄升的肉消耗量對表土、森林和水資源都帶來衝擊，而且還會產生導致全球暖化的汙染和引發心血管疾病。而且由於另外一個因素的影響，衝擊面更加擴大：每生產 1 公斤的肉類蛋白質，就會消耗掉 7 公斤的植物蛋白質。

飢餓與肥胖

雖然全世界有超過 9 億人長期陷於飢餓狀態，但全球飲食習慣改變仍造成肥胖盛行，並引起糖尿病流行趨勢。美國經常引領世界潮流，過去四十年來，美國人的平均體重增加了將近 9 公斤。最近有一項研究預估，到了 2030 年，美國將有半數的成人過胖，其中四分之一更是「嚴重肥胖」。

任何人都能看出其中的諷刺，因為當窮國（以及已開發國家中小塊區域）的人民，仍有嚴重的飢餓和營養不良現象時，已開發國家人民的肥胖程度正在刷新紀錄，而開發中國家人民的肥胖程度也持續上升。

怎麼會這樣呢？不過首先，值得鼓舞的是，全球社群目前正緩慢但穩定地減少長期飢餓的人數。

其次，過去三十年來，全球肥胖人數已逾倍增。根據世界衛生組織的統計，全世界 20 歲以上的成年人，大約有 15 億人超重，其中三分之一被歸為肥胖。目前在許多國家中，因為肥胖及超重的相關疾病而死亡的人數多於因體重不足的相關疾病而死亡的人數，而全球有三分之二的人口，就居住在這類國家裡。

肥胖是全球首要死因（心血管疾病，主要是心臟病和中風）的重大危險因子。肥胖也是糖尿病的主要危險因子，而糖尿病如今是第一個全球大流行的非傳染性疾病。*成年糖尿病患者罹患心臟病或中風的機率，是一般人的二到四倍，而且糖尿病患者幾乎有三分之二死於中風或心臟病。†

不幸的是，肥胖兒童也不斷增加，形成問題。今天，有17%的美國兒童過胖，全球則有將近7%的兒童過胖。一項深受重視的研究顯示，77%的肥胖兒童，長大成人後也會繼續肥胖。如果說近來的統計數字中有什麼好消息的話，唯一值得安慰的是，美國的肥胖盛行率似乎已達到高原，雖然無論在美國或全世界，由於兒童肥胖增加的趨勢，未來肥胖症仍將持續流行下去。

胖子愈來愈多的原因既簡單（吃太多，動太少），也複雜（食品生產和行銷的方式已有戲劇化的改變）。美國前食品藥物管理局局長凱斯勒（David Kessler）博士曾一再說明，食品公司及餐廳、速食店如何精心調配脂肪、糖和鹽的準確比率，以達到能產生最大愉悅感的滿足點（bliss point）——因此即使我們已經吃飽了，這類食物仍會刺激大腦，增強想吃更多的欲望。世界衛生組織發現，目前全球的普遍型態是，大家都吃愈來愈多「包含高脂肪、高糖、高鹽，但低維他命、礦物質及其他微量營養素的高能量密度食物」。

高度都市化的結果是，愈來愈多人遠離可靠的新鮮蔬果來源。蔬果中每公克的高品質卡路里，要比甜食與高澱粉食品中的卡路里貴 10 倍。特羅布（Arielle Traub）為美國約翰霍普金斯大學布倫柏格公共衛生學院做的報告中指出，從 1985 年到 2000 年，美國新鮮蔬果的價格上漲了 40%，脂肪的價格卻下跌 15%，含糖飲料的價格也下跌 25%。食物的價格差異，加上健康食物取得不易、人們愈來愈缺乏運動，以及大量食品廣告的累積效應，都是肥胖盛行的原因。

好幾項研究都指出，比起中高收入的社區，許多低收入社區較缺乏供應新鮮蔬果的超市，卻比較容易接觸到連鎖速食店和賣各種零食飲料的便利商店。社區居民的收入比較低，加上缺乏準備食物的時間和知識，都是可能的因素。然而飲食習慣一旦建立，就很難改變。美國政府在 2012 年推出新計畫，提供更營養健康的學童午餐時，許多學校的學生都在社群網站上抗議，並把健康的食物丟掉拒吃。

在許多國家中，引進美國速食店和肥胖率攀升，幾乎有十分明確的關聯。各種速食和加工食品之所以在美國盛行，以及每一份食物的份量變得愈來愈大，有一部分和 1970 年代美國農業政策的歷史性變化有關，肥胖率也是從那時候開始向上攀升。自從小羅斯福總統推行新政後，美國的政策一直是發放補償金給休耕的農民，但到了 1970 年代卻轉變為以現金補貼農民，讓農民能生產多少，就生產多少。美國改變農業政策時，正值農業技術大

---

* 至少糖尿病並不是透過病原而人傳人。但研究顯示，人們經常接觸的對象中，有許多人過胖或超重時，糖尿病就可能會在家庭、社區和國家中擴散開來。

† 肥胖也是骨關節炎和其他肌肉骨骼傷病、某些癌症（尤其是大腸癌、乳癌和子宮內膜癌）及腎衰竭的主要危險因子。健康專家估計，美國每年花在治療這些肥胖相關疾病的成本，占醫療保健經費的10%至20%。目前，全世界大約有6.4%的成人罹患糖尿病，根據世界衛生組織的統計，在未來17年中，糖尿病患者的比率還會繼續上升到7.8%，總數達4億3千8百萬人——其中超過七成住在中低所得國家。

躍進，掀起綠色革命，研發出許多更優良的雜交品種。結果，糧食價格大幅下跌。美國糖尿病及消化與腎臟病研究院的數學家卡森・周（Carson Chow）建構了詳細的數學模型，指出美國農業政策與美國人平均體重大幅上升，及日益肥胖的現象有明確關聯。

廣告業也扮演重要角色。舉例來說，在某家速食漢堡連鎖店的著名電視廣告中，穿得少少的性感偶像以曖昧的姿態洗車。加工食品和速食連鎖店的廣告預算，已達汽車廣告預算的三分之二。這些相互關聯的趨勢或許始於美國，但如今已蔓延全世界。肥胖對全球資源帶來的衝擊，相當於地球上額外增加 10 億人口的負擔。

大眾行銷的起源

全世界民眾的消費不斷增長的趨勢，出現迄今還不到一百年，算是新興現象，而且這個趨勢也是從美國開始。雖然大眾廣告在 19 世紀末和 20 世紀初已經出現，但大部分的歷史學家仍然認為，直到 1920 年代，消費文化才真正興起。當時美國也出現了第一份全國發行的雜誌和首部在戲院放映的默片。消費性信用貸款在狂囂的 1920 年代（Roaring Twenties）變得更普及，消費者因此可以透過貸款購買汽車、收音機之類的昂貴新商品。

20 世紀初，擁有電力的美國家庭還不到全美總戶數的 1%，但到了 1920 年代末期，美國有將近七成的家庭都擁有電力。當時，利用可相互替換的零件來製造產品的大量生產技術已經出現，自動化也粗具雛形（這些都是今天地球公司的先驅），因此廠商不必雇用更多人力，就可以提升生產力，生產出豐富多樣的消費性商品，製造商和零售商對新興的大眾行銷科學產生強烈的興趣，廣告業開始在市場上扮演截然不同的新角色。

佛洛伊德的學說正是在這段時期開始在美國流行起來。佛洛伊德 1909 年首度造訪美國時，曾在麻州伍斯特的克拉克大學（Clark University）發表五場有關精神分析的系列演講，聽眾包括心理學家詹姆斯（William James），以及當時許多美國最知名的知識份子，而美國著名作家及政治評論家李普曼（Walter Lippmann）當時是詹姆斯的年輕門生，也深受佛洛伊德影響。接下來十年，許多觀念因佛洛伊德的推動而普及——例如在了解人類動機、心理移情作用，及其他精神分析洞見時，潛意識扮演的角色。在廣告業者匯聚的美國東岸，這些觀念十分流行。美國精神分析學會也在佛洛伊德訪問美國兩年後成立。

等到美國在 1917 年捲入第一次世界大戰之時，戰時使用的大眾說服技巧已融入這些心理學概念。威爾遜總統建立了公共資訊委員會，佛洛伊德的外甥柏奈斯（Edward Bernays）和比他大兩歲的李普曼都是委員會成員，而李普曼對柏奈斯的影響幾乎和佛洛伊德一樣大。第一次大戰結束後，柏奈斯震驚於大眾宣傳工具的功效，開始將這種技巧引進大眾行銷的領域。

柏奈斯被稱為「公共關係之父」，事實上，柏奈斯創造了「公共關係」這個名詞，以避免使用「宣傳」的字眼，因為戰時德國人經常用「宣傳」一詞來描述他們的大眾傳播策略，所以在美國人心目中，「宣傳」有負面含意。當時美國行銷研究的標準方式是，調查消費者對不同產品的觀感，問他們喜歡和不喜歡產品的哪些地方，柏奈斯則放棄傳統研究方式，反而和精神分析師一起，對消費者進行深度訪談，希望挖掘出消費者潛意識中與產品或品牌行銷相關的聯想。柏奈斯的事業夥伴馬祖爾（Paul

Mazur）表示：「我們必須將美國文化從『需要』的文化轉變為『想要』的文化……我們必須訓練人們渴望、想要新東西，即使舊東西還沒有用完也一樣。我們必須塑造一種新的心態，讓人們的欲望蓋過他們的實際需要。」

柏奈斯後來在 1928 年寫道：

> 刻意且聰明地操控大眾的習慣和意見，是民主社會的重要元素。操弄這種社會無形機制的人等於組成隱形政府，是在背後統治國家的真正力量。我們受這群我們從沒聽過的人支配，他們塑造我們的思維，引導我們的品味，暗示我們各種想法。這是民主社會組成方式所造成的合理結果……我們在日常生活中的一舉一動，無論在政治或商業領域，在我們的社會行為或倫理思考中，幾乎都受到這一小撮人的控制……他們了解社會大眾的心理過程和社會型態，知道如何操控大眾的思維。

柏奈斯早期的成功事蹟之一，是為客戶美國菸草公司（American Tobacco Company）解決以下問題：如何打破女性吸菸的社會禁忌？於是，柏奈斯雇用一群婦女，把她們裝扮成提倡婦女參政權的婦運份子，在 1929 年的復活節星期日，到紐約市第五大道列隊遊行。當她們走到記者席前面時，這群假扮的女權鬥士全都掏出香菸，把菸點燃，聲稱那是「自由的火炬」。幾十年後，對準女性顧客的指標性香菸廣告──「寶貝，你已走過漫漫長路」（"You've come a long way baby"）──仍然運用柏奈斯創新但陰險的廣告手法，把吸菸與女權運動扯上關係。

刺激消費——經濟新福音？

1927 年，美國著名的企業顧問考德瑞克（Edward Cowdrick）曾指出，刺激消費已經變得比生產還重要，他寫道：「工人的消費者角色已經比生產者的角色更重要…… 重要的不再是去製造、開採、養殖，而是要找到夠多的人來購買商品…… 這是企業最重要的問題。」他稱這種新的總體經濟智慧為「消費的新經濟福音」。

「福音」兩個字今天聽起來或許像是隨意的用語，但當時並非如此。1917 年，列寧在俄國革命成功，建立蘇聯*之後，資本主義與共產主義之間的鬥爭有了新的意義。資本主義與共產主義在 20 世紀的長期鬥爭中，無限的成長是兩種意識型態都不曾質疑的假設。

1926 年，美國柯立芝總統在對廣告商演說時，大膽跨入考德瑞克形容為新經濟福音的神聖疆界：「廣告乃是在照顧交易的精神層面。各位手中掌握了巨大的力量，必須肩負啟發與提升商業世界的重責大任，這全是人類獲得重生與救贖的重要工作。」

三年後，在 1929 年股市大崩盤之前兩個月，柯立芝的繼任者胡佛總統發布了「近來經濟變遷委員會」提出的報告，報告中提及運用心理學於大眾行銷的趨勢：「我們的調查證實了長期以來大家相信的理論是正確的，人們確實貪求無厭，滿足了一個欲望，會帶來更多欲望。結論是，就經濟上而言，眼前是一片無垠沃土；新欲望一滿足，就會產生源源不絕的更新欲望…… 透過廣告和其他促銷方式，透過科學事實的發現，透過預先精心開發消費需求，已具體提升了生產量…… 我們似乎可以繼續加把勁。」

＊ 譯注：USSR，蘇維埃社會主義共和國聯盟。

1930 年代，另一位來自維也納的佛洛伊德派精神分析家狄希特（Ernest Dichter）移民美國，並開始研究大眾行銷。他充分明白佛洛伊德的觀念在美國廣告業非常流行，他告訴麥迪遜大道和華爾街的潛在客戶：他不僅僅是「來自維也納的心理學家」，而且還曾和佛洛伊德住在同一條街上。他答應客戶，可以幫助他們「賣更多東西，有更好的溝通」。而且他和柯立芝總統一樣，認為刺激消費是強化美國經濟、確保資本主義勝利果實的重要手段。「就某個程度而言，必須持續激發人們的需求和欲望。」狄希特表示。

柏奈斯和李普曼兩人過去總是預測，奠基於心理學的大眾電子行銷方式所展現的新力量不但影響市場，也不可避免的會對民主政治帶來巨大衝擊。然而在兩次世界大戰之間那段絕望而危險的時期，卻是歐洲的獨裁政權利用了這股新力量。1922 年，史達林成為蘇聯共黨總書記，墨索里尼成為義大利聯合政府的法西斯總理。六個月後，希特勒當上德國國家社會黨的主席。

15 年後，在納粹德國頒布「紐倫堡法」（Nuremburg Laws），以及首批集中營啟用後，一位剛從柏林回來的訪客帶回的親眼見證，讓柏奈斯非常沮喪，因為這位訪客告訴他，戈培爾（Joseph Goebbels）在為希特勒規畫猶太人滅絕計畫時，廣泛運用柏奈斯的著作《宣傳》（Propaganda）中的概念。

同樣在 1922 年，在美國，柏奈斯的好友且曾一起從事戰時宣傳的前同事李普曼寫道：

> 製造出來的同意……在民主制度誕生後，應該不復存在，但卻非如此。事實上，技巧反而更大幅精進。拜心理學研究與現代傳播工具之賜，民主政治已經改變。革命已然啟動，造成

的影響比任何經濟力量的轉移還要重大……如何製造同意的知識，將改變所有的政治盤算和修正每一個政治前提……比方說，今天已經不可能再相信最初的民主信條。

我們在前一章曾提到，對祕密捐獻選戰經費毫無管制，以及以心理學為基礎、極端昂貴但又極其有效的大眾電子行銷方式，的確對參與式民主的健全與活力帶來致命的威脅。如果我們容許目前戕害民主操守的做法持續存在，李普曼的黑暗預言可能成真。如果菁英階級能運用金錢、權勢、說服大眾的技巧，控制美國的政策，那麼到最後，一般人或許（套用李普曼的說法）「不再能合理的」相信美國是民主社會。

在市場上，企業花在「製造欲望」和刺激消費的金額一年比一年多。雖然後來根據佛洛伊德理論而設計的大眾行銷方式，不再像過去那麼有吸引力，但近年來，由於出現許多更複雜的新技術（例如腦部掃描技術），導致潛意識分析在神經行銷學領域再度大行其道。今天，運用大眾行銷技巧來刺激消費，已是非常普遍的現象，我們幾乎認為這是生活中的常態。三十五年前，一般城市居民平均每天會看到 2,000 則廣告訊息，根據《紐約時報》的報導，今天的城市居民平均每天會看到 5,000 則廣告訊息。

廢棄物與汙染

地球人口愈來愈多，平均每人消費量愈來愈大，為有限的資源帶來莫大壓力。當人口數與全球經濟規模都不斷成長時，我們不但在製造產品時，消耗更多自然資源，而且也會產生愈來愈多的廢棄物。世界銀行最近在一份報告中指出，今天全球都市居民平均每人每天產生 1.2 公斤垃圾，而且預計在 12 年內，總垃圾量會增加 70%。

在同一段期間內，處理垃圾的成本將倍增，達到每年 3,750 億美元，主要是因為開發中國家的垃圾處理成本大幅增加。根據經濟合作與發展組織（OECD）的統計，開發中國家的國民所得每提高 1%，就會增加 0.69% 的都市固體廢棄物。

而且不單單是垃圾處理的問題。當我們把與能源生產有關的廢棄物，化學品、工業、電子產品製造的廢棄物，以及農業廢棄物和紙業廢棄物，平均分攤到地球上使用這些製程產物的 70 億人身上，那麼地球上每天產生的廢棄物量會超過 70 億人的體重。

非法清理廢棄物的黑市正蓬勃發展——尤其是將廢棄物從已開發國家運到貧窮國家的貨運事業欣欣向榮。在歐盟，過去十年來，塑膠廢棄物的出口成長 250% 以上，其中將近 90% 運往中國。太平洋中央，主要由塑膠構成的龐大「垃圾帶」（garbage patch）成為媒體矚目的焦點，但陸地上幾百萬個垃圾棄置場的垃圾量，其實更龐大。

雖然許多企業和城市都曾推出令人讚賞的措施，以鼓勵廢棄物回收再利用，但垃圾總量仍然遠高於目前負責任的廢棄物清理措施所能承擔的產能。舉例來說，有機廢棄物能用來生產寶貴的甲烷，但由於人們的惰性和缺乏領導，許多有機廢棄物都被直接棄置在落後的掩埋場中，以致於每年有 4% 的全球暖化汙染，是這些有機廢棄物分解後產生的。

電子廢棄物（與電子產品相關的廢棄物）數量不斷增加，也愈來愈受矚目，因為其中包含了高毒性物質。即使目前已開始推動電子廢棄物回收，問題惡化的速度仍然高於解決問題的速度。

阻燃劑的故事

有毒廢棄物和生物廢棄物尤其形成莫大挑戰。我曾在 1970 和 1980 年代，主持和參與許多美國國會聽證會，討論有毒廢棄物帶來的危險。在諸多聽證會之後，原本美國已實施嚴格法律，但後來由於化學工業對國會和行政部門大力遊說，法律效力大為減弱。近來美國疾管局的研究顯示，一般美國人體內可以找到 212 種微量化學廢棄物痕跡，包括殺蟲劑、砷、鎘和阻燃劑等。

阻燃劑？美國人體內之所以會找到阻燃劑，背後其實有個有趣的故事，這是美國決策面臨權力失衡及企業利益超越公共利益的另一個例子。2012 年，《芝加哥論壇報》曾在報導中詳細描繪菸草業如何不當施加影響力，促使政府決策者立法，強制業者在大部分家具的泡沫塑料中添加有毒阻燃劑，以便在不幸發生火災時挽救生命，因為美國每年都有數千宗火災是因為吸菸者睡著後，點燃的香菸掉在椅子或沙發上而起火。

更合理且危害較少的解決方式，也是自從 20 世紀初就有人提議的方式，是要求菸草業者移除他們慣常加入香菸中的化學劑（加入了這種化學劑，香菸點燃後即使沒人抽，仍會繼續保持點燃狀態）。但菸草業者不想因為火災而受指責，也擔心為吸菸者帶來任何不便，都可能傷害銷售量，所以想出這個腐敗的計謀，收買足夠的影響力，要求家具中添加有害化學品。

當製造阻燃劑的公司領悟到可以從這個計謀中獲利時，他們也提供更多金錢，支持菸草業的計畫。消防官員和化學品製造商會聘請同一個人當說客，而菸草業者還私下付他薪水。同時，兒童繼續吸入含阻燃劑的灰塵，科學家也繼續發表暴露在含有阻燃劑的環境中，與癌症、生殖障礙及胎兒受損的關聯性。順帶一提，美國消費品安全委員會最近發現，添加在家具泡沫塑料中的阻燃劑，根本無助於減少住宅火災。

健康專家特別提出幾種特別需要注意的危險化學品，例如化性上和阻燃劑類似的雙酚 A 以及鄰苯二甲酸酯（phthalates），但美國為因應這類化學品而在 1976 年制定的「毒性物質管制法」，卻從來沒有真正實施。該法案列出了 83,000 種應該檢驗的化學品，但美國環保署只要求檢驗其中的 200 種，並只限制其中 5 種化學品的使用。化學品製造商可以藉商業機密為由，隱瞞關於這些化學品的大部分醫學訊息，不提供給管理當局。

水汙染的全球悲劇

第二次世界大戰後，農業用和工業用化學品之所以快速發展，主要是因為戰後有大量未使用過的神經毒氣和彈藥庫存（在第一次世界大戰中發明毒氣的人，也是人工合成氮肥的發明人）。這些新的化學化合物帶來更多造成水汙染的毒物。過去水汙染的主要形式是糞便汙染水源，導致傷寒與霍亂流行。雖然在已開發國家中，大體上已經沒有這樣的問題，但在開發中國家，水媒傳染的疾病仍是主要死因，在南亞、非洲和一部分中東地區尤其如此。

的確，河流和地下水含水層的汙染是很嚴重的問題，可能導致世界上許多地區面臨缺水。由聯合國眾多機構共同組成的 21 世紀世界水資源委員會（World Commission on Water for the 21st Century）在 1999 年的報告中指出：「全球主要河川有半數以上都嚴重枯竭並受到汙染。」像這樣的全球性悲劇之所以發生，其中一個原因是目前衡量國民所得和生產力的指標—— GDP，並沒有把河川枯竭和汙染包含在內。經濟學家戴利（Herman Daly）就指出：「我們不會把汙染當成壞事，減去汙染成本，但我們會列入清理汙染所增加的價值，把它當成好事。這是不對稱的會計帳。」結果，把環境弄乾淨的決策經常被不正確形容為有害經濟繁榮。舉例來說，中國廣州市規畫局副局長被迫為限制汽車交通、以降低空氣汙染的決策辯護時表示：「當然，從政府的角度來看，我們放棄了一些成長，但為了促進市民健康，還是值得的。」

最近，《紐約時報》在調查報導中，依據美國自由資訊法案，蒐集了數十萬種美國聯邦政府與州政府與水汙染相關的紀錄文件，結果發現，幾乎每 10 個美國人，就有 1 人的飲用水會接觸到化學廢棄物或其他健康威脅。

自從美國在 1972 年率先推動水汙染防治以後，其他已開發國家也逐步跟進。不過，開發中國家的進度卻仍達不到 2000 年訂定的「千禧年發展目標」（聯合國 193 個會員國和 23 個國際組織一致同意的全球發展藍圖）。根據世界衛生組織的說法：「在 1990 年到 2010 年之間，有超過 20 億人能取得較乾淨的水源（定義是『有可能提供安全飲用水』），18 億人能夠獲得較好的衛生設施……〔然而〕還是有超過 7 億 8 千萬人無法獲得較乾淨的飲用水，還有 25 億人缺乏較好的衛生設施。」

如果目前的趨勢持續下去，到了 2015 年，數字會高到令人難以接受的地步：根據世界衛生組織的數據，屆時仍有「六億零五百萬人的飲用水源尚未改善，還有二十四億人的衛生設施無法獲得改善。」中國有將近九成的淺層地下水都遭汙染，汙染源包括化學和工業廢棄物，每年都有一億九千萬中國人因為飲用水不乾淨而生病，並有數萬人因此死亡。

地下水不再安全

全球淡水供應的分布很不平均，超過一半以上的淡水位於少數的 6 個國家中。在許多國家和地區，淡水愈來愈不易取得且水質日益惡化，加上表土流失，都是糧食產量無法增加的主要因素。許多地區也因為過度消耗淡水且用水浪費、缺乏節制（城市用水和地球公司日益成長的用水需求，都增加了水資源的競爭），在許多地區製造了新的糧食危機。

正如同都市擴張對農地供應帶來衝擊，「能源擴張」也對糧食生產所需的淡水造成嚴重衝擊。許多國家極不聰明地決定提倡第一代酒精燃料，和從棕櫚油提煉的生質燃料，導致原本用來生產糧食的水資源和土地都挪作他用。近年興起頁岩氣開採熱，但開鑿每一口頁岩氣井，都需要消耗 1 千 9 百萬公升的水，對於缺水地區的水供應造成嚴重壓力。例如，德州許多城市與郡如今被迫選擇，究竟要將有限的水資源分配給農業用途，還是運用液裂法來開採頁岩氣和頁岩油。從全球觀點來看，將水力運用於能源生產的趨勢將加倍成長，和能源需求的成長速度一樣快。

擴大利用液裂法來開採石油與天然氣，加上注入有毒液體廢棄物到地下，都導致過去被視為安全的地下水變得不再安全。即使液裂法會改變地下地質：打開新的地層裂縫，調整地下水流型態，據估計過去數十年來，美國仍有約 114 兆公升的有毒液體廢棄物，注入了 68 萬口以上的地下井中封存。不幸的是，有些儲存在地底深處的有毒液體廢棄物，會逐漸往上滲漏到飲用水所在的含水層區域。

全世界淡水資源中大約有 30% 是地下水，所有的地表水加起來只占 1%。過去半世紀以來,地下水含水層縮減速度加倍,由於地下水抽取量愈來愈大,導致地下水含水層縮減速度達 1960 年的兩倍。但是過去十五年來(由於中國和其他新興經濟體成長速度加快),地下水縮減的速度變得更快了。

新的鑽井和汲水技術也是重要原因。比方說,印度投資了 120 億美元在新的水井和幫浦上;一億印度農民總共鑽了二千一百多萬口井。結果許多社區的含水層已完全乾枯,必須靠水車送來飲用水,而農夫只好看天吃飯,仰賴愈來愈難以預測的降雨。

由於人口成長以及用水量大增,全世界許多重要河川,地表水都過度使用,以致於不再一年四季都能奔流到大海,例如:科羅拉多河、印度河、里約格蘭德河(Rio Grande)、尼羅河、澳洲的莫瑞達令河(Murray-Darling)、中國的長江與黃河,以及德國的易北河等。

日益膨脹的世界人口

過去數十年來,雖然在全世界大部分地區,人口成長速度已經趨緩,然而全球總人口數實在太龐大了,即使人口成長率逐漸下降,在本世紀末全球人口數穩定下來之前,估計還會再增加幾十億人。雖然我們很難預測最後的總人口數,但估計應該會在 100 億和 150 億之間(另外也有人提出 61 億人口的低預估值,以及如果生育率沒有進一步降低,可能會發生人口失控成長到 270 億的高預估值。但絕大多數的專家都假定,最可能的範圍是比 100 億再稍稍多一點)。

印度在未來數十年中,人口將超越中國,使得印度在本世紀末葉成為全世界人口最多的國家。非洲的人口總數則將在二十幾年後,超越中國及印度,而且在本世紀結束前,非洲人口預計將超過中國和印度的人口總和。屆時,非洲人口將達到 36 億的驚人數字,是目前人口數的三倍以上;未來四十年,全球增加的人口中將有半數是非洲人。由於非洲撒哈拉沙漠以南地區土地非常貧瘠、缺乏淡水、許多國家治理效能差,加上全球暖化可能帶來的衝擊,非洲地區人口成長的極限將是 21 世紀的重要焦點。

全球人口達到高峰時的數目之所以這麼難預測,以及專家預估數字的差距竟然會高達 50 億(幾乎相當於 1980 年代末全球總人口數!)原因在於實在很難預估,在未來數十年中全球婦女平均想要生幾個孩子。這個關鍵變數即使只增加 0.5 個孩子(人口學家對於這種令人尷尬的表達方式已經麻木了),都可能意味著未來八十七年,全球總人口數將出現幾十億的差異。而當時間拉得這麼長時,也很難預估影響婦女生育子女數的諸多因素,將出現哪些變化。

21 世紀下半葉全球人口達到高峰時的數字,出現了一些較高的新預估值,反映出許多低度開發國家(大多數為非洲國家)生育率下降的速度比預期緩慢。而非洲及全球人口數預估值上升的最大原因是,生育控制的相關知識與技術未能普及,無法讓需要的婦女都能順利取得。

過去數十年來,研究人口與發展的專家對於改變人口成長動能的諸多因素,已有充分了解。大量的研究都顯示,無論在任何國家,四個人口相關要素結合起來,將改變人口成長型態,從第一種均衡狀態(特色為高死亡率、高出生率和大家庭)轉變為第二種均衡狀態(特色為低死亡率、低出生率和小家庭)。

好消息是,全球共同努力設法降低人口成長速度,其實還滿成功的,只不過成效非常緩慢。雖然未來幾十年,全球人口的絕對值仍十分的大,但幾乎每個國家都逐漸從高均衡狀態邁向低均衡狀態。有的國家轉變速度很快,有的國家則進度落後。以美國為例,美國的人口成長率愈來愈低,已經達到經濟大蕭條以來的最低水準。

20 世紀有數十年的時間,主流觀點一直是:GDP(尤其是與工業發展相關的因素)增加,是人口成長率下滑的關鍵。這是另一個例子,說明 GDP 多麼容易被過度簡化,拿來當作衡量進步的「偽指標」,以及即使 GDP 與政策制定者真正追求的目標只有少許關聯,仍然很容易吸引決策者的注意。

雖然 GDP 不是影響人口成長的四個要素之一,但在許多國家中,能否創造出影響人口成長的社會條件,仍然與經濟成長有一些關聯。相反的,在大多數情況下,極端貧窮必然與高人口成長率相關——尤其在體制不健全、缺乏潔淨飲用水及土壤遭嚴重沖蝕的國家。具備這三種特性的 14 個國家,人口成長率都非常高,而且 14 個國家中,有 13 國位於撒哈拉沙漠以南的非洲地區。

以下四個相關因素,全都是必要條件,但沒有任何因素本身是充分條件:

- 第一個因素是女生的教育水準。這是最重要的因素。男生的教育水準當然也很重要,但人口統計清楚顯示,女生的讀寫能力和獲得良好教育的機會是重要關鍵。
- 第二個因素是提升婦女在社會上享有的權力。必須讓婦女的意見被聆聽,也受到尊重。同時,她們也能和丈夫或夥伴一起決定要生幾個孩子,和討論其他重要家庭議題。

- 第三個因素是生育控制的知識和技術必須普及化，並且容易取得，因此婦女可以選擇要生幾個孩子，和每一胎要間隔多久。
- 第四個因素是嬰兒夭折率低。非洲領袖人物尼雷爾（Julius K. Nyerere）曾在 20 世紀中指出：「最有效的避孕藥是父母的信心──相信孩子能存活下來。」

雖然各國努力普及避孕方式與傳播生育控制知識，但成效並不如社會科學家及人口專家的預期。富裕國家雖曾答應提供資金協助貧窮國家控制生育，卻沒有充分履行承諾。有些已開發國家的民主體制正日益衰弱，例如在美國，反對者一直抨擊一些對婦女有益的計畫，而且近年來反對力量愈來愈成功。比方說，儘管絕大多數的美國婦女（包括 98% 有性經驗的女性天主教徒）都支持避孕，而且這個問題原本似乎在 1960 年代已經解決了，但過去兩年來，反對避孕的政治力量卻意外的在美國重新崛起。

當全球共同努力，希望在快速成長的開發中國家普及生育控制方式時，由於美國有一小撮人基於宗教原因而反對避孕，美國的貢獻並不理想。這一小撮人之所以大力反對，部分原因是他們將避孕與墮胎混為一談。美國在削減預算時，對外援助經費總是最容易被砍的項目，所以美國實際提供的援助，遠遠不及當初承諾的數字。正當全世界迫切需要美國領導的時候，美國由於內部的權力失衡加上政治癱瘓，再度無法發揮領導力，也重創全球行動力。

結果，生育率並沒有如預期般下降──尤其在非洲，55 個非洲國家中有 39 個國家的生育率很高。（其他的高生育率國家有 9

個是亞洲國家，6 個大洋洲國家，拉丁美洲則有 4 個低所得國家的生育率很高。）全球 58 個高生育率國家中，有 34 國的人口在本世紀結束前，將攀升為目前的三倍。

目前全球婦女在生育年齡內平均生下 2.5 個孩子。然而，非洲婦女每人平均有 4.5 個孩子，而且非洲有四個國家的婦女仍期望有 6 個以上的子女，造成了具破壞性、且不永續的人口高速成長趨勢。舉例來說，目前有 1 千 5 百萬人口的馬拉威預計到本世紀末，人口將成長將近十倍，達到 1 億 2 千 9 百萬左右。預計在 2100 年之前，非洲人口最多的國家奈及利亞，總人口數將從目前的 1 億 6 千餘萬增加為 7 億 3 千萬，幾乎相當於中國在 1960 年代中期的人口數。

在過去不太了解人口動態的時代，許多人都以為死亡率提高時，總人口數會隨之降低。但由於高死亡率之後，隨之而來的是高出生率，因此拆穿了過去的錯覺。14 世紀的黑死病的確導致人口減少——實際上，據信這是人口數最後一次下滑。但在今天的世界裡，即使最可怕的疾病都不會對人口帶來任何衝擊。非洲少數國家確實因為愛滋病盛行，導致總人口減少，但就全世界而言，單單 2011 年頭五個月增加的人口，就已經超越自三十年前愛滋病開始快速散播以來的所有死亡人數。

有些國家由於嬰兒夭折率很高，父母自然會希望多生幾個孩子，如此一來，至少其中一些孩子可以存活下來，日後不但能照顧父母的晚年，還能傳宗接代，延續傳統。實際上，當兒童死亡率戲劇性下滑時，出生率通常也會在半個世代後下降（如果另外三個影響人口成長的要素也並存的話）。第二次世界大戰後，醫療保健領域出現了革命性的進展（衛生水準提高、營養更好、發明抗生素和各種疫苗，再加上現代醫學的其他成就），許多國家的兒童死亡率和嬰兒夭折率都大幅降低。醫療保健的進步，加上營養充足，同樣導致人類平均壽命倍增，從 19 世紀初的 35 歲上升到今天的 77 歲。

婦女走出家庭，進入職場

今天在世界各國，女生普遍受教育已是常態，即使過去只注重男生教育的國家，也大都如此。雖然有些國家仍反對女生受教育（例如阿富汗的塔利班政權），但如今大多數國家都明白，讓所有的孩子都受教育，是資訊時代的一大競爭優勢。沙烏地阿拉伯的學校過去只著重教育男生，但根據最近的統計，今天沙烏地阿拉伯的大學生已有將近六成是女生（1970 年女生只占 8%）。

大學生中女大生的占比，卡達是 64%，突尼西亞和阿拉伯聯合大公國是 60%，阿拉伯國家平均為 48%，伊朗為 51%。的確，在找得到相關統計數字的 120 個國家中，有 67 個國家拿到大學文憑的女生多於男生，而全世界平均數則是 51%。美國拿到副學士學位的人有 62% 為女性，而學士有 58%、碩士有 61%、博士有 51% 為女性。

但另一方面，在許多傳統社會中，女權仍是極具挑戰的目標。比方說，沙烏地阿拉伯迄今仍然不准女性大學畢業生開車或投票，但觀念堪稱先進的沙烏地阿拉伯國王已經宣布，計畫從 2015 年起，讓婦女也擁有投票權。雖然就全球而言，婦女在教育上面臨的性別差異已有 93% 不復存在，但在經濟參與上，卻只消弭了 60% 的性別差異，在政治參與度方面，更只消弭了 18% 的性別差異。

　　網網相連的全球心智誕生，在世界各地都加速了提升女權的需求。全球社群網站使用者中，超過半數是女性，網路人口中，女性也幾乎占一半。當婦女看到先進國家中兩性平權的情況，她們自然對本國改變的速度感到不耐。

　　幾乎在所有國家中，進入職場工作的女性都多於男性，這種情況反映出全世界對於女性出外工作的態度，已出現歷史性的轉變。事實上，過去四十年來，進入職場工作的女性人數是男性的兩倍。在快速成長的東亞國家中，職場上女性與男性的比為83：100，女性勞工在競爭力上造成顯著差異。女性就業人口尤其對許多出口產業有很大的影響，例如成衣業與紡織業的員工中，女性占 60% 至 80%。

　　《經濟學人》週刊曾計算，就全球而論，「已開發國家因增聘女性員工而促進的全球經濟成長幅度，超越了中國的貢獻。」如果整體來看已開發國家，那麼女性負責的產出占 GDP 的比率不到 40%。不過這正反映出 GDP 計算方式的另一個缺陷（顧志耐在1937 年提出 GDP 概念時就曾指出這個缺陷）：沒有將婦女（及某些男性）在家中的勞務所產生的價值計算在內，這些勞務包括養兒育女、準備三餐、打掃房子等家務。如果已開發國家會依保姆、廚師、管家的薪資水準來計算家務的價值，那麼婦女對 GDP 的整體貢獻將超過 50%。

　　女性離開家庭，進入職場的趨勢，對社會帶來驚人的衝擊。從 1960 年代到 1990 年代的三十年間，家中有 6 歲以下幼兒的美國已婚婦女，出外工作的比率一飛沖天，從 12% 竄升到 55%。在同樣的三十年間，家有孩童、卻選擇出外工作的母親，比率則從20% 上升為 60%。

這些社會轉變也是引起肥胖流行趨勢的諸多原因之一。由於許多母親出外工作,在雙薪家庭成長的小孩比例升高,愈來愈多人每天三餐吃的是速食或其他的餐廳餐點、大量生產的加工食品,或只需簡單烹調(例如在微波爐裡熱一下)即可上桌的食品。每份食物的量愈來愈多,身體質量指數(BMI, body mass index)也隨之上升。以上種種都造成凱斯勒(David Kessler)所謂的「習慣性暴食」。

研究顯示,在比較容易發生暴力事件的低所得社區中,由於父母或照顧者擔心孩子在外面玩不安全,通常都容許孩子、甚至鼓勵孩子多看電視。這種現象也反映了全球人民不分年齡都呈現相同趨勢,大家花愈來愈多時間盯著連結到全球心智的電子螢幕,而且平均而言,大家也比較喜歡從事不需要太多體力勞動的工作。開車的時間愈來愈多,走路的機會減少,也是原因之一。

家庭面貌改變

女性的勞動參與率提高、婦女教育程度大幅提升、社會價值轉變等因素,也改變了家庭結構。幾乎在全世界任何地方,離婚率都大幅攀升,其中部分原因是新的法令讓離婚變得更容易,而根據專家的說法,另外一部分原因是職業婦女愈來愈多。有些專家也提到網路交友扮演的角色,好幾項分析都顯示,美國所有離婚案件中,有二成到三成與臉書有關。

女性平均結婚年齡也大幅上升,同時,選擇終身不婚的男性和女性,比例都比過去高。五十年前,二十來歲的美國人有三分之二已經結婚,如今只有四分之一已婚。很多人選擇與伴侶共同生活,一起養兒育女,卻始終不結婚。美國現在有 41% 的兒童是未婚媽媽生的。五十年前，未婚媽媽生的孩子只占 5%。今天，美國只有一半的母親在不到 30 歲時就懷孕生子，不過在非洲裔美國母親中，不到 30 歲時就懷孕生子的比率則高達 73%。

就兩性平權的情況而言，在這方面的表現名列前茅的國家是冰島、挪威、芬蘭和瑞典；墊底的國家則是葉門。不過，女性的政治參與率在所有兩性平權指標中，始終遠遠落後其他指標。在全球的民選國會議員中，女性只占 20%，北歐國家女性議員比率最高（42%），阿拉伯國家則最低（11.4%），美國僅勉強高於全球平均。全世界只有兩個國家的女性議員在國會中占多數，分別是全球最小的國家之一安道爾（Andorra），以及最窮的國家之一盧安達，盧安達在發生 1994 年的悲劇之後*，在憲法中明訂國會議員至少必須有 30% 為女性。然而在公司治理的領域，女性擁有的權力仍然不如男性──全球企業董事會中，只有 7% 由女性組成。

前述四個影響人口成長趨緩的因素，都和愈來愈多國家實施參與式民主政治，並賦予婦女投票權有關。可想而知，婦女投票率高的國家也會比較支持保障婦女權益的計畫，例如降低兒童死亡率、提高女生受教育的機會、提升女權、普及生育控制的知識與技術等。

在大多數的富裕工業國家中，由於出生率邊降，有些國家的人口開始減少。例如在俄羅斯、德國、義大利、奧地利、波蘭和其他一些東歐和南歐國家，目前生育率都低於人口替代率。日本、南韓、中國和好幾個東南亞國家的生育率也低於人口替代率。美國的出生率則在 2011 年降到史上最低點。

其中少數國家的生育率太低，有可能陷入人口學家所謂的

---

* 編注：1994年4月盧安達境內發生了駭人聽聞的種族大屠殺事件，在不到100天的時間裡，共有80多萬人遭殺害，這個數字相當於盧安達當時總人口的1/9。其中，94%的受害者是圖西族人。

「低生育率陷阱」——育齡婦女人數減少，且生育的子女數也愈來愈低，造成人口進一步遽降。預估到本世紀中，日本人口將從目前的 1 億 2 千 7 百萬人降為 1 億人，到了 2100 年，更會下滑到只有 6 千 4 百萬人。

瑞典和法國在幾年前就開始推行新政策，設法提升生育率，避免掉入低生育率陷阱；總計兩國將國民所得的 4% 花在各種家庭支援計畫上，大力協助想要養兒育女的上班族，各種鼓勵措施包括：慷慨的產假和育嬰假、免費學齡前幼教、提供父母負擔得起的高品質托兒設施、為母親和孩子提供絕佳的健康照護、保障婦女生完小孩後有機會重返職場，以及其他許多福利。兩國的生育率如今幾乎重新達到人口替代水準。

相形之下，由於日本和義大利沒能提供這類服務，一直無法有效遏止生育率下滑。結果，由於工作年齡人口與退休人口的比率出現劇烈變化，日本和義大利很快就會面臨養老金財源不足的窘境。如果社會契約的財源設計是以稅收來支付退休後的養老金，當工作年齡的人口遠低於退休人口時，工作人口的負擔就會變得沉重許多。

當嬰兒潮世代步入老年

今天大多數的已開發國家之所以會發生預算危機，像這樣的人口結構新現實多少都是主要原因。同樣的，由於老年人需要更多醫療照護，人口結構的變化，也影響到已開發國家的醫療保健預算危機——美國的情形尤其嚴重，因為美國人平均醫療保健費用比其他國家都高。

退休人口比例上升的另一個原因是，幾乎每個國家的平均壽命都大幅升高。根據預估，2000 年以後在已開發國家出生的嬰兒幾乎半數以上都能活到 100 歲，真是不可思議。美國 2007 年出生的嬰兒甚至超過半數可以活到 104 歲以上。

世界各國都需要進行大幅調整，以因應人類壽命延長的革命性變化。雖然統計數字不易取得，但人類學家相信，過去二十萬年以來，人類平均壽命可能還不到 30 歲；有些人認為平均壽命可能還更低。農業革命和城市興起之後，人類壽命開始緩慢向上爬升，但直到 19 世紀中葉，人類平均壽命才達到 40 歲。過去一百五十年來，全球平均壽命已經攀升到 69 歲，而且在大多數的工業國家，平均壽命更超過 75 歲。

衛生和醫療水準提高、營養情況改善，尤其是發明抗生素、疫苗和其他現代藥物，都是壽命提高的重要因素。但教育程度、識字率，加上醫療保健資訊的傳播，也有很大的影響，此外今天我們很容易在網路上取得各種醫療保健資訊，產生的效應也愈來愈重要。在某些國家中，全球化和都市化的趨勢更擴大了這些因素帶來的衝擊，平均壽命更加快速上升。未來二十五年內，預估中國 65 歲以上人口的百分比將是現在的兩倍。

某些國家呈現的人口高齡化趨勢正是好例子，告訴我們除了人口絕對數字的增減之外，不同年齡層分布的狀況改變，也會帶動社會變遷。當嬰兒潮世代湧入職場時，能提供大量工作機會的國家，將獲得龐大的生產力。然而多年之後，當嬰兒潮世代逐漸老化，面對地球公司主宰的新時代，他們可能沒辦法很快適應新科技，無法滿足職場對於彈性應變的新要求。如果後來生育率下滑，原本應該在職場上取代他們的年輕世代人數變少，那麼年輕時嚷嚷著要革命的嬰兒潮世代步入老年時，又會開始大聲疾呼，爭取更多養老金和更好的醫療照顧。

過去三十年來，中國在龐大年輕勞動力的驅動下，創造出非凡的經濟榮景。不過在未來兩年，中國的工作人口將開始減少，到了 2050 年，中國三分之一的人口將超過 60 歲。同樣的，印度 65 歲以上人口所占百分比，在未來三十七年內將倍增，雖然印度老年人口百分比仍然只有中國的一半。

當日本的主要勞動力還很年輕時，日本經濟也曾經蓬勃發展，但過去二十年來，隨著人口老化，日本經濟發展的腳步也愈來愈慢。2012 年，日本成人紙尿褲的銷售量已經超過嬰兒紙尿褲。2012 年，日本人的年齡中位數是 43 歲，為全球最高；到本世紀中，更將提高到 56 歲。全球人口的年齡中位數也將從目前的 28 歲提高到 40 歲。

青年膨脹潮啓動革命

每當社會上出現人數特別龐大的年輕世代時，如果社會無法提供充足的就業機會（尤其是提供 18 歲到 25 歲年輕男性就業機會），這股所謂的「青年膨脹潮」（youth bulge）可能會帶來破壞性的威脅或激烈變革的壓力。人口歷史學家認為，兩百多年前，年輕男性在法國人口中占了極高的比例，是促成法國大革命的壓力來源之一。17 世紀的英國內戰和 20 世紀開發中國家的大多數革命，情形也如出一轍。美國文化界風起雲湧和政治動盪不安的 1960 年代，也正好是第二次世界大戰後的嬰兒潮步入青年期之時。

根據「國際人口行動」組織（Population Action International）的研究，1990 年代，如果某個國家的成人有四成是 15 歲至 29 歲的年輕人，那麼這個國家的內部衝突將是一般國家的兩倍。自從

1970年代以來，全球有三分之二的國內衝突都發生在青年膨脹的國家。2011年，引發阿拉伯之春的原因之一是，許多阿拉伯國家年輕人所占比例都特別高。不過別忘了，阿拉伯之春的導火線乃是在全球糧價高漲之時，由突尼西亞一個賣食物的小販之死所點燃。

今天，伊朗是全世界最龐大的青年膨脹地區之一，雖然街頭示威抗議活動和綠色革命都遭到政府無情鎮壓，但要求社會改革的壓力依然存在。同樣的，沙烏地阿拉伯雖然也努力壓制異議份子和示威抗議活動，仍因人口結構而面臨相同的改革壓力，沙烏地阿拉伯15歲至29歲的年輕人占總人口百分比特別高，但能提供他們的就業機會卻少得可憐。

從各項人口結構的指標來看，美國的前景比其他已開發國家都看好。美國人口的年齡中位數正逐步攀升，但到本世紀中也只會達到40歲。而且美國的生育率也高於人口替代率，一部分原因是美國吸引了大批移民，而且外來移民的生育率較高。

移民潮引發仇外情緒

2010年，聯合國的報告指出，全世界移民人口已達到2億1千4百萬人，占已開發國家總人口的10%，高於二十年前的7.2%。根據我們能拿到的最新統計數字（2009年的數字）顯示，全球有7億4千萬個國內移民，從自己國家中的某個地區移民到另外一個地區。這類移民的主要目的地通常都是都市。無論是國際移民或國內移民，所有的移民幾乎都是從鄉村地區移至城市。

近年來出現的新趨勢是，從某個開發中國家移民到另一個開發中國家的國際移民，數目幾乎和從開發中國家遷移到已開發國家的移民數相當。聯合國祕書長曾指出：「換句話說，『南往南移』的移民數幾乎和『南往北移』的移民數一樣多。」

　　當然，移民會帶來很多好處，至少能夠為移入的國家或地區帶來豐沛的人才，但是在許多國家中，數量龐大的國際移民也形成許多危險的趨勢。在本國人失業率高、經濟情勢緊繃的地區，以及當國際移民占總人口的百分比日益高漲，以致於該國人民認為移民已威脅到主流文化傳統及未來的經濟繁榮時，很容易出現仇外的情緒，歧視和反移民的暴力事件也頻傳──尤其當移民的種族、國籍、文化和宗教都與該國或當地大多數人明顯不同時。

　　例如，雅典有愈來愈多來自阿富汗、巴基斯坦、阿爾及利亞等國的穆斯林移民，新納粹警衛隊經常巡視雅典街頭，無情地攻擊穆斯林移民。在莫斯科和其他俄羅斯大城市，新納粹份子、街頭幫派、和其他右翼極端團體對移民施暴的事件也頻傳──許多移民來自穆斯林人口眾多的外高加索地區，例如車臣。

　　今天，全世界有 41 個國家，移民人數已占總人口的兩成以上；其中四分之三的國家，總人口還不到一百萬人。另外還有 38 個較大的國家，外國移民的人數占全國總人口的 10% 以上。

　　印度已在與孟加拉相接的邊境築起一道 3,380 公里長、2.5 公尺高的鐵圍籬，遏止偷渡。事實上，由於孟加拉比其他國家更早承受氣候變遷的嚴重衝擊，早已發生龐大的國內移民潮──人民紛紛離開孟加拉灣的沿岸低窪地帶和離島，移往他處，孟加拉灣地區目前有 4 百萬人口。預計在未來數十年中，孟加拉總人口數將從今天的 1 億 5 千萬人，成長為 2 億 4 千 2 百萬人。

　　而自從美國入侵阿富汗之後，孟加拉本身也成為大量阿富汗移民的目的地。由於這些移民中不乏聖戰士和塔利班份子，印度愈來愈擔心與孟加拉相鄰的邊界上，伊斯蘭極端主義的力量會日益高漲。不過孟加拉人移民到印度,以及經由印度移民到其他國家的主要原因,仍是經濟持續低迷帶來的壓力。

即使在美國,雖然移民已是歷史上的成功故事,但在 21 世紀初,大量的合法移民與無證移民(undocumented migrant)仍然為美國社會帶來很大壓力。雖然美國人口只占全球總人口的 5%,但全世界的國際移民有 20% 住在美國。從 2010 年 8 月到 2011 年 7 月的 12 個月內,美國誕生的「非白種」新生兒數目,首度超越白種新生兒。美國恐怖主義專家指出,對於來自墨西哥和其他國家的眾多非法移民所產生的疑慮,是這段期間仇恨團體興起的主因之一。

當少數變成多數

美國布魯金斯研究院近來的研究顯示,「到 2010 年截止的 10 年間,美國的人口成長有 92% 來自少數族群。」在這段期間內,美國白種兒童的數目減少了 430 萬,西班牙裔及亞裔兒童數目則增加了 550 萬人。在美國半數的城市中,少數族群已經成為多數,其中最大的兩個族群為西班牙裔(26%)及非洲裔(22%)。西班牙裔目前是美國最大的少數族群。

美國國內恐怖團體的數目在 1990 年代達到高峰,不久就發生奧克拉荷馬市聯邦大廈爆炸事件。後來有超過十二年的時間,恐怖團體數目一直急遽下降,直到歐巴馬總統上任,似乎引發美國國內在 2009 年至 2012 年間的新一波恐怖主義浪潮,程度甚至還超越了前一波的高峰。南方貧窮法律中心(Southern Poverty Law Center)認為,這個現象和美國人口結構改變有關:「歐巴馬這個人正好代表了這個非常實際且重大的變化。我們當然看到 2008 年之後，美國極右派勢力出現驚人成長的期間，正好就是歐巴馬總統上任的頭三年。」

諷刺的是，從墨西哥移民美國的淨移入人口，在 2012 年為零，雖然其他好幾個國家仍然持續有移民湧入美國。2009 年，美國國內來自亞洲的移民人數已超越西班牙裔移民。根據布魯金斯研究院的研究：「即使移民潮在明天終止，到 2050 年，美國兒童總人口中，少數族群仍然會占多數（如果目前的移民趨勢持續不變的話，上面的預測則會提前在 2023 年實現）。」

由於巴勒斯坦領土的出生率較高，以色列猶太人的出生率較低，以致於巴勒斯坦人和以色列人對於如何解決（或管理）以阿衝突，開始出現不同於以往的政治分析觀點。同樣的，自從以色列建國以來，由於猶太人與阿拉伯人在出生率上的差異，以色列境內的阿拉伯少數族群人口已成長 7 倍，有些以色列人開始頻頻表達他們的憂慮：有朝一日，人口結構的趨勢將迫使他們必須有所抉擇，究竟要維護以色列的猶太人本質，還是要遵從民主政治的多數決原則。

當人民紛紛離鄉背井，移居他國時，常會對國家帶來負面衝擊。其中最主要的是人才外流的問題——許多受過良好訓練的專業人士（例如醫生和護士）之所以相繼離開祖國，移民他國，部分原因是他們擁有專業技能，比較容易在已開發國家找到高報酬的工作機會，享受較高的生活水準。但是當中產階級家庭紛紛移居海外時，他們的祖國對公共財（如教育和醫療保健）的持續投資和支援就會逐漸減少。同時，在已開發國家中，由於移民和少數族群占人口比率愈來愈高，有時候，社會契約的力量逐漸減弱，公共財（尤其是公共教育）獲得的支援也會減少，例如當白人大量轉到私立學校就讀時，往往就不像過去那麼支持公立學校的教育經費。

儘管如此，許多備受移民青睞的國家都規劃各種措施，來吸引技術移民。此外，許多勞力不足、迫切需要廉價勞工的已開發國家，尤其是美國、澳洲和英國，也擴大各種吸引臨時工的計畫。大學也紛紛加強招收外國學生。

移民雖然移居外國，仍然會為祖國帶來一些好處，尤其是從中低所得國家遷移到國外的移民匯回家鄉的匯款。2011 年，移民匯回家鄉給家人的匯款總額高達 3,150 億美元，預計到了 2014 年，這類匯款將達到 4,410 億美元。

國內移民匯回家鄉的匯款金額可能更高。在中國，離鄉背井到城市工作的民工平均每年匯 545 美元回家鄉。孟加拉的都市貧民聯盟（Coalition for the Urban Poor）估計，從農村遷移到首都達卡的移民平均將收入的六成寄回家鄉。從較窮困的北方邦、比哈爾邦和西孟加拉邦遷移到孟買的印度人，定期匯回家鄉的款項占了所有流入三邦金額的大半。

逃離家園的難民

除了龐大的國際移民潮與國內移民潮之外，國際難民也愈來愈多。根據國際難民條約的定義，難民是由於害怕遭到暴力威脅或迫害而離開自己國家的人。全球大約有 4,400 萬人因為面臨衝突或迫害，被迫離開自己的國家，其中有 1,540 萬人被歸類為難民，另外有 2,750 萬人則因遭受暴力威脅與迫害，而移居國內其他地區。

聯合國難民事務高級專員古特瑞斯（António Guterres）指出，

目前有七成以上難民具有難民身分五年以上，結果「愈來愈難幫他們找到解決辦法」。其中有 1,200 萬人沒有國籍，意思是他們無家可歸。過去五年來，移居城市的難民人數首度超過遷至難民營的人數。雖然遷移到已開發國家和開發中國家的移民人數差不多，但八成的難民都住在全球較窮困的地區。

包括索馬利亞、剛果民主共和國、緬甸、哥倫比亞和蘇丹在內，這些輸出大量難民的國家幾乎都深陷暴力衝突之中。阿富汗和伊拉克是輸出最多難民的國家。美國在 2002 年入侵伊拉克的決定後來命運多舛（並因過早撤走包圍賓拉登的部隊，而延長了在阿富汗的衝突），已對整個區域帶來一連串衝擊，大批難民蜂擁到鄰近國家。

阿富汗戰爭造成 300 萬阿富汗人逃離家園，大多數人都逃到巴基斯坦（190 萬人）和伊朗（100 萬人）。170 萬伊拉克難民也大都逃到鄰國。的確，根據《世界發展報告》（World Development Report），全世界有超過四分之三的難民被鄰國收留。現今難民大都住在亞太地區（200 萬人——大多數在南亞）、非洲撒哈拉沙漠以南地區（220 萬人，其中有 40 萬 3 千人住在肯亞！），還有中東和北非（190 萬人）。

不過，有超過 160 萬的難民（大部分是穆斯林）移居歐洲，令歐洲排外的情況更加嚴重，而無法融入當地社會的年輕穆斯林變得日益激進，也愈來愈令人擔心。今天歐洲人口已有 5% 為穆斯林。由北非和南亞遷移到歐洲的移民潮也引發新一波排外風潮，甚至連一向努力包容移民的國家都不例外。好幾個歐洲國家由於經濟低迷，加上外來移民愈來愈多，破壞了政治平衡，例如極端右翼份子和抱持本土主義的團體都利用了社會的不安。

防堵氣候難民潮

成長最快的難民類別是氣候難民。由於氣候難民並非自願遷徙，不是法定難民，卻經常被形容為難民（根據〈難民議定書〉的定義，難民的動機必須是逃避其他人的暴力或迫害）。聯合國祕書長潘基文在 2012 年 6 月的聯合國《世界難民狀況》報告中指出，過去難民被迫移置的傳統原因——「衝突及人權遭剝削」，如今「愈來愈和其他原因糾結在一起」，許多原因都和「氣候不斷變化」有關。

以色列在去年五月宣布一項關於氣候變遷的國家計畫，包括提議在紅海和地中海的海上邊界，建造「海上圍籬」，與陸地上無法跨越的邊境圍柵連結，以防堵可預期的氣候難民潮。「氣候變遷已經發生了，我們需要做好充分準備。」以色列環保部長爾登（Gilad Erdan）表示。「缺水、全球暖化及海平面上升等問題，即使發生的時間和原先預期的不一樣，仍會造成移民潮，窮困地區的人民會遷移到能逃離氣候災難的地方。」上述報告指出。

報告撰寫小組召集人之一、海法大學地理系教授索佛爾（Arnon Soffer）進一步解釋：「移民潮不是未來的問題，而是今天的問題……它正在進行中……而且人數與日俱增。」他注意到歐洲海軍努力防止大部分的難民船抵達歐洲；他說，難民被迫另覓容身之處，但「印度會防堵他們，尼泊爾會防堵，日本也會防堵。」研究小組還預期將出現許多來自非洲的氣候難民，因為近十年來，包括過去非洲最大的湖泊查德湖在內，非洲大約有 800 個湖泊已幾乎完全乾涸，許多氣候難民因此往東遷移，進入蘇丹達夫（Darfur）地區。

索馬利亞內戰頻仍，衝突不斷，也有一部分和持續的乾旱及沙漠化有關。預期還有許多來自約旦、巴勒斯坦領土、敘利亞、埃及尼羅河三角洲的氣候難民，試圖移民到以色列。除此之外，還有更多以色列國內的氣候難民——許多貝都因人會從尼格夫（Negev）沙漠地區遷移至位於以色列中央地帶的城市。索佛爾表示：「如果我們希望以色列仍是猶太人的國度，我們就必須採取歐洲國家的做法，防範所謂的『氣候難民』入侵。」

美國助理國務卿坎貝爾（Kurt Campbell）最近在文章中論及氣候變遷對非洲和南亞帶來的衝擊（包括「糧食產量將下滑、飲用水也會減少，並且由於資源稀少而引發更多衝突」），很可能導致「大批穆斯林移民湧入歐盟」，使歐洲的穆斯林人口在未來十二年中加倍，「而且假如氣候變遷的效應一如預期，促使非洲和南亞人民大舉遷移，那麼（歐洲的穆斯林人口）還會增加得更快。」

幾年前，我曾經造訪位居歐盟最南端、在西非外海的西班牙加那利群島（Canary Islands）。我發現，當時湧現大批非洲難民，試圖搭船到這個最方便進入歐盟的地點，令加那利群島居民憂心忡忡，這個議題也成為大家談話的焦點。幾年後，嘗試過這趟危險旅程的非洲人已高達兩萬多人。

到下個世紀，全球將出現數百萬氣候難民。目前大約有 1 億 5 千萬人居住在高於海平面不到 1 公尺的低窪地區，未來海平面每上升 1 公尺，就會有 1 億多人被迫拋棄家園。當然，這個數字還不包括來自沙漠化乾旱地區的氣候難民。

瀕危的地下水與表土

我們會在第 6 章詳細討論氣候危機，以及雖然困難但符合成本效益的必要因應之道。不過目前很明顯的是,雖然氣候變遷還在初期階段,但人類文明的發展已經逼近成長極限,要滿足地球上數十億人的基本生活需求,已經變成愈來愈複雜的問題。

比方說,就表土和地下水的問題而言,今天大家拚命開發這兩種資源,完全無視於這兩種資源極其緩慢的再生速度。一般而言,地下水含水層每年再生率(重新恢復含水狀態)平均還不到0.5%。同樣的,雖然表土會自然再生,但速度慢得令人心焦——每500年才恢復2.5公分。

僅僅在過去四十年,表土過度開發就已經造成地球上將近三分之一的耕地生產力大不如前。如果不立即採取行動,本世紀結束前,地球上大部分表土將嚴重流失或淪為荒地。在中國,表土流失的速度已經比表土自然補充的速度快57倍,在歐洲則快17倍。根據美國國家科學院的數字,美國表土流失的速度比自然補充速度快10倍。衣索比亞目前每年因為雨水沖刷陡坡,而流失大約20噸的表土。

至於地下水的問題,由於某些重要含水層幾乎完全枯竭,其他含水層的含水量也驟減,許多國家的專家如今都很關注地下水未來的前景。過去半世紀以來,全球地下水抽取率加倍成長,預估未來地下水抽取量增加的速度會更快,許多專家為此憂心不已。在許多地區,從地下含水層抽取的地下水,已經遠超過含水層補充水量的速度,許多含水層的水位現在每年都下降幾公尺。

這種情形就彷彿大家故意蒙住雙眼,不去看地球有限的資源與人類的關係,也忽略這個現象背後的根本現實。全球計算自然資源的基本會計學,將資源的使用當作收入而非資本提取,令我們變得更加盲目。套用經濟學家戴利的說法,這是「會計學的一大失誤⋯⋯至少我們應該把成本和效益分別列在會計帳上,進行比較。」

不管是企業或國家的會計帳,營業收入和資本提取的基本分別都非常重要。根據會計學經典教科書的說法,假如這樣的區分遭到誤解或誤用,將「混淆了收入與資本」。另外一部重要的會計學教科書指出:「企業在某一時期的淨利,是指在這段期間能分配給股東的最高數額,同時企業在這段時期結束時,還能和開始時維持相同的淨值⋯⋯換句話說,在企業賺取收益之前,必須先維持一定的資本。」對任何國家或整個世界而言,相同的原則依然適用。也因為承認這樣的原則,聯合國統計委員會在 2012 年採用了「環境—經濟會計系統」,進一步整合環境的外部因素。2007 年,歐盟倡議「走出 GDP」(Beyond GDP),預定在 2014 年發布對所有會員國「自然資本」的評估。

當顧志耐在 1937 年提出警告:GDP 如遭到誤用,我們很容易犯下這類會計錯誤,並或多或少對這個問題刻意視而不見,他還指出,這個複雜的會計系統原本在設計上已有缺陷,因爭奪資源而起的衝突,可能讓其中潛藏的危險更加惡化:

人類有一種重要的心智能力,就是能以簡單扼要的描述來簡化複雜的情勢,但是在缺乏明確標準的情況下,這種能力會變得很危險。尤其在使用量化衡量時,由於結果非常明確,往往令人誤以為能夠精準扼要地勾勒出受衡量目標的概要情況。國民所得的計算正是出於這樣的錯覺⋯⋯尤其是由於這類計算面對的問題,是相互對立的社會團體之間衝突的核心,而論辯的效力往往會受到這種過度簡化的描述左右。

　　有個例子正充分反映了顧志耐提出的問題——如何衡量抽取
地下水帶來的衝擊，往往是「相互對立的社會團體之間衝突的核
心」。當某地需要和其他地區或國家共用水源，而且水資源分配出
現任何變動，都會影響到當地農場和商家的運作時，當地官員都
會拚命淡化問題的嚴重性，寧可拖到以後再來解決，而不要現在
面對。曾經參與全球暖化議題的人都曾碰過這樣的情況，這個場
景真是再熟悉不過了。

　　這種刻意視若無睹的現象不勝枚舉，茲再舉一例。幾年前，
美國奧克拉荷馬大學的專家駱亦其到中國北方的內蒙古研究沙漠
化的現象，看到內蒙古居然出現稻田（稻子是用水量最多的農作
物之一），原因是當地官員准許農民以不永續的方式，大量抽取地
下水灌溉稻田，他對此感到十分震驚。駱亦其諷刺地指出：「顯
然，農民沒有得到充分的科學指導。」

　　GDP 公式是在 1930 年代發明的，而這類令人嘆息的決策（對
自然資源價值滑落的情況視若無睹，卻詳細計算資本財貶值的幅
度），或許正是受到當時世界情勢微妙的影響。今天，我們仍然
處於殖民時代的末端，在工業化國家眼中，自然資源在供給上的
限制，根本無關緊要，因為他們只要從殖民地提取資源就好了，
而殖民地似乎有無限的資源。自從各國開始採用國民經濟會計制
度以來，全球人口已經成長 3 倍。今天，人類仍然不斷以不永續
的方式，損耗表土和地下水，未能看清這樣做帶來的雙重危險，
而顧志耐當初警告我們的危險錯覺，正是問題的核心所在。

　　自從農業革命開始以來，淡水與土壤這兩種策略性資源，對
於糧食生產一直非常重要。人類大約是從七千年前開始進行農作
物灌溉，20 世紀綠色革命之後，農業更加仰賴灌溉作業——中國

和印度尤其如此，因為中國有八成的農作物必須仰賴灌溉，印度則有六成農作物仰賴灌溉（美國對灌溉作業的依賴度較低）。

用來蓄水的大型水壩則從 19 世紀末到 20 世紀初逐漸流行起來。今天全世界有 45,000 座大型水壩，全球最長的 21 條河川上面都建了水壩。小羅斯福總統在 1930 年代提出的振興經濟計畫，就包括田納西河流域管理局在我的家鄉興建的大型水壩，以及由邦威電力管理局（Bonneville Power Administration）在美國西北部太平洋沿岸興建的水壩，當然還有科羅拉多河上宏偉壯觀的胡佛水壩，胡佛水壩在七十年前剛建造完成時，是美國最高的水壩。

眼不見，心不煩？

在工業革命和都市人口爆炸前，全球有九成淡水是供農業使用。近數十年來，農業、製造業和快速發展的城市競相爭奪淡水，導致水源調度紛爭不斷——而農業往往是輸家。今天，雖然全世界有 7 億 8 千萬人仍然缺乏安全的飲用水，全球的淡水仍有 70% 用來栽種糧食作物。我們在前面也提過，今天無法取得較安全水源的人數已經大幅下降〔雖然在防止水源（無論是地表水或地下水）受到人類廢棄物、動物糞便或其他汙染源汙染這方面，進展仍然有限〕。

有些深入地下的含水層長期以來一直封存在地下，接觸不到地表水。美國最近在馬里蘭州帕塔普斯科（Patapsco）開發的含水層，蘊含的水資源已有一百萬年的歷史。同樣的，撒哈拉沙漠的努比亞含水層（Nubian Aquifer）、澳洲東北部的大自流盆地，以及加拿大西部的亞伯達盆地蓄積的淡水，也都有一百萬年以上的歷史。但這些「化石」般的含水層蓄積的是無法再補充的水資源，大多數科學家都認為，這些含水層能供應的水量有限。絕大多數的含水層都會在雨水滲透到地下時，慢慢補充含水量。

直到最近，我們都只能從片段的資訊中了解地下水枯竭的情況。一位專家表示，水源枯竭正是「眼不見，心不煩」的經典案例。的確，目前人類大量抽取地下水，而許多專家都認為，近數十年來海平面不斷上升，其中有 20% 與超抽地下水有關（雖然科學家預測，本世紀由於格陵蘭與南極大陸冰融速度加快，將造成海平面大幅上升）。

印度西北部、巴基斯坦東北部、美國加州中部山谷地區和中國東北，是地下水乾枯率最高的地區。一位中國地下水專家發現，中國北方農民把含水層中蓄積了三萬年的水以不永續的方式，拿來灌溉乾旱地區的農作物。中國已經啟動史上最龐大的水利計畫──南水北調工程已經進行了數十年，希望能彌補北方缺水的問題。亞洲擁有全世界 29% 的淡水資源，如今用水量卻占全世界的一半以上。根據聯合國的統計，「2000 年，亞洲的淡水取水量將占全球的 57%，淡水消耗量則占全球的 70%，因為全世界主要的灌溉土地都位於亞洲。」

非洲的淡水資源占全球 9%，但使用量占 13%，聯合國專家預期，未來數十年，非洲的取水量將出現最大幅成長。歐洲的淡水消耗量只略大於淡水供應量。美洲則非常幸運，擁有的水資源大於使用量，但有廣大地區（尤其是墨西哥和美國西南部）已經出現嚴重的缺水問題。2011 年，美國總共有一百多萬頭牛從德州成群往北移動，尋找濕冷草原。這龐大的牛群不太可能再返回德州。

根據史克里普斯研究院（Scripps Institute）的研究，由胡佛水壩形成的西半球最大人工湖──米德湖（Mead Lake），未來幾年內有 50% 的機率會完全枯竭。除此之外，根據美國農業部的報告，美國三大糧倉（堪薩斯州、德州與奧克拉荷馬州）的地下水位已經下降了 30 公尺，迫使許多農民放棄灌溉作業。喬治亞州的水壩也已經持續多年停留在危險的低水位。

要改善某些地區的缺水問題，提高水資源使用效率是較符合成本效益的做法。許多老舊的供水系統會額外漏掉很多水。舉例來說，美國有個重要的都市供水系統平均每兩分鐘就會爆一次水管，而且一天 24 小時都是如此。有些老舊的都市水管是一百六十年前建造的，而且從那時候起，就跟地下水的問題一樣，大家也是眼不見，心不煩。都市水管的修理費非常昂貴，不過有些城市總算慢慢體認到這件事的必要性。

根據生態學家葛萊克（Peter Gleick）的說法，我們應該把提高效率當成能供應大量淡水的新泉源。不幸的是，正如同許多含水層由於人類的疏忽而日漸枯竭，這個新泉源似乎也應了那句「眼不見，心不煩」。大多數的農業灌溉方式仍然非常浪費水資源。改採科學化的精確滴灌技術，其實比較符合成本效益，但許多農夫改變的腳步非常緩慢。改採更有效率、更精確的灌溉方式還有一個好處：過度耗水的灌溉方式會提高土壤的鹽度——灌溉用水通常含有少量鹽分，持續使用會造成鹽分累積。

把用過的水回收再利用的做法愈來愈普遍。有些社區已經開始要求使用「灰水」（grey water）——已使用過的水雖然不適合飲用，仍可以拿來澆灌植物。比較引起爭議的回收水再利用計畫，是在去除汙水中所有汙染物，並將水淨化後，重新回到飲用水的供水系統中。許多消費者仍然十分抗拒這類計畫，但有些社區已經成功執行這樣的做法。

今天，有許多地區的降雨日益集中，且每次降雨的雨量變大，而乾旱的時間也拉得更長，專家呼籲應多多利用蓄水槽來儲存雨水，以供飲用。這原本是過去常見的做法，卻因為後來到處都普遍鋪設地下水管，從水庫引水使用，而不再流行。還記得小時候，我家裡的農場就有好幾個蓄水槽。但等到我們有「城市的水」可以飲用之後，家裡就不再用蓄水槽儲水了。

表土流失

全球表土的情況也與缺水問題一樣，同樣因為人類盲目過度開發而備受威脅。水或表土在世界現行的會計系統中，都不具任何價值，因此任何浪費或破壞性行動雖然會削減水與土壤的供應，在經濟核算上卻根本不會出現。然而土壤與水是人類生命的基礎。人類消耗的食物有 99.7% 是從農地上生產出來的，說得更確切一點，是來自覆蓋著約十分之一地球表面的那層厚達 15 到 20 公分的表土。

從全球的角度來看，我們以不永續的方式，高效能地開採這些重要資源，魯莽地整地犁田，刨開容易流失的土壤，在草地上過度放牧，或為了因應都市擴張的需求，拿耕地來造屋鋪路，容忍不負責任的森林砍伐，同時也未能運用已證實可行的土地管理技術，來補充土壤中的氮與碳。

目前，美國中西部每生產 1 公斤玉米，就會導致超過 1 公斤的表土流失。在某些州（例如愛荷華州），兩者的比例甚至更高：每生產 1 公斤穀物，就會流失 1.5 公斤的表土。這樣的表土流失率並不符合永續發展的原則，會大量耗損土壤中的碳，長此以往，將危害土壤的生產力，並加速排放二氧化碳到大氣層中。

我們已經知道應該如何減緩和扭轉土壤沖蝕的情形，但全球領導人必須動員各國齊心協力，共同努力，就好像小羅斯福總統在 1930 年代傾舉國之力振興經濟一樣。低整地或不整地的有機農耕法能大幅降低土壤流失的情形，同時提高表土的肥沃度。在工業革命之前普遍實施的輪作方式，也能有效補充土壤中的氮與碳。

回收動物糞便做為農作物的肥料，是一度在世界上廣泛流行的做法，後來卻遭拋棄不用。將幾千頭家畜集中養在擁擠的飼養場中並餵食玉米，這種工廠化畜牧養殖方式，已把原本的天然糞肥變成會危害農作物的高酸性有毒廢棄物，因此動物糞便變成了昂貴的負債，而非寶貴的資產。

2012 年，由美國明尼蘇達大學、愛荷華州立大學及美國農業部農業研究局進行的研究顯示，採用非毒性動物糞便為肥料，並採取三年輪作的方式來補充土壤肥沃度，能減少除草劑和氮肥的需求量達 90% 以上，利潤則絲毫不受影響。愛荷華州立大學的賴柏曼教授（Matt Liebman）是其中一位研究人員，他表示農夫之所以不採用他們在研究中提議的方式，其中一個原因是「沒有列入環境外部成本。」

過去一個世紀以來，現代農業一直大量使用合成氮肥──而氮肥有 90% 的成本來自天然氣（幾乎所有的氮都來自天然氣）。然而，儘管每畝農田使用的肥料急劇增加，農業生產力提升的速度卻趨緩。更糟糕的是，農業大量使用氮肥，已在世界各地造成嚴重的水汙染問題，因為隨著雨水沖刷農地，將氮肥帶入海洋，為藻類繁殖提供養分，促使藻類在沿岸地帶失控地大量繁殖，形成其他生物無法生存的「死區」（dead zone）。全球好幾個海洋區域，包括密西西比河流入墨西哥灣的出海口附近海域，都出現這樣的死區。過去二十年來,雖然中國的穀物生產量維持穩定,合成氮肥使用量卻上升了 40%。近年來,中國的河川、湖泊和海岸地帶爆發壯觀的藻類繁殖潮,也和流入水中的氮有關。

工廠、農場及汽車、卡車燃燒化石燃料排放出來的氮氣,也造成空氣汙染,在美國、中國、東南亞和拉丁美洲部分地區尤其嚴重。要解決這些問題,必須以更有效率的方式、更針對性的使用氮肥,以及更嚴格限制工廠和汽車的氮排放。

雖然目前氮供應無虞,肥料的另外一個重要成分——磷,是比較罕見的元素,未來的供應可能愈來愈有限。就在磷的傳統來源逐漸枯竭之時,現代農業技術卻以三倍的速度加劇磷的耗損。

尋找磷的新來源

1938 年,小羅斯福總統在致國會的訊息中,首次對磷短缺的問題提出警告,美國因此展開行動,成功地在世界各地找到磷礦,包括後來在佛羅里達州的坦帕附近發現的磷酸鹽礦,如今全美國有 65% 的磷產量來自坦帕。不過,雖然美國生產的玉米和黃豆占全世界產量的四成,生產的磷卻只占全球的 19%,但長期而言,磷是農業生產不可或缺的要素,所以現在美國又開始尋找新的磷礦。

目前全球的磷酸鹽供應量(磷酸鹽是磷最常見的形式)有40% 來自摩洛哥,摩洛哥因此有「磷礦的沙烏地阿拉伯」之稱。第二個磷礦藏豐富的國家是中國,2008 年糧價危機時,中國曾對磷的出口課徵 135% 的關稅,許多專家擔心,假如糧食價格持續上漲,可能會再發生類似的囤積行為。不過其他專家仍然滿懷希望,認為有可能在非傳統地點(例如海底)發現新磷礦。

　　包括人類在內的所有生物都需要磷。磷是構成 DNA 的骨幹，人類體重有 1% 是由磷構成的。事實上，地球上 70 億人口每天透過排尿而丟棄了大量的磷，所以有些國家現正積極研究，如何把尿液回收再利用，擴大磷的供應量，供肥料使用。

　　播種時，在土壤中添加根瘤菌和菌根菌，能增加農作物產量，提高土壤肥沃度，促進土壤的碳封存。在農地裡，每隔 9 公尺左右就種植豆科植物，做為緩衝帶或等高樹籬，可以補充土壤中的氮，並進一步保護土壤，以免流失。將農作物收穫後的殘餘物（例如玉米稈）大部分都留在農田中，可以恢復土壤肥沃度，減少土壤沖蝕。小心使用生物碳（由永續來源而來），也能提升農作物產量和土壤品質。此外，健康飲食、少吃肉類，能降低地球表土的壓力。尚有剩餘耕地的國家如能鼓勵原本小規模的有機農耕進一步擴大面積，也能增加全球新鮮蔬果供應。第二次世界大戰期間，西方國家紛紛推行「勝利菜園」（Victory Garden），正是類似的做法。

　　但或許保護表土最有效的措施，仍是讓悉心照顧農田、努力提高土壤碳含量和肥沃度的農民，能透過碳權，增加收入。

　　如果全世界在衡量成長與生產力時，依然忽略表土的價值，那麼由於人口成長，加上糧食消耗量不斷升高，對農產品的需求劇增，將嚴重危害表土的未來。以目前的糧食消耗率（依然在不斷上升中），我們每年還需要增加 1,500 萬公頃的耕地，糧食增產的速度才追得上人口成長的速度。然而我們每年正在破壞和流失的耕地大約有 1 千萬公頃。目前，在開發額外耕地時，很多時候都會砍伐森林──在表土稀薄的森林地區，一旦樹木遭到砍伐，表土很容易在風吹雨打下漸漸流失。此外，當愈來愈多的林地轉變為耕地，也會喪失更多的生物多樣性。

從某個角度來看，全球表土危機也呼應了美國在 20 世紀初期發生的情況，當時在大眾市場賣出的第一批曳引機，拖著更早之前（七十五年前）已發明、效率更高的犁，開墾美國中西部大草原，並開始耕種農作物。接下來三十年，脆弱的表土不斷遭到沖刷，逐漸流失，形成 1930 年代的「沙塵窩」（Dust Bowl）。美國人較不清楚的是，1950 年代中亞曾經歷過更嚴重的悲劇，當時蘇聯大力開墾廣大的草原地帶（主要是在 1954 年開墾哈薩克），造成蘇聯版的「沙塵窩」。

1960 年代，中亞還發生了另外一個土地利用的大災難，當時蘇聯推出短視的計畫，要在烏茲別克和土庫曼的乾旱地帶栽種耗水的棉花。他們從阿姆河（Amu Darya）和錫爾河（Syr Darya）大量引水灌溉農田，結果全世界第四大內海——鹹海（Aral Sea），後來幾乎要乾枯殆盡。我曾經在二十年前到過鹹海，親眼見識到這樁悲劇對當地居民的衝擊。

沙塵暴即將來襲

家父那個世代曾經因為面臨土壤沖蝕危機的衝擊，而採取新的土地管理技術。小羅斯福推行新政的其中一個偉大成就，是將沖蝕後的土地大規模變成草原，並傾舉國之力對抗土壤沖蝕。我還記得，小時候家父教我怎麼樣阻止溝渠深入土壤，以及如何辨識最肥沃的土壤——由於土壤中富含各種有機碳，沃土會呈黑色。

今天沙塵暴發生的規模和頻率都再度提升，因為人類在旱地過度放牧，而高溫和強風又沖蝕脆弱的土壤。「旱地在第一線面對氣候變遷的挑戰，」主持「聯合國防治荒漠化公約」的納卡加

（Luc Gnacadja）表示。根據聯合國環境計畫的報告，100個國家中近10億人的生活方式，都因旱地的土地退化現象而飽受威脅。沙漠化會損害表土，摧毀耕地——尤其在非洲北部及撒哈拉沙漠以南地區、中東地區、整個中亞和中國大部分區域；而過度放牧、栽種技術不佳、都市大舉擴張，都是造成沙漠化的重要因素。

2011年7月，在美國亞利桑納州鳳凰城，漫天沙塵覆蓋了整個城市，美國國家氣象局表示，當時「史上罕見的龐大沙塵暴穿越亞利桑納州的大片區域。」雖然美國西南部過去也出現過沙塵暴〔通常稱為「哈布風」（haboob）〕，但近年來，鳳凰城的沙塵暴確實出奇的多，單單2011年，沙塵暴就7次來襲。

美國地質勘探局及加州大學洛杉磯分校在2011年進行的研究預測，由於美國西南部的氣候變化，導致「因風蝕*而散發的沙塵愈來愈多」。氣候專家羅姆（Joseph Romm）建議採用「沙塵窩化」（dust-bowlification）這個名詞來描述許多逐漸沙漠化的乾旱地帶未來即將出現的情況。

全球首屈一指的環境專家、地球政策研究所所長布朗指出，目前主要有兩個嚴重的沙漠化地區，製造出最多的沙塵暴——分別是中國中北部地區，以及非洲中部、靠近撒哈拉沙漠南端的地區。套用布朗的說法：「兩個巨大的沙塵窩正逐漸成形，一個跨越中國西北部、蒙古西部及中亞，另一個則位於非洲中部。」

牛津大學地理學家高狄（Andrew Goudie）指出，過去五十年來，來自撒哈拉的沙塵暴是過去的10倍之多。非洲聯盟主席平恩（Jean Ping）指出：「沙漠化的現象影響了43%的生產性土地或70%的經濟活動，也影響到非洲四成的人口。」在撒哈拉沙漠以南的非洲廣大地區，目前的土壤碳含量低於美國中西部形成沙塵窩之前的情況。

過去六十年來，奈及利亞的人口增加四倍，家畜數量更從六百萬暴增到一億多。這多少導致了奈及利亞北部逐漸沙漠化，許多穆斯林從北方遷移到南部非穆斯林地區，產生愈來愈多衝突。人畜數量不斷增長，也在非洲其他乾旱地區引發土地爭奪戰，更導致蘇丹、馬利等國的放牧者與農民之間不斷爆發致命衝突（他們的種族與宗教也不同）。

家畜數目暴漲也使中國戈壁沙漠周遭的草原，因過度放牧而受到危害，沙塵暴發生的頻率也急遽增加。美國和中國的放牧地面積及牛隻數量（大約 8 千萬到 1 億頭）都差不多，中國有 2 億 8 千 4 百萬頭羊，相較之下，美國只有 1 千萬頭羊。根據最新的統計數字，由於沙漠化，中國每年喪失 3,600 平方公里可耕之地。

在中國的美國大使館曾以衛星照片說明中國中北部「沙漠整併」的情況──內蒙古和甘肅省的兩個沙漠正漸漸合併，並日益擴大。中國西北部的新疆省也出現同樣的現象，塔克拉馬干沙漠與庫姆塔格沙漠也正在合併與擴大當中。在中國北部與西部地區，2 萬 4 千多個村莊與周邊農田至少有部分荒廢。相同的悲劇也在伊朗與阿富汗上演，兩個國家都有許多村莊因沙漠化而荒廢。

雖然中國和非洲大規模的沙塵暴受到了關注，但布朗警告：「巴西的亞馬遜盆地及盆地南方的疏林草原（熱帶莽原）正在發生第三波大規模農地擴張。」這些地區的土壤都很容易受到沖蝕，結果可想而知：農作物產量很低，但土壤卻大規模流失。附帶效應還包括：牛群的牧地擴大延伸到亞馬遜熱帶雨林，導致

＊譯注：wind erosion，風力將鬆散表土吹離原地。

全球重要生態系統的完整性岌岌可危。亞馬遜盆地在過去七年中，已經碰到兩次「百年大旱」，同時森林砍伐與野火延燒仍持續帶來威脅，許多專家憂心，長此以往，亞馬遜恐怕會從地球上最大的熱帶雨林變成廣大的乾旱地帶。

當非洲與中東人口快速成長，隨時可能發生糧荒時，大家卻如此漠視沙漠化的危機，真是不可思議。主持聯合國對抗沙漠化會議的納卡加指出，沙漠化的問題之所以沒有更受到重視，是因為受影響的人九成都住在開發中國家。這是全球權力失衡及領導不足的另一個例子。「覆蓋在土地最上面的 20 公分表土，是人類會不會滅絕的關鍵。」

在非洲北部人口最稠密的國家，可耕土地流失的情形尤其嚴重。根據聯合國的估計，埃及尼羅河三角洲現在每小時流失 1.4 公頃的肥沃農地，主要是埃及為了替快速增長的人口提供住屋，而不斷興建新建築和擴張都市所致。

除此之外，由於地中海海平面上升，沿海地區的鹹水含水層也隨之上升，導致農地鹽化。肥沃的恆河三角洲、湄公河三角洲和其他所謂「大三角洲」，也都發生土壤鹽化的現象。海平面只要上升 1 公尺（專家預測本世紀海平面上升幅度還不止於此），就會淹沒尼羅河三角洲的廣大沃土，而尼羅河流域生產的糧食占埃及糧食總產量的 40%。

而高耗水農業盛行、人口不斷成長，以及經濟擴張這三者加總起來的壓力，導致全球好幾個地區的水資源分配情勢緊繃，在這些地區，河川和水庫管理會影響好幾個國家的共同集水區。例如，尼羅河集水區如今就暗潮洶湧，可能發生衝突。在仰賴尼羅河水源的各國中，埃及是最大國，也是分配到最多尼羅河水資源的受益者，但85%的尼羅河上游源頭位於衣索比亞，衣索比亞的耗水量卻少得可憐，但預計衣索比亞人口在未來三十七年會增加一倍。同樣仰賴尼羅河的蘇丹在同一段期間內，人口預期將成長85%。

在埃及東方的各國中，土耳其決定更大量運用底格里斯河與幼發拉底河的上游流量，因而引發伊拉克和敘利亞不滿，抱怨受到不公平待遇。伊拉克和敘利亞為了解決用水問題，早已超抽地下水。同樣的，中國設法從境內流往東南亞和印度的河川中取用更多水資源，此舉也正升高地區緊張局勢，當所有受影響國家的人口都愈來愈多時，情勢只會日益惡化。美國西部地區也因科羅拉多河流域的水資源分配問題而迭起爭端，並鬧上法庭。但這四個地區發生衝突的潛在原因其實如出一轍：水的需求量很大，但供給不足。

雖然各國境內經常因為爭水而引發情勢緊張，偶爾發生暴力衝突，但縱觀歷史，國與國之間倒很少為了爭奪淡水而發動戰爭。相反的，歷史上經常因為爭奪土地而發生戰爭。

新的非洲爭奪戰

在全球化的新經濟中，有些國家因為人口愈來愈多，水和土壤等農業資源卻愈來愈少，正啟動大規模計畫，打算向外國購買大片可耕土地——尤其把念頭動到非洲頭上，因為據估計，全世界尚未開墾的可耕地有三分之一在非洲。而且在非洲許多地區，政府（以及管理政府的菁英階級）對產權有非常大的控制權，他們輕易就可不理會殖民時代之前的部落產權。

中國、印度、南韓、沙烏地阿拉伯和其他國家，以及許多跨國公司，甚至美國大學的避險基金，都在非洲大量收購土地來生產小麥和其他農作物，除了自用，也銷售到全球市場。「這是新的殖民主義，和 19 世紀諸強爭奪非洲一樣，是藉由剝削非洲的資源，來促進西方世界的發展。」肯亞的非政府組織「特坎那湖之友」（Friends of Lake Turkana）的代表洛托若柏（Makambo Lotorobo）表示。

「*毋庸置疑，這件事不只關乎土地，也和水資源有關。*」英國曼徹斯特大學教授伍德豪斯（Philip Woodhouse）指出。長期關注糧食與農業議題的非政府組織 GRAIN 的研究員庫耶克（Devlin Kuyek）進一步表示：「富裕國家看上非洲，不只是為了獲得豐厚的投資報酬，也是為了買個保險。」

結果帶動了非洲田產熱。舉例來說，賴比瑞亞已有超過三分之一的土地出售給私人投資者。美國華府非政府組織國際聯盟「權利與資源倡議」（Rights and Resources Initiative）的分析指出，剛果民主共和國已有 48.8% 的農業用地與國外買家簽訂買賣合約；莫三比克則有 21.1% 的土地與國外種植者敲定買賣。南蘇丹在 2011 年宣告獨立後，投資者已經買下十分之一的土地（根據挪威分析師的說法），和首都周邊 25% 的精華地段。中國和剛果民主共和國達成協議，將在 280 萬公頃的土地上種植棕櫚，以提煉棕櫚油做為生質燃料。在大量的土地買賣中，究竟有多少土地是用來種植生質燃料相關作物，專家說法不一。世界銀行估計，2009 年有 21% 的土地是用來種植生質燃料相關作物。國際土地聯盟（International Land Coalition）則估計，有 44％的土地用來種植生質燃料作物。

南韓的跨國公司大宇集團曾試圖買下馬達加斯加將近一半的

可耕地，但後來因為民眾暴動而取消合約〔根據英國《衛報》的研究，南韓企業買下北蘇丹 70 萬公頃的土地，用來種植小麥，阿拉伯聯合大公國則更加大手筆——買了 75 萬公頃的土地〕。

衣索比亞 8.2% 的農業用地已簽約賣給外國人。歐查拉（Nyikaw Ochalla）原本來自衣索比亞的甘貝拉地區（Gambella region），目前住在英國，他告訴《衛報》：「外國公司大量前來，奪走人們使用了幾百年的土地，完全沒有和本地人商量，而是祕密完成交易。本地人只看到人們開來大批曳引機，侵入他們的土地。我的家鄉附近所有的土地都被接管和清理。現在大家都受雇於一家印度公司。人們的土地被強制接管，可是沒有人拿到任何賠償金。他們簡直無法相信會發生這種事情。受波及的人數高達幾千人，他們會餓肚子。」

世界銀行分析了 2008 年和 2009 年的國際田產交易，結論是在那兩年當中，外國和外國公司購買了將近 8 千萬公頃的土地——幾乎相當於巴基斯坦整個國家的面積——其中三分之二的交易都在非洲。在非洲，除了外國人大規模購買和長期租用土地之外，其他引起關注的問題還包括水的使用、土壤管理，以及對當地農民的衝擊（他們往往無法執行淪為殖民之前的土地租用權）。烏干達 14.6% 的農地都被國外種植者買走，2 萬人民聲稱他們被迫離開自己的土地。這個案子迄今仍在烏干達法庭中審理。

聯合國的國際環境與發展研究所（International Institute of Environment and Development）在檢視了三十多項研究之後指出，許多大規模的外國投資計畫已經失敗，原因是錯估融資困難度，或營運計畫不切實際。部分問題在於政治權力失衡，非民主國家的政府菁英在處理跨國企業和外國相關事務時，往往著重於短期利益，不顧及本國糧食生產能力的永續性，還不惜犧牲可憐的農民，農民往往在土地所有權移轉時，被迫離開自己的土地。

許多深受表土流失、農作物產量邊降、淡水短缺等問題困擾的國家，都不得不增加糧食進口。沙烏地阿拉伯可能會在 2013 年進行最後一次小麥收成，沙國之前曾經宣布，到了 2016 年將完全仰賴進口小麥。1970 年代，由於沙烏地阿拉伯在「石油輸出國家組織」布局的石油禁運中扮演重要角色，深恐因此會受到反禁運行動波及，影響穀物進口（沙烏地阿拉伯極端仰賴進口糧食），於是推出救急計畫，補助小麥種植（每噸將近 1,000 美元），灌溉水源則仰賴阿拉伯半島無法再生的深層地下水。然而多年後，沙烏地阿拉伯才了解，含水層因此快速枯竭，於是宣布取消這個計畫。「進口糧食的決策是為了保護水源。」沙國農業研究發展部副部長歐貝德（Abdullah al-Obaid）表示。農業用水吸收了 85% 至 90% 的淡水，而其中有 80% 至 85% 來自地下含水層。（同地區的以色列也在 2000 年禁止灌溉小麥作物。）

海洋

為了滿足人類對淡水和糧食（尤其是蛋白質）日益升高的需求，許多人開始把海洋視為可能的出路。沙烏地阿拉伯長久以來一直夢想著，要靠海水淡化來解決水資源的問題。畢竟地球上所有的水當中，有 97.5% 是鹹水，要解決淡水不足的問題，大多數的方案都只談到如何使用和分配其餘 2.5% 的地球水資源，而這 2.5% 中還有 70% 封存在南極和格陵蘭的冰雪中。

不幸的是，即使運用目前最屬害的科技，要移除海水中的鹽分和其他礦物質，都需要耗費大量能源，即使是沙烏地阿拉伯這種能源豐富的國家都無法負荷。在他們看來，更有利的方式，是乾脆把驅動海水淡化工程所需的大量石油賣掉，然後把賺來的錢拿來購買非洲水源豐富的土地。當然，包括沙烏地阿拉伯在內，全世界有很多海水淡化工廠，不過生產出來的淡水量小而價昂，因此儘管全球對淡水的需求日益高漲，但要廣泛運用海水淡化技術，就財務上來說仍然難以持續。

儘管如此，許多科學家和工程師仍努力發明更符合成本效益的海水淡化新科技。有些人認為正因為如此，全球應發動大規模努力，降低太陽能的發電成本。我曾經看過許多希望解決這個問題的有趣計畫，但似乎在財務上都不可行。

為了衡量缺水問題的嚴重性，沙烏地阿拉伯的費薩爾親王（Mohammed al-Faisal）資助法國工程師穆根（Georges Mougin）的計畫——將北大西洋冰山拖至嚴重乾旱地區。他們估算，3千萬噸的冰山能供應50萬人一年所需的淡水量。

當然，生產糧食作物通常不只需要水，還需要土壤。有些技術樂觀主義者提倡無需土壤的水耕栽培法，從架上懸吊植物，並供應大量水分、養分及陽光。不幸的是，採用水耕法來增加糧食生產，和採用海水淡化方式來提高淡水供應一樣：成本高得嚇人，兩者都是能源密集的生產方式。

另外還有一種無需土壤的高蛋白來源：海鮮。今天，全球有43億人仰賴魚類提供將近15%的動物蛋白質消耗量。不幸的是，人類對魚類的需求遠大於魚類的供給量。有兩個趨勢導致魚類消耗量大幅增長：人口成長及每人的平均消耗量增加。過去半世紀以來，全世界每人平均吃掉的魚，從每人每年10公斤增加到2012年的每人每年17公斤。結果，全世界的主要海洋魚類都遭到過度捕撈，根據聯合國的報告，今天全球有三分之一的魚群有絕種的危機。自從 1960 年代以來，鮪魚、旗魚、馬林魚、鱈魚、比目魚和大比目魚等大型魚群已經減少了 90%。

雖然其他因素也起了一些作用，包括珊瑚礁遭到破壞，以及全球暖化汙染改變了海洋溫度和酸度，不過基本上早在二十五年前，全球漁獲量已達頂峰，過度捕撈海洋魚類是漁獲量下滑的主因。生物多樣性會議祕書處指出：「根據能我們獲得的評估資料，全球海洋魚群有八成已完全捕撈或過度捕撈……自從 1959 年以來，全球平均最大漁獲量已經下滑 22%。長期以來，愈來愈多魚群耗竭，2007 年受評估的魚群中已有 14% 瀕臨耗竭。」*

好消息是，審慎管理的話，海洋漁業將得以重生。美國率先推動保護海洋資源的措施，許多美國漁場因此逐漸恢復健康，漁產豐富。布希總統實施卓越的制度來保護夏威夷群島西北方的廣大太平洋海域。然而大多數漁業國家都沒有效法美國的做法，因此沒有限制過度捕撈，導致全球魚類消耗量仍然持續上升。

魚類消耗量不斷上升，主要是靠養殖魚類來滿足需求。不過，水產養殖業快速成長（未來七年的成長幅度有 61% 來自中國），也引發憂慮。養殖魚類不如野生魚類健康，往往會受到各種汙染源、抗體和抗黴菌藥劑汙染，從中國等環保不力的國家進口的魚類，更是如此。此外，大多數養殖場都把大量的野生小魚加工製成魚粉來餵養魚類。舉例來說，要生產半公斤養殖鮭魚，需要餵這條鮭魚 2 公斤的野生魚類。結果，漁民在海洋中以漁網捕撈大量小魚，導致海洋食物鏈進一步崩壞。

在 2012 年一次南極探險中，我和非常關心南極海洋過度捕撈問題的科學家談了一下，內容主要是關於魚粉和寵物飼料。美國農業部指出，由於業者過度捕撈所謂的「產業物種」(做為魚飼料，而不是直接供應人類食用的魚類)，美國將在 2013 年開始對養殖業的魚粉和魚油生產設限。目前農業使用的魚飼料，有一半以上的是用植物蛋白質調製，有些業者試圖提高植物蛋白質所占比率，但如果不加魚粉，很難以符合經濟效益的方式，提供魚類所需的基本營養。

除此之外，一旦養殖業者在魚飼料成分中擴大使用植物蛋白質，代表原本生產糧食直接供人類消費的耕地，用途又要面臨另一次大轉換。

海洋過度開發，就和任意損耗全世界的淡水和表土資源一樣，促使人們更加關注動植物的基因工程。雖然今天有 10% 以上的農地用來種植基改作物，但我們稍後將討論到，基改作物引發的問題非常複雜。

＊ 譯注：所謂「耗竭」(collapse)是指魚群數量低於該族群最大值的10%。

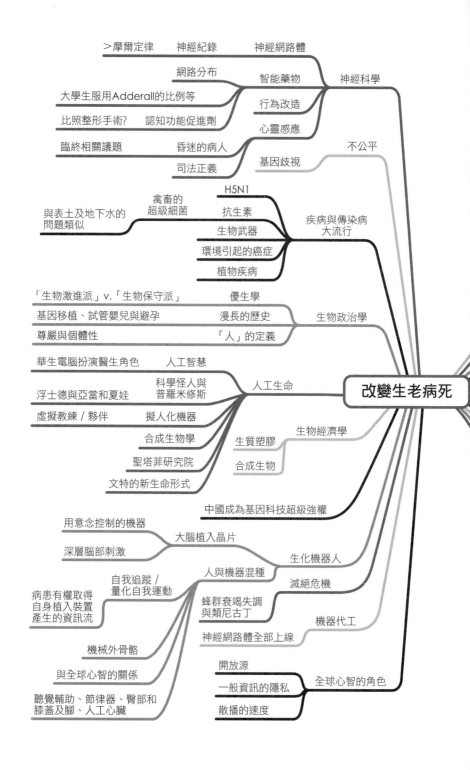

改變生老病死

神經科學
- 神經網路體
- 智能藥物
- 行為改造
  - 認知功能促進劑
  - 大學生服用Adderall的比例等
  - 比照整形手術?
- 心靈感應
- 基因歧視
- ＞摩爾定律　神經紀錄
- 網路分布
- 臨終相關議題　昏迷的病人
  - 司法正義

不公平

疾病與傳染病大流行
- 禽畜的超級細菌
  - H5N1
  - 抗生素
- 生物武器
- 環境引起的癌症
- 植物疾病
- 與表土及地下水的問題類似

生物政治學
- 優生學
- 漫長的歷史
- 「人」的定義
- 「生物激進派」v.「生物保守派」
- 基因移植、試管嬰兒與避孕
- 尊嚴與個體性

人工生命
- 人工智慧
  - 華生電腦扮演醫生角色
- 科學怪人與普羅米修斯
  - 浮士德與亞當和夏娃
- 擬人化機器
  - 虛擬教練／夥伴
- 合成生物學
- 聖塔菲研究院
- 文特的新生命形式

生物經濟學
- 生質塑膠
- 合成生物

中國成為基因科技超級強權

生化機器人

減絕危機

機器代工

人與機器混種
- 大腦植入晶片
  - 用意念控制的機器
  - 深層腦部刺激
- 自我追蹤／量化自我運動
  - 病患有權取得自身植入裝置產生的資訊流
- 蜂群衰竭失調與類尼古丁
- 神經網路體全部上線
- 機械外骨骼
- 與全球心智的關係
- 聽覺輔助、節律器、臀部和膝蓋及腳、人工心臟

全球心智的角色
- 開放源
- 一般資訊的隱私
- 散播的速度

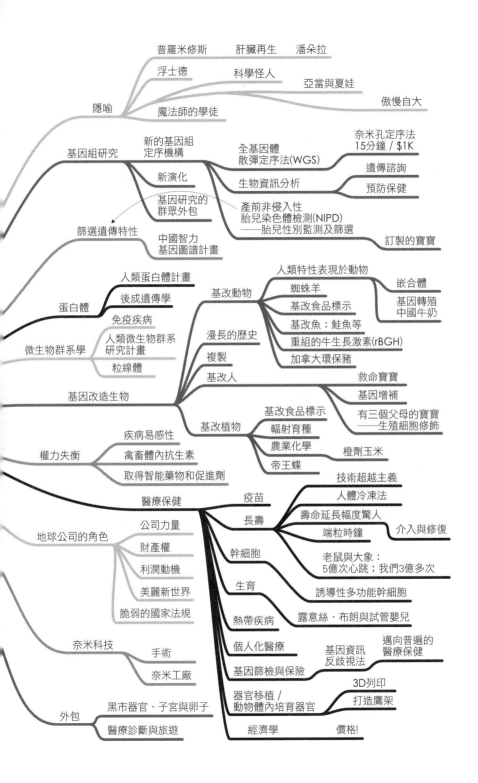

隱喻
　普羅米修斯　　肝臟再生　　潘朵拉
　浮士德　　科學怪人
　　　　　　　亞當與夏娃
　魔法師的學徒　　　　傲慢自大

基因組研究
　新的基因組定序機構
　　全基因體散彈定序法(WGS)
　　　奈米孔定序法 15分鐘 / $1K
　　生物資訊分析
　　　遺傳諮詢
　　　預防保健
　新演化
　基因研究的群眾外包
　　產前非侵入性胎兒染色體檢測(NIPD)——胎兒性別監測及篩選
篩選遺傳特性
　中國智力基因圖譜計畫
　　　　訂製的寶寶

蛋白體
　人類蛋白體計畫
　後成遺傳學
　免疫疾病
基改動物
　人類特性表現於動物
　　蜘蛛羊　　嵌合體
　　基改食品標示　　基因轉殖中國牛奶
　　基改魚：鮭魚等
　　重組的牛生長激素(rBGH)
　　加拿大環保豬

微生物群系學
　人類微生物群系研究計畫
　粒線體
　漫長的歷史
　複製
基因改造生物
　基改人
　　救命寶寶
　　基因增補
　基改植物
　　基改食品標示　　有三個父母的寶寶——生殖細胞修飾
　　輻射育種
　　農業化學　　橙劑玉米
　　帝王蝶

權力失衡
　疾病易感性
　禽畜體內抗生素
　取得智能藥物和促進劑
　　技術超越主義

醫療保健
　疫苗　　人體冷凍法
　長壽　　壽命延長幅度驚人
　　　　端粒時鐘　　介入與修復

地球公司的角色
　公司力量
　財產權
　利潤動機
　美麗新世界
　脆弱的國家法規
　幹細胞
　　老鼠與大象：5億次心跳；我們3億多次
　生育
　　誘導性多功能幹細胞
　熱帶疾病
　　露意絲‧布朗與試管嬰兒

奈米科技
　手術
　奈米工廠
　個人化醫療
　　基因資訊反歧視法　　邁向普遍的醫療保健
　基因篩檢與保險

外包
　黑市器官、子宮與卵子
　醫療診斷與旅遊
　器官移植 / 動物體內培育器官
　　3D列印　　打造鷹架
　經濟學　　價格!

05

改變生老病死

有史以來破天荒第一遭，數位化創造的新能力將改變人類的「本質」。數位革命與生命科學革命結合之後，不但我們的知識和溝通方式，以及我們的工作內容和工作方式，都為之丕變，而且連我們是誰，都開始改變了。

當生命本身的遺傳、生化和結構的基本元件，都開始工作外包和機器代工時，微生物、動植物和人類都湧現新的形式。我們正在跨越古老的界線：打破物種與物種之間的區別、人與動物的分界，以及生物和機器之間的差異。

在希臘神話中，唯有天神才能享有世間某些權力。神話藉由種種警示，讓平凡的世人不要逾越了與諸神之間的界線，違者必遭重罰。然而天神宙斯並沒有禁止我們將人類基因植入其他動物身上；或結合蜘蛛和羊的基因，創造出混種生物；或透過手術，把電腦矽晶片嵌入人類大腦灰質中；或提供一連串可以選擇的遺傳特性，讓父母設計打造出自己想要的孩子。

　　試圖利用科技來提升、強化人類，已經引領我們跨越了先人遺留的道德、倫理和宗教界線，進入古地圖上有時會標示「有怪獸」的未知領域。然而能大膽探索未知領域的人，往往會得到豐厚的回報，就這個例子而言，科學界信心滿滿地告訴我們，在醫療保健等領域，即將出現重大突破，雖然需要極高的智慧，才能決定該如何往下走。

　　當人類掌握了過去無法想像的新權力時，往往憂喜參半。在亞伯拉罕宗教*的教誨中，世上第一個男人和第一個女人因為掌握了禁忌的知識而受到譴責，被罰終身勞苦。當普羅米修斯從天神那兒偷走了火，他也被罰永生受苦受難：每天都有老鷹飛來撕裂他的血肉，啃食他的肝臟，但每晚他的肝臟都會再生，因此第二天早上，他又必須繼續忍受命運的折磨。

　　諷刺的是，維克森林大學（Wake Forest University）的科學家目前正透過基因工程技術，在實驗室的生物反應器中製造用於移植的替代肝臟，毋庸置疑，大家都認為這項突破性研究只會帶來好處。展望未來，幾乎所有形式的醫療保健都會不斷進步，醫學研究的許多領域都因為這樣的前景而興奮不已——儘管醫療保健各專業領域與相關機構的文化與實務，顯然很快都會面臨翻天覆地的轉變，走上過去的打字機和更早的黑膠唱片業一樣的命運。

個人化的精確醫療

　　由於在醫學研究的領域，許多致命疾病及重症都出現令人興奮、奇蹟似的新療法，許多醫療保健專家都相信，不可避免的，醫療實務很快將出現劇烈變化。今天所謂「個人化醫療」或有些

＊編注：指猶太教、基督教、伊斯蘭教等一神教。

人所說的「精確醫療」都奠基於數位化與分子化的模式，這模式是由個人的基因、蛋白質、微生物群和其他醫療相關資訊建構而成的，許多專家都認為，未來這種醫療方式幾乎必然成為醫療照護的主要模式。

一旦我們有能力持續監控和更新個人健康狀況，預防保健措施也會變得更有效。由於醫療革命驅動了新健康經濟學的發展，立基於龐大風險分擔群體的傳統保險模式將遭到淘汰，因為我們已經有辦法針對個人，蒐集到細密而龐大的資料。當保險公司紛紛開始採用數位健康模式，並挖掘探勘「巨量資料」時，保險公司的角色也需要重新定義。

製藥公司目前都針對有類似症狀的廣大群體來研發藥物，很快的，他們將把目標放在個別病患的遺傳特徵和分子標記上。癌症療法和針對「罕見疾病」的治療，都已出現這類革命性的轉變（在美國，罕見疾病是指罹病人數不超過 20 萬人的疾病，每個國家對罕見疾病的定義都不同）。可以預期，隨著我們愈來愈了解疾病，這股趨勢也會日益擴大。

利用人工智慧（例如 IBM 的華生系統）來協助醫生診斷和決定治療方式，能減少醫療失誤，提升醫師的能力。正如同人工智慧改變了律師的工作方式一樣，人工智慧也會對醫療工作帶來深遠影響。托波爾（Eric Topol）醫師在《醫療的創造性破壞》（*The Creative Destruction of Medicine*）書中寫道：「這不只是改變，而是呈現了（奧地利經濟學家）熊彼得『創造性破壞』觀念的精髓，影響將遍及健康與醫療的每一個層面。醫生、醫院、生命科學產業、政府及監管機構，都會發生脫胎換骨的轉變。」

要維護自己的健康，個人扮演的角色也不同於以往。今天，許多醫療團隊都與軟體工程師合作，開發出更精密複雜的自我追蹤程式，讓每個人可以成功矯正自己不健康的行為模式，管理慢性病。拜這類程式之賜，醫病之間如今可以定期溝通，討論和解讀安裝在病人身上或體內的數位監視器記錄下來的資訊流。這也是更龐大的趨勢——所謂的「量化自我」運動的一部分。

其他還有許多電腦與手持行動裝置的應用程式，試圖利用社交網站處理相同的健康任務，其中一部分是利用科學家所謂的「霍桑效應」（Hawthorne effect）：單單認知到有人在注意你的進度，就會促使你大幅改善自己的進度。比方說，有些人（不包括我）喜歡用一種新磅秤，量完體重以後，磅秤會自動把體重發布在推特上，讓推特追隨者都看到減肥成果（或多沒效果）。還有些新公司的核心業務，是將某些大規模研究的關鍵臨床實驗（例如糖尿病預防計畫）轉換為社交媒體或數位媒體上的應用程式。有些專家認為，今天無論身在何處，都能參與以改變有害行為為目標的大規模數位計畫，或許我們很快就能大幅降低糖尿病或肥胖等慢性疾病的罹病率。

科學家如今可以觀察、研究、描繪、修改和操控活生物的細胞，也把這樣的新能力用在人類大腦上。目前科學家已經運用新技術，將肢障人士體內的神經植入裝置與義肢相連結，如此一來，就能用腦控制先進的義肢，有如操控與生俱來的四肢一般。醫生在猴子腦部植入與肌肉連線的裝置後，原本癱瘓的猴子開始有辦法操控手臂和手。除此之外，這些突破也為某些腦部疾病帶來治癒的希望。

　　就好像 DNA 的發現促使人類開始有能力描繪出基因圖譜一樣，了解大腦神經元如何彼此連結和溝通以後，科學家也開始繪製完整的「神經網路體」*圖譜。雖然預估需要的資料處理作業是繪製基因圖譜的 10 倍，而且好幾項必要的關鍵技術都尚未開發完成，但腦科學家仍然信心滿滿，認為他們將在未來幾年內，完成第一個「大規模的神經連線圖」。

　　繪製人類大腦的完整神經連線圖是非常重要的工作。六十多年前，德日進就曾預測：「思維或許將透過人為力量，令思考工具更臻完美。」

　　有些醫生以神經植入裝置充當帕金森氏症患者的腦中節律器，提供他們深層腦部刺激，以減輕症狀。還有些醫生採用類似的技術，對癲癇患者發出警示，在癲癇發作的第一個癥候出現時就提醒他們，同時這種植入器還能刺激腦部，縮小癲癇發作的衝擊。有些醫生早已將植入的人工耳蝸連結到外部麥克風，傳送聲音到大腦及聽覺神經。有趣的是，啟動這些裝置時必須分階段進行，讓大腦有機會調適。美國波士頓的麻州眼耳醫院（Massachusetts Eye and Ear Infirmary）將鏡片與盲人的視覺神經相連結，盲人因此能感知顏色，甚至能閱讀大字。

　　然而儘管這些奇蹟似的醫療突破帶來無限的興奮與喜悅，有些人默默領悟到，由於這波生物科技與生命科學的革命，在範圍、規模和速度上都非同小可，我們很快就必須如上帝般做出選擇，設法分辨哪些發展可能有益於人類的整體未來，哪些可能有害，尤其在涉及可能永遠改變基因庫的問題時，更是如此。我們真的已經準備就緒，可以做這樣的決定嗎？從目前的證據看來，答案應該是否定的，不過我們無論如何都還是會這樣做。

複雜的倫理考量

我們單憑直覺就知道，未來人類必須更加睿智，才能負責任地行使新取得的權力。可以確定的是，某些決定做起來並不困難，因為許多奠基於基因科技的醫療方式顯然會帶來很多好處，不採用這些療法簡直不道德。例如由於人類很可能有機會除掉癌症、糖尿病、阿茲海默症、多發性硬化症，以及其他足以致命的可怕疾病，因此會加速發展這些新能力。

其他還有一些選擇，就不見得那麼容易處理了。未來人類或許能選擇像髮色、眼睛顏色、身高、體格和智力等遺傳特性，打造出「量身訂製的寶寶」，這對某些父母來說，可能吸引力十足。想想看，目前許多競爭心強的父母已經為補習業創造出大好商機。未來，如果某些父母希望為小孩添加有利的遺傳特性，讓小孩具備決定性的優勢，其他父母看到了，會覺得也得這麼做。

不過，某些基因改變會遺傳給後代，也可能引發其他我們還不太了解的附帶基因變化。我們已經準備好要掌握操控遺傳的大權，承擔起主動引導未來演化方向的重責大任嗎？美國國家醫學會理事長芬柏格（Harvey Fineberg）醫師，在 2011 年表示：「我們已經把舊式的演化轉變為新式的演化。」我們真的已經準備做這樣的選擇嗎？答案似乎仍是否定的，然而我們無論如何都會這樣做。

但即將做這些選擇的「我們」又是誰呢？這些不可思議的重大改變，遠非目前人類的集體決策能力所能應付。當我們迫切需

---

* 美國印第安納大學的計算認知神經科學教授史柏恩斯（Olaf Sporns）首先開始使用「神經網路體」（connectome）這個名詞。美國國家衛生研究院目前在進行「人類神經網路體計畫」（Human Connectome Project）。

要人類文明為生命科學革命訂出能維護人類價值的規則時，卻因為美國民主政治衰敗，加上全球缺乏領導，而形成權力真空。美國不但沒有抓緊機會，設法降低醫療成本，提升醫療效益，反而降低在生醫研究上的投資。過去十年來，美國國家衛生研究院的預算不斷削減，美國教育體系在科學、數學和工程方面的表現也日益沒落。

人工受精技術的早期先驅史坦柏格博士（Dr. Jeffrey Steinberg）目前負責主持洛杉磯生育研究院，他表示，主動挑選遺傳特性的時代已經誕生，他說：「大家抬起頭來的時候到了，別再把頭埋進沙子裡。」他的同事達諾夫斯基（Marcy Darnovsky）指出，自從科學家在 2012 年找到可以為胎兒基因組完整定序的非侵入式方法後，已經引發某些「非常惱人的情境」。他又說，這類檢測方式變得更普及以後，其中一個可能浮現的問題是：「應該把誰生下來？」

美國遺傳學與社會研究中心主任海斯（Richard Hayes）擔憂的是，到目前為止，有關胎兒基因組篩檢和挑選遺傳特性的倫理爭辯，主要都只有一小群專家參與。「一般人都被一大堆技術細節淹沒了，他們感覺自己的權利被剝奪了。」他也擔心廣泛採用篩選遺傳特性的技術，可能會導致「兒童被物化為商品……我們支持採用〔著床前基因診斷技術〕，讓高風險夫婦能擁有健康的孩子。但是對於非醫療性質、以美容為目的的篩選，我們認為將破壞人類價值，啟動一場無意義的科技優生學競賽。」

國與國之間也激烈競爭。中國的華大基因研究院（BGI）在香港和深圳的設施中安裝了 167 座全世界威力最強的基因組定序機器，專家說華大基因的基因定序能力很快就會超越整個美國。

　　中國最初的研究重心是找到與高智能相關的基因，並且為每個學生找到他們最能發揮優勢的專業或職業。

　　據估計，中國政府在過去三年來，已經花了 1 千億美元在生命科學研究上，同時也說服了 8 萬名西方國家訓練出來的中國博士回歸祖國。總部在波士頓的專家研究團隊摩立特集團（Monitor Group）曾在 2010 年報導，中國已經「準備好未來十年中，要在生命科學的發現和創新方面，成為全球領導者。」中國國務院也宣布，基因研究將成為中國 21 世紀產業發展的重要方向。有些研究人員已經針對一些計畫展開初步討論，未來中國將會為每個孩子的基因組定序。

　　跨國公司也扮演要角，很快開始利用從實驗室開發出來、具備商業價值的新技術。市場的力量侵入政治領域後，如今進一步爭取生物圈的主導地位。正如同數十億台電腦和智慧型裝置在相互連結後，能輕鬆跨越國界相互溝通，促使地球公司突現；今天科學家和工程師有能力讓活細胞的基因訊息跨越物種界線，相互流通，生命公司也因此湧現。

　　地球公司與生命公司正開始聯手出擊。自從美國最高法院在 1980 年判定第一個基因專利權成立後，已有四萬多種基因專利獲准，其中涵蓋了 2,000 個人類基因。動植物的組織也一樣，包括某些從病患身上取出、未經同意就移作商業用途的人體組織。（就技術上而言，為了取得專利權，擁有專利者必須設法把基因或組織轉型、分離或純化。然而在實務上，專利擁有者完全掌控了這個基因或組織的商業應用。）

　　在設法發揮生命科學革命的最大效用時，利用利潤動機以及私人企業的力量，有很多明顯的好處。歐盟在 2012 年核准的

Glybera 是第一個在西方國家核可上市的基因療法藥物，用來治療一種罕見的遺傳疾病（患者無法分解血液中的脂肪）。2011 年 8 月，美國食品藥物管理局核准的藥物 Crizotinib，則是針對一種基因突變引發的罕見肺癌進行標靶治療。

然而，造成所得不均的權力失衡狀態，也影響了醫療資源的分配，並非人人都能平等取得生命科學革命帶來的重要創新成果。舉例來說，如今全世界所有植物種子的專利，絕大多數都掌控在一家生物科技公司──孟山都手中。美國愛荷華州立大學的種子專家哈爾（Neil Harl）在 2010 年指出：「我們相信孟山都掌控了九成（的種子遺傳資源）。」

這場基因與組織的專利爭奪戰和小兒麻痺疫苗發明者沙克*的態度恰成鮮明對比。當記者蒙羅（Edward R. Murrow）問他：「這種疫苗一定會引發大量需求，人人都想注射疫苗，潛在利潤非常龐大，那麼疫苗的專利權屬於誰呢？」沙克回答：「屬於美國人民吧，我猜。你能取得太陽的專利嗎？」

生命也要數位化

在沙克的時代，為了大眾福祉而產生的生命科學突破，要拿來申請專利，似乎是很奇怪的事情。幾十年後，沙克傑出的同儕伯勞格＋以傳統的雜交育種和混種技術，推動綠色革命，當時基因組研究的狂熱尚未掀起。伯勞格在職業生涯的尾聲，曾針對美國人競相爭奪基因改造植物專利權的現象表示：「老天爺幫幫我們，如果真發生那樣的事，大家都會挨餓。」他反對壟斷植物基因，並曾告訴印度的聽眾：「我們為反對專利而奮戰⋯⋯我們一向都支持種原自由交換。」讓分離和純化的基因申請專利，是美國和歐盟都認可的做法。最近美國上訴法院的案例仍然維持基因可以申請專利的立場。

從某個角度而言，生命數位化只不過代表人類乃萬物之靈的故事，在 21 世紀持續上演。在所有生命形式中，唯獨人類有能力為真實世界打造複雜的資訊模型，並經由從中學習和操縱模型，開始有能力了解並操控現實世界。正如同資訊是以 0 與 1 的形式在全球心智中流動（0 與 1 是數位革命的二進位基本單位），在生命的世界裡，所有生物共同的 DNA 語言是用 4 個字母來傳達：A、T、C、G。

即使不提 DNA 的其他神奇特性，單單 DNA 的資訊儲存能力就十分驚人。2012 年，由哈佛大學邱池（George Church）領導的研究小組，將五萬餘字的一本書，全文編碼進 DNA 中，之後再毫無錯誤地重新讀取資料。邱池是分子生物學家，他說可以把 10 億本書的內容儲存在試管中，幾百年後再讀取，「拇指大小的裝置，就可以儲存整個網際網路上的資訊。」

然而，往深層思考，知道如何操控生命的設計，等於開啟了嶄新的一頁。第二次世界大戰結束後的十年間，華生、克里克和法蘭克林發現 DNA 的雙螺旋結構。（科學史家如今都知道，法蘭克林其實對 1953 年發布這項重要發現的科學論文有重要貢獻，卻不公平地未受肯定。她在華生與克里克獲頒諾貝爾生理醫學獎之前就已過世。）科學家在 2003 年，恰好是發現 DNA 雙螺旋結構後的五十年，完成了人類基因組定序。

---

* 沙克（Jonas Salk）在1952年首先開發出有效的小兒麻痺疫苗，並在1955年授權公共使用。後來由沙賓領導的團隊開發出第一個口服小兒麻痺疫苗，然後在1962年授權公共使用。

† 編注：Norman Borlaug，1970年諾貝爾和平獎得主，綠色革命的重要人物，美國農業科學家。

雖然科學界還在努力解讀 DNA 序列中包含的龐大資料，有些人已經開始為 RNA（核醣核酸）定序。科學家發現，RNA 不僅要負責傳達轉譯至蛋白質的訊息，還肩負更複雜的任務。所有的生命形式都是由細胞組成，蛋白質則是構成細胞和調控細胞的基石，人類蛋白體計畫正針對蛋白質進行分析，預計將增加大量的資料。蛋白質有多種不同形式，而且蛋白質不同的「摺疊」模式會關係到其功能與角色。蛋白質在經由「轉譯」後，會以不同方式進行化學修飾，以擴大蛋白質的功能，並調控蛋白質的行為。這類分析工作是很大的挑戰，複雜度遠甚於基因組定序。

「後成遺傳學」（epigenetics）研究的是，在不改變 DNA 字母的情況下所發生的基因表現改變，而且這種改變是可遺傳給下一代的。今天由於人類後成基因組計畫（Human Epigenome Project）的重大進展，科學家比過去更了解這類改變。已經有新的癌症藥物是以後成遺傳學的突破為基礎，其他療法也在進行人體臨床試驗。科學家一旦破解了生命、健康與疾病的基本謎團，將在疾病的診斷與治療上，帶來許多令人興奮的突破。

就好像電腦的數位密碼中包含了資訊內容和操作指令，今天科學家也正在破解複雜的生命密碼並將之分類，完成後人類不但能進一步了解各種生命形式的藍圖，同時也能改變其設計和功能。科學家將基因從一個物種轉殖到另一個物種，或創造出新的 DNA 鏈送入生物中，就可以讓接受外來基因的細胞轉形，發揮科學家想要的各種功能。這些 DNA 鏈就像病毒一樣，由於無法自我複製，嚴格來說並不是「活」的。但它們也像病毒一樣，可以控制活細胞和設定細胞的行為，包括產生具有市場價值的化學物質，也能設定讓植入的 DNA 鏈利用細胞，進行複製。

科學家將合成的 DNA 鏈轉移到活生物體內，已經產生很多好處。三十多年前，科學家以合成的人類胰島素取代效果不佳的豬胰島素和其他動物胰島素，開創了這類重大突破的先河。科學家預期在不久的將來，人造皮膚和合成血液將出現重大進展，同時運用基因工程技術改造的藍綠藻未來能產出各種不同的產品，包括供作汽車燃料及提供人類所需蛋白質。

但生物科技的普及也帶來許多令生物倫理學家不安的問題。一位生命科學智庫領導人就指出：「人類歷史上政府對科技的控管，將因為合成生物學的發展而面臨影響最深遠的挑戰，合成生物學無論在經濟、法律、安全或倫理上代表的重要意涵，都遠遠超越了對科技本身的安全性和性能的考量。然而出於商業需求，加上全球目前已在進行的大量科學研究及商業活動，這股趨勢已是勢不可擋⋯⋯ 無法控管。」

由於生命的數位化趨勢正好碰上了全球心智形成，每當拼圖中有一塊新碎片就定位，世界各地的研究團隊就會立刻開始找出這塊碎片與他們正在研究的其他碎片之間的關聯。科學家完成定序的基因愈多，也就能愈輕鬆、也愈快的描繪出基因之間的連結網路。

華大基因研究院院長王俊指出：「有強烈的網路效應⋯⋯ 一個人的健康狀況和個人遺傳資訊在某個程度上，會提供線索，讓我們了解其他人的基因組以及醫療上的涵義。從這方面看來，研究個人的基因組不只是為了個人，也是為了整個人類。」

2012 年，全球 32 個不同實驗室的 500 位科學家展開史無前例的合作，結果產生了重大突破，發現過去誤以為沒有太大意義的 DNA 片段，也就是所謂的「垃圾 DNA」，實際上包含了數百萬個排列在極其複雜網路中的「開關」，這些開關在調控基因的功能與交互作用上，扮演關鍵角色。由於這個重大突破，科學家因此得以辨識八成的 DNA 功能，同時他們也領悟到，要充分了解生命的遺傳規則如何運作，還有一段長路要走，因此變得更加謙虛。麻州大學醫學院的分子生物學家德卡（Joe Dekker）在得到上面這個發現後表示，基因處在「在非常複雜的 3D 結構」中，受「大量調控因子」環繞，而科學家目前只描繪了其中 1% 的現象。

全球心智也加速了以網路為基礎的「生物元件」（biobrick）全球市場興起，所謂生物元件是指「性能已知且用途確實的 DNA 序列」，合成生物學家很容易以低成本取得這些生物元件。包括生物元件基金會（BioBricks Foundation）創辦人魏斯（Ron Weiss）在內，MIT 眾多科學家促成標準生物元件登錄機構（Registry of Standard Biological Parts）成立，成為儲存數千個 DNA 片段的全球寶庫或陳列圖書館，這些 DNA 片段可以免費做為基因碼的基本元件。網際網路的催化效應，使今天的工業生產分散到數十萬個不同地點，同樣也促使基因工程的基本工具和原料分散在各大洲的實驗室內。

基因組效應

數位革命與生命科學革命匯流後，發展的腳步更加快速，甚至遠遠超越了電腦進步的速度。不妨從下面的例子來看變化的速度有多快。十年前，第一個基因組定序的成本大約是 30 億美元。但是到了 2013 年，大概只要花 1,000 美元，就可以獲得詳細的個人數位基因組圖譜。

專家表示，以這樣的價格，基因組資訊將會經常被用在醫療診斷上，或用來針對個人遺傳特性，量身訂製藥物，以及其他很多用途上。根據一位基因組專家的說法，在過程中，「將引起一系列公共政策的議題（隱私權、安全、資訊披露、保險理賠、詮釋、輔導等等），這些都是未來需要討論的重要問題。」在此同時，有一家英國公司在 2012 年宣布，將推出可丟棄式的小型基因定序機器，定價不到 900 美元。

在開頭的幾年，個人基因組定序大約遵循每 18 到 24 個月，成本就降低 50% 的速度，頗符合摩爾定律。但到了 2007 年底，基因組定序的成本開始遽降，網路效應是部分原因，但主要是因為基因定序技術的躍進，從此快速分析時，可以分析的 DNA 鏈長度大幅增加。專家相信，在可預見的未來，基因定序的成本將繼續以驚人速度離奇地往下降。結果，包括生命技術公司（Life Technologies）在內，許多公司都在生產合成的基因組，他們認為基因組學將會持續不斷加快發現的速度。

相形之下，智慧的淬煉過程通常都需要相當的時間，要讓智慧逐漸形成公認原則，引領我們做出正確選擇，需要更長的時間。自從巴比倫王漢摩拉比制定了第一套成文法典之後，將近四千年來*，人類開始以累積的先例為基礎，建立法典，這些先例都代表了從過去的正確判斷中提煉出來的智慧。不過，在我們還沒來得及看清眼前種種選擇的深層意義時，由生命數位化的趨勢帶動的偉大科學融合，就賦予我們新的能力。而這股科學融合還包含在遺傳學、後成遺傳學、基因組學、蛋白體學、微生菌學、光電遺傳學、再生醫學、神經科學、奈米科技、材料科學、模控學（cybernetics）、超級電腦運算技術、生物資訊學等領域發生的相互

---

* 歷史學家推斷漢摩拉比王大約在西元前1780年制定法典。

重疊且不斷加速發展的革命。

比方說,在人類即將創造出能自我複製的全新人工生命形式的時候,正應該充分討論和辯論跨越這道劃時代門檻的風險、效益、適當的安全措施,以及探討這項技術突破的更深層涵義。德日進在 20 世紀中葉曾經預言:「有朝一日,我們或許能有能力產出地球似乎再也無法自行產出的成果:新一波的生物,以人為方式激發的新生命。」

可以想見,正努力追求突破的科學家目前都非常興奮,而且熱情投入,他們希望達成的突破,預期將帶來備受看好的驚人效益,因此似乎有充分理由全速向前衝刺。結果就是,就算單以嘲諷的口氣問道:「哪裡可能出錯?」都會被視為太過膽怯。

事實上,探討這個問題完全合理。科學家文特(Craig Venter)因成功替自己的基因組定序而創造歷史,他在 2010 年再度寫下歷史新頁,創造出史上第一個完全從合成 DNA 中產生的活菌。雖然有些科學家貶低他的成就,指出文特只不過複製了一種已知細菌的藍圖,並且用另一種細菌的空殼充當新生命形式的容器,不過其他科學家都推崇他的成就,認為這是生命科學的重要轉捩點。

2012 年 7 月,文特與同事及史丹佛大學的研究團隊宣布,他們完成了一個重要的軟體模型,裡面包含了「生殖道黴漿菌」(*Mycoplasma genitalium*)的所有基因(共 525 個基因,黴漿菌是已知基因最少的生物),以及細胞、RNA、蛋白質和代謝物。文特目前的研究計畫正在設法創造出獨特的人工生命形式,這項計畫希望能探究:生命若要自我複製,最低限度需要多少 DNA 資訊。文特說：「我們試圖了解生命設計的基本原則，然後重新設計生命——依照聰明的設計者從一開始就會採用的方式，如果真有這樣的設計者的話。」他提到「聰明的設計者」，似乎意圖以隱晦的方式來排除「神造論」的說法，反映出一種鬥志旺盛的新態度。可以理解的是，為了回應基本教義派對演化論的激烈攻擊，許多科學家逐漸認為這樣的態度是適當的。

不過，不一定非得相信神祇的存在，才能接受這樣的可能性：生命之網透過特殊的連結，突現出整體的完整性，我們迄今仍無法充分了解生命的連結，而且即使了解，恐怕也不該貿然破壞這樣的連結。我們都聽過古老故事中傲慢自大造成的悲劇——凡人由於奪取了原本神祇才能擁有的權力而敗亡；故事更深層的含意及傳達的風險，其實都根植於人類的傲慢自大，無論是否冒犯了神祇。莎士比亞曾寫道：「親愛的布魯特斯，錯誤無關乎我們的命運，而在於我們自己啊。」傲慢乃根植於人類天性，本質則在於過度自信，我們在人類還不了解的複雜領域中任意施展權力，還信心滿滿地自以為完全了解可能產生的後果。

這種基本教義派的立場並非只出現在宗教人士身上。化約主義（認為最好的科學理解方式，是將現象拆解成各個要素和更細小的單位，逐一攻破）有時候會導致選擇性的注意，觀察者往往因此忽略了複雜系統中突現的現象，以及複雜系統各組成部分的交互作用。

威爾森（E. O. Wilson）是全世界最著名的演化生物學家之一，卻一直受許多同儕無情的抨擊，因為他主張達爾文的天擇說不只在個別物種的層次運作，而且也在「超生物體」（superorganism）的層次運作。也就是說他認為，能符合物種整體利益的適應性,即使無法提高個別生物的生存機率,仍會通過天擇而留存。威爾森雖然過去曾信仰基督教,但目前已不是教徒,他提出的「聰明設計者」並非神造論者心目中的造物主,而是主張演化的複雜系統還有另外一個層面,是在「突現」的層次上運作。

主持美國政府人類基因組計畫的柯林斯(Francis Collins)是虔誠的基督徒(人類基因組計畫幾乎和文特同時發布研究成果),他曾感嘆:「科學的世界觀與心靈的世界觀愈來愈兩極化,我認為,主要是因為許多人深深感受到另一種觀點的威脅,他們不願考慮兩種觀點和諧共存的可能性⋯⋯ 我們必須體認到,人類對大自然的理解是與時俱進的,每隔十年或百年,都會不同。」

至於文特呢,他信心滿滿,認為就目前的知識已足以展開大規模研究計畫,依照人類的設計來打造人工生命。「過去三十億年來,生命是透過隨機改變,以一種亂七八糟的方式演化。」他說:「在我們的設計中,像染色體複製和細胞分裂等不同功能,都會有不同的模組,然後我們可以決定希望它擁有什麼樣的新陳代謝功能。」

人工生命

如同其他驚人的生命科學新發現一樣,人工生命的設計與創造為醫療保健、能源生產、環境整治和其他許多領域的重大突破帶來希望。文特和其他科學家希望創造的新產品之一,是能摧毀或弱化抗藥性細菌的合成病毒。這些病毒或噬菌體會設計成只攻擊細菌而不傷害細胞,而且採用了複雜的策略,不但能殺死細菌,還能在細菌死亡之前,利用它來複製合成病毒,因此能持續殺死其他細菌，直到不再出現感染為止。

利用新的合成生物體來加速開發新疫苗，也是充滿希望的新領域。全球正努力為可能爆發的新流行病〔如 2007 年的禽流感（H5N1）和 2009 年的「豬流感」（H1N1）等〕做好準備，而開發合成疫苗就是預防措施的一部分。科學家特別憂心的是，H5N1 禽流感病毒只要再突變幾次，就會發展出新能力，會經由空氣傳染而人傳人。

傳統的疫苗開發方式需要長達數月的開發、生產和測試週期，因此當新的病毒變種開始散布時，醫生根本不可能馬上獲得充足的疫苗。如今科學家利用合成生物學的工具來加速既有流感病毒的演化，希望能預測最可能突現哪些新品系。然後希望藉由研究新品系的基因藍圖，能搶先合成疫苗，並預先儲備充裕的供應量，因此當病毒變種真的出現時，就能有效遏止流感。世界各地都設立可拋棄式生物工廠，以降低生產疫苗的成本和時間。今天可以把生物工廠設在偏遠的鄉村地區，因此當新品系的流感病毒或細菌在此出現時，就可立即供應疫苗，遏止流感散播。

有些專家也預測，合成生物學在未來幾年，將取代全球 15% 到 20% 的化學業。合成生物學可以用來生產藥物、生物塑膠和其他新材料，而合成生物學生產的許多化學物質，比從自然資源中萃取便宜許多。有些人預測，採用分散生產策略的新化學品和藥品生產方式（例如透過第 1 章所描述的 3D 列印技術），將顛覆既有生產流程。由於大部分的價值都藏於資訊中，而我們很容易就可以將資訊傳送到無數地點，因此合成生物學產品的實際生產，幾乎在任何地方都可以進行。

由於合成生物學與人工生命帶來許多令人興奮的前景，每當有人憂心可能產生人類不希望發生的後果時，許多人就會不耐地嗤之以鼻。這樣的不耐並非始於今日。九十年前，英國生化學家霍登（J. B. S. Haldane）寫了一篇深具影響力的文章，刺激未來學家對於人類未來可能控制演化過程，提出一連串推測。他在文中也提及（並基本上消除）大家對這個議題普遍的不安：

> 化學或物理發明家總是像普羅米修斯一樣。所有的偉大發明，無論火或飛行，都曾被指為侮蔑神明。但如果每個物理或化學發明都是在褻瀆神明，那麼生物學的種種發明可說是自甘墮落。生物學的新發明最初引發注意的時候，如果觀察者過去從來不曾聽聞這樣的現象，幾乎都會視之為違反自然，粗鄙不當。

相形之下，在 2001 年到 2005 年主持美國生物倫理委員會的凱斯（Leon Kass）認為，對某些事直覺的反感不應該被自動歸為反科學：「在某些重要案例中，反感是透過情緒表達的深度智慧，是單靠理性力量無法清楚傳達的……當事情違反我們理應珍視的價值時，無庸置疑，我們會立刻憑直覺知道和感覺到。」

在第 2 章用「感覺毛毛的」來形容數位世界的新趨勢，例如可以無所不在追蹤大多數上網人口收發的龐大資訊。有些人指出「感覺毛毛的」是很不準確的形容詞，因為它所描繪的感覺本身就不夠精確——不是害怕，而是模糊的不安，當有些事情的本質和含意不是我們所熟知的，我們感覺可能會發生什麼可怕的事情或危害，需要保持警覺，不安的感覺就會油然而生。當思及基因工程領域的一波波大躍進時，許多人或許同樣會產生這種還算不上恐懼、模模糊糊的不安感。

舉個例子：基因工程師正在開發一種生產蜘蛛絲的新方法，將蜘蛛的基因植入羊的乳腺，結果羊在分泌乳汁時，也會同時分泌蜘蛛絲。蜘蛛絲非常有用，不但伸縮性強，也比鋼鐵強韌5倍。蜘蛛具有反社會的特性，會同類相食，所以不適合養殖。但將蜘蛛的產絲基因植入羊隻體內，不但能大量生產蜘蛛絲，而且也可以人工飼養羊群。*

無論如何，顯然合成生物學（尤其是自我複製的人工生命）的廣泛應用，將為世界帶來劇烈改變，其中有些改變應該受到密切監督。畢竟我們已經把太多動植物引進非原生地的新環境中，這些外來物種很快失控地大量繁殖，破壞新環境的生態系統。

我出身的美國南方曾引進一種叫「葛藤」的日本植物，希望防止土壤沖蝕，結果葛藤大肆蔓延，威脅到土生土長的樹木和植物，大家開始稱葛藤是「吃掉南方的藤」。如果我們為了特定用途，把能自我複製的合成生命形式引進生物圈，以我們沒料到或沒思考過的方式快速蔓延，那麼我們是否需要擔心這種「微生物葛藤」呢？

在過去，針對科技重大突破提出的迫切問題，大都把焦點放在可能發生大災難這類的未來情境上，事後證明這些顧慮多半出於恐懼，而非理性考量，真正應該探討的問題反而是其他更普遍的衝擊。比方說在1954年，全球第一個氫彈於比基尼環礁進行試射的前夕，幾位科學家提出他們的顧慮：理論上，氫彈爆炸可能會在大海中引發連鎖反應，帶來無法想像的生態浩劫。

物理學家駁斥他們的可怕推測，信心滿滿地表示，絕不可能

---

* 有科學家仿照蜘蛛絲的分子設計，利用商用物質（聚胺酯彈性體）與黏土片（1奈米厚，直徑25奈米）作用，產出如蜘蛛絲般的奈米複合物。這項研究受MIT的軍事奈米技術研究所贊助，因為這在軍事用途上有高度重要性。

發生這樣的情況，後來也果真如此。但其他更密切相關的深層疑慮反而沒有得到充分重視。這場熱核爆會不會促使各國轉而將數以兆計美元投入軍事用途，進一步加速危險的核武競賽，威脅到人類文明的存續？

大體而言，對「微生物葛藤」〔或其他微機械體──自我複製的奈米機器人或所謂的「灰膠」（gray goo）〕的種種疑懼，往往被說成太過誇大，雖然扮演監督角色的非政府組織 GeneWatch 的執行總監華理斯（Helen Wallace）告訴《紐約時報雜誌》：「幾乎不可避免的，會發生某種程度的脫逃。問題是：這些生物體能不能存活和繁殖？我想沒有人知道。」

但其他看起來沒那麼緊急、長期而言卻愈來愈重要的問題：如果我們把生命本身也外包給機器，而且合成的生命形式，將比持續了三十五億年的生命型態更符合我們的設計，那麼這項新能力將如何改變我們與大自然的關係？可能會如何改變大自然？我們仍然自顧自地全速向前衝刺，而不需要群策群力，探討可能發生哪些我們可能不願見到的後果，並且設法防患於未然嗎？

科技專家和反恐專家都很重視的問題是：未來可能會出現新一代的生物武器。畢竟我們現在知道，四十年前，蘇聯曾利用某些早期基因工程的發展成果，進行祕密生物武器研究計畫。如果數位革命的炫目工具會被拿來當作發動網路戰爭的武器，那麼我們為何不設法防止合成生物學被拿來當作生物武器呢？

歐盟「新興科學與技術」（New and Emerging Science and Technology, NEST）計畫的高級專家在 2005 年寫道：「未來人類或許有能力依照選項清單來設計新病毒或新細菌，而生物恐怖份子可能會利用這種新技術，創造出新的抗藥性病原品系或生物，或甚至用來攻擊具備特定遺傳特性的亞群。」美國國家生物安全科學顧問委員會 2012 年曾試圖阻止兩篇科學研究論文發表（一篇刊登於《自然》期刊，另一篇刊登於《科學》期刊），論文中包含了禽流感變種病毒基因密碼的細節，科學家修改了這個病毒基因，用以了解哪些基因變異會導致病毒更容易在哺乳類動物之間散播。

許多人疑慮，這個精心設計的病毒只需再突變幾次，就可能發展出可人傳人的新形式，美國反生物恐怖主義官員因此試圖說服科學家，在發表論文時不要附上完整的基因序列。雖然在接受安全評估後，論文最後仍獲准刊登，但美國政府繼續積極監督任何可能有助於催生新生物武器的基因研究。聯邦調查局也根據美國法律，對具軍事敏感性的研究計畫，篩選研究小組成員。

複製人類

美國政府特別嚴禁由聯邦經費補助的研究跨入人類複製技術的實驗。在 1996 年第一隻複製羊桃莉誕生不久後，複製人類的可行性顯然愈來愈高時，我正好擔任美國副總統，當時我大力支持美國發布暫時性的禁令，以待各界更整體探討繼續走下去對人類的意義為何，並呼籲建立新的國家生物倫理顧問委員會，來檢討複製人類的倫理、道德及法律意涵。

幾年前，我擔任美國參議院科學小組委員會主席的時候，曾成功促使人類基因組計畫撥出 3% 的經費，廣泛研究這方面的倫理、法律和社會意涵，確保這些快速浮現、但還沒有答案的難題能經過審慎研究。結果這筆刻意撥出的經費成為美國政府資助的倫理研究計畫中最龐大的計畫。雙螺旋結構的發現者之一華生當時已經受命主持基因組計畫，也非常支持倫理研究計畫。

幾乎打從人類開啟 DNA 紀元以來，人們就一直辯論複製人的倫理問題。華生和克里克在 1953 年發表的論文中包含了下列句子：「我們並沒有忽略，我們假定的特殊配對方式會立刻令人想到遺傳材料複製機制的可能性。」1980 年代初期，我擔任美國眾議院科學調查小組委員會主席的時候，曾經針對新興的複製科技、基因工程和基因篩檢，舉行一系列聽證會。當時的科學家把研究重心放在複製動物上，並在十五年後成功複製了桃莉羊。從那時候起，科學家又複製了其他許多動物。

但科學家從一開始就很清楚，他們在複製動物上的任何進展，都可以直接應用於複製人類。他們純粹是出於倫理考量，才沒有輕易嘗試複製人的實驗。從 1996 年起，歐洲幾乎每個國家都明文規定，複製人類是違法的行為。世界衛生組織祕書長說複製人類的程序「從倫理的角度而言，完全無法接受，違反了某些醫學輔助生殖的基本原則，例如尊重人類的尊嚴，以及保護人類遺傳材料。」

儘管如此，大多數人都預期，時間一長，隨著複製技術進一步成熟與精煉，科學家終究會開始複製人類——至少當醫療效益十分明顯，又不會為被複製的個體或整個社會帶來明顯傷害的時候。2011 年，紐約幹細胞基金會實驗室宣布，他們已經成功複製人類胚胎，採用的方法是將成人卵細胞重新編碼，利用基因工程技術使它回到胚胎階段，然後從中創造出一連串能自我複製的相同胚胎幹細胞。雖然這些幹細胞的 DNA 與卵細胞捐贈者的 DNA 不一致，但複製出來的胚胎幹細胞 DNA 彼此卻完全相同，有助於後續的研究。

包括巴西、墨西哥和加拿大在內，好幾個國家都禁止科學家進行複製人類胚胎的研究。美國卻不然，而且有幾個亞洲國家似乎更是無所顧忌地積極發展複製人類胚胎的科學。偶爾會有報導指出，生殖科醫生已經在某個沒有禁止複製人研究的國家的祕密實驗室中，打破了反對複製人的現代社會禁忌。但這類故事大都十分可疑，目前為止，還沒有任何複製人誕生的傳言獲得證實。

大體而言，贊成複製人實驗的人認為，這類研究和其他形式的技術進展沒什麼差別，是不可避免的趨勢，無論如何都會發生，但這類研究會帶來很多醫學上的效益，因此比大多數實驗更加前景看好。他們認為，究竟是否要進行特定複製，應該像墮胎一樣，由父母自行決定。

反對者則擔心，採用複製人技術將侵害人類尊嚴，升高人類「商品化」的風險。理論上，複製技術的確有可能從同一來源大量產出人類基因的複製品，複製技術與自然生育的差別，就如同大量生產與工匠技藝的差別一般。

有些人的論點是基於宗教維護個人權益的觀點，另外一些反對者則並非基於宗教理由，而是採取更通行的人道主義觀點，強調個人尊嚴。基本上他們擔心，這類操弄可能改變了我們對於什麼是完整人類個體的定義。不過，這類顧慮似乎奠基於一個假設：人類可以被化約為其遺傳結構——這個觀點並不符合以保護個人尊嚴為先的意識型態。

暫時延後發布如何製造危險的 H5N1 禽流感病毒變種的相關細節，以及暫時禁止以政府經費補助複製人的相關研究，都是少見的例子，讓我們看到如何透過審慎監督爭議性的科學研究，以深入評估這些技術對整體人類的意涵。這兩個例子也反映出在美國領導下，全球至少暫時達成了共識。而在這兩個案例中，都沒有強大的產業力量不顧社會大眾的疑慮，拚命加快科學研究的腳步。

抗生素與超級細菌的戰爭

不幸的是，當強大的商業利益發威，引導政府做出不顧公共利益的決策時，企業說客往往就能遂行其道，因此又再度引發一個問題：當人類的重要價值陷入險境時，誰才能決定生命科學革命的未來走向呢？在地球公司、生命公司與全球心智的年代，政府決策紀錄中充斥著曲意遵從跨國企業利益，卻罔顧完善科學證據的惱人案例。

想想看美國國會如何可恥的默許畜牧業持續大量使用抗生素。美國政治決策權力失衡的另外一個例子是，明知會嚴重危害人類健康，美國仍然容許有高達八成的抗生素，被農場合法的加進禽畜飼料中，或為禽畜注射，比例之高，令人震驚。2012 年，美國食品藥物管理局開始規定必須取得獸醫處方，才能對動物使用抗生素，希望限制這類抗生素使用。

自從佛來明（Alexander Fleming）在 1929 年發明盤尼西林以來，抗生素一直是醫療保健史上最重要的突破之一。雖然佛來明說這項發明純屬「偶然」，但其實傳奇性的愛爾蘭科學家廷得（John Tyndall，率先發現二氧化碳會造成溫室效應）曾在 1875 年向倫敦皇家學會報告，有一種青黴菌（*Penicillium*）殺死了一些他正在研究的細菌；杜徹斯尼（Ernest Duchesne）也在 1897 年記錄了細菌遭另外一種青黴菌殺死的情況。杜徹斯尼提議好好研究他發現的現象，但在這篇論文發表後不久，杜徹斯尼即入伍參戰，還沒來得及恢復研究工作，就死於結核病。

盤尼西林發明後，一直到 1940 年代初期，才真正發揮用途。

接著在 1950 年代和 1960 年代，人類又相繼發現了其他有效抗生素。然而過去幾十年來，發現新抗生素的速度變慢了。由於人類不負責任地不當使用有限的救命資源，抗生素的效力逐漸減弱。過去遭抗生素遏阻的病原，經過長時間的突變和演化後，開始有能力規避抗生素的效力。

幾乎從人類初初開始使用抗生素的神奇療法時，醫生和醫學專家就一再敦促大家務必審慎用藥，唯有在明顯必要時，才使用抗生素。畢竟抗生素使用得愈多，病原就愈有機會在經歷世代演化後，出現新的遺傳特質，令抗生素毫無用武之地。已經有些抗生素對一些疾病缺乏效力。由於科學家發現新抗生素的速度愈來愈慢，我們目前使用的抗生素，效力減弱的速度已經嚇壞了許多健康專家。現有抗生素的效力就好像地球上的水與表土一樣，可能很快耗損殆盡，而且再生的速度極其緩慢。

在新的「超級細菌」中，具備多重抗藥性的結核菌屬於其中最厲害的等級。世界衛生組織祕書長陳馮富珍表示，多重抗藥性結核病非常難治，需付出大筆醫療費用。目前，全世界每年有 134 萬人死於結核病。陳馮富珍估計，2010 年的 1,200 萬結核病例中，有 65 萬個結核病病例具有多重抗藥性。陳馮富珍表示，未來的「後抗生素世界」意味著，「膿毒性咽炎或小孩膝蓋擦傷等普通疾病，都可能再度變成致命疾病。」為了因應這個問題，美國食品藥物管理局在 2012 年組成新的任務小組，支持開發新的抗菌藥物。

但許多國家的政府依然罔顧基本醫學事實，容許畜牧業大量使用抗生素來刺激動物發育，更驚人的是，美國政府也包括在內。目前，專家還沒有充分了解抗生素促進家畜成長的機制為何，但抗生素帶來的利潤卻已十分顯著且龐大。於是，家畜內臟中的病原快速演化為超級細菌，這些細菌對抗生素完全免疫。由於畜牧業者使用抗生素的劑量低於治療時的劑量，主要目的也並非維護禽畜健康，所以他們不會特別在意抗藥性的問題。當然，他們的說客則一方面對官員慷慨解囊，大筆捐獻選戰經費，另一方面則極力駁斥科學論據。

去年，科學家證實，有一種過去對抗生素毫無抗藥性的葡萄球菌從人體跳到豬隻體內（這些豬的日常飼料中含有四環素和二甲苯青黴素等抗生素）。然後科學家又證實，相同的葡萄球菌對抗生素產生抗藥性後，又從豬隻體內轉移回人體內。

目前這種特殊的葡萄球菌 CC398 已經大量傳播到豬、雞和牛群中。仔細分析這種源自人體的葡萄球菌基因構造後發現，這種細菌是源自人體的抗生素敏感性細菌原型。美國微生物協會指出，今天美國幾乎一半的肉類都帶有這種細菌。雖然把肉完全煮熟就可以殺菌，但如果細菌汙染了廚房的器具和檯面，仍然可能傳給人類。

當勢力強大的產業施展影響力時，美國政府在制定法令規範時，就會試圖討好產業，與不涉及商業利益時的處理態度，成強烈對比。在不涉及商業利益時，美國政府似乎比較容易靈敏地採取預防措施。但上述的爭議正說明了商業利益涉入的情形：不顧後果大量使用抗生素、並從中獲利的畜牧業者，過去幾十年來努力奮戰，到目前為止，已成功防止美國政府頒布禁令或管制這類瘋狂的做法。

歐盟已經禁止業者在禽畜飼料中添加抗生素，其他許多國家則還未下達禁令。從人體跳到禽畜身上、又回到人體的葡萄球菌只是今天具抗藥性的許多細菌之一，這一切只因為我們愚蠢地接受畜牧業者的主張，任憑他們為了削減成本，製造出連抗生素也無能為力的致命細菌。如果民主制度真的發揮應有的功能，根本不會出現這樣的問題。

防止市面上銷售患有狂牛症動物的法律，也不斷遭立法者否決。狂牛症是一種神經退化性腦性病變，如果牛在屠宰過程中遭到染病動物的大腦或脊髓組織汙染，而人類又吃到受汙染的牛肉，就可能得病。狂牛症的病原稱為「普里昂蛋白」（prion），是一小段摺疊出錯的蛋白質。染上狂牛症的動物到了罹病後期，體內組織可能也會出現這種普里昂蛋白。如果動物在前往屠宰場的路上，走得踉踉蹌蹌且不時跌倒，那麼染上狂牛症的機率，是未染病的 50 倍。

美國國會中不斷反覆爭論表決的重點是：發現動物出現這些特殊症狀時，是否應該禁止牠們進入食物供應鏈。北美洲狂牛症確診患者中，有四分之三的致病源頭都直指在屠宰前出現這些症狀的動物。但畜牧業龐大的政治勢力與遊說力量令民意代表備感威脅，不敢不從，因此國會議員一再投票保護產業界一小撮人的利益，置社會大眾於險境。歐巴馬政府頒布管制條例，彰顯出國會拒絕立法背後的意圖。但由於只是行政規章，未來可能會被歐巴馬的繼任者推翻。我們不得不再度感嘆，如果民主制度真的發揮應有的功能，幾乎不可能出現這樣的問題。

從國會無法擺脫特殊利益的影響，不難看出在面對生命科學

革命時，美國會如何做出困難而敏感的判斷。如果我們無法信任
民意代表會為了維護公共利益，而做出明顯的選擇（例如他們對
狂牛症問題的表決態度，或為了圖利畜牧業而不惜耗損抗生素抗
藥性的決策），那麼，我們還可以在何處做出正確的選擇呢？還
有誰有權決定？即使某個國家做了正確決策，怎麼樣才可以防止
其他國家做錯決策呢？萬一如此一來，會永遠影響人類的遺傳特
性，我們能接受這樣的後果嗎？

不道德的優生運動

　　過去美國政府針對遺傳學所做的種種決策，實在無法令人安
心。歷史發展有時候與希臘神話十分相似，我們過去犯下的錯誤
常如同希臘諸神發出的警告般，凸顯出不應跨越的重要界線。百
年前的美國優生運動發展史就曾發出這樣的警訊：當時的美國政
府利用大家對達爾文演化論的誤解，試圖依照種族主義和其他令
人難以接受的標準，改造人口的遺傳結構。

　　回頭來看，當年的優生運動在發生當時就應遭受嚴厲譴責，
尤其是優生學的某些倡議者地位還如此重要。以往在其他方面思
慮周密而明理的學者，當時居然支持政府積極採取行動，希望透
過強制絕育的手段，塑造美國人口的未來面貌，防止某些人將不
好的特性遺傳給後代。

　　1922 年，美國紐約州剛成立的優生紀錄局（Eugenics Record
Office）局長勞福林（Harry Laughlin）提出「優生絕育法」（最初
在 1914 年草擬），授權強制下列人士絕育：

（1）弱智者；（2）精神病患；（3）有犯罪傾向者；（4）癲
癇患者；（5）酒鬼；（6）罹患結核病、梅毒感染、麻瘋病和其他
慢性疾病、傳染病和法定需隔離疾病的病患；（7）盲人（包括嚴
重視障者）；（8）聾人（包括嚴重聽障者）；（9）殘廢者（包括
跛足者）；（10）依賴他人者（包括孤兒、沒用的人、無家可歸的
人、流浪漢及窮人）。

1907 年到 1963 年間，在類似勞福林草案的法令要求下，美國
有 6 萬 4 千人被迫絕育。勞福林主張，由於需要花很多經費來照
顧他們，這些人會成為國家的負擔。他和其他人還辯稱，由於百
年來公共衛生和營養都大幅改善，愈來愈多「不符需要」的人存
活下來，而且以前所未見的高生育率大量增加。

勞福林的「絕育法」草案，列出的絕育名單之所以令人感
到怪異且不舒服，是因為他顯然認為這些特質都會遺傳給後代子
孫。諷刺的是，勞福林本身是癲癇患者，因此依他主張的法律，
他也應該被強制絕育。勞福林的邪惡理論也影響了美國的移民
法。他對於南歐及東歐人民的評估報告影響了 1924 年條件嚴格的
移民配額制度。

莫瑞諾（Jonathan Moreno）在《國家》（*The Body Politic*）一
書中指出，對演化論真正意涵的疑惑影響了優生運動的發展。
「適者生存」這句話並非源自達爾文，而始於他的表弟高騰爵士
（Sir Francis Galton），然後又透過史賓塞（Herbert Spencer）的宣
揚而廣為人知——史賓塞的演化論則奠基於拉馬克（Jean-Baptiste
Lamarck）的概念。拉馬克主張，我們出生後才發展出來的性狀會
遺傳給下一代。

　　當時蘇聯的利森科（Trofim Lysenko）也在提倡類似的惡劣演化論。利森科在領導蘇聯科學界的三十年期間，肩負的重責大任之一是防止學校教導主流遺傳學。與利森科意見相左的遺傳學家會遭到逮捕，其中有些人會莫名其妙的死去。利森科抱持扭曲的意識型態，要求生物理論必須符合蘇聯的農業需求——就好像今天美國有些政客堅決主張，氣候科學應該改變，以符合他們的心願，容許人類毫無限制地燃燒石油和煤炭。

　　關於「適者生存」，達爾文的教誨其實是：最能適應環境者生存，而不見得是「最適合者」生存。儘管如此，表弟高騰對達爾文理論錯誤而扭曲的詮釋，促成了社會達爾文主義興起，轉而誤導政策辯論，而且從某些方面來看，至今仍有相當影響。

　　有些早期的進步份子受到這類扭曲達爾文理論的觀點所誘導，以為國家有責任盡力減少拉馬克所謂不利生存的性狀，他們誤以為由於過去的政府干預，導致這些「不符需要的人」日子過得更輕鬆，人數也激增，因此不利生存的性狀也愈來愈普遍。

　　政治右傾份子也因同樣的錯誤假設，產生不同的判斷：國家應該撤銷所有政策干預，因他們覺得這是惻隱之心受到誤導，且這類政策會導致這類「不符需要的人」繼續增加。當時不乏提倡優生學的極端保守份子，至少其中有一個機構直到 21 世紀依然存在，那就是南方貧窮法律中心形容為仇恨團體的先鋒基金會（Pioneer Fund）。順帶一提，先鋒基金會的創辦人正是勞福林。

　　歷史學家指出，優生學之所以在 20 世紀初獲得支持，是因為當時混亂的社會經濟情勢使然——快速工業化與都市化、習以為常的社會型態起了翻天覆地的改變、移民潮，加上低工資和偶發的高失業率等。這些因素加上對改革的狂熱，導致許多人在看待國家應否干預遺傳過程的問題時，觀點遭到扭曲。

雖然在世界史上，這段插曲如今被視為極不道德——部分原因是，在強制絕育事件發生的三十年後，因為希特勒的種族滅絕罪行，所有種族相關的理論及許多以遺傳學為基礎的理論，即使跟納粹沒什麼關係，也都名聲大壞。儘管如此，我們仍然可以從這場優生學鬧劇中得到一些微妙的教訓，並將這些教訓融入未來討論所謂「新優生學」方案的種種論辯。

在新的時代，民主制度面臨的一大挑戰是，如何確保關於尖端科學的決策，能根植於對相關科學清楚正確的理解上。就優生學而言，拉馬克對於哪些特性可以遺傳、哪些不能遺傳的基本誤解，影響後世制定出令人羞愧、違反道德的政策。如果當時美國政府決策者和社會大眾能以正確的科學知識為基礎，進行政策辯論的話，或許就不會發生這樣的事情。

值得注意的是，在優生運動的悲劇發生百年後，幾乎有一半的美國人仍然表示他們不相信演化論。在最近的未來，美國（及其他國家）的政治體系都必須面對許多選擇與判斷，這些決策即使能根植於對科學的正確解讀，都已經非常困難。如果大家對於決策背後的主要科學依據仍存有錯誤的假設，會令原本的潛在困難更加複雜化，那麼判斷錯誤的可能性就更大了。

我們在下一章將明顯看到，人類文明在面臨全球暖化的相關決策時，也出現同樣的情形。面對全球暖化的問題，即使根植於對科學的正確解讀，要做對決策都已困難重重。但如果決策者的主張是以不實的科學陳述為依據，決策的困難度就更高了。許多製造大量碳汙染的企業，恨不得癱瘓有關二氧化碳減量的相關辯論，因此他們會刻意製造和強化對科學的誤解。在我看來，他們等於犯下了危害民主制度與人類未來福祉的罪行，而且這樣的罪行幾乎不可寬恕。

1927 年，美國有二、三十個州實施優生法，聯邦最高法院根據霍姆斯（Oliver Wendell Holmes）大法官的意見，支持當時維吉尼亞州的優生法判決案例〔巴克控訴貝爾（Buck v. Bell）〕，在這個案子裡，州政府強制一位據稱「弱智」且生活淫亂的年輕婦女絕育。根據呈上法庭的證據，這個叫凱莉‧巴克（Carrie Buck）的年輕婦女 17 歲就懷孕生子。在確認州政府有權執行強制絕育時，霍姆斯寫道：「社會能防止那些明顯不適者繼續繁衍……智障延續三代已經夠了。」

在最高法院如此判決後的半個世紀（這項判決從來不曾被推翻），當年為凱莉進行絕育手術的醫院主任找到她，這時候凱莉已是八十多歲的老婦人了。他發現，凱莉頭腦清楚，智力正常，一點也不笨。仔細檢視事實後發現，很明顯，真相與法庭上的陳述大不相同。凱莉小時候是養女，養父母的姪兒強暴她後，深恐釀成醜聞，將凱莉交付維吉尼亞州立癲癇病患與弱智者收容所。

碰巧，凱莉的生母愛瑪（Emma Buck），也就是霍姆斯法官提到的三代中的第一代，也在不明原因下被關進同一個收容所，證詞指出她感染梅毒，且生下凱莉時也未婚。無論如何，收容所所長普瑞迪（Albert Priddy）迫切希望找到一個可以訴諸最高法院的測試案件，為這類機構實施的強制絕育做法，提供法律保障。他聲稱凱莉有「無法治癒的先天缺陷」，凱莉的法定監護人挑選了一位律師為她辯護，而這位律師恰好與普瑞迪十分熟稔，而且跟收容所的律師史托德（Aubrey Strode）是密友，史托德是優生學和絕育的提倡者。

　　喬治亞州立大學歷史學家隆巴度（Paul Lombardo）曾經對這個案子做過深入研究並出書，他寫到整個案子乃「基於欺騙與背叛⋯⋯受到背後操控」。凱莉的指定辯護律師既不提證據，也沒有傳喚證人，還認可別人對客戶的形容詞：「中度白痴」。勞福林從來沒見過凱莉或凱莉的媽媽和女兒，卻在法庭上以書面證詞，宣稱她們祖孫三人是「沒用、無知、且毫無價值的南方反社會白人階級」。

　　至於巴克家的第三代，凱莉的女兒薇薇安，在幾週大的時候接受護士檢查，護士作證時表示：「她的表情不太正常。」於是，他們把小女嬰從母親身邊奪走，交給強暴凱莉的人。薇薇安在學校成績優異，登上榮譽榜，但在小學二年級的時候死於麻疹。順帶一提，凱莉的妹妹桃樂絲也在同一個機構絕育（那裡動了四千多次絕育手術），雖然醫生在動手術的時候騙她說只是闌尾炎手術。桃樂絲和凱莉一樣，多年後才知道自己為何一直生不出孩子。

　　勞福林提倡的絕育法奠定了維吉尼亞州的法律基礎，也獲得最高法院的支持，很快被第三帝國利用，成為他們強制 35 萬人絕育的根據——就如同戈培爾在設計宣傳策略、以推動和執行希特勒的種族滅絕計畫時，也採用了柏奈斯奠基於心理學的行銷論述。1936 年，在納粹政權統治下，海德堡大學授予勞福林榮譽博士學位，表彰他在「種族淨化科學」上的成就。

　　可恥的是，當時發起生育控制運動的威爾遜總統、電話發明人貝爾，以及桑格（Margaret Sanger）也都支持優生學（當時生育控制的觀念比優生學更具爭議性），老羅斯福總統在卸任後也支持優生學。1913 年，老羅斯福在信中寫道：

　　每個成功的農民在飼養禽畜時都一定會用到的基本知識，人們居然拒絕把它用在人類身上，真是不可思議。農民如果不大力繁殖品種最優良的家禽家畜，而只讓最劣等的禽畜拚命增產，大家一定認為該把他送進精神病院。大家不了解的是，這樣的行為相較之下其實還算理性，因為有的國家甚至在實際上和道德上，都讓劣等血統無限制的繁殖，卻鼓勵或縱容應該結婚、且婚後會擁有大家庭的男女，因為冷酷自私或感情用事而保持獨身，或不生小孩，或只生一、兩個小孩。

　　桑格不贊同優生學提倡者採用的方式，儘管如此，她仍為文表示大家殊途同歸：「目的是協助種族消除不適者。」桑格在1919年寫道，自己提倡避孕的目的是：「讓適者生下更多孩子，不適者生下較少孩子──這是生育控制的主要議題所在。」

　　根據歷史，美國不是唯一曾經實施強制絕育的民主國家。瑞典曾在1935年到1976年強制六萬多人絕育，包括「混血兒、已有多名子女的單親媽媽、不正常的人、吉普賽人和其他『流浪者』。」令人好奇的是，瑞典迄今仍要求變性者在正式改變身分證上的性別之前，必須先動絕育手術（歐洲有17個國家有這樣的規定）。瑞典國會正在辯論，是否應該修改這項1972年訂定的法條。在科學或醫學上，沒有任何理由不能廢除這條法令，到目前為止，完全是因為少數保守黨派的恐懼和誤解，才無法廢除法令。

　　烏茲別克在2004年開始實施強制絕育，並在2009年成為官方政策。他們要求婦科醫生每星期必須為一定數量的婦女施行絕育手術。一位鄉村醫生表示：「我們挨家挨戶去說服婦女動手術。貧窮的婦女很容易就會被說服，也很容易騙她們動手術。」

中國強制絕育的問題，因逃離中國的維權運動人士陳光誠的言論，而重新浮出檯面，但當時即將去職的總理溫家寶曾公開呼籲，禁止強制墮胎及「胚胎性別辨識」。儘管如此，仍有許多中國婦女在墮胎時也被迫實施絕育手術。在印度，雖然強制絕育是不合法的，但每實施一次絕育手術，醫生和政府官員都可以領到獎金。這些誘因顯然會導致普遍的弊端，尤其在鄉村地區，許多婦女都被誘騙去實施絕育手術。

就像隨著地球公司崛起而形成新的全球商業現實一樣，生物科技和生命科學革命也都具備全球性的本質，也就是說，任何單一國家的道德、倫理和法律判斷，或許不見得會對其他國家的實際決策產生很大的影響。關於哪些是可以接受的做法、哪些做法必須格外審慎、應該禁止哪些做法，我們暫時觀察到一些通則，但是關於這些還在發展中的新能力，目前還沒辦法達成全球一致的道德判斷。

中國與生命科學

前面提過，中國似乎決心在遺傳學與生命科學分析資料的應用上，成為世界超級強權。領導中國基因組分析計畫的華大基因研究院已經完成 50 種動植物的完整基因圖譜，包括蠶、貓熊、蜜蜂、水稻、黃豆和其他物種，外加超過一千種的細菌。但中國的主要焦點似乎還是放在最重要、當然也是最有趣的部分——透過生命科學和相關領域的新突破改造的人體部件——人類大腦，以及提升人類智慧，並有效利用人類智慧。

為了達到這個目標，華大基因研究院 2011 年在深圳成立國家基因庫，試圖找出到底是哪些基因決定了人類的聰明才智。他們正在對 2,000 名學童（其中 1,000 名是全中國最好的學校中的神童，另外 1,000 名則被認為僅具一般智力），進行完整的基因組分析，同時將會把分析結果拿來和他們的學業成績相比較。

如果在美國進行這樣的研究將引發極大爭議，部分原因是優生運動醜聞帶來的厭惡感尚未消散，部分原因則是，在重視平等主義的社會中，把智力連結上家族遺傳，難免引發人民戒心。除此之外，包括繼華生之後擔任人類基因組計畫召集人的科林斯在內，許多生物學家都表示，目前的科學還不可能找出兒童遺傳資訊與智力的關聯，但有些學者不同意這樣的看法，他們認為未來很可能找出與智力有關的基因。

同時，針對人類大腦神經連結的基因圖譜繪製計畫，持續有大躍進，進展速度甚至快於摩爾定律預測的積體電路製造技術發展。科學家已經完成某種線蟲的「神經網路體」（只有 302 個神經元）基因圖譜。儘管如此，人類大腦據估計有 1 千億個神經元和至少 100 兆個突觸連結，要完整描繪人類神經網路圖譜，是驚人的挑戰。而且即使基因組圖譜成功完成，了解人類大腦功能的艱巨任務才剛開始。

由此看來，我們應該牢記，在完成第一個人類基因組完整定序之後，科學家立刻領悟到，基因圖譜完成只不過意味著接下來將面對更龐大的任務——描繪所有執行基因表現的蛋白質圖譜。蛋白質本身具有多種幾何形式，而且在基因轉譯後會出現重要的生化修飾。

同樣的，一旦完成神經網路體的基因圖譜，腦科學家將轉而研究大腦蛋白質扮演的角色。休士頓貝勒醫學院（Baylor College of Medicine）的神經科學家伊格曼（David Eagleman）表示：「神經科學十分沉迷於神經元，因為透過最屬害的科技，我們可以檢測神經元。但其實每個神經元都有如一座城市那麼複雜，裡面包含了數百萬蛋白質，在極其複雜的生化連鎖反應下交互作用。」

不過，即使新一波神經科學革命才剛起步，科學家已經懂得選擇性活化特定的腦部系統。科學家利用新興領域光電遺傳學的新發展，先找出綠藻或細菌中對藍光敏感的感光蛋白質——視蛋白，然後將對應的基因植入細胞中，成為神經元的開關。科學家再插入另一個基因，由這個基因製造出來的蛋白質會在綠光照射下發亮。如此一來，科學家就能用藍光控制神經元的開關，然後在綠光照射下，觀察這個神經元對其他對綠光敏感的神經元會產生何種效應。由於光電遺傳學的快速發展，研究人員已經能利用這類感光開關，控制往神經元的離子流，來操控老鼠的行為和感覺。這項技術的其中一個未來可能用途，是控制帕金森氏症的相關症狀。

其他科學家也將能產生各種不同螢光色的多種水母和珊瑚基因，植入神經元中，這些螢光色包括紅、藍、黃，以及之間的各漸層色，藉此讓不同類的神經元亮起不同的顏色，用以辨識神經元的不同類別。有了這種叫「彩虹腦」（brainbow）的技術，科學家可以針對大腦的神經連結，描繪出更詳細的視覺圖譜。同樣的，全球心智的發展促使腦科學研究出現強大的網路效應。每當大腦複雜的神經網路中有新元素遭破解時，相關知識會很快散播出去，也因此加快了其他研究團隊破解其他神經網路體密碼的腳步。

觀察大腦的思考

　　同時，功能性核磁共振造影（fMRI）這種截然不同的大腦研究方法，帶來令人興奮的新發現。這種技術奠基於大家熟悉的人體核磁共振造影掃描技術，能追蹤腦部神經元引發的血流變化。當神經元活化時，會從血液中吸收氧氣和葡萄糖，以補充能量。由於含氧血液與缺氧血液有些微的磁化差異，因此 fMRI 掃描器能辨識出，在某個時點大腦有哪些區塊處於活化狀態。

　　實驗對象先主觀描述做腦部掃描時，自己在想什麼或有什麼感覺，研究人員再將取得的資訊與機器取得的影像相對照，分析之後，科學家就能有突破性的發現，找出負責掌管某些特定功能的是大腦哪個部位。今天的功能性核磁共振造影技術非常進步，有經驗的研究團隊在看到與某些思維相關的「大腦印記」之後，就能辨識出特定的思維。比方說，無論實驗對象是哪國人或來自哪種文化，「槌子」這個詞在每個人大腦中的印記都非常相似。

　　關於這種新技術的潛力，最令人訝異的例子發生在 2010 年，當時英國劍橋大學的神經科學家歐文（Dr. Adrian Owen）為一名年輕婦女做了功能性核磁共振掃描。這婦人當時陷入植物人狀態，看起來沒有任何意識，歐文一邊掃描，一邊問婦人一些問題。他先請她想像自己在打網球，然後又請她想像正穿過自家屋子。科學家已經證實，人們想到打網球時，大腦運動皮質區的某個特定部位（運動輔助區）的活動會比較激烈。同樣的，當人們想像在家裡走來走去時，腦部的「海馬旁回」（parahippocampal gyrus）區域，也會呈現某種可辨識的活動型態。

　　歐文觀察到婦人會透過腦部活動來回應每個問題，而且她展現出來的腦部活動與有意識的正常人無異，於是他利用這兩個問題，讓婦人有辦法「回答」問題：當答案為「是」時，就想著打網球；答案為「否」時，就想像自己正穿過自家屋子。然後歐文耐心問了婦人一系列有關她個人生活的問題，醫學小組裡沒有任何人知道答案為何。結果，婦人幾乎所有的問題都答對，歐文因此推斷，這名婦人其實有清楚的意識。歐文又持續對其他病患進行了多次實驗後，推測一般認為的植物人當中，可能有高達 20% 的病患其實還有意識，只是沒辦法和其他人溝通。歐文的研究團隊目前正運用非侵入式的腦波測量技術 (Electroencephalography, EEG)，繼續這方面的研究。

美國達特茅斯學院的科學家也使用 EEG 頭戴式裝置來解讀腦中思維，並連結上 iPhone，讓使用者可以挑選顯示在 iPhone 螢幕上的圖片。由於 EEG 感測器附著在頭部外面，要解讀頭蓋骨裡面的電訊號比較困難，但仍有出色的進展。

幾年前，澳洲電玩公司 Emotiv 開發出一種低成本的頭戴式裝置，能解讀腦波訊號，讓使用者能利用腦波來控制電腦螢幕上的物件。神經科學家相信，這些低成本裝置是在測量「肌肉的律動，而非實際的神經活動」。儘管如此，英國 IBM 新興技術實驗室（Emerging Technologies lab）的科學家和工程師進一步調整頭戴式裝置的功能，使用者戴上之後，可以藉由腦波控制其他電子裝置，包括模型汽車、電視與開關。瑞士洛桑聯邦理工學院（Ecole Polytechnique Fédérale de Lausanne, EPFL）的科學家也採用類似的方法，打造出可以用意念控制的輪椅和機器人。其他四家公司

（包括豐田公司在內）也宣布，他們正在開發一種自行車，可以讓自行車騎士運用意念來換檔。

在美國軍方數百萬美元的經費補助下，奧巴尼醫學中心（Albany Medical Center）的夏爾克（Gerwin Schalk）和瑞塔奇歐（Anthony Ritaccio）正在設計和開發一種裝置，能讓士兵透過心靈感應相互溝通。雖然聽起來好像科幻故事，但美國國防部相信，真的可能做出這種所謂的心靈感應頭盔，因此他們投入六百多萬美元在研究計畫上，目標是在 2017 年完成原型裝置。

「超人類主義」與「奇異點」

很難想像這類科技發展成熟後，未來更複雜的版本將會是何等面貌。有些理論家一直以來都預測，等到人類開發出具體技術，或許可以把人類思維轉換成數位型態，並由電腦解碼，屆時不可避免的，人類與機器將進一步融合，超越「生化機器人」（cyborg），開啟「超人類主義」（transhumanism）的新紀元。

研究超人類主義的重要歷史學家博斯特羅姆（Nick Bostrom）指出，「超人類主義」這個名詞顯然源自朱里安・赫胥黎（Julian Huxley），他的弟弟是傑出的生物學家、環保人士及人道主義者暨名作家阿道斯・赫胥黎（Aldous Huxley）。朱里安・赫胥黎曾在 1927 年寫道：「如果人類希望的話，其實可以超越自己，不是偶一為之，某個人在這裡以某種方式超越自我，另一個人在那裡用另一種方式超越自我，而是人類整體的自我超越。我們需要為這個新信念取個名字，或許『超人類主義』還滿適合的：人依然是人，不過藉由為人類本質實現新的可能性，而超越自己。」

身而為人，我們不是演化過程的終點，而是會進一步演化，並且我們自己會積極參與、主導演化的過程，這個概念的源頭要回溯到達爾文出版《物種原始論》後激發的知識探索，而且這股騷動一直延續到 20 世紀，幾十年後引發了有關新的人類演化終點——「奇異點」（Singularity）的討論。

德日進最先採用「奇異點」這個名詞，來形容未來人工智慧超越人類智能的門檻。加州數學家暨電腦科學家文吉（Vernor Vinge）在二十年前出版的論文中，簡要說明了這個概念，他在這篇名為〈即將來臨的科技奇異點〉（The Coming Technological Singularity）中寫道：「三十年內，我們擁有的技術將創造出超人的智能。之後不久，人類的紀元將宣告結束。」

目前，奇異點觀念是由博學的作家、發明家、未來學家科茲維爾（Ray Kurzweil）熱心提倡和推廣。〔科茲威爾並且和迪雅曼迪斯（Peter Diamandis）在加州的 NASA 研究園區共同創辦奇點大學（Singularity University）。〕科茲威爾預見，科技快速發展將促使人類的思想意念，完整轉換為先進電腦能理解和儲存的形式。他認為，一旦這些重大科技突破真的發生，未來數十年，人類智能（甚至意識）將與人工智慧融為一體。他最近寫道：「在奇異點後的未來世界，人與機器或實體與虛擬現實之間，將毫無差異。」

科茲威爾不太會僅因其他技術專家認為荒誕不經，就不去推動某些鼓動人心的觀念。他的好友凱普（Mitch Kapor）也是電腦界的傳奇人物。凱普曾和科茲威爾用 2 萬美元打賭（賭輸的人要把錢捐給贏家指定的基金會），他們賭的是長久以來有關未來電腦能力的有趣辯論——涂林試驗。這個試驗是以電腦科學界傳奇先驅涂林（Alan Turing）命名，涂林最初在 1950 年提出涂林試驗，以測試電腦是否達到人類智能的水平。如果某個人透過書寫方式與兩個對象對話，其中一個是人，另一個是電腦，若他根本分不出哪個是人給的答案，哪個是電腦的回答，那麼電腦就通過測試。科茲威爾主張，電腦將在 2029 年底前通過測試。凱普則不同意，他認為人類智能將永遠有別於機器智慧。不過，潛在的奇異點卻帶來不同的挑戰。

最近，矽谷版的奇異點碰到了競爭的挑戰，有些生物學家認為，以電腦為基礎的「科技奇異點」尚未達成之前，大腦基因工程很可能會產生「生物的奇異點」。就我個人而言，兩者都非我所期待，雖然我的不安或許正反映出，當多重革命以愈來愈快的速度向前疾行時，對每個人而言，要把它想清楚是非常困難的事。

為身體製造新零件

雖然人機結合在可預見的未來，可能仍然停留在科幻小說的範疇，不過以機械零件取代人體零件的技術卻出現大幅躍進。現在的義肢技術不但可取代臀部、膝蓋、手臂和腿，還能以人工代用品取代眼睛和過去無法置換的人體其他部分，例如植入電子耳能恢復聽力。好幾個研究小組已經開發出機械外骨骼，讓半身癱瘓者也能走路，同時也讓需要背負重物的士兵更有力。目前，專門訂製的耳內助聽器大多數都已經可用 3D 印表機製造。隨著 3D列印技術快速演進，不可避免的，不久之後其他各種義肢都可以同樣用 3D 印表機製造出來。

2012 年，荷蘭的醫生和技術專家運用 3D 印表機（見第 1章），為一位無法進行傳統下巴重建手術的老婦人，以鈦粉印製下巴。在電腦中設計的下巴中包含了與實際下巴吻合的人工關節，能容納重新長出的靜脈及神經，同時精準地設計了可以附著肌肉的凹處。當然人工下巴的大小也完全符合婦人的臉型。

然後，他們把 3D 數位藍圖輸入 3D 印表機，印表機再把鈦粉層層疊起來（每毫米有 33 層超薄的鈦粉層），並使用雷射熔合鈦粉，全部的製程只需要幾個小時。老婦人的醫生、哈塞爾特大學（Hasselt University）的波肯斯醫師（Jules Poukens）表示，老婦人在手術後甦醒時，已經能正常使用 3D 列印的下巴，一天後，她甚至能吃東西。

由於目前器官移植手術面臨器官短缺的窘境，雖然今天的 3D 列印技術還無法打造人體器官，但未來的可能發展已經在器官移植領域掀起極大的興奮。不過，在 3D 列印器官成真之前，科學家希望能先在實驗室裡開發出可以移植到人體的替代器官。美國維克森林大學的再生醫學專家正在培育所謂的「體外腎臟」（和肝臟）。等到未來人們能培育自己的替代器官時，一定會大幅改變器官移植領域的面貌。

斯德哥爾摩大學卡羅林斯卡醫學院（Karolinska Institute）的醫生，已經成功製造和移植了替代氣管到病患體內。促使病患的細胞在實驗室中的特殊塑膠「鷹架」（完全複製病患原有氣管的大小及形狀）中重新增長。匹茲堡的醫療小組運用類似的技術，為阿富汗戰爭中因爆炸受傷而失去臀部肌肉的一位士兵，重新培育股四頭肌。他們把用豬膀胱活細胞做的鷹架移植到士兵腿上，刺激他的幹細胞，當幹細胞察覺身體的免疫系統開始拆解鷹架時，就會重建肌肉組織。麻省理工學院的科學家正在開發只有人類頭髮千分之一大小的矽奈米線，矽奈米線置入了這類鷹架後，就可以監控再生器官的功能。

美國在 1984 年通過的「國家器官移殖法」，我是起草人之一，因此在國會聽證會中，了解到因應與日俱增的器官移殖需求，需要找到更多器官捐贈者的問題。我贊成嚴禁器官買賣，我仍然不認為應該移除這項法律禁令（除了伊朗以外，其他國家也都採取相同立場）。但器官移植很容易遭到濫用，從惱人的黑市買賣把窮國人民的器官賣到富國，以供移植，就可見一斑。

在人工器官和再生器官技術持續開發期間，包括社交媒體在內的各種網路工具，都協助人們找到更多器官捐贈者，並將他們與需要移植器官的病患配對。2012 年，《紐約時報》記者薩克（Kevin Sack）報導了一個動人的案例，有 60 個人參與了「史上最長的腎臟移植鏈」。臉書最近宣布，要在用戶可以隨時更新的個人資料中，增加「器官捐贈」項目。

另外一家 3D 列印公司，舊金山的 Bespoke Innovations，正運用 3D 列印技術，製造更多先進的人造肢體。其他公司也利用 3D 印表機來製造醫療植體。還有一些科學家正在研究如何從隨選的基本化學藥品中列印出疫苗和藥物。英國格拉斯哥大學的克羅寧教授（Lee Cronin）領導的團隊就致力於研究 3D 列印藥物，他最近表示，他們正在研究的製程，可以把合成藥物的化學元素和化合物的分子，放進類似傳統印表機碳粉匣的盒子裡。有一組這樣的分子匣之後，克羅寧說：「你可以製造出任何有機分子。」

當然，其中一個好處是，如此一來就可以把藥物和疫苗的 3D 數位配方，傳送到散布世界各地的 3D 印表機，因此只要多花一點點錢，就可以因應每個病患的需求，製造出客製化的藥物。

　　過去，製藥業總是仰賴大型製藥廠集中生產藥物，因為藥物的商業模式是根植於大眾市場的概念，基本上就是提供大眾相同的產品。不過數位化的趨勢，加上分子材料的發展，今天我們不管是對於人或物，都擁有可以辨識出差異性的龐大資料，因此在不久的將來，我們就沒什麼理由非得把一大堆人混成一團，完全無視於他們之間在醫療上有重大意義的差異。

　　由於今天人類擁有操控微世界構造的新能力，我們能夠設計出奈米層次的機器植入人體——有些裝置只有細胞大小，可以和人體組織並存。麻省理工學院的奈米科技專家在 2012 年宣布，他們已經成功打造出「奈米工廠」——理論上當科學家從體外射入雷射光時，可以啟動人體內的奈米工廠生產蛋白質。

　　科學家也正在發展特殊的人工大腦裝置，將類似心律調節器的裝置植入腦部，修補腦部損傷與疾病。醫生已經開始把電腦晶片和數位裝置植入大腦表層，甚至深入腦部。他們在病患頭蓋骨開個小洞，把與電腦連結的晶片直接植入大腦表面，原本癱瘓的病患因此可以運用意念指揮機器人進行動作。在許多人都看過的演示中，癱瘓的病患能指揮機器手臂拿起咖啡杯，靠近她唇邊，然後把吸管插進她嘴裡，讓她品嚐一下。

　　專家相信，由於電腦威力日益強大，電腦晶片愈來愈小，遲早把晶片連結到電腦的電線都可以省掉。美國伊利諾大學、賓州大學和紐約大學的科學家正努力發展非常有彈性、能伸展自如的新型態大腦介面，因此能充分吻合大腦的表面輪廓。葛蘭素史克藥廠的研發主管史勞意（Moncef Slaoui）表示：「生物電子學目前在全世界學術中心以驚人的速度發展，不過研究進展分散在各地，如何整合在人腦／電腦介面、材料科學、奈米科技、微型發電等各方面的研究，以提供醫療上的效益，是一大挑戰。」

以色列特拉維夫大學的醫生在老鼠身上裝了人工小腦，他們把人工小腦附著在老鼠的腦幹上，以便解讀從老鼠身體其他部位傳來的資訊。醫生再利用這個資訊，刺激老鼠的運動神經元擺動四肢。雖然這項研究還在初步階段，這個領域的專家認為，遲早可以為整個腦部打造出人工子系統。英國艾薩克斯大學（University of Essex）的西普維達（Francisco Sepulveda）表示，這是極其複雜的挑戰，不過科學家已經看到清楚的成功途徑。「可能需要幾十年的時間才辦得到，不過我敢說像海馬回或視覺中樞之類組織完善的特殊大腦部件，在本世紀結束前將出現經由合成的相關發明。」

在海馬回或視覺中樞之類複雜的合成大腦部件開發出來之前，科學家已經把所謂的「神經修復技術」（neuroprosthetics）應用在人體上，包括膀胱控制、紓解脊椎疼痛、以及矯正某些型態的視盲和耳聾的輔具。根據科學家的說法，在不久的將來，將會出現其他人工輔助裝置，能刺激大腦的特殊部位，以提升專注力。同時，只要打開開關，就能刺激與「練習」相關的神經連結，讓中風病患能夠學習走路。

改造孩子

當植入技術、修復學、神經修復學和模控學的應用方式都持續改進時，這些技術在用途上的討論，範圍就更廣了，除了用來治療、補救、修復之外，還有使用修復學來增進人類的能力。比方說，前面提過的腦部植入物除了能幫助中風病患更快學會走路，也能用在健康人身上，在他們需要時，幫助他們更專心學習新技能，或在他們認為特別重要的時刻，提升他們的專注力。

許多人已經開始透過使用藥物，暫時增進心智上的表現。據估計，美國大約有 4% 的大學生為了提高考試成績，經常服用有助於集中注意力的藥物，包括 Adderall、利他能（Ritalin）、普衛醒（Provigil）等。有些學校甚至有高達 35% 的學生使用這類藥物。《紐約時報》深入調查高中生使用這些藥物的情況後，在報導中指出，雖然由於「缺乏可靠研究」，無法推估全美國的情況，但他們調查了超過十五個對課業水準要求很高的學校，結果根據醫生和學生的估計，使用這些藥物的學生比率大約「在 15% 到 40% 之間」。

《紐約時報》還指出：「大家有清楚共識：使用者變得愈來愈普遍……有些學生原本不想服藥，後來為了競爭班上排名，以及爭取大學青睞，不得不加入其他人的行列。」

有些為低收入家庭看診的醫生開始為孩子開 Adderall 處方，補償他們無法和有錢人家小孩擁有相同優勢的弱點。其中一位醫生是喬治亞州坎頓市的安德森（Michael Anderson）醫師，他告訴《紐約時報》，他認為這樣做是「把天平稍微拉平一點點……我們覺得，就社會而言，改善孩子的環境，成本十分昂貴，所以我們必須改造這些孩子。」

幾年前，六十個國家中將近 1,500 名在研究機構工作的科學家回答了一份問卷，內容是關於促進大腦功能藥物的使用狀況。結果，其中將近 20% 的受訪者表示，他們的確使用過這類藥物，而且大多數人都說，他們覺得記憶力和專注力都有所改善。雖然醫生警告，這類藥物的不當使用和危險濫用將造成風險，帶來副作用，但科學家仍努力研究有可能提升智力的新藥物。有些人預測，目前正在開發的智力提升藥物改良版未來將變得十分普遍，就像今天的美容手術一樣正常。美國國防部先進研究計畫署，正在實驗提升專注力和加速學習新技能的不同方法，利用頭蓋骨外面的小電流刺激大腦負責物件辨識的部位，以增進狙擊手的訓練效果。

創造歷史的神奇表現

2012 年奧林匹克運動會，代表南非出賽的皮斯托瑞斯（Oscar Pistorius）創造了歷史，因為他是史上第一個在奧運田徑場上競賽的雙腿截肢運動員。皮斯托瑞斯出生時，小腿就沒有腓骨，還不到一歲，雙腿就截肢，只能學習靠義肢跑步。他在奧運中參加四百公尺短跑，並進入準決賽；而參加的 400 公尺接力賽跑，南非隊也順利晉級決賽。

皮斯托瑞斯的競爭對手曾在賽前表達疑慮，認為附著在義肢小腿上的彈性刀鋒，讓他擁有不公平的優勢。已退休的四百公尺短跑紀錄保持人強森（Michael Johnson）表示：「因為我們不確定他是否因為義肢而具有某些優勢，這樣對四肢健全的選手並不公平。」

由於皮斯托瑞斯非凡的勇氣和決心，大多數人都為他喝采加油。不過，倫理爭辯的時刻顯然已經來臨，究竟提升人類能力的義肢或人工輔具，會不會帶來各種不公平的優勢？皮斯托瑞斯自己倒是在兩個星期後參加殘障奧運時，針對另一名跑者的情況提出抗議，根據皮斯托瑞斯的說法，這位競爭對手的義肢刀鋒和他的身高相較之下實在太長了，讓他擁有不公平的優勢。

另外一個關於運動員的例子，是一種叫「紅血球生成素」

（erythropoietin, EPO）的藥物，能更長時間提供肌肉更多氧氣。
一位前環法自行車賽冠軍也在藥檢測出對睪固酮升高呈陽性反應
後，被取消勝果。他承認使用 EPO 和其他非法促進劑。最近，曾
七度蟬連環法自行車賽冠軍的阿姆斯壯（Lance Armstrong）也被
取消冠軍資格，並終身禁賽，因為美國反禁藥組織（Anti-Doping
Agency）發布報告，詳細列出他使用 EPO、類固醇、輸血，還有
團隊其他成員使用禁藥的情況，以及複雜的瞞天過海計畫。

　　奧委會及其他競賽組織被迫踏入基因科學和生化學的軍備競
賽，開發愈來愈複雜的方式，來檢測違反規定的新促進劑。假如
能產生額外紅血球生成素的基因被剪接植入運動員的基因組呢？
要怎麼樣檢測出來？

　　至少有一位前奧運多面金牌得主、芬蘭越野滑雪選手曼泰羅
塔（Eero Mäntyranta）多年後被發現，由於自然突變，導致他的身
體比常人能產出更多紅血球生成素，因此也製造更多紅血球。顯
然，你不能說他違反奧運規則。曼泰羅塔是在 1960 年代參加奧運
競賽的，當時尚未發明基因剪接技術。但是如果未來奧運選手體
內出現類似的突變，就幾乎不可能判定究竟是自然突變，還是透
過人為基因剪接造成的。今天的技術已經可以檢測基因剪接，但
科學家說，當基因剪接程序更加完善後，奧運官員可能必須對運
動員的親人進行基因檢測，才有辦法裁決。

　　另外一個例子是，科學家找到方法來操控叫肌肉生長抑制素
（myostatin）的蛋白質，這種蛋白質會抑制肌肉生長。如果阻斷動
物體內的肌肉生長抑制素，動物全身都會長出特別巨大強壯的肌
肉。如果運動員利用基因工程技術，促進肌肉生長，這樣算不算
不公平的競爭？這不就等於是新型態的禁藥，和施打類固醇或含

氧量高的紅血球,沒什麼兩樣?然而有的人(至少有一位年輕體操選手)確實是因為罕見的基因突變,身體無法製造出正常數量的肌肉生長抑制素,以致於肌肉組織異於常人。

基因工程技術與修復學融合後,很可能產生新的突破。加州科學家在 2012 年宣布打造人工睪丸的新計畫,並稱之為「製造精子的生物機器」。基本上,這就是一種人工假體。他們打算每隔兩個月,把利用男性成人幹細胞製造出來的精子,注射到人工睪丸中。

科學家最初是把基因研究應用於治療不孕症。事實上,自從生命科學革命啟動以來,大部分的研究工作都把焦點放在人類生命週期的起始與結束——重新定義生與死。

生兒育女的倫理議題

1978 年,全球第一個「試管嬰兒」露意絲・布朗(Louise Brown)在英國誕生,引發全球激辯人工生殖過程的倫理規範與適切性。從許多方面而言,這樣的辯論也示範了社會大眾對於這類重大突破的典型反應。在初期,當新崛起的專家試圖探索重大突破的種種含意時,大家會又驚又懼,還夾雜著忐忑不安的臆測。當時有些生物倫理學家擔心,體外受精可能會降低父愛和母愛,令親子之間關係淡薄。但與專家眉頭深鎖、憂心忡忡的情形成強烈對比的是,新手父母終於實現生小孩的夢想時,全都樂不可支。激情與騷動很快消逝。美國生物倫理學家馬修(Debra Mathews)指出:「很多人想要小孩,而且沒有人希望別人叫他們不能有小孩。」自從 1978 年以來,透過人工受精和其他相關技術,全球想要小孩的不孕父母已生下五百多萬個嬰兒。

　　1970 年代和 1980 年代，在關於生命科學發展的無數國會聽證會中，我看到這樣的型態一再重複。甚至更早的年代，南非的巴納德（Christiaan Barnard）醫師於 1967 年成功完成第一個心臟移植手術時，也引發爭議，但這個醫學奇蹟帶來的驚喜，平息了相關爭論，因此爭議並未愈滾愈大。曾協助完成手術的皮考克（Warwick Peacock）醫師告訴我，當移植的心臟終於開始跳動時，巴納德感嘆：「天哪，成功了！」後來，第一頭複製羊出現，以及代理孕母的方式商業化時，都曾短暫引起爭議。

　　不過，目前一波接一波的科學突破所帶來的生育方式新選項，可能引發爭議，而且這次爭議不可能像過去那麼快速消退。其中一種新療程是在胚胎孕育後，運用「胚胎著床前基因診斷」技術（preimplantation genetic diagnosis, PGD），篩選出適合的「救命寶寶」（savior sibling），預備日後可捐贈器官、組織、骨髓、臍帶幹細胞給親兄姐。有些生物倫理學家擔心，帶有工具性目的孕育胚胎，將貶低孩子的價值，雖然其他人質疑是否真會如此。理論上，父母給兩個孩子的愛與珍視將無二致，即使他們將透過第二個孩子的協助，為第一個孩子找到重要的醫療方式。在這種情況下，扮演捐贈者的孩子究竟是否真的知情且同意捐贈，又是另一個問題了。

　　母親的粒線體基因缺陷，可能導致孩子得到無法治癒的遺傳疾病，英國新堡大學生殖醫學系的科學家和醫生，為想生出健康寶寶的高風險父母，設計出「有三個父母的寶寶」生育流程。假如沒有致病基因的第三者願意捐出基因（必須是女性捐贈者）來取代胚胎基因組中有缺陷的部分，那麼寶寶就能逃脫可怕的遺傳疾病。這個新生兒 98% 的 DNA 都來自父母，只有 2% 左右來自基因捐贈者。不過，這類基因改造技術不但會影響這個嬰兒，還會永遠影響其後代子孫。所以英國醫學界已經要求政府評估整個療程，判斷是否合乎英國法律。

當這樣的選擇操控在父母（而非政府）手中時，大多數人會用不同的標準來決定自己的觀感。關於墮胎倫理的持續辯論則是一大例外。雖然許多思慮周密的人士強烈反對墮胎，在大多數國家中，大多數人似乎都認同：至少在懷孕初期，要不要墮胎的問題，基本上應該交由懷孕婦女來決定。因此雖然許多人或多或少仍對墮胎感到不安，但這種原則性的認同超越了不安的情緒。

儘管如此，由於可以選擇的新基因技術愈來愈普及，某些國家已經制定新的法令，規範父母可以做和不能做哪些事。例如，印度法律禁止對胚胎進行判斷性別的基因檢測，或甚至驗血也不行。許多印度父母（尤其在生了一個女兒之後）強烈渴望下一胎能生男孩，導致印度每年有五十萬個女胎遭墮胎，印度人口中的男女比例也日益失衡。（印度人之所以如此偏好生男孩，其中一個重要的文化因素是，孩子結婚時，新娘的父母必須準備價值不菲的嫁妝。）2011 年印度的人口普查顯示，兒童性別失衡情況進一步惡化。印度政府因此推出新的宣傳活動，禁止篩選嬰兒性別。

印度人在進行產前性別鑑定時，通常都使用超音波，而不是風險較高的羊膜穿刺術。在印度到處都看得到價格便宜的超音波診所大打廣告，由此可知這種方式有多麼流行。雖然印度政府明令禁止為篩選嬰兒性別而墮胎，但禁止使用超音波設備的提案卻無法獲得支持，部分原因是，超音波設備還有其他醫療用途。印度及其他國家有些夫婦現在會遠赴泰國求診，泰國興旺的醫療旅遊業會為想生男孩的夫婦進行胚胎著床前基因診斷。一位任職於這類診所的醫生表示，他從未碰過想生女孩的父母。

由於醫學上的突破，今天已經可以從孕婦的血液樣本中檢測胎兒 DNA。專家表示，在懷孕七週後以驗血方式鑑定胎兒性別，準確度高達 95%，而且懷孕時間愈長，檢測結果愈準確。加州聖塔克拉拉有一家製造檢驗工具的 Consumer Genetics 公司要求女性顧客簽署同意書，承諾不利用驗血結果來篩選嬰兒性別；同時，這家公司還宣布不會在中國和印度販賣這種基因檢測工具。

2012 年，美國華盛頓大學宣布一項重大突破，他們從懷孕婦女的血液樣本和胎兒父親的唾液樣本中，為胎兒的基因組幾乎完整定序。雖然這種基因組定序方式非常昂貴（估計每個胎兒的基因組要花 2 萬到 5 萬美元，去年每一次檢測的費用是 20 萬美元），價格可能很快會持續下降。在華盛頓大學的科學家宣布這項突破後，史丹佛大學的醫學研究小組也宣布，他們改善了檢測流程，新方式毋須使用父親的基因樣本，預計兩年內這種檢測方式將變得非常普遍，而且費用可降低到 3,000 美元。

新優生學浮現？

雖然胎兒性別篩選引發大量關注，其實遺傳標記篩檢技術也有重大進展，透過這種篩檢方式，可以早期偵測、早期治療某些嚴重疾病。比方說，每年在美國誕生的 4 百萬新生兒，其中幾乎有 5,000 人患有遺傳疾病或功能障礙，只要能早期發現這些疾病，就可以及早進行治療。由於新生兒通常在出生當天會接受二十餘種疾病的篩檢，因此為胚胎做基因篩檢，某個程度而言，其實只是延伸新生兒出生後的例行檢查罷了。

不過，由於胚胎的某些狀況或遺傳特性，會導致父母決定墮胎,因此其中牽涉的倫理意涵也大不相同。的確,父母因為發現胚胎有某種嚴重的基因缺陷而終止懷孕,是世界各地都常見的情形。舉例來說,最近美國研究發現,美國有九成婦女在發現腹中胎兒罹患唐氏症後,會終止懷孕。英國帝國學院(Imperial College)的李洛伊(Armand Leroi)在一篇標題聳動的文章〈新優生學的未來〉(The Future of Neo-Eugenics)中寫道:「由於大家普遍接受墮胎是實踐優生學的手段,或許也不太會抗拒更精細的優生篩檢方式,一般而言,情況就是如此。」

科學家表示,預期在十年內,人類將建立胎兒基因檢測的新能力,檢測像髮色、眼睛顏色、膚色和其他許多特性(許多特性過去被認為是行為特質,如今卻有許多科學家認為有強烈的遺傳成分)。休士頓貝勒醫學院的神經科學家伊格曼博士指出:「如果你身上有某種特殊基因,你可能犯下暴力罪行的機率,比缺乏這種基因的人增加三倍……監獄裡的囚犯絕大多數都有這些基因;而 98.1% 的死刑犯身上有這些基因。」

如果即將為人父母者發現,他們考慮植入的胚胎身上有這些基因,他們會不會禁不起誘惑,對這些基因進行剪接,還是乾脆選擇不同的胚胎?我們會不會很快就開始辯論「分散式優生學」(distributed eugenics)?由於這些發展,有些生物倫理學家十分憂心李洛伊所說的「新優生學」很快會帶給我們新一波的倫理難題。

施行人工受精的診所目前會運用胚胎著床前基因診斷(PGD)的技術,在植入胚胎前,先掃描胚胎身上有沒有與幾百種疾病相關的遺傳標記。雖然美國對醫學研究領域的管制比大多數國家都嚴格,但對 PGD 仍然毫無規範。結果,診所在篩檢過程中遲早會提供父母更多選擇(包括美感考量)。

　　已經浮現的問題是，如何處置沒有被選上的胚胎，是一大倫理考量。篩選出來的胚胎可能會被冷凍起來並保存下來，以備植入。許多採取人工受精方式懷孕的婦女，都會選擇這種方式。不過，醫生通常會同時植入好幾個胚胎，以提高成功機率；這是為什麼採用人工受精方式產生多胞胎的機率高於正常情況。

　　英國法律明白限制醫生植入的胚胎數目，以減少多胞胎的數目，避免母親和嬰兒出現相關併發症，增加醫療保健系統的額外成本。結果，美國 Auxogyn 公司使用數位影像技術（結合某種複雜的電腦演算法）來監看胚胎的發育狀況，從受孕開始直到選擇其中一個胚胎植入，每隔 5 分鐘監看一次，目的是篩選出最有可能健康發育的胚胎。

　　其實，大多數人都明白，大多數的冷凍胚胎遲早都會遭廢棄不用，這引發的潛在議題和反墮胎運動的動機一樣：生命初始階段的胚胎，是否也和出生後的個體一樣，享有完全一致的法律保護？儘管之前有種種疑慮，但幾乎每個國家的大多數民眾都已經同意，雖然胚胎代表人類生命的初始階段，但胚胎或胎兒，與真正的生命個體，實際差異仍然頗大，因此大家願意讓懷孕婦女自行決定是否墮胎。這就和幾乎每個國家大多數人民都認為，政府無權要求懷孕婦女墮胎一樣。

　　對胚胎幹細胞研究的狂熱也來自於相關議題。即使在大多數的情況下，大家認為婦女有權選擇終止懷孕，但如果父母容許科學家在他們賦與生命的胚胎身上進行各種「實驗」，一般民眾也能接受嗎？雖然爭議仍未平息，但顯然大多數國家的民眾都認為，從胚胎身上取出幹細胞，在科學上和醫學上創造的效益實在太大了，因此是合理而正當的實驗。在許多國家，這樣的正當性也和一個判斷有關：無論如何，引發爭議的胚胎後來終究會被丟棄。

日本京都大學的山中伸彌（2012 年得到諾貝爾生理醫學獎）發現非胚胎幹細胞（誘導性多功能幹細胞或 IPS 細胞）後，可能帶來各種新療法，藥物發明和篩檢技術也將出現戲劇性改進，令科學界興奮不已。不過，儘管新發現令人興奮，許多科學家仍然認為，胚胎幹細胞的特性和潛能仍有待證實。倫敦大學學院的研究人員已利用幹細胞幫助有遺傳性視網膜疾病的老鼠，成功恢復部分視力，他們相信，運用類似的技術，或許很快就能治療人類某些視障。英國雪菲爾大學的研究人員則用幹細胞來重建沙鼠的耳神經，恢復牠們的聽力。

2011 年，京都大學的日本科學家宣布，他們已成功把老鼠胚胎幹細胞植入不孕老鼠的睪丸中，並產生精子，在科學界引發騷動。他們隨後取出精子，植入老鼠的卵中，再把受精卵移至雌鼠的子宮，結果生出具有正常繁殖能力的下一代。他們的研究奠基於英國 2006 年的科學突破，當時新堡大學的科學家率先利用幹細胞產生能正常運作的精子細胞，並生出活生生的下一代，儘管下一代帶有基因缺陷。

這些研究之所以如此受到矚目，原因之一在於，基本技術逐步發展改進後，可能很快就能讓不孕的男人生出自己的孩子，同時也開啟了更多可能性，未來同志伴侶或許都能擁有和自己血脈相承的孩子。有些撰寫標題的媒體人也嗅到不尋常的味道，猜測既然理論上，女人沒有理由不能利用相同的技術，產出精子，那麼，「男人會不會遭到淘汰？」基因研究可能帶來的一連串後果中，這個可能性注定會排到最後面，雖然我當然也是帶著偏見做此預測。

壽命與「健康年限」

研究生育的科學家把焦點放在生命的開始，有些科學家則把研究重心放在生命的終結——而且在了解影響長壽的因素上，已有重大進展。他們希望開發出新的策略，不但能大幅延常人類平均壽命，而且也能延長所謂「健康年限」——能過健康的生活，而毋須擔憂疾病纏身的年數。

雖然少數科學界異數主張，基因工程技術能將人類壽命延長數百年，但許多老化專家的共識是，比較可能的幅度是增加25%的人類壽命。大多數專家的看法是，根據演化論和許多關於人類與動物遺傳學的研究，得到的結論是，環境因素與生活方式大約影響了四分之三的老化過程，遺傳的因素影響較輕微，大約只占了20%到30%。

關於生活方式和長壽的關係，有一項著名的研究顯示，嚴格限制熱量攝取可以大幅延長齧齒動物的壽命，儘管像這樣的生活調整方式，能否對人類壽命產生相同的效果，仍有爭議。最近許多研究都顯示，嚴格限制恆河猴攝取的熱量，並不會令牠們活得更久。但抱持不同立場的專家都指出，長壽與老化之間有個微妙但重要的差別。雖然兩者顯然相關，但長壽乃關乎生命的長度，老化則是一種過程，在過程中，長期細胞損害導致的身體狀態，終於造成生命終結。

有些高度爭議性的療法，例如使用人類生長激素，試圖減緩或逆轉老化過程的某些徵象，很可能帶來副作用，例如引發糖尿病或刺激腫瘤生長，結果反而縮短壽命。其他被用來對抗老化症狀的荷爾蒙（例如睪固酮和雌激素）療法，也引起爭議，有些專家擔心，產生的副作用可能會縮短某些病患的壽命。

不過，哈佛大學 2010 年發表的研究仍然引發騷動，這項研究顯示，一種叫「端粒酶」的酵素能延緩、甚至逆轉老鼠的老化過程。端粒酶的作用是保護染色體末端的端粒。科學家早就知道，隨著細胞老化，端粒會變得愈來愈短，而端粒縮短的過程可能會阻止細胞透過複製而更新。哈佛大學的研究發表後，科學家開始努力研究各種策略，以保護端粒、延緩老化。

有的科學家抱持樂觀的態度，認為對長壽人瑞的基因組做深入研究，可能會找到一些長壽的遺傳因子，或許有助於延長其他人的壽命。不過，上個世紀人類平均壽命之所以出現戲劇性的增長，主要是因為衛生條件與營養狀況都有所改善，再加上許多醫藥上的重大突破，例如發明抗生素和疫苗。持續改善這些非常成功的策略或許能進一步提升平均壽命（科學家猜測，或許每 10 年的努力能增加 1 年的平均壽命）。

除此之外，全球持續努力對抗傳染病的威脅，減少過早死亡，也能延長平均壽命。如今傳染病防治的重點是瘧疾、肺結核、愛滋病、流行性感冒、病毒性肺炎，以及工業化國家少見的多種「受輕忽的熱帶疾病」，在熱帶及亞熱帶開發中國家，有超過 10 億人為這些疾病所苦。

疾病最前線

在降低每年愛滋病死亡人數方面，已出現令人振奮的進展。2012 年，有 170 萬人死於愛滋病，比起 2005 年高峰時的 230 萬死亡人數，已大幅降低。主要原因是能延長愛滋病患的壽命，並改進他們健康狀況的藥物（尤其是抗反轉錄病毒藥物）日益普及。

同時，各國也透過預防教育，在高風險地區提供保險套，及加速開發疫苗，努力降低感染率。

過去十年來，透過審慎選擇的綜合性策略，罹患瘧疾的人數也大幅降低。根據聯合國的統計，雖然非洲的瘧疾病患人數減少最多，但因瘧疾而病死的案例，仍有九成發生在撒哈拉沙漠以南的非洲地區，而且大多數是 5 歲以下的幼兒。儘管 1950 年代曾出現雄心萬丈的計畫，試圖消滅瘧疾，卻沒有成功，但包括比爾·蓋茲在內，仍有少數人一直孜孜不倦努力消滅瘧疾，而且他們認為，可能在數十年內達成目標。

不過，全世界倒是在 1980 年，成功消滅了天花帶來的可怕災害。2011 年，聯合國食品與農業組織也成功消滅第二種疾病——牛瘟。牛瘟類似麻疹，會使牛之類的分趾蹄動物喪命。由於牛瘟是動物疾病，從來不曾像天花般引發全球關注，但卻是致死率最高、畜牧業者最恐懼的威脅。

根據世界衛生組織的資料，儘管大家十分關注傳染病，但今天全球最主要的死因卻是無法傳播的慢性病。2008 年，全世界有將近 5,700 萬人死亡，而其中六成左右的死因是慢性疾病，主要是心血管疾病、糖尿病、癌症和慢性呼吸系統疾病。

癌症尤其是一大挑戰，部分原因是，癌症並非單一疾病，而是好幾種病。美國國家癌症研究院和國家人類基因組研究院每年花費 1 億美元大力推動「癌症基因組圖譜」（Cancer Genome Atlas）計畫。2012 年，這個計畫的第一批成果刊登於《自然》期刊，由兩百多位科學家詳細描繪出結腸癌腫瘤的基因特性。他們針對 224 個腫瘤的研究，被認為可能是新藥發展的轉捩點，新藥研製時將利用他們在腫瘤細胞中發現的弱點。

科學家除了分析癌症基因組之外，還徹底研究了各種癌症治療策略。他們調查各種新的可能性，希望能終止對癌細胞供血、解除癌細胞的防禦機制，或提升人體的自然免疫力，以辨識和攻擊癌細胞。許多科學家尤其對與蛋白體學（proteomics）相關的新策略感到興奮，也就是研究如何破解各種癌症的癌細胞基因轉譯到蛋白質的密碼，並以後以遺傳異常為標的。

科學家解釋，雖然許多人常用「藍圖」來說明人類基因組的特性，但基因組其實更像一長串零件或成分的清單。控制細胞功能的實際工作是由蛋白質完成的，因為蛋白質會執行細胞內及細胞與細胞之間的「對話」。要了解像癌症之類的「系統疾病」，這些對話的內容非常重要。

處理像癌症或慢性心臟病之類的系統失調，其中一個很有希望的策略是加強身體自然防禦機制。在某些情況下，新的基因療法顯示這種方法可能奏效。加州大學舊金山葛萊史東心血管疾病研究所的研究團隊藉由將老鼠細胞重新編程，以重新恢復心肌健康，大幅改善成年鼠的心臟功能。

不過在許多情況下，對抗慢性疾病最有效的方法都是改變生活方式：減少抽菸，盡量不要接觸致癌物及環境中其他有害化學物質，透過健康飲食和多做運動來減重，還有降低鹽分攝取量，避免高血壓。

好幾種慢性疾病的主因都是肥胖。2012 年，英國《刺絡針》醫學期刊發表一系列研究，指出肥胖的主因之一，體能活動不足和久坐不動的生活方式，正從北美洲和歐洲逐漸蔓延到世界其他國家。研究人員分析世界衛生組織的統計數字後，發現每年死於體能活動不足的人，超過死於抽菸的人。全世界每十個死亡人口中，就有一人是死於長期不運動引起的疾病。

儘管如此，當較廉價的智慧型手機變得愈來愈普遍之後，生命科學革命的知識結合能監控疾病與健康狀況的數位新工具而形成新健康策略，可望從先進國家普及於世界各地。讓智慧型數位助理扮演健康教練，來管理慢性疾病，可能會產生非常好的效果。

開發中國家已經有許多智慧型手機應用程式，能協助使用者控制每天攝取多少熱量、吃哪類食物、做多少運動、睡足幾個小時〔有些新式頭帶還能追蹤使用者有多少時間沉睡，有多少睡眠時間是快速眼動（REM）〕，甚至追蹤他們戒掉菸癮、酒癮及藥癮的進度。還有一些自我追蹤程式是針對情緒失調及其他心理疾病而設計。2012 年在倫敦舉行的夏季奧運會中，想要改進健康追蹤裝置的生物科技公司，說動一些運動員使用血糖監視器和睡眠監視器，並接受基因分析，以改進他們的個別營養需求。

並非只有參加奧運的運動員才能接受這樣的健康監控，可以測量病患心跳速率、血糖、血氧濃度、血壓、體溫、呼吸速率、體脂肪、睡眠型態、用藥、運動等的個人數位監視器已愈來愈普遍。隨著奈米科技和合成生物學不斷進步，未來人類很可能運用體內感測器，進行更複雜而持續的健康監控，例如科學家正在設計奈米機器人，能監視血液與重要器官的變化，定期回報資訊。

有些專家認為，這種拚命追蹤監測個人生命徵象，並分析相關數據的趨勢，有可能走過頭了，《過度診斷》（*Overdiagnosed: Making People Sick in the Pursuit of Health*）一書的作者魏爾區（H. Gilbert Welch）也是其中之一：「只要經常監測身體狀況，我們很容易會被判定『有病』。認為自己有病時,我們會尋求醫療干預。」魏爾區等人認為,許多這類治療都所費不貲,且毫無必要。比方說在 2011 年時醫學專家建議醫生,不要再將一種針對攝護腺癌的複雜且新式的抗原檢測列為例行檢查的一部分,因為因此產生的醫療干預顯然弊多於利。

由於數位化的趨勢,加上隨之產生的有關個人遺傳特性、生化構造與行為模式的龐大資料,我們有必要關注隱私權與資訊安全的問題(前面第 2 章也曾討論過)。因為這些豐富資料有助於提升醫療保健的功效與降低醫療成本,對保險公司和企業雇主而言也極端寶貴,因為凡是可能帶來龐大醫療費用的高風險客戶及員工,保險公司總是急於切斷與他們之間的關係。很多人已經拒絕基因檢測,因為深恐蒐集到的資訊會害他們丟掉飯碗,或遭保險公司拒保。

幾年前,美國通過一項名為「基因資訊反歧視法」(Genetic Information Nondiscrimination Act)的聯邦法案,禁止揭露基因資訊或不正當使用基因資訊,但執行起來十分困難,民眾對於法律保護的信心也很薄弱。美國保險公司和企業雇主通常都負擔員工大部分的醫療保健費用(包括基因檢測在內),這讓病患和員工更害怕基因資訊會外洩。許多人認為,網路資訊流通方式令這類資訊更缺乏保障。企業早已虎視眈眈,想從這類個人化醫療資訊中獲利,而美國規範健康紀錄的法律「健康保險可攜性和責任法案」(Health Insurance Portability and Accountability Act)卻未確保病患能取得從個人醫療植入裝置蒐集到的資訊。

儘管如此,這類自我追蹤技術(也是所謂「量化自我」運動的一部分)開啟了新的可能性,過去總是靠診所來矯正病患行為，如今可以在醫療機構以外的地方，執行個人化的行為矯正策略。雖然基因檢測的價格快速下滑，但隨個人化醫療的浪潮持續挺進，一般人花在基因檢測的支出正急遽上升。

美國在轉型到「精確醫療」的過程中，由於權力失衡，加上企業控制公共政策決策過程的不正常現象（我們在第3章曾討論過），可能會面臨艱巨的挑戰。本章並非在探討美國的醫療保健系統，但很有趣而值得一提的是，生命科學的發展趨勢正凸顯了美國健康醫療制度不公平、效率不彰，以及醫療費用不合理的情況。舉例來說，許多健保制度都不包含疾病預防和健康促進的費用，因為健保制度的主要用意是在病人健康已受危害後，補貼昂貴的醫療花費。然而歐巴馬總統提出的新健保改革方案，首度要求健保制度涵蓋美國醫療保健計畫中的預防保健的費用。

眾所周知，美國花在每位國民身上的醫療費用遠大於其他國家，達到的功效卻比不上許多沒花那麼多錢的國家，而且仍有數千萬美國人無法得到合理的醫療照護。在別無選擇的情況下，他們一旦生病唯有默默忍受，直到情況實在太嚴重，不得不送進急診室為止，但到了這時候，就得耗費最高的醫療成本，而成功救治的機率卻很低。最近推行的健保改革將大幅改進這些缺點，但潛在的問題可能更加惡化──主要原因是，保險公司、藥廠和其他醫療保健業者，幾乎完全掌控了醫療衛生政策的設計。

保險的故事

保險這門生意早在古羅馬與希臘時代就已誕生，當時的壽險和今天我們所說的喪葬保險十分類似。但直到17世紀，第一批現代壽險保單才在英格蘭出現。美國在1860年代廣鋪鐵路，因此出現了有限賠償的保單，保障在搭火車或乘汽船時發生意外的情況，後來才在 1890 年代出現了首批疾病保單。

1930 年代初期，由於醫療技術突飛猛進，導致成本變高，許多病人因此無法自行負擔醫療費用，這時候出現了第一個提供健康保險的重要團體，非營利組織藍十字與藍盾：藍十字負責支付醫院的費用，藍盾則負責支付醫師的費用。病人不分年齡與健康狀況，都付相同的保費。藍十字與藍盾的成功，帶動了許多營利性質的私人健康保險公司跟進，他們開始根據風險估算，制定不同的保費，同時對風險特高的人拒保。面臨新的市場競爭態勢，很快的，藍十字與藍盾也不得不根據風險高低來擬訂保費數目。

小羅斯福總統在規畫新政改革時，兩度（分別在 1935 年和 1938 年）準備將國家健康保險計畫納入立法議程，但都因深恐遭到美國醫學會的反對而撤案，以免在美國深陷經濟大蕭條時，影響了最重要的優先法案：失業補償和社會安全法案。1939 年紐約民主黨參議員華格納（Robert Wagner）提出了唐吉訶德式的方案，提供小羅斯福總統第三次實施健康保險計畫的機會，但小羅斯福選擇不支持這項法案。

第二次世界大戰期間，由於美國政府管制薪資與物價，私人企業競相拉攏員工（人數因戰爭而大減），提供員工健康保險。戰後，美國工會與雇主談判合約時，開始要求雇主提供更完善的健康保險。

繼小羅斯福之後擔任美國總統的杜魯門，想要重新推出國家健康保險計畫，但國會的反對力量（仍是由美國醫學會發動）又讓它胎死腹中。結果，由雇主提供的各種健康保險成為美國主要的健保模式。在這樣的制度下，年長者與殘障人士往往難以負擔醫療保險費用，所以美國政府實施的新計畫，就以幫助這兩個弱勢族群為主。

對於其他美國人而言，最需要健康保險的人往往難以獲得保障，或即使找到適當的保單，也付不出保費。等到這種模式的缺點和矛盾愈來愈明顯時，美國政治體系已經開始運作失靈，既得利益的企業勢力日益龐大，健保的基本結構已很難改變。

除了極少數的例外，大部分的國會議員都不再致力於追求公共利益，因為他們打選戰時十分仰賴企業的政治捐獻，而且也抵擋不住企業的不斷遊說。一般大眾通常不太關心這些辯論，只會經常接收到涉及相關利益的企業散發的資訊──而這些刻意設計的訊息是要制約閱聽大眾，讓他們支持企業說客追求的目標。

基因改造食品

生命科學革命帶動了新一波改變浪潮，然而相同的民主硬化症如今正阻撓進行我們合理的適應過程。比方說，即使民意調查不斷顯示，幾乎有九成的美國公民都認為，應該在包裝上標明基因改造食品，美國國會仍然採取大型農業公司的觀點──沒有必要標示，而且貼上標籤將有損民眾對於「食物供應的信心」。

不過，大部分歐洲國家都已經要求基改食品必須清楚標示。美國最近核准了基因改造的紫花苜蓿，引發超乎預期的抗議聲浪，「就是要標示」（Just Label It）運動變成美國新一波推動基改食品標示的草根運動的核心，因為美國基因改造作物的種植面積是其他任何國家的兩倍以上。加州選民在 2012 年公投中否決了要求基改食品標示的提案，當時利益相關的企業花了 4,600 萬美元大打反對標示的廣告，廣告預算是基改食品標示倡議人士的 5 倍。

　　儘管如此，由於美國有將近 70% 的加工食品都含有一些基改作物，這個爭議不會輕易消散。

　　積極提倡基因改造食品的人士往往強調，對動植物進行基因改造，其實由來已久。自從農業革命以來，人類賴以維生的大多數糧食作物，都在石器時代就透過選擇性的育種，進行了基因改造。選擇性育種經過幾代以後，就會改變動植物的基因結構，展現對人類有價值的特性。正如同伯勞格所說：「新石器時代的婦女在培育野生作物的物種，以供食用的過程中，加速了植物的基因改造。」

　　根據他們的觀點，運用基因剪接的新技術和其他形式的基因工程技術，只不過是把行之有年的做法變得更有效率，而這些做法的效益早已經過驗證，幾乎看不出什麼有害的副作用。在歐洲（及印度）以外的地區，大多數的農民、農業公司和政府決策者早有共識，基因改造作物安全無虞，而且為了因應可預期的糧食短缺問題，必須把基改作物當作重要策略。

　　然而，隨著基因改造生物的相關論辯愈演愈烈，反對者指出，基因工程從未提升農作物的實質產量，但至少引發了某些不容輕忽的生態問題。反對者認為，由於將外來基因植入基因組，會破壞生物基因密碼的正常型態，可能引發難以預料的突變，因此事實上，基因改造與選擇性育種大不相同。

　　第一個商業化的基因改造作物是名叫「佳味」（FLAVR SAVR）的新品種番茄，這種番茄經過基因改造後，成熟後能維持較長時間的硬度。不過，由於成本太高，佳味番茄在市場上並不成功。消費者拒絕購買佳味番茄製成的番茄糊（包裝上清楚標示為基改食品），導致佳味番茄糊成為失敗的產品。

　　科學家曾透過選擇性育種技術，在更早的階段就設法改變商業番茄品種的特性，因此產出的番茄底部比較平，不是那麼圓，更適合自動化的收成作業。新品種的番茄不會在輸送帶上滾來滾去，比較容易裝箱運送，番茄表皮變得更堅硬，也可以防止番茄在收成過程中遭機器壓爛。這種番茄有時稱為「方形番茄」，儘管它不是真的長成方形。

　　甚至在更早的 1930 年，就曾有人運用選擇性育種技術，改造番茄品種，結果讓番茄的原味盡失，許多番茄愛好者都認為這是一場災難。當時之所以改造番茄品種，是為了讓番茄比較好賣，確保番茄成熟得很均勻，變成「全紅」，而不會「肩部」仍有一塊綠色，讓消費者以為番茄還沒成熟。參與番茄基因組定序的研究人員在 2012 年發現，去除與番茄綠色肩部有關的基因時，也會破壞番茄生產大部分糖分的能力，而番茄的美味正是來自於它的獨特甜味。

　　雖然這類經驗告訴我們，大企業因貪圖方便和追求利潤而改造動植物，有時會導致遺傳特性發生其他令人憎惡的變化，不過世界各地（歐盟除外）都有愈來愈多農民種植基改作物。根據提倡基改生物的「國際農業生物技術應用服務協會」（International Service for the Acquisition of Agri-biotech Applications）的調查，2011 年全世界的農地有將近 11% 用來種植基改作物。過去十七年來，栽種基改作物的農地面積幾乎增加了 100 倍；2011 年的基改作物種植面積將近 160 億公畝，比前一年增加了 8%。

　　迄今為止，美國仍是基改作物的最大生產國，不過巴西和阿根廷都致力於發展這方面的技術，巴西尤其積極。巴西建立了基改生物的快速審查制度，並擬定重點明確的策略，擴大生物技術在農業上的應用。開發中國家採用基改作物的成長速度，是成熟經濟體的兩倍。全球約有 1,670 萬個種植基改作物的農民，分布在將近三十個國家裡，其中有九成是開發中國家的小農。

今天，對孟山都的年年春（Roundup）除草劑有耐受力的基改黃豆，是全球產量最大的基改作物。玉米則是第二大普遍種植的基改作物，但在美國則是第一大基改作物。美國有 95% 的黃豆和 80% 的玉米是用有專利的種子種出來的，農民必須向孟山都或孟山都授權的經銷商購買種子。棉花是全球第三大基改作物，第四大則是油菜籽。

雖然基改植物的科學進展快速，但今天各地種植的基改作物絕大多數仍來自第一代或第一波基改技術（目前已有三代）。第一波基改作物可以分為以下三類：

- 引進的基因讓玉米和棉花能從自體產生殺蟲劑。
- 引進玉米、棉花、油菜籽和黃豆中的基因，讓植物對兩種化學成分產生足夠的耐受力，這兩種化學成分都廣泛使用在孟山都除草劑中，而孟山都也掌控了基改作物的種子。
- 引進的基因能提高農作物碰到旱災時的存活能力。

大體而言，採用第一代基改作物的農民，一開始時生產成本會降低（部分原因是暫時減少使用殺蟲劑），植物病蟲害或雜草造成的損失也暫時減少。目前為止，種植能自體生產抗蟲害蘇力菌（*Bacillus thuringiensis*, Bt）的基因轉殖棉花，為農民創造極大的經濟效益。印度也因為這種新品種棉花而成為棉花的淨出口國，而非進口國；同時由於蟲害和雜草帶來的損失暫時減少許多，棉花產量倍增。不過，許多印度的棉花生產者開始抗議每年必須重新購買基改種子，成本太過昂貴，而且由於雜草逐漸發展出抗藥性，他們也必須使用更多除草劑。印度國會小組在 2012 年發布了一份極具爭議的報告，指出「Bt 棉花與農民自殺有關」，並建議「應該停止任何形式」的基改作物田野試驗。

新的科學研究〔包括美國國家研究委員會在 2009 年發表的完整報告在內〕證實了反對人士提出的批評：基改作物的實質產量根本沒有增加。反而因為植物的遺傳密碼發生意想不到的變化，降低了有些農場的實質產量。另一方面，過去綠色革命之所以能大幅提升農作物產量，選擇性育種是主要原因。以色列卡伊瑪（Kaiima）公司針對一種非基改生物技術所做的研究顯示，這種「促進染色體套數」（enhanced ploidy）技術（透過選擇性育種和其他自然促進方式，賦予每個細胞核不只兩套染色體），能提升不同糧食作物和其他作物的產量與耐旱性。卡伊瑪公司最近做的田野試驗顯示，玉米的產量可增加超過 20%，小麥則可增加 40% 以上。

相形之下，基因改造技術目前還未能大幅提升農作物在旱災中的存活率。雖然理論上，有些正在實驗的基改品系應該可以提升農作物在旱季的產量，但目前尚未達到商業化的規模，而且在試驗性的栽種計畫中，這種基改作物在輕度乾旱的季節，產量也只有些微改善。由於全球暖化會導致旱災盛行，開發中國家非常需要耐旱作物，尤其是玉米、小麥等。不幸的是，對植物遺傳學家而言，讓基改作物具備耐旱特性，是非常複雜的挑戰，需要以目前科學家尚未完全理解的複雜方式，結合好幾種基因。

「憂思科學家聯盟」（Union of Concerned Scientists）在廣泛分

析了基改耐旱作物的進展後發現，「沒有證據顯示在提升作物用水效能上，有任何進展。我們也發現，基因工程技術在克服乾旱和用水問題上的前景乏善可陳。」

第二波基改作物主要是引進能提升植物營養價值的基因，包括提高玉米的蛋白質含量（玉米主要用來充當家畜飼料），以及研發出能產生更多維他命 A 的新品種水稻。全世界目前有將近 2 億 5 千萬名兒童缺乏維他命 A。第二波基改作物還包括引進更能抗黴菌和抗病毒的基因。

第三波基改作物才剛開始商業化，改造植物的方式包括在具商業價值的植物中引進某些基因，以調控植物中某些物質的生產，這些物質可以投入其他生產過程中，例如用以生產可生物分解和回收再利用的生質塑膠。第三波基改作物還包括運用基因工程技術，改造高纖維素和高木質素的植物，使其在生產纖維素乙醇的製程中，變得更容易處理。所謂的綠色塑膠也前景看好。但目前許多農作物都用來生產生質燃料，當世界人口日益增長，糧食消耗量愈來愈大，同時農業生產需要的表土與水資源都日益縮減時，浮現的問題是：究竟可以安全而明智地把多少原本生產糧食的耕地挪作他用？

種子科學家相信，在未來二十年中，很可能會出現第四波基改作物──把玉米（及其他所謂 C4 植物）的光合作用基因（能更有效率進行光合作用，把太陽光轉換為能量）植入小麥或水稻等植物（及其他 C3 植物）。假如成功的話（由於這是極複雜的挑戰，能否成功完全是未知之數），將能大幅提升農作物的實質產量。不過短期而言，基改作物的淨效益只限於暫時降低植物病蟲害帶來的損失及因此增加的支出。

　　2012 年，歐巴馬政府發布的美國國家生物經濟藍圖，宣告美國將特別著重於推動生物科技產品的生產（及政府對這類產品的採購）。歐盟則比美國提早兩個月，就宣告採取類似的策略。有些環保團體則批評這兩項計畫，因為他們憂心如此一來，將有更多生產糧食的耕地被挪作他用，以及為了種植農作物而摧毀熱帶雨林。

　　反對基改作物的人士認為，到目前為止，這些基因工程技術不但沒能提升農作物的實質產量，而且原本有些基改作物的設計是為了對抗雜草與害蟲，結果由於雜草和害蟲快速突變，導致殺蟲劑和除草劑完全無效。尤其是經過基因改造後能自體抗蟲害（產生蘇力菌）的作物變得太過普遍，在大量單作的農地上，害蟲固定吃進蘇力菌，情況與濫用抗生素之後家畜內臟中的細菌一樣：植物害蟲突變後的新品系，對殺蟲劑具有高度抗藥性。

　　雜草的情形也一樣。農民經常噴灑除草劑，以保護能抗除草劑的基改作物〔例如孟山都的除草劑年年春，主要成分嘉磷塞（glyphosate），幾乎可以殺死所有綠色植物〕。已經有 10 種有害雜草對這類除草劑發展出抗藥性，迫使農民採用毒性更強的除草劑。某些反對基改作物的人士蒐集各種證據，希望證明隨著雜草和害蟲的抗藥性增加，久而久之，反而會使用更多的除草劑和除蟲劑，不過提倡基改作物的人士質疑這種說法。

　　由於許多雜草已對嘉磷塞發展出抗藥性，市場上出現新的需求──威力更強（也更危險）的新除草劑。當然市場上的選擇很多。全球農藥市場每年銷售額將近 400 億美元，針對雜草的除草劑銷售額為 175 億美元，殺蟲劑和殺菌劑則各有 10.5 億美元的市場。

　　陶氏益農（Dow AgroSciences）公司計畫推出新形式的基改

玉米，這種玉米對一種叫 2,4-D 的農藥具耐受力，但 2,4-D 是橙劑（Agent Orange）的主要成分。橙劑是一種致命的除草劑，美國空軍在越戰期間大量噴灑橙劑來清除叢林，許多曾暴露在橙劑中的美國人和越南人，後來都出現嚴重的健康問題。超過 140 個非政府組織的健康專家都反對當局核准這種「橙劑玉米」，指出接觸 2,4-D 與「癌症、精蟲數目減少、肝中毒和帕金森氏症等嚴重健康問題相關。實驗室的研究顯示，2,4-D 會引起內分泌干擾、生育問題、神經毒性和免疫抑制。」

為何蜜蜂大批消失？

在農作物上噴灑殺蟲劑也可能傷害益蟲及其他動物。過去十年來在美國農業區，對帝王蝶的而言最重要的植物馬利筋減少了將近六成，主要是因為各種耐年年春農藥的基改作物，種植地面積大幅擴張。許多研究顯示，Bt 作物（能自體抗害蟲的作物）至少已經對一個亞種的帝王蝶，還有草蛉（是一種益蟲）、瓢蟲及土壤中的有益生物群，都造成傷害。雖然提倡基改作物的人盡量縮小這類衝擊，但是當基改作物在全球糧食生產上扮演愈來愈重要的角色時，應該更嚴密監督它的發展。

最近，科學家把蜂群突然神祕消失的惱人現象，歸咎於一種新的「類尼古丁」殺蟲藥。自從 2006 年蜂群首度神祕失蹤以來，養蜂人和科學家都非常關心「蜂群衰竭失調」（colony collapse disorder, CCD）的問題。雖然對於蜂群衰竭失調的原因，許多人提出了各種理論，但直到 2012 年春天，好幾項研究才都準確指向同一個原因。

類尼古丁是結構類似尼古丁的神經毒性，廣泛用在玉米種子上，然後會在玉米生長的時候，從種子進入植物中。養蜂人長期都餵蜂群玉米糖漿。美國農業部的農業研究服務中心指出：「蜜蜂授粉為農作物增加了高達 150 億美元的價值，尤其是像杏仁和其他堅果、漿果、水果和蔬菜等特殊作物。幾乎每三口食物中，就有一口是直接或間接受益於蜜蜂授粉。」

當然，蜜蜂對基改作物的授粉毫無貢獻，因為農夫必須年年花錢購買基改作物的種子，而且蜜蜂為植物授粉所引進的基因可能不符合種子公司的設計。根據《華爾街日報》的報導，有一些種植基改無子柑桔的農民威脅要告隔壁農場的養蜂人，因為養蜂人放任蜜蜂「侵入」無子柑桔生長的果園，他們擔心蜜蜂會帶來其他有子柑桔類的花粉，並對無子柑桔進行異花授粉。不難想見，養蜂人也提出抗議，因為他們沒辦法控制蜜蜂要往哪兒飛。

工業化的農業生產技術普及全球的結果是，大家都愈來愈仰賴單一作物栽培的模式，結果促使雜草、昆蟲和植物疾病普遍對除草劑和殺蟲劑等農藥有抗藥性。包括美國在內，許多國家生產主要大宗商品作物（玉米、黃豆、棉花和小麥）時，都只栽種少數幾個品種。結果，許多農田種植的植物幾乎都有相同的基因。有些專家長期以來一直擔心，過度仰賴單一作物栽種的方式，可能導致農業在面對植物病蟲害時不堪一擊，因為植物的害蟲和病菌有太多機會能產生突變，如此會更有效率的攻擊某個大量栽種的特殊作物品種。

植物疾病突變

無論如何，新的植物疾病是全球農民都很頭痛的問題。1999年，有一種古老真菌疾病的變種，所謂的「小麥稈銹病」（stem

rust），開始侵襲烏干達的小麥田。孢子隨風飄到鄰國肯亞，又飛過紅海，飄到葉門和阿拉伯半島，然後再傳到伊朗。植物科學家擔心，小麥稈銹病會繼續在非洲和亞洲散播，甚至傳得更遠。2012 年，鑽研這個疾病的兩位科學專家尼堯（Peter Njao）和萬耶拉（Ruth Wanyera）憂慮小麥稈銹病可能會摧毀八成的已知小麥品種。雖然半世紀前，人類已大幅降低這種疾病對小麥造成的威脅，但新的變種可能又讓它成為致命疾病。

木薯（亦稱樹薯）是供應人類熱量的第三大植物來源，僅次於稻米和小麥，主要為非洲、南美和亞洲居民所食用。2005 年，東非的木薯發展出新的變種，美國聖路易市當諾丹佛斯植物科學中心（Donald Danforth Plant Science Center）木薯研究部主任佛奎特（Claude Fauquet）指出，從此以後，「就出現爆炸性的疫情大流行……速度之快，可說前所未見，農民十分絕望。」有些專家把這次爆發的疫情和 1840 年代愛爾蘭的馬鈴薯枯萎病相比擬，當時的疫情和愛爾蘭高度依賴來自安地斯山脈的單一馬鈴薯品系有關。

新的玉米葉枯病在 1970 年摧毀了 60% 的美國玉米作物，套用憂思科學家聯盟的說法，這個事件清楚顯示，「作物的基因若完全一致，等於坐視疾病發生。」他們又指出：「美國農業仰賴有限的基因源。1990 年代，美國的玉米作物有 46% 分屬 6 個品系，有一半的小麥作物分屬 9 個小麥品系，更有高達 96% 的豌豆，都只屬於兩種豌豆品種。全世界一半的馬鈴薯產地都只栽種一種馬鈴薯：麥當勞偏好的 Russet Burbank 品種，這正反映出在地球公司的年代，速食連鎖系統在全球是多麼成功。」

雖然有關基改植物的大部分爭辯，都把焦點放在糧食作物和動物飼料，目前全球正如火如荼進行基因改造樹木，包括白楊樹和尤加利樹，卻乏人討論，令人訝異。有些科學家曾表示憂慮，因為樹木長得愈高，就表示這些基改樹木品種的花粉會比黃豆、玉米、棉花等植物，更廣泛散播到周遭環境。

中國已經栽種了幾千公頃經過基因改造的白楊樹，這種基改白楊樹的葉子蘊含蘇力菌毒素，能保護樹木免於蟲害。生物科技公司正試圖在美國和巴西引進基改尤佳利樹。科學家辯稱，除了抗蟲害之外，基改樹木或許也能挺過旱災而存活下來，而且可以改造樹木的本質，加速生質燃料的生產。

讓乳牛分泌人奶

除了植物與樹木之外，為了生產人類需要的糧食而對動物進行基因改造，也引發相當的爭議。自從科學家在 1981 年發現一種新技術，能夠把基因從一個物種轉殖到另一個物種的基因組，人類已經透過基因工程技術改造了雞及牛、豬、羊和兔子等家畜。雖然早期實驗在降低老鼠疾病易感性上看來頗為樂觀，但迄今為止，只有一個研究計畫成功降低家畜的疾病易感性。

不過，科學家仍持續製造基改動物，到目前為止，已經從羊身上製造出蜘蛛絲，並在乳牛身上製造出合成生長激素，這個激素可以促進乳汁分泌。為乳牛注射「重組的牛生長激素」（rBGH），就引起很多爭議。批評者並沒有聲稱 rBGH 直接有害人體健康，而是指出，證據顯示 rBGH 會導致荷爾蒙「類胰島素生長因子」（IGF）增加，而注射過牛生長激素的乳牛分泌的牛奶中，IGF 濃度是其他牛奶的 10 倍。

　　研究也顯示，較高的 IGF 濃度可能與罹患攝護腺癌和乳癌的風險升高有關。雖然其他因素顯然也會影響到這些癌症的發展，而且雖然 IGF 是人體中的自然物質，但反對者的疑慮已轉化為成功的消費者運動，呼籲業者標示哪些牛奶是來自注射了牛生長激素的乳牛，迫使業者大幅減少 rBGH 的使用。

　　中國遺傳學家把與人乳蛋白質相關的基因引入乳牛胚胎，再把胚胎植入母牛體內。當生出來的乳牛開始分泌乳汁時，乳汁裡面包含了許多人乳中才有的蛋白質和抗體。而且這些經過基因改造的動物能自行繁殖下一代，並把引入的基因特性遺傳給後代。目前，中國農業大學的國家重點農業生物科技實驗室中有 300 隻這樣的乳牛，分泌的乳汁比較像人奶，而不像牛奶。阿根廷國家農業科技研究院的科學家聲稱，已經改進了這個流程。

　　美國科學家已在 2012 年申請核准以推出第一頭供人類直接食用的基改動物——一種基改鮭魚，牠擁有額外的生長激素基因和基因開關。即使水溫低於正常生長激素產生的溫度門檻時，這個基因開關也能啟動生長激素的製造，結果這種鮭魚的成長速度是一般鮭魚的兩倍，也就是說，只要十六個月就可以長成市場需要的大小，正常情況則需要三十個月。

　　這種「超級鮭魚」的反對者擔心如此一來，就和注射了牛生長激素的乳牛產出的牛奶一樣，類胰島素生長因子的濃度可能會大幅升高。他們也擔心這些改造過的鮭魚從養殖場逃脫，與野生鮭魚混種繁殖後，會以意想不到的方式改變物種——正如同反對基改作物的人擔心基改作物與非基改作物異花授粉一樣。而且我們在第 4 章提過，養殖魚類的飼料是用海洋魚類製成的，通常生產半公斤的養殖魚類，需要消耗 1.5 到 2 公斤的野生魚類。

　　加拿大圭爾夫大學（University of Guelph）試圖把老鼠的一部分 DNA 引進豬隻的基因組，以減少豬糞中的磷。他們稱他們的基改豬為「環保豬」（Enviropig），因為磷排入水中，會造成藻華，同時在河川入海口形成一大片死亡區。圭爾夫大學後來放棄這項計畫，讓豬安樂死，部分原因在於反對聲浪──批評者稱基改動物製成的食物為「科學怪食」（Frankenfood）；但也是因為其他地方的科學家研發出一種叫「植酸酶」的酵素，加進豬飼料中可以和時運不濟的環保豬達到相同的效果。

　　除了改造家畜和魚類的種種努力，過去十五年來，也有科學家試圖透過基因工程技術改造昆蟲，包括螟蛉和蚊子。最近一家英國生物科技公司──牛津昆蟲技術公司（Oxford Insect Technologies, Oxitec）推出的計畫，試圖改造會攜帶登革熱的主要蚊種，希望創造出的突變雄蚊生產出來的下一代，需要靠抗生素四環素才能存活。

　　這種蚊子的幼蟲子孓在無法取得四環素的情況下，還不能飛，就會死去。科學家的想法是，雄蚊和雌蚊不同，雄蚊不會咬人，這種雄蚊令雌蚊受孕後，會孕育命中注定無法存活的胚胎，因此大幅降低這種蚊子的數量。雖然在馬來西亞開曼群島和巴西若傑盧的田野試驗都有不錯的成果，當 2010 年佛羅里達州西嶼（Key West）爆發登革熱，Oxitec 公司打算大量釋放出這種蚊子時，卻遭到強烈反對。

　　反對者憂心，基因轉殖的蚊子可能會為生態系統造成無法預測的破壞。他們認為，既然實驗測試已經顯示，確實有小部分蚊子的幼蟲會活下來，久而久之，這些能在荒野中存活的幼蚊顯然可能把適應特性傳給剩餘的蚊子。

進一步的研究或許會顯示，這項研究是限制登革熱傳播的有效策略，只是研究重心卻完全放在基因改造的登革熱病媒蚊種，而沒有針對登革熱快速散播的主要原因著手。由於地球氣候失衡，引發全球均溫上升，許多過去看不到登革熱病媒蚊的地方，如今都成為牠們的勢力範圍。

根據 2012 年德州技術大學針對登革熱做的研究，「由於全球氣候變遷引起氣溫與降雨型態轉變，對某些傳染病的生態帶來深遠影響。」登革熱正是受影響的傳染病之一。研究人員預估，在北美洲，墨西哥一向是爆發登革熱流行的主要疫區，德州南部與佛羅里達州南部則偶爾爆發小規模疫情，但由於全球暖化的緣故，登革熱疫情正逐漸北移。

目前每年有 1 億人感染登革熱，數千人因此死亡，由於嚴重的症狀包括劇烈的關節痛，因此又被稱為「斷骨熱」。18 世紀時，亞洲、美洲、非洲都同時爆發登革熱，但在第二次世界大戰前，這個病大致受到控制；科學家認為，應該是在第二次世界大戰期間和之後，由於人們跨洲移動才散播了登革熱。2012 年，單單印度就出現 3,700 萬登革熱病例。

登革熱經人傳播到美洲後，疫情仍然局限於熱帶和亞熱帶地區。但是現在，隨病媒蚊的棲息地擴大，研究人員預測，登革熱可能會在美國南部蔓延，甚至美國北部地區都可能在夏季爆發登革熱。

本章開頭時，討論我們如何破天荒首度改變了人類的「本質」，也同時改變了其他在生態上與我們相關的物種。當我們破壞了生態系統，並劇烈改變了原本孕育人類文明的氣候和環境的平衡，就應該預料到會對生物造成嚴重的影響，帶來的後遺症絕非靠基因工程之類的技術就能修補。

畢竟危害人類健康的新興傳染病，包括愛滋病、禽流感、伊波拉病毒等，有四成因人類入侵荒野而發生，可能因人類入侵，導致原本源自野生動物的病毒被迫離開自然棲息地，或因人類將野地開闢為農場，拉近了家畜與野生動物病毒的距離。獸醫流行病學家艾普斯坦（Jonathan Epstein）最近指出：「當你破壞了平衡，就會促使病原從野生動物流竄到家畜身上，進而侵犯人類。」整體而言，危害人類的新興傳染病有 60% 都源自動物疾病。

微生物的世界

我們還可能破壞了人體內的生態系統。我們透過許多新研究，更了解人體內各種微生物群體扮演的重要角色。的確，人體內都有一組細菌（以及數量較少的病毒、酵母菌和變形蟲）的微生物群系（microbiome），這些細菌的細胞數目是人體細胞的 10 倍。換句話說，我們每個人都與將近 100 兆個細菌共用身體，這些細菌攜帶了三百萬個非人類基因，在我們體內協力生活和運作，而我們也是這個調適社群的一部分。

2012 年初，「人體微生物群系研究計畫」（Human Microbiome Project）的兩百位科學家發表了人體微生物群系的基因定序，發現不分種族、性別、年齡、體重或任何可辨特徵，所有人都有三個基本的腸道菌型態（就好像血型一樣）。研究小組在這些生物體中辨識出八百萬個蛋白質編碼基因，而科學家迄今仍不了解其中半數基因的功能。

微生物群系在人體中扮演的角色之一是「教導」免疫系統（尤其在嬰幼兒期）。密西根大學的赫夫納戈爾（Gary Huffnagle）指出，「腸道菌叢是免疫系統的一支。」許多科學家長期以來一直懷疑，一再大量使用抗生素，將擾亂微生物對免疫系統的「教導」程序，導致免疫系統無法學會準確辨別哪些是入侵的細菌，哪些是健康細胞。所有自體免疫疾病的共通點，都是免疫系統不當攻擊健康細胞造成的，免疫系統需要學習，哪些是入侵者，哪些是自體的細胞。「自體免疫」的意思是免疫力在對抗自己本身。

愈來愈多證據顯示，不斷對幼兒不當使用抗生素，可能會破壞了他們免疫系統的「學習」過程，導致許多免疫系統疾病快速增加，例如第一型糖尿病、多發性硬化症、克隆氏病和潰瘍性大腸炎。

人體免疫系統並非在我們出生時就發育完成，而是像大腦一樣，在我們出生後才逐步發展成熟。（人類的嬰兒期和需仰賴他人的無助期比其他動物都長，這讓大腦可以快速成長發育，而大腦的發展和學習，主要仰賴與環境的互動。）人類的免疫系統天生就懂得活化白血球來殺死入侵的病毒或細菌，但免疫系統也有一種後天學習而來的能力，能夠記住入侵者，因此當病毒或細菌再度來襲時，可以更快消滅他們。這種後天學來的免疫系統產生的抗體會附著在入侵者身上，因此特定種類的白血球能辨識出入侵者，並將之摧毀。

根本問題在於，抗生素本身無法自行分辨有益的細菌和有害的細菌。當我們利用抗生素來對抗疾病時，會不小心摧毀了維持人體健康必須的細菌。美國人類基因組研究院的資深研究員賽格瑞（Julie Segre）表示：「我希望拋掉充滿戰鬥意味的語言，因為對所有和我們一起演化、維持人體健康的細菌來說，是在幫倒忙。」

人體微生物群系中有一種很重要的細菌——幽門螺旋桿菌，它會影響我們胃部兩種重要荷爾蒙（與能量平衡及食慾相關）的調控功能。長達五萬八千年之久，人體內一直有大量的幽門螺旋桿菌。直到一百年前，幽門桿菌一直是大多數人胃部裡最普遍的微生物。美國紐約大學醫學系系主任及微生物學教授布雷瑟（Martin Blaser）2011 年在《自然》期刊發表的文章中指出，好幾項研究發現「在美國、瑞典和德國，體內有這種微生物的兒童還不到 6%。或許有其他因素影響（幽門桿菌）消失的現象，但抗生素可能是罪魁禍首。經常用來治療兒童中耳炎或呼吸系統感染的安莫西林（amoxicillin）或巨環內酯抗生素（macrolide antibiotic）在 20% 至 50% 的情況中，可能也會同時殺死幽門螺旋桿菌。」

很重要的是，科學家發現幽門螺旋桿菌與胃炎及潰瘍有關：澳州生物學家馬歇爾（Barry Marshall）醫生，因為發現幽門螺旋桿菌而獲得 2005 年諾貝爾生理醫學獎，他指出：「許多人因無法獲得抗生素來剷除幽門螺旋桿菌而失去性命。」不過，多項研究都找到強烈證據顯示，體內缺乏幽門螺旋桿菌的人「在兒童時期比較容易有氣喘、花粉熱或皮膚過敏等毛病。」缺乏幽門螺旋桿菌也和胃酸逆流和食道癌有關。德國和瑞士科學家發現，將幽門螺旋桿菌引入老鼠的腸道內，能保護牠們免於罹患氣喘。過去二十年來，全球氣喘患者增加了將近 160%，原因則尚未完全明朗。

其中一種由幽門螺旋桿菌調控的荷爾蒙腦腸肽（ghrelin）負責掌管食慾。通常在我們吃飽飯後，腦腸肽濃度會下降，發出訊號告訴大腦，不要再吃了。不過體內缺乏幽門螺旋桿菌的人，用完餐後腦腸肽濃度不會下降，因此也不會對大腦發出停止吃東西的訊號。布雷瑟為實驗室中的老鼠注射了足以殺死幽門桿菌的抗生素後，雖然老鼠的飼料毫無改變，但體脂肪卻大幅上升。有趣的是，雖然科學家一直說他們無法解釋，為什麼在家畜飼料中加進低劑量抗生素，會增加動物體重，如今新的證據顯示，原因可能在於動物體內的微生物群系改變了。

有些益菌扮演的角色是抑制有害的致病微生物，科學研究顯示，被抗生素消滅的益菌，其取代物可以有效治療有害微生物引發的疾病。所謂的「益生菌」並非今天才出現，但如今有些醫生在治療因「難養芽胞梭菌」（*Clostridium difficile*）引起的疾病時，會使用栓劑進行「糞便移植」。

雖然許多人一聽到「糞便移植」就起反感，但這個療程其實非常安全而有效。加拿大亞伯達大學的科學家評估了 124 個糞便移植病例後發現，83% 的病患在內部微生物群系恢復平衡後，病情立刻改善。其他科學家目前正努力研究益生菌，希望能找到方法來恢復病患體內缺乏的益菌。

每個人從出生到死亡，都和我們體內 100 兆的微生物有密不可分且相互依存的關係，同樣的，我們與生存在地球上、我們周遭的所有生命形式，也都有密不可分且相互依存的關係。這些生物就和我們體內的微生物一樣，協助我們維持生命。當我們破壞了人體內的微生物群，可能導致微生物群的生態系統失衡，而危害我們的健康；同樣的，恣意破壞地球生態系統，也會導致生態失衡，對人類造成威脅。

　　大規模破壞地球生態系統帶來的後果，以及如何防止這類破壞，是下一章要探討的主題。

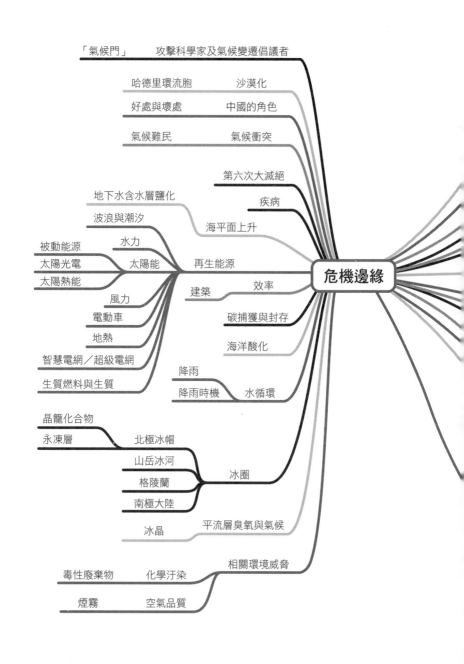

「氣候門」　攻擊科學家及氣候變遷倡議者

哈德里環流胞　　沙漠化

好處與壞處　　中國的角色

氣候難民　　氣候衝突

第六次大滅絕

地下水含水層鹽化　　疾病

波浪與潮汐　　海平面上升

被動能源　　水力

太陽光電　　太陽能　　再生能源

太陽熱能　　建築　　效率

風力

電動車　　碳捕獲與封存

地熱　　海洋酸化

智慧電網／超級電網

生質燃料與生質　　降雨

降雨時機　　水循環

晶籠化合物

永凍層　　北極冰帽

山岳冰河

格陵蘭　　冰圈

南極大陸

冰晶　　平流層臭氧與氣候

相關環境威脅

毒性廢棄物　　化學汙染

煙霧　　空氣品質

危機邊緣

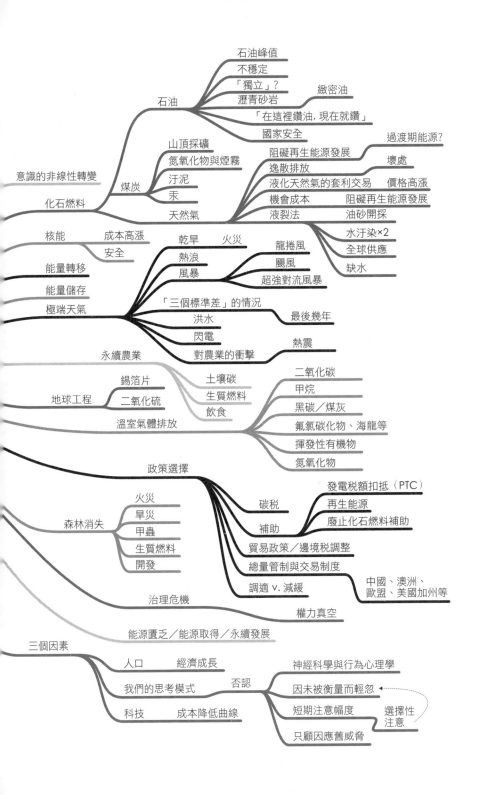

06

危機邊緣

　　地球公司的動能愈來愈強，破壞性的資源消耗模式變本加厲，全球缺乏良好領導，國際社會管理失調，種種因素相加之下產生的汙染，已嚴重危害對人類文明至關重要的地球氣候平衡。

　　我們之所以隔了這麼久才充分體認到人類製造的危險，部分原因是，近來三個基本因素結合起來，突然之間大幅改變了人類與地球生態系統的關係：第一，不到百年間，地球人口已成長四倍，而且還在不斷增加；第二，我們的思考方式（不論個別思考或集體思考）過於短視，而且仍受到史前老祖宗傳承的思考習慣所影響（但史前老祖宗面對的威脅和今天我們面對的截然不同）；第三，今天大家普遍使用的科技威力強大，遠甚於幾個世代之前的科技。

　　尤其是我們持續燃燒化石燃料，以便供應地球公司 85% 的能源和電力，每二十四小時就多吐出九千萬噸造成全球暖化的汙染物，彷彿打開了汙水管般，灌進包覆地球的薄薄大氣層中。也就是說，如果以重量計，我們每天增加的汙染造成二氧化碳濃度上升，相當於五千次墨西哥灣漏油事件*的影響，而大氣中的二氧化碳濃度，自工業革命以來就不斷累積，而且過去半世紀更是快馬加鞭，急遽上升到危險的地步。

人類文明衝撞自然界的結果，嚴重傷害了我們賴以生存的重要自然系統。人類與大自然的衝突，表現在許多不同的層面：本世紀內，地球上所有的存活物種，預計有20%到50%會滅絕；全世界最大、也最重要的森林將備受衝擊；海洋酸化，重要魚種耗竭，珊瑚礁即將消失；不易分解的有毒化學廢棄物愈積愈多，持續對人和其他生物造成威脅；表土與地下水快速流失，資源難以永續發展等等。

但最重要的威脅，還是氣候危機。由於圍繞地球的大氣層非常薄，當我們不顧後果、經常以大量化學廢氣汙染地球，造成大氣的化學組成劇烈變化，大氣層很容易受到傷害。籠罩地球的汙染氣體愈來愈多，扼殺了大氣層調節地球與太陽間輻射平衡的能力，於是低層大氣每天吸進的額外熱能，比40萬枚廣島原子彈爆炸釋放的熱能還多。在過程中，我們改變了地球水循環，破壞重要的生態平衡，我們對大自然（包括我們賴以生存的動植物）造成的其他傷害，也因此更加惡化。

好消息是，如果我們能對現況有所覺醒，決定把拯救人類文明的未來視為優先，我們確實有能力開始解決氣候危機。也就是說，我們必須體認到，危機之中不但潛伏著危險，也蘊藏機會。換句話說，今天地球面臨的迫切危機，需要多管齊下的全球策略，來改變能源系統（尤其是發電方式），製造業、農林業、建

---

* 編注：是指2010年4月，英國石油公司在墨西哥灣外海的鑽油平台爆炸而導致的漏油事故。

築技術、運輸、礦業和世界經濟體的其他區塊，都要轉換為低碳節能的型態，因此我們必須拋棄過去的幻想，不要以為可能出現什麼聰明技術，提供快速解方。

沒錯，當你把錯綜複雜、規模龐大的因應策略攤開來看，可能會覺得挺嚇人的。但由於近年來技術上的驚人進步，我們很可能成功，新技術不但效率提升，普及的速度也比預測的更快。再生能源市場規模擴大，導致成本超乎預期大幅下降，太陽能發電與風力發電的電價也急速下跌，在某些地區，太陽能與風力發電的電價已足以和電力網的平均電價競爭。到 2015 年，再生能源將成為全球第二大電力來源。

必須面對的選擇

我們從太陽和風獲得愈多能源，能源就會愈便宜；從石油和煤炭獲得愈多能源，能源價格就愈貴。當然，太陽能和風力是源源不絕的「燃料」。比方說，地球每小時從陽光接收到的潛在可用能源，比全世界一整年消耗的能源還要多。風力能源的潛能，也超越全球能源總需求數倍之多。

2012 年夏天的某些時候，德國有超過一半的電力來自再生能源。經驗老到的投資專家預估，即使對太陽光電的持續降價幅度採保守估計，未來幾年，這種新興電力在全球市場的占有率仍會快速上升——未來十年間，全球增加的發電量約有一半將來自太陽光電。

2010 年，全球投入再生能源的資金（1,870 億美元）首度超越化石燃料（1,570 億美元）。同一年，在美國裝設的太陽光電設備，比前一年增加了 102%。另外，在之前的十年，由於民眾反對，美國撤消了 166 個火力發電廠興建計畫。

建築師與營建商正設法納入可降低能源消耗和建築物營運成本的新設計與新技術。這點非常重要，因為二氧化碳排放量有三成來自於建築物，而至 2050 年需要興建的所有建築物，有三分之二還未開始動工。根據美國環保署的報告：「平均而言，商用建築物消耗的能源有三成是浪費掉了。要避免浪費、降低二氧化碳排放量，又要省錢，最好的方法莫過於提高能源使用效率。」

全世界有數億人已經改變購買行為，刻意選擇低碳的商品和服務。為了因應這樣的趨勢，許多企業和產業也帶頭加速減碳，改採符合永續原則的獲利策略，開始使用再生能源，大規模提高能源使用效率。不過整體而言，除非政府大力推動新政策，加速轉型到低碳世界，否則溫室氣體排放量仍然會急遽上升。

為了加速轉型，解決氣候危機，我們必須先在政治上建立全球共識，先從美國國內建立共識開始，而且必須是非常強烈的共識，才足以支持政策改革，解決氣候危機：我們必須透過課徵碳稅，為排放溫室氣體訂出適當的市場價格，持續降低溫室氣體排放量的上限，同時建立能提高經費分配效率的市場機制，以達到整體減量的目的。

今天，許多抱持懷疑態度、否認全球暖化現象的人，散布許多關於氣候危機的不實資訊。他們之中許多人雖然不是不明白實際情況，仍試圖製造混淆、懷疑和政治紛爭，希望拖延大家認清事實的時間，避免形成共識，以維護高獲利但具破壞性的商業模式。公民社會的領袖也應該讓這類行為付出政治和社會代價。

我們最終必須面對的選擇是：必須設法讓氣候危機的解決之道成為全球文明的核心原則，否則我們創造出來的惡劣環境將急速惡化，覆蓋地球、令人窒息的全球暖化汙染逐漸加厚，破壞人類文明的生存能力。

有史以來，人類的生活型態與文明設計，一直在設法適應氣溫、風雨、海岸線、河流、冰凍線、降雪等自然現象裡常見的變動（這些變動相對而言變化幅度較小）。超過 300 個世代以來，世界的自然輪廓一直沒有太大改變，我們在靠近水源和農田的家園，建立起社會與族群。

自從上一個冰期結束、冰河消退之後，在最早的城市誕生及人類開始使用書寫文字前至今，地球的各種獨特自然現象如噴流和洋流、暖流與寒流、雨季及旱季、春耕與秋收、蚯蚓和蝴蝶等等，一直被人類視為理所當然。就好比有一句諺語說，魚不知道自己是在水中，因為魚每天只看到水，其他什麼都不知道；我們也只了解促成人類蓬勃發展的地球環境，其他什麼都不知道。

我們承接的所有人類遺產，都來自於前人與祖先的貢獻。每一代都因為大自然的恩賜而得以延續下去：農作物和野生植物靠昆蟲及其他動物授粉，水資源透過土壤自然淨化，還有其他不計其數的生態效益，也就是現代經濟學家所謂的「生態系勞務」（ecosystem services）。

我們把這一切視為理所當然，也讓所有的一切陷入險境。在可預測的長期氣候型態中，人為的大規模改變可能會劇烈地重塑大自然的本質，而人類將面對的巨大挑戰是我們難以想像的。魚一旦離開了水，就無法存活，同樣的，如果我們完全破壞了孕育人類文明（不止幾年，而是幾千年）的基本環境，那麼人類文明也不太可能依照目前形式延續下去。

安全與穩定

我們熟悉的氣候型態遭到嚴重破壞後，後果之一是政治不穩定的風險升高。事實上，這也是為什麼長期以來，美國的軍事與國安專家比許多民選官員，更關心全球暖化的議題。在世界上許多地區，如索馬利亞、葉門、辛巴威等政局緊張的失敗國家，為鄰近區域帶來艱難挑戰。隨著氣候型態大幅改變，緊張情勢加劇，許多國家被推向臨界點。

美國國防大學曾經透過戰爭遊戲，模擬孟加拉低海拔地區的氣候難民大量遷移後，對地緣政治造成的影響。擔任孟加拉和平與安全研究院院長的少將穆尼魯扎曼（A. N. M. Muniruzzaman）指出：「到 2050 年，上百萬的難民將不只淹沒我們有限的土地和資源，也將淹沒我們的政府、機構和邊境。」

近來美國《國家科學院研究彙刊》（*Proceedings of the National Academy of Sciences*）刊登了香港大學地理學家章典與他的團隊，針對過去氣候微幅波動與國家內亂的關係所做的研究，報告指出：「在工業革命前的歐洲及北半球，氣候因素導致經濟走下坡，是爆發大規模危機的直接因素。」的確，人類歷史記錄了許多小波動造成的破壞性後果：

- 中美洲馬雅文明消失，以及斯堪地那維亞農民在南格陵蘭的短暫殖民，都與中世紀溫暖期有關；
- 在小冰期，愛斯基摩人划著皮船，來到蘇格蘭；在以法國為中心的歐洲南部，發生的饑荒造成數百萬人餓死。
- 14 世紀發生在中國的暴雨，帶來一連串後果，包括後來導致歐洲四分之一人口死亡的黑死病。

- 1815 年，印尼坦博拉（Tambora）火山不尋常的大爆發後，大氣層布滿懸浮粒子，導致 1816 年變成「沒有夏天的一年」，世界各地農作物普遍歉收，掀起歐洲革命浪潮，許多地區的人民為了溫飽，都大舉遷移。

這些都是罕見的極端事件，但仍符合已知的整體氣候型態的變動範圍，儘管釀成可怕災難，卻大多是短期現象。相反的，今天人為的大型氣候變遷，很可能會引發全球緊急災難，而且延續的時間將超乎人類想像。據估計，我們 2013 年排放到大氣的二氧化碳，其中有 25% 至少在一萬年後，還會持續影響地球溫度。一旦人類的活動迫使南極和格陵蘭的冰層融化，那麼在人類可見的漫長時間內，都不可能恢復結冰。

自從 1880 年代開始準確測量氣溫以來，被列為史上最熱的 10 年當中，有 9 年發生在過去十年。超高溫擾亂了數百萬人的生活。具破壞性的極端天氣過去只偶爾出現，如今不但更常見，而且破壞性也更強。許多被形容為「千年罕見」的天災，造成重大的經濟和生命損失。根據預測，未來這種災害會愈來愈常發生，而且愈來愈嚴重。

近年的例子包括：巴基斯坦的水災令兩千萬人流離失所，這個核武國家也變得更不穩定；2003 年歐洲前所未見的熱浪，奪去了七萬人的性命，而 2010 年俄羅斯的熱浪，導致五萬五千人死亡，野火燎原，農作物歉收，推升全球糧價到歷史新高；2011 年，澳洲東北部洪水氾濫，淹沒的範圍差不多有法、德兩國面積總和那麼大；2011 年，中國南方和北美西南部均發生大規模旱災；2012 年，美國一半以上的土地都嚴重乾旱；2012 年的超級颶風珊迪，摧毀了美國新澤西州和紐約市部分地區；全球許多地區都遭遇破天荒的暴雨襲擊。

全球的水循環（海水蒸發後，變成雨水，降落地面，再隨著河水奔流回大海），正因為全球暖化而加劇和加速。海水變暖之後，會有更大量的水氣蒸發到空中。更重要的是，較暖的空氣會留住更多水氣；這就好比沖冷水澡的時候，洗臉槽上面的鏡子不會霧氣瀰漫，但如果你洗的是熱水澡，可能就不一樣了。當大氣中充滿水氣，會提供風暴更多的能量，風暴的規模和破壞力也就變得更可怕。

科學家已經測量出，海洋上方的大氣，水氣含量多出 4%，雖然 4% 聽起來沒有多少，但已足以對水循環產生重大影響。因為風暴的涵蓋範圍通常會達 2,000 公里，因此是從大範圍的空中收集水氣，然後當風暴的條件觸發傾盆大雨時，所有水氣就一股腦灌進某個地區。

這就好比浴缸裡放滿了水，當你拔起排水口的塞子時，順著排水口流掉的水並非僅僅是排水口上方的水，而是整個浴缸的水。同樣的，天空中滿盆的水氣會有如倒入漏斗般傾洩而下，從暴風雨或暴風雪開啟的排水口灌進去。如果盆中的水氣比過去多，降雨就會增強。雨下得愈大，洪水就愈大。匆匆奔流過大地的洪水會沖蝕土壤，但只有少量水分會滲透進土壤，補充地下含水層中的水分。

氣候變遷也正在改變大氣循環模式，令大地乾涸，植物枯死，導致沙漠化。造成海水蒸發的多餘熱能，同樣也會加速土壤水分蒸發，導致乾旱範圍擴大，而且時間拉得更長，情況更嚴重。要重新讓大氣承載豐富水氣，需要很多時間，因此今天在全球許多地區，介於強烈暴雨之間完全不下雨的時間，拉得更長了。雨天和雨天之間的天氣變得更炎熱，高溫的時間拉長，導致嚴重乾旱的現象更普遍。一旦植物枯死，地表就開始吸收更多熱。等到土壤中的水分都蒸發掉，地面被烤乾，一旦氣溫升得更高，表土就更容易遭到風蝕。

由於全球生產力最高的糧倉深受乾旱之苦，等於預告未來很可能發生糧食危機，帶來的政治後果和人道問題將可怕得難以想像。位於墨西哥的國際玉米與小麥改良中心的主任班齊格（Marianne Bänziger）表示：「落差實在太大了，許多人根本不了解我們今天陷入的高危險處境。」

乾旱已嚴重衝擊糧食生產與水資源取得。2012 年，主要因為氣候相關災害導致穀物收成減少，全球糧食價格持續上漲了一個月，打破歷史紀錄，預計 2013 年還會再創新高。2012 年，美國有 65% 以上的地區深受乾旱之苦。由於全球暖化破壞水循環，導致降雨時機、持續降雨的時間和降雨量都起了重大變化，除了北美、俄羅斯、烏克蘭、澳洲和阿根廷的工業化農業遭到衝擊，許多熱帶和亞熱帶國家的自給型農業也深受重創。印度東北部的稻農亞達夫（Ram Khatri Yadav）告訴《紐約時報》記者吉里斯（Justin Gillis）：「雨季不下雨，非雨季卻下雨，寒冷的季節也縮短了。」

除了第 4 章討論過的重要衝擊（包括表土和地下水流失，以及高速成長的都市、工業和生質燃料的生產，都在和農民爭奪耕地與水資源），氣溫升高也影響到許多糧食作物，可能因為熱逆境（heat stress）而大幅減產。史丹佛大學研究人員羅貝爾（David

Lobell）表示：「我認為大家都低估了農作物對熱的敏感度，以及熱氣籠罩的時間增加得有多快。」羅貝爾最近和哥倫比亞大學的史倫克（Wolfram Schlenker），剛完成了一項研究，是在探討氣溫上升對農作物產量帶來的衝擊。

過去三年來，新的科學研究推翻了農業專家長期抱持的觀點──亦即認為，只要不發生旱災，氣溫升高對糧食作物的影響就很有限。許多人認為二氧化碳濃度升高或許能促進作物成長，抵消由熱逆境造成的作物減產。但不幸的是，為了證實這項假設而設計的研究卻顯示，氣溫升高時，糧食作物產量減少的速度，很可能比過去估計的快了許多，而且二氧化碳肥料效應比原先預期的小多了。更何況比起糧食作物，雜草似乎還更受惠於新增的二氧化碳。

當氣溫持續升高，就連全世界種植最廣泛的玉米，也成為熱逆境最大的受害者。在目前常態的地球夏季氣溫下，玉米產量已經開始減少。在玉米成長季節（大約從三月初到八月底），只要每日氣溫超過攝氏 29 度的門檻，產量就會減少 0.7%。

氣溫一旦超過攝氏 29 度，每升高 1 度，玉米產量就急劇下跌。如果美國的氣溫完全依照預估的全球暖化速度持續上升，到了本世紀末，單單熱逆境因素就可能導致玉米產量減少三分之一，而降雨型態改變和愈來愈嚴重的乾旱，將造成更大損失。黃豆的熱逆境門檻高於玉米（大約在攝氏 30 度），但是氣溫一旦超越門檻之後，黃豆同樣會加速減產。

在南、北半球，暖季都變長了，春天提早一星期來臨（秋天則晚了一星期）。此外，冰河與山區積雪的面積都縮小了，好幾個重要農業區的缺水問題惡化，春天提前出現洪水氾濫，且水勢更大，等到炎熱的夏季來臨、需水孔急之際，卻面臨缺水。大家往往把焦點放在白天的高溫，但夜間氣溫其實同樣重要。無論電腦模型或持續觀察都證實：在全球暖化導致的升溫中，夜間氣溫上升的幅度甚至高於日間氣溫。

根據某些研究，夜間氣溫每多升高1度，小麥產量就會隨之直線下滑。有一項大型全球性研究，檢視 1980 年到 2010 年氣候變遷對農作物產量的衝擊，結果發現，因為氣候變化相關因素，導致小麥產量下跌 5.5%。菲律賓國際稻米研究所的專家彭少兵，在美國《國家科學院研究彙刊》發表的研究成果顯示，在水稻成長季節的旱季，夜間氣溫每上升攝氏1度，水稻就會減產 10%，但日間氣溫上升最多時，看不出對水稻產量有明顯影響。

全球暖化也導致農作物病蟲害增加。氣溫升高以後，蟲害影響糧食作物的範圍，會擴大到北半球更北的區域及南半球更南的區域，以及海拔更高的地區。一組農業科學家在《環境研究通訊》（*Environmental Research Letters*）發表的論文中寫道：「蟲害範圍擴大後，由於購買種子與殺蟲劑的成本增加、產量減少，以及作物產量變化的連帶效應，而可能會對經濟帶來實質衝擊。」

已經有其他科學家發現，二氧化碳濃度提高，會刺激昆蟲繁殖。美國伊利諾大學植物學家德露西亞（Evan DeLucia）和一組昆蟲學者合作，檢測二氧化碳濃度升高對黃豆的影響，結果發現，蚜蟲和日本豆金龜會群集到二氧化碳濃度較高的環境中栽種的黃豆上，這些昆蟲吃得較多，活得較久，產下的卵更多。「換句話說，未來農作物的損失可能還會上升。」

德露西亞團隊的其他科學家發現，黃豆中某些化學物質，能阻斷甲蟲胃中消化黃豆株的酵素，有助於防止蟲害，但二氧化碳濃度升高後，與製造這類化學物質相關的重要基因，以及黃豆用來吸引甲蟲天敵的其他基因，都會因此鈍化。研究團隊成員卡斯迪爾（Clare Casteel）指出，結果顯示，在二氧化碳濃度高的環境下生長的黃豆「似乎對草食動物毫無抵抗能力」。

在全世界大多數地區，高溫都會促使害蟲大量繁殖。在亞洲帶領國際農業研究團隊的阿格拉瓦（Pramod K. Agrawal）表示：「科學研究可以證實，與氣候變遷有關的暖化與旱季拉長現象，都是爆發病蟲害的完美催化劑。這些都是影響糧食作物的可怕敵人。」一群印度科學家也指出，由於昆蟲是冷血動物，「氣溫或許就是影響昆蟲行為、分布、發育、生存和繁殖的最重要環境因素……根據估計，每升溫攝氏 2 度，昆蟲每一季可能會多經歷一到五次生命週期。」

舉例來說，國際熱帶農業中心（CIAT）的科學家發現，東南亞的木薯作物（估計每年產值達 15 億美元），就因暖化使病蟲害加劇而深受威脅。昆蟲學者貝洛提（Tony Bellotti）指出：「亞洲的木薯蟲害頗嚴重，但根據我們的研究，氣溫升高可能導致情況更加惡化。」貝洛提又補充說：「爆發一種蟲害入侵已經很糟糕了，我們的研究顯示，氣候變遷可能造成東南亞、中國南方和印度南部的木薯栽種地區同時爆發多種蟲害。」

不管是帶來疾病的細菌或帶菌的物種，活動範圍都日益擴大。在人口密集的溫帶地區，孕育人類文明的主要氣候型態原本不利於許多致病生物生存，但如今較高溫的氣候帶逐漸往地球南北兩端移動，有些病原也隨之南下或北上。

根據普林斯頓大學學者道布森（Andrew Dobson）等人發表在《科學》期刊的研究結果，全球暖化會讓致病細菌、病毒和黴菌擴散，散播到過去不利病菌生長的環境。道布森指出：「氣候變遷正在塑造更適宜傳染病發展的環境，因此破壞了自然生態系。累積的證據令我們極度憂慮。」這篇研究論文的共同作者之一歐斯菲爾德（Richard S. Ostfeld）也表示：「我們非常擔憂，因為檢視我們對不同生物所做的氣候暖化影響研究之後，不管是疾病的傳播或是發生率，我們都看到了極為相似的加速模式。」

雖然國際旅行日益盛行，有些攜帶病菌的昆蟲因此神不知鬼不覺的從中緯度地區被運到其他地區，但是氣候條件的改變，近來更導致登革熱、西尼羅病毒和其他疾病大肆流行。憂思科學家聯盟寫道：「氣候變遷會影響宿主和病原的族群大小和分布範圍、傳播季節長短，以及疾病爆發的時機與強度，因此對疾病的發生與散播產生重要影響。」

他們也指出：「發生像暴雨或乾旱等極端天氣時，往往會爆發疾病，在缺乏疾病醫療與防治措施的貧窮地區尤其如此。蚊子對氣溫特別敏感。」要控制疾病散播，很重要的是必須改善公共衛生系統，但許多低所得國家缺乏必要的資源來雇用和訓練醫生、護士及流行病學家。他們還警告，在許多地區，當病原和宿主隨著溫度升高而擴大散播時，「受影響的人口幾乎或根本沒有免疫力，因此一旦爆發大流行，可能會出現重症和死亡。」

2012 年夏天，美國爆發西尼羅病毒疫情，這是西尼羅病毒登陸美國以來最嚴重的一次疫情。1999 年，美國在馬里蘭州東岸首度發現西尼羅病毒的蹤跡，隨後一段出奇溫暖的時期，讓西尼羅病毒在短短四年內快速散播到美國五十州。2012 年疫情發生後，德州達拉斯市率先宣布進入公共衛生緊急狀態，並在空中噴灑殺蟲劑，是自 1966 年以來首度這樣做。民眾的憂慮達到頂點時，負責公共安全的官員甚至公開要求民眾不要一遭到蚊蟲叮咬，就打九一一求救。截至 2012 年年底，疫情已擴散到全美 48 州，至少造成 234 人死亡。

我的好友、已故哈佛醫學院教授艾普斯坦（Paul Epstein），曾經在 2001 年為文探討西尼羅病毒和氣候危機的關係。後來他說：「我們有充分證據顯示，暖冬加上乾旱時間延長與熱浪侵襲，這些與氣候變遷有關的長期極端天氣現象，是導致疾病生命週期擴大的條件。」

在《科學美國人》撰稿的科學作家威考思（Christie Wilcox）指出：

他們十年來一直預測氣候變遷會影響西尼羅病毒。假如他們說得對，那麼美國未來的疫情只會更加惡化……許多研究已經發現，在高溫下，蚊子更容易攜帶病毒。氣溫升高也會提高病毒傳播的機率，所以天氣愈熱，蚊子一旦叮咬了染病的鳥類，就愈可能攜帶病毒，並且傳染給毫不知情的人類宿主。在美國，病毒傳播的震央地區，夏天氣溫往往都高於平均。尤其是，美國本土的西尼羅病毒株，在熱浪侵襲時散播得特別快，而西尼羅病毒的疫情向西擴散，也與不合時節的高溫有關。病毒從一種蚊子跳到更偏好都市生活的蚊子身上，導致疫情在全美國爆發，也是高溫惹的禍……西尼羅病毒破紀錄的疫情，與全球氣候型態及二氧化碳排放帶來的直接效應密切相關。

2010 年，全球經歷了氣象史上最熱的一年，也結束了有史以來最熱的十年。但 2012 年又刷新更多高溫紀錄。截至 2012 年 10

月，全球氣溫已連續 332 個月超越 20 世紀均溫。許多地區發生了
1930 年代北美沙塵窩（Dust Bowl）時期以來最嚴重的乾旱，農作
物荒蕪，水源枯竭，許多農民被迫適應土壤乾涸的景況。玉米及
其他作物因為缺水而無法有效利用氮肥，導致肥料變成毒素累積
在作物上。

地球在發燒

為了釐清全球暖化和氣候自然變化之間的差異，全球最具影
響力的氣候專家漢森（James Hansen），和兩位同事佐藤（Makiko
Sato）、盧迪（Reto Ruedy）共同發表了一份突破性的報告，分析
從 1951 年到 2010 年的全球極端氣溫。他們以 1951 年到 1980 年
的氣溫數據做為較正常的基準，然後拿近三十年（1981 年到 2010
年）的數據比較，尤其著重在可以更明顯看出全球暖化效應的最
後幾年。

漢森把全球地表氣溫切割為一個個 150 平方英里的區塊，如
此就能計算過去六十年來極端高溫（及其他溫度）出現的頻率。
結果清楚顯示，和早期比較，近年來全球出現極端高溫的地區增
加了 100 倍（他們所做的結果，並沒有仰賴氣候模型、氣象科學
或任何因果關係理論）。統計分析顯示，過去幾年，10% 的地球
表面會定期出現極端高溫，但在早期，只有 0.1% 到 0.2% 的地表
會出現這種情況。

漢森用兩顆骰子的比喻來說明其中的差別，每顆骰子都有六
面。第一顆骰子顯示 1951 年到 1980 年的氣溫波動情況，其中有
兩面代表「氣溫正常」的季節，另外兩面代表「比正常氣溫暖
和」的季節，其餘兩面代表「比正常氣溫寒冷」的季節。這是

過去氣溫的「常態」分布。第二顆骰子則顯示近年來的氣溫變動幅度，結果只有一面代表「氣溫正常」的季節，也只有一面代表「比正常氣溫寒冷」的季節，而代表「比正常氣溫暖和」的季節有三面，剩下的一面代表「極端炎熱」的季節——完全超出過去統計數據分布的範圍。

統計學上的「標準差」，是以量化的數值來顯示某一組現象的分布範圍（或離度）偏離平均值多遠。出現極端氣溫（也就是特別熱或特別冷）的季節，自然不如正常氣溫或接近正常氣溫的季節那麼常見。正因為氣溫極端的季節在過去很罕見，所以即使落在可預期的範圍內，還是會令我們大吃一驚。離平均值三個標準差的季節極為罕見，然而仍會偶爾出現，屬正常範圍。

雖然極端寒冷的天氣還是會出現，但大體而言，地球平均氣溫比過去高。換句話說，地球氣溫的整體分布是往高溫的方向移動，分布圖的鐘形曲線稍微變寬、變扁平了，所以氣溫的變化比過去劇烈。但最重要的發現是，極端炎熱的氣溫出現的頻率急遽上升。

漢森推斷，原因正是全球暖化——的確，這些結果完全符合全球暖化科學的長期預測。（漢森和世界各地的氣候學家所做的種種研究也證實了這樣的因果關係，幾乎被全球科學界認為是「毫不含糊」、「毋庸置疑」。）但這些結果所根據的，都是真實世界中的實際氣溫觀測值，這些數據令人無法駁斥，其中的含義也非常清楚。

田納西州有句老話，假如你看到籬笆柱子上有隻烏龜，那麼牠應該不是自己爬上去的。*今天，我們在世界上所有農田圍籬的

---

* 在農藥尚未誕生的時代，農夫知道烏龜、鳥類和蝙蝠都是他們的朋友。為了保護烏龜不會在農夫犁田時受到傷害，許多地區的農家小孩會在犁田前先在田裡巡視一遍，拯救烏龜。發現烏龜後，他們會把烏龜放在圍籬的柱子上，等到一天耕作結束，才把烏龜放下來，這時候太陽也差不多下山了。

每根柱子上，都看到烏龜，而牠們都不是自己爬上去的。顯然，所有的極端氣溫，以及因此產生的極端惡劣天氣，就好像籬笆柱子上的烏龜一樣。如果不是人類橫加干預，地球上的氣候不可能變成今天這個樣子。

2012 年，新上任的世界銀行總裁金墉（Jim Yong Kim）發布了一份研究報告，顯示如果人類不能更大刀闊斧減少二氧化碳排放，地球溫度很可能上升攝氏 4 度，而且「無法確定人類是否有辦法適應氣溫提高 4 度後的世界」。美國國家大氣研究中心（NCAR）的科學家密爾（Gerald Meehl），用不同的比喻來解釋：某位服用類固醇的棒球球員轟出一支全壘打，其實他沒有服用類固醇，也有可能揮出全壘打，只不過，他服用禁藥之後，下一次上場打擊時揮出全壘打的機率更高罷了。依照密爾的比喻，每天排放到大氣的九千萬噸全球暖化汙染物，就好比氣候的類固醇。2012 年，有一項創新的研究，分析了 21 世紀頭十年的氣候預測，結果發現，到頭來最有可能發生的，是當初預測的「最壞狀況」。

當北極解凍

漢森和其他科學家證實了全球均溫上升以及極端高溫出現頻率提高，這些現象也導致地球上冰雪覆蓋的區域紛紛開始融冰。不過三十年前，北極海無論冬夏，幾乎完全被冰覆蓋。還記得嗎？有些人還以「北極冰帽」來稱呼。不妨告訴你的孫子，想當年北極海可是一年到頭都能將歐亞大陸與北美大陸、太平洋與大西洋分隔開來。2012 年北極冰帽的體積與覆蓋的面積，達到歷史新低點，表示過去三十年來造成 49% 冰帽消失的融冰模式速度變快了，許多科學家甚至認為，十年內，北極冰帽就可能完全消失。

有些貨運公司大感雀躍，因為傳說中的北海航線，如今每年會開放好幾個月。2012 年夏天，一艘叫「雪龍號」的中國破冰船，經由北極航行到冰島，然後再返航。北極海底目前正在鋪設高速光纖電纜，連結東京股市與紐約股市，以便加快電腦交易速度。捕魚業者蓄勢待發，準備大力開發北極海過去一直遭冰封的豐富生物資源。某些國家的海軍也在盤算，是否應把軍事資產移往這個區域，同時也開始討論簽訂協議的可能性，希望能和平解決北極海的安全、主權和夏季融冰後的發展問題。

好幾家石油公司都因為新興的鑽油機會而興奮不已，有的公司已經安裝設備，準備就緒。但北極海底如果發生類似 2010 年、英國石油公司外海油井爆炸的意外，所引發的災難，將會比發生在墨西哥灣或其他深海油井地點更嚴重、也更難處理。由於海底的壓力極大，所需的深海鑽油技術相對於傳統鑽油技術並不完善，因此風險也較高。在北極海底部開採石油所冒的風險是，萬一在這個原始生態系發生大規模漏油事件的話，一年當中大部分的時間根本不可能進行修復或救援作業，因此不可貿然嘗試。法國跨國石油公司道達爾（Total）的執行長，在 2012 年一反石油同業的態度，表示不應該在北極海鑽油，因為會對生態系帶來無法忍受的風險。

北極海的生態早已出現重大變化。2012 年，科學家在北極海冰下的開放水域，發現了有紀錄以來最大面積的藻華，感到十分震驚──他們過去從來不曾見過、也不認為會出現這樣的景象。研究人員表示，可能的原因是，殘餘的海冰變得很薄，且表面有許多破洞形成的水池，因此充足的陽光可以穿透海面，提供藻類生長所需的能量。

北極冰帽融化造成的影響，還將包括對天氣型態的巨大衝擊，甚至往南影響到人口稠密的溫帶地區。北極海冰在夏季都融化了之後，海水吸收的熱會劇增，連帶影響秋、冬季北方噴流和風暴路徑的位置和模式，進而改變北半球的洋流和天氣型態。更重要的是，如果我們早已熟知的洋流與季風的型態都全盤翻新，那麼舊型態可能永遠不會再出現。

北極海四周的陸地也在逐漸增溫，導致原本冰封的苔原開始解凍。苔原植物死了之後埋進土壤中，所以土壤裡儲存了大量的碳，當苔原解凍，死掉的植物也開始腐爛，微生物就會因應土壤水分含量的多寡，將碳分解成二氧化碳或是甲烷。此外，還有大量甲烷儲存在北極海床和北極圈淺水湖底的晶籠化合物（一種籠狀結晶）中。當攜帶熱能的甲烷氣泡往上升，冰層底部開始融化，等到太陽光不再被冰層反射掉時，湖水和海水吸收的熱能也會隨之增加。

科學家目前正努力計算可能釋放出來的二氧化碳量及甲烷量，但由於涉及區域太過廣闊，這是極端困難的工作。不過，他們已經發現，釋出的情形比他們預期在全球暖化初期會出現的情況嚴重許多。

此外，科學家還在 2012 年發現，南極冰層下面可能也沉積了大量的甲烷，而且有可能和目前冰封在北極苔原及沿岸沉積物中的甲烷量差不多。由於晶籠化合物是靠低溫高壓保持穩定，科學家擔心，倘若南極冰層變得愈來愈薄，導致冰層下方壓力大減，恐怕就會釋放出甲烷。

海平面上升

科學家目前正針對南極洲和格陵蘭的變化，進行密集研究，試圖算出海平面將會上升多少，以多快的速度上升。兩地的冰層都愈來愈不穩定，消失的速度也愈來愈快，因此海平面上升的速度將高於科學家十年前的預估。

縱觀都市文明發展史，可以發現，海平面其實一直緩緩上升，因為間冰期氣溫升高，會引起海洋熱擴散，導致某些陸地區域冰層融化。但過去半世紀以來，由於二氧化碳和其他溫室氣體在大氣中快速累積，加快了全球暖化的速度，因此幾乎在地球上任何地區，都出現融冰的現象。

要預測海平面上升的速度，幾乎是不可能的任務，部分原因是，許多科學家採用的模型在校準時，仰賴的是針對上一個冰期末尾冰河退去現象的研究數據，但當時的情況與今天面對的情況，有很大的差異。目前的衛星觀測技術，能即時測量格陵蘭和南極洲的大塊冰體，很快就能增進科學界對於融冰過程的了解。但由於幾年前才開始進行這樣的觀測，還需要花更長的時間，才能確定觀測數據代表的科學意義。不過，根據最近在南極洲西部和格陵蘭的觀測，已經可以確定冰融的速度愈來愈快。2012年7月曾發生極不尋常的融冰事件，影響了格陵蘭97%的地表，主持北極氣候衝擊評估報告（ACIA）的科學家科瑞爾（Bob Corell）說：「我們簡直是嚇壞了。」

漢森就推測，我們正在目睹冰層融化的指數增長過程，而最重要的統計數字是觀測到融冰倍增的時間。根據漢森的初步分析，很可能在本世紀看到海平面上升「數公尺」。其他科學家指出，上一回地球像今天這樣持續高溫時，海平面比現今高出了6到9公尺——儘管要經歷數千年的時間，海平面才會上升那麼多。

由於許多國家都有大量的移民，有些國家還吸引殖民者搭船而至，也因為貿易和物資供應都極端仰賴海運與船隻，因此全世界的超大都市大多位於海邊。事實上，全世界有半數人口，住在距離海岸不到25公里的濱海地帶。根據美國國家科學院的報告：「全球濱海地帶的人口以驚人速度成長。今天世界人口已有三分之二（大約36億人），居住地離海岸線不到160公里，估計在未來三十年，會有60億人住在濱海地帶，幾乎是全球人口的75%。許多開發中國家的濱海地帶人口，都在極速膨脹。」

南極洲和格陵蘭的冰層崩解融化，引發海平面上升，低窪地區的居民受害最烈。根據紐約市立大學人口研究中心的博克（Deborah Balk）和她同事所做的研究，全球大約有六億三千四百萬人住在沿海低窪地帶，其中危險地區人口數最多的十個國家為：中國、印度、孟加拉、越南、印尼、日本、埃及、美國、泰國和菲律賓。此外，人口超過五百萬的大城市中，有三分之二的城市至少有部分地區屬於脆弱的低海拔地區。

太平洋與印度洋上低海拔島嶼及沿岸三角洲的居民，有一些已經開始遷離。菲律賓和印尼的大島人口，可能也會逐漸流失。預期在本世紀中，氣候難民的人數將逐漸成長，可能達到兩億人，尤其有龐大人口將被迫遷離南亞、東南亞、中國和埃及的大都會河口三角洲。孟加拉濱海地帶的氣候難民，已經蜂擁至首都達卡，還有許多人北遷，跨越國界，進入印度東北部，導致印度與孟加拉之間宗教和族群衝突不斷的緊張關係，變得更加惡化。2012年，這類衝突引發的恐懼透過即時訊息和電子郵件，在印度各大城市蔓延開來。

由於氣候變遷，海水溫度上升，氣旋吸收能量後威力增強，帶來的風暴潮又會讓這些低海拔地區飽受洪水之患。即使海平面只上升一點點，但風暴潮會使災害擴大，引發海水倒灌。比方說，2011 年，紐約市面臨強烈颶風來襲，地鐵系統也飽受淹水威脅，進入緊急狀態。2012 年，超級颶風珊迪果真令紐約地鐵淹水停擺。倫敦很早之前就已經在大海與泰晤士河之間建造閘門，遇到風暴來襲時，隨時可以關閉閘門，保護整座城市（至少保護一段時間）。倫敦市目前已在討論是否應該有進一步的規畫。

我們在第 4 章曾經討論過，在本世紀末之前，未來的人口成長將完全來自於城市人口。面臨海平面上升威脅的城市中，人口最多的城市依序為：加爾各答、孟買、達卡、廣州、胡志明市、上海、曼谷、仰光、邁阿密和海防。城市中有許多資產會因海平面上升而飽受威脅，這類曝險資產最多的城市為：邁阿密、廣州、紐約／紐華克、加爾各答、上海、孟買、天津、東京、香港和曼谷。

此外，英國首席科學顧問貝丁頓爵士（Sir John Beddington）最近指出，許多氣候難民都遷移至低海拔的濱海城市，但這些地方也因氣候變遷而頻遭水患，更面臨海平面上升的威脅，因此他們日後可能再度成為氣候難民。

和一般人想像中不太一樣的是，海平面上升的速度並非全球一致，因為陸塊下方的某些地殼仍在從上次冰期慢慢「回彈」。*比方說，斯堪地那維亞半島和加拿大東部，都被上一次的冰河作用往下推，如今在冰河消退許久之後，還在慢慢回升。相反的，

---

* 此外，因冰層所施加重力的改變而導致的氣候變化，對某些海域的海平面相對上升量，也有些許影響。

同一塊地殼板塊的另外一端（例如西歐沿海國家和美國大西洋沿岸各州），正在緩慢下沉，有點像是蹺蹺板效應。而義大利的威尼斯或美國德州的蓋維斯頓（Galveston）等城市，也因為許多複雜的原因，正在下沉中。

邪惡的孿生兄弟

海洋變暖之後，海水分子將彼此推開，就使得海洋膨脹（到目前為止我們所感受到的海平面微幅上升，主要來自海洋的熱膨脹），因此累積了大量溫暖海水的海域，海平面上升的速度會比較快，例如美國南卡羅萊納州和羅德島之間的海岸。不過，相較於南極洲與格陵蘭受到全球氣溫急遽上升的影響，而將帶給全世界的衝擊，目前海平面上升的幅度還不算什麼。

位於低海拔沿海地帶和河口三角洲周邊的許多農業地區，已經飽受海平面上升的衝擊，因為鹹水侵入農業用水仰賴的淡水含水層。2012 年，由於海平面上升，加上美國乾旱之故，密西西比河流量大減，結果在密西西比州南部，鹹水入侵飲用水的水井和含水層。

全球暖化也深深改變了海水的性質。人為造成的二氧化碳排放量中，大約有 30% 最後會進入海洋中，溶解為弱酸，長年累積下來，海洋酸度已經比過去五千五百萬年的任何時候都高（地球史上的其中一次大滅絕，發生時間比這段期間更早）。今天海洋酸化的速度，比過去三億年來的任何時候都快。

立即需要擔心的問題是，海洋酸度增加，會導致碳酸鹽離子濃度下降，而碳酸鹽離子是製造甲殼和珊瑚礁的基本材料。像甲殼和珊瑚礁這樣的結構，是由不同形式的碳酸鈣構成的，珊瑚蟲和甲殼類生物會從海水中提取碳酸鈣。海水酸度增加，就會破壞這些堅硬結構固化的過程。美國國家海洋暨大氣總署（NOAA）署長路辰可（Jane Lubchenco），稱海洋酸化和全球暖化是「邪惡的孿生兄弟」。

同樣肇因於人為全球暖化的海水升溫，尤其會威脅到珊瑚礁上色彩繽紛的特有藻類，這種藻類與珊瑚蟲有一種微妙的共生關係。當海水溫度升得太高時，這些特有藻類（蟲黃藻）會離開珊瑚表面，讓珊瑚露出下面的白色骨骼，這種情況一般稱為珊瑚白化。白化後的珊瑚礁固然有可能復原，但如果在短短數年內經歷了好幾次白化，將會扼殺珊瑚礁的生命。

珊瑚礁之所以特別重要，是因為根據專家的分析，將近四分之一的海洋生物，生命週期中至少有部分時間棲息在珊瑚礁上，或在珊瑚礁附近活動。科學家提出令人震驚的警告，海洋中的珊瑚礁正瀕臨危險，可能不出一個世代，幾乎會全部死亡。在 1977 年到 2001 年之間，加勒比海八成的珊瑚礁都消失了，剩下的珊瑚礁在本世紀中以前，也面對破壞性的威脅。全世界每個海洋中的珊瑚礁，都面臨相同的命運，包括全球面積最大的珊瑚礁——澳洲東部海域的大堡礁。2012 年，澳洲海洋科學研究所公布，過去二十七年間，大堡礁已有一半的珊瑚礁死亡。

我們最常見到、也最熟悉的珊瑚礁，是生活在淺海的暖水珊瑚礁。不過，可能有更多珊瑚礁生活在深海的冷水域。這類珊瑚礁由於位居深海，較少被科學家研究和記錄，但科學家指出，由於冷水會比溫水吸收更多二氧化碳（就好比冰汽水比不冰的汽水含有更多二氧化碳），因此今天冷水珊瑚礁可能陷入更大的危險。有些科學家仍懷抱希望，認為珊瑚礁或許會繼續存活，但許多科學家如今都相信，由於海洋酸度提高、地球升溫、汙染，以及人類過度捕撈攸關珊瑚礁健康的重要生物，幾乎所有的珊瑚礁都可能會死亡。

海洋吸收了愈來愈多二氧化碳，也會影響某些海洋生物的繁殖。外殼極薄的浮游生物，就是飽受威脅的甲殼類生物之一，而浮游生物在海洋食物鏈的底層扮演重要角色。雖然還需要大量深入的研究，不過許多科學家已經開始擔心這個位居海洋食物鏈最底層的重要環節究竟發生了什麼事。

某些海域（包括科學家研究的南加州某些近海區域在內）的海水，事實上具有腐蝕性。在奧勒岡沿海地帶，腐蝕性海水奪走了具商業價值的貝類的性命。專家指出，即使人類在最近的將來停止排放二氧化碳，海洋的化學狀態仍然要花費數萬年的時間，才能回復到上個世紀之前的情況。

過去人類過度捕撈，已經造成海洋中魚群減少，生物多樣性降低，如今由於全球暖化，加上排放二氧化碳引起海洋酸化，情況已日益惡化。根據聯合國的報告，目前幾乎有三分之一的魚類都遭到過度捕撈。我們在第 4 章討論過，過度捕撈已經導致鮪魚、馬林魚、鱈魚等大型魚類魚源耗竭達九成之多。

有些捕魚技術，例如炸魚（某些有珊瑚礁的開發中國家，仍然採取這種捕魚方式）和海底拖網（大西洋東北海域尤其深受這種捕魚方式傷害），會對維繫海洋生物生命的重要生態系，造成額外傷害。雖然我們偶爾會聽到一些關於海洋漁業的成功故事，但整體而言，前景依然十分黯淡。許多因素綜合起來，嚴重威脅到海洋的健康。

除了珊瑚礁之外，許多重要海洋棲地，例如沿岸的紅樹林和所謂的「海洋草原」，也都瀕臨危險。同時，主要河川入海口附近的死區，數量每十年就會倍增。農業逕流水和廢水中含有高濃度的氮和磷，會促進海藻大量繁殖，當海藻遭細菌分解，大量消耗海水中的氧氣，就導致廣大海域變成「死區」。

諷刺的是，2012 年北美遭逢大旱，密西西比河流入墨西哥灣的水量減少，河水中通常會攜帶的氮、磷和其他化學物質也減少了，結果，從密西西比河口向外延伸的廣大死區，面積竟因此暫時消滅。

2011 年夏天在牛津大學召開的研討會中，與會海洋專家的共同結論是：「檢視了所有的威脅後，得到的結論是，我們低估了整體風險，海洋生態整體衰退的情況遠大於各部分的總和，而且惡化的速度遠高於原本的預測⋯⋯ 總而言之，目前的情況有可能導致海洋生物大滅絕⋯⋯ 顯然過去在社會上運作良好的傳統經濟觀和崇尚消費的價值觀，一旦碰上目前人口成長的速度，就無法維持永續發展。」

減緩策略 VS. 調適策略

過去三十年來，國際社會一直在辯論：減少溫室氣體排放以「減緩」氣候危機，與適應氣候危機的「調適」策略相比，究竟哪個比較重要？有些人試圖看輕全球暖化的嚴重性，反對大部分減緩氣候危機的政策，他們通常主張以調適策略取代減緩策略，來因應氣候危機。

他們提倡的觀念是：既然人類已經適應了過去發生的種種環境變化，沒有理由認為我們不應該純然接受全球暖化的後果，然後努力自我調整，適應這樣的變化。埃克森美孚石油公司的執行長蒂勒森（Rex Tillerson），最近和長期參與社會運動的芬頓（David Fenton）談話時，就表示：「我們所有的生存歷程都是在不斷適應，好嗎？所以我們也會適應這次變化。」

就我自己而言，多年前，我總是主張，必須全力以赴，才能減緩全球暖化，並在短時間內累積充分的政治意志力，以大幅降低溫室氣體排放。如果我們把資源和力量用在適應氣候變遷，就會分散了注意力。但我錯了──我並沒有錯估否認全球暖化的人會提議以調適策略，來取代減緩策略的替代方案；而是錯在沒有立刻看清，無論面臨多大困難，同時追求兩種策略都有其道德上的必要性。

在討論氣候變遷的調適（adaptation）和減緩（mitigation）兩種因應策略時，必須認知兩個重要事實：第一，全球暖化目前產生的後果，對低所得開發中國家帶來的破壞尤其嚴重。超大豪雨及引發的洪水和土石流，重創道路、橋梁、水電設施等，基礎建設的修復預算一飛沖天；有些國家則深受乾旱之苦。

此外，在許多開發中國家，由於水旱災頻仍，自給自足式農業嚴重受創，必須耗費大筆經費進口糧食。而且正如前面所說，有些低海拔國家正在努力安置由於海平面上升，而流離失所的沿海難民，而另一些國家則努力讓抵達的難民，融入原本已快速成長的本國人口。

由於上述種種發展狀況不但會持續下去，還會日益惡化，無論基於道德責任，或出於實際的經濟必要性，我們都必須協助這些國家調適。惱人的是，目前大家還沒有充分了解，已存在於大氣中的全球暖化汙染物質，將帶來何等效應。今天即使我們大幅降低二氧化碳排放量，未來幾年，地球的溫度仍會再上升華氏一度。換句話說，由於有害氣體排放量大增，尤其是大氣中的溫室氣體濃度上升，氣候系統已經累積了這麼多有害的變化，因此絕對必須有所調適──即使我們仍會持續建立全球政治共識，以防止最壞的情況發生。我們別無選擇，唯有同時推行兩種政策。

不過，在全球辯論中必須正視的第二個事實，無疑也最重要：除非我們很快開始減少導致全球暖化的汙染，否則後果將不可收拾，屆時全世界大多數地區，終將不可能再做任何調適。比方說，溫室氣體排放量上升，已經導致大氣循環模式發生大規模改變，預期地球上許多人口稠密的農業生產地區，將因此陷入難以想像的長期乾旱，包括南歐與南和中歐、巴爾幹半島、土耳其、非洲南端、南美巴塔哥尼亞高原大部分地區、澳洲東南部人口稠密地區、美國西南部和中西部上半部、墨西哥和中美洲的大部分地區、委內瑞拉和亞馬遜盆地北部的大部分地區、中亞和中國的廣大區域。

我們需要解釋一下這種可怕的未來情境背後的科學根據。如果從整體的角度來看全球氣候系統的本質，氣候系統的功能，就如同能重新分配熱能的引擎：從赤道到南北極，在海洋和陸地之間，以及在低層大氣和高層大氣之間，來回循環。滯留在低層大氣的熱能大量增加，顯然意味著大氣系統變得更加活力旺盛。

在北半球，這個氣候引擎利用溫暖的墨西哥灣流，把熱能從南往北送；墨西哥灣流是「海洋輸送帶」中最為人熟知的一環，這條輸送帶形似數學上的莫比烏斯環（Möbius Strip），是由全世界重要的洋流連結而成的。組成海洋輸送帶的其他環流還包括：在海底穿梭的深海洋流，會將南北極的冰冷海水輸送到溫暖的赤道，再湧升到海面。規模最龐大的深海洋流，是環繞南極大陸的南極洲環流，南極洲環流與祕魯洋流（或稱洪堡洋流）交會後，載著各種養分的祕魯洋流沿著南美洲西部海岸朝北流，並往上湧，讓祕魯近海區域豐富的海洋生物獲得充足養分。較不為人所知的是，從南格陵蘭附近的北大西洋往南流的深海冰冷洋流，會從墨西哥灣暖流的下面，回歸到熱帶大西洋海域。

熱能也會透過氣旋、雷雨和多年一次的氣候型態，來重新分配；交互出現的聖嬰和反聖嬰現象（科學界則稱呼為聖嬰－南方振盪現象），就是多年一次的氣候型態。更重要的是，所有這些能量轉移，都會因為「柯氏效應」（Coriolis effect，受地球自轉所驅動）的影響，由西往東移轉。

哈德里環流胞

直到最近，大家相對之下不太注意，全球暖化和大氣中垂直方向轉移熱能的大氣循環模式之間，有什麼關係。橫跨熱帶與亞熱帶地區的哈德里（環流）胞（Hadley cell），是巨大的筒狀大氣環流，在赤道的南北兩側環繞地球，好像讓信風由東往西吹的巨大管道。

在南、北兩個環流胞內，溫暖潮濕的氣流先從赤道附近的地表垂直上升到空中，到達對流層頂部後（對流層是大氣的底層，在熱帶地區對流層頂部大約離地面 16 公里），開始轉向南、北極方向——也就是說，北半球的氣流朝北，南半球往南流。在熱帶地區，氣流上升到高空時，攜帶的水氣大半都已變成雨水，降落地面。

所有氣流上升到頂時，開始沿著對流層頂部往南北極推進約 3,200 公里（大約到南北緯 30 度），直到大部分的熱都排掉，變成較冷、較乾燥的下沉氣流後，開始垂直下降。所有氣流抵達地表後，又回頭往赤道移動，並在行經地表的途中，補充熱及水氣。等到氣流返抵赤道，完成環流圈，新的循環又重新啟動，氣流再度滿載熱與水氣垂直上升。

在南北緯 30 度附近的地區，由於哈德里胞帶來乾燥的下沉氣流，是沙漠化的高危險區。地球上最乾燥的區域，包括全世界最大的撒哈拉沙漠在內，都位於這些下沉氣流影響的地區。（影響沙漠形成位置的其他因素，還包括山脈的雨蔭區*，因為盛行風撞上山脈迎風面時會往上升，並流失水氣，之後在下風面成為乾燥的下沉氣流往下降。此外，地理學家所說的「大陸性」，也會影響沙漠形成，也就是說，大陸中央區域由於遠離海洋，通常水氣較少。）但是就全球而言，威力最強的沙漠化因素，是哈德里胞的下沉氣流。

氣候學家如今已在真實世界中，觀測到他們過去長期在電腦模型中預測的問題，也就是：大氣暖化正在改變這股巨大的全球下沉氣流，讓氣流更往兩極移動，導致亞熱帶範圍擴大，也變得更加乾燥。的確，雖然科學家還無法精確測量，但在北半球，下沉氣流已經往北推進緯度 3 度（將近 338 公里）。赤道以南的哈德里胞下沉氣流，也已經往南極方向推進。

關於全球暖化為何會導致哈德里胞位移，有好幾個理論，然而迄今沒有一個理論獲得證實。在熱帶與亞熱帶，低層大氣接收到的太陽輻射最強，原因很明顯：太陽一年到頭都直射赤道附近

---

* 譯注：rain shadow，山頂的下風面。

的地表。就比例而言，高緯地區的地表溫度，目前上升得比較快，這是因為冰雪融化讓地表反射的太陽輻射變少*，因此大氣吸收的熱能增加了。換句話說，經過一段時間後，熱帶地區和極區在平均氣溫上的差異會縮小──這也會影響氣候平衡。

不過，中緯度地區吸收的熱能更多，導致原本已經比較溫暖（密度也較低）的熱帶空氣更往上升。結果，額外的熱量促使對流層頂部往上提升，氣流到達頂部時，會從原本垂直向上的路徑偏轉九十度角，開始往南北極方向流動。

哈德里胞範圍擴大後，環流的下衝路徑就移動到北半球的更北處及南半球的更南處。和全球暖化的其他相關事實一樣，哈德里胞變化雖然聽起來非常專門，也很抽象，但對真實世界的人類和動植物卻有極為嚴重的影響。

受到下沉氣流影響的地區，就好像空中有個巨大的吹風機一樣，結果不但旱災頻仍，乾旱情形更嚴重，而且在許多受影響的國家中，連續乾旱的氣候型態很可能造成沙漠化。大多數受影響的地區，例如南歐、澳洲、非洲南部、美國西南部、墨西哥等，已快陷入持續缺水的危機。

順帶一提，「沙漠」的英文字 desert，源自於人與土地的關係：沙漠是遭人遺棄的（deserted）土地。想想看，假如希臘、義大利和肥沃月彎等西方文明的搖籃，都因為人類改變了氣候特徵，變得像 7,300 年前形成撒哈拉沙漠時的氣候特徵一樣，而開始變成荒漠，會是何情景！

近年來，在北美和歐亞大部分地區，全球暖化對大氣循環模式的衝擊，以及出奇混亂的天氣型態，都影響了控制風暴路徑的噴射氣流。事實上，南北半球都各有兩股噴射氣流，一股是沿著

哈德里胞環流圈上緣、從東往西流的亞熱帶噴射氣流（信風），
以及所謂的極區噴射氣流——沿著第二組環流圈佛雷爾胞（Ferrel
cell）的下緣從西往東吹。

　　北極噴射氣流的位置，有部分是由北極圈往南延伸的冷空氣
牆所決定。但近年來，由於北極冰帽融化，額外吸收了大量的
熱，擾亂了跨越北美與歐亞大陸的噴射氣流的北緣——於是風暴
路徑改變，冬季北極冷空氣被引往南邊，並打亂降雨型態。

　　氣流及洋流、風暴與氣旋、以及大氣垂直環流，所有這些能
量傳送機制，都塑造了地球氣候型態，而且自從農業革命以來，
地球氣候型態一直很穩定。然而全球暖化改變了所有與氣候型態
相關的能量平衡狀態，也改變了我們習以為常的天氣現象發生的
地點和強度。

　　有些能量平衡狀態變動得太過劇烈，科學家擔心可能會完全
打破已知模式，出現全新的天氣現象，無論強度、分布情況和發
生時機，都完全不是我們熟悉的，也不符合人類文明賴以建立的
種種假設。

　　為了說明這點，大家不妨拿起一條皮帶，兩手分別抓住一端；
把兩手合在一起，形成向上的環圈。當你慢慢分開雙手，改變手
腕的彎度時，皮帶環也會出現一些變化，但基本形狀保持不變。
但如果你把手腕彎得更厲害些，皮帶會突然變成新的基本型態，
環圈變成指向下方，而非上方。我們已知的氣候變化雖然規模龐
大，但就好像指向上方的皮帶環出現的變化。假如皮帶環指向下
方，仍然會出現類似的變化，但如果我們劇烈改變環圈的邊界條
件，直到它出現全新的型態，這時候就會對氣候帶來極端衝擊。

＊另一個原因是，在低緯地區，氣流攜帶的熱能有很大部分是在蒸發作用（蒸發冷卻）耗散
　掉，用來讓空氣加溫的能量則少得多。

人類改變大氣化學組成的實驗，已經造成許多我們不樂見的意外結果。1980 年代，南極上空平流層突然出現相當於大陸面積大小的破洞，由於大家知道臭氧層會阻擋強烈的紫外線輻射抵達地表，臭氧層破洞出現後，人們擔心會對地球上各種生物造成致命威脅。科學家表示，除非能停止對臭氧層的破壞，否則臭氧層破洞將擴散到人口稠密地區上空的平流層。

即使南極上空的臭氧層破洞每年只持續兩個月左右的時間，但已經使得全球平流層中的臭氧變得比較稀薄。科學家警告，假如會破壞臭氧層的化學物質濃度持續增加，將加快臭氧層變薄的速度，甚至南極上空的臭氧層破洞會更常出現，帶來更多危險。

幸運的是，在這個可怕的發現之後，當時的美國總統雷根和英國首相柴契爾，幾乎立刻協助籌辦了 1987 年的全球會議，協商和簽訂〈蒙特婁議定書〉，要求產業界淘汰某些工業用化學品，包括最廣為人知的氟氯碳化物，兩位科學家羅蘭（Sherwood Roland）和馬立那（Mario Molina）在 1974 年證實，這些化學物質，和南極上空低溫平流層的特殊大氣條件發生交互作用後，會破壞原本保護人類和其他生物免於受到紫外線傷害的臭氧層。

雖然〈蒙特婁議定書〉是歷史上一大成就，但由於全球暖化已對臭氧層形成新的威脅，所以很重要的是，我們必須了解，有害化學物質究竟透過何種機制，造成臭氧層破洞。首先，還有第三組、也是最後一組大氣環流胞，在南北極上空呈渦旋狀流動，稱為「極胞」（polar cell）。

南極是海洋包圍陸地，而北極是陸地包圍海洋；此外，北極

（至少在冬天）的冰層往往只有薄薄數公尺，但終年覆蓋南極的冰層厚達兩千公尺，這也使得南極洲成為平均海拔最高的大陸，意思就是，南極大陸比其他地方更接近高空，把太陽輻射反射回太空的威力更強。因此，南極上方的空氣比地球上任何地方都冰冷，在平流層也產生特別多的冰晶。由於上述這些原因，南極上空的渦旋環流比北極上空的環流胞更強，也更緊密，尤其在冬天的時候。

南極冬季環極氣流形成的緊密渦旋，幾乎像個碗一樣，在南極大陸上空裝載著氟氯碳化物和冰晶，而氟氯碳化物就在冰晶的表面，與平流層的臭氧發生化學作用。在化學反應開始破壞臭氧層之前，還有一個重要條件是：欠缺一點點陽光。

在九月中旬左右、南半球的冬季接近尾聲，第一道陽光劃破天際，照射到「碗」中的冰晶時，就會啟動化學反應，然後效應快速擴散，幾乎破壞了碗中所有的平流層臭氧。大氣吸收了更多的熱之後，氣流形成的渦旋減弱，碗也隨之崩解，表示該年的臭氧層破洞結束。有些不含臭氧的大片空氣有時候會往北移動，南半球某些人口稠密地區，例如澳洲和巴塔哥尼亞，就會暴露在強烈紫外線下，因為大氣中稀薄的臭氧已不足以扮演地表生物的屏障。

過去大家認為，平流層臭氧層破洞和全球暖化完全是兩回事，但科學家在 2012 年發現，全球暖化會對臭氧層產生意想不到的威脅——而且是發生在北半球溫帶的人口稠密地區。

正如同熱帶吸收的額外熱能，會促使哈德里胞的上升氣流將對流層頂推往更高處，北半球溫帶區如果吸收更多熱能，也會發展出更強烈的雷雨胞，突破對流層頂，把水氣帶到平流層，衝進平流層的水氣會凝成新的冰晶，創造了臭氧流失的條件——殘留在大氣中的氟氯碳化物可在這些冰晶的表面，接觸到平流層臭氧及陽光，因而破壞了能提供保護的臭氧層。當平流層變得更冷時（與低層大氣的暖化恰恰相反），就會開始出現這種新現象。各種氣候模型早已預測，當地球大氣試圖維持能量「平衡」時，就會造成平流層冷卻。雖然還需要更深入的研究，才能充分理解這個惱人的意外現象，但這個發現已經告訴我們，人類目前在地球上進行的實驗是多麼魯莽而不顧後果。我們不只在玩火，也在玩冰。詩人佛洛斯特（Robert Frost）曾寫道：「有人說世界將毀於火，有人說毀於冰。」他接著說，（談到破壞力，）無論冰或火，「都綽綽有餘。」

高風險的實驗

我們正在對地球進行一場未經規畫的實驗，而最早提出這個概念的人是雷維爾（Roger Revelle），我在全球暖化議題上的良師益友。1957 年，雷維爾和共同作者蘇斯（Hans Suess）寫道：「人類正在進行一場大規模的地球物理實驗。」他們還指出：「（燃燒化石燃料後）大氣中的二氧化碳增加量，目前雖然還小，但如果工業燃煤消耗量持續呈指數上升，未來幾十年可能會變得十分顯著。」

我們應該稍稍思考一下「實驗」這個名詞。我們會明訂倫理規範，禁止進行任何可能危害生命或嚴重傷害實驗對象的實驗。然而，目前正劇烈改變地球大氣型態、威脅人類文明的「未經規畫的實驗」，會令數百萬條生命陷入險境，自然應該採用相同的倫理規範。

氣候科學大約在 150 年前誕生，當時愛爾蘭傳奇科學家廷得發現，二氧化碳會捕捉熱。實際的運作機制，要比大家耳熟能詳的「溫室效應」譬喻複雜多了；二氧化碳分子裡原子間的鍵結，會吸收和放射紅外線，很像是用毯子罩住般，阻止能量散失到太空中。

但結果如出一轍——大氣中的二氧化碳，就好像溫室玻璃般，會留住太陽發射出來的熱。廷得在 1859 年有了這項歷史性的發現，就在同一年，德雷克（Edwin Drake）上校在美國賓州開鑿了全世界第一口油井。

三十七年後的 1896 年，瑞典化學家、諾貝爾獎得主阿瑞尼士（Svante Arrhenius）在一篇劃時代的論文中引用廷得的話，這篇論文探討的問題是：「地表均溫有沒有可能受到大氣中吸熱的氣體所影響？」阿瑞尼士用紙筆做了一萬次計算，希望證明，當大氣中的二氧化碳濃度倍增時，全球均溫將提高攝氏幾度。

20 世紀下半葉，戰後工業化熱潮如火如荼的同時，針對全球暖化的研究也大有進展。雷維爾和基林（David Keeling）在 1957–58 年的國際地球物理年，展開一項歷史性的研究計畫，長期有系統的測量大氣中的二氧化碳濃度。研究結果令人震驚，監測幾年後就明顯看出，二氧化碳濃度以穩定的速度不斷升高，接下來幾年在全球各地廣設監測站的測量結果，也證實了原先的發現。

二氧化碳的濃度，可顯現陸地生物圈吸收與釋放二氧化碳的季節循環，而由於陸塊和落葉植物大部分都在北半球，從二氧化碳濃度也就顯示，北半球的二氧化碳循環比南半球大多了。在北半球，二氧化碳濃度會在冬天上升（這時樹葉和植物只吸收少量二氧化碳），而在夏天下降（花草樹木再度從空氣中吸取二氧化碳）。

監測結果也清楚顯示，二氧化碳濃度在每年季節循環中持續上升。這個重要觀測計畫進行七年後，累積的測量資料形成今天大家所知的基林曲線（Keeling Curve），目前每年循環週期中二氧化碳濃度的低點，已經高於剛開始監測時的高點。五十六年後，科學家依然每天在夏威夷茂納羅亞火山、南極、美屬薩摩亞、美國加州千里達海角，及阿拉斯加的巴羅（Barrow）等地，持續相同的測量活動。另外還有六十組靠飛機、船舶、氣象氣球和火車等蒐集的「分散合作式」測量數據。順帶一提，目前負責督導這項計畫的傑出科學家羅夫・基林（Ralph Keeling），恰好是大衛・基林的兒子，他同時也在監測大氣中氧濃度持續微幅下降的情況──這個現象本身倒不是引起關注的原因，監測結果只是再度驗證了氣候學家早已預測到的結果，同時也可以拿這項監測數據，來交叉檢驗二氧化碳測量值的準確度。

在雷維爾和基林開始監測大氣中的二氧化碳濃度十年後，我有幸成為雷維爾的大學部學生。我非常感佩他不但能清楚說明這個現象，還非常有先見之明，早就預知，要是化石燃料消耗量和釋放出的二氧化碳持續增加的話，未來很可能會出現什麼情況。

大學畢業十年後，我開始在國會中召開有關全球暖化的聽證會，並在 1987–88 年，首度出馬競選總統，希望喚起大家對氣候危機的關注。1988 年 6 月，美國航太總署科學家漢森在證詞中指出，在觀察全球增溫的趨勢時，已有證據顯示全球暖化是因人類而起，且證據已具備統計顯著性。六個月後，聯合國在 12 月成立全球性科學機構──跨政府氣候變遷研究小組（IPCC），針對世界各地透過科學研究找到的證據，提供權威性的歸納整理。

今天，在 IPCC 運作四分之一世紀後，國際間已從科學研究中建立了強烈共識，證實人類活動是導致全球暖化的主因。全球暖化的威脅確實存在，而且很嚴重，主要肇因於人類的活動，迫切需要急速採取因應措施，大幅降低溫室氣體排放量。全世界每個國家科學院和重要學會，都支持這項共識。

全球八大工業國和另外五個國家的國家科學院，在 2009 年發表的共同聲明中宣布：「我們需要採取緊急行動來因應氣候變遷，這已是不爭的事實。」根據一篇發表於美國《國家科學院研究彙刊》的研究：「在學術界最活躍、發表論文最多的氣候學者，有 97% 到 98% 支持 IPCC 提出的人為氣候變遷觀點。」

此外很重要的是，科學家近幾十年來預測出的全球暖化效應，等到後來在真實世界中發生時，實際帶來的衝擊幾乎都遠甚於當初的預測。許多人都注意到，科學界基本上小心翼翼、甚至可以說很保守，從來不敢妄下定論。我指的不是政治層面上的「保守」，而是指他們採用的原則和研究方法很保守。科學界同儕審查的流程（要求研究人員必須先提出令人信服的證據，才能公開發表自己的發現或主張），更強化了這種審慎行事的傳統和長期建立的文化。在這樣的文化之下，即使看來十分明顯、只不過反映一般常識的說法，都可能因為提不出充分證據，無法達到期刊審查委員的要求，而飽受打擊，無法發表。

然而，即使在如此保守的文化下，全球科學界仍然提高聲浪，公開警告政府決策者，我們必須趕快行動，才能避免全球災難。雖然不斷有人敲響氣候災難的警鐘，而且每個人顯然也都心知肚明，全球暖化的現象已經非常明顯了，但針對這樣的威脅而規劃的重大政策改革，仍然寥寥無幾。

人類文明的未來禍福難料，民主制度和資本主義皆年久失修、運轉失靈，都無法滿足人類最深層的利益。但如果我們能修正目前民主制度和資本主義的缺陷，剷除貪汙腐化、任憑企業宰制和菁英主導的弊病，那麼這兩種制度還來得及扭轉乾坤，將世界文明導向正途。但必須有傑出的領導力和政治勇氣，才能主導這麼困難的政策轉變，而這正是當今所欠缺的（對美國而言，尤其如此）。

要了解為何這麼多政治領袖都無法有效因應氣候危機，必須先探討，大眾對全球暖化的認知，如何受到否認全球暖化的人所操控，以及面對這個議題時，大眾心理如何推波助瀾，促使這類操控順利得逞。可從延遲行動中得利的大企業，不惜花大錢，進行嘲諷式的不實宣傳，在一般民眾心目中種下對氣候危機的錯誤懷疑，操控社會輿論。每個人都自然而然會希望能看到任何跡象，顯示全球暖化不是真的，希望科學家犯了大錯，而他們就充分利用這點。

許多人都形容氣候危機是「來自地獄的議題」，部分是氣候危機的複雜度、規模和時間架構使然，要公開討論危機起因和解決方案，十分困難。由於解決方案包括採取不同路徑邁向未來，改進我們早已熟悉的科技，修正長期以來的型態，因此會激發我們抗拒改變的天性。又因為最嚴重的傷害通常要到日後才會顯現，而我們的注意力廣度有限，因此很容易有一種錯覺，以為在解決問題之前，還有很多時間。

「否認」是每個人都可能出現的心理傾向。庫伯勒羅斯（Elisabeth Kübler-Ross）是率先探索這種心理現象的人之一。庫伯勒羅斯的教誨是：「否認是有意識或無意識地拒絕接受事實、資訊或實際情況。否認是一種防衛機制，有的人可能會一直把自己封鎖在這個階段。」現代精神醫學對「否認」的定義則是：「無意識的防衛機制，特點是拒絕承認痛苦的現實、想法或感受。」

當然，對未來全球文明的災難性威脅算是「不愉快的想法」，大家自然會傾向於希望，全球暖化的科學共識並未正確描繪我們真正面對的危險。執著於這種心理策略的人，面對愈來愈有力的全球暖化證據時，典型的反應是愈來愈強烈譴責整個概念，也大力抨擊那些堅持採取行動的人。

過去一個世紀以來，我們對人類天性有更多的了解。比方說，我們現在知道，啟蒙時代思想家所說的「理性的人」，以及亞當‧斯密和其他古典經濟學家的理論中隱含的人類行為定義（有些人現在稱之為「經濟人」），其實不能代表我們。恰好相反，我們承襲了人類這個物種，經過長期演化而形成的行為模式。雖然擁有推理能力，我們天生比較容易留意及回應憑直覺判斷的短期因素，而會忽略必須運用推理思考能力的長期威脅。

芝加哥大學的芮森（Jane Risen）及加州大學柏克萊分校的克理徹（Clayton Critcher）這兩位社會學家，曾做過一個實驗，他們拿相同的問題來問兩組受測者，題目都和全球暖化有關，唯一的差別是兩個房間的室溫。結果，房間溫度高了十度的那組受測者，顯然比房間較涼爽的另一組受測者，更支持採取行動對抗全球暖化，而且無論受測者是自由派或保守派，都顯示出這樣的差異。在第二項研究中，受測者必須回答有關乾旱的問題，結果吃了鹹脆餅的那組人，與沒那麼口渴的另一組人，看法也截然不同。

當今全世界正經歷劇烈變化，需要面對本書提到的諸多因素，包括全球化與地球公司興起、數位化、網際網路及電腦革命、生命科學和生物科技革命、全球政治力與經濟力的平衡發生歷史性轉變，以及拚命追求單一形式的「成長」而忽視了人類價值、威脅到未來不可或缺的資源，以致於大多數國家在考量政治上的優先順序時，很容易就把氣候危機擺在後面。

我們在第4章曾提過，人類以錯誤的方式來定義成長，我們之所以會錯估持續仰賴碳燃料的成本效益，這是主要原因。比方說，碳燃料上市公司的股票價值是根據好幾個因素來衡量，其中一個重要指標是他們掌控了多大的蘊藏量。在估計這些地下石油儲量的價值時，這些公司都假定他們未來將生產這些石油，並依市場行情銷售石油，供作燃料。然而任何通情達理、了解氣候危機科學共識的人都知道，我們絕對不能把這些石油儲量全部燃燒掉。這整個概念實在愚蠢。然而在計算股票市值時，卻完全反映不出燃燒石油造成的環境惡果。

除了採取否認的態度，以及盲目仰賴有嚴重缺陷的經濟羅盤來指引方向外，大多數人還有另外一個根深柢固的傾向：我們很想相信，到頭來所有的一切終究會平安無事，或至少在我們生活的這個角落，大家都會活得好好的。社會心理學家稱之為系統合理化理論（system justification theory）：每個人都希望往好的方面想，正面看待自己、自己認同的團體、以及生活周遭的社會秩序。明明需要推動大規模的變革，才足以對抗全球暖化，但任何這類的提案都很容易被視為在挑戰現狀，因此觸動了我們的防衛機制，自然會抗拒任何可能取代現狀的替代方案。

當我們必須迅速進行大規模動員，對抗既存的威脅時（譬如1941年日軍偷襲珍珠港的時候），強烈的急迫感會蓋過打破舒適圈時的不甘願。但這類例子大都根植於人類長期發展過程中經歷的集體衝突情境，當全世界必須快速採取行動來因應全球性的緊急威脅時，就缺乏前例可循了（臭氧層破洞是例外），尤其當我們需要的因應措施會對現況形成重大挑戰時。

談到核武控制的必要性時，雷根總統在許多場合都表達過相同的想法，包括他曾經在聯合國大會演講時指出：「當我們太過執著於當前的對立時，往往忘了全人類是多麼團結在一起。也許必須等到人類面臨共同的外在威脅時，才會體認到這種共同連結。我有時不免會想，假如有一天我們面臨外星人的威脅，可以想見，全世界人與人之間的各種歧異將很快消弭於無形。」雷根在位時期，敝黨某些同志對他這番話冷嘲熱諷，不過我一直認為他說出了一些重要的洞見。

對立的政治學

當然，就氣候危機而言，今天全人類確實面臨共同的威脅，但威脅並非來自外星人，而是來自我們自己，所以，「當前的對立」會破壞人類團結一致、因應危機的能力。美國開國元勳充分了解這種根深柢固的人性，而美國開國兩百多年後，科學家也告訴我們，黨同伐異的習性深植於人類的物種發展史。

演化生物學家威爾森最近寫道：「毫無例外的，每個人都必須有個部族，與部族結盟以謀取權力，爭奪土地，高舉旗幟，號召群眾。一切向來如此……人性從來不曾改變。現代社會團體在心理上與古代部族並無二致，直接遺傳自原始人和更早的人類祖先。」

今天，否認全球暖化的現象不知為何變成「文化」議題，許多拒絕接受科學證據的人，幾乎就好像「族群認同」般，彼此間產生一種緊密契合的集體認同感。在美國，成為當前共和黨主流的極端保守意識型態，有一部分正是靠這類共同承諾來維繫，大家齊心對抗不同派系提出的改革方案。

我們可以稱之為「三劍客原則」：人人為我，我為人人。有些人原本的關注焦點，是反對任何形式的槍枝管制，但他們同意支持石油公司和煤炭公司的立場，反對所有試圖降低全球暖化汙染的行動。反墮胎人士表態支持大型銀行的立場，反對新提出的金融法規。正如小說家馮內果的名言：「就這麼回事。」

我們在第 3 章提過，由於美國社會深怕 1960 年代紛亂喧囂的示威抗議運動（包括反越戰，提倡民權、女權，爭取同志、殘障人士與消費者權益的各種運動，以及通過健保法案和各項助貧方案的呼聲）逐漸失控，以致於威脅到大企業和菁英階級的利益，於是 1970 年代，在美國商會支持下，有一群人出來組織推動反改革、反革命的運動。在他們眼中，這些改革運動可能危及資本主義本身。結果，過去四十年來，這群人成為製造最多碳汙染的始作俑者。

反改革運動帶來的一個長期後遺症是，建立起連結眾多智庫、基金會、研究機構、法學院和激進組織的龐大網路，不斷產出各種精心設計的「報告」、「研究」、法律訴訟、國會證詞、專欄文章和書籍，全都大力提倡新的企業三劍客理念和議程，包括：

- 政府很壞，我們不能信任政府，反而應該對政府保持疑懼，政府掌握的資源應該愈少愈好，如此一來，政府才不太可能干預企業的計畫或菁英份子的利益。
- 窮人過得辛苦一點是好的，因為唯有如此，才能激勵他們發揮更高的生產力；日子難過，他們才願意接受低薪和較少的福利。

- 另一方面，有錢人繳的稅應該愈少愈好，才能鼓勵他們賺更多錢——即使消費者有可能因為沒有錢買更多商品和勞務，導致需求不足，但要促進經濟成長，這仍是經過驗證的不二法門。

- 貧富不均是好事，因為會激勵窮人更有企圖心，也鼓勵富人加強投資，即使證據顯示，在經濟疲弱時，收入最高的富人通常對守住財富比較感興趣。

- 不管我們怎麼樣汙染環境，環境總是可以自行找到解決之道。不認同這種想法的人顯然都熱愛社會主義，決心打擊企業。

當然，大多數的政黨都自然想要結合不同利益。身為民主黨員，我在擔任國會議員的時候，也體驗過這樣的壓力。然而，美國新右派聯盟的不同之處在於，極端富有的政治捐獻者只對一種政策感興趣——能讓他們在美國人總收入分到更大一杯羹的政策。

不幸的是，在今天的世界裡，全球暖化的挑戰在接受科學共識（及自己親眼看到的證據）的人，以及打定主意拒絕接受這些共識的人之間，造成近乎族群分裂般的對立。後者反對的強度，彷彿象徵了他們的群體認同和同仇敵愾對抗前者的精神。

否認全球暖化的團體知道，要持續控制反溫室氣體減量政策的聯盟，他們毋需證明人為的全球暖化現象不是真的——雖然他們之中有很多人堅持這個論點。他們只需繼續製造諸多疑慮，令大眾覺得「一切都尚未定案」就好。由大型碳汙染公司組成的企業聯盟的內部文件，披露了他們的策略性目標。

這份文件在 1991 年遭媒體披露，文件中明言，他們的策略性目標是「將全球暖化重新定位為理論，而非事實」。寬容一點的解釋是，這些公司長期以來一直受制於推動汙染管制的環保份子誇張的言論，因此養成一種習慣，會反射性地反擊任何聲稱會傷害環境的說法，卯足了勁來破壞這些聲明和發言者的可信度。

不過，鑑於過去數十年來，多方文獻都明白揭露全球暖化的致命威脅，同時全球科學界也宣稱這已是不爭的事實，我們很難再以寬容的態度，看待這些有錢有勢、自我利益至上的否認者的作為。他們拒絕理性對話，拒絕相信、甚至詆毀科學研究過程的完整性，不可能要他們為了大我，履行義務。沒錯，其中有一些人檢視了證據，也檢視自己的良知後，有所改變，但這樣的人只占一小部分。否認全球暖化的人，依然持續對我們的未來造成威脅。

畢竟人類排放二氧化碳和其他導致全球暖化的汙染物質，嚴重傷害了攸關人類文明存續的地球生態，這已是毋庸置疑的事情。極端氣候災害迄今已奪走許多性命，帶來深切痛苦，這些災害大多與全球暖化直接相關。在我看來，由於我們這一代已有數億人深受全球暖化之害，我們不可能忽視已經造成的道德後果。

在世界上大部分的法律制度中，為了自我利益而刻意錯誤呈現重要事實，不惜傷害其他人，都算犯罪行為。如果純粹因疏忽而誤導，在法律上仍然可能被當作犯罪。如果出於輕率而作出不實陳述，而且導致依賴這項錯誤陳述的人受到嚴重傷害，那麼罪行就更嚴重。要決定某個人（或公司）在呈現重要事實時是否「故意」誤導，最常見的法律標準並非「排除合理懷疑」，而是「優勢證據」。

如果世界各國的政府和民眾都接受全球科學共識，據估計，化石燃料跨國大企業將有 7 兆美元的資產面臨風險。這是為什麼有幾家大企業一直誤導公眾和投資人，不願說出重要的事實——若如此輕率地持續燃燒他們的主要資產，將對人類文明的未來造成何等嚴重危害。全球各主權國家所擁有的化石燃料礦藏，加上國營與私營企業擁有的相關資產，總價值高達 27 兆美元。這是為什麼沙烏地阿拉伯至少一直到最近，都還積極阻止國際間達成任何限制全球暖化汙染的協議。2012 年，沙烏地阿拉伯皇室成員費薩爾親王（Prince Turki al-Faisal），呼籲沙烏地阿拉伯改變國內能源使用方式，轉為百分之百使用再生能源，以便將石油儲量保留下來，賣給其他國家。

「次級碳資產」

在化石燃料公司的帳簿上，石油、煤炭和天然氣等資產是根據市場行情來估算價值，因為假定這些燃料終究會出售給顧客，燃燒後把造成全球暖化的廢氣排放到大氣中。過去，我曾經拿「次級房貸」來比喻，稱這些能源儲量為「次級碳資產」，因為市場和金融專家當初也都認為「次級房貸」的價值非常高。事實上，次級房貸的價值原本就是根據荒謬的假設（假設顯然不可能還得出貸款的人有辦法償還貸款），所計算出來的虛幻值。業界往往稱之為「簡易貸款」，或乾脆稱之為「騙子貸款」（liar loans）。

我年輕時第一次簽署房屋抵押貸款的情形，至今仍歷歷在目。當時，我坐在柏德威爾二世（Walter Glenn Birdwell Jr.）面前，他是田納西州卡錫志市花旗銀行的負責人。在房貸核准前，柏德威爾先生要求我以書面方式，回答一系列關於收入和資產淨值的問題。雖然兩個數目都不高，但他有相當的信心，認為我付得出每個月的房貸。然後他要求我先付頭期款，當時對我來說，那是相當大的數字。

相反的，次級房貸是核發給根本不可能償還貸款的人──如果他們曾經要求其中任何一人，回答柏德威爾先生當初問我的問題，就會立刻暴露出這個事實。他們也沒有要求購屋者付頭期款。所以，如果任何明理的人都可輕易推斷購屋者不可能償還貸款，債務違約遲早會發生，那麼，為什麼銀行仍然願意做這筆生意呢？

答案是，在地球公司和全球心智的時代，銀行推出這些有缺陷的房貸之後，能夠運用威力強大的電腦，結合幾千筆這類房貸，切割後組合成極其複雜、我們根本看不懂的衍生性金融商品，然後在全球市場上銷售（單單在美國，就總計有 750 萬筆這類房貸）。換句話說，其中的荒謬假設是，如果把大量的這類貸款包裝在一起，賣到全球市場上，那麼提供房貸給沒有能力償還的購屋者所牽涉的潛在風險，就會神奇地消失不見。

2007–08 年全球經濟低迷時，上述的假設面臨考驗，突然崩盤，銀行業終於被迫面對不愉快的現實。不過，不愉快的心情並沒有持續太久，因為他們很懂得利用政治獻金和遊說買回來的政治影響力，再加上已經通過政府與銀行之間旋轉門的官員提供些許助力，於是政府用納稅人的錢為銀行業紓困解圍，結果就造成信貸危機和全球經濟大衰退。

次級碳資產的市場價值也同樣過度膨脹，背後的假設甚至比貸款給幾百萬付不起房貸的人，還認為這樣做沒關係，更加荒謬許多。他們的假設是，把地球蘊藏的每一滴石油都燃燒殆盡，摧毀人類文明的未來，也完全無所謂。但事實並非如此。

然而在這個荒謬假設中的石油公司、煤炭公司和天然氣公司，市值都高得嚇人。這是為什麼他們不惜投資數十億美元來自我捍衛。他們組織複雜的大規模宣傳戰，以欺騙的手法說服民眾和政府決策者：燃燒多少碳燃料都沒關係。

這些碳汙染者也欺騙礦工和其他化石能源業的員工，讓他們忽視現狀已發生不可避免的改變。2012 年，來自西維吉尼亞州（也是美國最仰賴煤炭的州）的參議員洛克斐勒（Jay Rockefeller），在參議院發表的一次膽識過人的演講中指出：「我的疑慮有一部分來自其他各懷不同動機的人抱持的狹隘觀點——否認能源業必須改變。實情是，許多煤炭業者寧可花心思攻擊錯誤的敵人，否認真正的問題，而不肯好好尋求解決之道。」

由於富人和大企業勢力龐大，影響決策，美國大多數政治人物都戰戰兢兢，甚至不敢以任何有意義的方式探討已存在的威脅。當然不乏值得尊敬的例外，但就涉及地球公司利益的議題而言，地球公司完全掌控了全球政策。碳燃料公司針對美國參眾兩院的每一位議員，雇用了四位反氣候變遷的說客。這些公司已經成為美國兩黨候選人最主要的金主之一（雖然大半政治獻金都流向共和黨候選人）。

過去二十年來，這類公司以大量金錢雇用騙子，不斷提出各種誤導、不相干、虛假不實、不科學的說法：

• 全球暖化完全是想從政府那兒拿到更多研究經費的科學家，以及想推動社會主義的激進份子編出來的。

- 全球暖化早在幾年前就停止了，目前沒有發生。

- 即使全球暖化目前還持續發生，也不是碳汙染引起的，而是大自然循環的結果。

- 地球的氣候系統有強大的復原力，有辦法吸收無限量的全球暖化汙染，不會留下任何傷害。

- 即使全球暖化真的發生，也對我們有好處。

- 即使全球暖化對某些人不好，我們當然還是有能力調適，只是要辛苦一點。

- 木星上的冰層也在融化，因此某些我們不太了解的太陽系特有現象，才是暖化真正的原因（至於木星根本沒有冰層這件事，就不必太在意了）。

- 全球暖化是太陽黑子引起的（至於地球氣溫在太陽黑子週期的「冷期」仍持續上升，就不必太在意了）。

- 全球暖化是火山爆發引起的（至於人類排放的二氧化碳是火山排放量的 135 倍到 200 倍，而且火山氣體排放是自然過程的一部分，長期而言會達到碳平衡，就不必太在意了）。

- 電腦模型很不可靠（至於十幾項不同的實際氣溫紀錄都完全證實電腦模型的長期預測，就不必太在意了）。

- 雲層將抵消全球暖化效應（至於愈來愈多證據顯示，雲層的淨回饋可能加劇全球暖化，而非減緩全球暖化，就不必太在意了）。

其他還有一百多個假論點或轉移焦點的說法，不斷在媒體上出現，幕後推手則是大企業雇用的說客，或曾受過碳汙染企業恩惠的政客。否認者唯一絕對確定的事情是，每天9千萬噸的全球暖化汙染氣體，當然不會導致全球暖化——即使全球科學界的說法都恰好相反，他們也無動於衷。可以確定的是，有些反對科學共識的人，真誠地相信科學錯了。其中有些人由於個人背景或過往經歷，為了不同的原因而持續奮戰。但他們是少數的例外，而且因為完全缺乏可信的證據來支持他們的觀點，很快就會被邊緣化，只不過，「否認氣候科學」已變成碳汙染企業大力支持的慣用小伎倆。

製造碳汙染的公司和他們的代理人及盟友，為了破壞社會大眾對科學的信心，經常暗示：氣候學家聲稱發現的事實，其實是一片謊言，他們私下的政治目的是希望擴大政府的角色。這些人對氣候學家展開種種精心策劃的政治攻擊，目的不只是妖魔化氣候學家，還要達到恫嚇的效果，令素來小心謹慎的科學家更加謹言慎行。

美國有一位右派的州檢察長，只不過因為某位氣候學家的發現會為煤炭公司造成不便，竟然就採取法律行動。右派的法律基金會和智庫不斷控告氣候學家，以公開言論醜化他們。許多右派國會議員，也一再試圖刪減氣候研究的經費。這會造成很多影響，舉例來說，正值我們最迫切需要氣候資料的時候，重要監測衛星的發射一再延誤甚至遭到取消，嚴重傷害了美國監測氣候變遷的能力。

2009年12月，在哥本哈根的全球氣候會議開幕前夕，整個氣候科學界遭到精心策劃的網路攻擊，彼此間的私人電郵和內部通訊都遭駭客侵入。駭客從郵件內容中刻意挑出對自己有利的誤導性詞句，導致右派媒體大肆宣揚，指控氣候科學界欺騙了大眾和政府。調查結果顯示，駭客是從被攻擊的研究中心外部入侵，但並未抓出作案者是誰。同時，四項獨立的調查全都排除了氣候學家的嫌疑。

否認事實的機器

過去數十年來，尤其在美國，傳統媒體扮演的角色起了很大的變化，因此社會大眾不是那麼容易看穿碳汙染者的謊言和騙局。今天許多報社瀕臨破產邊緣，大多數媒體財務吃緊，因此很難像過去那樣扮演好歷史性角色，確保民主政治能建立在「充分獲得資訊的公民社會」之上。

我們在第3章提過，雖然網路崛起帶來希望，但暫時來說，電視仍然是最重要的資訊來源。然而電視網目前要求新聞部門，把重心放在如何為公司創造更多利潤上，結果他們被迫模糊了新聞和娛樂的界線。由於收視率是能否獲利的關鍵，被列為應該優先報導的新聞也和過去不同。

美國電視上的每一則新聞報導和政治評論，幾乎都有部分由石油公司、煤炭公司或天然氣公司贊助，不只在選舉季節如此，平常也一樣，而且年年如此。這些報導和政治評論裡面，蘊含了精心設計的訊息，告訴大眾一切都很好，全球環境沒有受到嚴重威脅，碳汙染公司正全力以赴，進一步開發再生能源。

美國幾乎所有主流電視新聞網都受到影響，害怕討論全球暖化議題。膽敢提出全球暖化議題的人，幾乎都會遭到否認全球暖化的聯盟言語攻擊，結果許多新聞媒體噤若寒蟬。探索頻道在美國播放BBC備受推崇的電視節目「冰凍星球」（*Frozen Planet*）之前，甚至還預先編輯，刪除關於全球暖化的討論。由於這系列節目的重要主題之一，正是地球到處都發生冰融現象，因此移除關於全球暖化的內容實在太荒謬了，全球暖化當然是冰融的主要原因！環保人士麥克吉本（Bill McKibben）表示：「這就好像播放關於肺癌的紀錄片，卻刪掉其中牽涉到香菸的片段。」

2011 年和 2012 年的炎熱夏季，美國電視晚間新聞有如《聖經》啟示錄的大自然巡禮。只是每一次旱災、火災、暴風雨和洪水躍登頭條新聞時，媒體的解釋都是如「高壓區」或「反聖嬰」之類的字眼。

偶爾討論到全球暖化問題時，由於新聞媒體堅持必須將反對者的觀點也含括在內，虛假地「平衡」氣候專家對全球暖化的每個論點，製造多元觀點的假象，因此新聞報導往往遭到扭曲。媒體用於調查報導的經費大幅縮水，令問題更加惡化。

林肯曾經形容美國是「地球最好的希望」。對於在成長過程中始終相信美國民主程序的廉潔公正，而且迄今仍認為能重振民主制度廉正作風的人而言，特殊利益團體居然可以控制國家決策和政策形成過程，實在令人不安。但這場戰鬥尚未結束，而且主戰場就在美國，原因很簡單，因為美國仍是有辦法號召全球來挽救未來的唯一國家。正如政治家柏克（Edmund Burke）所說：「邪惡占上風的唯一條件是好人無所作為。」這就是現在歸結到的問題：有志之士到底會什麼也不做？還是會對眼前的緊急事態有所應對？

過去幾年中，與氣候危機相關的極端氣象事件發生的頻率和強度都大增，大大影響了民眾對全球暖化的態度。即使在美國，雖然否認全球暖化的團體仍全力發動宣傳攻勢，但社會大眾對溫室氣體減量的支持度已大幅躍升。大多數人多年來也一直支持採取更多行動，儘管支持的熱度還不足以對抗碳汙染企業癱瘓政治行動的種種努力。不過，近年來，支持度一直穩定上升。

2009年，歐巴馬總統剛上任之初，許多人寄以厚望，認為美國的全球暖化政策會改變──有一段時間，確實也是如此。歐巴馬的刺激方案，把重心放在加速再生能源研發、生產和使用相關的綠色條款上。他任命極有才幹的傑克森（Lisa Jackson）擔任環保署署長，為一系列減碳和清除環境汙染的突破性規定和倡議鋪路。

由於美國環保署勇敢要求新建的發電廠及新生產的汽車大幅減少二氧化碳排放量，並規定燃煤發電廠必須大量減少汞排放，許多電力公司因此決定取消原本的燃煤火力發電廠興建計畫。傑克森與交通部長拉胡德（Ray LaHood）和白宮顧問布朗娜（Carol Browner）聯手出擊，成功地與汽車製造商達成協議，要求車商大幅改善汽車里程數──將目前平均每7.6公升行駛100公里的能源使用效率提升一倍。為美國汽車安全中心主持安全氣候運動（Safe Climate Campaign）的環保專家貝克（Dan Becker）形容：「在任何國家為了降低全球暖化汙染所採取的行動中，這可以說是最大的一步。」

但過去幾年來，發生了好幾件事，導致歐巴馬面對的政治挑戰，困難度超乎原本的預期。首先，由於歐巴馬上任後承接了經濟危機和大衰退的窘況，因此在經濟苦難當前時，歐巴馬團隊不願面對較長期的挑戰。這次不景氣久久盤旋不去的原因，在於不景氣超乎尋常的深度，以及引發了龐大的去槓桿化（償還債務）壓力，房市崩盤，財政刺激方案的規模又不足以為美國經濟重新注入大量需求。

其次，中國透過政府低利貸款和廉價勞工的優勢，主導了風力發電設備和太陽能面板的生產和出口，於是全球市場上大量充斥的中國製設備，價格遠低於美國和其他已開發國家的生產成本。

第三，雖然美國眾議院在民主黨掌控多數的情況下，通過了歐巴馬的氣候法案，但根據美國參議院不合時宜的規定，少數黨派有權扼殺法案。兩黨參議員私下都表示，要通過氣候法案不是不可能，但在他們看來，歐巴馬並不打算盡一切必要的努力，合縱連橫，爭取支持。「之前，他將健保改革列為第一優先，但美國殘破失靈的政治制度在健保方案立法過程中產生的僵局，直到期中選舉季開始還遲遲未解，以致於參議院根本沒時間討論氣候變遷問題。」

當時歐巴馬和他的白宮政治幕僚，顯然已經冷靜評估過其中牽涉的政治風險，因為某些州的化石燃料公司會因為他致力於推動氣候法案，而運用影響力懲罰他。所以當國會裡的反對黨議員也開始大聲疾呼「鑽油，寶貝，鑽油」時，歐巴馬提議擴大開採石油（甚至在北極海鑽油），並開放更多國有地給煤礦公司使用。因為以上諸多原因，歐巴馬的政策方向大轉彎，他形容為「兼容並蓄」的政策，幾乎完全掩蓋了他剛上任時提出的能源與氣候法案，而且也使得美國更加依賴化石燃料。

第四，由於發現美國大量蘊藏頁岩氣，當愈來愈多燃煤火力發電廠改採較便宜的天然氣，電價就會開始下跌。當每度電的價格降到一定程度時，還在發展初期的風力發電和太陽能發電根本難以競爭。自從結合水平鑽井法和液裂法的新開採技術出現後，市場上頁岩氣氾濫。雖然關於液裂法的爭辯大多圍繞著頁岩氣的開採，但事實上，液裂技術也可用於開採石油，開啟了過去無法取得的油源，過去幾乎枯竭的油田產量也因此上升。

液裂技術的隱憂

專家已提出警告：未來頁岩氣的價格將穩定上漲，因為當液態天然氣從美國這類低價市場，出口到亞洲和歐洲等高價市場時，過程中頁岩氣的平均成本會大幅上升。儘管如此，液裂技術打開的石油和天然氣儲量規模，至少可以暫時扭轉能源市場的價格結構。但因此引發了開採頁岩氣和頁岩油的狂熱，卻模糊了長期使用頁岩氣的問題和爭議。

首先，液裂過程會導致甲烷（天然氣的主要成分）大量外洩，如果以二十年的時間架構來計算，大氣中甲烷造成的溫室效應會比二氧化碳強 72 倍。甲烷在大約十年後，會分解成二氧化碳和水蒸氣，然而在短時間內，甲烷的暖化作用仍然比二氧化碳強多了。

由於甲烷造成全球暖化的威力驚人，已經有許多人提議全球共同努力，採取緊急的短期措施，先大幅降低甲烷排放量，為較難執行的二氧化碳減量策略爭取一些緩衝時間。同樣的，另外有一些人提議，把近期的重心放在大量降低黑碳（也就是煤煙）的排放。黑碳會吸收太陽光，讓熱停留在冰層表面，增加熱能吸收，加速融冰。兩項行動相加，可以在 2050 年之前巨幅降低暖化潛勢。由於全球遲遲無法啟動抑制溫室氣體排放的措施，我們除了這兩項行動，還需要更多方案。

在設備安裝就緒，開始在地表集取開採到的天然氣之前，會有大量甲烷在液裂過程中外洩。在注入高壓液體，壓裂地下岩層構造之後，會發生「回流」現象。也就是說，用來液裂處理的水、沙和化學物質，會回流到地表溢出井外，其中所含的大量甲烷，不是排放到大氣中，就是被燃燒掉。雖然許多大型鑽井廠商會採取預防措施，防止甲烷外洩，但較不可靠的小型鑽井商就不然。其餘的甲烷通常會在天然氣的處理、儲存和供應過程中外洩。甲烷的總外洩量非常龐大，好幾項研究都發現，這樣一來，幾乎抵消了天然氣碳含量低於燃煤帶來的好處——其中一項研究，是微軟前技術長兼 Intellectual Ventures 公司共同創辦人麥爾伏得（Nathan Myhrvold）與卡內基研究中心全球生態部門氣候學家卡德拉（Ken Caldeira）最近所做的生命週期分析研究。

在進行液裂處理時，需要持續注入大量的水到蘊含天然氣的頁岩中，水裡混合了有毒化學物質和沙。平均每個井需要的水量高達一千九百萬公升，因此已經在乾旱和缺水地區引發衝突。在許多社區，尤其是美國西部乾旱地帶，早在高耗水的液裂處理出現之前，大家就已競相爭奪稀有的水資源。在德州部分地區，由於水資源不足，飲用水與農業用水已經受限，但廠商仍在當地採用液裂技術鑽井。

液裂處理過程有時候也會粗心汙染了寶貴的地下水。雖然含天然氣的頁岩所在位置，通常低於供應飲用水的含水層，但科學家迄今仍不是非常了解地下液體往上回流的情況，因此很難預測或控制回流。許多以液裂技術開採的頁岩氣，都是在傳統油田和天然氣田發現的，那裡廣布著數十年前為了探勘石油與天然氣儲量而開挖的老礦井，現已廢棄，但如今又運用液裂技術重新開鑿。這些老井可能會變成甲烷和液體往上回流時的煙囪。

今天，許多既有水井的位置儘管高於水平鑽井的位置，卻仍遭液裂處理的有毒液體汙染，有些人猜測，罪魁禍首可能是廢棄的鑽井洞，和其他科學家仍不太了解的地下地質特性。美國環保署發現，在懷俄明州，雖然地下含水層的位置高於液裂施做區域，但鑽井的液體仍然很可能是地下水汙染的元凶。美國其他地區也發現液裂處理引起類似汙染，但環保署遲遲未展開調查，原因是 2005 年，在前副總統錢尼敦促下，曾通過一項特殊法律，運用液裂技術的開採行動因此可以享有特殊豁免權，免受美國政府根據安全飲用水法案和潔淨水法案而進行的監督。

產業界反駁大部分的報告內容，而且認為無論如何，少數水井遭到汙染，只是付出小小的代價罷了。比方說，埃克森美孚石油公司執行長提勒森（Rex Tillerson）最近表示：「由於某個井發生的小過失而造成的後果，雖然對於生活在這口井周遭的廣大民眾而言，是很大的事情，但在更偉大的計畫中，這只能算小事一樁。」儘管如此，在好幾個地區，地主的政治反抗行動都愈來愈激烈。

液體一旦經過液裂使用，就必須當作有毒廢水來處理。這些有毒廢水往往被重新注入深層地下，而採用的注水方式曾引發數次（通常無害的）小型地震，同樣的，據說這些有毒廢水也已滲入地下水。的確，目前有更多抱怨是針對液裂的有毒廢水處理方式，而不是一開始的注水過程。有些地方把使用過的廢水儲存在戶外的大型貯水池，但在大雨過後，廢水有時會溢出。廠商偶爾也把廢水用於道路的灰塵控制。

提倡頁岩氣的人辯稱，可以透過許多安全措施來減輕這些問題，他們還口是心非地聲稱，儘管所費不貲，但業者會自願採取安全措施。相反的，來自德州休士頓的石油和天然氣業界老將、液裂技術先驅米契爾（George P. Mitchell），就公開呼籲政府要加強管制。米契爾告訴《富比士》雜誌：「他們應該實施嚴格控管，能源部門應該這樣做。如果他們沒有把事情做對，可能會帶來麻煩……很難控制這些業者。但如果他們做錯事情，帶來危險，就應該祭出懲罰。」

但即使順利實施新的安全規範，即使嚴格控制甲烷外洩，燃燒天然氣仍然會排放大量二氧化碳。理論上，可以將天然氣的二氧化碳排放量降低到只有燃煤的一半，有些提倡頁岩氣的人就拿這點，在老問題上（「水杯究竟是半滿，還是半空？」）玩一點新花樣。他們提出的誘人論點是：改以天然氣來做為能源，意味著能將目前仰賴燃煤的產業碳排放量減半。但問題是：大氣本身已經充滿溫室氣體，全球暖化汙染物質的濃度已經達到危險的程度。

以天然氣為過渡期燃料？

所以，要解決氣候危機，需要大量減少碳排放，而不是只減少一點點就夠了。為了確保二氧化碳整體濃度在下降前，不會超過潛在的引爆點，我們必須設法減少八、九成溫室氣體的淨增加量，而不僅僅減少五成。如果我們繼續排放更多溫室氣體，而且增加的速度超越了海洋和生物圈從大氣中吸取二氧化碳的緩慢速度，那麼就勢必要等到遙遠的未來，才有辦法降低整體二氧化碳濃度。人類在轉為使用再生能源之前，仰賴天然氣做為過渡期的緩衝，或許有一些幫助，但是在為人類文明的存續辛苦奮鬥的過程中，延遲採取行動其實與投降無異。

從某個角度而言，這個挑戰十分類似地下水枯竭及表土流失的問題。大自然補充資源的速度，遠比人類耗盡資源的速度慢了許多。二氧化碳從大氣中自然脫除的速率，遠比我們增加排放、提高二氧化碳整體濃度的速度慢了許多。在上述三種情形中，人類活動引起改變的速度，都比大自然調適的速度快。

潛在問題是，地球公司的新力量與新動能，正劇烈破壞地球環境的平衡狀態。地球生態系持續正常運作，才能支持人類文明的延續；過度消費有限的資源，並產生無窮的汙染，都會危害地球生態。我們在前面提過，碳燃料公司和各主權國家已登錄的石油、煤炭和天然氣「探明儲量」中的二氧化碳含量，已經是今天可排放到大氣的安全量的數倍之多──更別提如果再加上目前已開始開採的非傳統儲量，潛在的二氧化碳排放量就更龐大了。

近年來美國掀起的頁岩氣熱潮，帶動中國及歐洲、非洲國家紛紛一窩蜂探勘頁岩氣，令人不禁擔心，全球瘋狂投入天然氣探勘，長期而言，會不會因此犧牲了再生能源的發展。儘管如此，到目前為止，美國以外地區的頁岩氣產量仍十分有限。地質學家認為，中國的頁岩氣供應量或許可達到美國儲量的 2.5 倍，但中國的地質探勘技術與美國不同，因此沒辦法將美國的水平鑽井技術和液裂技術直接移轉過去。同時，和美國西部的情形一樣，由於液裂技術極為耗水，在使用上可能會受限於地理環境──尤其是普遍嚴重缺水的中國北方和西北部。

即使如此，全球經濟體系已經啟動引擎，準備大量開採和生產頁岩氣。有些分析家振振有詞地表示，如果能嚴密控制「逸散排放」，那麼拿天然氣來取代煤炭，或許能暫時減少溫室氣體排放。2012 年，美國二氧化碳排放量大減，降至二十年來最低，所有分析家都非常訝異──原因有很多，包括景氣低迷，加上暖秋和暖冬，以及使用更多再生能源，而且能源使用效率提升，但電力公司從使用燃煤改為使用天然氣，也是其中一個原因。

多年前，我也支持採用更多傳統天然氣，把天然氣當作過渡期燃料，同時設法讓太陽能和風力發電技術達到充分規模，進一步拉低價格，以便加速淘汰煤炭。不過，今天我們愈來愈清楚看到，頁岩氣對環境造成的淨效應，讓頁岩氣不再適合扮演過渡期燃料的角色。全球社會很難投入必需的巨額資金，從使用煤炭轉換為天然氣，然後又再來一次，同樣投入巨額資金，以再生能源取代天然氣。這實在太不可思議了。換句話說，最後可能過渡不到哪裡去。

新增加的頁岩氣供應量，不但會暫時將能源價格壓低到再生能源技術難以競爭的地步，而且目前許多研究顯示，轉為使用頁岩氣對於降低溫室氣體排放，其實沒什麼效益，果真如此的話，可能會造成所有可能發展中最糟的結果：投入巨資開發頁岩氣，既挪用了原本應投入再生能源的資金，同時又加劇氣候危機。開發頁岩氣唯一的好處，是會加速淘汰燃煤，至少在美國是如此。

煤炭是碳含量最高的燃料，燃煤產生的每單位能源，也釋放出最多二氧化碳。燃燒煤炭會導致地區性的空氣汙染，排放出一氧化二氮（造成煙霧的主因）、二氧化硫（會造成酸雨），以及砷和鉛等毒性物質。燃燒煤炭也會留下大量有毒煤泥，這是美國第二大工業廢物流（waste stream）──四年前，在我的家鄉田納西州就曾發生擋土牆崩塌，導致煤泥流傾瀉而出，掩蓋了哈里曼（Harriman）部分地區。

尤其重要的是，我們的環境中，人類造成的汞主要都來自於燃煤，而汞是極毒的汙染物，會引起神經損傷，對認知能力、專注力、記憶力和精細動作技巧也有害。美國幾乎所有的魚類和貝類，都含有甲基汞，甲基汞的來源正是燃燒煤炭的火力發電廠。也正因為如此，一般認為孕婦、可能懷孕的婦女、正在哺乳的母親及幼兒，都不宜食用魚類和貝類。（由於吃魚有益大腦發育，許多醫生會建議懷孕婦女不要完全不吃魚，而是設法找到含汞量低的魚類來吃。）

燃煤是引發全球暖化的主要元凶，這是燃燒煤炭最大的害處。雖然由於民眾的反對，美國已經取消了 166 座火力發電廠的興建計畫，然而全世界的煤炭使用量仍然快速成長。據估計，目前在全球 59 個國家，正計畫興建總共 1,200 座新的燃煤電廠。依照目前的規劃，全球煤炭使用量在未來二十年內將增加 65%，取代石油成為全世界使用量最大的能源。

大家都覺得煤炭很便宜，主要是因為我們使用荒謬而扭曲的會計制度來衡量成本，完全沒有將燃煤帶來的害處納入考量。有些工程師正努力改善流程，希望將地下煤礦轉變為可燃氣體，並開採來做為燃料。但即使這項技術未來更臻完善，排放的二氧化碳仍會持續破壞地球生態。

石油是全球暖化的第二大汙染源，燃燒石油產生的每單位能源中的二氧化碳含量，是煤炭二氧化碳含量的 70% 到 75%。更何況目前預估的新石油供給來源，包括頁岩油、深海石油和瀝青砂岩，生產成本都更加昂貴，而且對環境的衝擊也更嚴重。

傳統石油還有一些燃煤所沒有的問題。全世界大多數容易開採的石油，都是在政治動盪、社會不安的地區（例如波斯灣）發現的。中東地區戰火頻仍，原因和各國競相爭取石油供給有關。由於伊朗執意發展核武，加上中東好幾個國家政治情勢持續動盪，各國面臨無法獲得石油供給的戰略威脅，促使油價劇烈波動。

森林消失與枯死

　　雖然有關降低碳排放的種種討論，都把焦點放在工業、發電和汽車排放的二氧化碳，但是減少農林業排放的二氧化碳，並提高碳封存量，也非常重要。事實上，農林業是第二大碳排放來源。基林曲線顯示，植物（尤其是樹木）中包含了大量的二氧化碳，幾乎等於大氣中二氧化碳含量的四分之三。

　　全世界最大的熱帶雨林亞馬遜雨林，過去數十年來，一直遭到開發商、伐木業、牧人和自給自足型農民大肆破壞。雖然巴西前總統魯拉（Luiz Inácio Lula da Silva）曾採取有效措施，降低亞馬遜雨林遭破壞的幅度，但由於繼任者改變政策，導致某些進展無以為繼（雖然 2012 年的森林砍伐率確實下降了）。過去十年來，亞馬遜地區分別在 2005 年和 2010 年，兩度遭逢「百年一遇」的大旱（或可以說，是在人類改變氣候之前百年一遇的大旱）。某個頗具爭議性的電腦模型曾預測，如果氣溫持續升高，亞馬遜熱帶雨林將在本世紀中葉戲劇性地「枯死」，而亞馬遜連逢大旱又重新點燃某些森林研究人員心中的憂慮。

　　人們為了開闢棕櫚油農場（尤其在馬來西亞和印尼），而導致泥炭地森林遭到砍伐、乾旱及刻意焚林，二氧化碳排放量因此大增。根據聯合國環境計畫的報告，泥炭地含有全世界三分之一的土壤碳。雖然印尼和馬來西亞政府口口聲聲說要努力管制這類破壞行為，卻因當地貪腐盛行而未能達到目標。各地森林濫伐的主因幾乎都是缺乏管理，部分原因是全球有八成森林是公有林地。

　　非洲中部和中南部許多熱帶森林（尤其是蘇丹和尚比亞的森林），以及南亞群島的森林（包括新幾內亞、印尼、婆羅洲和菲律賓的森林），也慘遭破壞。在許多熱帶國家，人民的肉品需求愈來愈高，許多森林開墾為牧場，尤其是飼養牛群的牧場。我們在第 4 章提過，由於全世界的飲食中肉類所占比重愈來愈高，對土地運用產生了巨大衝擊，因為每生產 1 公斤動物蛋白質，都需要消耗超過 7 公斤的植物蛋白質。

俄羅斯、加拿大、阿拉斯加、挪威、瑞典和芬蘭（以及中國、韓國和日本部分地區）北方廣大的寒帶林，也正瀕臨危險。近來專家重新估計這些森林中的碳儲存量（不只評估儲存在樹木中的碳，也包括深層土壤中的碳，包括許多碳含量豐富的泥炭地），結果算出，地表所儲存的碳有 22% 是藏身於這些寒帶林中。

俄羅斯的寒帶林是目前地球上最遼闊的林地，過去落葉松是這些森林的主要樹種，如今卻逐漸消失不見，雲杉和冷杉取而代之。落葉松的針葉在冬天會掉落，陽光於是穿過落葉松光禿禿的樹幹，然後被靄靄白雪反射回空中，因此地面仍是冰冷的。相反的，雲杉及冷杉的針葉則會留在樹上，吸收陽光熱能後，地平面的溫度就會上升，因此加速融雪及苔原解凍。如此一來，落葉松和苔原之間微妙的共生關係遭到破壞，結果兩者都消失了。目前，大自然中數百萬種類似的共生關係，也正遭到破壞。

加拿大有些省已制定政策，要求建立永續的林業，並限制伐木作業帶來的傷害，不過俄羅斯並沒有這樣做。無論在俄羅斯或北美，全球暖化帶來的乾旱、火災和蟲害都讓森林飽受摧殘。地球平均氣溫上升後，甲蟲已經擴大活動範圍，而且過去寒流會抑制甲蟲的數量，隨著寒流減少，甲蟲數目也倍增。如今在許多地區，甲蟲可以在一個夏天就繁殖三代，而不是只繁殖一代。過去十年來，美國與加拿大西部有超過 11 萬平方公里的森林，慘遭聯合國生物多樣性專家口中「前所未見的山松甲蟲肆虐」所侵襲。

　　山區積雪太早融化，會導致林木在炎夏無法獲得充足水分，一旦發生旱災，就變得更加脆弱，不堪一擊。研究這個問題的專家克瑞區（Robert L. Crabtree）最近告訴《紐約時報》：「許多和我一樣的生態學家都開始思考，像蟲害或森林大火等，是否都只是近因，真正的罪魁禍首其實是氣候變遷引起的缺水問題。」

　　樹木會因為乾旱而變得脆弱，更容易遭受甲蟲侵害。科學家早已證實，氣溫愈高，森林大火的頻率也會等比例增加。無庸置疑，過去數十年來，森林管理政策的改變影響了森林火災發生的風險、頻率和規模。但全球暖化對於森林火災的衝擊，遠遠超過森林管理措施帶來的影響。

　　森林濫伐造成前所未見的巨大損失，結果排放大量二氧化碳到大氣中。廣大的森林和北極苔原一樣，無論是樹木和植物、下面的土壤、或覆蓋在土壤上的森林地被物中，均含有大量的二氧化碳。加拿大和阿拉斯加廣大的寒帶林，可能已經開始提升大氣中二氧化碳的濃度，而不是在林木生長時，從大氣中吸收二氧化碳。

　　如果有充足的養分，大氣中額外的二氧化碳可能會刺激樹木生長更快，雖然大多數專家都指出，其他限制因素（例如水分是否充足，以及昆蟲和火災的威脅）都會抑制這樣的可能性。不過，儘管林地逐漸流失，近年來，由於重新種植林木，以及樹木在荒廢農地上重新自然生長，森林淨流失率已趨緩。根據聯合國的統計，林木大多在溫帶地區重新生長，包括北美東部、歐洲、高加索地區和中亞的森林地帶。根據一項研究報告，如果在2030年之前能成功將森林砍伐率減半，將能為全世界省下3.7兆美元的環境成本。

中國領先世界各國，大量種植樹木。事實上，過去幾年來，中國種植的樹木是世界其他國家植樹總數的四成。從 1981 年以來，中國要求每一個 11 歲以上（及 60 歲以下）的公民，每年至少要種三棵樹。今天，中國已經新種植將近 4,000 萬公頃的樹木。緊追在中國之後、同樣大量種樹的國家包括美國、印度、越南和西班牙。不幸的是，許多新森林都只有單一樹種，導致動植物的生物多樣性銳減，不像多物種的健康原始森林那麼豐富。

雖然大家十分關注樹木和植物中封存的碳，但其實在地表幾公尺的土壤中封存的碳（這些土壤主要都在占地球土地 10.57% 的可耕地上），含量幾乎是植物和大氣中所有碳總和的兩倍。的確，在工業革命以前，以及人類尚未採用石油和煤炭為主要能源之前，空氣中過多的二氧化碳，主要來自於犁田和土地退化所排放的二氧化碳。根據估計，自 1800 年以來，過去儲存於土壤、樹木和其他植物中的碳，已經有六成因為開墾農地和都市化而被釋放到大氣中。

仰賴犁田、單作栽培和大量使用合成氮肥的現代化農耕技術，會耗盡健康土壤中的有機碳，而使排放到大氣中的二氧化碳繼續增加。犁田會加速表土的水蝕和風蝕；仰賴單作栽培，而不是混合栽種及輪作，會導致土壤無法自然復原；使用合成氮肥產生的效應，有如施打類固醇般：雖然會促進植物生長，卻犧牲了土壤的健康，而且會干擾土壤中有機碳的自然封存。

把農田轉為種植生質燃料作物，也會導致二氧化碳淨排放量增加；轉種的做法，等於是在鼓勵摧毀更多林地，可能是直接摧毀林地，像泥炭林地的情況，或是間接摧毀──迫使自給自足型農夫開墾更多林地，來取代過去種植作物的農地。我曾經公開承

認自己犯了錯誤，在擔任公職時，支持第一代乙醇燃料計畫，因
為當時我相信，一旦生質燃料取代石油，二氧化碳將大幅減量。
但後來的估算證明當初的假設是錯誤的。我們也沒料到生質燃料
的成長速度會這麼快，在世界各地達到這麼大的規模。

物種滅絕

除了全球暖化，森林（尤其是生物多樣性豐富的熱帶雨林）
遭到破壞是另一個重要因素，足以導致大多數生物學家認定的全
球環境危機的最壞結果：一場突如其來的滅絕，讓地球上 20% 到
50% 的物種在本世紀內消失。

造成全球暖化的汙染，使得地球上有大量的熱無法散發，全
球均溫急遽上升的速度，快得令許多動植物難以調適。兩棲動
物首先瀕臨危險，全世界許多品種的青蛙、蟾蜍、蠑螈等兩棲類
快速消失。約有三分之一的兩棲類是瀕臨絕種的高危險群，而有
50% 數量正在遞減。專家發現，除了氣候變遷和棲地減少，許多
兩棲動物也染上真菌疾病，這種疾病的流行可能也和全球暖化有
關。前面提過，珊瑚現在也是瀕臨滅絕危險的物種。

根據專家的說法，導致全球物種滅絕的因素除了全球暖化和
森林砍伐，還包括濕地和珊瑚礁等重要棲地遭到破壞、人為造成
的毒性汙染、入侵物種，以及人類過度利用某些物種。例如，非
洲許多野生物種就遭到偷獵及人類活動入侵的嚴重威脅，荒野逐
漸變為農田的趨勢尤其影響重大。

過去四億五千萬年來，地球上曾發生五次物種滅絕事件。雖
然其中幾次的事件始末仍未完全了解，但我們已經知道，最近一
次滅絕事件發生在 6,500 萬年前（恐龍時代結束時），起因是有一

顆巨大的小行星在墨西哥猶加敦半島附近撞上地球。過去五次大滅絕的起因都是自然原因,而今天要面對的物種滅絕,知名生物學家威爾森形容是「由人類一手促成的」。

許多動植物被迫遷移到緯度更高的地方——北半球的動植物往北遷移,南半球的往南遷移(有一項大型研究發現,植物和動物以每十年平均6.1公里的速度往極區移動),也往高海拔的地方移動。美國優勝美地國家公園研究了百年動物調查資料後發現,平均而言,半數的山區物種已遷移到比原先棲地高500公尺的高處。

有些動植物最終遷移到極區或山頂,再也無路可去時,就面臨絕種的命運。其他動植物因為遷移到新棲地的速度不夠快,趕不上氣候變遷的速度,也遭遇相同的命運。最近杜克大學為美國國家科學基金會做的研究發現,美國東部有半數的樹種,都因為無法快速適應氣候的變化,而瀕臨絕種。

根據科學家的研究,有25%的植物已列入瀕臨滅絕的高危險物種。農業科學家尤其關心糧食作物野生品種的消失。今天全球有十二個所謂的「瓦維洛夫多樣性中心」——是以俄羅斯科學家瓦維洛夫(Nikolai Vavilov)來命名的。瓦維洛夫的同事在列寧格勒圍城時,為了保護瓦維洛夫從全世界蒐集來的種子而餓死。其中一人除了留下大量未被動過的種子,還留下一封信,裡面寫道:「當全世界都陷入戰火之時,我們仍將為人類的未來保住這些種子。」瓦維洛夫本人則因批評利森科而遭到迫害,被逮捕、定罪後,判處死刑,最後死在獄中。

古老的糧食作物生長環境具有基因多樣性,是各種遺傳性狀的寶庫,遺傳學家可以從中尋找有用的遺傳特徵,幫助糧食作物存活和適應新的病蟲害與環境變化。但許多糧食作物的品種已經消失，其他品種則飽受各種因素威脅，包括人為開發、單作栽培、行栽和戰爭等。

聯合國生物多樣性大會指出，中國本土栽培的水稻品種，從1950年代的46,000種，減少到幾年前的1,000種。像瓦維洛夫首開風氣建立的種子庫，如今儲存了許多種子品種。挪威在這方面領先群倫，他們在斯瓦巴群島（位於北極圈內）堅硬的岩石中，挖出一個非常安全的洞穴來儲存種子，為人類的未來預留生機。

地球上的生物逐漸消失，數百個人類世代稱為「家園」的景觀與棲地飽受摧殘，加上氣候危機造成的其他惡果，都在喚醒我們：應該好好負起對子孫的道德責任。許多人由於認知到危機的嚴重性，不但改變了生活方式，也開始督促政府大幅革新政策，以捍衛人類的未來。

通往未來的道路

一般而言，要解決氣候危機，共有四組政策可以選擇。第一組政策也是最重要的政策：我們應該利用稅制，抑制二氧化碳排放，並加速替代能源技術發展。大多數專家認為，徵收愈來愈高的碳稅，是運用市場力量，推動大規模轉型到低碳經濟的最有效方法。

經濟學家一直都很清楚，徵稅的功能不只是提高政府收入而已；被課稅的經濟活動或多或少都會遭到壓抑，而減少活力。政府藉由課稅來調高企業製造二氧化碳及其他溫室氣體的成本，可以對市場傳達有力的訊息，同時在最好的情況下，還能激發創業家與企業執行長的創造力，尋找最符合成本效益的方式，以降低全球暖化汙染。這是為什麼我三十五年來一直大力提倡碳稅，我認為這是最可能成功的政策。而且如果採取逐年調漲的課稅方式，對產業界和社會大眾發出的長期訊息是，未來數十年，他們勢必要做出有效的改變。

當然，無論在任何地方，需要付稅的人都很討厭被課稅。因此，要實施這類政策，有賴政府下定決心，發揮強而有力的領導，同時推動跨黨派合作。正因為體認到這些簡單但重要的政治現實，我總是提議在徵收碳稅的同時，以同樣的幅度為其他課稅項目減稅。

不幸的是，大多數人比較願意相信政府真的會課徵新稅，而不相信政府會以其他方式把錢還給他們。在美國，由企業利益團體和菁英階級主導的保守派反改革聯盟，四十年來一直有效妖魔化各級政府，尋求「餓死野獸」的策略，聲嘶力竭反對任何形式的徵稅，除非課稅的對象是低收入的打工族。

其他版本的課稅方案，則將碳稅與回饋金計畫掛勾，把錢回饋給納稅者。這種做法有時被稱為「費用與紅利」（fee and dividend）或「費用減免」（feebate），能夠讓成功減碳的企業實際獲利，或用回饋金支付節能效率更高的技術或再生能源技術。美國國會在 2012 年還曾提出另外一個版本，但從來沒有真正付諸表決，這個版本提議將三分之二的碳稅收入歸還納稅人，三分之一拿來彌補預算赤字。不幸的是，在國會中堅決反對新稅勢力的阻撓下，最能有效解決氣候危機的碳稅策略，迄今仍無法得到充分支持。

第二組可以選擇的政策則涉及補助方案。首先，我們應該立刻撤銷所有鼓勵消耗化石燃料的既有補助。比方說，美國每年有

將近 40 億美元經費,以特殊稅補助款的形式,落入碳燃料公司手
中。再以印度為例,汙染最嚴重的液態燃料(煤油),竟然獲得
最多補助。

　　反之,政府應該大力補助再生能源科技的發展,至少一直補
助到再生能源的生產規模大到一定程度,能大幅降低成本,足以
和未受補助的化石燃料競爭為止。這項政策如果能配合碳稅,
將能發揮更大效益,如此一來,燃燒化石燃料造成的龐大社會成
本,就能適度反映在燃料價格上。

　　在美國,今天政府補助雖然有限,卻已成功促進再生能源科
技的使用。事實上,由於再生能源的成本下降,加上生產規模擴
大,某些再生能源技術的價格現在已經非常有競爭力,足以和煤
炭及石油抗衡。只需再過幾年的時間,太陽能與風力發電技術也
會達到門檻。只不過,造成碳汙染的大企業及其盟友一直費盡心
思,希望在這類潔淨能源足以和骯髒能源競爭之前,設法去除政
府對再生能源的補助──雖然反對者往往錯估再生能源得到的補
助,把針對再生能源的補助款,與核能(所謂的潔淨煤炭技術)
和其他非再生能源的補助款混為一談。

　　第三項可以選擇的政策,是要求電力公司必須有某個比例的
發電量來自再生能源,等於間接補助再生能源。雖然許多電力業
者反對這個措施,但在許多國家和地區,運用這樣的機制顯然已
經奏效。美國有好幾個州(包括加州在內)已經成功實施這個措
施,這也是美國再生能源裝置率提高的主要原因。德國在這方面
可能是全世界最成功的國家,他們能善用上述政策,刺激電力公
司快速採用太陽能及風力發電技術。

從全球觀點來看，政府一方面提供補助，加速再生能源技術的發展，另一方面要求電力公司必須提高以再生能源發電的比例，兩者結合之後產生的進展，遠遠超乎原本的預期。2002 年，有一家重要的能源顧問公司估計，到了 2010 年，全世界將產出 1 GW（十億瓦）的太陽能電力——實際發電量已經超越這個目標十七倍。世界銀行曾在 1996 年預測，中國在 2020 年之前，將裝設 500 MW（百萬瓦）的太陽能發電設施，但中國到 2010 年為止，裝設的太陽能發電量已經是 500 MW 的兩倍。

過去對於風力能源成長速度的預估，也同樣太過悲觀。美國能源部曾在 1999 年預估，美國風力發電裝置容量將會在 2010 年達到 10 GW。但實際上，美國在 2006 年就已經達到這個目標，目前更超越原訂目標四倍。美國能源資訊署也曾預測，全球風力發電裝置容量到 2010 年將達 30 GW，結果實際容量是預估的七倍；能源資訊署還預估，到 2010 年，中國裝設的風力發電裝置容量將達 2 GW，結果實際容量是原訂目標的二十二倍，預期到 2020 年，更會達到七十五倍。

為線上環保雜誌《Grist》撰稿的羅柏茲（Dave Roberts）指出，關於新科技的應用，過去全世界看到各種預測往往「差遠了」。比方說，在行動通訊革命剛開始時，產業界和投資人的預測都太過低估了新科技傳播的速度。1970 年代，在阿拉伯石油輸出國家實施石油禁運之後，對於各國採取節能措施的預測，也都和實際狀況差得很遠。這兩個例子與再生能源技術的共通點是，三者都是呈指數型成長的「普及」技術，由於生產規模擴大帶動成本大幅降低，形成良性循環，而推動快速成長。

關於這類現象，最常被引用的前例是電腦晶片產業。摩爾定律準確預測，電腦晶片每隔 18 到 24 個月，成本就會下降 50%，而我們在前面曾提過，摩爾定律不是大自然的定律，而是投資定律。早在六十年前電腦革命剛萌芽時，晶片製造商就得出兩個結論：第一，電腦晶片的潛在市場非常龐大，而且快速成長，幾乎沒有上限。第二，技術發展途徑對於創新高度敏感。

基於這兩個領悟，主要晶片製造商都投入巨額資金，研發新技術，避免未來市場落入競爭者之手。時間久了以後，形成一種集體共識，只要他們能照著摩爾定律所描繪的途徑持續降低成本，就有機會保住市占率，甚至擴大市占率。換句話說，摩爾定律已經從對過去的描述，搖身一變為關於未來的自我實現的預言。所以，為了替再生能源持續成長的市場創造理性預期而設計的政策，也可能帶動再生能源的成本急遽下降。

第四個可以選擇的政策，是眾所周知的總量管制與交易制度（cap and trade）。這個方案的設計也是引市場力量為助力，以達到二氧化碳減量的效果。雖然總量管制與交易機制不斷遭到攻擊，許多政策專家仍然偏好這個制度，認為是達成全球協議的最佳途徑。雖然我強烈支持二氧化碳稅，但碳稅的缺點是，各國稅制南轅北轍，守法紀錄也各有不同形式，實在難以想像要如何協調各國的徵稅政策。反之，要在不同稅制的國家間協調出全球總量管制與碳交易的制度，就容易多了。

總量管制與交易制度，源自前總統老布希的一項非常成功而創新的政策，該政策的目標，是要降低二氧化硫（SO_2）的排放量，以減緩美國中西部燃煤火力發電廠鄰近幾州下酸雨的情況。當年共和黨欣然接受以這項政策為替代方案，取代由政府制定法令要求發電廠減量的做法。

　　該項政策的理論是，透過慢慢降低氣體排放量上限，並配合容許企業買賣氣體排放的「許可」，這樣就為能夠有效減少排放量的公司提供了很大的市場誘因，同時也讓目前有困難的公司多了一些改善時間，如此一來，就能達到最大的有害氣體減量效果。結果非常成功，二氧化硫排放量下降的速度比預期更快，付出的成本則比原本預測的少多了。因此，大力提倡減碳的人士認為，這個機制也可以做為有效降低當今全球暖化汙染的跨黨派妥協方案。

　　不幸的是，等到總量管制與交易制度被提出來，做為跨黨派妥協方案時，許多原本支持該理念的保守派議員，卻轉為反對，開始稱之為「總量管制與課稅」。於是，無論在全球各地或在美國，化石燃料公司和他們的意識型態盟友癱瘓了政策制定過程。

　　多年來，各國一直努力在解決氣候危機的行動上達成全球共識，卻苦於窮國與富國之間涇渭分明，窮國堅持以複製富國經濟發展經驗為先，換句話說，他們承擔不起參與全球溫室氣體減量需付出的代價。因此目前的提議都先規範富國的義務，對開發中國家的要求則留待未來再協商。

　　畢竟窮國迫切需要更多的能源，來推動永續經濟發展。據估計，全球有十三億人仍然無電可用，雖然全球貧窮情況已經有歷史性的改善，但許多缺乏能源的國家平均國民所得非常低，因此不難理解，當他們看到富國在過去經濟起飛的階段，早已大肆消耗化石燃料時，他們為何會拒絕對二氧化碳排放量設限。

　　不過，許多情況都已經改變。今天，開發中國家正經歷嚴苛的衝擊，努力尋求從災難中復原和調適的各種資源（而已開發國家擁有較充裕的資源），同時也感受到氣候危機已經愈來愈明顯。結果，許多開發中國家開始改弦易轍，積極推動全球採取一致行動，因應氣候變遷，即使這意味著自己也需承擔部分的責任。世界銀行估計，因氣候災難付出的代價中，有四分之三以上是由開發中國家承擔，而開發中國家大多缺乏充裕的資源和能力，無法單憑一己之力因應氣候危機。

今天，開發中國家裝設再生能源設施的支出，已超越富裕國家。全球發展中心（Center for Global Development）的惠勒（David Wheeler）指出，從 2002 年以來，全世界新增的再生能源裝置容量有三分之二來自開發中國家，而全球已安裝的再生能源裝置容量，超過一半來自開發中國家。

即使最富裕的國家，如今都被迫認清氣候災難帶來的經濟代價。美國今天依然是全世界最富裕的國家，但由於賑災成本上升在美國引起政治爭議，導致國會削減緊急復原計畫，影響了許多社區在災後重新站穩腳步的能力。但 2011–12 年接連發生的天災，給了美國一記警鐘。

2011 年，美國發生了八次氣候相關災害，每一次耗費的經費都高達 10 億美元以上。差點直撲紐約市的熱帶風暴艾琳，造成的損失超過 150 億美元；德州經歷了史上最嚴重的旱災和最高溫，全州 242 個郡中有 240 個發生山林火災。全美各地每天氣溫都不斷刷新或打平歷史紀錄。阿拉巴馬州的塔斯卡盧薩（Tuscaloosa）、密蘇里州的卓普林（Joplin）和其他許多社區，都遭龍捲風肆虐，其中有七個龍捲風造成 10 億美元以上的損失；不過，氣候研究人員迄今仍不願將龍捲風與全球暖化扯上關係（部分原因是過去的龍捲風紀錄不夠完整，也不夠精確）。2012 年，美國有半數的郡發生旱災，而颶風珊迪也讓美國人付出了 710 億美元的昂貴代價。

　　美國人反對總量管制及交易制度的主因之一，是深恐開發中國家不會乖乖遵守制度，結果反而削弱了美國的產業競爭力。過去二十年，自從地球公司出現後，就引發美國和其他已開發國家勞工的恐懼，他們深怕一旦窮國也可取得先進科技，那些廉價勞工會搶走他們的工作機會。結果，在工業國家，任何措施如果可能為開發中國家增加額外的競爭力，都會變成政治上的毒藥。

　　這是為什麼許多人贊成將減碳的要求，融入世界貿易組織的「邊境稅調整」規範中：倘若商品的輸出國不要求減碳，在輸往要求減碳的國家時，需將減碳成本納入進口商品的價格中。2009年，世界貿易組織和聯合國環境計畫共同發布一份報告，支持這類的邊境碳稅調整。

　　我長期以來公開支持自由互惠貿易，雖然這樣的立場不為敝黨所喜。我仍然對於自由公平的國際貿易抱持強烈信念，但我認為應該建立公平的遊戲規則，而二氧化碳減量當然是其中一個應該納入邊境稅調整的要素。

　　我在副總統任內，曾經參與了日本京都的全球議定書協商，全球以總量管制與交易機制為基礎共同努力，盼能減少二氧化碳排放。儘管美國拒絕加入，加上有一些執行上的問題，但全球 191個國家和歐盟都簽署了〈京都議定書〉，而且大多數國家與地區都成功履行承諾。

　　即使有些使用碳信用交易的國家操弄並濫用這個制度，即使早期歐洲的制度曾出現一些問題，但歐洲已採取行動解決問題，而且建立了完善制度的大多數國家，碳排放量都大幅下降。德國波茨坦氣候影響研究中心的政策分析家海爾（Bill Hare）指出：「我看不出還有其他任何辦法，可以達到相同效果。其他政策也不會比較容易協商。碳市場或許很複雜，但我們的世界原本就很複雜。」

不幸的是，美國決定不加入〈京都議定書〉，加上未能獲得中國和其他「開發中國家」的承諾（中國當時還貼著「開發中國家」的標籤），意味著全球暖化汙染的兩大溫室氣體排放國，都沒有包含在內。如果美國當初加入的話，世界各國一定會熱烈參與和遵從議定書，而開發中國家也會面臨無窮壓力，因此會一如預期的在第二階段加入議定書。

不過，雖然美國聯邦政治體系依然運作失靈，其他許多國家都體認到今天面臨的危險，和應該把握的新機會，而開始採取新政策。除了歐盟，包括瑞士、紐西蘭、日本、加拿大的一個省，以及美國的二十州，都即將實施總量管制與交易制度。最引人矚目的是，加州已在 2012 年開始實施這個制度。

全世界最大的煤炭輸出國澳洲，已經開始實施涵蓋碳稅及總量管制與交易制度的計畫，南韓也正在建立自己的制度。還有其他十四個國家已經正式宣布，他們計畫啟動總量管制與交易制度：包括巴西、智利、哥倫比亞、哥斯大黎加、印度、印尼、約旦、墨西哥、摩洛哥、南非、泰國、土耳其、烏克蘭和越南。

德國鄔柏塔研究院（Wuppertal Institute）指出：「碳市場還沒有死……假如中國推出國家制度，端看制度的設計和涵蓋範圍有多大，但中國的制度很可能成為全世界規模最大的機制，其中的碳排放配額會影響全球價格。」

中國即將在五座城市（北京、天津、上海、重慶、深圳）及兩個省（廣東和湖北）實施總量管制與交易制度。這些先導性計畫預計在 2013 年啟動，以提供學習經驗，到 2015 年，全中國都將實施總量管制與交易制度。

許多專家仍像過去一樣，十分懷疑中國這次會說到做到，但觀察家指出，大多數的先導性計畫已經有些進展，而先導性計畫涵蓋的地區，代表了大約 20% 的中國人口和將近 30% 的經濟產出。

中國對永續發展和再生能源的施行，已立即提升（或損害）全球解決氣候危機的能力。中國透過限制進口，以及利用補助，將再生能源技術的成本壓低到西方公司難以競爭的地步，充分滿足了自我利益，並因此成功主導了大家心目中的 21 世紀關鍵產業，卻也傷害了其他快速發展再生能源技術的國家從公平競爭中獲利的機會。

2011 年，美國提出正式投訴，抗議中國不公平地補助本國風力發電及太陽能廠商。2012 年，美國對中國進口的太陽能面板課徵 30% 左右的關稅，歐盟也考慮提出類似投訴。儘管如此，由於中國的投入與提供大量補助，生產規模擴大，超乎所有人原本的預測，成本也急劇下降。

中國積極發展風力發電與太陽能，激勵了其他許多國家，但由於中國同時繼續投入巨資興建火力發電廠，因此中國已經取代美國，成為地球上最大的全球暖化汙染源。大家都充分理解，中國必須持續發展工商業，才能讓農村逐步脫離貧窮，但在中國國內好幾個地區，抗議骯髒能源計畫的聲浪愈來愈大。

過去十年來，中國能源消耗量已經上升超過 150%，超越美國。和美國不一樣的是，中國仍然有將近 70% 的能源來自燃煤。中國的煤炭消耗量在過去十年增加了 200%，是美國煤炭消耗量的三倍。中國既是全球最大的煤炭進口國（其次是日本、南韓及印度），也是最大的煤炭生產國——全世界有一半的煤炭產自中國，超出美國（全球第二大煤炭生產國）產量2.5倍。的確，中國煤炭消耗量從2007年到2012年的增加幅度帶來的額外需求，幾乎相當於美國的年度消耗量。北京已經提出將在2015年，對煤炭的生產和使用設定上限，進行總量管制，但許多專家對於中國能否遵守上限，仍然抱持懷疑態度。

雖然比起煤炭的龐大消耗量，中國對石油的胃口小了許多，但中國的石油使用量仍然在1990年代倍增，然後在本世紀頭十年再增加一倍，如今中國的石油消耗量僅次於美國。2010年，沙烏地阿拉伯出口到中國的石油，首度在數量上超越輸出美國的石油。2012年，中國國內石油儲量似乎已達高峰。儘管中國積極開發外海油田，中國人使用的石油已經有一半仰賴進口。美國能源資訊署預估，未來二十年，中國將有四分之三的石油仰賴進口。

安全專家已經注意到這個趨勢對於中國外交政策的影響，尤其是中國對於爭議性的南海石油蘊藏的態度，以及中國積極與中東和非洲石油蘊藏量豐富的國家建立關係。許多觀察家發現，諷刺的是，在美國入侵伊拉克之後（至少部分原因是為了確保波斯灣的石油供應無虞），中國變成伊拉克油田的最大投資者。

中國每人平均能源消耗量遠不及美國和其他已開發國家，但每人平均二氧化碳排放量已經接近歐洲的水準。自從鄧小平在三十多年前實施改革開放以來，中國的主要經濟型態已經從農業轉為工業，而且由於中國對化石燃料提供補助，轉型後的經濟變得更加能源密集（每個針對化石燃料的使用提供補助的國家，能源使用效率幾乎都下降）。事實上，中國的電價、油價和天然氣價格，都由政府決定，價格總是低於市場行情，雖然北京相關人士目前也熱烈辯論,是否應採取浮動的能源價格,更接近全球市場行情。整體而言,在節能的關鍵領域,中國的表現仍遠遠落後其他世界主要經濟體。

不過,雖然面對重大的能源挑戰和龐大碳排放量,中國仍然實施了非常出色的政策,刺激再生能源的生產與使用。中國宣布,最新的五年計畫將投資 5,000 億美元左右於潔淨能源。中國採用「保證價格收購電力」制度,這是一套複雜的補助計畫,在德國實施時成效卓著。中國也全面實施其他政策,包括稅的補助,以及規定電力必須有某個比例來自再生能源。

除了為煤炭使用設定上限,中國也為了降低每單位經濟成長排放的二氧化碳,訂定了許多困難的目標。中國前環保部副部長潘岳曾在 2005 年表示,中國的經濟「奇蹟很快會終止,因為環境跟不上發展的步伐。」

過去十年來,中國中央政府設定的目標,與地方政府的執行策略之間關係緊繃,其中又牽涉到產業界的能源使用。為了展現中央政府是真心要推動減碳及減少能源密集產業,2011 年,北京派員到各地方,強制關閉某些工廠,甚至採取斷電措施,以確保目標達成。最近中國中央政府還考核地方官員的目標達成率,做為升官依據。

在再生能源產業,中國生產的風力發電設施與太陽能面板,也稱霸全球市場,但中國本身安裝的太陽能面板,數量不如風力發電裝置,部分原因在於,中國生產的太陽能面板 95% 都出口到外國,其中有許多輸出到美國。近年來,中國安裝的風力發電裝置占全球數量的一半,雖然其中三分之一的風力發電設施不是沒有連結到電網,就是連結到無法處理電流的線路。

　　中國政府野心勃勃，計畫打造全世界最錯綜複雜、涵蓋面最廣的「超級電網」，以修補上述問題。北京已經宣布，未來幾年將耗資 2,690 億美元，來建構 20 萬公里的高壓輸電線，有一份業界刊物指出，這個做法「幾乎相當於從頭開始建造美國 257,500 公里的輸電網。」

　　許多國家都明白，如果要使用間歇性的電力來源，例如由風力或太陽能產生的電力，並將再生能源產生的電力從高生產潛力地區輸送到用電城市，高容量、高效率的電網不可或缺。當這類電力所占比例愈來愈高，智慧電網和超級電網也變得愈來愈重要。

　　目前已經有供電計畫，要將北非和中東陽光充足的地區，與歐洲的龐大電力消費人口相連結。北美也有類似計畫，希望陽光充足的美國西南部和墨西哥北部可輕鬆供應兩國所需的電力。印度和澳洲也正試圖連結陽光與風力充足地區與高耗電地區。

　　無論在富國或窮國，都迫切需要提升輸電網的可靠性、輸送容量和功能性。比方說，在美國，由於供電服務中斷、意外斷電、加上供電及電力輸送缺乏效率，每年造成的損失超過 2,000 億美元。印度在 2012 年發生史上最大規模的斷電事件，由於老舊電網的電流超載問題，導致六億多人無電可用。

　　除了開發超級電網和智慧電網（可以提供終端使用者更多節能和省錢的工具），我們也迫切需要更有效儲存能源。已經有巨額經費投入新電池的研究開發，在家中和企業使用的電池可以減少為了尖峰時間的用電需求，而造成產能過剩的浪費。用在電動汽車時，這些電池也能提供寶貴的電力儲存功能，電動汽車和其他大多數汽車一樣，大部分時間都停在車庫或停車場。

　　為了達到這個目的，世界各地的汽車製造商都推出許多電動車,希望轉為使用再生電力,而不要仰賴昂貴又高風險的汽油。幾乎每個產業中,都有一些製造商改採強調節能與低耗材的策略。落磯山研究院(Rocky Mountain Institute)節能專家羅文斯(Amory Lovins)完整記錄了這場節能運動,以及許多公司如何利用這些新機會的故事。

除了太陽能和風力,科學家也在探索波浪與潮汐能源——比方說,葡萄牙、蘇格蘭和美國都有這類研究。雖然目前還沒有什麼貢獻,但許多人相信,這些能源未來極有潛力。儘管如此,跨政府氣候變遷研究小組 2011 年在一份關於再生能源的特別報告中指出,波浪與潮汐發電「在 2020 年以前,不太可能對全球能源供給有重大貢獻」。

地熱能源對冰島、紐西蘭和菲律賓貢獻良多,這些國家都擁有容易開發的地熱能源。但要開發其他地區的地熱能源,困難度竟然超乎預期,許多國家的創業家正努力改進地熱開發技術。

雖然全球主要地區幾乎都已充分利用水力發電能源,俄羅斯、中亞和非洲仍有大量水力發電的潛能有待開發,不過批評者也警告,在某些地點開發水力發電,有嚴重的生態風險。

今天,生質(biomass)的使用愈來愈普遍,而且開始在某些國家扮演重要角色。除了傳統糞肥和其他用在烹調上的生質形式外,現代社會還利用生質技術,以高效率的方式燃燒再生森林中的木材,以產生熱和電力。當我們從生命週期的角度來分析時,使用生質產生的衝擊和生質燃料一樣,必須小心評估投入的能源、對土地利用和生物多樣性的影響,以及透過重新栽種樹木與植物,將碳回收再利用所需的時間。

從含有大量有機廢棄物的垃圾掩埋場中產出甲烷和合成氣，以及從動物飼養場蒐集的大量動物廢棄物中生產沼氣，已成為全球運動。比方說，中國很重視沼氣——要求所有大型的牧場、養豬場、養雞場都必須設置沼氣池，從動物廢棄物中產生沼氣，雖然執行進度一直落後。美國推行的計畫則讓農民自願參加，其他國家也應效法中美兩國。

錯誤的解決方案

有兩種因應全球暖化的策略雖然各有熱心支持者，卻不太可能成功。第一種策略是「碳捕獲與封存」（CCS）。我長期支持CCS技術的研發，但仍懷疑這種技術真能扮演重要角色。當然總是可能出現意外的技術突破，大幅降低碳捕獲的成本，把碳安全封存於地下，或以某種方式讓碳轉變為建材或其他有用而安全的形式。我的朋友布蘭森（Richard Branson）為移除大氣中的二氧化碳設立了一個大獎，邀請NASA科學家、全球暖化專家漢森和我擔任比賽評審。

除非出現技術突破，否則CCS技術耗費的金錢和能源成本非常高，因此電力公司和其他企業都不太可能採用這個方法。經營火力發電廠並出售電力給顧客的電力公司得挪出35%的電力，以供捕獲、壓縮和封存二氧化碳之用，以免二氧化碳被排放到大氣中。雖然我們可以說，為了拯救人類文明的未來，這樣做很划算，但電力公司卻難以負擔如此高昂的成本。而且碳排放量實在太龐大，納稅人也無意承擔這筆花費。

雖然的確有一些安全的地下儲存地點，但是包括找到適合地點，然後辛苦調查地點特性，確保二氧化碳不會外洩到地表並進入空氣中，整個流程都非常重要。民眾曾公開反對將這類地下儲存設施，設在人口稠密地區附近。專精這項技術的科學家和工程師的普遍共識是：二氧化碳封存愈久，就愈安全，因為二氧化碳會開始被地層吸收。儘管如此，由於 CCS 技術的成本太高，很難得到大型碳汙染企業青睞而採用。

美國與中國都宣布要推動政府資助的 CCS 大型示範性計畫，但中國的「綠色煤電計畫」進度落後，而美國的「未來發電計畫」（FutureGen）則陷入了反映美國當前民主困境的政治僵局中。挪威、英國、加拿大和澳洲等國，也致力於推動 CCS 策略。不過全世界 CCS 技術首屈一指的專家、麻省理工學院的赫佐格（Howard Herzog）多年來一直表示，要提高這項技術的獲利能力和可行性，必須設法為碳計價。

第二項技術，有時被形容為可消除大部分碳排放量（至少是來自發電廠的二氧化碳排放）的殺手鐗，則有一段漫長且痛苦的發展歷程，這項技術就是──核能發電。不幸的是，目前這一代的 800 到 1,200 兆瓦加壓輕水反應爐，可能是技術上的死胡同。原因有很多，過去數十年來，反應爐的成本一直不斷大幅增加。日本福島三重悲劇帶來的後遺症是，發展核能的可能性進一步降低了。

雖然核能發電的安全性已大幅改善，但核能發電的安全紀錄依然是引發民眾反對的重要原因。法國過去是核能發電技術最先進、也最有效率的國家，但如今新一代反應爐卻遭遇重重困難。另一方面，南韓大步向前躍進，專家認為他們的核反應爐設計前景看好。全世界正在建造好幾個反應爐，但是當我們評估低碳能源選項時，核能不管在成本或安全性方面，都備受質疑。在未來的能源世界裡，很可能新一代體積較小、也更安全的反應爐，依然會扮演重要角色。我們應該會在 2030 年以前知道答案。

雖然各有各的問題，碳捕獲與封存（CCS）技術和核能發電都擁有持久的吸引力，部分原因是，兩者都是可能以單一策略提供快速解方的技術性解決方案。的確，心理學家告訴我們，在思考大問題時，常見的思考模式是他們所謂的「單一行動的偏見」，我們有一種根深柢固的偏好，無論問題有多複雜，我們都喜歡找到單一解決方案。

同樣的思考缺陷，也有助於說明一個令人費解的情況：大家為何鼎力支持所謂「地球工程」的奇怪提案。某些工程師和科學家幾年前主張，我們應該讓數十億小小的錫箔片飄浮在環繞地球的軌道上，以反射掉更多陽光，讓全球溫度得以冷卻。紀錄上看不出來提案人提出這個想法時，頭上是否戴著錫箔帽。更早些時候，也曾有一個關於巨型太空傘的類似提案，目的也是試圖阻擋陽光照射到地表。但這個巨傘的直徑得長達 1,600 公里，而且必須有個衛星基地來建造巨傘。還有人建議將大量的二氧化硫注入外大氣層，以阻絕陽光。

著名科學家居然會願意具名為這樣的提案背書，可見了解氣候危機的人，對於全世界政治領袖不能設法降低全球暖化汙染排放速度，感到多麼絕望。有鑑於目前人類在地球上進行的實驗已經帶來料想不到的後果——每天將 9 千萬噸溫室氣體排放到大氣中，在我看來，只因為懷抱微弱的希望，就想推動第二個實驗，以為第二個實驗或許能暫時抵消第一個實驗的某些後遺症，而不會在過程中造成更多傷害，真是太瘋狂了。

2012 年有一項科學研究指出，「二氧化硫」提案可能造成的後果之一是：人類自古以來天天注視的天空，將不再是藍色，或至少不再那麼藍了。天空不藍，有沒有關係呢？也許我們可以向孫輩解釋，為何文化史中老是不斷提到「藍天」。也許他們會了解，必須犧牲藍天，才符合石油公司、煤炭公司和天然氣公司的政治優先順序。由於城市上空汙染嚴重，夜空的顏色也已經從黑色變成暗紅色。

沒有人知道這類提案會對糧食作物和其他植物的光合作用，帶來什麼影響。為了創造更多「熱空間」，來容納因燃燒化石燃料而增加的二氧化碳排放量，維繫生命不可或缺的陽光，將有一部分被阻絕在外。能有效將太陽光轉化為電力的太陽光電技術（可能是最有潛力的再生能源技術），也可能受害。而且，這些怪異的提案都無法遏止海洋酸化。

除此之外，如果我們無法降低二氧化碳排放量，像是注入二氧化硫到大氣、或在地球軌道上放錫箔片之類的提案，會一年比一年多。沒有人曉得這些稀奇古怪的方案會如何影響氣候型態、降雨、風暴路徑，以及其他所有已被擾亂的天氣現象。我們是不是瘋了？

我們並沒有瘋。只不過我們在討論全球挑戰和爭辯什麼是合理解決方案時，受制於企業利益團體不健康的扭曲與操控，他們拚命想防止我們認真考慮溫室氣體減量措施。

就技術上而言，有一些良性的地球工程提案或許能提供邊際效益，而不會因魯莽行事造成風險。例如，把屋頂漆成白色，或打造數百萬個屋頂花園，都是在低層大氣吸收熱能之前，讓地表反射更多陽光到太空的例子。祕魯將安地斯山上的岩石漆成白色，是他們迫切想要拖慢冰河與積雪融化速度的嘗試（祕魯人仰賴融化的雪水做為飲用水及灌溉用水）。

如果我們繼續延遲多管齊下的全球行動，不能設法讓溫室氣體減量，我們將被迫愈來愈不顧一切地採取各種措施，來減緩全球暖化的衝擊。我們可能會試圖蒙混過關，還會互相爭執，為了追求自我利益，不惜犧牲別人，在過程中還不斷自欺欺人。我們現在正走上這條路。

但是當我們最珍視的一切面臨生存危機時，我們必須採取行動。在人類史上，曾經有極少數的時刻，我們挺身而出，超越過去，為了捍衛我們的深層價值而走出新方向。在歷史上深具挑戰性的關鍵時刻，林肯曾說：「眼前困難重重，我們必須順應時機，挺身而出。面對新的情況，我們必須有新的思維，新的行動。我們必須自我解放，才能解救我們的國家。」

這一回，我們的世界危在旦夕。瀕臨危險的不是地球本身（當然，即使沒有人類文明，地球仍會活得好好的），而是人類文明賴以維繫的自然環境和生態系。而當前危機的全球性本質，正是我們面臨的獨特挑戰的一部分。

在人類史上，全球文明只曾有兩次瀕臨危險。第一次是十萬年前，智人剛出現在地球上的時候；人類學家指出，當時人類的數目減到只剩下一萬人，卻設法存活下來。第二次則是美國與前蘇聯幾乎向對方發動大規模核武攻擊的時刻，差一點殺死數億人，帶來核冬，造成世界末日。然而，人類又再度想辦法度過難關。

這一回，威脅人類未來的危險不會在短短幾分鐘內發生，也沒有炫目的閃光和震耳欲聾的聲音，而是會持續好幾個世代，我們的子子孫孫活著的時候都會痛苦認知到，地球曾經對人類多麼的慷慨友善，以涼爽的和風、充足的食物和飲水滋養我們，延續我們的生命；更以壯闊宏偉的大自然之美，啟發我們，激勵我們。

當這樣的地球在記憶中逐漸消退時，故事仍將流傳下去：21世紀初，曾經有個世代承接了先人遺留下來的繁華盛世，以及地球從未擁有的先進科技，但他們卻背棄了未來。他們只為自己著想，忙著享受他們所承接的豐饒富庶，卻毫不關心未來。後代子孫會原諒我們嗎？還是在奄奄一息時，不停詛咒我們？

但反過來，如果我們真能想方設法，順應時機，挺身而出，我們將擁有難得的特權，能面對值得我們奉獻一切的挑戰，並全力以赴，克服挑戰。我們手上已掌握了需要的工具，雖然有些工具必須修補，有些工具需要改進，才能應付眼前的任務。我們欠缺的只是求勝的意志力。但只要我們能認清情勢，接受我們必須為後代子孫捍衛未來的責任，就能強化政治意志力。

我們最需要的其實是改變思考方式，抗拒碳汙染企業和他們的同路人一再陰險提倡和持續強化的錯覺。從某方面而言，拯救未來的努力將是地球公司與全球心智之間的競賽。今天，全世界的人透過網際網路相互連結，已經破天荒開創了全球共同努力的新契機，大家可以清楚溝通，討論我們所面對的挑戰，以及目前擁有的解決方案。

另一方面，全世界的企業及產業愈來愈緊密連結，也激發強大的商業動能，抗拒政府的任何控制意圖。地球公司如今是影響政府的主要力量。幸運的是，從許多例子，我們也看見全球良知在網際網路上崛起，網路集結的群眾施加強大壓力，試圖糾正不公不義及不合乎道德的行為，例如雇用童工、工作環境惡劣、非法監禁、性奴役、迫害弱勢族群，以及破壞環境等。

在某些國家,這種新興的集體全球良知,也對於推動新的政策以解決氣候危機,有莫大的貢獻。致力於捍衛地球生態、在網路上萌芽茁壯的草根性非政府組織,數量與日俱增。對我們的未來而言,剩下的關鍵問題是:認清真相且激發良知的力量,能否及時出現,以及是否足以改變文明的走向。

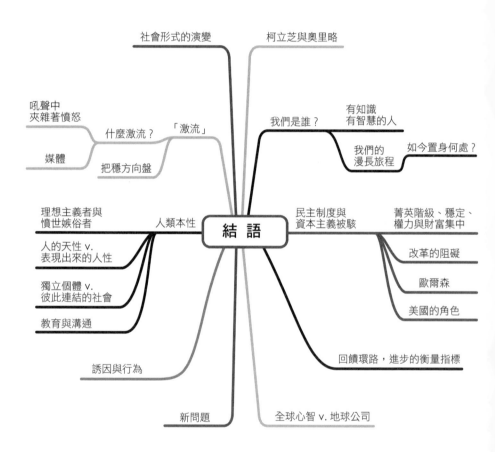

結 語

社會形式的演變

柯立芝與奧里略

吼聲中
夾雜著憤怒

什麼激流？

「激流」

我們是誰？

有知識
有智慧的人

如今置身何處？

媒體

把穩方向盤

我們的
漫長旅程

理想主義者與
憤世嫉俗者

人類本性

民主制度與
資本主義被駁

菁英階級、穩定、
權力與財富集中

人的天性 v.
表現出來的人性

改革的阻礙

獨立個體 v.
彼此連結的社會

歐爾森

教育與溝通

美國的角色

誘因與行為

回饋環路，進步的衡量指標

新問題

全球心智 v. 地球公司

結語

「重大事件的靈魂

往往在事件發生前即邁開大步，

今日已可預見明日走過。」

──柯立芝（Samuel Taylor Coleridge）

撰寫本書的旅程始於一個問題，要解答這個問題，遠比我原先設想的需要更加縝密的思考。為了尋找更好的答案，我發現了更多需要解答的新問題，這些問題尤其需要全球各地的政治、企業、宗教與公民社會領袖來共同解惑。

第一個問題是：我們是誰？我們最先想到的都是現成的答案：我們是智人，是「有知識、有智慧的人」等等。從古至今，人類已走過漫漫長路──從森林到大草原到農場到超級城市；從兩個人演變到數千人到數百萬人到數十億人；從石器演變到農耕到生產線到奈米機器人；從字母音節演變到百科全書到空中電波到全球心智；從家庭演變到部族到社會到國家。

　　但這些都只是我們曾經走過的歷程。至於人類未來將走向何方，完全取決於我們會選擇成為哪一種人。換句話說，我們選擇什麼樣的生活方式，將會決定我們究竟會被未來帶著走，還是我們自己掌控一切，邁向未來。

　　由於改變的浪潮力量如此強大，有些人早已收起槳，決定不如放棄，好好享受隨波逐流的樂趣，希望會出現最好的情況——即使這些浪潮橫掃我們的速度愈來愈快，而且前面的激流震耳欲聾，我們幾乎聽不見自己的想法。

　　「激流？」他們大聲嚷著：「什麼激流？別開玩笑了，哪有激流。一切都好得很！」他們的吼聲中夾雜著憤怒，有的人懾於這股怒氣，永遠不再提起這個話題。他們藉著迴避任何禁忌的話題來維持和平。他們甚至連吐出「氣候」這類字眼都害怕得不得了，因為有些人完全不想聽到毀滅性的氣候變遷如何變得愈來愈嚴重，他們深怕觸怒了這些人。結果在面對最重要的挑戰時，新聞媒體卻出現近乎病態的沉默，同時也危險地集體忽視了今天的行動可能為明天帶來的後果。但歸根結柢，這些都不能代表真實的我們。

　　任何人如果曾經花一點點時間，思考人類是否有可能開創更美好的未來，首先必然會對人類本性有所假設。樂觀的理想主義者有時候誤以為，可以照自己的希望改變或改進人類本性，憤世嫉俗者則樂得指出他們的錯誤，認為人類本性絕對不可能改變。

　　我的想法既不同於理想主義者，也不同於憤世嫉俗者。我認為，人類的本性（我同意這是不可能改變的）與我們經常表現出來的人性，之間仍有一些差異。法國蕭維（Chauvet）岩洞中有

35,000 年歷史的史前壁畫，以及歐亞大陸及非洲的人類老祖先創作的小雕像，反映出來的意識和情感，顯然和現代人沒有太大差別——或許在本質上根本完全一致。但是，從其他方面來看，他們和我們又非常不一樣。

我們每個人都是獨立的個體，但是所有的信仰和傳統都教導我們，所有人都彼此相連，息息相關。科學研究也告訴我們，人類性喜群居。我們所歸屬的社會團體各有其演變形式。有些行為規範代代相傳，有些逐漸消失。習俗逐漸變成儀式和規定，經過長時間演變，又形成文化、社會制度、法律和體制，深深影響了我們表現出來的人性。

就以我們從人類基因組科學所學到的知識為例：即使每個人擁有的 23,000 個基因（以及數百萬蛋白質）有 99.9% 都相同，其中仍蘊含了無限的可能性。有些基因的特徵會表現出來，有的則尚未發展完全。有時候，當我們的環境改變時，古早以前演化出來的能力，會為了新的目的而被喚醒。不妨也思考一下神經科學家對人類大腦的理解：神經元用得愈多，神經元樹會長得愈茂密、愈充滿活力；不用的時候則逐漸萎縮。

有的人始終認為，要發揮人類性善的一面，最重要的策略是教育。我當然贊同必須推動高品質的普及教育，但是單靠教育還不夠。人類歷史上許多最嚴重的暴行，都是由受過良好教育的惡人組織發動的。

無知和誤解當然是進步之敵，正如同知識、正直與品格是成功之鑰。但人類集體行為的演化，以及我們能否真正理解：人類彼此相連的命運與地球生態的健康如何緊密交織在一起，都與我們選擇的系統結構息息相關。我們採用什麼方式來衡量我們做的

　　事情和造成的結果，我們相互溝通的方式，以及我們的政治、經濟、社會制度中的誘因和反誘因，都會對未來帶來莫大的影響。

　　獲得獎勵的行為變得愈來愈普遍，得不到獎勵的行為則逐漸消失。人類本性中的某些要素會因為受獎勵的行為而活化，變得愈來愈重要。社會團體建立的價值觀會反映出他們想要鼓勵和抑制的行為，這些價值也會深植於部族、社群、國家、經濟制度、社會體制和文化之中。

　　接下來，我要回頭談一談曾帶給我無限啟發、而且兩百多年來也鼓舞了全世界無數人的例子：美國憲法的恆久價值根植於起草人對人性的洞察，他們在憲法架構上設計安全防線，刻意壓抑爭權奪利的自私衝動，鼓勵透過集體理性論辯，消弭歧異，促使大家能基於公共利益，達成創造性的妥協方案。

　　將分權與制衡納入憲法設計之中，正具體展現了這種對人性的理解——了解到該如何抑制人類本性中隱含的行為傾向，同時鼓勵正面的行為。其他人也試圖在規畫經濟制度時提供適當的誘因，以激發創造力和動力，鼓勵有價值的行為，遏止有害大眾利益的行為。

　　長此以往，我們逐漸體認到，我們衡量經濟價值的方式也會形成一股影響行為表現的演變力量——經濟指標中不去衡量的活動會備受忽視，彷彿這些事情毫無價值（無論正面或負面的價值）。當我們改變價值衡量方式和根本誘因，以及改變我們制定政治、經濟、社會決策的系統結構時，不可避免的，我們同時也鼓勵人們更加發揮人性中的某些層面，並且抑制人性中的其他層面。所以，雖然我們無法改變人類天性，卻能因應文明的誘因，在行為和選擇中顯現出不同的人性，從而塑造我們的未來。

比方說，如果我們對企業發出的訊號是，大肆汙染不會付出任何代價，也不必受到任何懲罰，那麼當他們一如預期地回應我們提出的誘因時，我們再怎麼責怪他們毫無道德也沒用。當我們對政治人物發出的訊號是，勝選的不二法門是花大把時間，向企圖影響選後公共政策的企業或人物大量募款，我們等於誘使政客在行為中展現（我們都很熟悉的）人性陰暗面——我們每個人骨子裡都有這些層面，雖然大多數人都努力抑制，也都充分理解為何必須遏止軟性賄賂，及防止政治人物背叛公眾信賴。

等到從這些扭曲的誘因和失靈的規定中得利者試圖掌控政治權力，阻礙改革（因為透過改革，將促使政治和經濟決策展現我們希望看到的正面人性），問題可就變得更嚴重了。

雖然大多數人都期盼長期穩定的局面，但在長期穩定中，政治或經濟制度很容易遭到善於扭曲規則和誘因的人士所濫用。數十年前，已故馬里蘭大學政治經濟學家歐爾森（Mancur Olson）就曾分析，社會菁英階級如何逐步累積財富和影響力，然後運用龐大的財富和影響力來阻礙改革，防止對他們有利的誘因和規則遭到撤消。

不妨試想一下，單作栽培的農作物多麼容易遭到蟲害，因為這些害蟲經過持續演化，早已懂得規避植物的自然防禦機制。又如電腦系統的密碼和其他安全防護裝置，如果太久沒有更新，將多麼容易遭到駭客入侵。害蟲的本質並沒有改變，但他們學習而來的行為（以及基因表現出來的特性）卻會改變。

民主制度和資本主義如今都「被駭」，造成的結果十分明顯：菁英階級掌控政治決策，所得不均日益擴大，財富愈來愈集中，任何改革的努力都胎死腹中。由於最重要的大眾媒體電視的主要功能，在於提倡商品消費和娛樂大眾，完全沒有提供對話互動和共同決策的機制，在這樣的媒體結構下，人民很難以更具建設性的方式表達反感，只能流於冷嘲熱諷。

幸運的是，全球心智覺醒後，開始破壞既有運作型態，開創令人興奮的新契機，不受菁英掌控的新影響力中樞逐漸浮現，也提高了改革現有失靈機制的可能性。然而隨著地球公司突然湧現，經濟引擎的威力與影響力也進一步擴大，如此一來，會更強化了經濟體系中鼓勵下列行為的價值衡量方式、行為準則和各種誘因：例如不顧永續發展而濫用有限資源，破壞對人類文明至關重要的生態系，恣意汙染環境，毫不顧惜人類價值與社會價值等。

今天我們正展開塑造人類未來的種種努力，結果如何，將由全球心智與地球公司之間的競賽來決定。在改革市場經濟、政治制度和社會體制的誘因與規則的無數戰場上，最後的成敗完全取決於致力推動永續未來的個人和團體相互連結後，能以多快的速度掌握到足夠的優勢、技能，並堅定決心，表達追求更美好世界的願望，從而實現夢想。

以下是要打贏這場仗必須回答的重要問題：

美國人能否重新建立功能健全的政治與經濟制度，因此再度在全球扮演高瞻遠矚的領導角色？

很可能未來全球心智將出現另外一種形式的全球領導，不過就目前而言，這完全是未知數，而且或許需要花很多時間才能達成，而我們沒有那麼多時間。

理論上，雖然機率非常小，但其他國家也可能崛起，並挺身而出，迎接挑戰。全球權力平衡狀態出現結構性的變化，也不無可能；權力中樞從西方轉移到東方，全球權力重新分配，以致於美國很難再如 20 世紀下半葉般，提供強勢和高品質的領導。21 世紀初，由於美國在政治、軍事和經濟上犯下災難性錯誤，全球對美國失去信心，因而加速了這樣的權力轉移，但這並非其根本原因。

要塑造更美好的未來，避免災難發生，最可能成功的途徑仍然是美國重新建立起卓越的全球領導力。不願相信美國民主制度能重新履行承諾的人別忘了，在過去許多黑暗的日子裡，美國也曾重新為世界帶來希望。美國獨立革命曾經幾乎胎死腹中；南北戰爭時期，美國也幾乎走上自我分裂；當年「強盜大亨」進行的各種勾當，比今天野心勃勃的工商鉅子還要過分。美國還曾在經濟大蕭條時期窮困潦倒，度過重重難關；當希特勒在歐洲橫行霸道時，珍珠港事變狠狠重創美國；然後又有古巴飛彈危機帶來的世界末日恐慌。然而在以上種種發生後，美國總是能重振美國精神，美國夢的核心價值也再度恢復昔日榮光。所以美國當然能浴火重生，重新發揮領導世界的潛能。果真如此嗎？這個問題的答案將對人類的未來，產生深遠影響。

既有的體制能多快適應網際網路的世界？雖然在全球心智的加持下，大家更可能共同協力，重新建立理性的決策過程，這些都是令人興奮的新發展，然而行之有年的體制總是頑強拒變。不過另一方面，商業模式一直在快速去中介化，新的模式迅速出現，也帶來新的希望。

但是，在網路上，專注力和焦點往往遭到稀釋分散。今天，我們可以在網路上獲得各式各樣的經驗，娛樂變得無所不在，以及很難號召到願意致力改革的充足人力，這些因素都增加了以網路為體制改革工具的複雜度。以往在許多國家中，每當受過良好教育、事業成功的中產階級人數增長時，總是會出現強大的民主改革呼聲。不過，如果到本世紀中葉，全球中產階級將增加 30 億人，或許未來也將出現要求民主改革的強大聲浪。

我們有沒有足夠的防護措施，能防止政府利用網路來蒐集個人資訊和建立不健康的中央控制形式？陷入衝突的國家會不會忍不住發動更多毀滅性的網路戰爭，和推行重商主義的國族主義？隨著挑戰的嚴重性愈來愈明顯，我希望（甚至深具信心）到時候，自然會有許多關心這些議題的個人和團體願意許下承諾，共同合作，以自我組織的創造力，成為推動改革的力量。

還有，中國仍會持續追求經濟發展嗎？假如會的話，中國對環保的投入會超越重商主義的需求嗎？中國能否成功提高生活水準及消除貧窮，並從而帶來政治改革，轉型為民主政體？

智慧型機器持續進步，取代人力勞動，會不會導致結構性失業？我們能否設法創造新工作，提供充足薪資？目前仍然有許多工作需要完成，然而由於企業扮演主導力量，加上市場力量入侵民主制度，傷害了就業計畫。我們必須設法在公共財的創造上，例如教育、環保、健康及心理衛生、家庭服務、社區營造等領域，及其他許多必須面對的挑戰上，開創新的就業機會。

我們擁有改變生命結構和人類基因設計的潛能之後，即將面對各種影響深遠的決定，我們有沒有足夠的智慧，做出正確選擇？這些科技會不會廣泛散布，而沒有完整考量可能帶來的後果？

已開發國家的社會契約能否禁得起人口變遷的考驗——儘管機器代工和工作外包的趨勢造成大量工作流失、收入銳減，人口結構的變化卻使得每個工作人口的平均負擔加重了？未來能否創造出可行的新模式，取代 20 世紀的舊模式，重新為日益增長的高齡人口提供所得支持和充分的醫療照護？

人口快速增長的開發中國家推行的生育控制政策，能否得到國際社會充分支持，並持續提高女權，改善嬰幼兒存活率？我們如何回答這些問題，將決定未來全球人口會成長到什麼地步，以及人類將為自然生態帶來多大的壓力。另外一個問題是：非洲的特殊困境能否獲得充分重視？

我們能否提供充分誘因，促使全球快速發展低碳經濟，大幅降低造成全球暖化的汙染，以減少對（維繫人類文明不可或缺的）氣候穩定狀態的威脅？

上述問題都很難回答，都需要面對艱難的抉擇。人類文明正處於本書所描繪的六大變遷的初期，這些重大變遷已經開始改變我們的星球、我們的文明，以及我們的工作和生活方式。其中有些變化會削弱自治機能，改變生命結構，傷害地球上其他物種，貶低了人類身心靈本質。

這些改變都極其複雜，發生速度之快可說前所未見，由於這些變化同時發生而且彼此匯聚，導致我們出現信心危機，不確定人類文明能否認清這些變化會將我們帶往何處，遑論還要扭轉重大變遷的發展方向，或試圖拖慢發生的速度。

但如果我們鼓起勇氣，面對抉擇，正確答案為何，其實非常清楚。當然，我們選擇的答案必然會引起爭議，要做出正確抉擇非常不容易，但我們還是必須做出該做的決定。我們的確必須有所取捨，而且動作要快。如果我們放棄掌控自己的命運，那麼接下來將面對極其艱難的旅程。

這些改變的浪潮都非常強勁，而且將橫掃眾生，引領我們進入與過去截然不同的未來。我們必須採取的行動看似非常簡單：把穩方向盤！換句話說，我們必須矯正目前資本主義與自治機制的種種扭曲和缺陷，抑制腐敗的金權政治，打破特殊利益團體的宰制，恢復代議式民主政治中集體決策的健全機能，以振興公共利益。也就是說，我們必須改革市場，擬定誘因時著眼於長期利益，如此資本主義制度才能永續發展。舉例來說，我們應該課徵碳稅，同時減少對工作所得徵稅──由此提高的稅收便是來自我們燃燒的東西，而非辛苦賺來的錢。

一千八百多年前，羅馬「五賢帝」中的最後一個皇帝奧里略（Marcus Aurelius Antoninus）曾寫道：「絕對不要因未來而困擾。在必要的時候，你將秉持今天面對現況的武器──理智，來面對未來。」他的勸諫迄今依然有效，儘管在奧里略結束統治後不久，羅馬帝國開始經歷長時期的分崩離析，終於在三百年後遭到推翻。

那麼，我們該怎麼辦？

用「理智」來自我武裝雖然必要，卻還不夠。全球心智突現後，我們開始有機會強化理性的決策過程，然而在目前的經濟和政治制度中，即使我們實施的是最聰明的決策，仍然迫切需要修補改正。民眾對市場資本主義和代議式民主制度的信心都十分低落，因為兩者都明顯需要改革。希望共同塑造人類未來的人，都應該把改革兩大制度視為當務之急。

首要之務應該是，設法讓大家能夠在廣大的公共論壇中，坦誠討論我們所面對的困難抉擇。也就是說，我們應該在網路上建立充滿活力的開放式「公共廣場」，讓大家討論因應新挑戰的最佳解方,和掌握新契機的最佳策略。換句話說,我們必須好好保護公共論壇,以免受到菁英階級和特殊利益團體的宰制,把重心轉移到較不符合公共利益的議程。

更重要的是,應該加快民主體制轉型到網路世界的腳步。過去以印刷媒體為基礎的公共論壇,是開放給所有人共同參與,因此強化了民主的普及和以事實為依據的理性論辯。但到了 20 世紀的最後三十多年,電視取代了印刷媒體,成為最重要的傳播媒體,從此民主論辯的空間受到壓抑,有錢有勢者取得優先發言權。這樣的轉變弱化了理智扮演的角色,集體搜尋最佳事證的重要性也備受輕忽,金錢在政治扮演的角色則愈來愈重要(在美國尤其如此),因此扭曲了我們對真理的追求,削弱了共同理性論辯的能力。

就新聞媒體而言,情形也差不多。真正的自決有賴於觀念自由流通,但今天由廣告商主宰和大財團控制的電視媒體採取單向傳播模式,反而阻礙觀念的自由流通。比方說,2012 年,美國在一連串氣候災難中(包括美國 65% 的地區發生旱災,西部野火肆虐,紐約市在兩年內二度因颶風與東北風暴來襲而關閉大部分地區),舉行四年一度的總統大選,然而在所有的大選辯論中,沒有任何新聞界人士提出任何有關氣候危機的問題。

為了追求利潤,娛樂和新聞的界線日益模糊,大廣告商愈來愈有辦法影響新聞內容走向,政治操作者偽裝成新聞主管以嘲諷方式扭曲新聞敘述,以上種種都導致身為第四階級(第四權)的新聞媒體,無法再保持正直誠信和獨立判斷,扮演好媒體在民主政治的重要角色。

網際網路提供了情勢逆轉的新契機,我們或許能扭轉日益衰類的民主政治，重新打造健全自治的基石。雖然目前還沒有找到能帶來足夠利潤的標準商業模式，以支持網路媒體做高品質的調查報導，但由於頻寬擴大，網路上能容納愈來愈多的優質影片，或許很快就會出現可行的獲利模式。除此之外，也不妨積極採用公私營混合的模式來支持卓越的網路新聞報導。

我們必須快速因應網路上缺乏隱私和無法保障資料安全的問題。新興的「跟蹤狂經濟」（stalker economy）其實是濫用個人資訊的不可取行為，因為它是建立在搜集電子商務使用者大量數位資料的基礎上。同樣的，政府有愈來愈多的機會誤用關係到公民個人生活的龐大數位檔案（包括經常截聽私人通訊內容），也嚴重威脅到個人自由，必須停止這類做法。眼見數位時代的自由品質日益低落，關心這個問題的人應該把推動新法保護個人隱私，列為首要之務。

我們應該充分利用能連結到全球心智的新數位工具，快速開發個人化的醫療照護（所謂的「精確醫療」方式）及自我追蹤工具，以降低醫療成本，提高個人化醫療的功效。我們還應該善用網路工具的精確度，加速「循環經濟」（circular economy）的發展，提高能源和物料回收再利用的程度。

資本主義和民主制度一樣，必須有所變革。如果你也認為要重新掌控我們的命運，必須恢復資本主義的效能，那麼就應該堅持完整而正確的價值衡量方式，必須把標準企業會計帳忽略的外部影響，完整納入市場相關計算之中。比方說，企業損益表上，不應再假裝大量的有害汙染根本不存在。

尤其重要的是，造成全球暖化的汙染者必須為此付出代價。課徵碳稅是很好的起步。政府可以把碳稅的收入歸還納稅人，或針對其他課稅項目（例如薪資所得）等值減稅。制定逐年遞減的碳排放上限，以及允許額度內的碳交易，都是可能奏效的方案。已實施碳稅制度的國家擔心，在缺乏全球協議的情況下，可能會影響競爭力，但世界貿易組織的規範容許各國針對來自未課碳稅國家的輸出商品實施邊境稅調整。

永續發展原則設計的初衷，是確保我們會做出明智的選擇來改善當前環境，而不會破壞了未來的展望，我們應該將這樣的原則充分整合到資本主義的運作機制中。誘因是資本主義理論中無所不在的一環，可充分展現資本主義能多麼有效激發創造力和提高生產力，因此應該審慎設計，確保這些誘因能符合我們追求的目標。舉例來說，無論企業規模大小，每家公司的薪資制度都應該受到投資者、企業經理人、董事會、消費者、管理當局和其他利害關係人的嚴密監督。

目前我們高度仰賴 GDP 來引導經濟政策的選擇，我們應該重新評估這個做法。GDP 的設計（以及衍生的企業會計制度）有很大的缺陷，不能毫無顧忌地拿來引導經濟政策的方向。舉例來說，在評估經濟政策的成敗時，應該把自然資源的價值減損和個人所得分配不均的情況也納入考量。當然，資本主義要求我們接受不均的現象，然而像目前這種貧富極度懸殊的現象，無論對民主政治或資本主義，都是一大傷害。

我們應該充分肯定公共財的價值，而不是基於意識型態，不斷抨擊和貶損公共財的價值。在今天這個時代，機器代工和工作外包的趨勢快速剷除了許多私人企業的工作機會，若要追求永續成長，必須恢復健全的總體經濟需求。而在地球公司的時代，創造更多公共財（例如在醫療保健、教育、環保等領域）是提供就業機會和維持經濟活力的途徑之一。

重新規畫農漁林業的發展時,也應該以永續的原則為依歸,不能再肆無忌憚地消耗表土、地下水資源,破壞森林與海洋的生產力和生物多樣性。

為了穩定人口成長,我們必須把提高女權、加強女子教育、普及生育控制的知識和技術,以及持續提升嬰幼兒存活率,列為優先。世界各國目前對於綜合運用以下四個策略的功效已有長期共識:包括鼓勵轉型到小家庭,以及低死亡率、低出生率和穩定的人口水準。富裕國家為了自身利益,必須支持這些做法。非洲由於生育率高,自然資源又飽受威脅,應該特別受到關注。

還有其他兩個人口結構的現況也應優先考量:我們應該將世界人口的持續都市化,視為新契機,因此我們可以在規畫時融入永續發展的原則,設計和建造低碳節能的建築,讓都市空間的使用更有效率,在重新設計都市交通系統時,把能源消耗和汙染降到最低。其次,我們也應該在先進經濟體(以及某些新興市場,例如中國)人口高齡化之時,把握機會重新設計衛生策略和所得支持計畫,並在規畫時將高「扶老比」納入考量(因為把薪資所得稅當作這類計畫的主要經費來源,將愈來愈不可行)。

至於生命科學革命,我們應該優先發展安全防護措施,防止有人不明智地永遠改變了人類基因庫。既然人類已經成為促進演化的主要媒介,很重要的是,我們必須體認到為了短期目標而改造人類,可能危及人類整體最佳長期利益。不過在面對這類決定時,我們尚未發展出完整的標準和指導原則,遑論決策機制,因此必須加快腳步。

同樣的,由於利潤動機和企業力量主導了動植物基因改造

（尤其是基改食物）的相關決策，已經產生一些風險。我們迫切需要以保護長遠公共利益為原則，建立分析這類風險的常識程序。

科技進步會帶來很多好處，但在評估如何應用威力強大的新科技時，必須盡力維護人類價值，並審慎監督某些新科技的應用方式：例如奈米材料、合成生命形式和無人偵察機的開發。這些都是極具潛力、前景看好的新科技，但需要密切評估和做好安全防護。

我們應該立刻阻止某些魯莽的做法：例如，把致命武器銷售到世界各地；利用抗生素來刺激禽畜生長；在脆弱的北極海開挖石油；任憑能進行高速、高頻交易的超級電腦主宰股市交易，導致股市劇烈波動及崩盤風險大增；將試圖阻止陽光照射地表的瘋狂計畫，當作防止嚴重汙染和溫室效應的策略。以上種種僅代表一部分魯莽危險的想法，也是在考驗我們是否真的有堅定的決心、意志力和持久的耐力，想為下一代開創更美好的未來。

最後，世界各國迫切需要能實踐深層人類價值的領導力。雖然本書是為全世界的廣大讀者而寫，但也特別想對美國公民傳達特殊而迫切的訊息，因為迄今美國仍是能提供我們所需全球領導力的唯一國家。

正因為如此，也因為美國在過去兩百年來所代表的人類價值讓美國人深深引以自豪，美國應該致力於開創能珍視人類尊嚴、捍衛人類價值的未來，絕對不能從這樣的承諾中縮手退卻。希望採取行動的人可以努力推動兩大優先目標：一是限制金錢在政治中扮演的角色，二是必須針對容許參議院中極少數人阻擋立法的過時法令有所改革。

人類文明在經歷了漫漫長路後，如今正來到交叉路口，我們必須在前面的兩條路中擇一而行。兩條道路都會引領我們走向未知,但一條道路會引領我們破壞氣候平衡,耗盡無法取代的資源,削弱人類價值,甚至可能終結我們所熟知的文明。而另一條道路,則引領我們邁向未來。

謝詞

　　非常感激我的伴侶季鐸（Elizabeth Keadle）在我撰寫本書期間給我的支持、鼓勵和關愛，謝謝她在連續閱讀和聆聽每一章初稿的內容後提供的建議，也謝謝她針對生命科學這一章提供的特殊洞見。感謝我的姊夫亨格爾（Frank Hunger），他睿智的忠告和終身的情誼對我而言非常重要；還要謝謝所有家人的支持和鼓勵。

　　如果沒有能力出眾的研究團隊，本書不可能問世，感謝霍爾（Brad Hall）和藍博爾（Alex Lamballe）的辛苦奉獻，盡心盡力，在各方面展現非凡的才能。在我撰寫本書的兩年期間，也非常感謝他們的家人能夠體諒和支持，他們很多時候都需要長時間工作，往往連周末假日都無法休息。他們的品格、幽默感、耐力和韌性都令人激賞。在研究的最初階段，亞柏柯普（Adam Abelkop）提供了寶貴的協助，我尤其感激他為了參與這個計畫，不惜延後自己的博士研究計畫。我在納許維爾的幕僚邁爾斯（Dan Myers）則在亞柏柯普重返校園後，經常提供支援與協助，並致力於卓越的研究。

正如我在前言中提到，本書的起源要回溯到八年前我開始思考全球變遷的各種驅動力，並蒐集資料、進行研究的時候。本書最早的詳細大綱基本上是在面對極端感興趣的問題時的個人探索，我很欣慰我的探索帶來實際的價值，我和世代投資公司（Generation Investment Management）的夥伴在推出新的「永續性投資」計畫時，這些思考是我們規劃投資藍圖時的重要參考。我尤其感激共同創辦世代投資公司的夥伴布勒德（David Blood）以及世代公司的其他所有夥伴，他們多年來的談話豐富了我對許多議題的理解。

當我更深入地發展這份大綱時，我開始思考，或許這些內容對廣大的讀者也有價值，不過直到梅辰（Jon Meacham）決定加入藍燈書屋（Random House），擔任資深編輯，我才真正開始撰寫本書。我看到這個消息時，立刻打電話給我的經紀人威利（Andrew Wylie，我也要在此再度對他表達謝意），告訴他我為何覺得梅辰最適合擔任本書編輯。於是我們三人在紐約會面，討論本書的概念，一個星期之後，出書計畫正式啟動。本書完成時，我可以毫不誇張地說，如果沒有梅辰，我絕對不可能完成此書，他已經成為我的密友和在納許維爾的鄰居。他擁有不可思議的睿智、洞察力，給我們許多指引。還要謝謝藍燈書屋的 Gina Centrello、Susan Kamil、Tom Perry、Beck Stvan、Ben Steinberg、London King、Sally Marvin、Steve Messina、Benjamin Dreyer、Erika Greber、Dennis Ambrose 和整個編輯、製作和行銷團隊。

兩年前我們完成初步研究後，我四十年來的良師益友艾利森（Graham Allison）在在哈佛大學甘迺迪政府學院的貝爾佛中心（Belfour Center of the John F. Kennedy School of Government at Harvard）安排了兩天的領域界定討論，我非常感激艾利森和其他卓越的思想家，他們慷慨的花了兩天時間在劍橋市（許多人甚至不遠千里而來），進行深具啟發性的密集討論，探討大綱中涵蓋的各項議題，包括：Rodney Brooks、David Christian、Leon Fuerth、Dannis Hillis、Mitch Kapor、Freada Kapor Klein、Ray Kurzweil、Joseph Nye、Dan Schrag 和 Fred Spier。

也多虧了一群傑出的專家評論員，願意花時間閱讀部分或全部的初稿，協助我們改正錯誤，建議加入額外的素材，提供更精確的說法，協助我了解各項議題，我非常感謝下列人士：Graham Allison、Rosina Bierbaum、Vint Cerf、Bob Corell、Herman Daly、Jared Diamond、Harvey Fineberg、Dargan Frierson、Danny Hillis、Rattan Lal、Mike MacCracken、Dan Schrag、Beth Seidenberg、Laura Tyson 及 E. O. Wilson。

除此之外，在研究過程中，還有許多專家慷慨投入許多時間和我們深入討論，包括：Ragui Assaad、Judy Baker、Thomas Buettner、Andrew Cherlin、Katherine Curtis、Richard Hodes、Paul Kaplowitz、David Owen、Hans Rosling、Saskia Sassen、Annemarie Schneider、Jonii Seager 及 Audrey Singer。

我有時候會看到某些作者在謝詞中提到，他們感謝的人士完全毋須為書中依然存在的錯誤負任何責任，本書也是如此。

還要謝謝氣候真相計畫（Climate Reality Project）的執行長福克斯（Maggie Fox）、Current TV 共同創辦人兼執行長海雅特（Joel Hyatt）、Kleiner Perkins Caufield & Byers 的合夥人杜爾（John Doerr）、世代公司的布勒德，以及四個組織的所有同仁，不但要謝謝他們的支持和鼓勵,也要謝謝他們的耐性,尤其是過去兩年來,他們為了遷就我寫書的時間,經常需要調整我回電和開會的時間表。

(資訊揭露:在文中提及的120家公司中,我直接或間接投資的公司除了世代投資管理公司之外,還有9家公司,分別是:Apple、Auxogyn、Citizens Bank、Coursera、Facebook、Google、JPMorgan Chase、Kiima 和 Twitter。)

特別感謝泰勒(Matt Taylor)在這段期間借我一套非常酷炫的巨大白板。

最後,我在納許維爾的私人辦公室幕僚長阿爾波特(Beth Alpert)在持續管理我其他事務的同時,還要不辭辛勞地負責本書團隊的整體協調。我的所有幕僚都為本書貢獻了時間與心力,包括:Joey Schlichter、Claudia Huskey、Lisa Berg、Betsy McManus、Jill Martin、Kristy Jeffers、Jessica Cox,以及在計畫的初期提供協助的 Kalee Kreider、Patrick Hamilton 和 Alex Thorpe。謝謝 Bill Simmons 在本書研究及撰稿的漫長期間內,在本身職責之外,還不辭辛勞地為我們在納許維爾召開的無數工作會議準備很棒的餐點。謝謝你們所有人!

參考資料

書籍

Acemoglu, Daron, and James A. Robinson. *Why Nations Fail: The Origins of Power, Prosperity, and Poverty*. New York: Crown Business, 2012.

Anderson, Benedict. *Imagined Communities: Reflections on the Origin and Spread of Nationalism*. New York: Verso, 2006.

Bakan, Joel. *The Corporation: The Pathological Pursuit of Profit and Power*. New York: Free Press, 2004.

Barker, Graeme. *The Agricultural Revolution in Prehistory: Why Did Foragers Become Farmers?* New York: Oxford University Press, 2009.

Beatty, Jack. *The Age of Betrayal: The Triumph of Money in America, 1865–1900*. New York: Vintage Books, 2008.

Brock, David. *The Republican Noise Machine: Right-Wing Media and How It Corrupts Democracy*. New York: Random House, 2005.

Brown, Lester. *Plan B 4.0: Mobilizing to Save Civilization*. New York: Norton, 2009.

———. *Full Planet, Empty Plates: The New Geopolitics of Food Scarcity*. New York: Norton, 2012.

———. *World on the Edge: How to Prevent Environmental and Economic Collapse*. New York: Norton, 2011.

Brzezinski, Zbigniew. *Strategic Vision: America and the Crisis of Global Power*. New York: Basic Books, 2012.

Buchanan, Allen. *Better than Human: The Promise and Perils of Enhancing Ourselves*. New York: Oxford University Press, 2011.

Carr, Nicholas. *The Shallows: What the Internet Is Doing to Our Brains*. New York: Norton, 2010.

Church, George, and Ed Regis. *Regenesis: How Synthetic Biology Will Reinvent Nature and Ourselves*. New York: Basic Books, 2012.

Coll, Steve. *Private Empire: ExxonMobil and American Power*. New York: Penguin Press, 2012.

Coyle, Diane. *The Weightless World: Strategies for Managing the Digital Economy*. Oxford: Capstone, 1997.

Diamond, Jared. *Collapse: How Societies Choose to Fail or Succeed*. New York: Viking, 2005.

———. *Guns, Germs, and Steel: The Fates of Human Societies*. New York: Norton, 1998.

Dobson, Wendy. *Gravity Shift: How Asia's New Economic Powerhouses Will Shape the Twenty-First Century*. Toronto: University of Toronto Press, 2009.

Edsall, Thomas Byrne. *The Age of Austerity: How Scarcity Will Remake American Politics*. New York: Doubleday, 2012.

Ford, Martin. *Lights in the Tunnel: Automation, Accelerating Technology and the Economy of the Future*. N.p.: Acculant, 2009.

Franklin, Daniel, and John Andrews, eds. *Megachange: The World in 2050*. Hoboken, NJ: Wiley, 2012.

Freeman, Walter J. *How Brains Make Up Their Minds*. New York: Columbia University Press, 2000.

Fukuyama, Francis. *The End of History and the Last Man*. New York: Harper Perennial, 1993.

———. *Our Posthuman Future: Consequences of the Biotechnology Revolution*. New York: Farrar, Straus & Giroux, 2002.

Gazzaniga, Michael. *Human: The Science Behind What Makes Us Unique.* New York: Harper Collins, 2008.

Goldstein, Joshua S. *Winning the War on War: The Decline of Armed Conflict Worldwide.* New York: Dutton/ Penguin, 2011.

Gore, Al. *The Assault on Reason.* New York: Penguin Press, 2007.

———. *Earth in the Balance: Ecology and the Human Spirit.* Boston: Houghton Mifflin, 1992.

———. *An Inconvenient Truth: The Planetary Emergency of Global Warming and What We Can Do About It.* Emmaus, Pa.: Rodale, 2006.

———. *Our Choice: A Plan to Solve the Climate Crisis.* Emmaus, Pa.: Rodale, 2009.

Hacker, Joseph S., and Paul Pierson. *Winner-Take-All Politics: How Washington Made the Rich Richer—and Turned Its Back on the Middle Class.* New York: Simon & Schuster, 2011.

Haidt, Jonathan. *The Religious Mind: Why Good People Are Divided by Politics and Religion.* New York: Pantheon Books, 2012.

Hansen, James. *Storms of My Grandchildren: The Truth About the Coming Climate Catastrophe and Our Last Chance to Save Humanity.* New York: Bloomsbury USA, 2009.

James, Harold. *The Creation and Destruction of Value: The Globalization Cycle.* Cambridge, MA: Harvard University Press, 2009.

Johnson, Steven. *Emergence: The Connected Lives of Ants, Brains, Cities and Software.* New York: Scribner, 2001.

Jones, Steven E. *Against Technology: From the Luddites to Neo-Luddism.* New York: Routledge, 2006.

Kagan, Robert. *The World America Made.* New York: Knopf, 2012.

Kaku, Michio. *Physics of the Future: How Science Will Shape Human Destiny and Our Daily Lives by the Year 2100.* New York: Doubleday, 2011.

———. *Visions: How Science Will Revolutionize the 21st Century.* New York: Anchor Books, 1997.

Kaplan, Robert D. *The Revenge of Geography: What the Map Tells Us About Coming Conflicts and the Battle Against Fate.* New York: Random House, 2012.

Kelly, Kevin, *What Technology Wants.* New York: Viking, 2010.

Klare, Michael T. *The Race for What's Left: The Global Scramble for the World's Last Resources.* New York: Metropolitan Books, 2012.

Korten, David C. *When Corporations Rule the World.* Bloomfield, CT: Kumarian Press, 1995.

Kupchan, Charles A. *No One's World: The West, the Rising Rest, and the Coming Global Turn.* New York: Oxford University Press, 2012.

Kurzweil, Ray. *The Age of Spiritual Machines: When Computers Exceed Human Intelligence.* New York: Penguin, 1999.

———. *The Singularity Is Near: When Humans Transcend Biology.* New York: Penguin, 2006.

Lanier, Jaron. *You Are Not a Gadget: A Manifesto.* New York: Knopf, 2010.

Lessig, Lawrence. *Republic, Lost: How Money Corrupts Congress—and a Plan to Stop It.* New York: Twelve, 2011.

Lovins, Amory. *Reinventing Fire: Bold Business Solutions for the New Energy Era.* White River Junction, VT: Chelsea Green, 2011.

Luce, Edward. *Time to Start Thinking: America in the Age of Descent.* New York: Atlantic Monthly Press, 2012.

McKibben, Bill. *Eaarth: Making a Life on a Tough New Planet.* New York: Times Books, 2010.

———. *The Global Warming Reader.* New York: Penguin Books, 2012.

McLuhan, Marshall. *The Gutenberg Galaxy: The Making of Typographic Man.* Toronto: University of Toronto Press, 1962.

———. *Understanding Media: The Extensions of Man.* Cambridge, MA: MIT Press, 1994.

Meyer, Christopher, and Stan Davis. *It's Alive: The Coming Convergence of Information, Biology and Business.* New York: Crown Business, 2003.

Moreno, Jonathan D. *The Body Politic: The Battle Over Science in America.* New York: Belle vue Literary

Press, 2011.

Morowitz, Harold J. *The Emergence of Everything: How the World Became Complex.* NewYork: Oxford University Press, 2002.

Moyo, Dambisa. *Winner Take All: China's Race for Resources and What It Means for theWorld.* New York: Basic Books, 2012.

Naisbitt, John. *Megatrends: Ten New Directions Transforming Our Lives.* New York: Warner Books, 1982.

Nye, Joseph S., Jr. *The Future of Power.* New York: PublicAffairs, 2011.

Olson, Mancur. *The Rise and Decline of Nations: Economic Growth, Stagflation, and Social Rigidities.* New Haven, CT: Yale University Press, 1982.

Otto, Shawn Lawrence. *Fool Me Twice: Fighting the Assault on Science in America.* New York: Rodale, 2011.

Owen, David. *Green Metropolis: Why Living Smaller, Living Closer, and Driving Less Are the Keys to Sustainability.* New York: Riverhead Books, 2009.

Pagel, Mark. *Wired for Culture: Origins of the Human Social Mind.* New York: Norton, 2012.

Polak, Fred. *The Image of the Future.* Amsterdam: Elsevier Scientific, 1973.

Postman, Neil. *Amusing Ourselves to Death.* New York: Viking, 1985.

Reich, Robert. *Aftershock: The Next Economy and America's Future.* New York: Knopf, 2010.

Rifkin, Jeremy. *The Empathic Civilization: The Race to Global Consciousness in a World inCrisis.* New York: Penguin, 2009.

———. *The End of Work: The Decline of the Global Labor Force and the Dawn of the Post-Market Era.* New York: Putnam, 1995.

———. *The Third Industrial Revolution: How Lateral Power Is Transforming Energy, the Economy, and the World.* New York: Palgrave Macmillan, 2011.

Rothkopf, David. *Power, Inc.: The Epic Rivalry Between Big Business and Government—and the Reckoning That Lies Ahead.* New York: Farrar, Straus & Giroux, 2012.

Salk, Jonas. *The Survival of the Wisest.* New York: Harper & Row, 1973.

Sandel, Michael J. *What Money Can't Buy: The Moral Limits of Markets.* New York: Farrar, Straus & Giroux, 2012.

Schor, Juliet B. *The Overworked American: The Unexpected Decline of Leisure.* New York: Basic Books, 1991.

———. *True Wealth: How and Why Millions of Americans Are Creating a Time-Rich, Ecologically Light, Small-Scale, High-Satisfaction Economy.* New York: Penguin Books, 2011.

Seager, Joni. *The Penguin Atlas of Women in the World.* New York: Penguin Books, 2009.

Seung, Sebastian. *Connectome: How the Brain's Wiring Makes Us Who We Are.* Boston: Houghton Mifflin Harcourt, 2012.

Singer, P. W. *Wired for War: The Robotics Revolution and Conflict in the 21st Century.* New York: Penguin Press, 2009.

Singh, Simon. *The Code Book: The Science of Secrecy from Ancient Egypt to Quantum Cryptography.* New York: Doubleday, 1999.

Spence, Michael. *The Next Convergence: The Future of Economic Growth in a Multispeed World.* New York: Farrar, Straus & Giroux, 2011.

Speth, James Gustave. *America the Possible: Manifesto for a New Economy.* New Haven, CT: Yale University Press, 2012.

Stiglitz, Joseph E. *The Price of Inequality: How Today's Divided Society Endangers Our Future.* New York: Norton, 2012.

Teilhard de Chardin, Pierre. *The Future of Man.* New York: Harper & Row, 1964.

———. *The Phenomenon of Man.* New York: Harper, 1959.

Toffler, Alvin. *Future Shock.* New York: Random House, 1970.

Topol, Eric. *The Creative Destruction of Medicine: How the Digital Revolution Will Create Better Health Care.* New York: Basic Books, 2012.

Turkle, Sherry. *Alone Together: Why We Expect More from Technology and Less from Each Other.* New York: Basic Books, 2011.

Vollmann, William T. *Uncentering the Earth: Copernicus and the Revolutions of the Heavenly Spheres.* New York: Norton, 2006.

Washington, Harriet A. *Deadly Monopolies: The Shocking Corporate Takeover of Life Itself—and the Consequences for Your Health and Our Medical Future.* New York: Doubleday, 2011.

Weart, Spencer. *The Discovery of Global Warming.* Cambridge, MA: Harvard University Press, 2003.

Wells, H. G. *World Brain.* London: Ayer, 1938.

Wilson, E. O. *The Social Conquest of Earth.* New York: Liveright, 2012.

Wolfe, Nathan. *The Viral Storm: The Dawn of a New Pandemic Age.* New York: Times Books, 2012.

文章

Alterman, Jon. "The Revolution Will Not Be Televised." Middle East Notes and Comment, Center for Strategic and International Studies, March 2011.

Archer, David, and Victor Brovkin. "The Millennial Atmospheric Lifetime of Anthropogenic CO2." *Climatic Change* 90 (2008): 283–97.

Barnosky, Anthony, et al. "Has the Earth's Sixth Mass Extinction Already Arrived?" *Nature,* March 2011.

Bartlett, Bruce. "'Starve the Beast': Origins and Development of a Budgetary Metaphor." *Independent Review,* Summer 2007.

Bergsten, C. Fred. "Two's Company." *Foreign Affairs,* September/October 2009.

Bisson, Peter, Elizabeth Stephenson, and S. Patrick Viguerie. "The Global Grid." *McKinsey Quarterly,* July 26, 2011.

Blaser, Martin. "Antibiotic Overuse: Stop the Killing of Benefi cial Bacteria." *Nature,* August 25, 2011.

Bohannon, John. "Searching for the Google Effect on People's Memory." *Science,* July 15, 2011.

Bostrom, Nick. "A History of Transhumanist Thought." *Journal of Evolution and Technology* 14 (April 2005).

Bowden, Mark. "The Measured Man." *Atlantic,* July/August 2012.

Bowley, Graham. "The New Speed of Money, Reshaping Markets." *New York Times,* January 2, 2011.

Bradford, James. "The NSA Is Building the Country's Biggest Spy Center (Watch What You Say)." *Wired,* March 15, 2012.

Carmody, Tim. "Google Co-founder: China, Apple, Facebook Threaten the 'Open Web.'" *Wired,* April 16, 2012.

Caruso, Denise. "Synthetic Biology: An Overview and Recommendations for Anticipating and Addressing Emerging Risks." *Science Progress,* November 12, 2008, http://scienceprogress.org/2008/11/synthetic-biology/.

Caryl, Christian. "Predators and Robots at War." *New York Review of Books,* August 30, 2011.

Cookson, Clive. "Synthetic Life." *Financial Times,* July 27, 2012.

Council on Foreign Relations. "The New North American Energy Paradigm: Reshaping the Future." June 27, 2012.

Cudahy, Brian J. "The Containership Revolution: Malcolm McLean's 1956 Innovation Goes Global." *Transportation Research News,* Transportation Research Board of the National Academies, no. 246 (September/October 2006).

Day, Peter. "Will 3D Printing Revolutionise Manufacturing?" BBC, July 27, 2011.

Diamond, Jared. "What Makes Countries Rich or Poor?" *New York Review of Books,* June 7, 2012.

Diamond, Larry. "A Fourth Wave or False Start?" *Foreign Affairs,* May 22, 2011.

———. "Liberation Technology." *Journal of Democracy* 21, no. 3 (July 2010).

Dunbar, R.I.M. (1993). "Coevolution of Neocortical Size, Group Size and Language in Humans." *Behavioral and Brain Sciences* 16, no. 4 (1993): 681–735.

Economist. "The Dating Game." December 27, 2011.

———. "Hello America." August 16, 2010.

———. "How Luther Went Viral." December 17, 2011.

―――. "No Easy Fix." February 24, 2011.

―――. "The Printed World." February 10, 2011.

―――. "The Third Industrial Revolution." April 21, 2012.

―――. "Unbottled Gini." January 20, 2011.

Etling, Bruce, Robert Faris, and John Palfrey. "Political Change in the Digital Age: The Fragility and Promise of Online Organizing." *SAIS Review* 30, no. 2 (2010).

Evans, Dave. "The Internet of Things." Cisco Blog, July 15, 2011.

Farrell, Henry, and Cosma Shalizi. "Cognitive Democracy." *Three-Toed Sloth,* May 23, 2012.

Feldstein, Martin. "China's Biggest Problems Are Political, Not Economic." *Wall Street Journal,* August 2, 2012.

Fernandez-Cornejo, J., and M. Caswell. "The First Decade of Genetically Engineered Crops in the United States." U.S. Department of Agriculture, Economic Research Service, 2006.

Financial Times. "Job-Devouring Technology Confronts US Workers." December 15, 2011.

Fineberg, Harvey. "Are We Ready for Neo-Evolution?" TED Talks, 2011.

Fishman, Ted. "As Populations Age, a Chance for Younger Nations." *New York Times Magazine,* October 17, 2010.

Fortey, Richard A. "Charles Lyell and Deep Time." *Geoscientist* 21, no. 9 (October 2011).

Fox, Justin. "What the Founding Fathers Really Thought About Corporations." *Harvard Business Review,* April 1, 2010.

Freeman, David. "The Perfected Self." *Atlantic,* June 2012.

Generation Investment Management. "Sustainable Capitalism." February 15, 2012. http://www.generationim. com/media/pdf-generation-sustainable-capitalism-v1.pdf.

Gillis, Justin. "Are We Nearing a Planetary Boundary." *New York Times,* June 6, 2012.

―――. "A Warming Planet Struggles to Feed Itself." *New York Times,* June 6, 2011.

Gladwell, Malcolm. "Small Change: Why the Revolution Will Not Be Tweeted." *New Yorker,* October 4, 2010.

―――. "The Tweaker." *New Yorker,* November 14, 2011.

Grantham, Jeremy. "Time to Wake Up: Days of Abundant Resources and Falling Prices Are Over Forever." *GMO Quarterly Letter,* April 2011.

Gross, Michael Joseph. "Enter the Cyber-Dragon." *Vanity Fair,* September 2011.

―――. "World War 3.0." *Vanity Fair,* May 2012.

Haidt, Jonathan. "Born This Way? Nature, Nurture, Narratives, and the Making of Our Political Personalities." *Reason,* May 2012.

Hansen, James, et al. "Perception of Climate Change." *Proceedings of the National Academy of Sciences,* August 2012.

Harb, Zahera. "Arab Revolutions and the Social Media Effect." M/C Journal [Media/Culture Journal] 14, no. 2 (2011).

Hillis, Danny. "Understanding Cancer Through Proteomics." TEDMED 2010, October 2010.

Huntington, Samuel P. "The U.S.―Decline or Renewal?" *Foreign Affairs,* Winter 1988/1989.

Ikenson, Daniel J. "Made on Earth: How Global Economic Integration Renders Trade Policy Obsolete." Cato Trade Policy Analysis No. 42, December 2, 2009.

International Monetary Fund. World Economic Outlook. September 2011.

Joffe, Josef. "Declinism's Fifth Wave." *American Interest,* January/February 2012.

Johnson, Toni. "Food Price Volatility and Insecurity." Council on Foreign Relations, August 9, 2011.

Kagan, Robert. "Not Fade Away." *New Republic,* January 11, 2012.

Kaufman, Edward E., Jr., and Carl M. Levin. "Preventing the Next Flash Crash." *New York Times,* May 6, 2011.

Keim, Brandon. "Nanosecond Trading Could Make Markets Go Haywire." *Wired,* February 16, 2012.

Kennedy, Pagan. "The Cyborg in Us All." *New York Times Magazine,* September 18, 2011.

Kleiner, Keith. "Designer Babies―Like It or Not, Here They Come." Singularity Hub, February 25, 2009.

Kristof, Nicolas D. "America's 'Primal Scream.' " *New York Times,* October 15, 2011.

Krugman, Paul. "We Are the 99.9%." *New York Times,* November 24, 2011.

Kuznetsov, V. G. "Importance of Charles Lyell's Works for the Formation of Scientific Geological Ideology." *Lithology and Mineral Resources* 46, no. 2 (2011): 186–97.

Lavelle, Marianne. "The Climate Change Lobby Explosion." Center for Public Integrity, February 24, 2009.

Levinson, Marc. "Container Shipping and the Economy." *Transportation Research News,* Transportation Research Board of the National Academies, no. 246 (September/October 2006).

Lewis, Mark. "The History of the Future." *Forbes,* October 15, 2007.

MacKenzie, Donald. "How to Make Money in Microseconds." *London Review of Books,* May 19, 2011.

MacKinnon, Rebecca. "Internet Freedom Starts at Home." *Foreign Policy,* April 3, 2012.

Macklem, Peter T. "Emergent Phenomena and the Secrets of Life." *Journal of Applied Physiology* 104 (2008): 1844–46.

Madrigal, Alexis. "I'm Being Followed: How Google—and 104 Other Companies—Are Tracking Me on the Web." *Atlantic,* February 29, 2012.

Markoff, John. "Armies of Expensive Lawyers, Replaced by Cheaper Software." *New York Times,* March 5, 2011.

———. "Cost of Gene Sequencing Falls, Raising Hopes for Medical Advances." *New York Times,* March 8, 2012.

———. "Google Cars Drive Themselves, in Traffic." *New York Times,* October 10, 2010.

McKibben, Bill. "Global Warming's Terrifying New Math." *Rolling Stone,* July 2012.

Milojević, Ivana. "A Selective History of Futures Thinking." Ph.D. diss., University of Queensland, 2002.

Mooney, Chris. "The Science of Why We Don't Believe Science." *Mother Jones,* June 2011.

Moore, Stephen, and Julian L. Simon. "The Greatest Century That Ever Was: 25 Miraculous Trends of the Past 100 Years." Cato Policy Analysis No. 364, December 15, 1999.

New York Times. "Dow Falls 1,000, Then Rebounds, Shaking Market." May 7, 2010.

Nisbet, Robert. "The Idea of Progress." *Literature of Liberty: A Review of Contemporary Liberal Thought* 2, no. 1 (1979).

Noah, Timothy. "Introducing the Great Divergence." *Slate,* September 3, 2010.

———. "Think Cranks." *New Republic,* March 30, 2012.

Nye, Joseph S. "Cyber War and Peace." Project Syndicate, April 10, 2012. Organisation for Economic Co-operation and Development. "Divided We Stand: Why Inequality Keeps Rising." December 2011.

Peters, Glen, et al. "Rapid Growth in CO2 Emissions After the 2008–2009 Global Financial Crisis." *Nature Climate Change,* 2011.

Purdum, Todd. "One Nation, Under Arms." *Vanity Fair,* January 2012.

Rosen, Jeffrey. "POTUS v. SCOTUS." *New York,* March 17, 2010.

Salvaris, Mike. "The Idea of Progress in History: Future Directions in Measuring Australia's Progress." Australian Bureau of Statistics, 2010.

Sargent, John F., Jr. "Nanotechnology: A Policy Primer." Congressional Research Service, April 13, 2012.

Speth, James Gustave. "America the Possible: A Manifesto, Part I." *Orion,* March/April 2012.

Steiner, Christopher. "Wall Street's Speed War." *Forbes,* September 27, 2010.

Steinhart, Eric. "Teilhard de Chardin and Transhumanism." *Journal of Evolution and Technology* 20, no. 1 (December 2008).

Stern, Nicholas. "The Economics of Climate Change: The Stern Review." *Population and Development Review* 32 (December 2006).

Stiglitz, Joseph E. "Of the 1%, by the 1%, for the 1%." *Vanity Fair,* May 2011.

Trenberth, Kevin. "Changes in Precipitation with Climate Change." *Climate Research* 47 (2010).

Trivett, Vincent. "25 US Mega Corporations: Where They Rank If They Were Countries." *Business Insider,* June 27, 2011.

Vance, Ashlee. "3-D Printing Spurs a Manufacturing Revolution." *New York Times,* September 14, 2010.

Walt, Steven M. "The End of the American Era." *National Interest,* October 25, 2011.

Wilford, John Noble. "Who Began Writing? Many Theories, Few Answers." *New York Times,* April 6, 1999.

Wilson, Daniel H. "Bionic Brains and Beyond." *Wall Street Journal,* June 1, 2012.

Wilson, E. O. "Why Humans, Like Ants, Need a Tribe." *Daily Beast,* April 1, 2012.

Worstall, Tim. "Six Waltons Have More Wealth than the Bottom 30% of Americans." *Forbes,* December 14, 2011.

Zhang, David, and Harry Lee. "The Causality Analysis of Climate Change and Large-Scale Human Crisis." *Proceedings of the National Academy of Sciences* 108 (March 2011): 17296–301.

Zimmer, Carl. "Tending the Body's Microbial Garden." *New York Times,* June 18, 2012.

附注

前言
預期未來二十年將出現的最重要議題
Peter Lindstrom, *The Future Agenda as Seen by the Committees and Subcommittees of the United States House of Representatives: A Workbook for Participatory Democracy* (Washington, DC: Congressional Clearinghouse on the Future and the Congressional Institute for the Future, 1982).

在 1917 年俄國大革命爆發前幾個月出生於俄羅斯
The Nobel Prize in Chemistry, 1977: Ilya Prigogine, "Autobiography," http://www.nobelprize.org/nobel_prizes/chemistry/laureates/1977/prigogine-autobio.html#.

在比利時受教育
Ibid.

是使所有無法與外界接觸的封閉物理系統，在一段時間後崩壞解體的原因
Peter T. Macklem, "Emergent Phenomena and the Secrets of Life," *Journal of Applied Physiology* 104 (2008): 1844–46; Ray Kurzweil, *The Age of Spiritual Machines: When Computers Exceed Human Intelligence* (New York: Penguin, 1999).

像甜甜圈般，有明顯清晰的邊緣
Macklem, "Emergent Phenomena and the Secrets of Life."

達到更高層次的複雜性
Ibid.

數百萬年來一直穩定地封存於地下
Farrington Daniels, "A Limitless Resource: Solar Energy," *New York Times,* March 18, 1956.

「清楚展現了『時間之箭』（arrow of time）的概念」
Prigogine, "Autobiography."

「但不同的社會卻有不同的理解方式」
Ivana Milojevi, "A Selective History of Futures Thinking," from "Futures of Education: Feminist and Post-Western Critiques and Visions" (Ph.D. diss., University of Queensland, 2002).

就試圖借助先知或神媒預知未來
Ibid.

祭神牲禮
Ibid.

靠解析魚群動態
Ibid.

地球上出現的各種符號標記
Ibid.

影像投影在氣體上，裡面的每個分子中都包含
Tracy V. Wilson, "How Holograms Work," HowStuffWorks, http://science.howstuffworks.com/hologram.htm.

古巴比倫占星家會使用雙時鐘
Fred Polak, *The Image of the Future* (Amsterdam: Elsevier Scientific, 1973), p. 5.

仍然會留存在大氣中，並繼續阻礙熱能散發
Daniel Schrag, personal interview.

「需要透過科學和藝術的發展擴展知識」
Mike Salvaris, "The Idea of Progress in History: Future Directions in Measuring Australia's Progress," Australian Bureau of Statistics, 2010.

「從俗世的事物提升到上天的層次，從有形進入無形的境界」

Robert Nisbet, "The Idea of Progress," *Literature of Liberty: A Review of Contemporary Liberal Thought* 2, no. 1 (1979).

古中國的「道」在人們於世間奮力前行時，為希望有所進步的人們指點迷津

Peter Hubral, "The Tao: Modern Pathway to Ancient Wisdom," *Philosopher* 98, no. 1 (2010), http://www.the-philosopher.co.uk/taowisdom.htm; Abu al-Hasan Ali ibn al-Husayn al-Mas'udi, "How Do We Come Upon New Ideas?," *First Break* 29 (March 2011).

「是真正的科學進步，因此也是平衡完整的發展所獲致的實質成就」

Salvaris, "The Idea of Progress in History."

重新燃起對於古希臘羅馬物理學及哲學的興趣

Polak, *The Image of the Future*, pp. 82–95.

17 世紀，微生物學之父

Jonathan Janson, "Antonie van Leeuwenhoek (1632–1723)," Essential Vermeer, http://www.essentialvermeer. com/dutch-painters/dutch_art/leeuwenhoek.html.

在 16 世紀由荷蘭人發明

Nobel Media, "Microscopes: Time Line," http://www.nobelprize.org/educational/physics/microscopes/timeline/ index.html.

透過顯微鏡觀察而發現活細胞和細菌

Ibid.

由於當時對光學的新理解

In addition to their friendship and possible artistic collaboration, Van Leeuwenhoek was also the executor of Vermeer's will. Jonathan Janson, "Vermeer and the Camera Obscura," Essential Vermeer, http://www. essentialvermeer.com/camera_obscura/co_one.html; Philip Steadman, "Vermeer and the Camera Obscura," BBC History, February 17, 2011, http://www.bbc.co.uk/history/british/empire_seapower/vermeer_camera_01. shtml.

「隨著社會的穩定改善，野蠻行為逐漸減少，而且我相信，終將在地球上消失」

Thomas Jefferson, "To William Ludlow," September 6, 1824, *The Portable Thomas Jefferson* (New York: Penguin, 1977), p. 583.

但萊伊爾充分證明了地球的歷史不止幾千年而已

Richard A. Fortey, "Charles Lyell and Deep Time," *Geoscientist* 21, no. 9 (October 2011); V. G. Kuznetsov, "Importance of Charles Lyell's Works for the Formation of Scientific Geological Ideology," *Lithology and Mineral Resources* 46, no. 2 (2011): 186–97; Mark Lewis, "The History of the Future," *Forbes*, October 15, 2007.

我們現在知道是四十五億年

"History of Life on Earth," BBC Nature, http://www.bbc.co.uk/nature/history_of_the_earth.

當年小獵犬號載著年輕的達爾文遨遊四海時，他還隨身攜帶著萊伊爾的著作

Fortey, "Charles Lyell and Deep Time"; Kuznetsov, "Importance of Charles Lyell's Works for the Formation of Scientific Geological Ideology."

亞里士多德曾寫道：事物的最終狀態定義了事物的本質

Aristotle, *Eudemian Ethics*, Book 2, Section 1219a.

在創作《浮士德》之前的十多年

Scott Horton, "The Sorcerer's Apprentice," *Harper's*, December 2007; Cyrus Hamlin, "Faust in Performance: Peter Stein's Production of Goethe's Faust, Parts 1 & 2," *Theatre* 32 (2002).

產生智慧和創意，以及對未來的夢想和希望

Henry Farrell and Cosma Shalizi, "Cognitive Democracy," *Three-Toed Sloth*, May 23, 2012, http://masi.cscs. lsa.umich.edu/~crshalizi/weblog/917.html.

懷德海稱這種對衡量指標的執著為「錯置具體性的謬誤」

Polak, *The Image of the Future*, p. 196.

45 億年前地球誕生的時刻會放在最左邊

"History of Life on Earth," BBC Nature.

38 億年前出現生命

Ibid.

28 億年前出現多細胞生物

Ibid.

4 億 7 千 5 百萬年前陸地上出現植物

Ibid.

4 億多年前出現脊椎動物

Ibid.

6 千 5 百萬年前靈長類動物出現

Blythe A. Williams, Richard F. Kay, and E. Christopher Kirk, "New Perspectives on Anthropoid Origins," *Proceedings of the National Academy of Sciences,* March 8, 2010.

在距今 75 億年之後

David Appell, "The Sun Will Eventually Engulf Earth—Maybe," *Scientific American,* September 8, 2008.

第 1 章：地球公司

效能和威力日益強大的人工智慧

Martin Ford, *Lights in the Tunnel: Automation, Accelerating Technology and the Economy of the Future* (N.p.: Acculant, 2009).

在兩年內採用一百萬個新的機器人

"Foxconn to Replace Workers with 1 Million Robots in 3 Years," *Xinhuanet,* July 30, 2011, http://news.xinhuanet.com/english2010/china/2011-07/30/c_131018764.htm.

新公司紛紛誕生，他們利用網路，以低成本和高效率，仲介各種外包工作

Quentin Hardy, "The Global Arbitrage of Online Work," *New York Times,* October 10, 2012.

Narrative Science 公司，他們利用電腦演算法分析體育競賽、財務報表和政府研究報告中的各種統計數據，並自動產生文章

Joe Fassler, "Can the Computers at Narrative Science Replace Paid Writers?," *Atlantic,* April 12, 2012.

拉丁美洲則是少見的例外

Jonathan Watts, "Latin America's Income Inequality Falling, Says World Bank," *Guardian,* November 13, 2012.

所得不均的情況達到二十年來的高點

Natasha Lennard, "Global Inequality Highest in 20 Years," *Salon,* November 1, 2012, http://www.salon.com/2012/11/01/global_inequality_highest_in_20_years/.

美國的吉尼係數從 35 上升到 45

"Unbottled Gini," *Economist,* January 20, 2011; *CIA World Factbook,* https://www.cia.gov/library/publications/the-world-factbook/fields/2172.html, accessed January 20, 2012.

美國的吉尼係數從 35 上升到 45

Data Set, University of Texas Inequality Project, Estimated Household Income Inequality Data Set (EHII). This is a global data set, derived from the econometric relationship between UTIP-UNIDO, other conditioning variables, and the World Bank's Deininger & Squire data set (http://utip.gov.utexas.edu/data.html); World Data Bank, http://data.worldbank.org/indicator/SI.POV.GINI.

俄羅斯從 25 左右上升到 40 出頭

Ibid.

英國從 30 上升到 36

Data Set, University of Texas Inequality Project, Estimated Household Income Inequality Data Set; "Growing Income Inequality in OECD Countries: What Drives It and How Can Policy Tackle It?," OECD Forum on Tackling Inequality, May 2, 2011, http://www.oecd.org/dataoecd/32/20/47723414.pdf.

二十年前，兩者的差距只有 6 倍

"India Income Inequality Doubles in 20 Years, Says OECD," BBC, December 7, 2011, http://www.bbc.co.uk/news/world-asia-india-16064321.

投資收益只需繳納最低稅率 15% 的措施

Joseph E. Stiglitz, "Of the 1%, by the 1%, for the 1%," *Vanity Fair,* May 2011.

流入金字塔頂端前十萬分之一的富豪手中

Paul Krugman, "We Are the 99.9%," *New York Times,* November 24, 2011.

今天的美國甚至比埃及和突尼西亞還不平等

Nicholas D. Kristof, "America's 'Primal Scream,' " *New York Times,* October 15, 2011.

擁有的財富超越了後面較不富裕的 90% 美國人財富的總和

Ibid.

比中低收入的 50% 美國人（約 1 億 5 千萬人）的財富總和還要多

Ibid.

超越了最貧窮的 30% 美國人的財富總和

Tim Worstall, "Six Waltons Have More Wealth Than the Bottom 30% of Americans," *Forbes,* December 14, 2011.

二十五年前只占 12%

Stiglitz, "Of the 1%, by the 1%, for the 1%."

金字塔尖端 0.1% 的有錢人稅後所得卻上升了 400%

Krugman, "We Are the 99.9%."

占已開發國家 GDP 的比例從 5% 上升為 40%

UnctadStat, Statistical Database for the United Nations Conference on Trade and Development, http://unctadstat.unctad.org/ReportFolders/reportFolders.aspx.

預期跨國界的資本流動會以比 GDP 成長率快 3 倍的速度，持續快速增加

International Monetary Fund, World Economic Outlook, September 2011, http://www.imf.org/external/pubs/ft/weo/2011/02/weodata/WEOSep2011alla.xls; Peter Bisson, Elizabeth Stephenson, and S. Patrick Viguerie, "The Global Grid," *McKinsey Quarterly,* July 26, 2011.

從 1980 年到 2011 年，美國等工業化國家的「FDI 存量」從 GDP 的 5% 成長為 30%

UnctadStat, Statistical Database for the United Nations Conference on Trade and Development.

付的薪資比全國平均薪資高 20%

Daniel J. Ikenson, "Made on Earth: How Global Economic Integration Renders Trade Policy Obsolete," Cato Trade Policy Analysis No. 42, December 2, 2009, http://www.cato.org/pubs/tpa/tpa-042.pdf.

為美國公民提供了五百多萬個工作機會

Ibid.

輸出加工後的多晶矽材料及先進的生產設備到中國

Steven Mufson, "China's Growing Share of Solar Market Comes at a Price," *Washington Post,* December 16, 2011.

成為全球最大的經濟體

Brett Arends, "IMF Bombshell: Age of America Nears End," *Market Watch,* April 25, 2011, http://www.marketwatch.com/story/imf-bombshell-age-of-america-about-to-end-2011-04-25.

中國的上網人口已經是美國的兩倍

"The Dating Game," *Economist,* December 27, 2011, http://www.economist.com/blogs/dailychart/2010/12/save_date; "Survey: China has 513 million Internet users," CBS News, January 15, 2012, http://www.cbsnews.com/8301-205_162-57359546/survey-china-has-513-million-internet-users/; Internet World Stats, "Top 20 Countries with the Highest Number of Internet Users," August 7, 2011, http://www.internetworldstats.com/top20.htm.

自 1960 年代以來，生產力成長幅度最高的十年

"Job-Devouring Technology Confronts US Workers," *Financial Times,* December 15, 2011.

獲利也恢復健康的成長率，然而失業率卻幾乎沒怎麼下降

"U.S. Tax Haul Trails Profit Surge," *Wall Street Journal,* January 4, 2012.

私營部門的工作支出卻只增加 2%

Catherine Rampell, "Companies Spend on Equipment, Not Workers," *New York Times,* June 10, 2011.

北美的新型工業機器人訂單增加了 41%

Robotic Industries Association, "North American Robot Orders Jump 41% in First Half of 2011," July 29,

2011, http://www.robotics.org/content-detail.cfm/Industrial-Robotics-News/North-American-Robot-Orders-Jump-41-in-First-Half-of-2011/content_id/2922.

將在現代史上頭一遭超越先進經濟體的 GDP 總合

"Special Report: Developing World to Overtake Advanced Economies in 2013," *Euromonitor,* February 19, 2009, http://blog.euromonitor.com/2009/02/special-report-developing-world-to-overtake-advanced-economies-in-2013-.html.

成長速度比已開發國家快得多

Mark Mobius, "Emerging Markets May See More Capital Flow, Away from Assets and Currencies of Countries Burdened with High Debt," *Economic Times,* September 27, 2011.

有些分析家懷疑他們能否持續這樣的成長速度

Ruchir Sharma, "Broken BRICs: Why the Rest Stopped Rising," *Foreign Affairs,* November/December 2012.

是否要為有錢投資人減稅，以鼓勵他們在西方世界設廠等

Don Lee, "U.S. Jobs Continue to Flow Overseas," *Los Angeles Times,* October 6, 2010.

導致世界各國喪失了 2 千 7 百萬個工作

United Nations Department of Economic and Social Affairs, *The Report on the World Social Situation: The Global Social Crisis,* 2011, http://social.un.org/index/LinkClick.aspx?fileticket=cO3JAiiX-NE%3D&tabid=1562.

其名目價值已是全球 GDP 的 23 倍

"Why Derivatives Caused Financial Crisis," Seeking Alpha, April 12, 2010, http://seekingalpha.com/article/198197-why-derivatives-caused-financial-crisis.

全世界股市總交易量

Ibid.

超過地球上所有股票和債券價值總和的 13 倍

Ibid.

電腦交易量達到總交易量的六成

Nathaniel Popper, "High-Speed Trading No Longer Hurtling Forward," *New York Times,* October 14, 2012.

能在 124 微秒內完成一筆交易

Donald MacKenzie, "How to Make Money in Microseconds," *London Review of Books,* May 19, 2011.

某些專家認為，如此一來，市場動盪、發生危機的風險也大增

Ibid.

「而我們對這個市場卻缺乏完整理解」

Brandon Keim, "Nanosecond Trading Could Make Markets Go Haywire," *Wired,* February 16, 2012.

「神祕演算法」

John Melloy, "Mysterious Algorithm Was 4% of Trading Activity Last Week," CNBC, October 8, 2012, http://www.cnbc.com/id/49333454/Mysterious_Algorithm_Was_4_of_Trading_Activity_Last_Week.

因此放空法國債券，大賺一筆

Christopher Steiner, "Wall Street's Speed War," *Forbes,* September 27, 2010.

放空南軍的政府債券，藉由同樣的手法大撈一筆

Ibid.

相隔 1,328 公里的兩地，資料傳輸速度將可加快

Ibid.

經濟學家所謂的「經濟金融化」

Ibid.

從 1980 年的 4% 成長為目前的 8%

Thomas Philippon, "The Future of the Financial Industry," Stern on Finance blog, October 16, 2008, http://sternfinance.blogspot.com/2008/10/future-of-financial-industry-thomas.html.

6% 則是與信用衍生性商品相關

"America's Big Bank $244 Trillion Derivatives Market Exposed," Seeking Alpha, September 15, 2011, http://seekingalpha.com/article/293830-america-s-big-bank-244-trillion-derivatives-market-exposed.

以實際的商品價值為基礎

Ibid.

是同一天交易的真實石油總價值的 14 倍

Roderick Bruce, "Making Markets: Oil Derivatives: In the Beginning," Energyrisk.com, p. 31, July 2009, http://db.riskwaters.com/data/energyrisk/EnergyRisk/Energyrisk_0709/markets.pdf.

原因是，銀行大都持有與交易商品價值接近的抵押品

But see Mazen Labban, "Oil in Parallax: Scarcity, Markets, and the Financialization of Accumulation," *Geoforum* 41 (2010): 546 ("Although financial derivatives allowed investors and traders to manage risk and hedge against the volatility of financial markets, the 'aggregate impact' of trading in derivatives was to increase risk and contribute to the volatility of the market"), citing Adam Tickell, "Unstable Futures: Controlling and Creating Risks in International Money," *Global Capitalism Versus Democracy,* edited by Leo Panitch and Colin Leys (New York: Monthly Review Press, 1999), pp. 248–77; Adam Tickell, "Dangerous Derivatives: Controlling and Creating Risks in International Money," *Geoforum* 31 (2000): 87–99.

完美的資訊將隱含在市場的集體行為中（其實不會）

Peter J. Boettke, "Where Did Economics Go Wrong? Modern Economics as a Flight from Reality," *Critical Review* 11, no. 1 (1997): 11–64; Al Gore and David Blood, "A Manifesto for Sustainable Capitalism," *Wall Street Journal,* December 14, 2011.

史迪格里茲（Joseph Stiglitz）認為，這種高速交易過程是「假流動性」

Personal conversation with Joseph Stiglitz.

所有先進國家中央銀行準備金的總額

Morris Miller, "Global Governance to Address the Crises of Debt, Poverty and Environment," background paper prepared for the 42nd Pugwash Conference, Berlin, Germany, September 1992, http://www.management.uottawa.ca/miller/governa.htm.

同時作業的其他電腦程式產生的反應，而不是反映市場實際情況

Donald MacKenzie, "How to Make Money in Microseconds," *London Review of Books,* May 19, 2011.

在短短 16 分鐘內

"Dow Falls 1,000, Then Rebounds, Shaking Market," *New York Times,* May 7, 2010.

「寶僑（P&G）股價在幾分鐘內，從 60 美元直線下滑，只剩 39.37 美元」

Ibid.

「簡直好像『陰陽魔界』（*Twilight Zone*）的劇情一樣」

Ibid.

演算法的回音室，導致股價驟然崩跌

Graham Bowley, "The New Speed of Money, Reshaping Markets," *New York Times,* January 2, 2011; Felix Salmon and Jon Stokes, "Algorithms Take Control of Wall Street," *Wired,* December 27, 2010.

買單和賣單必須保持開放一秒鐘

Personal conversation with Joseph Stiglitz.

這個一秒鐘的要求會會拖垮全球經濟

Ibid.

並由腐化的評等機構扮演橡皮圖章，蓋上 3A 評等後，在全世界銷售

" 'Robo-Signing' of Mortgages Still a Problem," Associated Press, July 18, 2011, http://www.cbsnews.com/stories/2011/07/18/national/main20080533.shtml.

普遍稱這種做法為「機器人簽名」（robosigning）

Alan Zibel, Matthias Rieker, and Nick Timiraos, "Banks Near 'Robo-Signing' Settlement," *Wall Street Journal,* January 19, 2012.

從 2000 年起，以每年成長 65% 的速度持續增加

Mark Jickling and Rena S. Miller, "Derivatives Regulation in the 111th Congress," Congressional Research Service Report for Congress, March 3, 2011, Table I, http://assets.opencrs.com/rpts/R40646_20110303.pdf.

運用遊說力量和政治捐款來避免金融管制

"Why Derivatives Caused Financial Crisis," Seeking Alpha, April 12, 2010, http://seekingalpha.com/article/198197-why-derivatives-caused-financial-crisis.

從每年 3 兆美元上升為每年 30 兆美元，而且持續高速成長

Organisation for Economic Co-operation and Development, "Divided We Stand."

則連結起歐洲與新大陸及亞洲

Ronald Findlay and Kevin H. O'Rourke, "Commodity Market Integration, 1500–2000," in *Globalization in Historical Perspective,* edited by Michael D. Bordo, Alan M. Taylor, and Jeffrey G. Williamson (Chicago: University of Chicago Press, 2003).

主要受威尼斯和埃及掌控

Ibid.

引進了歐洲和非洲，為全球經濟型態掀起革命性的改變

Ibid.

在 1839 年第一次鴉片戰爭開打之前，中國再度成為全球最大經濟體

"Hello America," *Economist,* August 16, 2010 (citing Angus Maddison).

等到東方國家也更容易取得新科技後

Derek Thompson, "The Economic History of the Last 2,000 Years in 1 Little Graph," *Atlantic,* June 19, 2012.

「必要的微發明，才能讓重要發明生產力高且有利可圖」

Malcolm Gladwell, "The Tweaker," *New Yorker,* November 14, 2011.

「如果農民的利益和其他利益不可避免地發生衝突，其他利益就應該讓步」

Wayne D. Rasmussen, U.S. Department of Agriculture National Agricultural Library, "Lincoln's Agricultural Legacy," January 30, 2012, http://www.nal.usda.gov/lincolns-agricultural-legacy.

從 1789 年美國開國時期的 90% 滑落至 60% 以下

U.S. Department of Agriculture, "A History of American Agriculture: Farmers & the Land," Agriculture in the Classroom, http://www.agclassroom.org/gan/timeline/farmers_land.htm.

提供各州公有土地，以建立農業與機械學院

Rasmussen, "Lincoln's Agricultural Legacy."

各州也確實建立了許多這類學院

U.S. Department of Agriculture, "A History of American Agriculture."

美國的三千個郡中，平均每個郡有四個不同的農業部局處，

Representative Butler Derrick, *Congressional Record* 140, no. 138 (September 28,1994).

全球的蛋產量提升了 350%

United Nations Food and Agriculture Organization, *World Livestock 2011,* http://www.fao.org/docrep/014/i2373e/i2373e.pdf.

中國是最大的產蛋國，每年生產 7 千萬顆蛋──是美國蛋產量的 4 倍

Ibid.

全球禽肉的貿易額也上升了 3,200% 以上

Ibid.

巧合的是，第一個人造衛星──蘇聯的旅伴號（Sputnik），也在同一天發射升空

Brian J. Cudahy, "The Containership Revolution: Malcolm McLean's 1956 Innovation Goes Global," *Transportation Research News,* Transportation Research Board of the National Academies, no. 246 (September/October 2006): 5–9, http://onlinepubs.trb.org/onlinepubs/trnews/trnews246.pdf.

全世界將有超過一億五千萬個貨櫃在國與國之間載運貨物

Ibid.; Marc Levinson, "Container Shipping and the Economy," *Transportation Research News,* Transportation Research Board of the National Academies, no. 246 (September/October 2006): 10, http://onlinepubs.trb.org/onlinepubs/trnews/trnews246.pdf.

供給過剩（就好像幾十年前糧食供給過剩一樣）

"Plunging Prices Set to Trigger Tech Boom," *Financial Times,* January 8, 2012; "TV Prices Fall, Squeezing Most Makers and Sellers," *New York Times,* December 26, 2011.

換算成今天的幣值，將高達 8,000 美元

Richard Powelson, "First Color Television Sets Were Sold 50 Years Ago," Scripps Howard News Service, December 31, 2003, http://www.post-gazette.com/tv/20031231colortv1231p3.asp.

儘管美國礦業工作減少了 33%，產量卻提升 133%

Energy Information Administration, Annual Energy Review, October 19, 2011, http://www.eia.gov/totalenergy/

data/annual/xls/stb0702.xls; Mine Safety and Health Administration, Table 3, "Average Number of Employees at Coal Mines in the United States, by Primary Activity, 1978–2008," http://www.msha.gov/STATS/PART50/WQ/1978/wq78cl03.asp.

銅礦業的產出在過去半世紀大幅增長

John E. Tilton and Hans H. Landsberg, September 1997, "Innovation, Productivity Growth, and the Survival of the U.S. Copper Industry," Resources for the Future, http://www.rff.org/RFF/Documents/RFF-DP-97-41.pdf.

生產一噸銅需要的工時減少了 50%

Ibid.

其中一個大銅礦，勞動生產力甚至增長 4 倍

Ibid.

其他國家（主要是智利）開發出更多新銅礦

Matthijs Randsdorp, "A Closer Look at Copper," November 3, 2011, TCW, https://www.tcw.com/News_and_Commentary/Market_Commentary/Insights/11-03-11_A_Closer_Look_at_Copper.aspx.

過去需要 500 名新手律師才能完成的工作

John Markoff, "Armies of Expensive Lawyers, Replaced by Cheaper Software," *New York Times,* March 5, 2011.

已上路行駛了 48 萬公里，途中面臨各種駕駛狀況，卻不曾發生任何車禍

Rebecca J. Rosen, "Google's Self-Driving Cars: 300,000 Miles Logged, Not a Single Accident Under Computer Control," *Atlantic,* August 9, 2012.

屆時美國境內的 37 萬 3 千名計程車司機和高級轎車司機，會受到多大的衝擊

U.S. Bureau of Labor Statistics, as cited in the *Statistical Abstract of the United States: 2010,* Table 640, http://www.census.gov/compendia/statab/.

由於文化因素使然，當開發中國家和新興經濟體的勞工薪資愈來愈高時，他們往往把錢存起來，而不是花錢消費

Mauricio Cardenas, "Lower Savings in China Could Slow Down Growth in Latin America," Brookings Institution, February 11, 2011, http://www.brookings.edu/research/opinions/2011/02/11-china-savings-cardenas-frank.

遠優於過去靠冶金和陶瓷等舊技術開發出來的任何材料

Caltech Materials Science, "Welcome," 2012, http://www.matsci.caltech.edu/.

「人類逐漸獲得組織物質的超級新物理能力」

Eric Steinhart, "Teilhard de Chardin and Transhumanism," *Journal of Evolution and Technology* 20, no. 1 (December 2008): 1–22.

分子經濟學

Christopher Meyer and Stan Davis, *It's Alive: The Coming Convergence of Information, Biology and Business* (New York: Crown Business, 2003), p. 4.

在真實世界中試驗

Ibid., pp. 3–6, 66–67.

和形成大塊物質時的原子和分子特性天差地別

John F. Sargent Jr., "Nanotechnology: A Policy Primer," Congressional Research Service, April 13, 2012, http://www.fas.org/sgp/crs/misc/RL34511.pdf.

可以防汙、防皺、防火

Ibid.

希望防止感染的醫院和醫生而言，這項功能特別重要

"Nanotech-Enabled Consumer Products Continue to Rise," *ScienceDaily,* March 13, 2011, http://www.sciencedaily.com/releases/2011/03/110310101351.htm.

那段時期，不同地方都曾出現鑄銅器物

Miljana Radivojevi a et al., "On the Origins of Extractive Metallurgy: New Evidence from Europe," *Journal of Archaeological Science,* November 2010.

更複雜精密的青銅器是在高溫和適度壓力的熔銅製程中加入錫的成分

Richard Cowen, "Chapter 5: The Age of Iron," April 1999, http://mygeologypage.ucdavis.edu/

cowen/~GEL115/115CH5.html.

一千多年後，英國也開發出青銅器鑄造技術

"Bronze Age," *Encyclopaedia Britannica,* http://www.britannica.com/EBchecked/topic/81017/Bronze-Age.

史上第一件鐵器出現於四千五百年前的土耳其

Cowen, "Chapter 5: The Age of Iron."

以打造工具和武器

Ibid.

鐵器比銅器堅固多了

Ibid.

鋼，則到 19 世紀中葉才出現

Ibid.

打造出截然不同的產品，包括

Jeremy Rifkin, *The Third Industrial Revolution: How Lateral Power Is Transforming Energy, the Economy, and the World* (New York: Palgrave Macmillan, 2011).

儲存能量，展現出過去難以想像的特性

Pulickel M. Ajayan and Otto Z. Zhou, "Applications of Carbon Nanotubes," *Topics in Applied Physics* 80 (2001): 391–425; Eliza Strickland, "9 Ways Carbon Nanotubes Just Might Rock the World," *Discover Magazine,* August 6, 2009.

在某些特殊應用中，超堅固的碳纖已經取代了鋼鐵

Corie Lok, "Nanotechnology: Small Wonders," *Nature,* September 1, 2010, pp. 18–21.

在產業界發揮廣泛用途

Dmitri Kopeliovich, "Ceramic Matrix Composites (Introduction)," SubsTech, http://www.substech.com/dokuwiki/doku.php?id=ceramic_matrix_composites_introduction.

大多數都屬於健康和健身領域

"Nanotech-Enabled Consumer Products Continue to Rise," *ScienceDaily,* March 13, 2011, http://www.sciencedaily.com/releases/2011/03/110310101351.htm; Sargent, "Nanotechnology: A Policy Primer"; Project on Emerging Nanotechnologies, 2012, http://www.fas.org/sgp/crs/misc/RL34511.pdf.

未來可能以此開發出許多新用途

A. K. Geim, "Graphene: Status and Prospects," *Science* 324, no. 5934 (June 19, 2009): 1530–34; Matthew Finnegan, "Graphene Nanoribbons Could Extend

Moore's Law by 10 Years," Techeye.com, September 28, 2011; "Adding Hydrogen

Triples Transistor Performance in Graphene," *ScienceDaily,* September 4, 2011.

21 世紀初曾引發嚴重關注和激烈爭論

Robert F. Service, "Nanotechnology Grows Up," *Science* 304, no. 5678 (June 18, 2004): 1732–34.

更認真看待其他風險──例如人體內長期累積奈米粒子後，會不會對細胞造成損傷

Ibid.

「更完全不清楚可能會出現什麼協同衝擊」

Ibid.

當然尤其在 1953 年發現雙螺旋時

National Research Council, Nanotechnology in Food Products: Workshop Summary (Leslie Pray and Ann Yaktine, rapporteurs, 2009).

讓科技界重新產生濃厚的興趣，積極應用奈米科技來開發新材料

Ibid.

製造出來的碳纖維有可能比鋼鐵堅固 100 倍，但重量卻只有鋼鐵的六分之一

Lok, "Nanotechnology: Small Wonders," pp. 18–21.

直到形成立體物件

"The Printed World: Three-Dimensional Printing from Digital Designs Will Transform Manufacturing and Allow More People to Start Making Things," *Economist,* February 10, 2011.

且可以運用的材料不止一種

Ibid.

組裝 T 型車以後，大量生產就成為製造業的主流模式

"The Third Industrial Revolution," *Economist,* April 21, 2012; Peter Day, "Will 3D Printing Revolutionise Manufacturing?," BBC, July 27, 2011, http://www.bbc.co.uk/news/business-14282091.

3D 列印技術的快速發展將會像百年前的大量生產技術一樣

"The Third Industrial Revolution," *Economist;* Day, "Will 3D Printing Revolutionise Manufacturing?"

先打造出產品最初的模型，隨後再經由傳統製程量產

Day, "Will 3D Printing Revolutionise Manufacturing?"; Neil Gershenfeld, "How to Make Almost Anything," *Foreign Affairs,* September 27, 2012.

先打造新飛機的 3D 原型，以進行風洞試驗

"The Printed World," *Economist.*

一個通宵，就能打造出 2,000 美元的模型

Ashlee Vance, "3-D Printing Spurs a Manufacturing Revolution," *New York Times,* September 14, 2010.

還要如上雇用大量員工的成本

Day, "Will 3D Printing Revolutionise Manufacturing?"; "The Third Industrial Revolution," *Economist.*

3D 列印需要的材料通常只是量產製程的 10%

"The Printed World," *Economist;* Jeremy Rifkin, "The Third Industrial Revolution: How the Internet, Green Electricity, and 3-D Printing Are Ushering in a Sustainable Era of Distributed Capitalism," *Huffington Post,* March 28, 2012, http://www.huffingtonpost.com/jeremy-rifkin/the-third-industrial-revo_1_b_1386430.html.

更遑論還能省下大量的能源成本

"The Printed World," *Economist;* Rifkin, "The Third Industrial Revolution."

儘管全球商品價值增長三倍以上

Diane Coyle, introduction to *The Weightless World: Strategies for Managing the Digital Economy* (Oxford: Capstone, 1997).

不見得適合各式各樣的特殊產品

"The Printed World," *Economist.*

將零件運到工廠組裝，再把成品送到遙遠的市場上銷售

Day, "Will 3D Printing Revolutionise Manufacturing?"

傳送到遍布各市場的 3D 印表機

"The Third Industrial Revolution," *Economist;* Gershenfeld, "How to Make Almost Anything."

「等到需要時再在當地列印出來就好了」

Day, "Will 3D Printing Revolutionise Manufacturing?"

在短短 20 小時內，把整棟房子列印出來

Vance, "3-D Printing Spurs a Manufacturing Revolution"; Behrokh Khoshnevis, TEDx Conference presentation, February 2012.

最多到 1,000 個物件

"The Printed World," *Economist.*

有辦法生產出數十萬個相同的零件和產品

Ibid.

依照目前的著作權法，「有用的」物件往往無法在法律保護下禁止複製

Michael Weinberg, "The DIY Copyright Revolution," *Slate,* February 23, 2012, http://www.slate.com/articles/technology/future_tense/2012/02/3_d_printing_copyright_and_intellectual_property.html; "The Third Industrial Revolution," *Economist;* Peter Marsh, "Made to Measure," *Financial Times,* September 7, 2012.

但美國、歐洲和中國的工程師和技術專家，都在努力開發 3D 列印技術的潛力

"The Printed World," *Economist.*

早期是應用在列印義肢和其他醫療裝置上

Vance, "3-D Printing Spurs a Manufacturing Revolution"; "Transplant Jaw Made by 3D Printer Claimed as First," BBC News, February 6, 2012, http://www.bbc.co.uk/news/technology-16907104; "Engineers Pioneer Use of 3D Printer to Create New Bones," BBC News, November 30, 2011, http://www.bbc.com/news/technology-15963467; Joann Pan, "3D Printer Creates 'Magic Arms' for Two-Year-Old Girl," Mashable, August 3, 2012, http://mashable.com/2012/08/03/3d-printed-magic-arms/; "Artificial Blood Vessels Created on

a 3D Printer," *BBC News*, September 16, 2011, http://www.bbc.co.uk/news/technology-14946808.
較便宜的 3D 印表機已經打入玩家市場
Vance, "3-D Printing Spurs a Manufacturing Revolution."
「一場驚天動地的大地震正在發生」
Bob Parks, "Creation Engine: Autodesk Wants to Help Anyone, Anywhere, Make Anything," *Wired,* September 21, 2012.
主張人民應普遍擁有槍枝的部分人士正鼓吹 3D 列印槍枝
"3D Printers Could 'Print Ammunition for an Army,' " *Dezeen Magazine,* October 3, 2012, http://www.dezeen.com/2012/10/03/3d-printers-could-print-ammunition-for-an-army/.
可以輕易將犯案時使用的 3D 列印槍枝熔化
Nick Bilton, "Disruptions: With a 3-D Printer, Building a Gun with the Push of a Button," *New York Times,* October 7, 2012.
把過去外包給低工資國家的部分工作移回美國
"The Third Industrial Revolution," *Economist.*
儘管美國的受訪者不如其他國家的受訪者那麼認同這樣的結論
Boston Consulting Group, press release, "Nearly a Third of Companies Say Sustainability Is Contributing to Their Profits, Says MIT Sloan Management Review–Boston Consulting Group Report," January 24, 2012, http://www.bcg.com/media/PressReleaseDetails.aspx?id=tcm:12-96246.
「因為高所得者的消費只占他們所得的一小部分」
Joseph E. Stiglitz, "The 1 Percent's Problem," *Vanity Fair,* May 31, 2012.
「極端貧窮」的生活──每天的收入還不到 1.25 美元
World Bank, World Development Indicators, 2010 annual report, http://data.worldbank.org/sites/default/files/wdi-final.pdf.
每天 24 小時排放到大氣層
Drew Shindell, phone interview with author, September 1, 2009.
美國投資人平均持有股票的時間
James Montier, *Behavioural Investing: A Practitioner's Guide to Applying Behavioural Finance* (Chichester, UK: Wiley, 2007), p. 277.
一般企業往往要經過 1.5 個產業循環週期（大約 7 年）
Richard Dobbs, Keith Leslie, and Lenny T. Mendonca, "Building the Healthy Corporation," *McKinsey Quarterly,* August 2005; Roger A. Morin and Sherry L. Jarrell, *Driving Shareholder Value: Value-Building Techniques for Creating Shareholder Wealth* (New York: McGraw-Hill, 2001), p. 56; Roland J. Burgman, David J. Adams, David A. Light, and Joshua B. Bellin, "The Future Is Now," *MIT Sloan Management Review,* October 26, 2007.
平均持有股票不到 7 個月
Henry Blodget, "You're an Investor? How Quaint," *Business Insider,* August 8, 2009, http://www.businessinsider.com/henry-blodget-youre-an-investor-how-quaint-2009-8.
「耗費巨資，非常辛苦，而且快速獲得高報酬的可能性也較低」
Jon Gertner, "Does America Need Manufacturing?," *New York Times Magazine,* August 28, 2011.
有八成的人回答不會
Tilde Herrera, "BSR 2011: Al Gore Says Short-Term Thinking Is 'Functionally Insane,' " GreenBiz, November 2, 2011, http://www.greenbiz.com/blog/2011/11/02/bsr-2011-al-gore-says-short-term-thinking-functionally-insane.
續了二十萬年的打獵和採集式生活型態
Sileshi Semaw et al., "2.6-Million-Year-Old Stone Tools and Associated Bones from OGS-6 and OGS-7, Gona, Afar, Ethiopia," *Journal of Human Evolution* 45 (2003): 169–77.
農業社會延續了不到八千年
Graeme Barker, *The Agricultural Revolution in Prehistory: Why Did Foragers Become Farmers?* (New York: Oxford University Press, 2009), p. v ("Ten thousand years ago there were few if any societies which can properly be described as agricultural. Five thousand years ago large numbers of the world's population were

farmers . . . .").

美國農業人口占總工作人口的比例從 90% 降為 2%
Ibid.; Claude Fischer, "Can You Compete with A.I. for the Next Job?," *Fiscal Times,* April 14, 2011; Carolyn Dimitri, Anne Effland, and Neilson Conklin, Economic Research Service, U.S. Department of Agriculture, "The 20th Century Transformation of U.S. Agriculture and Farm Policy," June 2005, http://www.ers.usda.gov/publications/eib3/eib3.htm; United Nations Social Policy and Development Division, *Report on the World Social Situation 2007: The Employment Imperative,* 2007, http://www.un.org/esa/socdev/rwss/docs/2007/chapter1.pdf ("Agriculture still accounts for about 45 per cent of the world's labour force, or about 1.3 billion people").

全世界仍然只有不到一半的工作屬於農業工作
United Nations Social Policy and Development Division, *Report on the World Social Situation 2007: The Employment Imperative.*

延續了一百五十年
Barker, *The Agricultural Revolution in Prehistory,* p. v.

「有如魔法般的」
"Clarke's Third Law," in *Brave New Words: The Oxford Dictionary of Science Fiction,* edited by Jeff Prucher (New York: Oxford University Press, 2007), p. 22.

今天人類的大腦結構和二十萬年前的祖先其實沒有太大差異
"Human Brains Enjoy Ongoing Evolution," *New Scientist,* September 9, 2005.

三十年前最厲害的超級電腦 Cray-2
John Markoff, "The iPad in Your Hand: As Fast as a Supercomputer of Yore," *New York Times,* May 9, 2011.

搶走紡織工人的飯碗
Steven E. Jones, *Against Technology: From the Luddites to Neo-Luddism* (New York: Routledge, 2006), pp. 54–55.

「盧德謬論」（Luddite fallacy）
Ford, *Lights in the Tunnel,* pp. 95–100.

科技是人類基本能力的「延伸」
Marshall McLuhan, *Understanding Media: The Extensions of Man* (Cambridge, MA: MIT Press, 1994).

第 2 章：全球心智

淪為發送廣告 DM 和垃圾信函的服務單位
Steven Greenhouse, "Postal Service Is Nearing Default as Losses Mount," *New York Times*, September 5, 2011.

全球 20 億人口連結上網所帶動的現象
International Telecommunication Union, "The World in 2011: ICT Facts and Figures," 2011, http://www.itu.int/ITU-D/ict/facts/2011/material/ICTFactsFigures2011.pdf.

已經超越地球總人口
Dave Evans, "The Internet of Things," Cisco Blog, July 15, 2011, http://blogs.cisco.com/news/the-internet-of-things-infographic/.

與網際網路連結的裝置彼此間持續不斷地交換資訊
Jessi Hempel, "The Hot Tech Gig of 2022: Data Scientist," *Fortune,* January 6, 2012; Evans, "The Internet of Things."

「相連結的物件」數量將更加驚人
Maisie Ramsay, "Cisco: 1 Trillion Connected Devices by 2013," *Wireless Week,* March 25, 2010.

有 RFID 電子標籤的名牌，以遏止逃學
David Rosen, "Big Brother Invades Our Classrooms," *Salon,* October 8, 2012, http://www.salon.com/2012/10/08/big_brother_invades_our_classrooms/.

「圓形的地球是充滿智慧的巨腦」
Nathaniel Hawthorne, *The House of the Seven Gables* (Boston: Ticknor, Reed, & Fields, 1851), p. 283.

「接收各種知識和觀念，並將之分類」
H. G. Wells, *World Brain* (London: Ayer, 1938).

藉由搜尋 Google，連結到上兆網頁的一部分

Jesse Alpert and Nissan Hajaj, "We Knew the Web Was Big . . . ," Google Official Blog, July 25, 2008, http://googleblog.blogspot.com/2008/07/we-knew-web-was-big.html.

他稱之為「全球心智」

Pierre Teilhard de Chardin, *The Future of Man* (1964), chap. 7, "The Planetisation of Man."

「我們塑造了工具，因此工具也塑造了我們」

McLuhan, *Understanding Media*.

「非常複雜的有機體，往往受自我需求的驅使」

Kevin Kelly, *What Technology Wants* (New York: Penguin, 2010).

我們花愈來愈多的時間「一起獨處」

Sherry Turkle, *Alone Together: Why We Expect More from Technology and Less from Each Other* (New York: Basic Books, 2011); Robert Kraut et al., "Internet Paradox: A Social Technology That Reduces Social Involvement and Psychological Well-Being?," *American Psychologist* 53, no. 9 (September 1998): 1017–31; Stephen Marche, "Is Facebook Making Us Lonely?," *Atlantic*, May 2012.

首度在附錄中，將「網路使用失調」納為需要進一步研究的項目

Tony Dokupil, "Is the Web Driving Us Mad?," *Daily Beast*, July 8, 2012.

據估計，全世界目前有 5 億人每天至少玩一小時線上遊戲

Jane McGonigal, "Video Games: An Hour a Day Is Key to Success in Life," *Huffington Post*, February 15, 2012, http://www.huffingtonpost.com/jane-mcgonigal/video-games_b_823208.html.

花在線上遊戲的時間，幾乎相當於在教室上課的時間

Ibid.

線上社交遊戲的典型玩家

Mathew Ingram, "Average Social Gamer Is a 43-Year-Old Woman," GigaOM, February 17, 2010, http://gigaom.com/2010/02/17/average-social-gamer-is-a-43-year-old-woman/.

有 55% 的社交遊戲玩家為女性

Ibid.

臉書上的女性留言占了 60%，而且有 70% 的相片是由女性張貼

Robert Lane Greene, "Facebook: Like?," Intelligent Life, May/June 2012, http://moreintelligentlife.com/content/ideas/robert-lane-greene/facebook?page=full.

適應我們耗費大量時間上網的行為

Nicholas Carr, *The Shallows: What the Internet Is Doing to Our Brains* (New York: Norton, 2010).

之後可以在網路上找到這些資訊，卻不告知另一組受測者

John Bohannon, "Searching for the Google Effect on People's Memory," *Science,* July 15, 2011.

逐漸失去原本的方向感

Alex Hutchinson, "Global Impositioning Systems," *Walrus*, November 2009.

許多研究都指出，這是心智能量的實質重新分配

Carr, *The Shallows*.

「可以在書本上找到的，就絕對不需要記在腦子裡」

Library of Congress, World Treasures of the Library of Congress, July 29, 2010, http://www.loc.gov/exhibits/world/world-record.html.

神經元「樹」就會萎縮

Walter J. Freeman, *How Brains Make Up Their Minds* (New York: Columbia University Press, 2000), pp. 37–43, 81–82; Society for Neuroscience, "Brain Plasticity and Alzheimer's Disease," 2010, http://web.archive.org/web/20101225174414/

http://sfn.org/index.aspx?pagename=publications_rd_alzheimers.j.

促使大腦與新工具帶來的新能力配合得天衣無縫

McLuhan, *Understanding Media*.

「不再運用本身記憶力」

Plato, *Plato's Phaedrus*, translated by Reginald Hackforth (Cambridge, UK: Cambridge University Press, 1972), p. 157.

[注] TCP/IP 協定

Kleinrock Internet History Center at UCLA, "The IMP Log: October 1969 to April 1970," September 21, 2011, http://internethistory.ucla.edu/2011/09/imp-log-october-1969-to-april-1970.html;Jim Horne, "What Hath God Wrought," *New York Times*, Wordplay blog, September 8, 2009, http://wordplay.blogs.nytimes.com/2009/09/08/wrought/; George P. Oslin, *The Story of Telecommunications* (Macon, GA: Mercer University Press, 1999), pp. 2, 219.

也愈來愈不仰賴儲存在腦子裡的記憶

Carr, *The Shallows*, pp. 191–97.

正是因為我們有能力進行複雜抽象的思考

Michael S. Gazzaniga, *Human: The Science Behind What Makes Us Unique* (New York: HarperCollins, 2008), p. 199.

大約二十萬年前，人類大腦皮質發展成接近現代人的形式

R.I.M. Dunbar, "Coevolution of Neocortical Size, Group Size and Language in Humans," *Behavioral and Brain Sciences* 16, no. 4 (1993): 681–735.

是伴隨著基因突變而突然產生的，還是漸進式發展出來

Constance Holden, "The Origin of Speech," *Science* 303, no. 5662 (February 27, 2004): 1316–19.

可以互相溝通錯綜複雜的想法

John Noble Wilford, "Who Began Writing? Many Theories, Few Answers," *New York Times*, April 6, 1999.

漁獵採集時代，人類一直靠口語來溝通

Nicholas Wade, "Phonetic Clues Hint Language Is Africa-Born," *New York Times,* April 14, 2011.

農業時代初期，才出現書寫文字

Wilford, "Who Began Writing?"

美索不達米亞、埃及、中國、印度、地中海及中美洲

William J. Duiker and Jackson J. Spielvogel, *World History*, 6th ed., vol. 1 (Boston: Wadsworth/Cengage Learning, 2010), p. 43.

形成像民主制度這樣的複雜觀念

Carr, *The Shallows*, pp. 50–57.

因為無知而無能為力

Marshall McLuhan, *The Gutenberg Galaxy* (Toronto: University of Toronto Press, 1962).

使用的是唯有僧侶才看得懂的文字

Burnett Hillman Streeter, *The Chained Library: A Survey of Four Centuries in the Evolution of the English Library* (New York: Cambridge University Press, 2011).

十一個印刷版本的航海記

"The Diffusion of Columbus's Letter through Europe, 1493–1497," University of Southern Maine, Osher Map Library, http://usm.maine.edu/maps/web-document/1/5/sub-/5-the-diffusion-of-columbuss-letter-through-europe-1493-1497.

帶回各種器物和知識

Laurence Bergreen, *Over the Edge of the World: Magellan's Terrifying Circumnavigation of the Globe* (New York: William Morrow, 2004).

甚至還衍生新的商品：贖罪券

Hans J. Hillerbrand, *The Protestant Reformation*, rev. ed. (New York: HarperCollins, 2009), pp. ix–xiii, 66–67.

再印了幾千份德文版

"How Luther Went Viral," *Economist*, December 17, 2011.

其中超過四分之一是路德本人撰寫

Ibid.

一股學習識字的熱潮從歐洲北部開始，後來逐漸南移

Tom Head, *It's Your World, So Change It: Using the Power of the Internet to Create Social Change* (Indianapolis, IN: Que, 2010), p. 115.

把印刷機斥為「魔鬼的發明」

Charles Coffin, *The Story of Liberty* (New York: Harper & Brothers, 1879), p. 77.

哥白尼的《天體運行論》出版了

William T. Vollmann, *Uncentering the Earth: Copernicus and the Revolutions of the Heavenly Spheres* (New York: Norton, 2006).

1776 年 1 月初

"Jan 9, 1776: Thomas Paine Publishes Common Sense," History.com, http://www.history.com/this-day-in-history/thomas-paine-publishes-common-sense.

那年 7 月燃起了美國獨立戰爭的戰火

David McCullough, *1776* (New York: Simon & Schuster, 2005), p. 112.

亞當‧斯密也在同一年提出

Adam Smith, *An Inquiry into the Nature and Causes of the Wealth of Nations* (London, 1776).

那一年還出版了吉朋的《羅馬帝國衰亡史》

Edward Gibbon, *The History of the Decline and Fall of the Roman Empire* (London, 1776).

和當時對未來的樂觀情緒相互輝映

T. H. Breen, "Making History," *New York Times Book Review*, May 7, 2000.

量子計算

Michio Kaku, *Physics of the Future: How Science Will Shape Human Destiny and Our Daily Lives by the Year 2100* (New York: Doubleday, 2011), Chapter 1.

個人和企業每年生產及儲存的數位資料

McKinsey Global Institute, *Big Data: The Next Frontier for Innovation, Competition, and Productivity*, May 2011.

五年內就成長了九倍

"The 2011 Digital Universe Study: Extracting Value from Chaos," IDC, June 2011, http://idcdocserv.com/1142.

平均通話時間變短了

Tom Vanderbilt, "The Call of the Future," *Wilson Quarterly*, Spring 2012.

從 2005 年到 2010 年,全球上網人數增加一倍

International Telecommunications Union, "The World in 2010: ICT Facts and Figures," http://www.itu.int/ITU-D/ict/material/FactsFigures2010.pdf.

2012 年網路使用人口更多達 24 億人

Mary Meeker and Liang Wu, "2012 Internet Trends (Update)," December 3, 2012, http://kpcb.com/insights/2012-internet-trends-update.

行動裝置的數目將和人口數差不多

Cisco Systems, Inc., Cisco Visual Networking Index: Global Mobile Data Traffic Forecast Update, 2010–2015, February 1, 2011, http://newsroom.cisco.com/ekits/Cisco_VNI_Global_Mobile_Data_Traffic_Forecast_2010_2015.pdf.

未來五年只透過行動裝置上網的人數預計會成長 56 倍

Ibid.

智慧型手機傳送的總資訊量也將增長 47 倍

Ibid.

在美國的手機市場上智慧型手機已占超過一半

Aaron Smith, Pew Internet & American Life Project, "Nearly Half of American Adults Are Smartphone Owners," March 1, 2012, http://pewinternet.org/Reports/2012/Smartphone-Update-2012.aspx.

70 億人口中,超過 50 億人使用手機

International Telecommunications Union, "ICT Facts and Figures: The World in 2011."

全世界只有 11 億人經常使用智慧型手機

Meeker and Wu, "2012 Internet Trends (Update)."

低階智慧型手機很快將大行其道

Christina Bonnington, Wired Gadget Lab, "Global Smartphone Adoption Approaches 30 Percent," November 28, 2011, http://www.wired.com/gadgetlab/2011/11/smartphones-feature-phones/; Juro Osawa and Paul Mozur, "The Battle for China's Low-End Smartphone Market," *Wall Street Journal*, June 22, 2012.

聯合國一份報告已列為新的「人權」指標

David Kravets, "U.N. Report Declares Internet Access a Human Right," *Wired,* June 3, 2011.

提供每個孩子一部平價電腦或平板電腦

"Nicholas Negroponte and One Laptop Per Child," Public Radio International, April 29, 2009, http://www.pri.org/stories/business/social-entrepreneurs/one-laptop-per-child.html.

撥款補助所有學校和圖書館連結上網

Austan Goolsbee and Jonathan Guryan, "World Wide Wonder?," *Education Next* 6, no. 1 (Winter 2006).

每天一睜開眼睛（甚至還沒下床）

Kevin J. O'Brien, "Top 1% of Mobile Users Consume Half of World's Bandwidth, and Gap Is Growing," *New York Times*, January 5, 2012.

一邊開車，一邊用行動通訊裝置

Matt Richtel, "U.S. Safety Board Urges Cellphone Ban for Drivers," *New York Times*, December 13, 2011.

兩名不專心的機師終於放下筆電前

Micheline Maynard and Matthew L. Wald, "Off-Course Pilots Cite Computer Distraction," *New York Times*, October 27, 2009.

『FaceTime 拉皮』效應

Jason Gilbert, "FaceTime Facelift: The Plastic Surgery Procedure for iPhone Users Who Don't Like How They Look on FaceTime," *Huffington Post*, February 27, 2012.

「萬物聯網」

Dave Evans, "How the Internet of Everything Will Change the World . . . for the Better," Cisco Blog, November 7, 2012, http://blogs.cisco.com/news/how-the-internet-of-everything-will-change-the-worldfor-the-better-infographic/.

以往無法處理的龐大資料量

McKinsey Institute, "Big Data: The Next Frontier for Innovation, Competition, and Productivity," May 2011, http://www.mckinsey.com/Insights/MGI/Research/Technology_and_Innovation/Big_data_The_next_frontier_for_innovation.

沒有透過電腦處理能力來分析其中的模式和涵義

Al Gore, "The Digital Earth: Understanding Our Planet in the 21st Century," speech at the California Science Center, January 31, 1998, http://portal.opengeospatial.org/files/?artifact_id=6210&version=1&format=doc.

蒐集到的種種資料，大部分都在不久之後即遭丟棄

Michael Chui, Markus Loffler, and Roger Roberts, "The Internet of Things," *McKinsey Quarterly*, 2010.

有助於提升產業和企業的效率

McKinsey Institute, "Big data."

發生前和發生當下那幾秒的影像紀錄都會被儲存

"In-Car Camera Records Accidents," BBC News, October 14, 2005, http://news.bbc.co.uk/2/hi/uk_news/england/southern_counties/4341342.stm.

飛機上的黑盒子和大部分的大樓監視攝影機

Kevin Bonsor, "How Black Boxes Work," HowStuffWorks, http://science.howstuffworks.com/transport/flight/modern/black-box3.htm.

是目前全球資訊網所有資訊量的兩倍

Tony Hoffman, "IBM Preps Hyper-Fast Computing System for World's Largest Radiotelescope," *PC Magazine*, April 2, 2012.

社群網站上張貼的數十億訊息

Chui, Loffler, and Roberts, "The Internet of Things"; McKinsey Institute, "Big Data."

推特地震探測器系統

Tim Lohman, "Twitter to Detect Earthquakes, Tsunamis," *Computer World,* June 1, 2011.

聯合國祕書長潘基文推出「全球脈動」計畫

Steve Lohr, "The Internet Gets Physical," *New York Times*, December 17, 2011.

推測特定國家或地區的社會動亂

John Markoff, "Government Aims to Build a 'Data Eye in the Sky,'" *New York Times*, October 10, 2011.

預估好萊塢（及寶萊塢）電影的票房

Ibid.

網路的主要內容絕大部分以文字形式呈現

Roger E. Bohn and James E. Short, "How Much Information? 2009 Report on American Consumers," December 2009, http://hmi.ucsd.edu/pdf/HMI_2009_ConsumerReport_Dec9_2009.pdf.

莫斯科抗議大選舞弊的龐大群眾

Alissa de Carbonnel, "Social Media Makes Anti-Putin Protests 'Snowball,'" Reuters, December 7, 2011.

揭露菁英階層的豪奢生活

Thomas Friedman, "This Is Just the Start," *New York Times*, March 1, 2011.

米斯拉塔當地的叛軍使用 Google Earth 來指引迫擊砲發射方向

Tom Coghlan, "Google and a Notebook: The Weapons Helping to Beat Gaddafi in Libya," *Times* (London), June 16, 2011.

偷運出境，送達在泰國的緬甸流亡份子

Mridul Chowdhury, Berkman Center for Internet & Society, "The Role of the Internet in Burma's Saffron Revolution," September 2008, http://cyber.law.harvard.edu/sites/cyber.law.harvard.edu/files/Chowdhury_Role_of_the_Internet_in_Burmas_Saffron_Revolution.pdf_0.pdf.

切斷境內國際網路

Ibid.

長年被軟禁的翁山蘇姬

Tim Johnson, "Aung San Suu Kyi Freed," *Financial Times*, November 13, 2010.

終會成功掌控政權

Dean Nelson, "Aung San Suu Kyi 'Wins Landslide Landmark Election' as Burma Rejoices," *Telegraph*, April 1, 2012.

反對總統大選舞弊的群眾示威活動

Bruce Etling, Robert Faris, and John Palfrey, "Political Change in the Digital Age: The Fragility and Promise of Online Organizing," *SAIS Review* 30, no. 2 (2010).

箝制了抗議者的網路使用

Ibid.

妮塔・阿嘉索爾坦遭無辜射殺的悲劇

Ibid.

幾乎全數遭到關閉

Ibid.

政府乾脆封鎖臉書

Ibid.

有效壓制任何反抗運動

Will Heaven, "Iran and Twitter: The Fatal Folly of the Online Revolutionaries," *Telegraph*, December 29, 2009; Christopher Williams, "Iran Cracks Down on Web Dissident Technology," *Telegraph*, March 18, 2011.

伊朗和白俄羅斯的獨裁政權

Larry Diamond, "Liberation Technology," *Journal of Democracy* 21, no. 3 (July 2010).

將境內的國際網路有效變成中國內部網路

Ibid.

在中國國內遭查禁，人民根本看不到訪問內容

Josh Chin, "Netizens React: Premier's Interview Censored," China Real Time Report blog, *Wall Street Journal*, October 7, 2010.

與 Google 主張開放的價值觀相衝突

Clive Thompson, "Google's China Problem (and China's Google Problem)," *New York Times Magazine*, April 23, 2006.

「在某些地區精靈已經被收回瓶中」

Tim Carmody, "Google Co-Founder: China, Apple, Facebook Threaten the 'Open Web,'" *Wired*, April 16, 2012.

「想要控制網路是不可能的」

Ian Katz, "Web Freedom Faces Greatest Threat Ever, Warns Google's Sergey Brin," *Guardian*, April 15, 2012.

上網人口超過五億，占中國總人口的四成
Matt Silverman, "China: The World's Largest Online Population," Mashable, April 10, 2012; Jon Russell, "Internet Usage in China Surges 11%," *USA Today*, July 19, 2012.

為了回應公共爭議，他們自己就必須借助網際網路
Lye Liang Fook and Yang Yi, EAI Background Brief No. 467, "The Chinese Leadership and the Internet," July 27, 2009, http://www.eai.nus.edu.sg/BB467.pdf.

連麥維德夫都感受到這股必須親自上網的壓力
"Medvedev Believes Internet Best Guarantee Against Totalitarianism," Itar-Tass News Agency, July 30, 2012, http://www.itar-tass.com/en/c154/484098.html.

每十個突尼西亞人就有四人上網
Zahera Harb, "Arab Revolutions and the Social Media Effect," *M/C Journal* [Media/Culture Journal] 14, no. 2 (2011).

其中大約 20% 使用臉書
Ibid.

臉書使用者有八成年齡不到三十歲
Ibid.

在網路上從事政治審查
Reporters without Borders, "Enemies of the Internet," March 12, 2010, http://en.rsf.org/IMG/pdf/Internet_enemies.pdf.

這段不斷被下載的影片，啟動了阿拉伯之春
John D. Sutter, "How Smartphones Make Us Superhuman," CNN, September 10, 2012.

在沙烏地阿拉伯，推特也引發公開批評
Robert F. Worth, "Twitter Gives Saudi Arabia a Revolution of Its Own," *New York Times*, October 20, 2012.

積極活躍的獨立衛星電視頻道半島電視台
Jon Alterman, "The Revolution Will Not Be Televised," Middle East Notes and Comment, Center for Strategic and International Studies, March 2011; Heidi Lane, "The Arab Spring's Three Foundations," *per Concordiam*, March 2012.

雖然在某些國家，這樣做在技術上是犯法的
Angelika Mendes, "Media in Arab Countries Lack Transparency, Diversity and Independence," Konrad-Adenauer-Stiftung, June 25, 2012, http://www.kas.de/wf/en/33.31742/; Lin Noueihed and Alex Warren, *The Battle for the Arab Spring: Revolution, Counter-Revolution and the Making of a New Era* (New Haven, CT: Yale University Press, 2012), p. 50; Lane, "The Arab Spring's Three Foundations."

網路在埃及和中東地區已經非常普及
Harb, "Arab Revolutions and the Social Media Effect"; Alterman, "The Revolution Will Not Be Televised."

半島電視台和其他許多系出同門的電視台是比較重要的因素
Alterman, "The Revolution Will Not Be Televised."

「這小小火柴盒就帶來這麼多麻煩？」
"Special Report: Al Jazeera's News Revolution," Reuters, February 17, 2011.

仿效緬甸及伊朗封鎖網路的做法
Harb, "Arab Revolutions and the Social Media Effect."

民眾反應非常強烈，反抗的浪潮甚至愈演愈烈
Ibid.

包括葛拉威爾在內
Malcolm Gladwell, "Small Change: Why the Revolution Will Not Be Tweeted," *New Yorker*, October 4, 2010.

事實上只代表埃及龐大人口中的一小撮人
Noah Shachtman, "How Many People Are in Tahrir Square? Here's How to Tell," Wired Danger Room blog, February 1, 2011, http://www.wired.com/dangerroom/2011/02/how-many-people-are-in-tahrir-square-heres-how-to-tell/.

需要形成全國共識，決定要建立什麼樣的政府

David D. Kirkpatrick, "Named Egypt's Winner, Islamist Makes History," *New York Times*, June 25, 2012.

當初受網路號召、占據解放廣場的改革者提倡的理念

Ibid.

鄂圖曼帝國禁止使用印刷機

Fatmagul Demirel, *Encyclopedia of the Ottoman Empire*, edited by Gabor Agoston and Bruce Masters (New York: Facts on File, 2009), p. 130.

他們自我剝奪了大好機會，沒能享受到印刷革命的果實

Ishtiaq Hussain, "The Tanzimat: Secular Reforms in the Ottoman Empire," Faith Matters, February 5, 2011, http://faith-matters.org/images/stories/fm-publications/the-tanzimat-final-web.pdf.

要看究竟誰發揮了科技的最大效用，以及如何運用科技

Evgeny Morozov, "The Dark Side of Internet for Egyptian and Tunisian Protesters," *Globe and Mail*, January 28, 2011; Louis Klaveras, "The Coming Twivolutions? Social Media in the Recent Uprisings in Tunisia and Egypt," *Huffington Post*, January 31, 2011, http://www.huffingtonpost.com/louis-klarevas/post_1647_b_815749.html.

甚至開始針對選舉，實驗網路投票方式

Sutton Meagher, "Comment: When Personal Computers Are Transformed into Ballot Boxes: How Internet Elections in Estonia Comply with the United Nations International Covenant on Civil and Political Rights," *American University International Law Review* 23 (2008).

這個網站開放民眾提出建議

Freedom House—Latvia, 2012, http://www.freedomhouse.org/report/nations-transit/2012/latvia.

達到更高的服務品質

Tina Rosenberg, "Armed with Data, Fighting More Than Crime," *New York Times,* Opinionator blog, May 2, 2012, http://opinionator.blogs.nytimes.com/2012/05/02/armed-with-data-fighting-more-than-crime/.

進行建設性的對話及辯論議題和法案

Clay Shirky, "How the Internet Will (One Day) Transform Government," TEDGlobal 2012, June 2012.

在電視螢幕上觀賞網路影片

Jenna Wortham, "More Are Watching Internet Video on Actual TVs, Research Shows," *New York Times*, September 26, 2012.

「轉進數位領域」

William Gibson, "Back from the Future," *New York Times Magazine*, August 19, 2007.

除了睡覺與工作之外

Joe Light, "Leisure Trumps Learning in Time-Use Survey," *Wall Street Journal,* June 22, 2011.

每天花在看電視的時間平均超過五小時

Nielsen, "State of the Media: Consumer Usage Report," 2011, p. 3. The American Video Viewer, 32 hours, 47 minutes of TV viewing weekly = 4.7 hours per day, http://www.nielsen.com/content/dam/corporate/us/en/reports-downloads/2011-Reports/StateofMediaConsumerUsageReport.pdf.

把八成的競選經費

eMarketer, "Are Political Ad Dollars Going Online?," May 14, 2008, http://www.emarketer.com/Article.aspx?id=1006271&R=1006271.

輕而易舉找到幾家收費低廉的印刷商

Christopher Munden, "A Brief History of Early Publishing in Philadelphia," Philly Fiction, http://phillyfiction.com/more/brief_history_of_early_days_of_philadelphia_publishing.html.

破壞性趨勢很可能每下愈況

Citizens United v. FEC, 130 S. Ct. 876 (2010); Adam Liptak, "Justices, 5-4, Reject Corporate Spending Limit," *New York Times*, January 22, 2010.

對電視的嚴密控制都甚於網路

Charles Clover, "Internet Subverts Russian TV's Message," *Financial Times*, December 1, 2011.

「電視上只出現一張臉孔：普丁」

David M. Herszenhorn, "Putin Wins, but Opposition Keeps Pressing," *New York Times*, March 4, 2012.

六十五歲以上的老人家每天平均花

Alana Semuels, "Television Viewing at All-Time High," *Los Angeles Times*, February 24, 2009.

大城市的人們總習慣在下班回家的路上買一份

Donald A. Ritchie, *Reporting from Washington: The History of the Washington Press Corps* (New York: Oxford University Press, 2005), p. 131.

早報也和晚報一樣，走向破產一途

Mark Fitzgerald, "How Did Newspapers Get in This Pickle?," *Editor & Publisher,* March 18, 2009.

數位新聞報導的讀者已經超越報紙讀者或廣播聽眾

David Carr, "Tired Cries of Bias Don't Help Romney," *New York Times*, October 1, 2012.

瞪著黑板上的粉筆字

"Why Do 60% of Students Find Their Lectures Boring?," *Guardian*, May 11, 2009.

公共教育預算銳減

"Education Takes a Beating Nationwide," *Los Angeles Times*, July 31, 2011.

在網路上進修大學課程

Tamar Lewin, "Questions Follow Leader of For-Profit Colleges," *New York Times,* May 27, 2011; Tamar Lewin, "For-Profit College Group Sued as U.S. Lays Out Wide Fraud," *New York Times*, August 9, 2011.

這所學校後來遭到起訴，只好關門大吉

"Degrees for Sale at Spam U.," CBS News, February 11, 2009, http://www.cbsnews. com/2100-205_162-659418.html; "Diploma Mill Operators Hit with Court Judgments," *Consumer Affairs*, March 18, 2005, http://www.consumeraffairs.com/news04/2005/diploma_mill.html.

絕大多數的醫療問題都來自慢性疾病

"Counting Every Moment," *Economist*, March 3, 2012.

開始改進公共衛生資源的配置和運用

Andrea Freyer Dugas et al., "Google Flu Trends: Correlation with Emergency Department Influenza Rates and Crowding Metrics," *Clinical Infectious Diseases* 54, no. 4 (January 8, 2012).

保險公司開始利用資料探勘技術

"Very Personal Finance," *Economist*, June 2, 2012.

標示為低風險的客戶投保時

Ibid.

開始流傳浮士德博士的傳奇故事

Christopher Marlowe, *The Tragical History of Doctor Faustus*, 1604, edited by Rev. Alexander Dyce, http://www.gutenberg.org/files/779/779-h/779-h.htm.

歷史學家聲稱傳奇的浮士德是

Philip B. Meggs and Alston W. Purvis, *Meggs' History of Graphic Design*, 5th ed. (Hoboken, NJ: Wiley, 2012), p. 76–77.

「浮士德式的交易」

Herman Kahn, "Technology and the Faustian Bargain," January 1, 1976, http://www.hudson.org/index. cfm?fuseaction=publication_details&id=2218; Lance Morrow, "The Faustian Bargain of Stem Cell Research," *Time*, July 12, 2001.

政府可以在未經許可的情況下閱讀

John Seabrook, "Petraeus and the Cloud," *New Yorker*, November 14, 2012.

愈來愈仰賴雲端資源以後

Nicole Perlroth, "Amazon Cloud Service Goes Down and Takes Popular Sites with It," *New York Times,* October 22, 2012.

「所以有兩種趨勢互相對抗」

Richard Siklos, "Information Wants to Be Free . . . and Expensive," CNN, July 20, 2009, http://tech.fortune. cnn.com/2009/07/20/information-wants-to-be-free-and-expensive/

以瑞典、冰島和其他地方的伺服器為據點

Andy Greenberg, "Wikileaks Servers Move to Underground Nuclear Bunker," *Forbes,* August 30, 2010.

許多政府與企業網站都遭駭客侵入

"WikiLeaks Backlash: The First Global Cyber War Has Begun, Claim Hackers," *Guardian,* December 11,

2010.

獨立的激進駭客團體

Hayley Tsukayama, "Anonymous Claims Credit for Crashing FBI, DOJ Sites," *Washington Post,* January 20, 1012; Ellen Nakashima, "CIA Web Site Hacked; Group LulzSec Takes Credit," *Washington Post,* June 15, 2011; Thom Shanker and Elisabeth Bumiller, "Hackers Gained Access to Sensitive Military Files," *New York Times,* July 14, 2011; David E. Sanger and John Markoff, "I.M.F. Reports Cyberattack Led to 'Very Major Breach,'" *New York Times,* June 11, 2011; David Batty, "Vatican Becomes Latest Anonymous Hacking Victim," *Guardian,* March 7, 2012; Melanie Hick, "Anonymous Hacks Interpol Site After 25 Arrests," *Huffington Post,* January 3, 2012, http://www.huffingtonpost.co.uk/2012/03/01/anonymous-hacks-interpol_n_1312544.html; Martin Beckford, "Downing Street Website Also Taken Down by Anonymous," *Telegraph,* April 8, 2012; Tom Brewster, "Anonymous Strikes Downing Street and Ministry of Justice," *TechWeek Europe,* April 10, 2012, http://www.techweekeurope.co.uk/news/anonymous-government-downing-street-moj-71979; "NASA Says Was Hacked 13 Times Last Year," Reuters, March 2, 2012.

駭客竟然錄下會議內容，並公布在網路上

Duncan Gardham, " 'Anonymous' Hackers Intercept Conversation Between FBI and Scotland Yard on How to Deal with Hackers," *Telegraph,* February 3, 2012.

都遭到據信來自中國的駭客滲透

Michael Joseph Gross, "Enter the Cyber-Dragon," *Vanity Fair,* September 2011.

最可能發生軍事衝突的「第五個領域」

Susan P. Crawford, "When We Wage Cyberwar, the Whole Web Suffers," Bloomberg, April 25, 2012.

「全球網路軍備競賽」

David Alexander, "Global Cyber Arms Race Engulfing Web—Defense Official," Reuters, April 11, 2012.

網路安全技術發展，攻擊比防禦更占優勢

Ibid.; Ron Rosenbaum, "Richard Clarke on Who Was Behind the Stuxnet Attack," *Smithsonian,* April 2, 2012.

促使古希臘軍隊避免遭波斯征服

Simon Singh, *The Code Book: The Science of Secrecy from Ancient Egypt to Quantum Cryptography* (New York: Doubleday, 1999).

寫在信差的頭皮上，然後「等頭髮重新長出來」

Ibid.

各種不同形式的密碼術

Ibid.; Andrew Lycett, "Breaking Germany's Enigma Code," BBC, February 17, 2011, http://www.bbc.co.uk/history/worldwars/wwtwo/enigma_01.shtml.

「系統有些鬆脫了」

Michael Joseph Gross, "World War 3.0," *Vanity Fair,* May 2012.

網路資訊安全問題是四大趨勢匯流的結果

James Kaplan, Shantnu Sharma, and Allen Weinberg, "Meeting the Cybersecurity Challenge," *McKinsey Quarterly,* June 2011.

私人企業、政府機構和組織

Gross, "Enter the Cyber-Dragon."

「我們不會做這樣的事情」

Rosenbaum, "Richard Clarke on Who Was Behind the Stuxnet Attack."

因為智慧財產遭竊取而流失 373,000 個工作，經濟損失達 160 億美元

Richard Adler, Report of the 26th Annual Aspen Institute Conference on Communications Policy, *Updating Rules of the Digital Road: Privacy, Security, Intellectual Property*, 2012, p. 14.

價值 10 億美元，在一夕之間

Richard A. Clarke, "How China Steals Our Secrets," *New York Times,* April 3, 2012.

所有我們檢視過的電腦系統都逃不過

Nicole Perlroth, "How Much Have Foreign Hackers Stolen?," *New York Times,* Bits blog, February 14, 2012, http://bits.blogs.nytimes.com/2012/02/14/how-much-have-foreign-hackers-stolen/?scp=7&sq=cyber%20security&st=cse.

「幾乎是國會圖書館館藏量的四倍」
Ibid.

「網路威脅將成為美國的頭號威脅」
J. Nicholas Hoover, "Cyber Attacks Becoming Top Terror Threat, FBI Says," *Information Week,* February 1, 2012.

十三個美國國防承包商以及其他許多企業
Michael Joseph Gross, "Exclusive: Operation Shady Rat—Unprecedented Cyber-Espionage Campaign and Intellectual-Property Bonanza," *Vanity Fair,* August 2, 2011.

商會六週內往來的電子郵件
Nicole Perlroth, "Traveling Light in a Time of Digital Thievery," *New York Times,* February 10, 2012.

仍在透過網路傳送資訊到中國
Ibid.

產品包裝盒
Organisation for Economic Co-operation and Development, "Machine-to-Machine Communications: Connecting Billions of Devices," OECD Digital Economy Papers, No. 192, 2012, http://dx.doi. org/10.1787/5k9gsh2gp043-en.

瑞士有些牧場主人甚至會
John Tagliabue, "Swiss Cows Send Texts to Announce They're in Heat," *New York Times,* October 2, 2012.

「幾乎是 2010 年的五倍」
John O. Brennan, "Time to Protect Against Dangers of Cyberattack," *Washington Post,* April 15, 2012.

不斷受到不明來源的網路攻擊
Thomas Erdbrink, "Iranian Officials Disconnect Some Oil Terminals from Internet," *New York Times,* April 24, 2012.

國營石油公司 Aramco 也遭到網路攻擊
Thom Shanker and David E. Sanger, "U.S. Suspects Iran Was Behind a Wave of Cyberattacks," *New York Times,* October 14, 2012.

遭駭的 Aramco 公司
Nicole Perlroth, "In Cyberattack on Saudi Firm, U.S. Sees Iran Firing Back," *New York Times,* October 23, 2012.

伊朗氣體離心機，用來提煉濃縮鈾的設施
William J. Broad, John Markoff, and David E. Sanger, "Israeli Test on Worm Called Crucial in Iran Nuclear Delay," *New York Times,* January 15, 2011.

伊朗及中東、北非多國的電腦都被感染
" 'Flame' Computer Virus Strikes Middle East; Israel Speculation Continues," Associated Press, May 29, 2012.

針對連線機器和系統進行毀滅性攻擊
William J. Broad, John Markoff, and David E. Sanger, "Israeli Test on Worm Called Crucial in Iran Nuclear Delay," *New York Times,* January 15, 2011.

在不經意間感染了 Stuxnet
Rachel King, "Virus Aimed at Iran Infected Chevron Network," *Wall Street Journal,* November 9, 2012.

潘內達公開警告「網路珍珠港事變」
Elisabeth Bumiller and Thom Shanker, "Panetta Warns of Dire Threat of Cyberattack on U.S.," *New York Times,* October 11, 2012.

「只不過製造成本低了三成」
Perlroth, "Traveling Light in a Time of Digital Thievery."

然後搶走對方最重要的顧客
Steve Fishman, "Floored by News Corp.: Who Hacked a Rival's Computer System?," *New York,* September 28, 2011.

為了新聞報導，駭進私人電郵蒐集資訊
Sarah Lyall and Ravi Somaiya, "British Broadcaster with Murdoch Link Admits to Hacking," *New York Times,*

April 5, 2012.

駭進數千名英國人的電話語音信箱

Don Van Natta Jr., Jo Becker, and Graham Bowley, "Tabloid Hack Attack on Royals, and Beyond," *New York Times,* September 1, 2010.

駭進看似機密的視訊會議

Nicole Perlroth, "Cameras May Open Up the Board Room to Hackers," *New York Times,* January 22, 2012.

基於財務上的理由，都不願承認重要資訊遭竊

James Kaplan, Shantnu Sharma, and Allen Weinberg, "Meeting the Cybersecurity Challenge," *McKinsey Quarterly,* June 2011.

仍然無法採取行動，自我保護

Michaela L. Sozio, "Cyber Liability—a Real Threat to Your Business," *California Business Law Confidential,* March 2012; Preet Bharara, "Asleep at the Laptop," *New York Times,* June 4, 2012.

蒐集顧客和用戶的資訊

Alexis Madrigal, "I'm Being Followed: How Google—and 104 Other Companies—Are Tracking Me on the Web," *Atlantic,* February 29, 2012.

以個人化的廣告，滿足每個人的興趣

Ibid.

在未徵求同意的情況下，追蹤用戶的興趣

Riva Richmond, "As 'Like' Buttons Spread, So Do Facebook's Tentacles," *New York Times,* Bits blog, September 27, 2011, http://bits.blogs.nytimes.com/2011/09/27/as-like-buttons-spread-so-do-facebooks-tentacles/.

「只不過讓『看不見的手』擁有更強大的控制工具」

Madrigal, "I'm Being Followed."

挖掘出一些他們不希望雇主知道的資訊

Jeffrey Rosen, "The Web Means the End of Forgetting," *New York Times Magazine,* July 21, 2010.

方便他們瀏覽求職者在私人臉書上張貼的內容

Michelle Singletary, "Would You Give Potential Employers Your Facebook Password?," *Washington Post,* March 29, 2012.

根據公司政策，他們絕對不會提供這類密碼

Joanna Stern, "Demanding Facebook Passwords May Break Law, Say Senators," ABC News, March 26, 2012, http://abcnews.go.com/Technology/facebook-passwords-employers-schools-demand-access-facebook-senators/story?id=16005565#.UCPKWY40jdk.

許多員工會遭到公司網路監視

Tam Harbert, "Employee Monitoring: When IT Is Asked to Spy," *Computer World,* June 16, 2010.

尤其是網際網路的價值，會隨著連線的人數愈來愈多而呈指數成長

James Hendler and Jennifer Golbeck, "Metcalfe's Law, Web 2.0, and the Semantic Web," *Web Semantics* 6, no. 1 (February, 2008): 14–20.

隨著使用人數的平方成長

Ibid.

有些網站提供的更改設定選項往往太複雜

Alexis Madrigal, "Reading the Privacy Policies You Encounter in a Year Would Take 76 Work Days," *Atlantic,* March 1, 2012; Elaine Rigoli, "Most People Worried About Online Privacy, Personal Data, Employer Bias," *Privacy Policies," Consumer Reports,* April 25, 2012.

網路使用者雖然可以選擇不再收到根據追蹤資料傳來的廣告

Julia Angwin and Emily Steel, "Web's Hot New Commodity: Privacy," *Wall Street Journal,* February 28, 2011.

由於廣告商持續不斷遊說而形成壓力

Tanzina Vega, "Opt-Out Provision Would Halt Some, but Not All, Web Tracking," *New York Times,* February 26, 2012; Madrigal, "I'm Being Followed."

牽涉到數十億美元的龐大利益

Madrigal, "I'm Being Followed"; Vega, "Opt-Out Provision Would Halt Some, but Not All, Web Tracking."

通報使用者的線上動態

"What They Know" Series, *Wall Street Journal*, http://online.wsj.com/public/page/what-they-know-digital-privacy.html.

蒐集使用者線上活動的資訊，並通報廣告商及其他客戶

Julia Angwin, "The Web's New Gold Mine: Your Secrets," *Wall Street Journal*, July 30, 2010.

與使用者的姓名、地址及電話號碼相配對

Madrigal, "I'm Being Followed."

曾經公開反對使用深度封包檢測技術

Olivia Solon, "Tim Berners-Lee: Deep Packet Inspection a 'Really Serious' Privacy Breach," *Wired*, April 18, 2012.

不幸的是，他的同性戀室友在事發不久後自殺了

Ian Parker, "The Story of a Suicide: Two College Roommates, a Webcam, and a Tragedy," *New Yorker*, February 6, 2012.

自動標記網站張貼的照片上有哪些人

"Facebook 'Face Recognition' Feature Draws Privacy Scrutiny," Bloomberg News, June 8, 2011.

現在也會利用聲音辨識軟體來辨認說話的人

Natasha Singer, "The Human Voice, as Game Changer," *New York Times*, March 31, 2012.

能提高語音辨識的準確度

Ibid.

方便使用者取得與目前所在位置相關的資訊

"Privacy Please! U.S. Smartphone App Users Concerned with Privacy When It Comes to Location," Nielsen, April 21, 2011, http://blog.nielsen.com/nielsenwire/online_mobile/privacy-please-u-s-smartphone-app-users-concerned-with-privacy-when-it-comes-to-location/.

每年有 25,000 名美國公民成為「GPS 跟蹤狂」的受害者

Justin Scheck, "Stalkers Exploit Cellphone GPS," *Wall Street Journal*, August 3, 2010.

裡面有超過 1,200 頁的資料，而且其中大部分是以為已經刪除的資料

Kevin J. O'Brien, "Austrian Law Student Faces Down Facebook," *New York Times*, February 5, 2012.

以便從收信人的電腦或行動裝置中竊取資訊

Matt Richtel and Verne G. Kopytoff, "E-Mail Fraud Hides Behind Friendly Face," *New York Times*, June 2, 2011.

私人資訊在網路上隨處可見

Ann Carrns, "Careless Social Media Use May Raise Risk of Identity Fraud," *New York Times*, February 29, 2012.

造成龐大損失

"IMF Is Victim of 'Sophisticated Cyberattack,' Says Report," *IDG Reporter*, June 13, 2011; "US Senate Orders Security Review After LulzSec Hacking," *Guardian*, June 14, 2011; Julianne Pepitone and Leigh Remizowski, "'Massive' Credit Card Data Breach Involves All Major Brands," CNN, April 2, 2012, http://money.cnn.com/2012/03/30/technology/credit-card-data-breach/index.htm; "Heartland Payment Systems Hacked," Associated Press, January 20, 2009; Bianca Dima, "Top 5: Corporate Losses Due to Hacking," HOT for Security, May 17, 2012.

蒙受七百二十萬美元的損失，而且付出的代價一年比一年高

"The Real Cost of Cyber Attacks," *Atlantic*, February 16, 2012.

「比大麻、古柯鹼和海洛英加起來的市場總值還高」

Symantec, press release, "Norton Study Calculates Cost of Global Cybercrime: $114 Billion Annually," September 7, 2011, http://www.symantec.com/about/news/release/article.jsp?prid=20110907_02. However, some analysts note that some estimates of cybercrime are unreliable. Dinei Florencio and Cormac Herley, "The Cybercrime Wave That Wasn't," *New York Times*, April 14, 2012.

LinkedIn

Ian Paul, "LinkedIn Confirms Account Passwords Hacked," *PC World*, June 6, 2012.

eHarmony

Salvador Rodriguez, "Like LinkedIn, eHarmony Is Hacked; 1.5 Million Passwords Stolen," *Los Angeles Times,* June 6, 2012.

Google 旗下的 Gmail

Nicole Perlroth, "Yahoo Breach Extends Beyond Yahoo to Gmail, Hotmail, AOL Users," *New York Times,* July 12, 2012.

美國銀行、摩根大通銀行、花旗銀行、美國合眾銀行、富國銀行和 PNC 銀行

David Goldman, "Major Banks Hit with Biggest Cyberattacks in History," CNN, September 28, 2012; "Week-Long Cyber Attacks Cripple US Banks," Associated Press, September 29, 2012.

儲存每個英國人的網路通訊和電話通聯紀錄

Brian Wheeler, "Communications Data Bill Creates 'a Virtual Giant Database,'" BBC, July 19, 2012, http://www.bbc.co.uk/news/uk-politics-18884460.

安裝了六萬個監視攝影機

Heather Brooke, "Investigation: A Sharp Focus on CCTV," *Wired UK,* April 1, 2010.

「即使出於無私而設下的種種限制」

Justice Felix Frankfurter, Concurring Opinion, *Youngstown Sheet & Tube Co. v. Sawyer,* 343 U.S. 579 (1952).

「知識就是力量」

Georg Henrik Wright, *The Tree of Knowledge and Other Essays* (Leiden: Brill, 1993), p. 127–28.

包括竊聽電話

James Bradford, "The NSA Is Building the Country's Biggest Spy Center (Watch What You Say)," *Wired,* March 15, 2012.

「開始快速把美國改變得和外國一樣」

Jason Reed, "NSA Whistleblowers: Government Spying on Every Single American," Reuters, July 25, 2012.

攔截了「15 兆到 20 兆」通訊

Bradford, "The NSA Is Building the Country's Biggest Spy Center (Watch What You Say)."

緊急備戰狀態

President of the United States, "Notice—Continuation of the National Emergency with Respect to Certain Terrorist Attacks," September 11, 2012.

「還真讓人毛骨悚然」

Matt Sledge, "Warrantless Electronic Surveillance Surges Under Obama Justice Department," *Huffington Post,* September 28, 2012.

騎上路的自行車車鈴故障

Brief for the Petitioner in the United States Supreme Court, *Albert W. Florence v. Board of Chosen Freeholders of the County of Burlington et al.,* No. 10-945, http://www.americanbar.org/content/dam/aba/publishing/previewbriefs/Other_Brief_Updates/10-945_petitioner.authcheckdam.pdf. Justice Stephen Breyer dissented from the strip search decision in a powerful rebuke of the expansive powers granted to law enforcement by the Court's action. See *Florence v. Board of Chosen Freeholders,* April 2, 2012, http://www.supremecourt.gov/opinions/11pdf/10-945.pdf.

從國外返國入境時,海關人員可以從他們的電腦或其他數位裝置

Glenn Greenwald, "U.S. Filmmaker Repeatedly Detained at Border," *Salon,* April 8, 2012, http://www.salon.com/2012/04/08/u_s_filmmaker_repeatedly_detained_at_border/.

不需要充分理由就可以這樣做

Ibid.

遭到搜索並取走電腦裡的資料

Ibid.

「推銷林林總總的『監控費』項目」

Eric Lichtblau, "Police Are Using Phone Tracking as a Routine Tool," *New York Times,* April 1, 2012.

賣給私家偵探、保險公司和其他公司

Julia Angwin and Jennifer Valentino-Devries, "New Tracking Frontier: Your License Plates," *Wall Street Journal,* October 2, 2012.

監控技術的市場已經成長

Nicole Perlroth, "Software Meant to Fight Crime Is Used to Spy on Dissidents," *New York Times,* August 31, 2012.

包括伊朗、敘利亞和中國在內
Rebecca MacKinnon, "Internet Freedom Starts at Home," *Foreign Policy,* April 3, 2012; Cindy Cohn, Trevor Timm, and Jillian C. York, Electronic Frontier Foundation, "Human Rights and Technology Sales: How Corporations Can Avoid Assisting Repressive Regimes," April 2012, https://www.eff.org/document/human-rights-and-technology-sales; Jon Evans, "Selling Software That Kills," TechCrunch, May 26, 2012, http://techcrunch.com/2012/05/26/selling-software-that-kills/.

將成為執法機構常用的工具
Francis Fukuyama, "Why We All Need a Drone of Our Own," *Financial Times,* February 24, 2012.

有六十三座使用中的無人機起降場地
"Is There a Drone in Your Neighbourhood? Rise of Spy Planes Exposed After FAA Is Forced to Reveal 63 Launch Sites Across U.S.," *Daily Mail,* April 24, 2012.

即使電子裝置已經關閉
David Kushner, "The Hacker Is Watching," *GQ,* January 2012.

用來監聽嫌疑犯的談話
Declan McCullagh, "Court to FBI: No Spying on In-Car Computers," CNET, November 19, 2003, http://news.cnet.com/2100-1029_3-5109435.html. The Ninth Circuit Court of Appeals has ruled that this instance of surveillance is illegal.

追蹤使用者的打字敲鍵動作，藉以取得機密資訊
Nicole Perlroth, "Malicious Software Attacks Security Cards Used by Pentagon," *New York Times,* Bits blog, January 12, 2012, http://bits.blogs.nytimes.com/2012/01/12/malicious-software-attacks-security-cards-used-by-pentagon/.

史上威力最強大的資料蒐集系統
Bamford, "The NSA Is Building the Country's Biggest Spy Center (Watch What You Say)."

引起公憤，導致國會採取行動
American Civil Liberties Union, "Congress Dismantles Total Information Awareness Spy Program; ACLU Applauds Victory, Calls for Continued Vigilance Against Snoop Programs," September 25, 2003, http://www.aclu.org/national-security/congress-dismantles-total-information-awareness-spy-program-aclu-applauds-victory-.

引發了強烈反彈和網路抵制行動，結果法案都遭撤回
Jonathan Weisman, "After an Online Firestorm, Congress Shelves Antipiracy Bills," *New York Times,* January 21, 2012.

窺伺線上通訊
Robert Pear, "House Votes to Approve Disputed Hacking Bill," *New York Times,* April 27, 2012.

「培養從心出發的必要習慣，拒絕科技意識型態的誘惑」
Michael Sacasas, "Technology in America," *American,* April 13, 2012.

能反映美國傳統價值觀和行事規範
Gross, "World War 3.0."

巴西、印度和南非等國也追隨中國和俄羅斯的腳步
Georgina Prodhan, "BRIC Nations Push for Bigger Say in Policing of Internet," *Globe and Mail,* September 6, 2012.

當作保護寶貴機密資訊的最後手段
Gross, "World War 3.0."

「隔牆園地」的封閉式管理
Ryan Nakashima, "Ex-AOL Exec Calls Facebook New 'Walled Garden,'" Associated Press, May 1, 2012.

拖慢競爭對手的速度，或讓其他公司的類似內容變得比較昂貴
Claire Cain Miller and Miguel Helft, "Web Plan from Google and Verizon Is Criticized," *New York Times,* August 10, 2010.

制定網路中立法，以保護言論自由和自由競爭

"Protecting the Internet," editorial, *New York Times,* December 18, 2010.

第 3 章：權力平衡
「 經濟史上五百年週期的結束 」
"China Became World's Top Manufacturing Nation, Ending 110 Year US Leadership," MercoPress, March 15, 2011, http://en.mercopress.com/2011/03/15/china-became-world-s-top-manufacturing-nation-ending-110-year-us-leadership.
1890 年以來，世界其他經濟體首度超越
Charles Kenny, "China vs. the U.S.: The Case for Second Place," *BloombergBusinessweek,* October 13, 2011.
國際貨幣基金組織的決議，必須獲得會員國 85% 的表決權
"Profile: IMF and World Bank," BBC News, April 17, 2012, http://news.bbc.co.uk/2/hi/americas/country_profiles/3670465.stm; Thomas J. Bollyky, "How to Fix the World Bank," op-ed, *New York Times,* April 9, 2012; David Bosco, "A Primer on World Bank Voting Procedures," *Foreign Policy,* March 28, 2012.
能有效否決議案
BBC News, "Profile: IMF and World Bank," BBC News; World Bank, "World Bank Group Voice Reform: Enhancing Voice and Participation in Developing and Transition Countries in 2010 and Beyond," April 25, 2010, http://siteresources.worldbank.org/NEWS/Resources/IBRD2010VotingPowerRealignmentFINAL.pdf.
巴西和印度卻不是永久會員國
CIA, *The World Factbook,* https://www.cia.gov/library/publications/the -world-factbook/rankorder/2001rank.html.
有些專家甚至已經開始稱之為「G2」
C. Fred Bergsten, "Two's Company," *Foreign Affairs,* September/October 2009.
不時出現美國力量式微的警告
Josef Joffe, "Declinism's Fifth Wave," *American Interest,* January/February 2012; Samuel P. Huntington, "The U.S.—Decline or Renewal?," *Foreign Affairs,* Winter 1988/1989; Victor Davis Hanson, "Beware the Boom in American 'Declinism,'" CBS News, November 14, 2011, http://www.cbsnews.com/8301-215_162-57324071/beware-the-boom-in-american-declinism/.
美國會從世界強權的巔峰快速走下坡
Joffe, "Declinism's Fifth Wave"; Huntington, "The U.S.—Decline or Renewal?"; Victor Hanson, "Beware the Boom in American 'Declinism.'"
從 1940 年代末的 50%，跌落到 1970 年代初的 25%
Stephen M. Walt, "The End of the American Era," *National Interest,* October 25, 2011; Robert Kagan, "Not Fade Away," *New Republic,* January 11, 2012.
過去四十年，卻一直維持在相同水準
Kagan, "Not Fade Away."
遭殃的其實是歐洲，而不是美國
Ibid.
乘勢而起，成為全球霸權
Charles Kenny, "China vs. the U.S.: The Case for Second Place," *BloombergBusinessweek,* October 13, 2011.
蘇聯的戰時傷亡人數是美國的一百倍
Irina Titova, "Medvedev Orders Precise Soviet WWII Death Toll," Associated Press, January 27, 2009; Anne Leland, Mari-Jana Oboroceanu, Congressional Research Service, "American War and Military Operations Casualties: Lists and Statistics," February 2010, http://www.fas.org/sgp/crs/natsec/RL32492.pdf.
史達林在 1939 年與希特勒締結條約
"The Day in History: August 23rd, 1939. The Hitler-Stalin Pact," History.com, 2012.
美元從此正式成為全球儲備貨幣
"Beyond Bretton Woods 2," *Economist,* November 4, 2010.
後來又發展為歐洲共同市場和歐盟
European Commission, "Treaty Establishing the European Coal and Steel Community, ECSC Treaty," October 15, 2010, http://europa.eu/legislation_summaries/institutional_affairs/treaties/treaties_ecsc_en.htm.

「聯合國之父」

Cordell Hull Foundation, "Cordell Hull Biography," http://www.cordellhull.org/english/About_Us/Biography. asp.

「當商品跨越國界時，軍隊就不會跨越國界」

Jill Lerner, "Free Trade's Champion," *Atlanta Business Chronicle,* February 13, 2006.

「歷史的終結」

Francis Fukuyama, *The End of History and the Last Man* (New York: Harper Perennial, 1993).

有三波影響全世界的民主化浪潮

U.S. Department of State, Bureau of International Information Programs, "Democracy's Third Wave," http://www.4uth.gov.ua/usa/english/politics/whatsdem/whatdm13.htm.

獨立革命後的第一波民主化浪潮，誕生了二十九個民主政體

Ibid.

隨時都放著喬治·華盛頓的照片

John F. Kennedy, "Remarks at an Independence Day Celebration with the American Community in Mexico City," June 30, 1962, American Presidency Project, http://www.presidency.ucsb.edu/ws/?pid=8748.

第二次世界大戰前，民主國家的數目縮減為十二

U.S. Department of State, "Democracy's Third Wave."

民主國家的數目增加到三十六

Ibid.

1962 年到 1970 年代中期，數目縮減到三十

Ibid.

隨著共產集團在 1989 年崩解，民主政治加速發展

Ibid.

2007－08 年金融海嘯之後，全世界民主國家的數目下滑

Economist Intelligence Unit, Democracy Index 2010, 2010, http://www.eiu.com/democracy.

第四波民主化浪潮的開端

Larry Diamond, "A Fourth Wave or False Start?," *Foreign Affairs,* May 22, 2011.

國防預算已經成長到 1945 年以來的最高水準

Kagan, "Not Fade Away," January 11, 2012; Todd Purdum, "One Nation, Under Arms," *Vanity Fair,* January 2012.

幾乎和全世界其餘國家的軍費支出一樣多

Purdum, "One Nation, Under Arms."

接受無人機作戰訓練的飛行員人數，已經超過有人戰機的人數

Christian Caryl, "Predators and Robots at War," *New York Review of Books,* August 30, 2011; Elisabeth Bumiller, "Air Force Drone Operators Report High Levels of Stress," *New York Times,* December 19, 2011.

出現創傷後壓力症候群的無人機飛行員

Caryl, "Predators and Robots at War."

伊朗曾駭入美國匿蹤無人機的控制系統，下令無人機降落在伊朗

Scott Peterson, "Downed US Drone: How Iran Caught the 'Beast,'" *Christian Science Monitor,* December 9, 2011; Rick Gladstone, "Iran Shows Video It Says Is of U.S. Drone," *New York Times,* December 9, 2011; "Insurgents Hack U.S. Drones," *Wall Street Journal,* December 17, 2009; "Iran 'Building Copy of Captured US Drone' RQ-170 Sentinel," BBC, April 22, 2012.

已有五十多國在實驗半自動化的軍事機器人

David Wood, "American Drones Ignite New Arms Race from Gaza to Iran to China," *Huffington Post,* November 27, 2012, http://www.huffingtonpost.com/2012/11/27/american-drones_n_2199193.html.

讓無人機和機器人在遭到威脅時有權開火

Ibid.

懷疑中國的社會、政治和經濟基礎維持不了多久

Walt, "The End of the American Era"; Thair Shaikh, "When Will China Become a Global Superpower?," CNN, June 10, 2011, http://www.cnn.com/2011/WORLD/asiapcf/06/10/china.military.superpower/index.html.

專家警告，由於中國人沒有言論自由

Walt, "The End of the American Era"; Kagan, "Not Fade Away," January 11, 2012; Martin Feldstein, "China's Biggest Problems Are Political, Not Economic," *Wall Street Journal,* August 2, 2012; Frank Rich, "Mayberry R.I.P.," *New York,* July 22, 2012.

採取中央集權的專制統治

Ibid.

政治經濟體系普遍貪腐嚴重

Feldstein, "China's Biggest Problems Are Political, Not Economic."

中國有六千四百萬間公寓裡面空無一人

"Crisis in China: 64 Million Empty Apartments," *Asia News,* September 15, 2010, http://www.asianews.it/news-en/Crisis-in-China:-64-million-empty-apartments-19459.html.

建造的發電風車，幾乎有 30% 沒有連結到電力網

"Weaknesses in Chinese Wind Power," *Forbes,* July 20, 2009.

史上最大規模的內部遷徙潮

"The Largest Migration in History," *Economist,* February 24, 2012.

「十八萬次抗議、暴動和其他群眾事件」

Tom Orlik, "Unrest Grows as Economy Booms," *Wall Street Journal,* September 26, 2011.

自 2000 年以來四倍的成長

Ibid.

社會動盪的源頭在於貧富差距

Feldstein, "China's Biggest Problems Are Political, Not Economic"; Wendy Dobson, *Gravity Shift: How Asia's New Economic Powerhouses Will Shape the Twenty-First Century* (Toronto: University of Toronto Press, 2009).

令人難以容忍的環境汙染

Dobson, *Gravity Shift.*

地方官員扣押房產和濫權

Orlik, "Unrest Grows as Economy Booms."

過去兩年來，中國薪資大幅上漲

David Leonhardt, "In China, Cultivating the Urge to Splurge," *New York Times Magazine,* November 28, 2010.

中國政府的正當性，不見得在於及來自於政體的參與本質

Daniel Bell, "Real Meaning of the Rot at the Top of China," *Financial Times,* April 23, 2012.

「這是不是毛澤東思想的根本觀點呢？」

Deng Xiaoping, "Speech at the All-Army Conference on Political Work: June 2, 1978," in *Selected Works of Deng Xiaoping,* vol. 2 (Beijing: Foreign Languages Press, 1984), p. 132.

擔任企業說客，列席實際草擬法規的會議

Laura Sullivan, "Shaping State Laws with Little Scrutiny," NPR, October 29, 2010, http://www.npr.org/2010/10/29/130891396/shaping-state-laws-with-little-scrutiny; Mike McIntire, "Conservative Nonprofit Acts as a Stealth Business Lobbyist," *New York Times,* April 22, 2012.

許多州議會變成只是橡皮圖章

Sullivan, "Shaping State Laws with Little Scrutiny"; McIntire, "Conservative Nonprofit Acts as a Stealth Business Lobbyist"; John Cassidy, "America's Class War," *New Yorker* blog, June 8, 2012, http://www.newyorker.com/online/blogs/comment/2012/06/wisconsin-scott-walker-class-war.html.

經營最久的公司，在 1347 年創立於瑞典

"Sweden: The Oldest Corporation in the World," *Time,* March 15, 1963.

直到 17 世紀，法定的公司形式才變得普遍

"The taste of adventure," *Economist,* December 17, 1998.

英國經歷了一連串驚人的詐騙和舞弊事件

Joel Bakan, *The Corporation* (New York: Free Press, 2004), p. 6.

南海公司醜聞

Ibid., p. 7.

在 1720 年禁止公司成立

Ibid., p. 6.

直到 1825 年，英國政府才撤除這項禁令

Ibid., p. 9.

為了服務市民或以慈善為目的，而且公司執照有一定的期限

Justin Fox, "What the Founding Fathers Really Thought About Corporations," *Harvard Business Review*, April 1, 2010, http://blogs.hbr.org/fox/2010/04/what-the-founding-fathers-real.html.

「膽敢挑戰政府權威、違抗國家法律」

Thomas Jefferson, "To George Logan," November 12, 1816.

美國的公司數從 33 增加為 328

Bakan, *The Corporation*, p. 9.

紐約州在 1811 年制定法令，容許公司數目增長

Linda Smiddy and Lawrence Cunningham, "Corporations and Other Business Organizations: Cases, Materials, Problems," LexisNexis, 2010, p. 16.

北方工業大舉動員

David C. Korten, *When Corporations Rule the World* (Bloomfield, CT: Kumarian Press, 1995), http://www.thirdworldtraveler.com/Korten/RiseCorpPower_WCRW.html.

龐大的政府採購合約

Ibid.

鐵路興建計畫

Ibid.

企業在美國人生活中扮演的角色，很快變得愈來愈重要

Ibid.

愈來愈努力控制國會和州議會的決議

Ibid.

1876 年蒙上汙點的美國總統大選

"Compromise of 1877," History.com, http://www.history.com/topics/compromise-of-1877.

企業財富和影響力在其中扮演了決定性角色

Korten, *When Corporations Rule the World*.

「由企業擁有、讓企業治理、為企業服務的政府」

Ibid.

從 1888 年到 1908 年，有七十萬美國工人在工安意外中喪命

Ibid.

每天有將近一百人

Ibid.

律師和說客在國會山莊和州議會撲天蓋地展開遊說

Ibid.

聯邦最高法院判定涉及遊說的契約無效，不能強制執行

Jack Maskell, "Lobbying Congress: An Overview of Legal Provisions and Congressional Ethics Rules," CRS Report for Congress, September 14, 2011, http://digital.library.unt.edu/ark:/67531/metacrs1903/m1/1/high_res_d/RL31126_2001Sep14.pdf.

「有如直接舞弊般危害公共利益」

Ibid.

「將被視為公共道德敗壞及時代退步」

Lawrence Lessig, *Republic, Lost: How Money Corrupts Congress—and a Plan to Stop It* (New York: Twelve, 2011), p. 101.

喬治亞州的新憲章甚至明令禁止遊說

Ibid., p. 101.

「針對每一張選票的價錢討價還價，買賣量身訂製的法律」

Matthew Josephson, *The Robber Barons: The Great American Capitalist 1861–1901* (New Brunswick, NJ: Transaction, 2010), p. 168.

「聖塔克拉拉郡對南太平洋鐵路公司」訴訟

Bakan, *The Corporation,* p. 16.

有些歷史學家認為這個用語出自大法官史蒂芬‧費爾德

Joshua Holland, "The Supreme Court Sold Out Our Democracy—How to Fight the Corporate Takeover of Elections," *AlterNet,* October 25, 2010.

法庭書記官，這人其實是某鐵路公司的前總裁

Ibid.

「本院不希望聽到」

Pamela Karlan, "Me, Inc.," *Boston Review,* July 2011.

「我們一致的意見是適用」

Santa Clara County v. Southern Pacific, Justia.com, 1886, http://supreme.justia.com/cases/federal/us/118/394/.

在 1858 年鋪設了史上第一條越洋電報電纜

"Cyrus W. Field," *Encyclopaedia Britannica,* http://www.britannica.com/EBchecked/topic/206188/Cyrus-W-Field.

史蒂芬後來被任命為最高法院大法官

Lincoln Institute, "David Dudley Field (1805–1894)," Mr. Lincoln and New York, http://www.mrlincolnandnewyork.org/inside.asp?ID=56&subjectID=3.

將隨之而來的大屠殺新聞即時傳送回美國

Mike Sacks, "Corporate Citizenship: How Public Dissent in Paris Sparked Creation of the Corporate Person," *Huffington Post,* October 12, 2011, http://www.huffingtonpost.com/2011/10/12/corporate -citizenship-corporate-personhood-paris-commune_n_1005244.html.

每天追蹤最新情勢

Ibid.

在普法戰爭戰敗而引發的怨恨情緒

Alice Bullard, *Human Rights and Revolutions,* edited by Jeffrey N. Wasserstrom, Lynn Hunt, and Marilyn B. Young (Oxford: Rowan & Littlefield, 2000), pp. 81–83.

共產主義與資本主義之間首度象徵性的衝突

Marx, however, wrote in *The Communist Manifesto* that the 1848 French revolution was the first "class struggle."

「永遠被稱頌為新社會的光榮先驅」

Karl Marx, "The Fall of Paris," May 1871, http://www.marxists.org/archive/marx/works/1871/civil-war-france/ch06.htm.

巴黎公社執政的兩個月中飄揚在巴黎市的旗幟

Alistair Horne, *The Fall of Paris: The Siege and the Commune 1870–71* (New York: Penguin Books, 2007), p. 433.

每天都緊盯著傳自巴黎的報導

Sacks, "Corporate Citizenship."

唯有關於政府貪腐的新聞足堪比擬

John Harland Hicks and Robert Tucker, *Revolution & Reaction: The Paris Commune, 1871* (Amherst: University of Massachusetts Press, 1973), p. 60; Jack Beatty, *Age of Betrayal: The Triumph of Money in America, 1865–1900* (New York: Vintage Books, 2008), p. 153.

金融家兼鐵路創業家庫克宣告破產

"The Panic of 1873," *The American Experience, Ulysses S. Grant,* PBS, http://www.pbs.org/wgbh/americanexperience/features/general-article/grant-panic/.

「找機會將巴黎公社的無政府狀態和混亂失序散播海外」

"The Communists," *New York Times,* January 20, 1874.

費爾德大法官決定把強化公司力量當作自己的使命

Sacks, "Corporate Citizenship."

老羅斯福意外成為美國總統，在上任第二年推動

"Domestic Politics," *The American Experience, TR,* PBS, http://www.pbs.org/wgbh/americanexperience/

features/general-article/tr-domestic/.

老羅斯福在新成立的商務暨勞工部之下
Ibid.

讓摩根旗下的北方證券公司解體
Ibid.

包含 112 家子公司，總值高達 5,710 億美元（按 2012 年幣值）
Korten, *When Corporations Rule the World,* p. 67.

「相當於美國南部十三州所有資產總值的兩倍」
Ibid.

後續又提出四十個反托辣斯訴訟
"Domestic Politics," PBS.

將九千三百萬公頃土地列為國家保護區
Ibid.

獲得諾貝爾和平獎
Historians now believe that, while Roosevelt was no doubt essential to the brokering of an effective deal, he was not truly a neutral arbiter and tilted heavily toward Japan in private. See James Bradley, "Diplomacy That Will Live in Infamy," *New York Times,* December 6, 2009.

總統任期最多兩任，是當年由華盛頓建立的「明智慣例」
Edmund Morris, *Theodore Rex* (New York: Random House, 2002), p. 364.

接班人塔虎脫放棄了羅斯福的許多改革計畫
"American President: William Howard Taft," Miller Center, University of Virginia, http://millercenter.org/president/taft/essays/biography/1.

「為了私利，而操控和腐化政府的人與事」
Theodore Roosevelt, "The New Nationalism," August 31, 1910, http://www.pbs.org/wgbh/americanexperience/features/primary-resources/tr-nationalism/.

還擁有不該享有的特權
Lessig, *Republic, Lost,* p. 4.

「特殊利益團體會任意扭曲自由政府的制度」
Ibid., p. 5. Theodore Roosevelt, "From the Archives: President Teddy Roosevelt's New Nationalism Speech," August 31, 2010, http://www.whitehouse.gov/blog/2011/12/06/archives-president-teddy-roosevelts-new-nationalism-speech.

「禁止為了政治目的使用企業資金」
Roosevelt, "From the Archives: President Teddy Roosevelt's New Nationalism Speech."

「並沒有將投票權賦予任何企業」
Ibid.

私下賄賂哈定政府的官員
United States Senate, "1921–1940: Senate Investigates the 'Teapot Dome' Scandal," http://www.senate.gov/artandhistory/history/minute/Senate_Investigates_theTeapot_Dome_Scandal.htm.

「是國家福祉的一大威脅」
Jeffrey Rosen, "POTUS v. SCOTUS," *New York,* March 17, 2010.

歷史學家有不同的看法
"Presidential Politics," *American Experience, FDR,* PBS, http://www.pbs.org/wgbh/americanexperience/features/general-article/fdr-presidential/.

同意新政的大多數計畫合憲
Ibid.

試圖恢復新政之前的法院裁決理念
Jeffrey Rosen, "Second Opinions," *New Republic,* May 4, 2012.

鮑威爾本是在里奇蒙執業的律師
Jim Hoggan, "40th Anniversary of the Lewis Powell Memo Launching Corporate Propaganda Infrastructure," DeSmogBlog, August 23, 2011, http://www.desmogblog.com/40th-anniversary-lewis-powell-memo-launching-

corporate-propaganda-infrastructure; John Jeffries, *Justice Lewis F. Powell, Jr.: A Biography* (New York: Fordham University Press, 2001), p. 4.

促使國會、州議會和司法機關更偏向企業利益團體

Lewis F. Powell, "The Powell Memo," August 23, 1971, http://reclaimdemocracy.org/powell_memo_lewis/.

「公司言論」也應受憲法第一號修正案的保護

Jeffrey Clements, "The Real History of 'Corporate Personhood': Meet the Man to Blame for Corporations Having More Rights Than You," *AlterNet,* December 6, 2011.

這個法案侵犯了「公司人」的言論自由

Ibid.

二十五家跨國公司，營業額超過世界上許多國家

Vincent Trivett, "25 US Mega Corporations: Where They Rank If They Were Countries," *Business Insider,* June 27, 2011, http://www.businessinsider.com/25-corporations-bigger-tan-countries-2011-6?op=1.

「我們不是美國公司，我不會根據怎麼做對美國最好來制定決策」

Steve Coll, *Private Empire: ExxonMobil and American Power* (New York: Penguin Press, 2012), p. 71.

「更是毋須仰賴特定政府」

Bakan, *The Corporation,* p. 25.

「沒有人能叫這些傢伙該怎麼做」

Coll, *Private Empire,* p. 257.

企業政治行動委員會的數目爆增

Federal Election Commission, "The Growth of Political Action Committees, 1974–1998," http://www.voteview.com/Growth_of_PACs_by_Type.htm.

正式登記雇用遊說人員的公司

Jacob S. Hacker and Paul Pierson, *Winner-Take-All Politics: How Washington Made the Rich Richer—And Turned Its Back on the Middle Class* (New York: Simon & Schuster, 2011), p. 118.

1975 年到 2010 年，企業說客的開支從 1 億美元飆漲到 35 億

Robert G. Kaiser, "Citizen K Street: Introduction," *Washington Post,* March 2007, http://blog.washingtonpost.com/citizen-k-street/chapters/introduction/; Bennett Roth and Alex Knott, "Lobby Dollars Dip for First Time in Years," *Roll Call,* February 1, 2011.

在遊說經費排行榜上一直高居首位

Roth and Knott, "Lobby Dollars Dip for First Time in Years."

超出鮑威爾計畫剛成形時所有遊說支出的總和

Kaiser, "Citizen K Street: Introduction."

即將卸任的國會議員，只有 3% 獲聘為遊說人員

Lessig, *Republic, Lost,* p. 123.

分別有超過半數和超過四成會成為說客

Ibid.

「意識型態戰爭」

Powell, "The Powell Memo."

令美國政府變得更加右傾

Timothy Noah, "Think Cranks," *New Republic,* March 30, 2012.

為了達到最大的效果，甚至還快速消耗基金會的本金

Ibid.

布瑞德利基金會

Ibid.

阿道夫庫爾斯基金會

David Brock, *The Republican Noise Machine: Right-Wing Media and How It Corrupts Democracy* (New York: Random House, 2005), p. 43.

「如果企業願意提供經費的話」

Powell, "The Powell Memo."

為有錢的企業利益團體策畫的研習營授課

Eric Lichtblau, "Advocacy Group Says Justices May Have Conflict in Campaign Finance Case," *New York Times,* January 19, 2011.

以及其他過去由民選政府肩負的功能

Emily Thornton, "Roads to Riches," *BusinessWeek,* May 6, 2007; Jonathan Hoenig, "Opportunities in Infrastructure: Should We Privatize Bridges and Roads?," Fox News, August 5, 2007, http://www.foxnews.com/story/0,2933,253438,00.html.

所得不均的情況最嚴重，貧窮率也最高

James Gustave Speth, "America the Possible: A Manifesto, Part I," *Orion,* March/April 2012.

「兒童物質福祉」最差

Ibid.

兒童貧窮率最高

Ibid.

嬰兒夭折率最高

Ibid.

監獄囚犯人數最多，凶殺案發生率最高

Ibid.

無力負擔醫療保健費用的公民比例也最高

Ibid.

「全國電視網應該像教科書一樣接受經常的監督」

Powell, "The Powell Memo."

「為美國體制的支持者創造機會」

Ibid.

「互相壓迫，而不是為了共同利益而攜手合作」

James Madison, *Federalist* No. 10, "The Same Subject Continued: The Union as a Safeguard Against Domestic Faction and Insurrection," November 23, 1787, http://thomas.loc.gov/home/histdox/fed_10.html.

「都足以激起敵對情緒，引發激烈衝突」

Ibid.

「財富分配不均」

Ibid.

美國財富、資產和所得分配不均的情況，可說以今天最為嚴重

Timothy Noah, "Introducing the Great Divergence," *Slate,* September 3, 2010.

比較願意容忍不均和比較無法忍受不均的人

Jonathan Haidt, "Born This Way? Nature, Nurture, Narratives, and the Making of Our Political Personalities," *Reason,* May 2012.

同樣重視自由與公平，卻對自由與公平有不同的看法

Ibid.

這些差異會受到社會回饋迴路不斷強化

Ibid.; Sasha Issenberg, "Born This Way: The New Weird Science of Hardwired Political Identity," *New York,* April 16, 2012.

很清楚什麼樣的語言最能激怒民眾

Frank Luntz, *Words That Work: It's Not What You Say, It's What People Hear* (New York: Hyperion, 2006), p. 165.

「餓死野獸」的嘲諷式策略

Bruce Bartlett, " 'Starve the Beast': Origins and Development of a Budgetary Metaphor," *Independent Review,* Summer 2007.

美國 2013 年的債務對 GDP 比率為 70%

Congressional Budget Office, "The 2012 Long-Term Budget Outlook," http://www.cbo.gov/sites/default/files/cbofiles/attachments/06-05-Long-Term_Budget_Outlook.pdf.

如果把政府欠自己的錢也加進來計算的話，債務已經超過 GDP

Agence France-Presse, "US Borrowing Tops 100% of GDP: Treasury," August 3, 2011; Matt Phillips, "The U.S.

Debt Load: Big and Cheap," *Wall Street Journal,* July 25, 2012.

對於美國債券的需求量，倒沒有帶來顯而易見的影響

Tim Mullaney, "A Year After Downgrade, S&P's View on Washington Unchanged," *USA Today,* August 7, 2012.

未來十年，美國支付的利息都會增加一兆美元左右

Jeanne Sahadi, "Washington's $5 Trillion Interest Bill," CNN Money, March 12, 2012, http://money.cnn.com/2012/03/05/news/economy/national-debt-interest/index.htm.

「權力從政府手中擴散出去」

Joseph S. Nye, "Cyber War and Peace," Project Syndicate, April 10, 2012, http://www.project-syndicate.org/commentary/cyber-war-and-peace.

南歐國家的財政狀況還未達標準，不足以降低統一貨幣的風險

David Marsh, "The Euro's Lost Promise," *New York Times,* March 17, 2010; Sven Boll, "New Documents Shine Light on Euro Birth Defects," *Der Spiegel,* May 8, 2012.

兩德統一後，已經扛了二十年的包袱，估計共付出了 2.17 兆美元

Katrin Bennhold, "What History Can Explain About the Greek Crisis," *New York Times,* May 21, 2012.

特別適合栽種植物的地區

Jared Diamond, "What Makes Countries Rich or Poor?," *New York Review of Books,* June 7, 2012.

肥沃月彎（和鄰近的克里特島）

Ibid.

世界其他地區也出現了這類國家，包括墨西哥、安地斯山脈及夏威夷

Ibid.

以相同形式的國家語言印刷的書籍和小冊子激發出國家認同感

Benedict Anderson, *Imagined Communities,* new ed. (New York: Verso, 2006), pp. 39–48.

使用不同語言形式的人很難互相溝通

Ibid.

進一步強化了國家認同

Ibid.

略過可能削弱民族認同感的敘述

Ibid.

淡化侵略及占據中韓領土的歷史，經常造成東北亞情勢緊張

"Japan Textbook Angers Chinese, Korean Press," BBC News, April 6, 2005, http://news.bbc.co.uk/2/hi/asia-pacific/4416593.stm.

Google Translate

Franz Och, Google Official Blog, "Breaking Down the Language Barrier—Six Years In," April 26, 2012, http://googleblog.blogspot.com/2012/04/breaking-down-the-language-barriersix-years.html.

每天翻譯的文件、文章和書籍內容超過

Ibid.

有 75% 是從英文翻譯成其他語言

Personal correspondence with Franz Och, Google.

使用中文的上網人口

Matt Silverman, "China: The World's Largest Online Population," Mashable, April 10, 2012, http://mashable.com/2012/04/10/china-largest-online-population/; David Teegham, "Chinese to Be Most Popular Language on the Internet," *Discovery News,* January 2, 2011, http://news.discovery.com/tech/chinese-to-be-most-popular-language-on-internet.html.

比利時將原本屬於中央政府的權力，重新分配給地區政府

U.S. Department of State, "Background Note: Belgium," March 22, 2012, http://www.state.gov/r/pa/ei/bgn/2874.htm.

「人的集合體」

Thomas Hobbes, "Of the Natural Condition of Mankind as Concerning Their Felicity and Misery," *The Leviathan,* 1651; ibid., "Of the Rights of Sovereign by Institution."

1,500 年前東羅馬帝國與西羅馬帝國的邊界

"Bosnia and Hercegovina," Lonely Planet, 2008, http://www.lonelyplanet.com/shop_pickandmix/previews/mediterranean-europe-8-bosnia-hercegovina-preview.pdf.

來到引發爭議的科索沃領土

Barney Petrovic, "Serbia Recalls an Epic Defeat," *Guardian,* June 29, 1989.

對波士尼亞人和克羅埃西亞人發動種族滅絕式的武力攻擊

Ibid.

占全球土地的 20%，有一億五千萬人淪為受殖民統治的對象

"The United States Becomes a World Power," Digital History, http://www.digitalhistory.uh.edu/disp_textbook_print.cfm?smtid=2&psid=3158; Saul David, "Slavery and the 'Scramble for Africa,'" BBC, February 17, 2011, http://www.bbc.co.uk/history/british/abolition/scramble_for_africa_article_01.shtml.

43 個已知的恐怖團體有 19 個和販毒有關

Lieutenant Colonel David A. Haupt, U.S. Air Force, "Narco-Terrorism: An Increasing Threat to U.S. National Security," Joint Forces Staff College, Joint Advanced Warfighting School, 2009.

全球 184 個國家中，非法毒品的市場規模已經大於其中 163 國的經濟規模

Ibid.

數十萬人白白喪失性命，浪費掉 3 兆美金

Joseph E. Stiglitz and Linda J. Bilmes, *The Three Trillion Dollar War: The True Cost of the Iraq Conflict* (New York: Norton, 2008).

看電視的時間長短與會不會減少對基本教義派的支持

Mansoor Moaddel and Stuart A. Karabenick, "Religious Fundamentalism among Young Muslims in Egypt and Saudi Arabia," *Social Forces* 86, no. 4 (June 2008).

土耳其電影和電視節目在中東地區很普及

Thomas Seibert, "Turkey Has a Star Role in More Than Just TV Drama," *National,* February 8, 2012.

死於戰爭的人數卻下降

Joshua S. Goldstein, *Winning the War on War: The Decline of Armed Conflict Worldwide* (New York: Dutton/Penguin, 2011), pp. 5–6.

戰事發生的次數也在減少

Ibid.

「透過國際法的仲裁來解決」

Bulletin of the Pan-American Union 38, nos. 244–49 (1914), p. 79.

儘管美國在傳統武力和核武上皆掌握優勢

Richard Clarke, "China's Cyberassault on America," *Wall Street Journal,* June 15, 2011.

除了社會安全福利計畫之外，幾乎超越美國其他所有計畫的支出

John Mueller, "Think Again: Nuclear Weapons," *Foreign Policy* no. 177 (January/February 2010); Peter Passell, "The Flimsy Accounting in Nuclear Weapons Decisions," *New York Times,* July 9, 1998.

歐巴馬總統在 2009 年改變美國政策

"A Treaty on Conventional Arms," editorial, *New York Times,* July 9, 2012.

有些武器最後流到黑市

C. J. Chivers, "Small Arms, Big Problems," *Foreign Affairs* 90, no. 1 (January/February 2011): 110–21; Richard F. Grimmett, Congressional Research Service, "Conventional Arms Transfers to Developing Nations, 2003–2010," September 22, 2011, http://fpc.state.gov/documents/organization/174196.pdf.

針對「軍事工業集團」，對美國提出警告

Sam Roberts, "In Archive, New Light on Evolution of Eisenhower Speech," *New York Times,* December 11, 2010.

世界各地銷售的軍火中竟然有超過一半來自美國

Grimmett, "Conventional Arms Transfers to Developing Nations, 2003–2010."

有 35 到 40 個國家擁有製造核彈的能力

Polly M. Holdorf, "Limited Nuclear War in the 21st Century," Center for Strategic and International Studies, 2010, http://csis.org/files/publication/110916_Holdorf.pdf.

假以時日將具備發射洲際飛彈的能力

Graham Allison, "Nuclear Disorder," *Foreign Affairs* 89, no. 1 (January/February2010): 74–85.

許多人相信，北韓也有能力販賣核彈零件

William J. Broad, James Glanz, and David E. Sanger, "Iran Fortifies Its Arsenal with the Aid of North Korea," *New York Times,* November 29, 2010.

「高度發展通常與穩定的民主政治有正向關聯」

Francis Fukuyama, "The Future of History: Can Liberal Democracy Survive the Decline of the Middle Class?," *Foreign Affairs* 91, no. 1 (January/February 2012).

在 2030 年之前，達到將近五十億人

European Strategy and Policy Analysis System, *Global Trends 2030—Citizens in an Interconnected and Polycentric World,* http://www.iss.europa.eu/uploads/media/ESPAS_report_01.pdf.

「基本自由、經濟與社會權利，以及日益重要的環境議題」

Ibid.

第 4 章：成長的代價

「個人所得分配」或「必須認知的各種成本」

Simon Kuznets, *National Income 1929–1932,* Report to the U.S. Senate, 73rd Congress, 2nd Session (Washington, DC: U.S. Government Printing Office, 1934), pp. 5–6.

未來十七年，全球中產階級的人數將出現驚人成長，約增加 30 億人

Homi Kharas, OECD Development Center, "The Emerging Middle Class in Developing Countries," January 2010, www.oecd.org/dataoecd/54/62/44798225.pdf.

而是富裕國家人民普遍享有的生活水準

Ibid.

消耗量的成長速度超越了人口增加的速度

Jeremy Grantham, "Time to Wake Up: Days of Abundant Resources and Falling Prices Are Over Forever," *GMO Quarterly Letter,* April 2011.

「充分體會到藝術與商品帶來的慰藉，不可能阻止他們使用這些東西」

"Letter from Thomas Jefferson to George Washington, 15 March 1784," Library of Virginia, http://www.lva.virginia.gov/lib-edu/education/psd/nation/gwtj.htm.

民眾卻沒有感到比較快樂，幸福感也沒有因此提高

Institute for Studies in Happiness, Economy and Society, interview with Lester Brown, November 7, 2011, http://ishesorg/en/interview/itv02_01html.

即使進一步增加消費，都無法提升人們的幸福感

Daniel Kahneman and Angus Deaton, "High Income Improves Evaluation of Life but Not Emotional Well-Being," *Proceedings of the National Academy of Sciences,* September 7, 2010, http://www.pnas.org/content/early/2010/08/27/1011492107.abstract.

危險的「全球規模的『引爆點』」

Anthony Barnosky et al., "Approaching a State Shift in Earth's Biosphere," *Nature,* June 7, 2012.

「不慢慢放掉一些氣，泡沫很快就會爆裂」

Justin Gillis, "Are We Nearing a Planetary Boundary?," *New York Times,* Green blog, June 6, 2012, http://green.blogs.nytimes.com/2012/06/06/are-we-nearing-a-planetary-boundary/.

2008 年，全球糧價飆升到史上最高點，到了 2011 年，糧價再創新高

United Nations Food and Agriculture Organization, "FAO Initiative on Soaring Food Prices," http://www.fao.org/isfp/en/; Annie Lowrey, "Experts Issue a Warning as Food Prices Shoot Up," *New York Times,* September 4, 2012.

在許多國家引發搶糧暴動和政治動亂

Jack Farchy and Gregory Meyer, "World Braced for New Food Crisis," *Financial Times,* July 19, 2012; Evan Fraser and Andrew Rimas, "The Psychology of Food Riots," *Foreign Affairs,* January 30, 2011.

重要的地下水含水層正快速乾枯，在中國北部、印度和美國西部，情形尤其嚴重

Li Jiao, "Water Shortages Loom as Northern China's Aquifers Are Sucked Dry," *Science,* June 18, 2010;

"Groundwater Depletion Rate Accelerating Worldwide," *ScienceDaily,* September 23, 2010, http://www.sciencedaily.com/releases/2010/09/100923142503.htm.

全球半數人口所居住的國家，地下水位持續下降

Lester Brown, Earth Policy Institute, *Plan B 3.0: Mobilizing to Save Civilization* (New York: Norton, 2008), http://www.earth-policy.org/images/uploads/book_files/pb3book.pdf.

在幾個重要的糧食生產地區，表土沖蝕及土壤養分流失造成農作物產量下滑

John Vidal, "Soil Erosion Threatens to Leave Earth Hungry," *Guardian,* December 14, 2010.

過去十一年來，幾乎所有大宗商品在全球的價格都上漲

Grantham, "Time to Wake Up."

甚至比兩次世界大戰後物價上漲的幅度還高

Ibid.

帶來的危險是，我們可能會很快達到「所有一切的高峰」

Ibid.

中國和其他新興經濟體的消費成長率至少比工業國家快三倍

Ibid.

世界將近一半的鐵礦石、煤炭、豬肉、鋼鐵和鉛，與四成左右的鋁和銅

Ibid.; Scott Neuman, "World Starts to Worry as Chinese Economy Hiccups," NPR News, December 2, 2011, http://www.npr.org/2011/12/02/143048898/world-starts-to-worry-as-chinese-economy-hiccups; presentation by Robert Zoellick, World Bank Spring Meetings 2012, http://siteresources.worldbank.org/NEWS/Resources/RBZ-SM12-for-Print-FINAL.pdf.

全球每年有將近四分之一的汽車在中國生產

Charles Riley, "Obama Hits China with Trade Complaint," CNN Money, September 17, 2012, http://money.cnn.com/2012/09/17/news/economy/obama-china-trade-autos/index.html.

通用汽車公司，如今在中國的汽車銷售量已經超越美國

Alisa Priddle, "GM's Big Plans for China Includes More Cadillac Models," *USA Today,* April 25, 2012.

從兩億五千萬輛增加為 2013 年的十餘億輛

"One Billion Vehicles Now Cruise the Planet," *Discovery News,* August 18, 2011, http://news.discovery.com/autos/one-billion-cars-cruise-planet-110818.html.

未來三十年，全球汽車與貨車數量將倍增

ExxonMobil, "The Outlook for Energy: A View to 2040," 2012, http://www.exxonmobil.com/Corporate/files/news_pub_eo.pdf.

「所有淨成長」

International Energy Agency, "World Energy Outlook," 2011.

已開發國家的消費水準可能逐漸趨緩，而且某些國家的消費水準可能已經達到高峰

See, for example, U.S. Energy Information Administration, press release, "EIA examines alternate scenarios for the future of U.S. energy," June 25, 2012, http://www.eia.gov/pressroom/releases/press361.cfm, and "U.S. Energy-Related Carbon Dioxide Emissions, 2011," August 14, 2012, http://www.eia.gov/environment/emissions/carbon/.

全世界的汽車與貨車數量將會高達 55 億

Justin Lahart, "What If the Rest of World Had as Many Cars as U.S.?," *Wall Street Journal* blog, November 12, 2011, http://blogs.wsj.com/economics/2011/11/12/number-of-the-week-what-if-rest-of-world-had-as-many-cars-as-u-s/.

美國石油產量可能很快就會比 1970 年的峰值還高一點

Ronald D. White and Tiffany Hsu, "U.S. to Become World's Largest Oil Producer by 2020, Report Says," *Los Angeles Times,* November 13, 2012.

石油輸出國家組織裡的阿拉伯國家在 1973 年秋天實施第一次石油禁運

U.S. Department of State, Office of the Historian, "OPEC Oil Embargo, 1973–1974," 2012, http://history.state.gov/milestones/1969-1976/OPEC.

而中國和其他新興市場的成長率，也預示了未來能源消耗量會大幅增長

International Energy Agency, Key World Energy Statistics, 2011, http://www.iea.org/publications/

freepublications/publication/key_world_energy_stats-1.pdf.

中國的煤炭進口量已經成長了

Kevin Jianjun Tu, Carnegie Endowment for International Peace Policy Outlook, "Understanding China's Rising Coal Imports," February 2012.

在 2015 年之前還會倍增

Rebekah Kebede and Michael Taylor, "China Coal Imports to Double in 2015, India Close Behind," Reuters, May 30, 2011.

未來二十年，淨增加的全球煤炭與石油消耗量將全部來自於開發中國家與新興市場

International Energy Agency, "World Energy Outlook," 2011.

開採新發現的大量深層頁岩氣

Chrystia Freeland, "The Coming Oil Boom," *New York Times,* August 9, 2012.

依照目前的成長速度

International Energy Agency, "World Energy Outlook," 2011.

早在三十多年前，從陸地傳統油井開採的石油似乎就已達到產能高峰

Grantham, "Time to Wake Up."

更昂貴的非傳統陸上資源

Ibid.

在環境極度脆弱的北極海

Guy Chazan, "Total Warns Against Oil Drilling in Arctic," *Financial Times,* September 25, 2012.

比過去昂貴許多的石油

Jeff Rubin, "How High Oil Prices Will Permanently Cap Economic Growth," Bloomberg View, September 23, 2012, http://www.bloomberg.com/news/2012-09-23/how-high-oil-prices-will-permanently-cap-economic-growth.html; Bryan Walsh, "There Will Be Oil—and That's the Problem," *Time,* March 29, 2012.

肥料成本九成來自甲烷

Maria Blanco, Agronomos Etsia Upm, "Supply of and Access to Key Nutrients NPK for Fertilizers for Feeding the World in 2050," November 28, 2011, http://eusoils.jrc.ec.europa.eu/projects/NPK/Documents/Madrid_NPK_supply_report_FINAL_Blanco.pdf, p. 26.

「要製造出 1 卡路里熱量的食物，需要消耗超過 1 卡路里化石燃料的能量」

Michael Pollan, *The Omnivore's Dilemma: A Natural History of Four Meals* (New York: Penguin, 2006), p. 46.

低所得家庭經常把收入的五成到七成花在購買食物上

Lester Brown, *Full Planet, Empty Plates: The New Geopolitics of Food Scarcity* (New York: Norton, 2012), ch. 1, http://www.energybulletin.net/stories/2012-09-17/full-planet-empty-plates-new-geopolitics-food-scarcity-new-book-chapter.

表土每流失 2.54 公分，糧食產量就會減少 6%

Jims Vincent Capuno, "Soil Erosion: The Country's Unseen Enemy," Edge Davao, July 11, 2011, http://www.edgedavao.net/index.php?option=com_content&view=article&id=4801:soil-erosion-the-countrys-unseen-enemy&catid=51:on-the-cover&Itemid=83; Lester Brown, *Eco-Economy: Building an Economy for the Earth* (New York: Norton, 2001), ch. 3, http://www.earth-policy.org/books/eco/eech3_ss5.

土壤中的有機物質每減少 50%，許多農作物的產量就會降低 25%

Vidal, "Soil Erosion Threatens to Leave Earth Hungry."

草原加速沙漠化

Judith Schwartz, "Saving US Grasslands: A Bid to Turn Back the Clock on Desertification," *Christian Science Monitor,* October 24, 2011.

農業用水需求將比目前多出 45%

"No Easy Fix: Simply Using More of Everything to Produce More Food Will Not Work," *Economist,* February 24, 2011.

從三十年前每年 3.5% 的成長率，降為每年成長率只略高於 1%

Grantham, "Time to Wake Up."

植物基因多樣性可能已流失了四分之三

United Nations Food and Agriculture Organization, "Building on Gender, Agrobiodiversity and Local

Knowledge," 2004, ftp://ftp.fao.org/docrep/fao/007/y5609e/y5609e00.pdf.

「2008 年，有四十多個國家實施某種形式的出口禁令，希望保障國內糧食供應無虞」

Toni Johnson, Council on Foreign Relations, "Food Price Volatility and Insecurity," August 9, 2011, http://www.cfr.org/food-security/food-price-volatility-insecurity/p16662.

同時降雨頻率變少，每次降雨的雨量變大

Kevin Trenberth, "Changes in Precipitation with Climate Change," *Climate Research* 47 (2010): 123–38.

氣溫每上升攝氏 1 度，農作物產量就會減少 10%

Wolfram Schlenker and Michael Roberts, "Nonlinear Temperature Effects Indicate Severe Damages to U.S. Crop Yields under Climate Change," *Proceedings of the National Academy of Sciences* 106, no. 37 (October 2008): 15594–98.

各國人民都日益偏好食用資源密集的肉類

Johnson, "Food Price Volatility and Insecurity."

用來種植適合作為生質燃料的農作物

Ibid.

都市擴張，原本的農地逐漸變成城市或市郊

Lester Brown, *Plan B 4.0: Mobilizing to Save Civilization* (New York: Norton, 2009), http://www.earth-policy.org/images/uploads/book_files/pb4book.pdf.

67% 的人民是 24 歲以下的年輕人口

John Ishiyama et al., "Environmental Degradation and Genocide, 1958–2007," *Ethnopolitics* 11 (2012): 141–58.

「即使我們不能有所作為，成功解決問題，問題遲早還是會自行解決」

Jared Diamond, "Malthus in Africa, Rwanda's Genocide," ch. 10 in *Collapse: How Societies Choose to Fail or Succeed* (New York: Viking, 2005).

都會碰上生產瓶頸

"Groundwater Depletion Rate Accelerating Worldwide," *ScienceDaily,* September 23, 2010, http://www.sciencedaily.com/releases/2010/09/100923142503.htm.

「當氣球爆破時，印度農村將面臨數不清的騷亂」

Fred Pearce, "Asian Farmers Sucking the Continent Dry," *New Scientist,* August 2004.

首都沙那（Sana）每 4 天只有 1 天有自來水

Lester Brown, "This Will Be the Arab World's Next Battle," *Guardian,* April 22, 2011.

過去四十年來，由於缺水和土壤流失，穀物收穫量下降了 30%

Ibid.

葉門的水文情況「毫無希望」

Ibid.

我們很容易過度小看目前的選擇對未來的影響

David Laibson, "Golden Eggs and Hyperbolic Discounting," *Quarterly Journal of Economics* 112 (May 1997): 443–78.

新增人口有 95% 以上來自開發中國家

United Nations Department of Economic and Social Affairs, "World Population Prospects: The 2010 Revision," 2011, http://esa.un.org/wpp/Documentation/pdf/WPP2010_Highlights.pdf.

全球人口龐大的淨增加，百分之百來自於城市

United Nations Department of Economic and Social Affairs, "World Urbanization Prospects: The 2011 Revision," March 2012, http://esa.un.org/unpd/wup/pdf/WUP2011_Highlights.pdf.

全球都市居民的總和將大於 1990 年代初期全世界總人口數

Ibid.; U.S. Census Bureau, "Total Midyear Population for the World: 1950–2050," http://www.census.gov/population/international/data/worldpop/table_population.php.

過去四十年來，超級大都市的人口已經成長 10 倍

United Nations Department of Economic and Social Affairs, "World Urbanization Prospects: The 2011 Revision."

人口不到一百萬的城市，在全球都市人口中的占比將減少

Ibid.

住在城市地區的人口都不超過總人口的 10% 至 12%

Susan Thomas, "Urbanization as a Driver of Change," *Arup Journal,* 2008.

在 20 世紀初，都市居民依然只占總人口的 13% 左右

Sukkoo Kim, "Urbanization," *The New Palgrave Dictionary of Economics* (New York: Palgrave Macmillan, 2008); Thomas, "Urbanization as a Driver of Change."

2011 年則是人類史上首度有超過半數的人住在城市中

United Nations Department of Economic and Social Affairs, "World Urbanization Prospects: The 2011 Revision."

在低度開發國家中，則有 64% 的人住在城市

Ibid.

2013 年，已有 23 個城市的人口超過 1 千萬

Ibid.

在 2025 年之前，地球上將有 37 個這類超級大都市

Ibid.

預計在 2000 年到 2030 年之間，城市數目將擴增 175%

United Nations Population Fund (UNFPA), *State of World Population 2007: Unleashing the Potential of Urban Growth,* http://www.unfpa.org/swp/2007/english/introduction.html.

今天拉哥斯有 1,100 萬人，到了 2025 年，將成長為將近 1,900 萬人

United Nations Department of Economic and Social Affairs, "World Urbanization Prospects: The 2011 Revision."

預估到 2025 年，德里的人口將達 3,300 萬左右

Ibid.

2050 年，全球人口將有七成左右在城市居住

Ibid.

幾乎每 3 個城市居民，就有 1 人住在貧民窟內

Most of us have an image of what a "slum" is, but in fact slums come in different shapes and sizes. What they share in common, according to the United Nations definition: "lacking at least one of the basic conditions of decent housing: adequate sanitation, improved water supply, durable housing or adequate living space."
UNFPA, *State of World Population 2007: Unleashing the Potential of Urban Growth.*

在未來十七年內，貧民窟居民的人數將倍增，達到 20 億人

Ben Sutherland, "Slum Dwellers 'to Top 2 Billion,'" BBC, June 20, 2006, http://news.bbc.co.uk/2/hi/in_depth/5099038.stm.

都市貧窮人口增加的速度，甚至比都市總人口成長速度還快

United Nations Department of Economic and Social Affairs, World Population Monitoring: Focusing on Population Distribution, Urbanization, Internal Migration, and Development, 2009.

大多數人都是為了賺更多錢而離鄉背井，遷居都市，在開發中國家尤其如此

David Satterthwaite et al., "Urbanization and Its Implications for Food and Farming," *Philosophical Transactions of the Royal Society B* 365, no. 1554 (2010): 2809–20.

許多人脫離貧窮，晉升中產階級，而這仍是全球大趨勢，在亞洲尤其明顯

European Strategy and Policy Analysis System, *Global Trends 2030—Citizens in an Interconnected and Polycentric World,* http://www.iss.europa.eu/uploads/media/ESPAS_report 01.pdf.

全世界日益增多的中產階級，絕大多數仍住在城市裡

Ibid., p. 19.

在都市中進行的生產活動已經占全球生產量的八成

Richard Dobbs, Jaana Remes, and Charles Roxburgh, "Boomtown 2025: A Special Report," *Foreign Policy,* March 24, 2011.

都市居民平均每人資源消耗率仍然高於鄉村居民

David Owen, *Green Metropolis: Why Living Smaller, Living Closer, and Driving Less Are the Keys to Sustainability* (New York: Riverhead Trade, 2010); Qi Jingmei, "Urbanization Helps Consumption," *China*

Daily, December 15, 2009.

開發中國家每人肉類消耗量倍增

United Nations Food and Agriculture Organization, "Livestock in the Balance," *The State of Food and Agriculture 2009.*

每生產 1 公斤的肉類蛋白質，就會消耗掉 7 公斤的植物蛋白質

"Mankind Benefits from Eating Less Meat," PhysOrg, April 6, 2006, http://phys.org/news63547941.html.

全世界有超過 9 億人長期陷於飢餓狀態

United Nations, Millennium Development Goals Report 2011.

過去四十年來，美國人的平均體重增加了將近 9 公斤

Claudia Dreifus, "A Mathematical Challenge to Obesity," *New York Times,* May 14, 2012.

2030 年，美國將有半數的成人過胖，其中四分之一更是「嚴重肥胖」

Eric Finkelstein et al., "Obesity and Severe Obesity Forecasts Through 2030," *American Journal of Preventive Medicine,* June 2012; "Most Americans May Be Obese by 2030, Report Warns," ABC News, September 18, 2012; "Fat and Getting Fatter: U.S. Obesity Rates to Soar by 2030," Reuters, September 18, 2012.

全球社群目前正緩慢但穩定地減少長期飢餓的人數

United Nations, Millennium Development Goals Report 2011.

過去三十年來，全球肥胖人數已逾倍增

World Health Organization Media Centre, "Obesity and Overweight," May 2012, http://www.who.int/mediacentre/factsheets/fs311/en/index.html.

全世界 20 歲以上的成年人，大約有 15 億人超重，其中三分之一被歸為肥胖

Ibid.

因為肥胖及超重的相關疾病而死亡的人數多於因體重不足的相關疾病而死亡的人數

Ibid.

糖尿病患者幾乎有三分之二死於中風或心臟病

Centers for Disease Control and Prevention, National Diabetes Statistics, 2011, http://diabetes.niddk.nih.gov/dm/pubs/statistics/.

今天，有 17% 的美國兒童過胖

Tara Parker-Pope, "Obesity Rates Stall, but No Decline," *New York Times,* Well blog, January 17, 2012, http://well.blogs.nytimes.com/2012/01/17/obesity-rates-stall-but-no-decline/.

全球則有將近 7% 的兒童過胖

ProCor, "Global: Childhood Obesity Rate Higher Than 20 Years Ago," September 28, 2010, http://www.procor.org/prevention/prevention_show.htm?doc_id=1367793.

無論在美國或全世界，由於兒童肥胖增加的趨勢，未來肥胖症仍將持續流行下去

Parker-Pope, "Obesity Rates Stall, but No Decline."

即使我們已經吃飽了，這類食物仍會刺激大腦，增強想吃更多的欲望

Tara Parker-Pope, "How the Food Makers Captured Our Brains," *New York Times,* June 23, 2009.

「包含高脂肪、高糖、高鹽，但低維他命、礦物質及其他微量營養素的高能量密度食物」

World Health Organization Media Centre, "Obesity and Overweight."

高度都市化的結果是，愈來愈多人遠離可靠的新鮮蔬果來源

"If You Build It, They May Not Come," *Economist,* July 7, 2011.

蔬果中每公克的高品質卡路里，要比甜食與高澱粉食品中的卡路里貴 10 倍

David Bornstein, "Time to Revisit Food Deserts," *New York Times,* Opinionator blog, April 25, 2012, http://opinionator.blogs.nytimes.com/2012/04/25/time-to-revisit-food-deserts/.

1985 年到 2000 年，美國新鮮蔬果的價格上漲了 40%，脂肪的價格卻下跌 15%

Ibid.

社區居民的收入比較低，加上缺乏準備食物的時間和知識，都是可能的因素

Ibid.

並把健康的食物丟掉拒吃

Vivian Yee, "No Appetite for Good-for-You School Lunches," *New York Times,* October 5, 2012.

引進美國速食店和肥胖率攀升，幾乎有十分明確的關聯

Jeannine Stein, "Wealthy Nations with a Lot of Fast Food: Destined to Be Obese?," *Los Angeles Times,* December 22, 2011.

糧食價格大幅下跌

Charles Kenny, "The Global Obesity Bomb," *BloombergBusinessweek,* June 4, 2012.

美國農業政策與美國人平均體重大幅上升，及日益肥胖的現象有明確關聯

Dreifus, "A Mathematical Challenge to Obesity."

穿得少少的性感偶像以曖昧的姿態洗車

Eric Noe, "How Well Does Paris Sell Burgers?," ABC News, June 29, 2005, http://abcnews.go.com/Business/story?id=893867&page=1#.UGMPQI40jdk.

相當於地球上額外增加 10 億人口的負擔

Matt McGrath, "Global Weight Gain More Damaging Than Rising Numbers," BBC, June 20, 2012.

美國也出現了第一份全國發行的雜誌和首部在戲院放映的默片

Johannes Malkmes, *American Consumer Culture and Its Society: From F. Scott Fitzgerald's 1920s Modernism to Bret Easton Ellis' 1980s Blank Fiction* (Hamburg: Diplomica, 2011), p. 44.

汽車、收音機之類的昂貴新商品

Jeremy Rifkin, *The End of Work* (New York: Putnam, 1995), p. 22.

1920 年代末期，美國有將近七成的家庭都擁有電力

Stephen Moore and Julian L. Simon, "The Greatest Century That Ever Was: 25 Miraculous Trends of the Past 100 Years," Cato Policy Analysis No. 364, Cato Institute, December 15, 1999, http://www.cato.org/pubs/pas/pa364.pdf, p. 20.

製造商和零售商對新興的大眾行銷科學產生強烈的興趣

Rifkin, *The End of Work,* pp. 20–22.

廣告業開始在市場上扮演截然不同的新角色

Daniel Pope, "Making Sense of Advertisements," History Matters: The U.S. Survey on the Web, http://historymatters.gmu.edu/mse/ads/ads.pdf.

以及當時許多美國最知名的知識份子

Russell Jacoby, "Freud's Visit to Clark U," *Chronicle of Higher Education,* September 2009.

美國精神分析學會也在佛洛依德訪問美國兩年後成立

Leon Hoffman, "Freud's Adirondack Vacation," *New York Times,* August 29, 2009.

威爾遜總統建立了公共資訊委員會

Woodrow Wilson: Executive Order 2594—Creating Committee on Public Information, April 13, 1917, American Presidency Project, http://www.presidency.ucsb.edu/ws/?pid=75409.

開始將這種技巧引進大眾行銷的領域

Institute for Studies in Happiness, Economy, and Society, Alternatives and Complements to GDP-Measured Growth as a Framing Concept for Social Progress, 2012.

以避免使用「宣傳」的字眼

I explain the history of the word "propaganda"—and its meaning in the United States—in a previous book. See *The Assault on Reason* (New York: Penguin Press, 2007), pp. 93–96.

戰時德國人經常用「宣傳」一詞來描述他們的大眾傳播策略

Sam Pocker, *Retail Anarchy: A Radical Shopper's Adventures in Consumption* (Philadelphia: Running Press, 2009), p. 122.

挖掘出消費者潛意識中與產品或品牌行銷相關的聯想

Larry Tye, "The Father of Spin: Edward L. Bernays and the Birth of P.R.," PR Watch, 1999, http://www.prwatch.org/prwissues/1999Q2/bernays.html.

「讓人們的欲望蓋過他們的實際需要」

Paul Mazur, as quoted in *Century of the Self,* BBC Four, April–May 2002.

他們了解社會大眾的心理過程和社會型態，知道如何操控大眾的思維

Edward Bernays, *Propaganda* (New York: Horace Liveright, 1928), p. 38.

陰險的廣告手法，把吸菸與女權運動扯上關係

William E. Geist, "Selling Soap to Children and Hairnets to Women," *New York Times,* March 27, 1985.

「消費的新經濟福音」

Robert LaJeunesse, *Work Time Regulation as Sustainable Full Employment Strategy: The Social Effort Bargain* (New York: Routledge, 2009), pp. 37–38.

「這全是人類獲得重生與救贖的重要工作」

James B. Twitchell, *Adcult USA: The Triumph of Advertising in American Culture* (New York: Columbia University Press, 1996).

「我們似乎可以繼續加把勁」

Benjamin Hunnicutt, *Work Without End: Abandoning Shorter Hours for the Right to Work* (Philadelphia: Temple University Press, 1988), p. 44.

「必須持續激發人們的需求和欲望」

"Retail Therapy," *Economist,* December 17, 2011.

廣泛運用柏奈斯的著作《宣傳》(*Propaganda*) 中的概念

Dennis W. Johnson, *Routledge Handbook of Political Management* (New York: Routledge, 2009), p. 314 n. 3; see Edward Bernays, *Biography of an Idea: Memoirs of Public Relations Counsel Edward L. Bernays* (New York: Simon & Schuster, 1965).

「造成的影響比任何經濟力量的轉移還要重大」

Walter Lippmann, *Public Opinion* (New York: Harcourt, Brace, 1922), p. 248.

潛意識分析在神經行銷學領域再度大行其道

Natasha Singer, "Making Ads That Whisper to the Brain," *New York Times,* November 14, 2010.

三十五年前，一般城市居民平均每天會看到 2,000 則廣告訊息

Louise Story, "Anywhere the Eye Can See, It's Likely to See an Ad," *New York Times,* January 15, 2007.

今天的城市居民平均每天會看到 5,000 則廣告訊息

Ibid.

預計在 12 年內，總垃圾量會增加 70%

Daniel Hoornweg and Perinaz Bhada-Tata, World Bank, "What a Waste: A Global Review of Solid Waste Management," March 2012.

處理垃圾的成本將倍增，達到每年 3,750 億美元，主要是因為開發中國家的垃圾處理成本大幅增加

Ibid.

開發中國家的國民所得每提高 1%，就會增加 0.69% 的都市固體廢棄物

Antonis Mavropoulos, "Waste Management 2030+," http://www.waste-management-world.com.

地球上每天產生的廢棄物量會超過 70 億人的體重

Alexandra Sifferlin, "Weight of the World: Globally, Adults Are 16.5 Million Tons Overweight," *Time*, June 18, 2012; Paul Hawken, "Resource Waste," *Mother Jones*, March/April 1997; U.S. Environmental Protection Agency (EPA), "Municipal Solid Waste," http://www.epa.gov/epawaste/nonhaz/municipal/index.htm.

過去十年來，塑膠廢棄物的出口成長 250% 以上

Mavropoulos, "Waste Management 2030+."

陸地上幾百萬個垃圾棄置場的垃圾量，其實更龐大

EPA, "Municipal Solid Waste Generation, Recycling, and Disposal in the United States: Facts and Figures for 2010," November 2011, http://www.epa.gov/epawaste/nonhaz/municipal/pubs/msw_2010_rev_factsheet.pdf; NOAA Marine Debris Program, "De-mystifying the 'Great Pacific Garbage Patch,'" http://marinedebris.noaa.gov/info/patch.html.

每年有 4% 的全球暖化汙染，是這些有機廢棄物分解後產生的

Ian Williams, University of Southampton, "Future of Waste: Initial Perspectives," in Tim Jones and Caroline Dewing, eds., *Future Agenda: Initial Perspectives* (Newbury, UK: Vodafone Group, 2009), pp. 84–89.

一般美國人體內可以找到 212 種微量化學廢棄物痕跡，包括殺蟲劑、砷、鎘和阻燃劑等

Centers for Disease Control and Prevention, Fourth National Report on Human Exposure to Environmental Chemicals, 2009, http://www.cdc.gov/exposurereport/pdf/FourthReport.pdf.

美國每年都有數千宗火災是因為吸菸者睡著後，點燃的香菸掉在椅子或沙發上而起火

Michael Hawthorne, "Testing Shows Treated Foam Offers No Safety Benefit," *Chicago Tribune,* May 6, 2012.

足夠的影響力，要求家具中添加有害化學品
Nicholas D. Kristof, "Are You Safe on That Sofa?," *New York Times,* May 19, 2012.
暴露在含有阻燃劑的環境中，與癌症、生殖障礙及胎兒受損的關聯性
Hawthorne, "Testing Shows Treated Foam Offers No Safety Benefit."
添加在家具泡沫塑料中的阻燃劑，根本無助於減少住宅火災
Ibid.
1976 年制定的「毒性物質管制法」，卻從來沒有真正實施
Bryan Walsh, "The Perils of Plastic," *Time,* April 1, 2010.
隱瞞關於這些化學品的大部分醫學訊息，不提供給管理當局
Ibid.
發明毒氣的人，也是人工合成氮肥的發明人
Diarmuid Jeffreys, *Hell's Cartel: IG Farben and the Making of Hitler's War Machine* (New York: Metropolitan Books, 2008).
水媒傳染的疾病仍然名列主要死因，在南亞、非洲和一部分中東地區尤其如此
John Cameron, Paul Hunter, Paul Jagals, and Katherine Pond, eds., *Valuing Water, Valuing Livelihoods,* World Health Organization, http://whqlibdoc.who.int/publications/2011/9781843393108_eng.pdf.
「全球主要河川有半數以上都嚴重枯竭並受到汙染」
World Water Council, "Water and Nature," http://www.worldwatercouncil.org/index.php?id=21.
「這是不對稱的會計帳」
Jorgen Randers, *2052: A Global Forecast for the Next Forty Years* (White River Junction, VT: Chelsea Green, 2012), p. 75.
「當然，從政府的角度來看」
Keith Bradsher, "A Chinese City Moves to Limit Cars," *New York Times,* September 4, 2012.
飲用水會接觸到化學廢棄物或其他健康威脅
Charles Duhigg, "Clean Water Laws Are Neglected, at a Cost in Suffering," *New York Times,* September 13, 2009.
還有 25 億人缺乏較好的衛生設施
World Health Organization, "Progress on Drinking Water and Sanitation: 2012 Update," http://www.wssinfo.org/fileadmin/user_upload/resources/JMP-report-2012-en.pdf.
「二十四億人的衛生設施無法獲得改善」
Ibid.
因為飲用水不乾淨而生病，並有數萬人因此死亡
Jane Qiu, "China to Spend Billions Cleaning Up Groundwater," *Science,* November 2011, p. 745.
興起頁岩氣開採熱
Chesapeake Energy, "Water Use in Deep Shale Gas Exploration," 2012, http://www.chk.com/Media/Educational-Library/Fact-Sheets/Corporate/Water_Use_Fact_Sheet.pdf; Jack Healy, "Struggle for Water in Colorado with Rise in Fracking," *New York Times,* September 5, 2012.
對於缺水地區的水供應造成嚴重壓力
Chesapeake Energy, "Water Use in Deep Shale Gas Exploration"; Healy, "Struggle for Water in Colorado with Rise in Fracking."
將水力運用於能源生產的趨勢將加倍成長
International Energy Agency, *World Energy Outlook 2012* (Paris: International Energy Agency, 2012).
打開新的地層裂縫，調整地下水流型態
Abrahm Lustgarten, "Are Fracking Wastewater Wells Poisoning the Ground beneath Our Feet?," *Scientific American,* June 21, 2012.
往上滲漏到飲用水所在的含水層區域
Ibid.
所有的地表水加起來只占 1%
"Groundwater Depletion Rate Accelerating Worldwide," *ScienceDaily,* September 23, 2010, http://www.sciencedaily.com/releases/2010/09/100923142503.htm.

地下水含水層縮減速度加倍

Ibid.

地下水縮減的速度變得更快了

Ibid.

一億印度農民總共鑽了二千一百多萬口井

Lester Brown, *Plan B 4.0: Mobilizing to Save Civilization* (New York: Norton, 2009), http://www.earth-policy. org/images/uploads/book_files/pb4book.pdf.

農夫只好看天吃飯，仰賴愈來愈難以預測的降雨

Ibid.

澳洲的莫瑞達令河（Murray-Darling）、中國的長江與黃河，以及德國的易北河等

Geoffrey Lean, "Rivers: A Drying Shame," *Independent,* March 12, 2006.

估計應該會在 100 億和 150 億之間

United Nations Department of Economic and Social Affairs, "World Population to Reach 10 Billion by 2100 If Fertility in All Countries Converges to Replacement Level," May 3, 2011, http://esa.un.org/wpp/Other-Information/Press_Release_WPP2010.pdf.

最可能的範圍是比 100 億再稍稍多一點

Ibid.; United Nations Department of Economic and Social Affairs, "World Population Prospects: The 2010 Revision," 2011, http://esa.un.org/unpd/wpp/Analytical-Figures/htm/fig_1.htm.

印度在本世紀末葉成為全世界人口最多的國家

United Nations Department of Economic and Social Affairs, "World Population Prospects: The 2010 Revision," 2011, http://esa.un.org/unpd/wpp/unpp/panel_population.htm.

本世紀結束前，非洲人口預計將超過中國和印度的人口總和

Ibid.

非洲人口將達到 36 億的驚人數字

David E. Bloom, "Africa's Daunting Challenges," *New York Times*, May 5, 2011.

許多低度開發國家（大多數為非洲國家）生育率下降的速度比預期緩慢

United Nations Department of Economic and Social Affairs, "World Population to Reach 10 Billion by 2100 If Fertility in All Countries Converges to Replacement Level."

生育控制的相關知識與技術未能普及，無法讓需要的婦女都能順利取得

Malcolm Potts and Martha Campbell, "The Myth of 9 Billion," *Foreign Policy*, May 9, 2011; Justin Gillis and Celia W. Dugger, "U.N. Forecasts 10.1 Billion People by Century's End," *New York Times*, May 4, 2011.

已經達到經濟大蕭條以來的最低水準

Bonnie Kavousi, "Birth Rate Plunges, Projected to Reach Lowest Level in Decades," *Huffington Post,* July 26, 2012.

影響人口成長的社會條件，仍然與經濟成長有一些關聯

T. Paul Shultz, Yale Economic Growth Center, "Fertility and Income," October 2005, www.econ.yale. edu/~pschultz/cdp925.pdf.

14 個國家中，有 13 國位於撒哈拉沙漠以南的非洲地區

Bloom, "Africa's Daunting Challenge."

讀寫能力和獲得良好教育的機會是重要關鍵

United Nations, Report of the International Conference on Population and Development, Cairo, September 5–13, 1994, http://www.un.org/popin/icpd/conference/offeng/poa.html.

生幾個孩子，和討論其他重要家庭議題

Ibid.

要生幾個孩子，和每一胎要間隔多久

Ibid.

「最有效的避孕藥」

Ibid.

包括 98% 有性經驗的女性天主教徒

Nicholas D. Kristof, "Beyond Pelvic Politics," *New York Times*, February 11, 2012.

55 個非洲國家中有 39 個國家的生育率很高

United Nations Department of Economic and Social Affairs, "World Population to Reach 10 Billion by 2100 If Fertility in All Countries Converges to Replacement Level."

有 34 國的人口在本世紀結束前,將攀升為目前的三倍

Ibid.

在生育年齡內平均生下 2.5 個孩子

Bloom, "Africa's Daunting Challenge."

非洲婦女每人平均有 4.5 個孩子

Ibid.

造成了具破壞性、且不永續的人口高速成長趨勢

Ibid.

本世紀末,人口將成長將近十倍,達到 1 億 2 千 9 百萬左右

Gillis and Dugger, "U.N. Forecasts 10.1 Billion People by Century's End."

2100 年之前,非洲人口最多的國家奈及利亞,總人口數將從目前的 1 億 6 千餘萬增加為 7 億 3 千萬

Ibid.

當於中國在 1960 年代中期的人口數

"Total Population, CBR, CDR, NIR and TFR of China (1949–2000)," *China Daily,* August 20, 2010.

兒童死亡率和嬰兒夭折率都大幅降低

Potts and Campbell, "The Myth of 9 Billion"; Robert Kunzig, "Population 7 Billion," *National Geographic,* January 2011.

從 19 世紀初的 35 歲上升到今天的 77 歲

Kunzig, "Population 7 Billion."

沙烏地阿拉伯的大學生已有將近六成是女生(1970 年女生只占 8%)

UNESCO Institute for Statistics, *Global Education Digest 2009: Comparing Education Statistics Across the World,* 2009, http://www.uis.unesco.org/template/pdf/ged/2009/GED_2009_EN.pdf, p. 227.

阿拉伯國家平均為 48%,伊朗為 51%

UNESCO Institute for Statistics, *Global Education Digest 2011,* 2011, http://www.uis.unesco.org/Education/Pages/ged-2011.aspx.

找得到相關統計數字的 120 個國家中,有 67 個國家拿到大學文憑的女生多於男生

Gary S. Becker, William H. J. Hubbard, and Kevin M. Murphy, "The Market for College Graduates and the Worldwide Boom in Higher Education of Women," *American Economic Review* 100, no. 2 (2010): 229–33.

全世界平均數則是 51%

Ibid.; World Bank, *The Road Not Traveled: Education Reform in the Middle East and North Africa,* MENA Development Report, 2008, http://siteresources.worldbank.org/INTMENA/Resources/EDU_Flagship_Full_ENG.pdf, p. 171.

碩士有 61%、博士有 51% 為女性

U.S. Department of Education, National Center for Education Statistics, "Fast Facts," 2010, http://nces.ed.gov/fastfacts/display.asp?id=72.

已經宣布,計畫從 2015 年起,讓婦女也擁有投票權

"Saudi Women to Receive Right to Vote—in 2015," NPR, September 26, 2011, http://www.npr.org/2011/09/26/140818249/saudi-women-get-the-vote.

在政治參與度方面,更只消弭了 18% 的性別差異

Ricardo Hausmann, Laura D. Tyson, and Saadia Zahidi, "The Global Gender Gap Index 2010," *Global Gender Gap Report 2010,* 2010, http://www3.weforum.org/docs/WEF_GenderGap_Report_2010.pdf.

進入職場工作的女性人數是男性的兩倍

"A Guide to Womenomics," *Economist,* April 12, 2006.

職場上女性與男性的比為 83︰100

Ibid.

成衣業與紡織業的員工中,女性占 60%至 80%

Ibid.

「促進的全球經濟成長幅度，超越了中國的貢獻」
Ibid.
負責的產出占 GDP 的比率不到 40%。
Ibid.
對 GDP 的整體貢獻將超過 50%
Ibid.
出外工作的比率一飛沖天，從 12% 竄升到 55%
Robert R. Reich, *Aftershock: The Next Economy and America's Future* (New York: Knopf, 2010), p. 61.
選擇出外工作的母親，比率則從 20% 上升為 60%
Ibid.
造成凱斯勒（David Kessler）所謂的「習慣性暴食」
Tara Parker-Pope, "How the Food Makers Captured Our Brains," *New York Times,* June 23, 2009.
擔心孩子在外面玩不安全，通常都容許孩子、甚至鼓勵孩子多看電視
Rebecca Cecil-Carb and Andrew Grogan-Kaylor, "Childhood Body Mass Index in Community Context: Neighborhood Safety, Television Viewing and Growth Trajectories of BMI," *Health and Social Work* 34 (March 2009): 169–77.
部分原因是職業婦女愈來愈多
United Nations Division for Social Policy and Development Division, Family Unit, 2003–2004, Major Trends Affecting Families, "Introduction," http://social.un.org/index/LinkClick.aspx?fileticket=LJsVbHQC7Ss%3d&t abid=282.
有二成到三成與臉書有關
Carl Bialik, "Irreconcilable Claim: Facebook Causes 1 in 5 Divorces," *Wall Street Journal,* March 12, 2011; Carl Bialik, "Divorcing Hype from Reality in Facebook Stats," *Wall Street Journal* blog, March 11, 2011, http://blogs.wsj.com/numbersguy/divorcing-hype-from-reality-in-facebook-stats-1046/.
如今只有四分之一已婚
Pew Research Center, "The Decline of Marriage and Rise of New Families," November 18, 2010, http://pewresearch.org/pubs/1802/decline-marriage-rise-new-families.
一起養兒育女，卻始終不結婚
Ibid.
美國現在有 41% 的兒童是未婚媽媽生的
Ibid.
五十年前，未婚媽媽生的孩子只占 5%
Ibid.
美國只有一半的母親在不到 30 歲時就懷孕生子
Jason DeParle and Sabrina Tavernise, "For Women Under 30, Most Births Occur Outside Marriage," *New York Times,* February 17, 2012.
在非洲裔美國母親中
Ibid.
不到 30 歲時就懷孕生子的比率則高達 73%
Ibid.
名列前茅的國家是冰島、挪威、芬蘭和瑞典；墊底的國家則是葉門
Hausmann, Tyson, and Zahidi, "The Global Gender Gap Index 2010."
阿拉伯國家則最低（11.4%）
Inter-Parliamentary Union, "Women in National Parliaments," April 30, 2011, http://www.ipu.org/wmn-e/world.htm.
憲法中明訂國會議員至少必須有 30% 為女性
Catherine Rampell, "A Female Parliamentary Majority in Just One Country: Rwanda," *New York Times,* Economix blog, March 9, 2010, http://economix.blogs.nytimes.com/2010/03/09/women-underrepresented-in-parliaments-around-the-world/; Inter-Parliamentary Union, "Women in National Parliaments."
全球企業董事會中，只有 7% 由女性組成

"A Guide to Womenomics," *Economist*.

生育率也低於人口替代率

Steven Philip Kramer, "Baby Gap: How to Boost Birthrates and Avoid Demographic Decline," *Foreign Affairs*, May/June 2012.

美國的出生率則在 2011 年降到史上最低點

Terence P. Jeffrey, "CDC: U.S. Birth Rate Hits All-Time Low; 40.7% of Babies Born to Unmarried Women," CNS News, October 31, 2012, http://cnsnews.com/news/article/cdc-us-birth-rate-hits-all-time-low-407-babies-born-unmarried-women.

到了 2100 年，更會下滑到只有 6 千 4 百萬人

Bryan Walsh, "Japan: Still Shrinking," *Time*, August 28, 2006.

保障婦女生完小孩後有機會重返職場，以及其他許多福利

Kramer, "Baby Gap."

幾乎重新達到人口替代水準

Ibid.

一直無法有效遏止生育率下滑

Ibid.

美國人平均醫療保健費用比其他國家都高

Simon Rogers, "Healthcare Spending Around the World, Country by Country," *Guardian*, June 30, 2012; Harvey Morris, "U.S. Healthcare Costs More Than 'Socialized' European Medicine," *International Herald Tribune*, June 28, 2012.

2000 年以後在已開發國家出生的嬰兒幾乎半數以上都能活到 100 歲

"Most Babies Born Today May Live Past 100," ABC News, October 1, 2009, http://abcnews.go.com/Health/WellnessNews/half-todays-babies-expected-live-past-100/story?id=8724273.

超過半數可以活到 104 歲以上

Ibid.

人類平均壽命可能還不到 30 歲；有些人認為平均壽命可能還更低

Nicholas Wade, "Genetic Data and Fossil Evidence Tell Differing Tales of Human Origins," *New York Times*, July 27, 2012; Sonia Arrison, "Average Life Expectancy Through History," *Wall Street Journal*, August 27, 2011.

直到 19 世紀中葉

Arrison, "Average Life Expectancy Through History."

大多數的工業國家，平均壽命更超過 75 歲

United Nations Department of Economic and Social Affairs, *World Population Prospects: The 2010 Revision*; Arrison, "Average Life Expectancy Through History."

未來二十五年內，預估中國 65 歲以上人口的百分比將是現在的兩倍

Ted C. Fishman, "As Populations Age, a Chance for Younger Nations," *New York Times Magazine*, October 17, 2010.

2050 年，中國三分之一的人口將超過 60 歲

Ibid.; Joseph Chamie, former director of the United Nations Population Division, "The Battle of the Billionaires: China vs. India," *Globalist*, October 4, 2010.

老年人口百分比仍然只有中國的一半

Chamie, "The Battle of the Billionaires: China vs. India."

日本成人紙尿褲的銷售量已經超過嬰兒紙尿褲

Sam Jones and Ben McLannahan, "Hedge Funds Say Shorting Japan Will Work," *Financial Times*, November 29, 2012.

全球人口的年齡中位數也將從目前的 28 歲提高到 40 歲

Ibid.

是促成法國大革命的壓力來源之一

NPR, "In Arab Conflicts, the Young Are the Restless," NPR, February 8, 2012, http://www.npr.org/2011/02/09/133567583/in-arab-conflicts-the-young-are-the-restless.

開發中國家的大多數革命

Jack Goldstone, "Population and Security: How Demographic Change Can Lead to Violent Conflict," *Journal of International Affairs* 56 (2002).

正好是第二次世界大戰後的嬰兒潮步入青年期之時

Kenneth Weiss, "Runaway Population Growth Often Fuels Youth-Driven Uprisings," *Los Angeles Times*, July 22, 2012.

這個國家的內部衝突將是一般國家的兩倍

"In Arab Conflicts, the Young Are the Restless," NPR.

都發生在青年膨脹的國家

"The Hazards of Youth," *WorldWatch,* October 2004.

是在全球糧價高漲之時

Joseph Chamie, "A 'Youth Bulge' Feeds Arab Discontent," *Daily Star,* April 15, 2011; Ashley Fantz, "Tunisian on Life One Year Later: No Fear," CNN, December 16, 2011, http://www.cnn.com/2011/12/16/world/meast/tunisia-immolation-anniversary/index.html.

能提供他們的就業機會卻少得可憐

Madawi Al-Rasheed, "Yes, It Could Happen Here: Why Saudi Arabia Is Ripe for Revolution," *Foreign Policy,* February 28, 2011.

到本世紀中也只會達到 40 歲

Fishman, "As Populations Age, a Chance for Younger Nations."

外來移民的生育率較高

Ibid.

占已開發國家總人口的 10%

United Nations Department of Economic and Social Affairs, "Trends in International Migrant Stock: Migrants by Age and Sex," http://esa.un.org/MigAge/index.asp?panel=8; United Nations Department of Social and Economic Affairs, "Trends in International Migrant Stock: The 2008 Revision," July 2009, http://www.un.org/esa/population/migration/UN_MigStock_2008.pdf.

高於二十年前的 7.2%

Ibid.

從自己國家中的某個地區移民到另外一個地區

Fiona Harvey, "Climate Change Could Trap Hundreds of Millions in Disaster Areas, Report Claims," *Guardian,* October 20, 2011.

從開發中國家遷移到已開發國家

Report of the Secretary-General, United Nations General Assembly, "International Migration and Development," May 18, 2006.

「『南往南移』的移民數幾乎和『南往北移』的移民數一樣多」

Ibid.

阿富汗、巴基斯坦、阿爾及利亞等國的穆斯林移民

Anne-Sophie Labadie, "Greek Far-Right Rise Cows Battered Immigrants," *Daily Star,* May 25, 2012.

穆斯林人口眾多的外高加索地區

Atryom Liss, "Neo-Nazi Skinheads Jailed in Russia for Racist Killings," BBC, February 25, 2010, http://news.bbc.co.uk/2/hi/europe/8537861.stm; Mansur Mirovalev, "Russia: Far-Right Nationalists and Neo-Nazis March in Moscow," Associated Press, November 4, 2011.

其中四分之三的國家，總人口還不到一百萬人

Report of the Secretary-General, "International Migration and Development."

外國移民的人數占全國總人口的 10% 以上

United Nations Department of Social and Economic Affairs, "Trends in International Migrant Stock: The 2008 Revision."

一道 3,380 公里長、2.5 公尺高的鐵圍籬

Kurt M. Campbell et al., "The Age of Consequences: The Foreign Policy and National Security Implications of Global Climate Change," Center for Strategic & International Studies, November 2007, http://www.

climateactionproject.com/docs/071105_ageofconsequences.pdf.

龐大的國內移民潮──人民紛紛離開孟加拉灣的沿岸低窪地帶和離島

Ibid.

孟加拉灣地區目前有 4 百萬人口

Ibid.

孟加拉總人口數

Ibid.

美國人口只占全球總人口的 5%

Global Migration Group, "International Migration and Human Rights," October 2008, http://www.unhcr.org/cgi-bin/texis/vtx/home/opendocPDFViewer.html?docid=49e479cf0&query=migration.

美國誕生的「非白種」新生兒數目,首度超越白種新生兒

Conor Dougherty and Miriam Jordan, "Minority Births Are New Majority," *Wall Street Journal,* May 17, 2012.

是這段期間仇恨團體興起的主因之一

Colleen Curry, "Hate Groups Grow as Racial Tipping Point Changes Demographics," ABC News, May 18, 2012, http://abcnews.go.com/US/militias-hate-groups-grow-response-minority-population-boom/story?id=16370136#.T7Zy1O2I3dl.

「到 2010 年截止的 10 年間,美國的人口成長有 92% 來自少數族群」

Sabrina Tavernise, "Whites Account for Under Half of Births in U.S.," *New York Times,* May 17, 2012.

西班牙裔及亞裔兒童數目則增加了 550 萬人

William H. Frey, "America's Diverse Future: Initial Glimpses at the U.S. Child Population from the 2010 Census," Brookings Institution, April 6, 2011, http://www.brookings.edu/papers/2011/0406_census_diversity_frey.aspx.

西班牙裔(26%)及非洲裔(22%)

William H. Frey, "Melting Pot Cities and Suburbs: Racial and Ethnic Change in Metro America in the 2000s," Brookings Institution, May 4, 2011, http://www.brookings.edu/papers/2011/0504_census_ethnicity_frey.aspx.

西班牙裔目前是美國最大的少數族群

Dennis Cauchon and Paul Overberg, "Census Data Shows Minorities Now a Majority of U.S. Births," *USA Today,* May 17, 2012.

奧克拉荷馬市聯邦大廈爆炸事件

Brian Levin, "U.S. Hate and Extremist Groups Hit Record Levels, New Report Says," *Huffington Post,* March 8, 2012, http://www.huffingtonpost.com/brian-levin-jd/hate-groups-splc_b_1331318.html.

2009 年至 2012 年間的新一波恐怖主義浪潮

Ibid.

「正好就是歐巴馬總統上任的頭三年」

Curry, "Hate Groups Grow as Racial Tipping Point Changes Demographics."

其他好幾個國家仍然持續有移民湧入美國

Jeffrey Passel, D'Vera Cohn, and Ana Gonzalez-Barrera, Pew Research Center, "Net Migration from Mexico Falls to Zero—and Perhaps Less," May 3, 2012, http://www.pewhispanic.org/2012/04/23/net-migration-from-mexico-falls-to-zero-and-perhaps-less/.

來自亞洲的移民人數已超越西班牙裔移民

"Asians Overtake Hispanics as Largest US Immigration Group," *Telegraph*, June 20, 2009.

如果目前的移民趨勢持續不變的話,上面的預測則會提前在 2023 年實現

William H. Frey, "A Demographic Tipping Point Among America's Three-Year-Olds," Brookings Institution, February 7, 2011, http://www.brookings.edu/research/opinions/2011/02/07-population-frey.

還是要遵從民主政治的多數決原則

"Arab Majority in 'Historic Palestine' After 2014: Survey," Agence France-Presse, December 30, 2010.

在已開發國家找到高報酬的工作機會,享受較高的生活水準

Report of the Secretary-General, "International Migration and Development."

公共財(尤其是公共教育)獲得的支援也會減少

Tavernise, "Whites Account for Under Half of Births in U.S."

美國、澳洲和英國,也擴大各種吸引臨時工的計畫

Report of the Secretary-General, "International Migration and Development."

2011 年,移民匯回家鄉給家人的匯款總額高達 3,150 億美元,預計到了 2014 年,這類匯款將達到
4,410 億美元

Dipil Ratha, World Bank, "Outlook for Migration and Remittances 2012–14," February 9, 2012.

到城市工作的民工平均每年匯 545 美元回家鄉

Overseas Development Institute, "Internal Migration, Poverty and Development in Asia, October 2006," http://
www.odi.org.uk/resources/download/29.pdf.

平均將收入的六成寄回家鄉

Ibid.

定期匯回家鄉的款項占了所有流入三邦金額的大半

Ibid.

因遭受暴力威脅與迫害,而移居國內其他地區

United Nations Refugee Agency, "UNHCR: Global Trends," 2010.

「愈來愈難幫他們找到解決辦法」

"UN Report Predicts Increase in World's Displaced," Associated Press, June 1, 2012.

意思是他們無家可歸

United Nations, Millennium Development Goals Report 2011.

移居城市的難民人數首度超過遷至難民營的人數

United Nations High Commissioner for Refugees (UNHCR), "2009 Global Trends: Refugees, Asylum-
Seekers, Returnees, Internally Displaced and Stateless Persons," June 15, 2010, http://www.unhcr.org/refworld/
docid/4caee6552.html.

八成的難民都住在全球較窮困的地區

Antoine Pecoud and Paul de Guchteneire, UNESCO, "International Migration, Border Controls and Human
Rights: Assessing the Relevance of a Right to Mobility," Journal of Borderlands Studies 21, no. 1 (Spring
2006).

緬甸、哥倫比亞和蘇丹

UNHCR, "2009 Global Trends."

阿富汗和伊拉克是輸出最多難民的國家

Ibid.

大多數人都逃到巴基斯坦(190 萬人)和伊朗(100 萬人)

UNHCR, "Global Trends 2010," http://www.unhcr.org/4dfa11499.pdf.

伊拉克難民也大都逃到鄰國

Ibid.

全世界有超過四分之三的難民被鄰國收留

"The Impacts of Refugees on Neighboring Countries: A Development Challenge," World Development Report
2011 Background Note, July 29, 2010, http://wdronline.worldbank.org/worldbank/a/nonwdrdetail/199.

中東和北非(190 萬人)

UNHCR, "Global Trends 2010."

歐洲人口已有 5% 為穆斯林

Ibid.; Kurt M. Campbell et al., "The Age of Consequences."

本土主義的團體都利用了社會的不安

Peter Walker and Matthew Taylor, "Far Right on Rise in Europe, Says Report," Guardian, November 6, 2011.

許多原因都和「氣候不斷變化」有關

"UN Report Predicts Increase in World's Displaced," Associated Press.

以防堵可預期的氣候難民潮

Sharon Udasin, "Defending Israel's Borders from 'Climate Refugees,'" Jerusalem Post, May 15, 2012.

以色列環保部長爾登(Gilad Erdan)

Ibid.

「會遷移到能逃離氣候災難的地方」

Ibid.

「印度會防堵他們，尼泊爾會防堵，日本也會防堵」

Ibid.

許多氣候難民因此往東遷移，進入蘇丹達夫（Darfur）地區

Ibid.

來自約旦、巴勒斯坦領土、敘利亞、埃及尼羅河三角洲的氣候難民

Ibid.

「我們就必須採取歐洲國家的做法」

Ibid.

「促使非洲和南亞人民大舉遷移」

Campbell et al., "The Age of Consequences."

嘗試過這趟危險旅程的非洲人已高達兩萬多人

"Canaries Migrant Surge Tops 1,400," BBC, September 4, 2006, http://news.bbc.co.uk/2/hi/europe/5310412. stm.

住在高於海平面不到 1 公尺的低窪地區

"Sea Levels May Rise by as Much as One Meter Before the End of the Century," *ScienceDaily,* June 10, 2012.

就會有 1 億多人被迫拋棄家園

Hugo Ahlenius, "Population, Area and Economy Affected by 1m Sea Level Rise," UNEP/GRID-Arendal, 2007, http://www.grida.no/graphicslib/detail/population-area-and-economy-affected-by-a-1-m-sea-level-rise-global-and-regional-estimates-based-on-todays-situation_d4fe.

地下水含水層每年再生率（重新恢復含水狀態）平均還不到 0.5%

WorldWatch Institute, "World Population, Agriculture, and Malnutrition," 2011.

表土會自然再生，但速度慢得令人心焦──每 500 年才恢復 2.5 公分

Pete Miller and Laura Westra, *Just Ecological Integrity: The Ethics of Maintaining a Planetary Life* (Lanham, MD: Rowman & Littlefield, 2002), p. 124.

地球上將近三分之一的耕地生產力大不如前

Jims Vincent Capuno, "Soil Erosion: The Country's Unseen Enemy," Edge Davao, July 11, 2011, http://www.edgedavao.net/index.php?option=com_content&view=article&id=4801:soil-erosion-the-countrys-unseen-enemy&catid=51:on-the-cover&Itemid=83.

美國表土流失的速度比自然補充速度快 10 倍

Tom Paulson, "The Lowdown on Topsoil: It's Disappearing," *Seattle Post-Intelligencer,* January 21, 2008.

衣索比亞目前每年因為雨水沖刷陡坡，而流失大約 20 噸的表土

Lester Brown, "Civilization's Founding Eroding," September 28, 2010, http://www.earth-policy.org/book_bytes/2010/pb4ch02_ss2.

預估未來地下水抽取量增加的速度會更快，許多專家為此憂心不已

"Groundwater Depletion Rate Accelerating Worldwide," *ScienceDaily,* September 23, 2010, http://www.sciencedaily.com/releases/2010/09/100923142503.htm.

許多含水層的水位現在每年都下降幾公尺

"No Easy Fix: Simply Using More of Everything to Produce More Food Will Not Work," *Economist,* February 24, 2011.

「至少我們應該把成本和效益分別列在會計帳上，進行比較」

Jorgen Randers, *2052: A Global Forecast for the Next Forty Years* (White River Junction, VT: Chelsea Green, 2012), p. 75.

「混淆了收入與資本」

R. H. Parker and G. C. Harcourt, *Readings in the Concept and Measurement of Income* (Cambridge, UK: Cambridge University Press, 1969), p. 81.

對任何國家或整個世界而言，相同的原則依然適用

Kevin Holmes, *The Concept of Income: A Multi-disciplinary Analysis* (Amsterdam: IBFD, 2001), p. 109.

「環境─經濟會計系統」

Janez Poto nik, "Our Natural Capital Is Endangered," European Union press release, June 20, 2012.

而論辯的效力往往會受到這種過度簡化的描述左右

Simon Kuznets, *National Income 1929–1932,* Report to the U.S. Senate, 73rd Congress, 2nd Session (Washington, DC: U.S. Government Printing Office, 1934), www.nber.org/chapters/c2258.pdf.

「相互對立的社會團體之間衝突的核心」

Ibid.

「顯然，農民沒有得到充分的科學指導」

Li Jiao, "Water Shortages Loom as Northern China's Aquifers Are Sucked Dry," *Science,* June 2010.

美國對灌溉作業的依賴度較低

Brown, *Plan B 4.0.*

全球最長的 21 條河川上面都建了水壩

"Dams Control Most of the World's Large Rivers," Environmental News Service, April 2005, http://www.ens-newswire.com/ens/apr2005/2005-04-15-04.asp.

胡佛水壩在七十年前剛建造完成時

U.S. Bureau of Reclamation, "What Is the Biggest Dam in the World?," June 2012, http://www.usbr.gov/lc/hooverdam/History/essays/biggest.html.

全球有九成淡水是供農業使用

"No Easy Fix," *Economist.*

7 億 8 千萬人仍然缺乏安全的飲用水

Ibid.; UNICEF, "Water, Sanitation and Hygiene: Introduction," March 2012; World Health Organization, "Progress on Drinking Water and Sanitation: 2012 Update," 2012, http://whqlibdoc.who.int/publications/2012/9789280646320_eng_full_text.pdf.

蘊含的水資源已有一百萬年的歷史

Jack Eggleston, U.S. Geological Survey, "Million Year Old Groundwater in Maryland Water Supply," June 2012, http://www.usgs.gov/newsroom/article.asp?ID=3246#.UGS3kRh9lbo.

加拿大西部的亞伯達盆地蓄積的淡水，也都有一百萬年以上的歷史

Ibid.

「眼不見，心不煩」的經典案例

Jiao, "Water Shortages Loom as Northern China's Aquifers Are Sucked Dry."

本世紀由於格陵蘭與南極大陸冰融速度加快，將造成海平面大幅上升

"Groundwater Depletion Rate Accelerating Worldwide," *ScienceDaily.*

美國加州中部山谷地區和中國東北

Ibid.

以不永續的方式，拿來灌溉乾旱地區的農作物

Jiao, "Water Shortages Loom as Northern China's Aquifers Are Sucked Dry."

中國已經啟動史上最龐大的水利計畫──南水北調工程已經進行了數十年，希望能彌補北方缺水的問題

Edward Wong, "Plan for China's Water Crisis Spurs Concern," *New York Times,* June 1, 2011.

「因為全世界主要的灌溉土地都位於亞洲」

UNEP, "Water Withdrawal and Consumption: The Big Gap," 2008, http://www.unep.org/dewa/vitalwater/article42.html.

未來數十年，非洲的取水量將出現最大幅成長

Ibid.; Matthew Power, "Peak Water: Aquifers and Rivers Are Running Dry. How Three Regions Are Coping," *Wired,* April 21, 2008.

歐洲的淡水消耗量只略大於淡水供應量

Ibid.

已經出現嚴重的缺水問題

Paul Quinlan, "US-Mexico Pact Hailed as Key Step Towards Solving Southwest Water Supply Woes," *New York Times,* December 22, 2010.

從德州成群往北移動，尋找濕冷草原

Drover's Cattle, "More Than 150,000 Breeding Cattle Leave Texas in 2011 Drought," February 2012, http://

www.cattlenetwork.com/e-newsletters/drovers-daily/More-than-150000-breeding-cattle-leave-Texas-in-2011-
drought-138513934.html.

未來幾年內有 50% 的機率會完全枯竭

"Dry Lake Mead? 50-50 Chance by 2021 Seen," MSNBC, February 2008, http://www.msnbc.msn.com/
id/23130256/ns/us_news-environment/t/dry-lake-mead一-chance-seen/#.UGSvsBh9lbo.

地下水位已經下降了 30 公尺

Brown, *Plan B 4.0.*

平均每兩分鐘就會爆一次水管，而且一天 24 小時都是如此

Charles Duhigg, "Saving US Water Systems Could Be Costly," *New York Times,* March 14, 2010.

就跟地下水的問題一樣，大家也是眼不見，心不煩

Ibid.

當成能供應大量淡水的新泉源

Power, "Peak Water."

大多數的農業灌溉方式仍然非常浪費水資源

T. Marc Schober, "Irrigation: Yield Enhancer or Farmland Destroyer?," Seeking Alpha, July 11, 2011, http://
seekingalpha.com/instablog/362794-t-marc-schober/194359-irrigation-yield-enhancer-or-farmland-destroyer;
"No Easy Fix," *Economist;* World Health Organization, "Progress on Drinking Water and Sanitation: 2012
Update."

農夫改變的腳步非常緩慢

Sandra Postel, "Drip Irrigation Expanding Worldwide," *National Geographic,* June 25, 2012.

持續使用會造成鹽分累積

World Wildlife Fund, "Farming: Wasteful Water Use," 2005, http://wwf.panda.org/what_we_do/footprint/
agriculture/impacts/water_use/.

仍可以拿來澆灌植物

Nancy Farghalli, "Recycling 'Grey Water' Cheaply," NPR News, June 2009, http://www.npr.org/templates/
story/story.php?storyId=105089381.

將水淨化後，重新回到飲用水的供水系統中

Kate Galbraith, "Taking the Ick Factor out of Recycled Water," *New York Times,* July 25, 2012.

有些社區已經成功執行這樣的做法

Ibid.

利用蓄水槽來儲存雨水，以供飲用

Peter Gleick and Matthew Herberger, "Devastating Drought Seems Inevitable in American West," *Scientific
American*, January 2012.

覆蓋著約十分之一地球表面

Susan Lang, " 'Slow Insidious' Soil Erosion Threatens Human Health and Welfare as Well as the Environment,
Cornell Study Asserts," *Cornell Chronicle,* March 2006.

並加速排放二氧化碳到大氣層中

Personal conversation with Rattan Lal.

提高表土的肥沃度

David R. Huggins and John P. Reganold, "No-Till: The Quiet Revolution," *Scientific American,* July 2008, pp.
70–77.

補充土壤中的氮與碳

Michael Pollan, *The Omnivore's Dilemma: A Natural History of Four Meals* (New York: Penguin, 2006), p. 42.

變成了昂貴的負債，而非寶貴的資產

Ibid., p. 78.

採用非毒性動物糞便為肥料，並採取三年輪作的方式

Mark Bittman, "A Simple Fix for Farming," *New York Times,* October 19, 2012.

幾乎所有的氮都來自天然氣

U.S. Government Accountability Office, "Domestic Nitrogen Fertilizer Depends On Natural Gas Availability
and Prices," 2003, p. 1, http://www.gao.gov/products/GAO-03-1148.

每畝農田使用的肥料急劇增加
Jeremy Grantham, "Time to Wake Up: Days of Abundant Resources and Falling Prices Are Over Forever," *GMO Quarterly Letter,* April 2011.

全球好幾個海洋區域，包括密西西比河流入墨西哥灣的出海口附近海域，都出現這樣的死區
Robert Diaz and Rutger Rosenberg, "Spreading Dead Zones and Consequences for Marine Ecosystems," *Science,* April 15, 2008.

中國的河川、湖泊和海岸地帶爆發壯觀的藻類繁殖潮
"No Easy Fix," *Economist.*

美國、中國、東南亞和拉丁美洲部分地區
"Nitrogen Pollution an Increasing Problem Globally," PRI's The World, January 27, 2009, http://www.pri.org/stories/science/environment/nitrogen-pollution-an-increasing-problem-globally-8166.html.

現代農業技術卻以三倍的速度加劇磷的耗損
David Vaccari, "Phosphorus: A Looming Crisis," *Scientific American,* June 2009.

全美國有 65% 的磷產量來自坦帕
Ibid.; James Elser and Stuart White, "Peak Phosphorus," *Foreign Policy,* April 20, 2010.

美國又開始尋找新的磷礦
Ibid.

「磷礦的沙烏地阿拉伯」
Ibid.

2008 年糧價危機時，中國曾對磷的出口課徵 135% 的關稅
Elser and White, "Peak Phosphorus."

擴大磷的供應量，供肥料使用
Mara Grunbaum, "Gee Whiz: Human Urine Is Shown to Be an Effective Agricultural Fertilizer," *Scientific American,* July 23, 2010.

提高土壤肥沃度，促進土壤的碳封存
Rifat Hayat et al., "Soil Beneficial Bacteria and Their Role in Plant Growth Promotion: A Review," *Annals of Microbiology* 60, no. 4 (December 2010): 579–98; Tim J. LaSalle, *Regenerative Organic Farming: A Solution to Global Warming,* Rodale Institute, July 30, 2008, pp. 2–3, http://www.rodaleinstitute.org/files/Rodale_Research_Paper-07_30_08.pdf.

進一步保護土壤，以免流失
J. Paul Mueller, Denise Finney, and Paul Hepperly, "The Field System," in *The Sciences and Art of Adaptive Management: Innovating for Sustainable Agriculture and Natural Resource Management,* edited by Keith M. Moore (Ankeny, IA: Soil and Water Conservation Society, 2009).

恢復土壤肥沃度，減少土壤沖蝕
Huggins and Reganold, "No-Till: The Quiet Revolution."

小心使用生物碳（由永續來源而來），也能提升農作物產量和土壤品質
David Laird and Jeffrey Novak, "Biochar and Soil Quality," *Encyclopedia of Soil Science,* 2nd ed. (New York: Taylor & Francis, 2011), pp. 1–4.

第二次世界大戰期間，西方國家紛紛推行「勝利菜園」（Victory Garden），正是類似的做法
National WWII Museum, "Victory Gardens at a Glance," 2009, http://www.nationalww2museum.org/learn/education/for-students/ww2-history/at-a-glance/victory-gardens.html.

糧食增產的速度才追得上人口成長的速度
David Pimentel et al., "Impact of a Growing Population on Natural Resources: The Challenge for Environmental Management," *Frontiers* 3 (1997).

我們每年正在破壞和流失的耕地大約有 1 千萬公頃
Lang, " 'Slow Insidious' Soil Erosion."

（主要是在 1954 年開墾哈薩克），造成蘇聯版的「沙塵窩」
Lester Brown, *World on the Edge* (New York: Norton, 2011), http://www.earthpolicy.org/books/wote/wotech3.

全世界第四大內海──鹹海（Aral Sea），後來幾乎要乾枯殆盡
NASA, "A Shrinking Sea, Aral Sea," July 23, 2012, http://www.nasa.gov/mission_pages/landsat/news/40th-

top10-aralsea.html.

傾舉國之力對抗土壤沖蝕

Andrew Glass, "FDR Signs Soil Conservation Act, April 27, 1935," *Politico,* http://www.politico.com/news/stories/0410/36362.html.

「旱地在第一線面對氣候變遷的挑戰」

Alister Doyle, "World Urged to Stop Net Desertification by 2030," Reuters, June 14, 2011.

100 個國家中近 10 億人的生活方式

Ibid.

「史上罕見的龐大沙塵暴穿越亞利桑納州的大片區域」

"Historic Dust Storm Sweeps Across Arizona, Turns Day into Night," July 6, 2011, Reuters.

近年來，鳳凰城的沙塵暴確實出奇的多

"7 Haboobs Have Hit Arizona Since July," KVOA, September 28, 2011, http://www.kvoa.com/news/7-haboobs-have-hit-arizona-since-july/.

描述許多逐漸沙漠化的乾旱地帶未來即將出現的情況

Joe Romm, "Desertification: The Next Dust Bowl," *Nature,* October 2011.

「跨越中國西北部、蒙古西部及中亞，另一個則位於非洲中部」

Lester Brown, "The Great Food Crisis of 2011," *Foreign Policy,* January 10, 2011.

過去五十年來，來自撒哈拉的沙塵暴是過去的 10 倍之多

Gaia Vince, "Dust Storms on the Rise Globally," *New Scientist,* August 2004.

「沙漠化的現象影響了 43% 的生產性土地及 70% 的經濟活動」

"Desertification Affects 70 Percent of Economic Activity in Africa," *Pana Press,* October 24, 2011.

美國中西部形成沙塵窩之前的情況

Rattan Lal, interview with author, July 2, 2009; Rattan Lal, "Global Potential of Soil Carbon Sequestration to Mitigate the Greenhouse Effect," *Critical Reviews in Plant Sciences* 22, no. 2 (2003): 151–84.

家畜數量更從六百萬暴增到一億多

Brown, *Plan B 4.0.*

穆斯林從北方遷移到南部非穆斯林地區

Ibid.

中國戈壁沙漠周遭

Damien Currington, "Desertification Is the Greatest Threat to the Planet, Experts Warn," *Guardian,* December 15, 2010.

相較之下，美國只有 1 千萬頭羊

Ibid.

中國每年喪失 3,600 平方公里可耕之地

Ibid.

內蒙古和甘肅省的兩個沙漠正漸漸合併，並日益擴大

Ibid.

塔克拉馬干沙漠與庫姆塔格沙漠也正在合併與擴大當中

Ibid.

中國北部與西部地區，2 萬 4 千多個村莊與周邊農田至少有部分荒廢

Ibid.

都有許多村莊因沙漠化而荒廢

Ibid.

「巴西的亞馬遜盆地及盆地南方的疏林草原（熱帶莽原）正在發生第三波大規模農地擴張」

Ibid.

延伸到亞馬遜熱帶雨林，導致全球重要生態系統的完整性岌岌可危

David Lapola et al., "Indirect Land-Use Changes Can Overcome Carbon Savings from Biofuels in Brazil," *Proceedings of the National Academy of Sciences,* January 2010.

過去七年中，已經碰到兩次「百年大旱」

Simon Lewis et al., "The 2010 Amazon Drought," *Science,* February 2011.

從地球上最大的熱帶雨林變成廣大的乾旱地帶
Brown, *Plan B 4.0.*

受影響的人九成都住在開發中國家
Currington, "Desertification Is the Greatest Threat to the Planet, Experts Warn."

「覆蓋在土地最上面的 20 公分表土」
Ibid.

埃及為了替快速增長的人口提供住屋
Metwali Salem, "UN Report: Egypt Sustains Severe Land Loss to Desertification and Development," *Egypt Independent,* June 17, 2011.

鹹水含水層也隨之上升，導致農地鹽化
"Seawater Intrusion Is the First Cause of Contamination of Coastal Aquifers," *ScienceDaily,* July 31, 2007, http://www.sciencedaily.com/releases/2007/07/070727091903.htm.

恆河三角洲、湄公河三角洲和其他所謂「大三角洲」
K. Wium Olesen et al., "Mega Deltas and the Climate Change Challenges," Eleventh International Symposium on River Sedimentation, September 6–9, 2010, http://www.irtces.org/zt/11isrs/paper/Kim_Wium_Olesen.pdf.

占埃及糧食總產量的 40%
United Nations Development Programme, "Adaption to Climate Change in the Nile Delta Through Integrated Coastal Zone Management," 2009, p. 9, http://nile-delta-adapt.org/index.php?view=DownLoadAct&id=6.

同一段期間內，人口預期將成長 85%
Brown, *Plan B 4.0.*

引發伊拉克和敘利亞不滿，抱怨受到不公平待遇
Brown, "This Will Be the Arab World's Next Battle."

受影響國家的人口都愈來愈多時，情勢只會日益惡化
"Thirsty South Asia's River Rifts Threaten 'Water Wars,'" *Alertnet,* July 23, 2012, http://www.trust.org/alertnet/news/thirsty-south-asias-river-rifts-threaten-water-wars/; "Southeast Asia Drought Triggers Debate Over Region's Water Resources," VOA News, March 24, 2010, http://www.voanews.com/content/southeast-asia-drought-triggers-debate-over-regions-water-resources—89114447/114686.html.

因科羅拉多河流域的水資源分配問題而迭起爭端，並鬧上法庭
Felicia Fonseca, "Arizona High Court Settles Water Rights Query," Associated Press, September 12, 2012; "Colorado Court Ruling Limits Water Transfer Rights," American Water Intelligence, July 2011, http://www.americanwaterintel.com/archive/2/7/opinion/colorado-court-ruling-limits-water-tranfers-rights.html; "Pivotal Water Rights Case on Wastewater Rights," American Water Intelligence, June 2011, http://www.americanwaterintel.com/archive/2/6/analysis/pivotal-water-rights-case-wastewater-rights.html; "Navajo Lawmakers Approve Water Rights Settlement," Associated Press, November 5, 2010; Jim Carlton, "Wet Winter Can't Slake West's Thirst," *Wall Street Journal,* March 31, 2011.

肯亞的非政府組織「特坎那湖之友」（Friends of Lake Trukana）的代表
Kremena Krumova, "Land Grabs in Africa Threaten Greater Poverty," *Epoch Times,* September 21, 2011.

「毋庸置疑，這件事不只關乎土地，也和水資源有關」
Anil Ananthaswamy, "African Land Grabs Could Lead to Future Water Conflicts," *New Scientist,* May 26, 2011.

「富裕國家看上非洲」
John Vidal, "How Food and Water Are Driving a 21st-Century African Land Grab," *Guardian,* March 6, 2010.

非洲田產熱
Lorenzo Cotula, "Analysis: Land Grab or Development Opportunity?," BBC News, February 21, 2012.

賴比瑞亞已有超過三分之一的土地出售給私人投資者
Anjala Nayar, "African Land Grabs Hinder Sustainable Development," *Nature,* February 1, 2012.

莫三鼻克則有 21.1% 的土地與國外種植者敲定買賣
Cotula, "Analysis: Land Grab or Development Opportunity?"

南蘇丹在 2011 年宣告獨立後，投資者已經買下十分之一的土地
Nayar, "African Land Grabs Hinder Sustainable Development."

在 280 萬公頃的土地上種植棕櫚
Vidal, "How Food and Water Are Driving a 21st-Century African Land Grab."

44%的土地用來種植生質燃料作物
Krumova, "Land Grabs in Africa Threaten Greater Poverty."

阿拉伯聯合大公國則更加大手筆──買了 75 萬公頃的土地
Vidal, "How Food and Water Are Driving a 21st-Century African Land Grab."

「受波及的人數高達幾千人,他們會餓肚子」
Ibid.

相當於巴基斯坦整個國家的面積──其中三分之二的交易都在非洲
W. Anseeuw et al., "Transnational Land Deals for Agriculture in the Global South. Analytical Report Based on the Land Matrix Database," *CDE/CIRAD/GIGA*, 2012.

聲稱他們被迫離開自己的土地
Ibid.

原因是錯估融資困難度,或營運計畫不切實際
International Land Coalition, "Land Rights and the Rush for Land Report," 2011.

2016 年將完全仰賴進口小麥
"Saudi Arabia Launches Tender to Buy 550,000 Tons of Wheat," *Saudi Gazette,* August 30, 2012.

灌溉水源則仰賴阿拉伯半島無法再生的深層地下水
Brown, "This Will Be the Arab World's Next Battle."

80% 至 85% 來自地下含水層
Reem Shamseddine and Barbara Lewis, "Saudi Arabia's Water Needs Eating into Oil Wealth," Reuters, September 9, 2011; Brown, *Plan B 4.0.*

靠海水淡化來解決水資源的問題
Shamseddine and Lewis, "Saudi Arabia's Water Needs Eating into Oil Wealth."

封存在南極和格陵蘭的冰雪中
Howard Perlman, U.S. Geological Survey, "Where Is Earth's Water Located?," September 7, 2012, http://ga.water.usgs.gov/edu/earthwherewater.html.

即使是沙烏地阿拉伯這種能源豐富的國家都無法負荷
Caline Malek, "Solar Desalination 'the Only Way' for Gulf to Sustainably Produce Water," *National*, April 24, 2012, http://www.thenational.ae/news/uae-news/solar-desalination-the-only-way-for-gulf-to-sustainably-produce-water.

購買非洲水源豐富的土地
John Vidal, "What Does the Arab World Do When Its Water Runs Out?," *Guardian*, February 19, 2011.

包括沙烏地阿拉伯在內,全世界有很多海水淡化工廠
"Saudi Arabia and Desalinisation," *Harvard International Review,* December 23, 2010, http://hir.harvard.edu/pressing-change/saudi-arabia-and-desalination-0.

拖至嚴重乾旱地區
Bob Yirka, "Simulation Shows It's Possible to Tow an Iceberg to Drought Areas," PhysOrg, August 9, 2011, http://phys.org/news/2011-08-simulation-iceberg-drought-areas.html.

能供應 50 萬人一年所需的淡水
Ibid.

供應大量水分、養分及陽光
"Does It Really Stack Up?," *Economist,* December 9, 2010, http://www.economist.com/node/17647627.

仰賴魚類提供將近 15% 的動物蛋白質消耗量
United Nations Food and Agriculture Organization, "The State of Fisheries and Aquaculture," 2012, p. 5, http://www.fao.org/docrep/016/i2727e/i2727e00.htm.

從每人每年 10 公斤增加到 2012 年的每人每年 17 公斤
Bryan Walsh, "The End of the Line," *Time,* July 7, 2011.

有三分之一的魚群有絕種的危機
Ibid.

從 1960 年代以來，鮪魚、旗魚、馬林魚、鱈魚、比目魚和大比目魚等大型魚群已經減少了 90%

Ransom Myers and Boris Worm, "Rapid Worldwide Depletion of Predatory Fish Communities," *Nature,* May 15, 2003.

在二十五年前，全球漁獲量已達頂峰

Brad Plumer, "The End of Fish, in One Chart," *Washington Post*, May 20, 2012.

「2007 年受評估的魚群中已有 14% 瀕臨耗竭」

Convention on Biological Diversity, "Global Biodiversity Outlook 3: Biodiversity in 2010," 2010, http://www.cbd.int/gbo3/?pub=6667&section=6709.

廣大太平洋海域

Suzanne Goldberg, "Bush Designates Ocean Conservation Areas in Final Week as President," *Guardian,* January 5, 2009.

成長幅度有 61% 來自中國

OECD-FAO, "Agricultural Outlook 2011–2020."

各種汙染源、抗體和抗黴菌藥劑汙染

Laurel Adams, Center for Public Integrity, "FDA Screening of Fish Imports Not Catching Antibiotics and Drug Residue," May 18, 2011, http://www.publicintegrity.org/environment/natural-resources?page=3; George Mateljan, "Is There Any Nutritional Difference Between Wild-Caught and Farm-Raised Fish? Is One Type Better for Me Than the Other?," World's Healthiest Foods, http://www.whfoods.com/genpage.php?tname=george&dbid=96.

生產半公斤養殖鮭魚，需要餵這條鮭魚 2 公斤的野生魚類

U.S. Department of Agriculture, "Trout-Grain Project," 2012.

魚飼料，有一半以上的是用植物蛋白質調製

NOAA Fisheries Service–National Marine Fisheries Service, "Feeds for Aquaculture," 2012.

有 10% 以上的農地用來種植基改作物

Elizabeth Weise, "More of World's Crops Are Genetically Engineered," *USA Today,* February 22, 2011.

第 5 章：改變生老病死

將人類基因植入其他動物身上

Richard Gray, "Genetically Modified Cows Produce 'Human' Milk," *Telegraph,* April 2, 2011.

結合蜘蛛和羊的基因

Adam Rutherford, "Synthetic Biology and the Rise of the 'Spider-Goats,'" *Guardian,* January 14, 2012.

把電腦矽晶片嵌入人類大腦灰質中

Daniel H. Wilson, "Bionic Brains and Beyond," *Wall Street Journal,* June 1, 2012.

父母設計打造出自己想要的孩子

Keith Kleiner, "Designer Babies—Like It or Not, Here They Come," Singularity Hub, February 25, 2009, http://singularityhub.com/2009/02/25/designer-babies-like-it-or-not-here-they-come/.

有時會標示「有怪獸」

H. P. Newquist, *Here There Be Monsters: The Legendary Kraken and the Giant Squid* (New York: Houghton Mifflin, 2010).

探索未知領域的人

Genesis 3:16–19.

因此第二天早上，他又必須繼續忍受命運的折磨

Thomas Chen and Peter Chen, "The Myth of Prometheus and the Liver," *Journal of the Royal Society of Medicine* 87 (December 1994): 754.

在實驗室的生物反應器中製造用於移植的替代肝臟

Wake Forest Baptist Medical Center, 10-30-10, "Researchers Engineer Miniature Human Livers in the Lab," October 30, 2010, http://www.wakehealth.edu/News-Releases/2010/Researchers_Engineer_Miniature_Human_Livers_in_the_Lab.htm.

幾乎必然成為醫療照護的主要模式

"Personalized Medicine," *USA Today,* January 20, 2011.

針對個人，蒐集到細密而龐大的資料

"Do Not Ask or Do Not Answer?," *Economist,* August 23, 2007.

減少醫療失誤，提升醫師的能力

Farhad Manjoo, "Why the Highest-Paid Doctors Are the Most Vulnerable to Automation," *Slate,* September 27, 2011, http://www.slate.com/articles/technology/Robot_invasion/2011/09/will_robots_steal_your_job_3.html.

「都會發生脫胎換骨的轉變」

Topol, *The Creative Destruction of Medicine,* p. 243.

矯正自己不健康的行為模式，管理慢性病

David H. Freeman, "The Perfected Self," *Atlantic,* June 2012; Mark Bowden, "The Measured Man," *Atlantic,* July/August 2012.

病人身上或體內的數位監視器記錄下來的資訊流

Topol, *The Creative Destruction of Medicine,* pp. 59–76.

大幅改善自己的進度

Janelle Nanos, "Are Smartphones Changing What It Means to Be Human?," *Boston,* February 28, 2012.

都看到減肥成果（或多沒效果）

Freeman, "The Perfected Self."

參與以改變有害行為為目標的大規模數位計畫

John Havens, "How Big Data Can Make Us Happier and Healthier," Mashable, October 8, 2012, http://mashable.com/2012/10/08/the-power-of-quantified-self/.

把這樣的新能力用在人類大腦上

Matthew Hougan and Bruce Altevogt, *From Molecules to Minds: Challenges for the 21st Century,* Board on Health Sciences Policy, Institute of Medicine, 2008.

肢障人士體內的神經植入裝置與義肢相連結

Associated Press, "Man with Bionic Leg Climbs Chicago Skyscraper," November 5, 2012.

為某些腦部疾病帶來治癒的希望

Meghan Rosen, "Beginnings of Bionic," *Science News* 182, no. 10 (November 17, 2012): 18.

繪製完整的「神經網路體」

Olaf Sporns, a professor of computational cognitive neuroscience at Indiana University, was the first to coin the word "connectome." The National Institutes of Health now have a "Human Connectome Project." Ian Sample, "Quest for the Connectome: Scientists Investigate Ways of Mapping the Brain," *Guardian,* May 7, 2012.

資料處理作業是繪製基因圖譜的 10 倍

Hougan and Altevogt, *From Molecules to Minds.*

關鍵技術都尚未開發完成

"Brain Researchers Start Mapping the Human 'Connectome,' " *ScienceDaily,* July 2, 2012, http://www.sciencedaily.com/releases/2012/07/120702152652.htm.

第一個「大規模的神經連線圖」

Sample, "Quest for the Connectome."

「思維或許將透過人為力量，令思考工具更臻完美」

Eric Steinhart, "Teilhard de Chardin and Transhumanism," *Journal of Evolution and Technology* 20, no. 1 (December 2008): 1–22.

充當帕金森氏症患者的腦中節律器

Wilson, "Bionic Brains and Beyond."

提供他們深層腦部刺激，以減輕症狀

Ibid.

分階段進行，讓大腦有機會調適

Johns Hopkins Medicine, Cochlear Implant Information, http://www.hopkinsmedicine.org/otolaryngology/specialty_areas/listencenter/cochlear_info.html#activation.

「量身訂製的寶寶」，這對某些父母來說，可能吸引力十足

Kleiner, "Designer Babies"; Mark Henderson, "Demand for 'Designer Babies' to Grow Dramatically," *Times* (London), January 7, 2010.

競爭心強的父母已經為補習業創造出大好商機

Jose Ferreira, "A Short History of the Standardized Test Prep Industry," Knewton Blog, February 17, 2010, http://www.knewton.com/blog/edtech/2010/02/17/a-short-history-of-the-standardized-test-prep-industry/; Julian Brookes, "Chris Hayes on the Twilight of the Elites and the End of Meritocracy," *Rolling Stone,* July 11, 2012.

其他父母看到了，會覺得也得這麼做

Armand Marie Leroi, "The Future of Neo-Eugenics," *EMBO Reports* 7 (2006): 1184–87.

可能引發其他我們還不太了解的附帶基因變化

Mike Steere, "Designer Babies: Creating the Perfect Child," CNN, October 30, 2008.

「我們已經把舊式的演化轉變為新式的演化」

Harvey Fineberg, "Are We Ready for Neo-Evolution?," TED Talks, 2011.

美國不但沒有抓緊機會，設法降低醫療成本，提升醫療效益，反而降低在生醫研究上的投資

Robert D. Atkinson et al., *Leadership in Decline: Assessing U.S. International Competitiveness in Biomedical Research* (Washington, DC: Information Technology and Innovation Foundation, 2012).

「大家抬起頭來的時候到了，別再把頭埋進沙子裡」

"Designer Baby Row Over US Clinic," BBC, March 2, 2009.

「應該把誰生下來？」

Andrew Pollack, "DNA Blueprint for Fetus Built Using Tests of Parents," *New York Times,* June 6, 2012.

「他們感覺自己的權利被剝奪了」

Steere, "Designer Babies."

「將破壞人類價值，啟動一場無意義的科技優生學競賽」

Ibid.

華大基因的基因定序能力很快就會超越整個美國

Japan External Trade Organization, "BGI, China's Leading Genome Research Institute, Has Established a Japanese Arm in Kobe," February 7, 2012; Fiona Tam, "Scientists Seek to Unravel the Mystery of IQ," translated by Steve Hsu, *South China Morning Post,* December 4, 2010.

找到他們最能發揮優勢的專業或職業

"The Dragon's DNA," *Economist,* June 17, 2010; Emily Chang, "In China, DNA Tests on Kids ID Genetic Gifts, Careers," CNN, August 5, 2009, http://edition.cnn.com/2009/WORLD/asiapcf/08/03/china.dna.children.ability/.

中國政府在過去三年來，已經花了 1 千億美元在生命科學研究上

Lone Frank, "High-Quality DNA," *Newsweek,* April 24, 2011.

「準備好未來十年中，要在生命科學的發現和創新方面，成為全球領導者」

Ibid.

基因研究將成為中國 21 世紀產業發展的重要方向

"China Establishes National Gene Bank in Shenzhe," Xinhua News Agency, June 18, 2011.

未來中國將會為每個孩子的基因組定序

David Cyranoski, "Chinese Bioscience: The Sequence Factory," *Nature,* March 3, 2010.

第一個基因專利權成立

Harriet A. Washington, *Deadly Monopolies: The Shocking Corporate Takeover of Life Itself—and the Consequences for Your Healthy and Our Medical Future* (New York: Doubleday, 2011), p. 181.

四萬多種基因專利獲准，其中涵蓋了 2,000 個人類基因

Sharon Begley, "In Surprise Ruling, Court Declares Two Gene Patents Invalid," *Daily Beast,* March 29, 2010.

未經同意就移作商業用途的人體組織

Washington, *Deadly Monopolies,* chs. 1 and 7.

Glybera 是第一個在西方國家核可上市的基因療法藥物

Ben Hirschler, "Europe Approves High-Price Gene Therapy," Reuters, November 2, 2012.

治療一種罕見的遺傳疾病

Andrew Pollack, "European Agency Backs Approval of a Gene Therapy," *New York Times,* July 20, 2012.

核准的藥物 Crizotinib

Alice T. Shaw, "The Crizotinib Story: From Target to FDA Approval and Beyond," InforMEDical, 2012, http://

www.informedicalcme.com/lucatoday/crizotinib-story-from-target-to-fda-approval.

「我們相信孟山都掌控了九成（的種子遺傳資源）」

"Monsanto Strong-Arms Seed Industry," Associated Press, January 4, 2011.

「你能取得太陽的專利嗎？」

" 'Deadly Monopolies'? Patenting the Human Body," *Fresh Air,* NPR, October 24, 2011, http://www.npr. org/2011/10/24/141429392/deadly-monopolies-patenting-the-human-body. The groundbreaking work of Albert Sabin—whose vaccine became the most widely used—cannot be overlooked as well.

基因組研究的狂熱尚未掀起

Norman Borlaug, biography, http://www.nobelprize.org/nobel_prizes/peace/laureates/1970/borlaug-bio.html.

「老天爺幫幫我們，如果真發生那樣的事，大家都會挨餓」

Vandana Shiva, "The Indian Seed Act and Patent Act: Sowing the Seeds of Dictatorship," ZNet, February 14, 2005, http://www.grain.org/article/entries/2166-india-seed-act-patent-act-sowing-the-seeds-of-dictatorship.

「我們一向都支持種原自由交換」

Ibid.

美國上訴法院的案例仍然維持基因可以申請專利的立場

Reuters, "Court Reaffirms Right of Myriad Genetics to Patent Genes," *New York Times,* August 16, 2012.

有能力了解並操控現實世界

Michael S. Gazzaniga, *Human: The Science Behind What Makes Us Unique* (New York: HarperCollins, 2008), p. 199.

4 個字母來傳達：A、T、C、G

"The four bases—ATCG," Scitable, Nature Education, 2012, http://www.nature.com/scitable/content/the-four-bases-atcg-6491969.

「拇指大小的裝置，就可以儲存整個網際網路上的資訊」

Robert Lee Hotz, "Harvard Researchers Turn Book into DNA Code," *Wall Street Journal,* August 16, 2012.

華生、克里克和法蘭克林發現 DNA 的雙螺旋結構

Lynne Osman Elkin, "Rosalind Franklin and the Double Helix," *Physics Today* 56, no. 3 (March 2003): 42–48.

恰好是發現 DNA 雙螺旋結構後的五十年，完成了人類基因組定序

US Department of Energy, Office of Science, "History of the Human Genome Project," June 4, 2012, http:// www.ornl.gov/sci/techresources/Human_Genome/project/hgp.shtml.

開始為 RNA（核醣核酸）定序

Genetics Home Reference, "RNA," http://ghr.nlm.nih.gov/glossary=rna.

負責傳達轉譯至蛋白質的訊息

"RNAi," Nova scienceNOW, PBS, July 26, 2005, http://www.pbs.org/wgbh/nova/body/rnai.html.

生命形式都是由細胞組成

Genetics Home Reference, "Protein," http://ghr.nlm.nih.gov/glossary=protein.

人類蛋白體計畫正針對蛋白質進行分

Human Proteome Organisation, "Human Proteome Project (HPP)," 2010, http://www.hupo.org/research/hpp/.

模式會關係到其功能與角色

ThermoScientific, "Overview of Post-Translational Modifications (PTMs)," http://www.piercenet.com.

方式進行化學修飾，以擴大蛋白質的功能，並調控蛋白質的行為

Ibid.

人類後成基因組計畫（Human Epigenome Project）的重大進展

G. G. Sanghani et al., "Human Epigenome Project: The Future of Cancer Therapy," *Inventi Impact: Pharm Biotech & Microbio* 2012, http://www.inventi.in/Article/pbm/94/12.aspx.

新的癌症藥物是以後成遺傳學的突破為基礎

"Epigenetics Emerges Powerfully as a Clinical Tool," Medical Xpress, September 12, 2012, http:// medicalxpress.com/news/2012-09-epigenetics-emerges-powerfully-clinical-tool.html.

讓細胞轉形，發揮科學家想要的各種功能

Denise Caruso, "Synthetic Biology: An Overview and Recommendations for Anticipating and Addressing Emerging Risks," *Science Progress,* November 12, 2008, http://scienceprogress.org/2008/11/synthetic-biology/.

控制活細胞和設定細胞的行為，包括產生具有市場價值的化學物質
Caruso, "Synthetic Biology."

效果不佳的豬胰島素和其他動物胰島素
Lawrence K. Altman, "A New Insulin Given Approval for Use in U.S.," *New York Times,* October 30, 1982.

人造皮膚
Charles Q. Choi, "Spider Silk May Provide the Key to Artificial Skin," MSNBC, August 9, 2011; Katharine Sanderson, "Artificial Skins Detect the Gentlest Touch," *Nature,* September 12, 2010.

合成血液將出現重大進展
Fiona Macrae, "Synthetic Blood Created by British Scientists Could Be Used in Transfusions in Just Two Years," *Daily Mail,* October 28, 2011.

供作汽車燃料
Michael Totty, "A Faster Path to Biofuels," *Wall Street Journal,* October 16, 2011.

提供人類所需蛋白質
Jeffrey Bartholet, "When Will Scientists Grow Meat in a Petri Dish?," *Scientific American,* May 17, 2011; H. L. Tuomisto, "Food Security and Protein Supply—Cultured Meat a Solution?," 2010, http://oxford.academia.edu/HannaTuomisto/Papers/740015/Food_Security_and_Protein_Supply-Cultured_meat_a_solution.

「這股趨勢已是勢不可擋……無法控管」
Caruso, "Synthetic Biology."

「不只是為了個人，也是為了整個人類」
Jun Wang, Science, "Personal Genomes: For One and for All," *Science,* February 11, 2011.

「垃圾 DNA」，實際上包含了數百萬個排列在極其複雜網路中的「開關」
Gina Kolata, "Bits of Mystery DNA, Far from 'Junk,' Play Crucial Role," *New York Times,* September 6, 2012.

「在非常複雜的 3D 結構」
Brandon Keim, "New DNA Encyclopedia Attempts to Map Function of Entire Human Genome," *Wired,* September 5, 2012.

十年前，第一個基因組定序的成本大約是 30 億美元
John Markoff, "Cost of Gene Sequencing Falls, Raising Hopes for Medical Advances," *New York Times,* March 8, 2012.

大概只要花 1000 美元
Ibid.

專家表示，以這樣的價格
Ibid.

「這些都是未來需要討論的重要問題」
Ibid.

基因定序機器，定價不到 900 美元
Oxford Nanopore Technologies, "Oxford Nanopore Introduces DNA 'Strand Sequencing' on the High-Throughput GridION platform and Presents MinION, a Sequencer the Size of a USB Memory Stick," February 17, 2012, http://www.nanoporetech.com/news/press-releases/view/39/.

頗符合摩爾定律
K. A. Wetterstrand, "DNA Sequencing Costs: Data from the NHGRI Large-Scale Genome Sequencing Program," www.genome.gov/sequencingcosts.

基因組定序的成本開始遽降
Ibid.

快速分析時可以分析的 DNA 鏈的長度大幅增加
Jeffrey Fisher and Mostafa Ronaghi, "The Current Status and Future Outlook for Genomic Technologies," National Academy of Engineering, Winter 2010; Neil Bowdler, "1000 Genomes project maps 95% of all gene variations," BBC, October 27, 2011.

在可預見的未來，基因定序的成本將繼續以驚人速度離奇地往下降
Ibid.

生產合成的基因組

John Carroll, "Life Technologies Budgets \$100M for Synthetic Biology Deals," *Fierce Biotech,* June 3, 2010, http://www.fiercebiotech.com/story/life-technologies-budgets-100m-synthetic-biology-deals/2010-06-03.

巴比倫王漢摩拉比制定了第一套成文法典

Paul Halsall, "Code of Hammurabi, c. 1780 BCE," Internet Ancient History Sourcebook, March 1998, http://www.fordham.edu/halsall/ancient/hamcode.asp.

「新一波的生物，以人為方式激發的新生命」

Pierre Teilhard de Chardin, *The Phenomenon of Man* (New York: HarperCollins, 2008), p. 250.

因成功替自己的基因組定序而創造歷史

Emily Singer, "Craig Venter's Genome," *Technology Review,* September 4, 2007, http://www.technologyreview.com/news/408606/craig-venters-genome/.

史上第一個完全從合成 DNA 中產生的活菌

Joe Palca, "Scientists Reach Milestone on Way to Artificial Life," NPR, May 20, 2010.

文特只不過複製了一種已知細菌的藍圖

Clive Cookson, "Synthetic Life," *Financial Times,* July 27, 2012.

用另一種細菌的空殼充當新生命形式的容器

Clive Cookson, "Scientists Create a Living Organism," *Financial Times,* May 20, 2010.

其他科學家都推崇他的成就

Stuart Fox, "J. Craig Venter Institute Creates First Synthetic Life Form," *Christian Science Monitor,* May 21, 2010.

包含了「生殖道黴漿菌」(*Mycoplasma genitalium*)

John Markoff, "In First, Software Emulates Lifespan of Entire Organism," *New York Times,* July 21, 2012.

生命若要自我複製，最低限度需要多少 DNA 資訊

Cookson, "Synthetic Life."

「如果真有這樣的設計者的話」

Ibid.

「親愛的布魯特斯，錯誤無關乎我們的命運，而在於我們自己啊」

William Shakespeare, *Julius Caesar,* 1.2.140–41.

威爾森（E. O. Wilson）是全世界最著名的演化生物學家之一，卻一直受許多同儕無情的抨擊

Jennifer Schuessler, "Lessons from Ants to Grasp Humanity," *New York Times,* April 8, 2012; Richard Dawkins, "The Descent of Edward Wilson," *Prospect,* May 24, 2012.

威爾森雖然過去曾信仰基督教，但目前已不是教徒

Donna Winchester, "E.O. Wilson on Ants and God and Us," *Tampa Bay Times,* November 14, 2008.

每隔十年或百年，都會不同」

"The 'Evidence for Belief': An Interview with Francis Collins," Pew Forum on Religion and Public Life, April 17, 2008, http://pewresearch.org/pubs/805/the-evidence-for-belief-an-interview-with-francis-collins.

「然後我們可以決定希望它擁有什麼樣的新陳代謝功能」

Cookson, "Synthetic Life."

為醫療保健

Warren C. Ruder, Ting Lu, and James J. Collins, "Synthetic Biology Moving into the Clinic," *Science,* September 2, 2011.

能源生產

Cookson, "Synthetic Life."

環境整治

Caruso, "Synthetic Biology."

和其他許多領域的重大突破帶來希望

Stephen C. Aldrich, James Newcomb, and Robert Carlson, *Genome Synthesis and Design Futures: Implications for the U.S. Economy* (Cambridge, MA: Bio Economic Research Associates, 2007).

摧毀或弱化抗藥性細菌

Ruder, Lu, and Collins, "Synthetic Biology Moving into the Clinic."

持續殺死其他細菌，直到不再出現感染為止

Ibid.

開發新疫苗，也是充滿希望

Cookson, "Synthetic Life."

2007 年的禽流感（H5N1）和 2009 年的「豬流感」（H1N1）

Ibid.

發展出新能力，會經由空氣傳染而人傳人

"Bird Flu Pandemic in Humans Could Happen Any Time," Reuters, June 21, 2012.

新的病毒變種開始散布

Huib de Vriend, "Vaccines: The First Commercial Application of Synthetic Biology?," Rathenau Instituut, July 2011.

利用合成生物學的工具

Ibid.

降低生產疫苗的成本和時間

Vicki Glaser, "Quest for Fully Disposable Process Stream," *Genetic Engineering & Biotechnology News* 29, no. 5, March 1, 2009.

有些專家也預測

Aldrich, Newcomb, and Carlson, *Genome Synthesis and Design Futures*.

採用分散生產策略

Cookson, "Synthetic Life."

「如果觀察者過去從來不曾聽聞這樣的現象，幾乎都會視之為違反自然，粗鄙不當」

J. B. S. Haldane, "Daedalus of Science and the Future," February 4, 1923, http://www.psy.vanderbilt.edu/courses/hon182/Daedalus_or_SCIENCE_AND_THE_FUTURE_JBS_Haldane.pdf.

「我們會立刻憑直覺知道和感覺到」

Leon Kass, *Life, Liberty and the Defense of Dignity* (San Francisco: Encounter Books, 2004), p. 150.

描繪的感覺本身就不夠精確

Alexis Madrigal, "I'm Being Followed: How Google—and 104 Other Companies—Are Tracking Me on the Web," *Atlantic,* February 29, 2012.

生產蜘蛛絲的新方法

Rutherford, "Synthetic Biology and the Rise of the 'Spider-Goats.'"

比鋼鐵強韌 5 倍

Other scientists have mimicked the molecular design of spider silk by synthesizing their own from a commercially available substance (polyurethane elastomer) treated with clay platelets only one nanometer (a billionth of a meter) thick and only 25 nanometers across, then carefully processing the mixture to create synthetic spider silk. This work has been funded by the Institute for Soldier Nanotechnologies at the Massachusetts Institute of Technology because the military applications are considered of such high importance. Rutherford, "Synthetic biology and the rise of the 'spider-goats'"; "Nexia and US Army Spin the World's First Man-Made Spider Silk Performance Fibers," Eureka Alert, January 17, 2002, http://www.eurekalert.org/pub_releases/2002-01/nbi-nau011102.php.

具有反社會的特性，會同類相食，所以不適合養殖

Rutherford, "Synthetic Biology and the Rise of the 'Spider-Goats.'"

威脅到土生土長的樹木和植物

Richard J. Blaustein, "Kudzu's Invasion into Southern United States Life and Culture," 2001, www.srs.fs.usda.gov/pubs/ja/ja_blaustein001.pdf.

在大海中引發連鎖反應，帶來無法想像的生態浩劫

Al Gore, "Planning a New Biotechnology Policy," *Harvard Journal of Law and Technology* 5 (1991): 19–30.

信心滿滿地表示，絕不可能發生這樣的情況

Ibid.

將數以兆計美元投入軍事用途

Wil S. Hylton, "How Ready Are We for Bioterrorism?," *New York Times Magazine,* October 26, 2011.

威脅到人類文明的存續

George P. Shultz, William J. Perry, Henry A. Kissinger, and Sam Nunn, "A World Free of Nuclear Weapons," *Wall Street Journal,* January 4, 2007. 221 are now often described as probably overblown Wil S. Hylton, "Craig Venter's Bugs Might Save the World," *New York Times Magazine,* June 3, 2012.

「我想沒有人知道」

Ibid.

可能會出現新一代的生物武器

Alexander Kelle, "Synthetic Biology and Biosecurity," *EMBO Reports* 10 (2009): S23– S27.

蘇聯曾利用某些早期基因工程的發展成果，進行祕密生物武器研究計畫

Ibid.

「來攻擊具備特定遺傳特性的亞群」

Ibid.

阻止兩篇科學研究論文發表〔一篇刊登於《自然》期刊，另一篇刊登於《科學》期刊〕，論文中包含了禽流感變種病毒基因密碼的細節

Ibid.

監督任何可能有助於催生新生物武器的基因研究

National Institutes of Health, Office of Science Policy, "About NSABB," 2012, http://oba.od.nih.gov/biosecurity/about_nsabb.html.

對具軍事敏感性的研究計畫，篩選研究小組成員

Sample, "*Nature* Publishes Details of Bird Flu Strain That Could Spread Among People."

美國政府特別嚴禁由聯邦經費補助的研究跨入人類複製技術的實驗

Center for Genetics and Society, "Failure to Pass Federal Cloning Legislation, 1997–2003," http://www.geneticsandsociety.org/article.php?id=305.

來檢討複製人類的倫理、道德及法律意涵

Mary Meehan, "Looking More Like America?," *Our Sunday Visitor,* November 3, 1996, http://www.ewtn.com/library/ISSUES/LOOKLIKE.TXT.

美國政府資助的倫理研究計畫中最龐大的計畫

Edward J. Larson, "Half a Tithe for Ethics," *National Forum* 73, no. 2 (Spring 1993): 15–18.

「遺傳材料複製機制的可能性」

J. D. Watson and F.H.C. Crick, "Molecular Structure of Nucleic Acids," *Nature,* April 25, 1953.

針對新興的複製科技、基因工程和基因篩檢，舉行一系列聽證會

See, for example: Subcommittee on Investigations and Oversight and the Subcommittee on Science, Research, and Technology, Committee on Science and Technology, U.S. House of Representatives, "Commercialization of Academic Biomedical Research," June 8–9, 1981; Subcommittee on Investigations and Oversight, Committee on Science and Technology, U.S. House of Representatives, "Genetic Screening and the Handling of High- Risk Groups in the Workplace," October 14–15, 1981.

並在十五年後成功複製了桃莉羊

U.S. Department of Energy, Office of Science, Human Genome Project, "Cloning Fact Sheet," May 11, 2009, http://www.ornl.gov/sci/techresources/Human_Genome/elsi/cloning.shtml#animalsQ.

科學家又複製了其他許多動物

Ibid.

純粹是出於倫理考量，才沒有輕易嘗試複製人的實驗

Dan W. Brock, "Cloning Human Beings: An Assessment of the Ethical Issues Pro and Con," in *Cloning Human Beings,* vol. 2, *Commissioned Papers* (Rockville, MD: National Bioethics Advisory Commission, 1997), http://bioethics.georgetown.edu/nbac/pubs/cloning2/cc5.pdf.

歐洲幾乎每個國家都明文規定，複製人類是違法的行為

Ibid.; "19 European Nations OK Ban on Human Cloning," *National Catholic Register,* April 18, 1999.

「以及保護人類遺傳材料」

Brock, "Cloning Human Beings."

又不會為被複製的個體或整個社會帶來明顯傷害的時候

Brian Alexander, "(You)2," *Wired,* February 2001; "Dolly's Legacy," *Nature,* February 22, 2007; Steve Connor,

"Human Cloning Is Now 'Inevitable,' " *Independent,* August 30, 2000; John Tierney, "Are Scientists Playing God? It Depends on Your Religion," *New York Times*, November 20, 2007.

一連串能自我複製的相同胚胎幹細胞

David Cyranoski, "Cloned Human Embryo Makes Working Stem Cells," *Nature,* October 5, 2011.

好幾個國家都禁止科學家進行複製人類胚胎的研究

Tierney, "Are Scientists Playing God?"

打破了反對複製人的現代社會禁忌

Steve Connor, " 'I Can Clone a Human Being'—Fertility Doctor," *New Zealand Herald,* April 22, 2009; Tierney, "Are Scientists Playing God?"

還沒有任何複製人誕生的傳言獲得證實

National Human Genome Research Institute, Cloning Fact Sheet.

其他形式的技術進展

Brock, "Cloning Human Beings."

是不可避免的趨勢，無論如何都會發生

Roman Altshuler, "Human Cloning Revisited: Ethical Debate in the Technological Worldview," *Biomedical Law & Ethics* 3, no. 2 (2009): 177–95.

會帶來很多醫學上的效益，因此比大多數實驗更加前景看好

Brock, "Cloning Human Beings."

侵害人類尊嚴，升高人類「商品化」的風險

Ibid.; Altshuler, "Human Cloning Revisited."

宗教維護個人權益的觀點

Leon Kass and James Q. Wilson, *Ethics of Human Cloning* (Washington, DC: American Enterprise Institute, 1998).

更通行的人道主義觀點，強調個人尊嚴

Brock, "Cloning Human Beings"; Altshuler, "Human Cloning Revisited."

美國政治決策權力失衡的另外一個例子

"Meat on Drugs," *Consumer Reports,* June 2012.

八成的抗生素，被農場合法的加進禽畜飼料中

Gardiner Harris, "U.S. Tightens Rules on Antibiotics Use for Livestock," *New York Times,* April 11, 2012.

開始規定必須取得獸醫處方，才能對動物使用抗生素

"Meat on Drugs," *Consumer Reports.*

自從佛來明（Alexander Fleming）在 1929 年發明盤尼西林以來

"A Brief History of Antibiotics," BBC News, October 8, 1999, http://news.bbc.co.uk/2/hi/health/background_briefings/antibiotics/163997.stm.

雖然佛來明說這項發明純屬「偶然」

Douglas Allchin, SHiPS Resource Center, "Penicillin and Chance," http://www1.umn.edu/ships/updates/fleming.htm.

率先發現二氧化碳會造成溫室效應

Spencer Weart, "The Discovery of Global Warming: The Carbon Dioxide Greenhouse Effect," February 2011, http://www.aip.org/history/climate/co2.htm.

盤尼西林發明後，一直到 1940 年代初期，才真正發揮用途

"A Brief History of Antibiotics," BBC News.

在 1950 年代和 1960 年代，人類又相繼發現了其他有效抗生素

Ibid.

過去幾十年來，發現新抗生素的速度變慢了

Ibid.

不當使用有限的救命資源，抗生素的效力逐漸減弱

"The Spread of Superbugs," *Economist,* March 31, 2011.

開始有能力規避抗生素的效力

Brandon Keim, "Antibiotics Breed Superbugs Faster Than Expected," *Wired,* February 11, 2010.

唯有在明顯必要時，才使用抗生素

Alexander Fleming, "Penicillin," Nobel Lecture, December 11, 1945, http://www.nobelprize.org/nobel_prizes/medicine/laureates/1945/fleming-lecture.pdf; E. J. Mundell, "Antibiotic Combinations Could Fight Resistant Germs," ABC News, March 23, 2007, http://abcnews.go.com/Health/Healthday/story?id=4506442&page=1#.UDVmwo40jdk.

出現新的遺傳特質，令抗生素毫無用武之地

Keim, "Antibiotics Breed Superbugs Faster Than Expected."

已經有些抗生素對一些疾病缺乏效力

Katie Moisse, "Antibiotic Resistance: The 5 Riskiest Superbugs," ABC News, March 27, 2012, http://abcnews.go.com/Health/Wellness/antibiotic-resistance-riskiest-superbugs/story?id=15980356#.UC7l0UR9nMo.

效力減弱的速度已經嚇壞了許多健康專家

Moisse, "Antibiotic Resistance: The 5 Riskiest Superbugs."

多重抗藥性的結核菌

Ibid.

美國食品藥物管理局在 2012 年組成新的任務小組

Stephanie Yao, "New FDA Task Force Will Support Innovation in Antibacterial Drug Development," Food and Drug Administration press release, September 24, 2012.

許多國家的政府依然罔顧基本醫學事實

Worldwatch Institute, "Global Meat Production and Consumption Continue to Rise," 2011, http://www.worldwatch.org/global-meat-production-and-consumption-continue-rise-1; Philip K. Thornton, "Livestock Production: Recent Trends, Future Prospects," *Philosophical Transactions of the Royal Society B,* September 27, 2010.

更驚人的是，美國政府也包括在內

"Meat on Drugs," *Consumer Reports.*

帶來的利潤卻已十分顯著且龐大

Matthew Perrone, "Does Giving Antibiotics to Animals Hurt Humans?," Associated Press, April 20, 2012.

超級細菌，這些細菌對抗生素完全免疫

Ibid.

使用抗生素的劑量低於治療時的劑量

"Our Big Pig Problem," *Scientific American,* February 8, 2012.

主要目的也並非維護禽畜健康

Harris, "U.S. Tightens Rules on Antibiotics Use for Livestock."

一方面對官員慷慨解囊，大筆捐獻選戰經費，另一方面則極力駁斥科學論據

Ibid.; 2012 PAC Summary Data, Open Secrets, http://www.opensecrets.org/pacs/lookup2.php?strID=C00028787&cycle=2012, accessed August 22, 2012; National Cattlemen's Beef Association lobbying expenses, Open Secrets, http://www.sourcewatch.org/index.php?title=National_Cattlemen's_Beef_Association#cite_note-1, August 22, 2012.

去年，科學家證實

Richard Knox, "How Using Antibiotics in Animal Feed Creates Superbugs," NPR, February 21, 2012, http://www.npr.org/blogs/thesalt/2012/02/21/147190101/how-using-antibiotics-in-animal-feed-creates-superbugs.

已成功防止美國政府頒布禁令

Harris, "U.S. Tightens Rules on Antibiotics Use for Livestock."

管制這類瘋狂的做法

Ibid.

歐盟已經禁止業者在禽畜飼料中添加抗生素

Knox, "How Using Antibiotics in Animal Feed Creates Superbugs."

其他許多國家則還未下達禁令

Ibid.; "Meat on Drugs," *Consumer Reports;* Worldwatch Institute, "Global Meat Production and Consumption Continue to Rise"; Thornton, "Livestock Production."

只是今天具抗藥性的許多細菌之一

Knox, "How Using Antibiotics in Animal Feed Creates Superbugs."

患有狂牛症

"Bill Seeks Permanent Ban on Downer Slaughter at Meat Plants," *Food Safety News,* January 13, 2012.

狂牛症的病原稱為「普里昂蛋白」（prion），是一小段摺疊出錯的蛋白質

World Health Organization, "Bovine Spongiform Encephalopathy," November 2002, http://www.who.int/mediacentre/factsheets/fs113/en/.

染上狂牛症的動物到了罹病後期

I. Ramasamy, M. Law, S. Collins, and F. Brook, "Organ Distribution of Prion Proteins in Variant Creutzfeldt-Jakob Disease," *Lancet Infectious Diseases* 3, no. 4 (April 2003): 214–22.

只是今天具抗藥性的許多細菌之一

Knox, "How Using Antibiotics in Animal Feed Creates Superbugs."

患有狂牛症

"Bill Seeks Permanent Ban on Downer Slaughter at Meat Plants," *Food Safety News,* January 13, 2012.

狂牛症的病原稱為「普里昂蛋白」（prion），是一小段摺疊出錯的蛋白質

World Health Organization, "Bovine Spongiform Encephalopathy," November 2002, http://www.who.int/mediacentre/factsheets/fs113/en/.

染上狂牛症的動物到了罹病後期

I. Ramasamy, M. Law, S. Collins, and F. Brook, "Organ Distribution of Prion Proteins in Variant Creutzfeldt-Jakob Disease," *Lancet Infectious Diseases* 3, no. 4 (April 2003): 214–22.

染上狂牛症的機率，是未染病的 50 倍

"Bill Seeks Permanent Ban on Downer Slaughter at Meat Plants," *Food Safety News.*

應該禁止牠們進入食物供應鏈

"Bill Seeks Permanent Ban on Downer Slaughter at Meat Plants," *Food Safety News.*

在屠宰前出現這些症狀的動物

Ibid.

保護產業界一小撮人的利益

Emad Mekay, "Beef Lobby Blocks Action on Mad Cow, Activists Say," Inter Press Service, January 8, 2004, http://www.monitor.net/monitor/0401a/copyright/madcow4.html; Charles Abbott, "Analysis: U.S. Mad Cow Find: Lucky Break or Triumph of Science?," Reuters, April 25, 2012.

彰顯出國會拒絕立法背後的意圖

"Obama Bans 'Downer' Cows from Food Supply," Associated Press, March 14, 2009.

可能會被歐巴馬的繼任者推翻

"Bill Seeks Permanent Ban on Downer Slaughter at Meat Plants," *Food Safety News.*

提出「優生絕育法」

Paul A. Lombardo, *Three Generations, No Imbeciles: Eugenics, the Supreme Court, and Buck v. Bell* (Baltimore: Johns Hopkins University Press, 2008), p. 91.

在類似勞福林草案的法令要求下

Alex Wellerstein, "Harry Laughlin's 'Model Eugenical Sterilization Law,' " http://alexwellerstein.com/laughlin/.

需要花很多經費來照顧他們，這些人會成為國家的負擔

Paul Lombardo, "Eugenic Sterilization Laws," Image Archive on the American Eugenics Movement, http://www.eugenicsarchive.org/html/eugenics/essay8text.html.

而且以前所未見的高生育率大量增加

Jonathan D. Moreno, *The Body Politic: The Battle Over Science in America* (New York: Bellevue Literary Press, 2011), p. 67.

他顯然認為這些特質都會遺傳給後代子孫

Ibid., p. 67.

勞福林本身是癲癇患者

Wellerstein, "Harry Laughlin's 'Model Eugenical Sterilization Law.' "

他對於南歐及東歐人民的評估報告影響了 1924 年條件嚴格的移民配額制度

Ibid.

對演化論真正意涵的疑惑影響了優生運動的發展

Moreno, *The Body Politic,* pp. 64–67.

高騰爵士（Sir Francis Galton），然後又透過史賓塞（Herbert Spencer）的宣揚而廣為人知

Ibid., p. 65.

奠基於拉馬克（Jean-Baptiste Lamarck）的概念

Ibid.

出生後才發展出來的性狀會遺傳給下一代

Ibid.

蘇聯的利森科（Trofim Lysenko）也在提倡類似的惡劣演化論

"Trofim Denisovich Lysenko," *Encyclopaedia Britannica,* http://www.britannica.com/EBchecked/topic/353099/Trofim-Denisovich-Lysenko.

在領導蘇聯科學界的三十年期間，肩負的重責大任之一是防止學校教導主流遺傳學

Ibid.

與利森科意見相左的遺傳學家會遭到逮捕

Ibid.; Moreno, *The Body Politic,* p. 69.

其中有些人會莫名其妙的死去

"Trofim Denisovich Lysenko," *Encyclopaedia Britannica;* Moreno, *The Body Politic,* p. 69.

生物理論必須符合蘇聯的農業需求

"Trofim Denisovich Lysenko," *Encyclopaedia Britannica.*

而不見得是「最適合者」生存

Michael Shermer, "Darwin Misunderstood," February 2009, http://www.michaelshermer.com/2009/02/darwin-misunderstood/.

導致這些「不符需要的人」日子過得更輕鬆，人數也激增

Moreno, *The Body Politic,* pp. 67–68.

導致這類「不符需要的人」繼續增加

Ibid., pp. 69–70.

當時不乏提倡優生學的極端保守份子

Ibid.

南方貧窮法律中心形容為仇恨團體的先鋒基金會（Pioneer Fund）

Ibid., p. 70; Southern Poverty Law Center, Intelligence Files, "Pioneer Fund," http://www.splcenter.org/get-informed/intelligence-files/groups/pioneer-fund.

先鋒基金會的創辦人正是勞福林

Wellerstein, "Harry Laughlin's 'Model Eugenical Sterilization Law.'"

歷史學家指出，優生學之所以在 20 世紀初獲得支持

Moreno, *The Body Politic,* pp. 67–70.

導致許多人在看待國家應否干預遺傳過程的問題時

Ibid.

以遺傳學為基礎的理論，即使跟納粹沒什麼關

Ibid., pp. 67–69.

融入未來討論所謂「新優生學」方案的種種論辯

Leroi, "The Future of Neo- Eugenics."

有一半的美國人仍然表示他們不相信演化論

Gallup, "In U.S., 46% Hold Creationist View of Human Origins," June 1, 2012, http://www.gallup.com/poll/155003/Hold-Creationist-View-Human-Origins.aspx.

1927 年，美國有二、三十個州實施優生法

Buck v. Bell, 274 U.S. 200, May 2, 1927.

這個叫凱莉・巴克（Carrie Buck）的年輕婦女 17 歲就懷孕生子

University of Virginia—Claude Moore Health Sciences Library, "Carrie Buck, Virginia's Test Case," 2004, http://www.hsl.virginia.edu/historical/eugenics/3-buckvbell.cfm.

「智障延續三代已經夠了」
Buck v. Bell, 274 U.S. 200, May 2, 1927.

這項判決從來不曾被推翻
Dan Vergano, "Re-Examining Supreme Court Support for Sterilization," *USA Today,* November 19, 2008.

當年為凱莉進行絕育手術的醫院主任找到她，這時候凱莉已是八十多歲的老婦人了
Stephen Jay Gould, "Carrie Buck's Daughter," *Natural History*, July 1985.

凱莉頭腦清楚，智力正常
Ibid.

養父母的姪兒強暴她
"Carrie Buck, Virginia's Test Case."

深恐釀成醜聞
Vergano, "Re-Examining Supreme Court Support for Sterilization."

她感染梅毒，且生下凱莉時也未婚
"Carrie Buck, Virginia's Test Case."

凱莉有「無法治癒的先天缺陷」
Vergano, "Re-Examining Supreme Court Support for Sterilization."

「受到背後操控」
Ibid.

「沒用、無知、且毫無價值的南方反社會白人階級」
"Carrie Buck, Virginia's Test Case."

「她的表情不太正常」
Ibid.

從母親身邊奪走，交給強暴凱莉的人
Vergano, "Re-Examining Supreme Court Support for Sterilization."

凱莉的妹妹桃樂絲也在同一個機構絕育
Gould, "Carrie Buck's Daughter."

奠定了維吉尼亞州的法律基礎
Alex Wellerstein, "Harry Laughlin's 'Model Eugenical Sterilization Law.'"

威爾遜總統
Vergano, "Re-Examining Supreme Court Support for Sterilization."

電話發明人貝爾
Glenn Kessler, "Herman Cain's Rewriting of Birth-Control History," *Washington Post,* Fact Checker blog, November 1, 2011, http://www.washingtonpost.com/blogs/fact-checker/post/herman-cains-rewriting-of-birth-control-history/2011/10/31/gIQAr53uaM_blog.html.

桑格（Margaret Sanger）
Ibid.

保持獨身，或不生小孩，或只生一、兩個小孩
Harry Bruinius, *Better for All the World: The Secret History of Forced Sterilization and America's Quest for Racial Purity* (New York: Knopf, 2006), pp. 190–91.

「目的是協助種族消除不適者」
Lori Robertson, "Cain's False Attack on Planned Parenthood," FactCheck.org, November 1, 2011, http://factcheck.org/2011/11/cains-false-attack-on-planned-parenthood/.

「讓適者生下更多孩子，不適者生下較少孩子」
Daniel J. Kevles, *In the Name of Eugenics: Genetics and the Uses of Human Heredity* (New York: Knopf, 1985), p. 90.

「混血兒、已有多名子女的單親媽媽、」
Nicole Pasulka, "Forced Sterilization for Transgender People in Sweden," *Mother Jones,* January 25, 2012.

要求變性者在正式改變身分證上的性別之前
Nicole Pasulka, "Sweden Moves to End Forced Sterilization of Transgender People," *Mother Jones,* February 24, 2012.

瑞典國會正在辯論

Ibid.

這項 1972 年訂定的法條

Pasulka, "Forced Sterilization for Transgender People in Sweden."

黨派的恐懼和誤解，才無法廢除法令

Pasulka, "Sweden Moves to End Forced Sterilization of Transgender People."

烏茲別克在 2004 年開始實施強制絕育

Natalia Antelava, "Uzbekistan Carrying Out Forced Sterilisations, Say Women," *Guardian,* April 20, 2012.

在 2009 年成為官方政策

Ibid.

因逃離中國的維權運動人士陳光誠的言論，而重新浮出檯面

Ashley Hayes, "Activists Allege Forced Abortions, Sterilizations in China," CNN, April 30, 2012, http://articles.cnn.com/2012-04-30/asia/world_asia_china-forced-abortions_1_reggie-littlejohn-china-s-national-population-abortions?_s=PM:ASIA.

實施一次絕育手術，醫生和政府官員都可以領到獎金

Gethin Chamberlain, "UK Aid Helps to Fund Forced Sterilisation of India's Poor," *Guardian,* April 14, 2012.

已經完成 50 種動植物的完整基因圖譜

"The Dragon's DNA," *Economist.*

但中國的主要焦點似乎還是

Tam, "Scientists Seek to Unravel the Mystery of IQ."

華大基因研究院 2011 年在深圳成立國家基因庫

"China Establishes National Gene Bank in Shenzhen," Xinhua News Agency.

哪些基因決定了人類的聰明才智

Tam, "Scientists Seek to Unravel the Mystery of IQ."

兒童遺傳資訊與智力的關聯

"Bob Abernathy's Interview with Francis Collins," *PBS Religion and Ethics Weekly,* November 7, 2008.

未來很可能找出與智力有關的基因

Moheb Costandia, "Genetic Variants Build a Smarter Brain," *Science,* June 19, 2012.

摩爾定律預測

Ian H. Stevenson and Konrad P. Kording, "How Advances in Neural Recording Affect Data Analysis," *Nature Neuroscience* 14, no. 2 (February 2011): 139–42.

完成某種線蟲的「神經路網體」（只有 302 個神經元）基因圖譜

Jonah Lehrer, "Neuroscience: Making Connections," *Nature,* January 28, 2009.

儘管如此，人類大腦據估計有 1 千億個神經元

Ibid.

至少 100 兆個突觸連結

"Scientists Have New Help Finding Their Way Around Brain's Nooks and Crannies," ScienceDaily, August 9, 2011, http://www.sciencedaily.com/releases/2011/08/110809184153.htm.

描繪所有執行基因表現的蛋白質圖譜

Human Genome Project, "The Science Behind the Human Genome Project: From Genome to Proteome," March 26, 2008, http://www.ornl.gov/sci/techresources/Human_Genome/project/info.shtml.

蛋白質本身具有多種幾何形式

Jie Lang et al., "Geometric Structures of Proteins for Understanding Folding, Discriminating Natives and Predicting Biochemical Functions," 2009, http://gila-fw.bioengr.uic.edu/lab/papers/2009/protein-liang.pdf.

在基因轉譯後會出現重要的生化修飾

Christopher Walsh et al., "Protein Posttranslational Modifications: The Chemistry of Proteome Diversifications," *Angewandte Chemie,* International Edition 44 (2005): 7342–72.

「在極其複雜的生化連鎖反應下交互作用」

Evan R. Goldstein, "The Strange Neuroscience of Immortality," *Chronicle of Higher Education,* July 16, 2012.

利用新興領域光電遺傳學的新發展

Karl Deisseroth, "Optogenetics: Controlling the Brain with Light," *Scientific American,* October 20, 2010.

將對應的基因植入細胞中，成為神經元的開關

Matthew Hougan and Bruce Altevogt, *From Molecules to Minds: Challenges for the 21st Century* (Washington, DC: National Academies Press, 2008). 236 observe its effects on other neurons with a green light Ibid.; Carl E. Schoonover and Abby Rabinowitz, "Control Desk for the Neural Switchboard," *New York Times,* May 16, 2011.

在綠光照射下，觀察這個神經元對其他對綠光敏感的神經元會產生何種效應

Amy Barth, "Controlling Brains with a Flick of a Light Switch," *Discover Magazine,* September 2012.

讓不同類的神經元亮起不同的顏色

Hougan and Altevogt, *From Molecules to Minds;* Schoonover and Rabinowitz, "Control Desk for the Neural Switchboard."

描繪出更詳細的視覺圖譜

Hougan and Altevogt, *From Molecules to Minds.*

複雜的神經網路中有新元素遭破解時，相關知識會很快散播出去

Joshua T. Vogelstein, "Q&A: What Is the Open Connectome Project?," *Neural Systems & Circuits,* November 18, 2011.

奠基於大家熟悉的人體核磁共振造影掃描技術，能追蹤腦部神經元引發的血流變化

"Shiny New Neuroscience Technique (Optogenetics) Verifies a Familiar Method (fMRI)," *Discover Magazine,* May 17, 2010.

會從血液中吸收氧氣和葡萄糖，以補充能量

Ibid.; Leonie Welberg, "Brain Metabolism: Astrocytes Bridge the Gap," *Nature Reviews Neuroscience* 10, no. 86 (February 2009): 86.

含氧血液與缺氧血液有些微的磁化差異

"Major Advance in MRI Allows Much Faster Brain Scans," *ScienceDaily,* January 5, 2011.

在某個時點大腦有哪些區塊處於活化狀態

"Shiny New Neuroscience Technique (Optogenetics) Verifies a Familiar Method (fMRI)," *Discover Magazine.*

找出負責掌管某些特定功能的是大腦哪個部位

Pagan Kennedy, "The Cyborg in Us All," *New York Times Magazine,* September 18, 2011.

英國劍橋大學

David Cyranoski, "Neuroscience: The Mind Reader," *Nature,* June 13, 2012.

挑選顯示在 iPhone 螢幕上的圖片

Kennedy, "The Cyborg in Us All."

來控制電腦螢幕上的物件

Katia Moskovitch, "Real-Life Jedi: Pushing the Limits of Mind Control," BBC, October 9, 2011.

「肌肉的律動，而非實際的神經活動」

Clive Cookson, "Healthcare: Into the Cortex," *Financial Times,* July 31, 2012.

頭戴式裝置的功能，使用者戴上之後，可以藉由腦波控制其他電子裝置

Moskovitch, "Real-Life Jedi."

用類似的方法，打造出可以用意念控制的輪椅和機器人

Cookson, "Healthcare: Into the Cortex."

其他四家公司

Moskovitch, "Real-Life Jedi."

能讓士兵透過心靈感應相互溝通

Kennedy, "The Cyborg in Us All."

投入六百多萬美元在研究計畫上

Ibid.

目標是在 2017 年完成原型裝置

"Pentagon Plans for Telepathic Troops Who Can Read Each Others' Minds... and They Could Be in the Field within Five Years," *Daily Mail,* April 8, 2012.

歷史學家博斯特羅姆（Nick Bostrom）指出

Nick Bostrom, "A History of Transhumanist Thought," 2005, http://www.nickbostrom.com/papers/history.pdf.

這股騷動一直延續到 20 世紀

Ibid.

德日進最先採用「奇異點」這個名詞

Ibid.

「之後不久，人類的紀元將宣告結束」

Vernor Vinge, "The Coming Technological Singularity: How to Survive in the Post-Human Era," 1993, http://www-rohan.sdsu.edu/faculty/vinge/misc/singularity.html.

人類智能（甚至意識）將與人工智慧融為一體

Lara Farrar, "Scientists: Humans and Machines Will Merge in Future," CNN, July 15, 2008, http://articles.cnn.com/2008-07-15/tech/bio.tech_1_emergent-technologies-bostrom-human-life/2?_s=PM:TECH.

「在奇異點後的未來世界，人與機器或實體與虛擬現實之間，將毫無差異」

Ibid.

凱普曾和科茲威爾用 2 萬美元打賭

"By 2029 No Computer—or 'Machine Intelligence'—Will Have Passed the Turing Test," A Long Bet, http://longbets.org/1/.

以電腦為基礎的「科技奇異點」尚未達成之前

John Chelen, "Could the Organic Singularity Occur Prior to Kurzweil's Technological Singularity?," *Science Progress,* June 20, 2012.

不但可取代臀部

Ben Coxworth, "New Discovery Could Lead to Better Artificial Hips," *Gizmag,* November 27, 2011, http://www.gizmag.com/artificial-hip-joint-lubrication-layer/20949/.

膝蓋

James Dao, "High-Tech Knee Holds Promise for Veterans," *New York Times,* August 18, 2010.

腿

Alexis Okeowo, "A Once-Unthinkable Choice for Amputees," *New York Times,* May 14, 2012.

手臂

Thomas H. Maugh II, "Two Paralyzed People Successfully Use Robot Arm," *Los Angeles Times,* May 16, 2012.

取代眼睛

Carl Zimmer, " 'I See,' Said the Blind Man with an Artificial Retina," *Discovery News,* September 15, 2011.

以人工代用品取代

Richard Yonck, "The Path to Future Intelligence," *Psychology Today,* May 13, 2011; Rob Beschizza, "Mechanical Fingers Give Strength, Speed to Amputees," *Wired,* July 2, 2007.

植入電子耳能恢復聽力

"Cochlear Implants Restore Hearing in Rare Disorder," *Science Daily,* April 20, 2012.

機械外骨骼，讓半身癱瘓者也能走路

Melissa Healy, "Body Suit May Soon Enable the Paralyzed to Walk," *Los Angeles Times,* October 6, 2011.

讓需要背負重物的士兵更有力

Susan Karlin, "Raytheon Sarcos's Exoskeleton Nears Production," *IEEE Spectrum,* August 2011.

耳內助聽器大多數都已經可用 3D 印表機製造

Quest Means Business, CNN transcript, November 8, 2012, http://transcripts.cnn.com/TRANSCRIPTS/1211/08/qmb.01.html; Nick Glass, "Pitch Perfect: The Quest to Create the World's Smallest Hearing Aid," CNN, November 9, 2012, http://www.cnn.com/2012/11/09/tech/hearing-aid-widex-3d-printing/index.html.

無法進行傳統下巴重建手術的老婦人

"Transplant Jaw Made by 3D Printer Claimed as First," BBC News, February 6, 2012, http://www.bbc.co.uk/news/technology-16907104.

目前器官移植手術面臨器官短缺的窘境

Ibid.

美國維克森林大學的再生醫學專家

Wake Forest Baptist Medical Center, press release, "Lab-Engineered Kidney Project Reaches Early Milestone," June 21, 2012; Wake Forest Baptist Medical Center, press release, "Researchers Engineer Miniature Human Livers in the Lab," October 30, 2010.

完全複製病患原有氣管的大小及形狀

Henry Fountain, "A First: Organs Tailor-Made with Body's Own Cells," *New York Times,* September 16, 2012.

察覺身體的免疫系統開始拆解鷹架時

Henry Fountain, "Human Muscle, Regrown on Animal Scaffolding," *New York Times,* September 17, 2012.

只有人類頭髮千分之一大小的矽奈米線

Elizabeth Landieu, "When Organs Become Cyborgs," CNN, August 29, 2012.

除了伊朗以外，其他國家也都採取相同立場

Stephen J. Dubner, "Human Organs for Sale, Legally, in... Which Country?," Freakonomics blog, April 29, 2008, http://www.freakonomics.com/2008/04/29/human-organs-for-sale-legally-in-which-country/.

器官賣到富國，以供移植

"Organ Black Market Booming," UPI, May 28, 2012.

「史上最長的腎臟移植鏈」

Kevin Sack, "60 Lives, 30 Kidneys, All Linked," *New York Times,* February 19, 2012.

更新的個人資料中，增加「器官捐贈」項目

Matt Richtel and Kevin Sack, "Facebook Is Urging Members to Add Organ Donor Status," *New York Times,* May 1, 2012.

製造更多先進的人造肢體

Ashlee Vance, "3-D Printing Spurs a Manufacturing Revolution," *New York Times,* September 14, 2010.

製造醫療植體

"The Printed World," *Economist,* February 10, 2011.

從隨選的基本化學藥品中列印出疫苗和藥物

Tim Adams, "The 'Chemputer' That Could Print Out Any Drug," *Guardian,* July 21, 2012.

相同的產品

Eric Topol, *The Creative Destruction of Medicine: How the Digital Revolution Will Create Better Health Care* (New York: Basic Books, 2012), ch. 10.

從體外射入雷射光時

Avi Schroeder et al., "Remotely Activated Protein-Producing Nanoparticles," *Nano Letters* 2, no. 6 (2012): 2685–89; George Dvorsky, "Microscopic Machines Could Produce Medicine Directly Inside Your Body," io9, July 29, 2012, http://io9.com/5922447/microscopic-machines-could-produce-medicine-directly-inside-your-body.

特殊的人工大腦裝置

Cookson, "Healthcare: Into the Cortex."

數位裝置植入大腦表層，甚至深入腦部

Wilson, "Bionic Brains and Beyond"; Allison Abbott, "Brain Implants Have Long-Lasting Effect on Depression," *Nature,* February 7, 2011.

可以運用意念指揮機器人進行動作

Cookson, "Healthcare: Into the Cortex."

把晶片連結到電腦的電線都可以省掉

Ibid.

美國伊利諾大學、賓州大學和紐約大學的科學家

Ibid.

「奈米科技、微型發電等各方面的研究，以提供醫療上的效益」

Ibid.

在老鼠的腦幹上，以便解讀從老鼠身體其他部位傳來的資訊

Linda Geddes, "Rat Cyborg Gets Digital Cerebellum," *New Scientist,* September 27, 2011.

「在本世紀結束前將出現經由合成的相關發明」

Ibid.

在人體上,包括膀胱控制

Monica Friedlander, Lawrence Livermore National Laboratory, "Neural Implants Come of Age," *Science and Technology Review,* June 2012.

紓解脊椎疼痛

Ibid.

矯正某些型態的視盲

Wilson, "Bionic Brains and Beyond."

和耳聾

Ibid.

以提升專注力

Ibid.

在他們需要時,幫助他們更專心

Ibid.

有助於集中注意力的藥物,包括 Adderall、利他能(Ritalin)、普衛醒(Provigil)等

Margaret Talbot, "Brain Gain: The Underground World of 'Neuroenhancing' Drugs," *New Yorker,* April 27, 2009.

「在 15% 到 40% 之間」

Alan Schwarz, "Risky Rise of the Good-Grade Pill," *New York Times,* June 10, 2012.

有些為低收入家庭看診的醫生開始為孩子開 Adderall 處方

Alan Schwarz, "Attention Disorder or Not, Pills to Help in School," *New York Times,* October 9, 2012.

覺得記憶力和專注力都有所改善

Drew Halley, "Brain-Doping at the Lab Bench," Project Syndicate, April 20, 2009.

努力研究有可能提升智力的新藥物

Jamais Cascio, "Get Smarter," *Atlantic,* July/August 2009; Ross Anderson, "Why Cognitive Enhancement Is in Your Future (and Your Past)," *Atlantic,* February 6, 2012.

就像今天的美容手術一樣正常

V. Cakic, "Smart Drugs for Cognitive Enhancement: Ethical and Pragmatic Considerations in the Era of Cosmetic Neurology," *Journal of Medical Ethics* 35 (2009): 611–15; Anderson, "Why Cognitive Enhancement Is in Your Future (and Your Past)."

刺激大腦負責物件辨識的部位,以增進狙擊手的訓練效果

Sally Adee, "Zap Your Brain into the Zone: Fast Track to Pure Focus," *New Scientist,* February 6, 2012.

是史上第一個在奧運田徑場上競賽的雙腿截肢運動員

Jere Longman, "After Long Road, Nothing Left to Do but Win," *New York Times,* August 5, 2012.

接力賽跑,南非隊也順利晉級決賽

David Trifunov, "Oscar Pistorius Eliminated in 400m Semifinal at London 2012 Olympics," *Global Post,* August 5, 2012.

「這樣對四肢健全的選手並不公平」

Longman, "After Long Road, Nothing Left to Do but Win."

根據皮斯托瑞斯的說法

"Oscar Pistorius Apologizes for Timing of Paralympics Criticism," BBC Sport, September 3, 2012.

「紅血球生成素」(erythropoietin, EPO)的藥物

"Genetically Modified Olympians?," *Economist,* July 31, 2008.

能更長時間提供肌肉更多氧氣

Lana Bandoim, "Erythropoietin Abuse Among Athletes Can Lead to Vascular Problems," Yahoo, December 25, 2011, http://sports.yahoo.com/top/news?slug=ycn-10747311.

他承認使用 EPO 和其他非法促進劑

"Landis Admits EPO Use," ESPN, May 20, 2010, http://www.espn.co.uk/more/sport/story/23635.html.

阿姆斯壯(Lance Armstrong)也被取消冠軍資格,並終身禁賽

Juliet Macur, "Lance Armstrong Is Stripped of His 7 Tour de France Titles," *New York Times,* October 22, 2012

EPO、類固醇、輸血

"Lance Armstrong Won't Fight Charges," ESPN, August 24, 2012.

來檢測違反規定的新促進劑

Matthew Knight, "Hi-Tech Tests to Catch Olympics Drug Cheats at London 2012," CNN, July 31, 2012, http://edition.cnn.com/2012/04/12/sport/drugs-london-2012-olympics-laboratory/index.html; Andy Bull, "Ye Shiwen's World Record Olympic Swim 'Disturbing,' Says Top US Coach," *Guardian,* July 30, 2012.

產生額外紅血球

"Fairly Safe," *Economist,* July 31, 2008.

可能必須對運動員的親人進行基因檢測

"Genetically Modified Olympians?," *Economist.*

叫肌肉生長抑制素（myostatin）的蛋白質，這種蛋白質會抑制肌肉生長

Aaron Saenz, "Super Strength Substance (Myostatin) Closer to Human Trials," Singularity Hub, December 8, 2009.

「製造精子的生物機器」

"Artificial Testicle, World's First to Make Sperm, Under Development by California Scientists," *Huffington Post,* January 19, 2012, http://www.huffingtonpost.com/2012/01/19/artificial-testicle_n_1215964.html.

1978 年，全球第一個「試管嬰兒」露意絲‧布朗（Louise Brown）在英國誕生

Donna Bowater, "Lesley Brown, Mother of First Test Tube Baby Louise Brown, Dies Aged 64," *Telegraph,* June 21, 2012.

激辯人工生殖過程的倫理規範與適切性

Robert Bailey, "The Case for Enhancing People," *New Atlantis,* June 20, 2012.

降低父愛和母愛，令親子之間關係淡薄

Ibid.

「很多人想要小孩」

Fiona Macrae, "Death of the Father: British Scientists Discover How to Turn Women's Bone Marrow into Sperm," *Daily Mail,* January 31, 2008.

全球想要小孩的不孕父母已生下

Jeanna Bryner, "5 Million Babies Born from IVF, Other Reproductive Technologies," *Live Science,* July 3, 2012.

我看到這樣的型態一再重複

See, for example: Subcommittee on Investigations and Oversight and the Subcommittee on Science, Research, and Technology, Committee on Science and Technology, U.S. House of Representatives, "Commercialization of Academic Biomedical Research," June 8–9, 1981; Subcommittee on Investigations and Oversight, Committee on Science and Technology, U.S. House of Representatives, "Genetic Screening and the Handling of High-Risk Groups in the Workplace," October 14–15, 1981.

南非的巴納德（Christiaan Barnard）醫師

Lawrence K. Altman, "Christiaan Barnard, 78, Surgeon for First Heart Transplant, Dies," *New York Times,* September 3, 2001.

「天哪，成功了！」

Personal conversation with author.

「胚胎著床前基因診斷」技術（preimplantation genetic diagnosis，簡稱 PGD）

"Saviour Siblings—the Controversy and the Technique," *Telegraph,* May 6, 2011.

「救命寶寶」（savior sibling）

Ibid.

可捐贈器官

Stephen Wilkinson, " 'Saviour Siblings' as Organ Donors," Sveriges Yngre Lakares Forening (Swedish junior doctors' association), November 2, 2012, http://www.slf.se/SYLF/Moderna-lakare/Artiklar/Nummer-2-2012/Saviour-Siblings-as-Organ-Donors/.

組織

Robert Sparrow and David Cram, "Saviour Embryos? Preimplantation Genetic Diagnosis as a Therapeutic Technology," Reproductive BioMedicine Online, May 15, 2010, http://www.ivf.net/ivf/saviour-embryos-preimplantation-genetic-diagnosis-as-a-therapeutic-technology-o5043.html.

骨髓

Josephine Marcotty, " 'Savior Sibling' Raises a Decade of Life-and-Death Questions," *Star Tribune,* September 22, 2010.

臍帶幹細胞

"Saviour Siblings—the Controversy and the Technique," *Telegraph.*

帶有工具性目的孕育胚胎，將貶低孩子的價值

Stephen Wilkinson, *Choosing Tomorrow's Children: The Ethics of Selective Reproduction* (New York: Oxford University Press, 2010).

透過第二個孩子的協助，為第一個孩子找到重要的醫療方式

K. Devolder, "Preimplantation HLA Typing: Having Children to Save Our Loved Ones," *Journal of Medical Ethics* 31 (January 2005): 582–86.

「有三個父母的寶寶」

David Derbyshire, "Babies with THREE Parents and Free of Genetic Disease Could Soon Be Born Using Controversial IVF Technique," *Daily Mail,* March 12, 2011.

基因改造技術不但會影響這個嬰兒

James Gallagher, "Three-Person IVF 'Is Ethical' to Treat Mitochondrial Disease," BBC, June 11, 2012, http://www.bbc.co.uk/news/health-18393682.

至少在懷孕初期，要不要墮胎的問題，基本上應該交由懷孕婦女來決定

World Public Opinion, "World Publics Reject Criminal Penalties for Abortion," June 18, 2008, http://www.worldpublicopinion.org/pipa/articles/btjusticehuman_rightsra/492.php.

進行判斷性別的基因檢測，或甚至驗血也不行

Rachel Rickard Straus, "To Ensure Prized Baby Boy, Indians Flock to Bangkok," *Times of India,* December 27, 2010.

每年有五十萬個女胎遭墮胎

Madeleine Bunting, "India's Missing Women," *Guardian,* July 22, 2011.

禁止篩選嬰兒性別

"Delhi Govt to Crack Down on Sex-Selection Tests," *Times of India,* January 5, 2012.

在進行產前性別鑑定時，通常都使用超音波

Bunting, "India's Missing Women."

印度及其他國家有些夫婦現在會遠赴泰國求診

Straus, "To Ensure Prized Baby Boy, Indians Flock to Bangkok."

從孕婦的血液樣本中檢測

"Baby Sex ID Test Won't Be Sold in China or India Due to Fears of 'Gender Selection,' " Associated Press, August 10, 2011.

從懷孕婦女的血液樣本和胎兒父親的唾液樣本中

Andrew Pollack, "DNA Blueprint for Fetus Built Using Tests of Parents," *New York Times,* June 6, 2012.

估計每個胎兒的基因組要花 2 萬到 5 萬美元

Ibid.

去年每一次檢測的費用是 20 萬美元

Mara Hvistendahl, "Will Gattaca Come True?," *Slate,* April 27, 2012.

價格可能很快會持續下降

Ibid.

兩年內這種檢測方式將變得非常普遍，而且費用可降低到 3,000 美元

Stephanie M. Lee, "New Stanford Fetal DNA Test Adds to Ethical Issues," *San Francisco Chronicle,* July 26, 2012.

早期偵測、早期治療某些嚴重疾病

Drew Halley, "Revolution In Newborn Screening Saves Newborn Lives," Singularity Hub, March 10, 2009.

終止懷孕

Ross Douthat, "Eugenics, Past and Future," *New York Times,* June 9, 2012.

「精細的優生篩檢方式」

Leroi, "The Future of Neo-Eugenics."

檢測像髮色

Hvistendahl, "Will Gattaca Come True?"; Kleiner, "Designer Babies."

眼睛顏色

Kleiner, "Designer Babies."

膚色和其他許多特性

Ibid.

「98.1% 的死刑犯身上有這些基因」

David Eagleman, "The Brain on Trial," *Atlantic,* July/August 2011.

新一波的倫理難題

Leroi, "The Future of Neo-Eugenics."

植入胚胎前,先掃描胚胎身上有沒有與幾百種疾病相關的遺傳標記

Drew Halley, "Prenatal Screening Could Eradicate Genetic Disease, Replace Natural Conception," Singularity Hub, July 21, 2009.

保存下來,以備植入

Denise Grady, "Parents Torn over the Fate of Frozen Embryos," *New York Times,* December 4, 2008.

採取人工受精方式懷孕的婦女

Ibid.; Laura Bell, "What Happens to Extra Embryos After IVF?," CNN, September 1, 2009, http://articles.cnn.com/2009-09-01/health/extra.ivf.embryos_1_embryos-fertility-patients-fertility-clinics?_s=PM:HEALTH.

植入好幾個胚胎,以提高成功機率

Tiffany Sharples, "IVF Study: Two Embryos No Better Than One," *Time,* March 30, 2009.

人工受精方式產生多胞胎的機率高於正常情況

U.S. Centers for Disease Control and Prevention, "Contribution of Assisted Reproductive Technology and Ovulation-Inducing Drugs to Triplet and Higher-Order Multiple Births—United States, 1980–1997," *MMWR,* June 23, 2000.

英國法律明白限制醫生植入的胚胎數目

Sarah Boseley, "IVF Clinics Told to Limit Embryo Implants to Curb Multiple Births," *Guardian,* January 6, 2004.

Auxogyn 公司使用數位影像技術

Reproductive Science Center, "Auxogyn," http://rscbayarea.com/for-physicians/auxogyn.

篩選出最有可能健康發育的胚胎

Yahoo Finance News, "Auxogyn and Hewitt Fertility Center Announce First Availability of New Non-Invasive Early Embryo Viability Assessment (Eeva) Test in the European Union," September 17, 2012, http://finance.yahoo.com/news/auxogyn-hewitt-fertility-center-announce-060000428.html.

讓懷孕婦女自行決定是否墮胎

Leroi, "The Future of Neo-Eugenics."

無權要求懷孕婦女墮胎

Ibid.

效益實在太大了,因此是合理而正當的實驗

Pew Forum on Religion and Public Life, "Stem Cell Research Around the World," July 17, 2012, http://www.pewforum.org/Science-and-Bioethics/Stem-Cell-Research-Around-the-World.aspx.

日本京都大學的山中伸彌

Alok Jha, "Look, No Embryos! The Future of Ethical Stem Cells," *Guardian,* March 12, 2011.

2012 年得到諾貝爾生理醫學獎

Nicholas Wade, "Cloning and Stem Cell Work Earns Nobel," *New York Times,* October 8, 2012.

胚胎幹細胞的特性和潛能仍有待證實

Andrew Pollack, "Setback for New Stem Cell Treatment," *New York Times,* May 13, 2011.

幫助有遺傳性視網膜疾病的老鼠，成功恢復部分視力

Sarah Boseley, "Medical Marvels: Drugs Treat Symptoms. Stem Cells Can Cure You. One Day Soon, They May Even Stop Us Ageing," *Guardian,* January 29, 2009.

或許很快就能治療人類某些視障

Fergus Walsh, " 'Blind' Mice Eyesight Treated with Transplanted Cells," BBC, April 18, 2012, http://www.bbc.co.uk/news/health-17748165.

用幹細胞來重建沙鼠的耳神經，恢復牠們的聽力

James Gallagher, "Deaf Gerbils 'Hear Again' After Stem Cell Cure," BBC, September 12, 2010.

植入不孕老鼠的睪丸中，並產生精子

Nick Collins, "Stem Cells Used to Make Artificial Sperm," *Telegraph,* August 4, 2011.

儘管下一代帶有基因缺陷

Roxanne Khamsi, "Bone Stem Cells Turned into Primitive Sperm Cells," *New Scientist,* April 13, 2007.

不孕的男人生出自己的孩子

Collins, "Stem Cells Used to Make Artificial Sperm."

同志伴侶或許都能擁有和自己血脈相承的孩子

Macrae, "Death of the Father."

將人類壽命延長數百年

Aubrey de Grey, " 'We Will Be Able to Live to 1,000,' " BBC, December 3, 2004, http://news.bbc.co.uk/2/hi/uk_news/4003063.stm.

比較可能的幅度是增加 25%

Gary Taubes, "The Timeless and Trendy Effort to Find—or Create—the Fountain of Youth," *Discover Magazine,* February 7, 2011.

大多數專家的看法是，根據演化論

Nir Barzilai et al., "The Place of Genetics in Ageing Research," *Nature Reviews Genetics* 13 (August 2012): 589–94.

許多關於人類

James W. Curtsinger, "Genes, Aging, and Prospects for Extended Life Span," *Minnesota Medicine,* October 2007.

與動物遺傳學的研究

Ibid.

四分之三的老化過程

Barzilai et al., "The Place of Genetics in Ageing Research."

大約只占了 20% 到 30%

Ibid.

嚴格限制熱量攝取可以大幅延長齧齒動物的壽命

Taubes, "The Timeless and Trendy Effort to Find—or Create—the Fountain of Youth."

這樣的生活調整方式，能否對人類壽命產生相同的效果

Gina Kolata, "Severe Diet Doesn't Prolong Life, at Least in Monkeys," *New York Times,* August 30, 2012.

限制恆河猴攝取的熱量，並不會令牠們活得更久

Ibid.

抱持不同立場的專家都指出，長壽與老化之間有個微妙但重要的差別

Roger B. McDonald and Rodney C. Ruhe, "Aging and Longevity: Why Knowing the Difference Is Important to Nutrition Research," *Nutrients* 3 (2011): 274–82.

試圖減緩或逆轉老化過程的某些徵象

Gretchen Voss, "The Risks of Anti-Aging Medicine," CNN, March 30, 2012, http://www.cnn.com/2011/12/28/health/age-youth-treatment-medication/index.html; Dan Childs, "Growth Hormone Ineffective for Anti-Aging, Studies Say," ABC News, January 16, 2007, http://abcnews.go.com/Health/ActiveAging/story?id=2797099&page=1#.UGDZ3Y40jdk.

例如睪固酮和雌激素

"Anti-Aging Hormones: Little or No Benefit and the Risks Are High, According to Experts," *ScienceDaily,*

April 13, 2010, http://www.sciencedaily.com/releases/2010/04/100413121326.htm.

可能會找到一些長壽的遺傳因子，或許有助於延長其他人的壽命

Barzilai et al., "The Place of Genetics in Ageing Research."

上個世紀人類平均壽命之所以出現戲劇性的增長

Robert Kunzig, "7 Billion: How Your World Will Change," *National Geographic,* November 1, 2011.

或許每 10 年的努力能增加 1 年的平均壽命

Curtsinger, "Genes, Aging, and Prospects for Extended Life Span."

傳染病防治的重點是瘧疾、肺結核

United Nations, Millennium Development Goals Report 2011.

愛滋病、流行性感冒

George Verikios et al., "The Global Economic Effects of Pandemic Influenza," paper prepared for the 14th Annual Conference on Global Economic Analysis, Venice, June 16–18, 2011, https://www.gtap.agecon.purdue. edu/resources/download/5291.pdf.

病毒性肺炎

Olli Ruuskanen, Elina Lahti, Lance C Jennings, and David R Murdoch, "Viral Pneumonia," *Lancet* 377 (2011): 1264–75.

多種「受輕忽的熱帶疾病」

Dr. Lorenzo Savioli, World Health Organization, "Neglected Tropical Diseases: Letter from the Director," 2011, http://www.who.int/neglected_diseases/director/en/index.html.

2012 年，有 170 萬人死於愛滋病

Deena Beasley and Tom Miles, "AIDS Deaths Worldwide Dropping as Access to Drugs Improves," July 18, 2012, Reuters.

各國也透過預防教育

Avert, "Introduction to HIV Prevention," http://www.avert.org/prevent-hiv.htm.

在高風險地區提供保險套

United Nations Population Fund, Preventing HIV/AIDS, "Comprehensive Condom Programming: A Strategic Response to HIV and AIDS," http://www.unfpa.org/hiv/programming.htm.

及加速開發疫苗

Beasley and Miles, "AIDS Deaths Worldwide Dropping as Access to Drugs Improves."

罹患瘧疾的人數也大幅降低

United Nations, Millennium Development Goals Report 2011.

儘管 1950 年代曾出現雄心萬丈的計畫，試圖消滅瘧疾

"Malaria Eradication No Vague Aspiration, Says Gates," Reuters, October 18, 2011.

倒是在 1980 年，成功消滅了天花帶來的可怕災害

Katie Hafner, "Philanthropy Google's Way: Not the Usual," *New York Times,* September 14, 2006.

也成功消滅第二種疾病——牛瘟

Donald G. McNeil Jr., "Rinderpest, Scourge of Cattle, Is Vanquished," *New York Times,* June 27, 2011.

無法傳播的慢性病

Ala Alwan, World Health Organization, "Monitoring and Surveillance of Chronic Non-Communicable Diseases: Progress and Capacity in High-Burden Countries," *Lancet* 376 (November 2010): 1861–68.

大力推動「癌症基因組圖譜」（Cancer Genome Atlas）

Gina Kolata, "Genetic Aberrations Seen as Path to Stop Colon Cancer," *New York Times,* July 18, 2012.

終止對癌細胞供血

Erika Check Hayden, "Cutting Off Cancer's Supply Lines," *Nature,* April 20, 2009.

解除癌細胞的防禦機制

Nicholas Wade, "New Cancer Treatment Shows Promise in Testing," *New York Times*, June 28, 2009.

辨識和攻擊癌細胞

Denise Grady, "An Immune System Trained to Kill Cancer," *New York Times*, September 9, 2011.

蛋白體相關的新策略感到興奮，也就是研究如何破解各種癌症

Henry Rodriguez, "Fast-Tracking Personalized Medicine: The New Proteomics Pipeline," *R&D Directions,*

2012, http://www.pharmalive.com/magazines/randd/view.cfm?articleID=9178#.

癌細胞基因轉譯到蛋白質

Danny Hillis, "Understanding Cancer Through Proteomics," TEDMED 2010, October 2010, http://www.ted.com/talks/danny_hillis_two_frontiers_of_cancer_treatment.html.

更像一長串零件或成分的清單

Ibid.

細胞重新編程，以重新恢復心肌健康

Leila Haghighat, "Regenerative Medicine Repairs Mice from Top to Toe," *Nature,* April 18, 2012.

對抗慢性疾病最有效的方法都是改變生活方式

World Health Organization, World Health Statistics, 2011, p. 19.

從北美洲和歐洲逐漸蔓延到世界其他國家

Pedro C. Hallal et al., "Global Physical Activity Levels: Surveillance Progress, Pitfalls, and Prospects," *Lancet* 380, no. 9838 (2012): 247–57; Gretchen Reynolds, "The Couch Potato Goes Global," *New York Times,* Well blog, July 18, 2012, http://well.blogs.nytimes.com/2012/07/18/the-couch-potato-goes-global/.

死於體能活動不足的人，超過死於抽菸的人

Pamela Das and Richard Horton, "Rethinking Our Approach to Physical Activity," *Lancet* 380, no. 9838 (2012): 189–90; Reynolds, "The Couch Potato Goes Global."

每十個死亡人口中，就有一人是死於長期不運動引起的疾病

For various articles on physical activity and inactivity see issue of *Lancet* 380, no. 9838 (2012): i, 187–306; Matt Sloane, "Physical Inactivity Causes 1 in 10 Deaths Worldwide, Study Says," CNN, July 18, 2012, http://www.cnn.com/2012/07/18/health/physical-inactivity-deaths/index.html.

應用程式，能協助使用者控制每天攝取多少熱量

David H. Freeman, "The Perfected Self," *Atlantic,* June 2012.

有些新式頭帶

Mark Bowden, "The Measured Man," *Atlantic,* July/August 2012.

情緒失調

"Counting Every Moment," *Economist,* March 3, 2012.

基因分析，以改進他們的個別營養需求

April Dembosky, "Olympians Trade Data for Tracking Devices," *Financial Times,* July 22, 2012.

測量病患心跳速率

Gary Wolf, "The Data-Driven Life," *New York Times Magazine,* April 28, 2010; "Counting Every Moment," *Economist,* March 3, 2012; Freeman, "The Perfected Self."

定期回報資訊

Sharon Gaudin, "Nanotech Could Make Humans Immortal by 2040, Futurist Says," *Computerworld,* October 1, 2009; Bowden, "The Measured Man."

「只要經常監測身體狀況，我們很容易會被判定『有病』」

Bowden, "The Measured Man."

產生的醫療干預顯然弊多於利。

Gardiner Harris, "U.S. Panel Says No to Prostate Screening for Healthy Men," *New York Times,* October 7, 2011.

對保險公司和

"Do Not Ask or Do Not Answer?," *Economist,* August 23, 2007.

企業雇主而言也極端寶貴

Adam Cohen, "Can You Be Fired for Your Genes?," *Time,* February 2, 2012.

會害他們丟掉飯碗，或遭保險公司拒保

Amy Harmon, "Insurance Fears Lead Many to Shun DNA Tests," *New York Times,* February 24, 2008.

禁止揭露基因資訊或不正當使用基因資訊

Cohen, "Can You Be Fired for Your Genes?"

執行起來十分困難

Amy Harmon, "Congress Passes Bill to Bar Bias Based on Genes," *New York Times,* May 2, 2008; Cohen, "Can

You Be Fired for Your Genes?"

對於法律保護的信心也很薄弱

Eric A. Feldman, "The Genetic Information Nondiscrimination Act (GINA): Public Policy and Medical Practice in the Age of Personalized Medicine," *Journal of General Internal Medicine* 27, no. 6 (June 2012): 743–46.

企業雇主通常都負擔員工大部分的醫療保健費用

Harmon, "Insurance Fears Lead Many to Shun DNA Tests."

卻未確保病患能取得從個人醫療植入裝置蒐集到的資訊

Amy Dockser Marcus and Christopher Weaver, "Heart Gadgets Test Privacy-Law Limits," *Wall Street Journal,* November 28, 2012.

在醫療機構以外

Freeman, "The Perfected Self."

個人化醫療的浪潮持續挺進

Chad Terhune, "Spending on Genetic Tests Is Forecast to Rise Sharply by 2021," *Los Angeles Times,* March 12, 2012.

舉例來說，許多健保制度

Since people sometimes switch from one insurance company to another, companies paying for prevention may end up benefiting a competitor.

要求健保制度涵蓋美國醫療保健計畫中的預防保健的費用

"Preventive Services Covered under the Affordable Care Act," Healthcare.gov, 2012.

眾所周知，美國花在

Simon Rogers, "Healthcare Spending Around the World, Country by Country," *Guardian,* June 30, 2012; Harvey Morris, "U.S. Healthcare Costs More Than 'Socialized' European Medicine," *International Herald Tribune,* June 28, 2012.

許多沒花那麼多錢的國家

Morris, "U.S. Healthcare Costs More Than 'Socialized' European Medicine."

仍有數千萬美國人無法得到合理的醫療照護

Emily Smith and Caitlin Stark, "By the Numbers: Health Insurance," CNN, June 28, 2012, http://edition.cnn.com/2012/06/27/politics/btn-health-care/index.html.

就得耗費最高的醫療成本

Sarah Kliff, "Romney Was Against Emergency Room Care Before He Was for It," *Washington Post,* Ezra Klein's Wonkblog, September 24, 2012, http://www.washingtonpost.com/blogs/ezra-klein/wp/2012/09/24/romney-was-against-emergency-room-care-before-he-was-for-it/.

成功救治的機率卻很低

Sarah Kliff, "The Emergency Department Is Not Health Insurance," *Washington Post,* Ezra Klein's Wonkblog, September 24, 2012, http://www.washingtonpost.com/blogs/ezra-klein/wp/2012/09/24/the-emergency-department-is-not-health
-insurance/.

改革將大幅改進這些缺點

Emily Oshima Lee, Center for American Progress, "How ObamaCare Is Benefitting Americans," July 12, 2012, http://www.americanprogress.org/issues/healthcare/news/2012/07/12/11843/update-how-obamacare-is-benefiting-americans/.

但潛在的問題可能更加惡化

U.S. Government Accountability Office, "Federal Government Long-Term Fiscal Outlook: Spring 2012," April 2, 2012, http://www.gao.gov/products/GAO-12-521SP.

保險這門生意早在古羅馬

LifeHealthPro, "Timeline: The History of Life Insurance," 2012, http://www.lifehealthpro.com/interactive/timeline/history/.

與希臘時代就已誕生

American Bank, "A Brief History of Insurance," June 2011, http://www.american-bank.com/insurance/a-brief-history-of-insurance-part-3-roman-life-insurance/.

和今天我們所說的喪葬保險十分類似

Ibid.

直到 17 世紀，第一批現代壽險保單才在英格蘭出現

Habersham Capital, "The History of Life Insurance and Life Settlements," 2012, http://www.habershamcapital. com/brief-no2-history.

美國在 1860 年代廣鋪鐵路

"Health Insurance," *Encarta,* 2009, http://www.webcitation.org/5kwqZV6V7.

許多病人因此無法自行負擔醫療費用

Timothy Noah, "A Short History of Health Care," *Slate,* March 13, 2007, http://www.slate.com/articles/news_ and_politics/chatterbox/2007/03/a_short_history_of_health care.single.htm.

藍十字負責支付醫院的費用

"Health Insurance," *Encarta.*

健康狀況

Noah, "A Short History of Health Care."

兩度（分別在 1935 年和 1938 年）

Kyle Noonan, New America Foundation, "Health Reform through History: Part I: The New Deal," May 26, 2009, http://www.newamerica.net/blog/new-health-dialogue/2009/health-reform-through-history-part-i-new-deal-11961.

因深恐遭到美國醫學會的反對

Ibid.

最重要的優先法案

Paul Starr, "In Sickness and in Health," On the Media, August 21, 2009, http://www.onthemedia.org/2009/ aug/21/in-sickness-and-in-health/transcript/.

提供小羅斯福總統第三次實施健康保險計畫的機會，但小羅斯福

Noonan, "Health Reform through History: Part I: The New Deal."

第二次世界大戰期間，由於美國政府管制薪資與物價

Noah, "A Short History of Health Care."

談判合約時，開始要求雇主提供更完善的健康保險

"Health Insurance," *Encarta.*

想要重新推出國家健康保險計畫，但國會的反對力量

Starr, "In Sickness and in Health"; Noonan, "Health Reform through History: Part I: The New Deal."

由雇主提供的各種健康保險成為美國主要的健保模式

Noah, "A Short History of Health Care."

美國政府實施的新計畫，就以幫助這兩個弱勢族群為主

"Health Insurance," *Encarta.*

最需要健康保險的人往往難以獲得保障

Noah, "A Short History of Health Care"; "Health Insurance," *Encarta.*

都認為，應該在包裝上標明基因改造食品

Gary Langer, "Poll: Skepticism of Genetically Modified Foods," ABC News, June 19, 2011, http://abcnews. go.com/Technology/story?id=97567&page=1#.UGIUS7S1Ndx.

仍然採取大型農業公司的觀點

Tom Philpott, "Congress' Big Gift to Monsanto," *Mother Jones,* July 2, 2012.

不過，大部分歐洲國家

Amy Harmon and Andrew Pollack, "Battle Brewing Over Labeling of Genetically Modified Food," *New York Times,* May 25, 2012.

最近核准了基因改造的紫花苜蓿

Ibid.

種植面積是其他任何國家的兩倍以上

International Service for the Acquisition of Agri-Biotech Applications, ISAAA Brief 43-2011, Global Status of Commercialized Biotech/GM Crops: 2011, http://www.isaaa.org/resources/publications/briefs/43/

executivesummary/default.asp.

加州選民在 2012 年公投中否決了要求基改食品標示的提案

Andrew Pollack, "After Loss, the Fight to Label Modified Food Continues," *New York Times,* November 7, 2012.

將近 70% 的加工食品

Harmon and Pollack, "Battle Brewing Over Labeling of Genetically Modified Food"; Richard Shiffman, "How California's GM Food Referendum May Change What America Eats," *Guardian,* June 13, 2012; Center for Food Safety, "Genetically Engineered Crops," http://www.centerforfoodsafety.org/campaign/genetically-engineered-food/crops/.

積極提倡基因改造食品的人士往往強調，對動植物進行基因改造，其實由來已久

Michael Antoniou, Claire Robinson, and John Fagan, "GMO Myths and Truths, Version 1.3," June 2012, http://earthopensource.org/files/pdfs/GMO_Myths_and_Truths/GMO_Myths_and_Truths_1.3a.pdf, p. 21; Council for Biotechnology Information, "Myths & Facts: Plant Biotechnology," http://www.whybiotech.com/resources/myths_plantbiotech.asp#16.

在石器時代就透過選擇性的育種，進行了基因改造

Council for Biotechnology Information, "Myths & Facts: Plant Biotechnology."

「在培育野生作物的物種，以供食用的過程中」

Anne Cook, "Borlaug: Will Farmers Be Permitted to Use Biotechnology?," Knight Ridder/Tribune, June 14, 2001.

只不過是把行之有年的做法變得更有效率

Council for Biotechnology Information, "Myths & Facts: Plant Biotechnology."

基因工程從未提升農作物的實質產量

Doug Gurian-Sherman, *Failure to Yield* (Cambridge, MA: Union of Concerned Scientists, 2009).

引發了某些不容輕忽的生態問題

Michael Faure and Andri Wibisana, "Liability for Damage Caused by GMOs: An Economic Perspective," *Georgetown International Environmental Law Review* 23, no. 1 (2010): 1–69.

破壞生物基因密碼的正常型態，可能引發

Antoniou, Robinson, and Fagan, "GMO Myths and Truths, Version 1.3."

「佳味」（FLAVR SAVR）

G. Bruening and J. M. Lyons, "The Case of the FLAVR SAVR Tomato," *California Agriculture,* July–August 2000.

成熟後能維持較長時間的硬度

Ibid.

消費者拒絕購買佳味番茄製成的番茄糊

Ibid.

番茄底部比較平，不是那麼圓

"Square Tomato," Davis Wiki, 2012, http://daviswiki.org/square_tomato.

讓番茄的原味盡失

Dan Charles, "How the Taste of Tomatoes Went Bad (and Kept On Going)," NPR, June 28, 2012, http://www.npr.org/blogs/thesalt/2012/06/28/155917345/how-the-taste-of-tomatoes-went-bad-and-kept-on-going; Kai Kupferschmidt, "How Tomatoes Lost Their Taste," *ScienceNOW,* June 28, 2012, http://news.sciencemag.org/sciencenow/2012/06/how-tomatoes-lost-their-taste.html.

全世界的農地有將近 11% 用來種植基改作物

Matthew Weaver, "Report: World Embraces Biotech Crops," *Capital Press,* March 1, 2012.

栽種基改作物的農地面積

International Service for the Acquisition of Agri-Biotech Applications, "Pocket K No. 16: Global Status of Commercialized Biotech/GM Crops in 2011," http://www.isaaa.org/resources/publications/pocketk/16/default.asp.

迄今為止，美國仍是基改作物的最大生產國

International Service for the Acquisition of Agri-Biotech Applications, ISAAA Brief 43-2011, Global

Status of Commercialized Biotech/GM Crops: 2011, http://www.isaaa.org/resources/publications/briefs/43/executivesummary/default.asp.

對孟山都的年年春（Roundup）除草劑有耐受力的基改黃豆，是全球產量最大的基改作物

Ibid.; "Monsanto Strong-Arms Seed Industry," Associated Press, January 4, 2011.

玉米則是第二大普遍種植的基改作物

International Service for the Acquisition of Agri-Biotech Applications, ISAAA Brief 43-2011, Global Status of Commercialized Biotech/GM Crops: 2011.

美國有 95% 的黃豆

"Monsanto Strong-Arms Seed Industry," Associated Press, January 4, 2011.

必須向孟山都或孟山都授權的經銷商購買

International Service for the Acquisition of Agri-Biotech Applications, ISAAA Brief 43-2011, Global Status of Commercialized Biotech/GM Crops: 2011.

油菜籽

E. S. Oplinger et al., "Canola (Rapeseed)," *Alternative Field Crops Manual,* 1989, http://www.hort.purdue.edu/newcrop/afcm/canola.html.

第一波基改技術（目前已有三代）

J. Fernandez-Cornejo and M. Caswell, "The First Decade of Genetically Engineered Crops in the United States," U.S. Department of Agriculture, Economic Research Service, 2006; Gurian-Sherman, *Failure to Yield.*

引進的基因讓玉米

Gurian-Sherman, *Failure to Yield.*

引進玉米、棉花、油菜籽和黃豆中的基因

Ibid. "Monsanto Strong-Arms Seed Industry," Associated Press; Beverly Bell, "Haitian Farmers Commit to Burning Monsanto Hybrid Seeds," *Huffington Post,* May 17, 2010, http://www.huffingtonpost.com/beverly-bell/haitian-farmers-commit-to_b_578807.html.

能提高農作物碰到旱災時的存活能力

Fernandez-Cornejo and Caswell, "The First Decade of Genetically Engineered Crops in the United States." It is worth noting that plant geneticists have also engineered a new variety of rice designed to survive complete submergence in water for more than two weeks; it is now being tested in rice fields in the Philippines that have been hit hard by flooding.

一開始時生產成本會降低

National Research Council, "Impact of Genetically Engineered Crops on Farm Sustainability in the United States," 2010.

種植能自體生產抗蟲害蘇力菌（Bacllus thuringiensis，簡稱 Bt）的基因轉殖棉花

Ibid.; Calestous Juma, "Agricultural Biotechnology: Benefits, Opportunities and Leadership," Testimony to the U.S. House of Representatives, Committee on Agriculture, Subcommittee on Rural Development, Research, Biotechnology and Foreign Agriculture, June 23, 2011, http://belfercenter.ksg.harvard.edu/files/juma-house-testimony-june-23-2011-rev.pdf.

印度也因為這種新品種種棉花而成為棉花的淨出口國

Juma, "Agricultural Biotechnology."

許多印度的棉花生產者開始抗議每年必須重新購買基改種子，成本太過昂貴

Gargi Parsai, "Protests Mark 10th Anniversary of Bt Cotton," *Hindu,* March 27, 2012; Zia Haq, "Ministry Blames Bt Cotton for Farmer Suicides," *Hindustan Times,* March 26, 2012.

「應該停止任何形式」的基改作物田野試驗

Pallava Bagla, "India Should Be More Wary of GM Crops, Parliamentary Panel Says," *ScienceInsider,* August 2012.

作物的實質產量根本沒有增加

National Research Council, "Impact of Genetically Engineered Crops on Farm Sustainability in the United States," 2010.

因為植物的遺傳密碼發生意想不到的變化

Gurian-Sherman, *Failure to Yield.*

提升不同糧食作物和其他作物的產量與耐旱性

Personal conversation with author.

應該可以提升農作物在旱季的產量

Union of Concerned Scientists, "High and Dry," May 2012, http://www.ucsusa.org/assets/documents/food_and_agriculture/high-and-dry-summary.pdf.

非常需要耐旱作物，尤其是玉米

Gurian-Sherman, *Failure to Yield;* Andrew Pollack, "Drought Resistance Is the Goal, but Methods Differ," *New York Times,* October 23, 2008.

以目前科學家尚未完全理解的複雜方式，結合好幾種基因

"Why King Corn Wasn't Ready for the Drought," *Wired,* August 9, 2012.

「前景乏善可陳」

Union of Concerned Scientists, "High and Dry."

引進能提升植物營養價值的基因

Fernandez-Cornejo and Caswell, "The First Decade of Genetically Engineered Crops in the United States."

提高玉米的蛋白質含量（玉米主要用來充當家畜飼料）

Calestous Juma, *The New Harvest: Agricultural Innovation in Africa* (New York: Oxford University Press, 2011).

能產生更多維他命 A 的新品種水稻

Juma, "Agricultural Biotechnology: Benefits, Opportunities and Leadership."

更能抗黴菌和抗病毒的基因

Pamela C. Ronald and James E. McWilliams, "Genetically Engineered Distortions," *New York Times,* May 14, 2010.

第三波基改作物

Fernandez-Cornejo and Caswell, "The First Decade of Genetically Engineered Crops in the United States."

高纖維素和高木質素

National Research Council, "Impact of Genetically Engineered Crops on Farm Sustainability in the United States"; Fernandez-Cornejo and Caswell, "The First Decade of Genetically Engineered Crops in the United States"; Fuad Hajji, "Engineering Renewable Cellulosic Thermoplastics," *Reviews in Environmental Science and Biotechnology* 10, no. 1 (2011): 25–30.

當世界人口日益增長，糧食消耗量愈來愈大

Hajji, "Engineering Renewable Cellulosic Thermoplastics."

由於這是極複雜的挑戰

Matt Ridley, "Getting Crops Ready for a Warmer Tomorrow," *Wall Street Journal,* July 6, 2012.

暫時降低植物病蟲害帶來的損失

Gurian-Sherman, *Failure to Yield;* Antoniou, Robinson, and Fagan, "GMO Myths and Truths, Version 1.3."

美國國家生物經濟藍圖

Andrew Pollack, "White House Promotes a Bioeconomy," *New York Times,* April 26, 2012.

導致殺蟲劑和除草劑完全無效

National Research Council, "Impact of Genetically Engineered Crops on Farm Sustainability in the United States"; Faure and Wibisana, "Liability for Damage Caused by GMOs"; Antoniou, Robinson, and Fagan, "GMO Myths and Truths, Version 1.3."

植物害蟲突變後的新品系，對殺蟲劑具有高度抗藥性

Faure and Wibisana, "Liability for Damage Caused by GMOs"; Antoniou, Robinson, and Fagan, "GMO Myths and Truths, Version 1.3."

保護能抗除草劑的基改作物

National Research Council, "Impact of Genetically Engineered Crops on Farm Sustainability in the United States."

隨著雜草和害蟲的抗藥性增加，反而會使用更多的除草劑和殺蟲劑

Antoniou, Robinson, and Fagan, "GMO Myths and Truths, Version 1.3."

不過提倡基改作物的人士質疑這種說法

Council for Biotechnology Information, "Myths & Facts: Plant Biotechnology," http://www.whybiotech.com/resources/myths_plantbiotech.asp.

威力更強（也更危險）的新除草劑

Antoniou, Robinson, and Fagan, "GMO Myths and Truths, Version 1.3."

除草劑銷售額為 175 億美元，殺蟲劑和殺菌劑則各有 10.5 億美元

Clive Cookson, "Agrochemicals: Innovation Has Slowed Since Golden Age of the 1990s," *Financial Times,* October 13, 2011.

美國空軍在越戰期間大量噴灑橙劑來清除叢林

" 'Agent Orange Corn' Debate Rages as Dow Seeks Approval of New Genetically Modified Seed," *Huffington Post,* April 26, 2012, http://www.huffingtonpost.com/2012/04/26/enlist-dow-agent-orange-corn_n_1456129.html.

「會引起內分泌干擾、生育問題、神經毒性和免疫抑制」

Ibid.

過去十年來在美國農業區，馬利筋減少了將近六成

Tom Philpott, "Researchers: GM Crops Are Killing Monarch Butterflies, After All," *Mother Jones,* March 21, 2012.

各種耐年年春農藥的基改作物，種植面積大幅擴張

Ned Potter, "Are Monarch Butterflies Threatened by Genetically Modified Crops?," ABC News, July 13, 2011, http://abcnews.go.com/Technology/monarch-butterflies-genetically-modified-gm-crops/story?id=14057436#.UA2kPUQ-KF4; Philpott, "Researchers: GM Crops Are Killing Monarch Butterflies, After All."

至少已經對一個亞種的帝王蝶，造成傷害

Faure and Wibisana, "Liability for Damage Caused by GMOs."

雖然提倡基改作物的人盡量縮小這類衝擊

Potter, "Are Monarch Butterflies Threatened by Genetically Modified Crops?"; Monsanto, "Frequently Asked Questions," http://www.monsanto.com/hawaii/Pages/faqs-hawaii.aspx.

一種新的「類尼古丁」殺蟲藥

Elizabeth Kolbert, "Silent Hives," *New Yorker,* April 20, 2012.

自從 2006 年蜂群首度神祕失蹤以來

Ibid.

「幾乎每三口食物中就有一口」

U.S. Department of Agriculture, Agricultural Research Service, "Questions and Answers: Colony Collapse Disorder," December 17, 2010, http://www.ars.usda.gov/News/docs.htm?docid=15572.

因為農夫必須年年花錢購買基改作物的種子

Science Museum (UK), "Who Benefits from GM?," http://www.sciencemuseum.org.uk/antenna/futurefoods/debate/debateGM_CIPbusiness.asp.

蜜蜂為植物授粉所引進的基因可能不符合種子公司的設計

Miriam Jordan, "The Big War Over a Small Fruit," *Wall Street Journal,* July 13, 2012.

對無子柑桔進行異花授粉

Ibid.

主要大宗商品作物

Union of Concerned Scientists, "Industrial Agriculture: Features and Policy," May 17, 2007, http://www.ucsusa.org/food_and_agriculture/science_and_impacts/impacts_industrial_agriculture/industrial-agriculture-features.html.

過度仰賴單一作物栽種的方式，導致農業在面對植物病蟲害時不堪一擊

Ibid.

「小麥稈銹病」開始侵襲烏干達的小麥田

"Scientists in Kenya Try to Fend Off Disease Threatening World's Wheat Crop," PBS *NewsHour,* December 28, 2011, http://www.pbs.org/newshour/bb/globalhealth/july-dec11/wheat_12-28.html.

木薯（亦稱樹薯）

Donald G. McNeil Jr., *New York Times,* "Virus Ravages Cassava Plants in Africa," June 1, 2010.

「速度之快，可說前所未見」
Ibid.
愛爾蘭高度依賴來自安地斯山脈的單一馬鈴薯品系
Nicholas Wade, "Testing Links Potato Famine to an Origin in the Andes," *New York Times,* June 7, 2011.
新的玉米葉枯病在 1970 年摧毀了
Union of Concerned Scientists, "Industrial Agriculture: Features and Policy."
全球正如火如荼進行基因改造樹木
Clive Cookson, "Barking Up the Right GM Tree?," *Financial Times,* July 20, 2012.
把基因從一個物種轉殖到另一個物種的基因組
National Research Council, "Emerging Technologies to Benefit Farmers in Sub-Saharan Africa and South Asia," 2009.
在乳牛身上製造出合成生長激素
Carina Storrs, "Hormones in Food: Should You Worry?," Health.com/*Huffington Post,* January 19, 2011.
較高的 IGF 濃度可能與罹患攝護腺癌和乳癌的風險升高有關
Ibid.
標示哪些牛奶是來自注射了牛生長激素的乳牛
Andrew Martin, "Consumers Won't Know What They're Missing," *New York Times,* November 11, 2007.
迫使業者大幅減少 rBGH 的使用
Dan Shapley, "Eli Lilly Buys Monsanto's Dairy Hormone Business," *Daily Green,* August 20, 2008, http://www.thedailygreen.com/healthy-eating/eat-safe/rbst-hormones-milk-470820; "Safeway Milk Free of Bovine Hormone," Associated Press, January 21, 2007.
把與人乳蛋白質相關的基因引入乳牛胚胎
Haze Fan and Maxim Duncan, "Cows Churn Out 'Human Breast Milk,' " Reuters, June 16, 2011.
阿根廷國家農業科技研究院的科學家
Robin Yapp, "Scientists Create Cow That Produces 'Human' Milk," *Telegraph,* June 11, 2011.
供人類直接食用的基改動物
Harmon and Pollack, "Battle Brewing Over Labeling of Genetically Modified Food."
一種基改鮭魚，擁有額外的生長激素基因和基因開關
Andrew Pollack, "Panel Leans in Favor of Engineered Salmon," *New York Times,* September 20, 2010.
成長速度是一般鮭魚的兩倍
Randy Rieland, "Food, Modified Food," *Smithsonian,* June 29, 2012.
類胰島素生長因子的濃度可能會大幅升高
Storrs, "Hormones in Food: Should You Worry?"
會以意想不到的方式改變物種
Pollack, "Panel Leans in Favor of Engineered Salmon"; Bill Chameides, "Genetically Modified Salmon: The Meta-Question," *New Scientist,* November 23, 2010.
以減少豬糞中的磷
Andrew Pollack, "Move to Market Gene-Altered Pigs in Canada Is Halted," *New York Times,* April 4, 2012.
稱他們的基改豬為「環保豬」（Enviropig）
University of Guelph, "Enviropig ™," http://www.uoguelph.ca/enviropig/index.shtml.
因為磷排入水中，會造成藻華
University of Guelph, "Environmental Benefits," http://www.uoguelph.ca/enviropig/environmental_benefits.shtml.
後來放棄這項計畫，讓豬安樂死
Pollack, "Move to Market Gene-Altered Pigs in Canada Is Halted."
其他地方的科學家研發出一種叫「植酸酶」的酵素
Clive Cookson, "Agrochemicals: Innovation Has Slowed Since Golden Age of the 1990s," *Financial Times,* October 13, 2011.
加進豬飼料中
Pollack, "Move to Market Gene-Altered Pigs in Canada Is Halted."

科學家試圖透過基因工程技術改造昆蟲，包括蟎蚜

Henry Nicholls, "Swarm Troopers: Mutant Armies Waging War in the Wild," *New Scientist,* September 12, 2011.

和蚊子

Michael Specter, "The Mosquito Solution," *New Yorker,* July 9 and 16, 2012, pp. 38–46.

會攜帶登革熱的主要蚊種

Nicholls, "Swarm Troopers."

這種蚊子的幼蟲子子在無法取得四環素的情況下

Andy Coghlan, "Genetically Altered Mosquitoes Thwart Dengue Spreaders," *New Scientist,* November 11, 2010; Nicholls, "Swarm Troopers."

打算大量釋放這種蚊子

Specter, "The Mosquito Solution."

可能會為生態系統造成無法預測的破壞

Nicholls, "Swarm Troopers"; Specter, "The Mosquito Solution."

確實有小部分蚊子的幼蟲會活下來

Nicholls, "Swarm Troopers"; Specter, "The Mosquito Solution"; Andrew Pollack, "Concerns Are Raised About Genetically Engineered Mosquitoes," *New York Times,* October 31, 2011.

顯然可能把適應特性傳給剩餘的蚊子

Nicholls, "Swarm Troopers"; Specter, "The Mosquito Solution."

「對某些傳染病的生態帶來深遠影響」

Tim Sandle, "Link between Dengue Fever and Climate Change in the US," *Digital Journal,* July 7, 2012, http://digitaljournal.com/print/article/328094.

目前每年有 1 億人感染登革熱

World Health Organization, Dengue and Severe Dengue Fact Sheet, January 2012, http://www.who.int/mediacentre/factsheets/fs117/en/.

數千人因此死亡

Yenni Kwok, "Across Asia, Dengue Fever Cases Reach Record Highs," *Time,* September 24, 2010.

嚴重的症狀包括劇烈的關節痛

Margie Mason, "Dengue Fever Outbreak Hits Parts of Asia," Associated Press, October 26, 2007.

「斷骨熱」

Gardiner Harris, "As Dengue Fever Sweeps India, a Slow Response Stirs Experts' Fears," *New York Times,* November 6, 2012.

亞洲、美洲、非洲都同時爆發登革熱

Suzanne Moore Shepherd, "Dengue," Medscape Reference, http://emedicine.medscape.com/article/215840-overview.

在第二次世界大戰前，這個病大致受到控制

Ibid.

在第二次世界大戰期間和之後，由於人們跨洲移動才散播

Ibid.; Thomas Fuller, "The War on Dengue Fever," *New York Times,* November 3, 2008.

2012 年，單單印度就出現 3,700 萬登革熱病例

Harris, "As Dengue Fever Sweeps India, a Slow Response Stirs Experts' Fears."

登革熱疫情仍然局限於熱帶和亞熱帶地

Jennifer Kyle and Eva Harris, "Global Spread and Persistence of Dengue," *Annual Review of Microbiology* 62 (2008): 71–92.

登革熱可能會在美國南部蔓延

Sandle, "Link between Dengue Fever and Climate Change in the US."

包括愛滋病

Jim Robbins, "The Ecology of Disease," *New York Times,* July 15, 2012. The expansion of livestock farming into areas where wild animals are in close proximity has been implicated in the spreading of diseases from wildlife to domesticated animals and from there to people. The bird flu, for example, evolves in domesticated animals when it spreads from wild animals. HIV/AIDS spread to humans ninety years ago when African hunters killed chimpanzees and sold the meat for human consumption. The extremely deadly Ebola virus, first identified in the border regions of western South Sudan and northeastern Democratic Republic of the Congo in 1976, originated in chimpanzees, gorillas, monkeys, forest antelope, and fruit bats.

拉近了家畜與野生動物病毒的距離

Ibid.

新興傳染病有 60% 都源自動物疾病

Sonia Shah, "The Spread of New Diseases: The Climate Connection," *Yale Environment 360*, October 15, 2009.

這些細菌的細胞數目是人體細胞的 10 倍

Robert Stein, "Finally, a Map of All the Microbes on Your Body," NPR, June 13, 2012, http://www.npr.org/blogs/health/2012/06/13/154913334/finally-a-map-of-all-the-microbes-on-your-body.

與將近 100 兆個細菌共用

Carl Zimmer, "Tending the Body's Microbial Garden," *New York Times,* June 19, 2012.

這些細菌攜帶了三百萬個非人類基因

"Microbes Maketh Man," *Economist,* April 21, 2012, http://www.economist.com/node/21560559.

發表了人體微生物群系的基因定序

Human Microbiome Project Consortium, "A Framework for Human Microbiome Research," *Nature,* June 14, 2012.

都有三個基本的腸道菌型態（就好像血型一樣）

Robert T. Gonzalez, "10 Ways the Human Microbiome Project Could Change the Future of Science and Medicine," io9, June 25, 2012, http://io9.com/5920874/10-ways-the-human-microbiome-project-could-change-the-future-of-science-and-medicine.

辨識出八百萬個蛋白質編碼基因

Rosie Mestel, "Microbe Census Maps Out Human Body's Bacteria, Viruses, Other Bugs," *Los Angeles Times,* August 13, 2012.

「教導」免疫系統（尤其在嬰幼兒期）

James Randerson, "Antibiotics Linked to Huge Rise in Allergies," *New Scientist,* May 27, 2004, http://www.newscientist.com/article/dn5047-antibiotics-linked-to-huge-rise-in-allergies.html.

「腸道菌叢是免疫系統的一支」

Ibid.

免疫系統需要學習哪些是入侵者，哪些是自體的細胞

National Institute of Arthritis and Musculoskeletal and Skin Diseases, Understanding Autoimmune Diseases, September 2010, http://www.niams.nih.gov/health_info/autoimmune/default.asp.

導致許多免疫系統疾病快速增加

Martin Blaser, "Antibiotic Overuse: Stop the Killing of Beneficial Bacteria," *Nature,* August 25, 2011; Mette Norgaard et al., Aarhus University Hospital, "Use of Penicillin and Other Antibiotics and Risk of Multiple Sclerosis: A Population-Based Case-Control Study," *American Journal of Epidemiology* 174, no. 8 (2011): 945–48.

第一型糖尿病

Blaser, "Antibiotic Overuse."

多發性硬化症

Norgaard et al., "Use of Penicillin and Other Antibiotics and Risk of Multiple Sclerosis."

克隆氏病和潰瘍性大腸炎

"Antibiotic Use Tied to Crohn's, Ulcerative Colitis," Reuters, September 27, 2011.

人體免疫系統並非在我們出生時就發育完成

Zimmer, "Tending the Body's Microbial Garden."

在我們出生後才逐步發展成熟

Ibid.

人類的嬰兒期和需仰賴他人的無助期比其他動物都

Alison Gopnik, *The Philosophical Baby: What Children's Minds Tell Us About Truth, Love, and the Meaning of Life* (New York: Farrar, Straus & Giroux, 2009).

這讓大腦可以快速成長發育

David F. Bjorklund, *Why Youth Is Not Wasted on the Young: Immaturity in Human Development* (Malden, MA: Blackwell, 2007).

大腦的發展和學習主要仰賴與環境的互動

Gopnik, *The Philosophical Baby*.

殺死入侵的病毒或細菌

National Institute of Arthritis and Musculoskeletal and Skin Diseases, September 2010, Understanding Autoimmune Diseases.

無法自行分辨有益的細菌和有害的細菌

Zimmer, "Tending the Body's Microbial Garden."

資深研究員賽格瑞（Julie Segre）

Ibid.

胃部兩種重要荷爾蒙（與能量平衡及食慾相關）

Blaser, "Antibiotic Overuse."

長達五萬八千年之久，人體內一直有大量的幽門螺旋桿菌

Kate Murphy, "In Some Cases, Even Bad Bacteria May Be Good," *New York Times*, October 31, 2011.

幽門桿菌一直是大多數人胃部裡最普遍的微生物

Martin Blaser, "Antibiotic Overuse."

「在 20% 至 50% 的情況中，可能也會同時殺死幽門螺旋桿」

Ibid.

科學家發現幽門螺旋桿菌與胃炎及潰瘍有關

Murphy, "In Some Cases, Even Bad Bacteria May Be Good."

「在兒童時期比較容易有氣喘、花粉熱或皮膚過敏」

Blaser, "Antibiotic Overuse."

缺乏幽門螺旋桿菌也和胃酸逆流和食道癌有

Ibid.

將幽門螺旋桿菌引入老鼠的腸道內，能保護牠們免於罹患氣喘

Murphy, "In Some Cases, Even Bad Bacteria May Be Good."

過去二十年來，全球氣喘患者增加了將近 160%

Randerson, "Antibiotics Linked to Huge Rise in Allergies."

荷爾蒙腦腸肽（ghrelin）負責掌管食慾

Murphy, "In Some Cases, Even Bad Bacteria May Be Good."

可以有效治療有害微生物引發的疾病

Zimmer, "Tending the Body's Microbial Garden."

在內部微生物群系恢復平衡後，病情立刻改善

Ibid.

第 6 章：危機邊緣

灌進包覆地球的薄薄大氣層中

Glen Peters et al., "Rapid Growth in CO2 Emissions After the 2008–2009 Global Financial Crisis," *Nature Climate Change* 2 (2012): 2–4.

工業革命以來就不斷累積，而且過去半世紀更是快馬加鞭

Original calculations were derived from: Scott Mandia, "Global Warming: Man or Myth: And You Think the Oil Spill Is Bad?," June 17, 2010, http://profmandia.wordpress.com/2010/06/17/and-you-think-the-oil-spill-is-bad/. Mandia's original calculations were revised to reflect later Scientific estimates of the number of barrels per day. Source: Marcia McKnutt et al., "Review of Flow Rate Estimates of the Deepwater Horizon Oil Spill," *Proceedings of the National Academy of Sciences*, December 20, 2011.

地球上所有的存活物種，預計有 20% 到 50% 會滅絕

Nicholas Stern, *The Economics of Climate Change: The Stern Review* (New York: Cambridge University Press, 2007).

四十萬枚廣島原子彈爆炸

James Hansen, "Why I Must Speak Out About Climate Change," TED Talks, February 2012.

太陽能與風力發電的電價已足以和電力網的平均電價競爭

"Commercial Solar Now Cost-Competitive in US," CleanTechnica, June 20, 2012, http://cleantechnica. com/2012/06/20/commercial-solar-now-cost-competitive-us/; "Wind Innovations Drive Down Costs, Stock Prices," Bloomberg, March 14, 2012, http://go.bloomberg.com/multimedia/wind-innovations-drive-down-costs-stock-prices/; "Grid Parity and Beyond: Brazilian Wind Energy Supported by Turbines Manufactured at 'Chinese Prices,'" CleanTechInvestor, August 29, 2011, http://www.cleantechinvestor.com/events/es/bwec-blog/301-grid-parity-and-beyond-brazilian-wind-energy-supported-by-turbines-manufactured-at-chinese-prices-.html.

到 2015 年，再生能源將成為全球第二大電力來源

International Energy Agency, *World Energy Outlook 2012.*

地球每小時從陽光接收到的可用能源，比全世界一整年消耗的還要多

Nathan Lewis and Daniel Nocera, "Powering the Planet: Chemical Challenges in Solar Energy Utilization," *Proceedings of the National Academy of Sciences* 103 (October 2006): 15729–35.

風力能源的潛能，也超越全球能源總需求

Xi Lu et al., "Global Potential for Wind-Generated Electricity," *Proceedings of the National Academy of Sciences* 106 (June 2009): 10933–38.

某些時候德國有超過一半的電力來自再生能源

Reuters, "Solar Power Generation World Record Set in Germany," *Guardian,* May 28, 2012.

未來十年間，全球增加的發電量約有一半將來自太陽光電

Fiona Harvey, "Renewable Energy Can Power the World, Says Landmark IPCC Study," *Guardian,* May 9, 2011.

全球投入再生能源的資金（1,870 億美元）首度超越化石燃料（1,570 億美元）

Alex Morales, "Renewable Power Trumps Fossils for First Time as UN Talks Stall," Bloomberg News, November 25, 2011.

在美國裝設的太陽光電設備比前一年增加了 102%

Climate Guest Blogger, "Solar Is the 'Fastest Growing Industry in America' and Made Record Cost Reductions in 2010," Think Progress ClimateProgress, September 16, 2011, http://thinkprogress.org/climate/2011/09/16/321131/solar-fastest-growing-industry-in-america-and-made-record-cost-reductions/.

二氧化碳排放量有三成來自於建築物

Harvard Center for Health and the Global Environment, "The Built Environment," http://chge.med.harvard.edu/topic/built-environment.

至 2050 年需要興建的所有建築物有三分之二還未開始動工

Alexis Biller and Chris Phillips, "The Role of Engineering in the Built Environment," Institution of Engineering and Technology lecture, London, November 26, 2009.

「商用建築物消耗的能源有三成是浪費掉了」

A Better Building. A Better Bottom Line. A Better World, Environmental Protection Agency brochure (2010), http://www.energystar.gov/ia/partners/publications/pubdocs/C+I_brochure.pdf.

比許多民選官員更關心全球暖化的議題

"Climate Change May Challenge National Security, Classified Report Warns," *ScienceDaily,* June 26, 2008, http://www.sciencedaily.com/releases/2008/06/080625090302.htm.

「不只淹沒我們有限的土地和資源，也將淹沒我們的政府、機構和邊境」

Don Belt, "The Coming Storm: Bangladesh," *National Geographic*, May 2005.

「爆發大規模危機的直接因素」

David Zhang and Harry Lee, "The Causality Analysis of Climate Change and Large-Scale Human Crisis," *Proceedings of the National Academy of Sciences* 108 (March 2011): 17296–301.

中美洲馬雅文明消失以及斯堪地那維亞農民在南格陵蘭的短暫殖民

Scott Mandia, Suffolk University, "Vikings During the Medieval Warm Period," http://www2.sunysuffolk.edu/mandias/lia/Vikings_during_mwp.html; Brian Fagan, *The Long Summer: How Climate Changed Civilization* (New York: Basic Books, 2004), p. 236.

愛斯基摩人划著皮船，來到蘇格蘭；歐洲南部，數百萬人餓死

Scott Mandia, Suffolk University, "The Little Ice Age in Europe," http://www2.sunysuffolk.edu/mandias/lia/little_ice_age.html.

帶來一連串後果，包括黑死病

Lei Xu et al., "Nonlinear Effect of Climate on Plague During the Third Pandemic in China," *Proceedings of the National Academy of Sciences,* May 4, 2011.

印尼坦博拉火山不尋常的大爆發

"Volcanic Eruption, Tambora," *Encyclopedia of Global Environmental Change* (Chichester, UK: Wiley, 2002), pp. 737–38.

排放到大氣的二氧化碳有 25% 至少在一萬年後，還會持續影響

David Archer and Victor Brovkin, "The Millennial Atmospheric Lifetime of Anthropogenic CO2," *Climatic Change* 90 (2008): 283–97; personal correspondence with Daniel Schrag, January 19, 2011.

有 9 年發生在過去十年

NASA, "NASA Finds 2011 Ninth-Warmest Year on Record," January 19, 2012, http://www.nasa.gov/topics/earth/features/2011-temps.html.

巴基斯坦的水災令兩千萬人流離失所

"Pakistan Floods Leave 20 Million Homeless," CBC News, August 14, 2010, http://www.cbc.ca/news/world/story/2010/08/14/pakistan-floods-homeless.html.

2003 年歐洲前所未見的熱浪

J. Robine et al., "Death Toll Exceeded 70,000 in Europe During Summer of 2003," *Comptes Rendus Biologies,* February 2008.

2010 年俄羅斯的熱浪導致五萬五千人死亡

"World Disasters Report: 2010 Death Toll Highest in Decade," Red Cross, September 22, 2011, http://www.redcross.org.au/world-disasters-report-2010-death-toll-highest-in-decade.aspx.

野火燎原，農作物歉收，推升全球糧價

"World Food Prices at Fresh High, Says UN," BBC, January 5, 2011, http://www.bbc.co.uk/news/business-12119539.

2011 年，澳洲東北部洪水氾濫

J. David Goodman, "Australia Flooding Displaces Thousands," *New York Times,* December 31, 2010.

2011 年中國南方大規模旱災

Edward Wong, "Drought Leaves 14 Million Chinese and Farmland Parched," *New York Times,* September 9, 2010.

北美西南部大規模旱災

Kim Severson and Kirk Johnson, "14 States Suffering Under Drought," *New York Times,* July 12, 2011.

超級颶風珊迪

James Barron, "After the Devastation, a Daunting Recovery," *New York Times,* October 30, 2012.

較暖的空氣會留住更多水氣

Kevin Trenberth, "Changes in Precipitation with Climate Change," *Climate Research* 47 (2010): 123–38.

對水循環產生重大影響

Ibid.

風暴的條件觸發傾盆大雨時，所有水氣就一股腦灌進某個地區

Kevin Trenberth, "Conceptual Framework for Changes of Extremes of the Hydrological Cycle with Climate Change," *Climatic Change* 42 (1999): 327–39.

少量水分會滲透進土壤，補充地下含水層中的水分

Intergovernmental Panel on Climate Change, Working Group 2, "3.4.2 Groundwater," 2007, http://www.ipcc.ch/publications_and_data/ar4/wg2/en/ch3s3-4-2.html.

一旦氣溫升得更高

Ben Brabson et al., "Soil Moisture and Predicted Spells of Extreme Temperatures in Britain," *Journal of Geophysical Research* 110 (2004).

表土就更容易遭到風蝕

New South Wales Government, "Wind Erosion," March 2, 2011, http://www.environment.nsw.gov.au/soildegradation/winder.htm.

「許多人根本不了解我們今天陷入的高危險處境」

Justin Gillis, "A Warming Planet Struggles to Feed Itself," *New York Times,* June 6, 2011.

糧食價格持續上漲了一個月

Yaneer Bar-Yam and Greg Lindsay, "The Real Reason for Spikes in Food Prices," Reuters, October 25, 2012.

預計 2013 年還會再創新高

Emma Rowley and Garry White, "World on Track for Record Food Prices 'Within a Year' Due to US Drought," *Telegraph,* September 23, 2012.

美國有 65% 以上的地區深受乾旱之苦

Michael Pearson and Melissa Abbey, "U.S. Drought Biggest Since 1956, Climate Agency Says," CNN, July 17, 2012, http://www.cnn.com/2012/07/16/us/us-drought/index.html.

「非雨季卻下雨」

Gillis, "A Warming Planet Struggles to Feed Itself."

「低估了農作物對熱的敏感度」

Justin Gillis, "Food Supply Under Strain on a Warming Planet," *New York Times,* June 4, 2011.

二氧化碳肥料效應比原先預期的小多了

Ibid.

雜草似乎還更受惠於新增的二氧化碳

Tim Christopher, "Can Weeds Help Solve the Climate Crisis?," *New York Times,* June 9, 2008.

超過攝氏 29 度的門檻

Schlenker and Roberts, "Nonlinear Temperature Effects Indicate Severe Damages to U.S. Crop Yields under Climate Change."

每升高 1 度，玉米產量就急劇下跌

Ibid.

降雨型態改變將造成更大損失

Ibid.

氣溫一旦超越門檻之後，黃豆同樣會加速減產

Ibid.

春天提早一星期來臨（秋天則晚了一星期）

Alexander Stine et al., "Changes in the Phase of the Annual Cycle of Surface Temperature," *Nature,* January 22, 2009.

好幾個重要農業區的缺水問題惡化

Thomas Karl et al., *Global Climate Change Impacts in the United States* (Washington, DC: U.S. Climate Change Science Program, 2009), p. 41.

夜間氣溫其實同樣重要

Christopher Mims, "Why 107-Degree Overnight Temperatures Should Freak You Out," Grist, July 21, 2011, http://grist.org/list/2011-07-21-nyc-mayor-bloomberg-gives-50-million-to-fight-coal-michael-bloom/.

夜間氣溫上升的幅度甚至高於日間氣溫

Intergovernmental Panel on Climate Change, "WG1: FAQ 3.3," 2007, http://www.ipcc.ch/publications_and_data/ar4/wg1/en/faq-3-3.html.

小麥產量就會隨之直線下滑

PV Prasad et al., "Impact of Nighttime Temperature on Physiology and Growth of Spring Wheat," *Crop Science* 48 (2008): 2372–80.

氣候變化相關因素導致小麥產量下跌 5.5%

David Lobell et al., "Climate Trends and Global Crop Production Since 1980," *Science,* July 2011.

夜間氣溫每上升攝氏 1 度，水稻就會減產 10%
Shaobing Peng et al., "Rice Yields Decline with Higher Night Temperature from Global Warming," *Proceedings of the National Academy of Sciences,* July 2004.

「作物產量變化的連帶效應」
Noah Diffenbaugh et al., "Global Warming Presents New Challenges for Maize Pest Management," *Environmental Research Letters,* 2008.

蚜蟲和日本豆金龜
Orla Demody et al., "Effects of Elevated CO2 and O3 on Leaf Damage and Insect Abundance in a Soybean Agroecosystem," *Anthropod-Plant Interactions,* July 2008.

「未來農作物的損失可能還會上升」
Union of Concerned Scientists, "Crops, Beetles and Carbon Dioxide," May 11, 2010, http://www.ucsusa.org/global_warming/science_and_impacts/impacts/Global-warming-insects.html.

黃豆用來吸引甲蟲天敵的其他基因都會因此鈍化
Jorge Zavala et al., "Anthropogenic Increase in Carbon Dioxide Compromises Plant Defense Against Invasive Insects," *Proceedings of the National Academy of Sciences,* January 2008.

「似乎對草食動物毫無抵抗能力」
Union of Concerned Scientists, "Crops, Beetles and Carbon Dioxide."

「這些都是影響糧食作物的可怕敵人。」
CGIAR, "Climate Change Puts Southeast Asia's Billion Dollar Cassava Industry on High Alert for Pest and Disease Outbreaks," April 13, 2012, http://ccafs.cgiar.org/news/press-releases/climate-change-puts-southeast-asia%E2%80%99s-billion-dollar-cassava-industry-high-alert.

「每一季可能會多經歷一到五次生命週期」
Shyam S. Yadav et al., *Crop Adaptation to Climate Change* (Ames, IA: Wiley-Blackwell, 2011), p. 419.

因暖化使病蟲害加劇
CGIAR, "Climate Change Puts Southeast Asia's Billion Dollar Cassava Industry on High Alert for Pest and Disease Outbreaks."

「造成東南亞、中國南方和印度南部的樹薯栽種地區」
Ibid.

「不管是疾病的傳播或是發生率，都看到極相似的加速模式」
"Global Warming May Spread Diseases," CBS News, February 11, 2009, http://www.cbsnews.com/2100-205162-512920.html.

導致登革熱、西尼羅病毒和其他疾病大肆流行
Sonia Shah, "The Spread of New Diseases: The Climate Connection," *Yale Environment 360,* October 15, 2009; Nicole Heller, "The Climate Connection to Dengue Fever," Climate Central, May 12, 2010, http://www.climatecentral.org/blogs/the-climate-connection-to-dengue-fever/.

「傳播季節長短，以及疾病爆發的時機與強度」
Union of Concerned Scientists, "Early Warning Signs of Global Warming: Spreading Disease," http://www.ucsusa.org/global_warming/science_and_impacts/impacts/early-warning-signs-of-global-9.html.

「一旦爆發大流行，可能會出現重症和死亡」
Ibid.

西尼羅病毒登陸美國以來最嚴重的一次疫情
Thomas Maugh, "West Nile Outbreak Worst Ever, CDC Says," *Los Angeles Times,* September 5, 2012.

在空中噴灑殺蟲劑，是自 1966 年以來首度這樣做
"Dallas West Nile Virus Outbreak Leads Texas City's Mayor to Approve Aerial Spraying," *Huffington Post,* August 15, 2012.

負責公共安全的官員甚至公開要求
"Health Officials: No Need to Call 911 for Mosquito Bites," CBS DFW, August 24, 2012, http://dfw.cbslocal.com/2012/08/24/health-officials-no-need-to-call-911-for-mosquito-bites/.

疫情已擴散到全美 48 州
Centers for Disease Control and Prevention, "West Nile Virus," November 20, 2012, http://www.cdc.gov/

ncidod/dvbid/westnile/index.htm.

「與氣候變遷有關的長期極端天氣現象」

Paul Epstein, "West Nile Virus and the Climate," *Journal of Urban Health* 78 (2001): 367–71.

「一直預測氣候變遷會影響西尼羅病毒」

Christie Wilcox, "Is Climate to Blame for This Year's West Nile Outbreak?," *Scientific American,* August 22, 2012.

有史以來最熱的十年

NASA GISS, "2009: Second Warmest Year on Record; End of Warmest Decade," January 21, 2010, http://www.giss.nasa.gov/research/news/20100121/.

截至 2012 年 10 月，全球氣溫已連續 332 個月超越

National Climatic Data Center, National Oceanic and Atmospheric Administration, "State of the Climate : Global Analysis, October 2012," http://www.ncdc.noaa.gov/sotc/global/2012/10.

玉米及其他作物無法有效利用氮肥，導致肥料變成毒素累積

"After Drought Blights Crops, US Farmers Face Toxin Threats," Reuters, August 16, 2012.

共同發表一份突破性的報告

James Hansen et al., "Perception of Climate Change," *Proceedings of the National Academy of Sciences,* August 2012.

只有 0.1% 到 0.2% 的地表會出現這種情況

Ibid.

完全超出過去統計數據分布的範圍

Ibid.

極端炎熱的氣溫出現的頻率急遽上升

Ibid.

地球溫度很可能上升攝氏 4 度

Potsdam Institute for Climate Impact Research and Climate Analytics, *Turn Down the Heat: Why a 4 Degree C Warmer World Must Be Avoided,* Report for the World Bank, November 2012, http://climatechange.worldbank.org/sites/default/files/Turn_Down_the_heat_Why_a_4_degree_centrigrade_warmer_world_must_be_avoided.pdf.

「無法確定人類是否有辦法適應氣溫提高 4 度後的世界」

Brad Plumer, "We're on Pace for 4° C of Global Warming. Here's Why That Terrifies the World Bank," *Washington Post,* November 19, 2012.

到頭來最有可能發生的是當初預測的「最壞狀況」

Brian Vastag, "Warmer Still: Extreme Climate Predictions Appear Most Accurate, Report Says," *Washington Post,* November 8, 2012.

造成 49% 冰帽消失

Joanna Zelman and James Gerken, "Arctic Sea Ice Levels Hit Record Low, Scientists Say We're 'Running Out of Time,'" *Huffington Post,* September 19, 2012.

十年內，北極冰帽就可能完全消失

Muyin Wang and James Overland, "A Sea Ice Free Summer Arctic within 30 Years?," *Geophysical Research Letters* 36 (2009).

「雪龍號」中國破冰船，經由北極航行到冰島然後再返航

Jon Viglundson and Alister Doyle, "First Chinese Ship Crosses Arctic Ocean Amid Record Melt," Reuters, August 17, 2012.

以便加快電腦交易速度

Christopher Mims, "How Climate Change Is Making the Internet Faster," Grist, March 29, 2012, http://grist.org/list/how-climate-change-is-making-the-internet-faster/.

北極海過去一直遭冰封的豐富生物資源

Ivan Semeniuk, "Scientists Call for No-Fishing Zone in Arctic Waters," Nature News Blog, April 23, 2012, http://blogs.nature.com/news/2012/04/scientists-call-for-no-fishin-zone-in-arctic-waters.html.

把軍事資產移往這個區域

"Arctic Climate Change Opening Region to New Military Activity," Associated Press, April 16, 2012.

新興的鑽油機會

"Shell Starts Preparatory Drilling for Offshore Oil Well off Alaska," CNN, September 9, 2012, http://articles.cnn.com/2012-09-09/us/us_arctic-oil_1_sea-ice-beaufort-sea-ice-data-center.

北極海底如果發生油井爆炸的意外所引發的災難

Jim Kollewe and Terry Macalister, "Arctic Oil Rush Will Ruin Ecosystem, Warns Lloyd's of London," *Guardian,* April 12, 2012.

在北極海鑽油，會對生態系帶來無法忍受的風險

Guy Chazan, "Total Warns Against Oil Drilling in Arctic," *Financial Times,* September 25, 2012.

充足的陽光可以穿透海面

Kevin Arrigo et al., "Massive Phytoplankton Blooms Under Arctic Sea Ice," *Science,* June 15, 2012.

連帶影響北方噴流和風暴路徑的位置和模式

Jennifer Francis and Stephen Vavrus, "Evidence Linking Arctic Amplification to Extreme Weather in Mid-Latitudes," *Geophysical Research Letters* 39 (2012).

進而改變北半球的洋流和天氣型態

Petr Chylek et al., "Arctic Air Temperature Change Amplification and the Atlantic Multidecadal Oscillation," *Geophysical Research Letters* 36 (2009).

微生物會將碳分解成二氧化碳或是甲烷

Natalia Shakhova et al., "Extensive Methane Venting to the Atmosphere from Sediments of the East Siberian Arctic Shelf," *Science,* March 5, 2010.

儲存在北極海床和北極圈淺水湖底

David Archer, "Methane Hydrate Stability and Anthropogenic Climate Change," *Biogeosciences* 4 (2007).

湖水和海水吸收的熱能也會隨之增加

Katey Walter Anthony et al., "Geologic Methane Seeps Along Boundaries of Arctic Permafrost Thaw and Melting Glaciers," *Nature Geoscience* 5 (June 2012).

釋出的情形比他們預期的情況嚴重許多

Shakhova et al., "Extensive Methane Venting to the Atmosphere from Sediments of the East Siberian Arctic Shelf."

南極冰層下面可能也沉積了大量的甲烷

J. L. Wadham et al., "Potential Methane Reservoirs Beneath Antarctica," *Nature,* August 2012.

兩地的冰層消失的速度愈來愈快

Eric Rignot et al., "Acceleration of the Contribution of the Greenland and Antarctic Ice Sheets to Sea Level Rise," *Geophysical Research Letters* 38 (2011).

不過，根據最近在南極洲西部和格陵蘭的觀測，已經可以確定

Ibid.

「我們簡直是嚇壞了」

Personal conversation with Bob Corell.

觀測到融冰倍增的時間

James Hansen and Miki Sato, "Paleoclimate Implications for Human-Made Climate Change," in *Climate Change: Inferences from Paleoclimate and Regional Aspects,* edited by A. Berger, F. Mesinger, and D. Šija ki (New York: Springer, 2012).

在本世紀看到海平面上升「數公尺」

Ibid.

比現今高出了 6 到 9 公尺——儘管要經歷數千年

Aradhna Tripati et al., "Coupling of CO2 and Ice Sheet Stability over Major Climate Transitions of the Last 20 Million Years," *Science,* December 2009.

全世界有半數人口，住在濱海地帶

"CO2 Emissions to Cause Catastrophic Rise in Sea Levels, Warns Top NASA Climatologist," *Natural News,* January 15, 2007.

「許多開發中國家的濱海地帶人口，都在極速膨脹」

National Academies, "Coastal Hazards: Highlights of the National Academies Reports," 2009, http://www. oceanleadership.org/wp-content/uploads/2009/08/OHH.pdf.

博克和她同事所做的研究

Gordon McGranahan et al., "The Rising Tide: Assessing the Risks of Climate Change and Human Settlements in Low Coastal Elevation Zones," *Environment and Urbanization* 19 (2007).

有一些已經開始遷離

Brian Reed, "Preparing for Sea Level Rise, Islanders Leave Home," NPR, February 17, 2011.

菲律賓和印尼的人口，可能也會逐漸流失

McGranahan et al., "The Rising Tide."

氣候難民的人數

Stern, *The Economics of Climate Change*.

可能達到兩億人

Neil MacFarquhar, "Refugees Join List of Climate-Change Issues," *New York Times,* May 28, 2009.

南亞、東南亞、中國和埃及的大都會河口三角洲

Robert Nicholls, *IPCC 2007*, "Chapter 6: Coastal and Low-Lying Ecosystems," 2007, http://www.ipcc.ch/ publications_and_data/ar4/wg2/en/ch6.html.

許多人北遷，跨越國界

Erik German and Solana Pyne, "Disasters Drive Mass Migration to Dhaka," *Global Post,* September 8, 2010.

透過即時訊息和電子郵件，在印度各大城市蔓延

Vikas Bajaj, "Internet Analysts Question India's Efforts to Stem Panic," *New York Times,* August 21, 2012.

氣旋吸收能量後威力增強

Kerry Emanuel et al., "Hurricanes and Global Warming: Results from Downscaling IPCC AR4 Simulations," *American Meteorological Society* 89 (March 2008): 347–67.

風暴潮會使災害擴大，引發海水倒灌

Claudia Tebaldi et al., "Modeling Sea Level Rise Impacts on Storms Surges Along US Coasts," *Environmental Research Letters* 7 (2012).

紐約市進入緊急狀態

James Barron, "With Hurricane Irene Near, 370,000 in New York City Get Evacuation Order," *New York Times,* August 26, 2011.

風暴來襲時，隨時可以關閉閘門，保護整座城市

Steve Connor, "Sea Levels Rising Too Fast for Thames Barrier," *Independent,* March 22, 2008.

面臨海平面上升威脅的城市中，人口最多的城市

Susan Hanson et al., "A Global Ranking of Port Cities with High Exposure to Climate Extremes," *Climatic Change* 104 (December 2010).

因海平面上升而飽受威脅，曝險資產最多的城市

Ibid.

氣候難民都遷移至低海拔的濱海城市，日後可能再度成為氣候難民

Dizery Salim, United Nations Office for Disaster Risk Reduction, "Climate Migrants Risk More Harm in New Surroundings," 2012, http://www.unisdr.org/archive/28113.

正在緩慢下沉，有點像是蹺蹺板效應

Michael Lemonick, "The Secret of Sea Level Rise: It Will Vary Greatly by Region," March 22, 2010, *Yale Environment 360.*

因為許多複雜的原因

OurAmazingPlanet Staff, "City of Venice Still Sinking, Study Says," March 21, 2010, http://www.cbsnews. com/8301-205_162-57401506/city-of-venice-still-sinking-study-says/; Forrest Wilder, "That Sinking Feeling," *Texas Observer,* November 1, 2007.

例如美國南卡羅萊納州和羅德島之間

Asbury Sallenger, "Hotspot of Accelerated Sea-Level Rise on the Atlantic Coast of North America," *Nature Climate Change* 2 (May 2012).

鹹水入侵飲用水的水井和含水層

Cameron McWhirter and Mike Esterl, "Saltwater in Mississippi Taints Drinking Supply," *Wall Street Journal,* August 17, 2012.

人為造成的二氧化碳排放量中，大約有 30% 最後會進入海洋

C. L. Sabine et al., "The Oceanic Sink for Anthropogenic CO2," *Science,* July 16, 2004.

海洋酸度已經比過去五千五百萬年的任何時候都高

Andy Ridgwell and Daniela Schmidt, "Past Constraints on the Vulnerability of Marine Calcifiers to Massive Carbon Dioxide Release," *Nature Geoscience* 3 (February 2010).

比過去三億年來的任何時候都快

Barbel Honisch et al., "The Geologic Record of Ocean Acidification," *Science,* March 2012.

稱海洋酸化和全球暖化是「邪惡的孿生兄弟」

"Ocean Acidification Is Climate Change's 'Equally Evil Twin,' NOAA Chief Says," Associated Press, July 12, 2012.

如果在短短數年內經歷了好幾次白化，將會扼殺珊瑚礁的生命

K. Frieler et al., "Limiting Global Warming to 2° C Is Unlikely to Save Most Coral Reefs," *Nature Climate Change,* September 2012.

將近四分之一的海洋生物，生命週期中至少有部分時間

Elizabeth Kolbert, "The Acid Sea," *National Geographic,* April 2011.

可能不出一個世代，幾乎會全部死亡

David Jolly, "Oceans at Dire Risk, Team of Scientists Warns," *New York Times,* Green blog, June 21, 2011, http://green.blogs.nytimes.com/2011/06/21/oceans-are-at-dire-risk-team-of-scientists-warns/.

加勒比海八成的珊瑚礁都消失了

T. Gardner et al., "Long-Term Region-Wide Declines in Caribbean Corals," *Science,* July 2003.

全世界每個海洋中的珊瑚礁，都面臨相同的命運

Frieler et al., "Limiting Global Warming to 2° C Is Unlikely to Save Most Coral Reefs."

大堡礁已有一半的珊瑚礁死亡

Glenn De'ath et al., "The 27-Year Decline of Coral Cover on the Great Barrier Reef and Its Causes," *Proceedings of the National Academy of Sciences,* October 1, 2012.

冰汽水比不冰的汽水含有更多二氧化碳

Brian Palmer, "Does Soda Taste Different in a Bottle Than a Can?," *Slate,* July 23, 2009, http://www.slate.com/articles/news_and_politics/explainer/2009/07/does_soda_taste_different_in_a_bottle_than_a_can.html.

冷水珊瑚礁可能陷入更大的危險

"Oceans and Shallow Seas," *IPCC 2007,* http://www.ipcc.ch/publications_and_data/ar4/wg2/en/ch4s4-4-9.html.

外殼極薄的浮游生物在海洋食物鏈的底層扮演重要角色

Anthony Richardson, "In Hot Water: Zooplankton and Climate Change," *ICES Journal of Marine Science* 65 (March 2008).

科學家研究的南加州某些近海區域的海水，事實上具有腐蝕性

Richard Feely et al., "Evidence for Upwelling of Corrosive 'Acidified' Water onto the Continental Shelf," *Science,* June 13, 2008.

奪走了具商業價值的貝類的性命

Alan Barton et al., "The Pacific Oyster, Crassostrea gigas, Shows Negative Correlation to Naturally Elevated Carbon Dioxide Levels: Implications for Near-Term Acidification Effects," *Limnology and Oceanography* 57, no. 3 (2012): 698–710.

才能回復到上個世紀之前的情況

Kolbert, "The Acid Sea."

幾乎有三分之一的魚類都遭到過度捕撈

United Nations Food and Agriculture Organization, "The State of World Fisheries and Aquaculture 2010," 2010, http://www.fao.org/docrep/013/i1820e/i1820e.pdf.

導致鮪魚、馬林魚、鱈魚等大型魚類魚源耗竭達九成之多

Ransom Myers and Boris Worm, "Rapid Worldwide Depletion of Predatory Fish Communities," *Nature,* May

2003.

重要海洋棲地，例如沿岸的紅樹林

Beth Polidoro et al., "The Loss of Species: Mangrove Extinction Risk and Geographic Areas of Global Concern," *PLoS ONE* 5 (2010).

「海洋草原」也瀕臨危險

Frederick Short et al., "Extinction Risk Assessment of the World's Seagrass Species," *Biological Conservation* 144 (July 2011).

主要河川入海口附近的死區，數量每十年就會倍增

National Science Foundation, "SOS: Is Climate Change Suffocating Our Seas?," 2009, http://www.nsf.gov/news/special_reports/deadzones/climatechange.jsp.

從密西西比河口向外延伸的廣大死區

"Good News from the Bad Drought: Gulf 'Dead Zone' Smallest in Years," *ScienceDaily,* August 23, 2012, http://www.sciencedaily.com/releases/2012/08/120824093519.htm.

「一旦碰上目前人口成長的速度」

A. Rogers et al., "International Earth System Expert Workshop on Ocean Stresses and Impacts. Summary Report," IPSO Oxford, 2011, http://www.stateoftheocean.org/pdfs/1906_IPSO-LONG.pdf.

「我們所有的生存歷程都是在不斷適應」

Council on Foreign Relations, "The New North American Energy Paradigm: Reshaping the Future," June 27, 2012.

超大豪雨及引發的洪水和土石流

Patrick Rucker and Mica Rosenberg, "Analysis: Storms Damage Budgets in Central America, Mexico," Reuters, November 12, 2010.

必須耗費大筆經費進口糧食

United Nations Food and Agriculture Organization, "One Trillion Food Import Bill as Prices Rise," November 17, 2010, http://www.fao.org/news/story/en/item/47733/icode/; United Nations Food and Agriculture Organization, "Agricultural Impacts Surge in Developing Countries," 2011, http://www.fao.org/docrep/014/i1952e/i1952e00.htm.

另一些國家則努力讓抵達的難民融入

Joanna Kakissis, "Environmental Refugees Unable to Return Home," *New York Times,* January 3, 2010.

未來幾年，地球的溫度仍會再上升華氏一度

James Hansen et al., "Earth's Energy Imbalance: Confirmation and Implications," *Science*, June 2005.

大氣循環模式發生大規模改變

Jian Lu et al., "Expansion of the Hadley Cell Under Global Warming," *Geophysical Research Letters* 34 (2007).

南極洲環流與祕魯洋流（或稱洪堡洋流）交會後

Erich Hoyt, *Marine Protected Areas for Whales, Dolphins and Porpoises: A World Handbook for Cetacean Habitat Conservation* (Oxford: Earthscan Publications Ltd., 2004), p. 397.

好像讓信風由東往西吹的巨大管道

Henry Diaz and Raymond Bradley, *The Hadley Circulation: Present, Past and Future* (London: Kluwer Academic Publishers, 2005), p. 9.

攜帶的水氣大半都已變成雨水，降落地面

Ibid.

氣流再度滿載熱與水氣

Ibid.

都位於這些下沉氣流影響的地區

Ibid.

包括山脈的雨蔭區

Brian Brinch, "How Mountains Influence Rainfall Patterns," *USA Today,* November 1, 2007.

地理學家所說的「大陸性」

"Continental Climate and Continentality," *Encyclopedia of World Climatology,* p. 303.

哈德里胞的下沉氣流

Personal correspondence with Dargan Frierson, September 24, 2012.

赤道以南的哈德里胞下沉氣流，也已經往南極方向推進

Celeste Johanson and Qiang Fu, "Hadley Cell Widening: Model Simulations Versus Observations," *American Meteorological Society* 22 (May 2009): 2713–25.

關於全球暖化為何會導致哈德里胞位移，有好幾個理論

Lu et al., "Expansion of the Hadley Cell Under Global Warming."

熱帶地區和極區在平均氣溫上的差異會縮小

Jennifer Francis and Stephen Vavrus, "Evidence Linking Arctic Amplification to Extreme Weather in Mid-Latitudes," *Geophysical Research Letters* 39 (2012).

哈德里胞範圍擴大後

Lu et al., "Expansion of the Hadley Cell Under Global Warming."

已快陷入持續缺水的危機

Personal communication with Dargan Frierson, May 25, 2012.

都因為人類改變了氣候特徵

Rudolph Kuper and Stefan Kropelin, "Climate-Controlled Holocene Occupation in the Sahara: Motor of Africa's Evolution," *Science,* August 11, 2006.

第二組環流圈佛雷爾胞

National Oceanic and Atmospheric Administration, "JetStream-Online School for Weather," October 2011, http://www.srh.noaa.gov/jetstream/global/circ.htm.

北極冷空氣被引往南邊，並打亂降雨型態

Frances and Vavrus, "Evidence Linking Arctic Amplification to Extreme Weather in Mid-Latitudes."

已經使得全球平流層中的臭氧變得比較稀薄

U.S. Environmental Protection Agency, "Environmental Indicators: Ozone Depletion," August 2010, http://www.epa.gov/ozone/science/indicat/index.html.

南極上空的臭氧層破洞會更常出現，帶來更多危險

Tim Flannery, *Here on Earth: A National History of the Planet* (New York: Atlantic Monthly Press, 2010), ch. 14, "The Eleventh Hour?"

和南極上空低溫平流層的特殊大氣條件發生交互作用

Mario Molina and Sherwood Rowland, "Stratospheric Sink for Chlorofluoromethanes: Chlorine Atomic Catalyzed Destruction of Ozone," *Nature,* June 28, 1974.

把太陽輻射反射回太空的威力更強

Australian Government, Antarctic Division, "Environment—Land, Sea and Air," http://www.antarctica.gov.au/about-antarctica/fact-files.

例如澳洲和巴塔哥尼亞就會暴露在強烈紫外線下

J. Ajtié et al., "Dilution of the Antarctic Ozone Hole into Southern Midlatitudes, 1998–2000," *Journal of Geophysical Research* 109 (2004).

大氣中稀薄的臭氧已不足以扮演地表生物的屏障

Ibid.

突破對流層頂，把水氣帶到平流層

James Anderson et al., "UV Dosage Levels in Summer: Increased Risk of Ozone Loss from Convectively Injected Water Vapor," *Science,* August 2012.

當地球大氣試圖維持能量「平衡」

V. Ramaswamy et al., "Anthropogenic and Natural Influences in the Evolution of Lower Stratospheric Cooling," *Science* 311, no. 5764 (February 24, 2006): 1138–41.

「有人說世界將毀於火，有人說毀於冰」

Robert Frost, "Fire and Ice," *Harper's Magazine,* December 1920.

「如果工業燃煤消耗量持續呈指數上升，未來幾十年」

Roger Revelle and Hans Suess, "Carbon Dioxide Exchange Between Atmosphere and Ocean and the Question of an Increase of Atmospheric CO2 During the Past Decades," *Tellus* 9 (February 1957).

氣候科學大約在 150 年前誕生

NASA, "John Tyndall (1820–1893)," http://earthobservatory.nasa.gov/Features/Tyndall/.

德雷克上校在美國賓州開鑿了全世界第一口油井

Judah Ginsberg, "The Development of the Pennsylvania Oil Industry," American Chemistry Society, http://portal.acs.org.

大氣中的二氧化碳濃度倍增時

Svante Arrhenius, "On the Influence of Carbonic Acid in the Air upon the Temperature of the Ground," *Philosophical Magazine and Journal of Science* 41 (April 1896).

二氧化碳濃度以穩定的速度不斷升高

Spencer Weart, "The Discovery of Global Warming: Money for Keeling: Monitoring CO2," 2003, http://www.aip.org/history/climate/Kfunds.htm.

二氧化碳濃度在每年季節循環中持續上升

Ibid.

另外還有六十組「分散合作式」測量數據

"Tracking Long-Term Measurements of Gases and Aerosols That Contribute to Climate Change," *NOAA Magazine,* July 15, 2004, http://www.magazine.noaa.gov/stories/mag140.htm.

拿這項監測數據，來交叉檢驗二氧化碳測量值

"Atmospheric Oxygen Research: Research Overview," Scripps Institute of Oceanography, http://scrippso2.ucsd.edu/research-overview.

全球八大工業國和另外五個國家的國家科學院

Coral Davenport, "Heads in the Sand," *National Journal,* December 2, 2011, http://www.nationaljournal.com/magazine/heads-in-the-sand-20111201.

「我們需要採取緊急行動來因應氣候變遷，這已是不爭的事實」

National Academies of Science, "G8+5 Academies' Joint Statement: Climate Change and the Transformation of Energy Technologies for a Low Carbon Future," May 2009, www.nasonline.org/about-nas/leadership/president/statement-climate-change.pdf.

「氣候學者有 97% 到 98% 支持」

William Anderegg et al., "Expert Credibility in Climate Change," *Proceedings of the National Academy of Sciences,* 2010.

「否認是有意識或無意識地拒絕接受事實」

Elisabeth Kubler-Ross Foundation, "Five Stages of Grief," 2012.

「拒絕承認痛苦的現實、想法或感受」

"Denial," *Stedman's Medical Dictionary,* http://dictionary.reference.com/browse/denial.

大力抨擊那些堅持採取行動的人

Chris Mooney, "The Science of Why We Don't Believe Science," *Mother Jones,* June 2011.

兩位社會學家

Jane Risen and Clayton Critcher, "Visceral Fit: While in a Visceral State, Associated States of the World Seem More Likely," *Journal of Personality and Social Psychology* 100, no. 5 (2012).

自然會抗拒任何可能取代現狀的替代方案

"System Justification Theory," *Encyclopedia of Peace Psychology,* 2011.

「當我們太過執著於當前的對立」

Ronald Reagan, Speech to the United Nations General Assembly, September 21, 1987.

演化生物學家威爾森最近寫道

E. O. Wilson, "Why Humans, Like Ants, Need a Tribe," *Daily Beast,* April 1, 2012.

「將全球暖化重新定位為理論，而非事實」

Matthew Wald, "Pro-Coal Ad Campaign Disputes Warming Idea," *New York Times,* July 8, 1991.

如果世界各國的政府和民眾都接受全球科學共識

John Fullerton, Capital Institute, "The Big Choice," July 19, 2011, http://capitalinstitute.org/blog/big-choice-0.

化石燃料跨國大企業

Ibid.

總價值高達 27 兆美元

Ibid.

沙烏地阿拉伯改變國內能源使用方式，轉為百分之百使用再生能源

Fiona Harvey, "Saudi Arabia Reveals Plans to be Powered Entirely by Renewable Energy, *Guardian,* October 19, 2012.

總計有 750 萬筆這類房貸

Ben Bernanke, Federal Reserve Annual Conference on Bank Structure and Competition, "The Subprime Mortgage Market," May 17, 2007, http://www.federalreserve.gov/newsevents/speech/bernanke20070517a.htm.

「寧可攻擊錯誤的敵人，否認真正的問題，而不肯好好尋求解決之道」

Jay Rockefeller, Statement on Inhofe Resolution Vote, June 20, 2012.

針對美國參眾兩院的每一位議員，雇用了四位反氣候變遷的說客

Marianne Lavelle, Center for Public Integrity, "The Climate Change Lobby Explosion," February 24, 2009, http://www.publicintegrity.org/node/4593.

成為美國兩黨候選人最主要的金主之一

Center for Responsive Politics, "Oil and Gas," http://www.opensecrets.org/industries/indus.php?ind=E01.

有一位右派的州檢察長

John Rudolf, "A Climate Skeptic with a Bully Pulpit in Virginia Finds an Ear in Congress," *New York Times,* February 22, 2011.

右派的法律基金會和智庫

Tom Clynes, "The Battle over Climate Science," *Popular Science,* June 21, 2012.

右派國會議員，也一再試圖刪減

Kate Sheppard, "Taking Climate Denial to New Extremes," *Mother Jones,* February 11, 2011.

重要監測衛星的發射一再延誤甚至遭到取消

Ledyard King, "Report Warns of Weather Satellites 'Rapid Decline,'" Gannett News, May 2, 2012.

四項獨立的調查全都排除了氣候學家的嫌疑

John Cook, Skeptical Science, "What Do the ClimateGate Emails Tell Us?," http://www.skepticalscience.com/Climategate-CRU-emails-hacked.htm.

播放 BBC 電視節目「冰凍星球」之前，甚至還預先編輯

Brian Stelter, "No Place for Heated Opinions," *New York Times,* April 20, 2012.

「就好像播放關於肺癌的紀錄片，卻刪掉其中牽涉到香菸的片段」

Ibid.

「地球最好的希望」

Abraham Lincoln, "Annual Remarks to Congress," December 1, 1862.

「好人無所作為」

Quote Investigator, December 4, 2010.

大眾對溫室氣體減量的支持

Connie Roser-Renouf et al., Yale Project on Climate Communication, "The Political Benefits of Taking a Pro-Climate Stand in 2012," 2012, http://environment.yale.edu/climate/files/Political-Benefits-Pro-Climate-Stand.pdf.

把重心放在加速再生能源研發、生產和使用相關的綠色條款

Michael Grunwald, "The 'Silent Green Revolution' Underway at the Department of Energy," *Atlantic,* September 9, 2012.

「所採取的行動中，這可以說是最大的一步」

Christopher Mims, "Efficiency Standards Are the Single Biggest Climate Deal Ever," Grist, December 5, 2011, http://grist.org/list/2011-12-05-efficiency-standards-are-the-single-biggest-climate-deal-ever/.

價格遠低於美國的生產成本

"Solar Prices Expected to Keep Falling in 2012," Associated Press, June 26, 2010.

過程中頁岩氣的平均成本會大幅上升

U.S. Energy Information Agency, "Annual Energy Outlook 2012: Market Trends—Natural Gas," June 25, 2012, http://www.eia.gov/forecasts/aeo/MT_naturalgas.cfm.

大氣中甲烷造成的溫室效應會比二氧化碳強 72 倍

Intergovernmental Panel on Climate Change, "IPCC Fourth Assessment Report: Climate Change 2007," http://www.ipcc.ch/publications_and_data/ar4/wg1/en/tssts-2-5.html.

為較難執行的二氧化碳減量策略爭取一些緩衝時間

Drew Shindell et al., "Simultaneously Mitigating Near-Term Climate Change and Improving Human Health and Food Security," *Science,* January 2012.

黑碳會吸收太陽光，讓熱停留在冰層表面

V. Ramanathan and G. Carmichael, "Global and Regional Climate Changes Due to Black Carbon," *Nature Geoscience* 1 (April 2008).

較不可靠的小型鑽井商就不然

Robert Howarth et al., "Venting and Leaking of Methane from Shale Gas Development: Response to Cathles et al.," *Climatic Change* 113 (July 2012).

幾乎抵消了天然氣碳含量低於燃煤帶來的好處

Nathan Myhrvold and Ken Caldeira, "Greenhouse Gases, Climate Change and the Transition from Coal to Low-Carbon Electricity," *Environmental Research Letters,* March 2012.

平均每個井需要的水量高達十九億公升

Chesapeake Energy, "Water Use in Deep Shale Gas Exploration," 2012, http://www.chk.com/Media/Educational-Library/Fact-Sheets/Corporate/Water_Use_Fact_Sheet.pdf;Jack Healy, "Struggle for Water in Colorado with Rise in Fracking," *New York Times,* September 5, 2012.

早在高耗水的液裂處理出現之前，大家就已競相爭奪

Healy, "Struggle for Water in Colorado with Rise in Fracking."

但廠商仍在當地採用液裂技術鑽井

Russell Gold and Ana Campoy, "Oil's Growing Thirst for Water," *Wall Street Journal,* December 6, 2011.

可能會變成甲烷和液體往上回流時的煙囪

Ian Urbina, "Tainted Water Well, and Concern There May Be More," *New York Times,* August 3, 2011.

在懷俄明州，鑽井的液體仍然很可能是地下水汙染的元凶

Tenille Tracy, "EPA Says Wyoming Fracking Results Are Consistent," *Wall Street Journal,* September 26, 2012.

在前副總統錢尼敦促下

Abraham Lustgarten, "Hydrofracked: One Man's Quest for Answers About Natural Gas Drilling," *ProPublica,* June 27, 2011.

「某個井發生的小過失而造成的後果」

Council on Foreign Relations, "The New North American Energy Paradigm."

地主的政治反抗行動都愈來愈激烈

Inae Oh, "New York Fracking Protest Urges Cuomo to Ban Controversial Drilling," *Huffington Post,* August 22, 2012, http://www.huffingtonpost.com/2012/08/22/new-york-fracking-protest-cuomo-photos_n_1822575.html.

曾引發數次（通常無害的）小型地震

Charles Choi, "Fracking Earthquakes: Injection Practice Linked to Scores of Tremors," *Livescience,* August 7, 2012.

據說這些有毒廢水也已滲入地下水

Abraham Lustgarten and ProPublica, "Are Fracking Wastewater Wells Poisoning the Ground Beneath Our Feet?," *Scientific American,* June 21, 2012.

有更多抱怨是針對液裂的有毒廢水處理方式，而不是一開始的注水過程

Rachel Ehrenberg, "The Facts Behind the Frack," *ScienceNews,* September 8, 2012, http://www.sciencenews.org/view/feature/id/343202/title/The_Facts_Behind_the_Frack.

把廢水用於道路的灰塵控制

National Resources Defense Council, "Report: Five Primary Disposal Methods for Fracking Wastewater All Fail to Protect Public Health and Environment," May 9, 2012, http://www.nrdc.org/media/2012/120509.asp.

「如果他們做錯事情，帶來危險，就應該祭出懲罰」

Christopher Helman, "Billionaire Father of Fracking Says Government Must Step Up Regulation," *Forbes,* July 19, 2012.

不會超過潛在的引爆點
Joe Romm, ThinkProgress, "Gas Emissions Reduction Target for 2020," January 13, 2009, http://www.americanprogress.org/issues/green/report/2009/01/13/5472/the-united-states-needs-a-tougher-greenhouse-gas-emissions-reduction-target-for-2020/.

掀起的頁岩氣熱潮，帶動中國及歐洲
Bryan Walsh, "In Hunt for Energy, China and Europe Explore Fracking," *Time,* May 21, 2012.

非洲國家紛紛一窩蜂探勘
Ruona Agbroko, "S Africa Lifts Fracking Ban," *Financial Times,* September 7, 2012.

將美國的水平鑽井技術和液裂技術直接移轉過去
Jerry Mandel, "Will U.S Shale Technology Make the Leap Across the Pacific?," *E&E News,* July 17, 2012, http://www.eenews.net/public/energywire/2012/07/17/1.

尤其是普遍嚴重缺水的中國北方和西北部
"Water, Water Everywhere," *China Economic Review,* July 26, 2012.

電力公司從使用燃煤改為使用天然氣
Kevin Begos, "CO2 Emissions in US Drop to 20-Year Low," Associated Press, August 17, 2012.

煤炭是碳含量最高的燃料
U.S. Energy Information Agency, "How Much Carbon Dioxide Is Produced When Different Fuels Are Burned?," 2012, http://www.eia.gov/tools/faqs/faq.cfm?id=73&t=11; U.S. Environmental Protection Agency, "Air Emissions," 2007, http://www.epa.gov/cleanenergy/energy-and-you/affect/air-emissions.html.

掩蓋了哈里曼（田納西州）部分地區
Bobby Allyn, "TVA Held Responsible for Massive Coal Ash Spill," *Tennessean,* August 23, 2012.

人類造成的汞主要都來自於燃煤
U.S. Environmental Protection Agency, "Mercury: Basic Information," February 7, 2012, http://www.epa.gov/hg/about.htm.

美國幾乎所有的魚類和貝類，都含有甲基汞
U.S. Environmental Protection Agency, "What You Need To Know About Mercury in Fish and Shellfish," June 20, 2012, http://water.epa.gov/scitech/swguidance/fishshellfish/outreach/advice_index.cfm#isthere.

取消了 166 座火力發電廠的興建計畫
Mark Hertsgaard, "How a Grassroots Rebellion Won the Nation's Biggest Climate Victory," *Mother Jones,* April 2, 2012.

在全球 59 個國家，正計畫興建總共 1,200 座新的燃煤電廠
Ailun Yang and Yiyun Cui, *Global Coal Risk Assessment: Data Analysis and Market Research* (Washington, DC: World Resources Institute, 2012).

煤炭使用量在未來二十年內將增加 65%
International Energy Agency, "World Energy Outlook: Executive Summary," 2011, http://www.worldenergyoutlook.org/publications/weo-2011/.

排放的二氧化碳仍會持續破壞地球生態
Kurt Kleiner, "Coal to Gas: Part of a Low-Emissions Future?," *Nature,* February 28, 2008.

每單位能源中的二氧化碳含量，是煤炭二氧化碳含量的 70% 到 75%
U.S. Environmental Protection Agency, "Air Emissions," December 2007.

生產成本都更加昂貴，而且對環境的衝擊也更嚴重
Bryan Walsh, "There Will Be Oil and That's the Problem," *Time,* March 29, 2012.

幾乎等於大氣中二氧化碳含量的四分之三
Rattan Lal, "Carbon Sequestration," *Philosophical Transactions of the Royal Society B,* February 2008.

繼任者改變政策，導致某些進展無以為繼
Jeffrey T. Lewis, "Pace of Deforestation in Brazil's Amazon Falls," *Wall Street Journal,* November 28, 2012.

亞馬遜熱帶雨林將在本世紀中葉戲劇性地「枯死」
Justin Gillis, "The Amazon Dieback Scenario," *New York Times,* Green blog, October 7, 2011.

人們為了開闢棕櫚油農場（尤其在馬來西亞和印尼）

Brad Plumer, "EPA Faces Crucial Climate Decision on Diesel Made from Palm Oil," *Washington Post,* April 27, 2012.

泥炭地含有全世界三分之一的土壤碳

Reynaldo Victoria et al., United Nations Environment Programme, "UNEP Yearbook: The Benefits of Soil Carbon," 2012.

全球有八成森林是公有林地

United Nations Food and Agriculture Organization, "Global Forest Resources Assessment 2010," 2010, p. xxiv, http://www.fao.org/forestry/fra/fra2010/en/.

包括新幾內亞、印尼、婆羅洲和菲律賓的森林

United Nations Food and Agriculture Organization, "State of the World's Forests 2011," 2011, http://www.fao.org/docrep/013/i2000e/i2000e00.htm.

尤其是飼養牛群的牧場

Doug Boucher et al., Union of Concerned Scientists, "Solutions for Deforestation-Free Meat," 2012, http://www.ucsusa.org/globalwarming/solutions/forest_solutions/solutions-for-deforestation-free-meat.html.

地表所儲存的碳有 22% 是藏身於這些寒帶林

Sharon Oosthoek, "Boreal Forests Ignored in Climate Change Fight," CBC News, November 12, 2009, http://www.cbc.ca/news/technology/story/2009/11/11/boreal-carbon-climate-change.html.

落葉松和苔原之間微妙的共生關係遭到破壞

Douglas Fischer and Daily Climate, "Shift in Northern Forests Could Increase Global Warming," *Scientific American,* March 28, 2011.

甲蟲可以在一個夏天就繁殖三代

Noah S. Diffenbaugh et al., "Global Warming Presents New Challenges for Maize Pest Management," *Environmental Research Letters* 3 (2008).

「前所未見的山松甲蟲肆虐」

David A. Gabel, "Expanding Forests in the Northern Latitudes," Environmental News Network, March 23, 2011, http://www.enn.com/ecosystems/article/42501.

「真正的罪魁禍首其實是氣候變遷引起的缺水問題」

Justin Gillis, "With Deaths of Forests, a Loss of Key Climate Protectors," *New York Times,* October 1, 2011.

森林大火的頻率也會等比例增加

"More Large Forest Fires Linked to Climate Change," *ScienceDaily,* July 10, 2006, http://www.sciencedaily.com/releases/2006/07/060710084004.htm; Gillis, "With Deaths of Forests, a Loss of Key Climate Protectors."

無論是樹木和植物、下面的土壤、或覆蓋在土壤上的森林地被物

Gillis, "With Deaths of Forests, a Loss of Key Climate Protectors."

而不是在林木生長時，從大氣中吸收二氧化碳

Ben Bond-Lamberty et al., "Fire as the Dominant Driver of Central Canadian Boreal Forest Carbon Balance," *Nature,* November 1, 2007; "Wildfires Turning Northern Forests into Carbon-Dioxide Sources," CBC News, October 31, 2007, http://www.cbc.ca/news/technology/story/2007/10/31/boreal-forests.html.

包括北美東部、歐洲、高加索地區和中亞的森林地帶

Gabel, "Expanding Forests in the Northern Latitudes."

省下 3.7 兆美元的環境成本

Pavan Sukhdev et al., *The Economics of Ecosystems and Biodiversity: Mainstreaming the Economics of Nature: A Synthesis of the Approach.* Bonn: TEEB, 2010.

中國種植的樹木是世界其他國家植樹總數的四成

United Nations Food and Agriculture Organization, "State of the World's Forests 2009," 2009, http://www.fao.org/docrep/011/i0350e/i0350e00.htm.

每年至少要種三棵樹

"China's Hu Takes Part in Tree Planting," UPI, April 5, 2009.

已經新種植將近 4,000 萬公頃的樹木

Gillis, "With Deaths of Forests, a Loss of Key Climate Protectors."

同樣大量種樹的國家包括美國、印度、越南和西班牙

United Nations Food and Agriculture Organization, "State of the World's Forests 2011."

不像多物種的健康原始森林那麼豐富

Jianchu Xu, "China's New Forests Aren't as Green as They Seem," *Nature,* September 21, 2011.

在地表幾公尺的土壤中封存的碳

Damian Carrington, "Desertification Is Greatest Threat to Planet, Expert Warns," *Guardian,* December 15, 2010.

都在占地球土地 10.57% 的可耕地上

CIA World Factbook, https://www.cia.gov/library/publications/the-world-factbook/geos/xx.html

卻犧牲了土壤的健康，而且會干擾土壤中有機碳的自然封存

Tom Philpott, "New Research: Synthetic Nitrogen Destroys Soil Carbon, Undermines Soil Health," Grist, February 24, 2010, http://grist.org/article/2010-02-23-new-research-synthetic-nitrogen-destroys-soil-carbon-undermines/.

迫使自給自足型農夫開墾更多林地

David Lapola et al., "Indirect Land-Use Changes Can Overcome Carbon Savings from Biofuels in Brazil," *Proceedings of the National Academy of Sciences,* January 2010.

證明當初的假設是錯誤的

Claude Mandil and Adnan Shihab-Eldin, International Energy Forum, "Assessment of Biofuels: Potential and Limitations," February 2010, http://www.ief.org/news/news-details.aspx?nid=311.

讓地球上 20% 到 50% 的物種在本世紀內消失

Nicholas Stern, *The Economics of Climate Change.*

約有三分之一的兩棲類是瀕臨絕種的高危險群

Camila Ruz, "Amphibians Facing 'Terrifying' Rate of Extinction," *Guardian,* November 2011.

染上真菌疾病

Michelle Nijhuis, "A Rise in Fungal Diseases Is Taking Growing Toll on Wildlife," *Yale Environment 360,* October 24, 2011.

人類活動入侵的嚴重威脅

Owen Clyke, "The Militarization of Africa's Animal Poachers," *Atlantic,* July 31, 2012; David Braun, "Human Encroachment Threatens Thousands of Gorillas in African Swamp," *National Geographic,* November 24, 2009; Yaa Ntiamoa-Baidu, United Nations Food and Agriculture Organization, "West African Wildlife: A Resource in Jeopardy," 1998, http://www.fao.org/docrep/s2850e/s2850e05.htm.

起因是有一顆巨大的小行星撞上地球

Anthony Barnosky et al., "Has the Earth's Sixth Mass Extinction Already Arrived?," *Nature,* March 2011.

「由人類一手促成的」

Richard Leakey and Roger Lewin, *The Sixth Extinction: Patterns of Life and the Future of Humankind* (New York: Anchor Books, 1995), p. 235.

每十年平均 6.1 公里的速度往極區移動

Camille Parmesan and Gary Yohe, "A Globally Coherent Fingerprint of Climate Change Impacts Across Natural Systems," *Nature,* January 2003.

半數的山區物種已遷移到比原先棲地高的高處

Craig Moritz et al., "Impact of a Century of Climate Change on Small-Mammal Communities in Yosemite National Park, USA," *Science,* October 2008.

最終遷移到極區或山頂，再也無路可去

Elisabeth Rosenthal, "Climate Threatens Birds from Tropics to Mountaintops," *New York Times,* January 21, 2011.

因為遷移到新棲地的速度不夠快，趕不上氣候變遷的速度

Kai Zhu et al., "Failure to Migrate: Lack of Tree Range Expansion in Response to Climate Change," *Global Change Biology* 18 (November 2011).

根據科學家的研究，有 25% 的植物已列入瀕臨滅絕

Lucas Joppa et al., "How Many Species of Flowering Plants Are There?," *Proceedings of the Royal Society B,* July 2010.

聯合國生物多樣性大會指出

United Nations Convention on Biological Diversity, "Global Biodiversity Outlook 3," January 2010, http://www.unep-wcmc.org/gbo-3_90.html,p.51.

為人類的未來預留生機

John Roach, " 'Doomsday' Vault Will End Crop Extinction, Expert Says," *National Geographic,* December 27, 2007.

提議將三分之二的碳稅收入歸還納稅人，三分之一拿來彌補預算赤字

Matt Kasper, "Rep. Jim McDermott Introduces Carbon Tax Law," August 6, 2012, ClimateProgress, http://thinkprogress.org/climate/2012/08/06/641831/rep-jim-mcdermott-introduces-carbon-tax-law/.

落入碳燃料公司手中

John Broder, "Obama's Bid to End Oil Subsidies Revives Debate," *New York Times,* January 31, 2011.

汙染最嚴重的液態燃料（煤油），竟然獲得最多補助

Narasimha Rao, "Kerosene Subsidies in India: When Energy Policy Fails as Social Policy," *Energy for Sustainable Development,* March 2012.

只需再過幾年的時間，太陽能與風力發電技術也會達到門檻

Alex Morales and Jacqueline Simmons, "Renewables from Vestas to Suntech Plan Profit without Subsidy," Bloomberg, January 26, 2012.

許多電力業者反對這個措施

Joe Romm, "Who Killed the Senate RPS?," ClimateProgress, June 27, 2007, http://thinkprogress.org/climate/2007/06/27/201573/who-killed-the-senate-rps/.

美國有好幾個州（包括加州在內）

State of California, "California Renewables Portfolio Standard," 2012, http://www.cpuc.ca.gov/PUC/energy/Renewables/index.htm.

中國在 2020 年之前，將裝設 500 MW 的太陽能發電設施

Dave Roberts, "Why Do 'Experts' Always Lowball Clean-Energy Projections?," Grist, July 19, 2012, http://grist.org/renewable-energy/experts-in-2000-lowballed-the-crap-out-of-renewable-energy-growth/.

到 2010 年為止，裝設的太陽能發電量已經是 500 MW 的兩倍

Ibid.

結果實際容量是原訂目標的二十二倍

Ibid.

各種預測往往「差遠了」

Ibid.

以這項政策為替代方案，取代由政府制定法令要求減量

John Fialka, "How a Republican Anti-Pollution Measure, Expanded by Democrats, Got Roots in Europe and China," *E&E News*, November 17, 2011.

許多原本支持該理念的

Ibid.

在過去經濟起飛的階段，早已大肆消耗化石燃料

International Energy Agency, "Energy Poverty," 2012, http://www.iea.org/topics/energypoverty/.

即使這意味著自己也需承擔部分的責任

Arthur Max, "Developing Nations Pledge Actions to Curb Climate Change," Associated Press, March 22, 2011.

氣候災難付出的代價中，有四分之三以上是由開發中國家承擔

World Development Report 2010: Development and Climate Change (Washington, DC: World Bank, 2010)

開發中國家裝設再生能源設施的支出，已超越富裕國家

Alex Morales, "Renewable Power Trumps Fossils for First Time as UN Talks Stall," Bloomberg News, November 25, 2011.

已安裝的再生能源裝置容量，超過一半來自開發中國家

Charles Kenny, "Greening It Alone," *Foreign Policy,* August 1, 2011.

影響了許多社區在災後重新站穩腳步的能力

Rick Jervis and Gregory Korte, "FEMA Could Run Out of Money over Stalemate," *USA Today,* September 25,

2011.

造成的損失超過 150 億美元

"Hurricane Irene 2011: One Year Anniversary of East Coast Storm," *Huffington Post,* August 24, 2012, http://www.huffingtonpost.com/2012/08/24/hurricane-irene-2011-2012_n_1826060.html.

全州 242 個郡中有 240 個發生山林火災

Patrik Jonsson, "Texas Wildfire Chief: Wildfires Still Raging, but 'We Are Making Successes,'" *Christian Science Monitor,* April 21, 2011.

每天氣溫都不斷刷新或打平歷史紀錄

Andrew Freedman, "Hot Summer of 2011 Rewrites Record Books," Climate Central, September 8, 2011, http://www.climatecentral.org/blogs/a-record-hot-summer-interactive-map/.

有七個龍捲風造成 10 億美元以上的損失

National Oceanic and Atmospheric Administration, "Extreme Weather 2012," January 19, 2012.

美國有半數的郡發生旱災

David Ariosto and Melissa Abbey, "Historical Drought Puts Over Half of US Counties in Disaster Zones, USDA Says," CNN, August 1, 2012.

颶風珊迪也讓美國人付出了 710 億美元的昂貴代價

Matthew Craft, "Hurricane Sandy's Economic Damage Could Reach $50 Billion, Eqecat Estimates," Associated Press, November 1, 2012.

共同發布一份報告，支持這類的邊境碳稅調整

United Nations Environment Programme and World Trade Organization, *Trade and Climate Change,* 2009, http://www.wto.org/english/res_e/booksp_e/trade_climate_change_e.pdf.

大多數國家與地區都成功履行承諾

Janet Raloff, "Kyoto Climate Treaty's Greenhouse 'Success,'" *ScienceNews,* November 3, 2009, http://www.sciencenews.org/view/generic/id/49058/title/Science_%2B_the_Public_Kyoto_climate_treatys_greenhouse_success.

「碳市場或許很複雜，但我們的世界原本就很複雜」

Marton Kruppa and Andrew Allan, "Carbon Trading May Be Ready for Its Next Act," Reuters, November 13, 2011.

即將實施總量管制與交易制度

Ibid.

加州已在 2012 年開始實施這個制度

Jason Dearen, "California's Cap-and-Trade System to Launch with First Pollution Permits Auction," Associated Press, November 12, 2012.

「很可能成為全世界規模最大的機制，其中的碳排放配額」

Kruppa and Allan, "Carbon Trading May Be Ready for Its Next Act."

到 2015 年，全中國都將實施總量管制與交易制度

Lan Lan, "Beijing Preparing for Carbon Trading System," *China Daily,* April 20, 2012.

代表了大約 20% 的中國人口

Alexandre Kossoy and Pierre Gioan, World Bank, "State and Trends of the Carbon Market 2012," May 2012, p. 99, http://siteresources.worldbank.org/INTCARBONFINANCE/Resources/State_and_Trends_2012_Web_Optimized_19035_Cvr&Txt_LR.pdf.

抗議中國不公平地補助本國風力發電及太陽能廠商

Keith Bradsher, "200 Chinese Subsidies Violate Rules, US Says," *New York Times,* October 6, 2011.

歐盟也考慮提出類似投訴

"US Imposes Import Tariffs on Chinese Solar Panels," BBC News, May 17, 2012, http://www.bbc.co.uk/news/business-18112983.

已經取代美國，成為地球上最大的全球暖化汙染源

Chris Buckley, "China Says Is World's Top Greenhouse Gas Emitter," Reuters, November 23, 2010.

抗議航髒能源計畫的聲浪愈來愈大

Keith Bradsher, "Budding Environmental Movement Finds Resonance Across China," *New York Times,* July 4,

2012.

能源消耗量已經上升超過 150%，超越美國

Goldman Sachs, "Sustainable Growth in China: Spotlight on Energy," August 13, 2012, http://www.
goldmansachs.com/our-thinking/topics/environment-and-energy/sustainable-growth-china.html.

仍然有將近 70% 的能源來自燃煤

"Coal Industry in China—Coal Accounts for About 70% of China's Total Energy," BusinessWire, December
14, 2011.

是美國煤炭消耗量的三倍

Goldman Sachs, "Sustainable Growth in China: Spotlight on Energy," August 13, 2012, http://www.
goldmansachs.com/our-thinking/topics/environment-and-energy/sustainable-growth-china.html.

超出美國產量 2.5 倍

Osamu Tsukimori, "China Overtakes Japan as World's Top Coal Importer," Reuters, January 26, 2012.

幾乎相當於美國的年度消耗量

Mikkal Herberg, New America Foundation, "China's Energy Rise and the Future of U.S.-China Energy
Relations," June 21, 2011, http://newamerica.net/publications/policy/china_s_energy_rise_and_the_future_of_
us_china_energy_relations.

但許多專家對於中國能否遵守上限，仍然抱持懷疑態度

Susan Kraemer, "China to Simply Cap Coal Use Within 3 Years," Clean Technica, March 8, 2012, http://
cleantechnica.com/2012/03/08/china-to-simply-cap-coal-use-within-3-years/.

在本世紀頭十年再增加一倍，如今僅次於美國

Herberg, "China's Energy Rise and the Future of U.S.-China Energy Relations."

沙烏地阿拉伯出口到中國的石油

Ibid.

未來二十年，中國將有四分之三的石油仰賴進口

U.S. Energy Information Agency, "Country Analysis: China," September 4, 2012, http://www.eia.gov/countries/
cab.cfm?fips=CH.

積極與中東和非洲石油蘊藏量豐富的國家建立關係

Ibid.

中國變成伊拉克油田的最大投資者

Ibid.

中國每人平均能源消耗量遠不及美國和其他已開發國家

Heather Billings and Sisi Wei, "China's Energy Grab," *Washington Post,* October 30, 2011.

每人平均二氧化碳排放量已經接近歐洲

Duncan Clark, "Average Chinese Person's Carbon Footprint Now Equals European's," *Guardian,* July 18,
2012.

是否應採取浮動的能源價格，更接近全球市場行情

Keith Bradsher, "China Sharply Raises Energy Prices," *New York Times,* June 20, 2008.

仍遠遠落後其他世界主要經濟體

Danielle Kurtzlaben, "China, European Countries Best U.S. on Energy Efficiency," *U.S. News & World Report,*
July 12, 2012.

將投資 5,000 億美元左右於潔淨能源

Esther Tanquintic-Misa, "China Leads Global Investments in Renewable Energy," *IB Times,* December 5,
2011, http://au.ibtimes.com/articles/261083/20111205/china-leads-global-investments-renewable-energy.htm#.
UFJWkhg-KP0.

中國採用「保證價格收購電力」制度

Coco Liu, "China Uses Feed-in Tariff to Build Domestic Solar Market," ClimateWire, September 14, 2011.

一套複雜的補助計畫，在德國實施時成效卓著

Cristoph Stefes, "Room for Debate—The German Solution: Feed in Tariffs," *New York Times,* September 21,
2011.

規定電力必須有某個比例來自再生能源

Pew Charitable Trusts, "Global Clean Power: A \$2.3 Trillion Opportunity—Appendix: China," December 8, 2010, p. 48.

也為了降低每單位經濟成長排放的二氧化碳，訂定了許多困難的目標
Bill McKibben, "Can China Go Green?," *National Geographic,* June 2011.

「奇蹟很快會終止，因為環境跟不上發展的步伐」
"The Chinese Miracle Will End Soon," *Der Spiegel,* March 7, 2005.

強制關閉某些工廠，甚至採取斷電措施，以確保目標達成
Jonathan Watts, "China Resorts to Blackouts in Pursuit of Energy Efficiency," *Guardian,* September 19, 2010.

中央政府還考核地方官員的目標達成率，做為升官依據
Alexandre Kossoy and Pierre Gioan, World Bank, "State and Trends of the Carbon Market 2012," May 2012, pp. 96–99, http://siteresources.worldbank.org/INTCARBONFINANCE/Resources/State_and_Trends_2012_Web_Optimized_19035_Cvr&Txt_LR.pdf.

生產的太陽能面板 95% 都出口到外國
David Pierson, "China Offers Measured Response to U.S. Tariffs on Solar Panels," *Los Angeles Times,* March 21, 2012.

中國安裝的風力發電裝置占全球數量的一半
Global Wind Energy Council, "China Wind Energy Development Update 2010," 2010, http://www.gwec.net/china-wind-energy-development-update-2012/.

連結到無法處理電流的線路
Mat McDermott, "One Quarter of China's Wind Power Still Not Connected to Electricity Grid," TreeHugger, March 7, 2011, http://www.treehugger.com/corporate-responsibility/one-quarter-of-chinas-wind-power-still-not-connected-to-electricity-grid.html.

「幾乎相當於從頭開始建造」
Jeff St. John, "HVDC Grows on the Grid from China to Oklaunion," August 28, 2012, Greentech Media, http://www.greentechmedia.com/articles/read/hvdc-grows-in-smart-grid-from-china-to-oklaunion/.

中東陽光充足的地區，與歐洲的龐大電力消費人口相連結
Beth Gardiner, "An Energy Supergrid for Europe Faces Big Obstacles," *New York Times,* January 16, 2012.

墨西哥北部可輕鬆供應兩國所需的電力
Thomas L. Friedman, "This Is a Big Deal," *New York Times*, December 4, 2011.

印度正試圖連結
Brad Gammons, "India Set to Leap-Frog Ahead with 'Smart Grid' Energy Strategy," *International Business Times,* September 8, 2011.

澳洲也正試圖連結
Fran Foo, " 'EnergyAustralia' Bags \$93m Smart Grid Contract," *Australian,* October 8, 2010.

每年造成的損失超過 2,000 億美元
National Energy Technology Laboratory, "Modern Grid Benefits," 2007, p. 14, www.netl.doe.gov/smartgrid/referenceshelf/whitepapers/Modern%20Grid%20Benefits_Final_v1_0.pdf.

由於老舊電網的電流超載問題
Simon Denyer and Rama Lakshmi, "India Blackout, on Second Day, Leaves 600 Million without Power," *Washington Post,* August 1, 2012.

大部分時間都停在車庫或停車場
Matthew L. Wald, "Better Batteries: Not Just for Cars Anymore," *New York Times,* Green blog, October 31, 2011, http://green.blogs.nytimes.com/2011/10/31/better-batteries-not-just-for-cars-anymore/?scp=14&sq=energy%20storage&st=cse.

記錄了這場節能運動，以及許多公司如何利用這些新機會
Amory B. Lovins and the Rocky Mountain Institute, *Reinventing Fire: Bold Business Solutions for the New Energy Era* (White River Junction, VT: Chelsea Green Publishing, 2011).

科學家也在探索波浪與潮汐能源
U.S. Department of Energy, "DOE Reports Show Major Potential for Wave and Tidal Energy Production Near U.S. Coasts," January 18, 2012, http://apps1.eere.energy.gov/news/progress_alerts.cfm?pa_id=664.

這些能源未來極有潛力

Elisabeth Rosenthal, "Tidal Power: The Next Wave?," *New York Times,* October 20, 2010.

「在 2020 年以前，不太可能對全球能源供給有重大貢獻」

O. Edenhofer et al., Intergovernmental Panel on Climate Change, "Special Report on Renewable Energy Sources and Climate Change Mitigation—Press Release," 2011, http://srren.ipcc-wg3.de/press/content/potential-of-renewable-energy-outlined-report-by-the-intergovernmental-panel-on-climate-change.

地熱能源對冰島貢獻良多

Christopher Mims, "One Hot Island: Iceland's Renewable Geothermal Power," *Scientific American,* October 20, 2008.

紐西蘭

New Zealand Geothermal Association, "Geothermal Energy & Electricity Generation," http://www.nzgeothermal.org.nz/elec_geo.html.

菲律賓

Dan Jennejohn et al., Geothermal Energy Association, "Geothermal: International Market Overview Report," May 2012, http://www.geo-energy.org/pdf/reports/2012-GEA_International_Overview.pdf.

在某些地點開發水力發電，有嚴重的生態風險

Arun Kumar, Intergovernmental Panel on Climate Change, "Special Report on Renewable Energy Sources and Climate Change Mitigation-Hydropower," 2011, pp. 437–96.

生質的使用愈來愈普遍

Toby Price, "Power Generation from Biomass Booms Worldwide," *Renewable Energy,* September 13, 2012.

雖然執行進度一直落後

"An Overview of China's Renewable Energy Market," China Briefing, June 16, 2011, http://www.china-briefing.com/news/2011/06/16/an-overview-of-chinas-renewable-energy-market.html.

供捕獲、壓縮和封存二氧化碳之用，以免二氧化碳被排放到大氣中

Barbara Freese, Steve Clemmer, and Alan Nogee, Union of Concerned Scientists, "Coal Power in a Warming World: A Sensible Transition to Cleaner Energy Options," October 2008, p. 18, http://www.ucsusa.org/assets/documents/clean_energy/Coal-power-in-a-warming-world.pdf.

因為二氧化碳會開始被地層吸收

James Katzer, ed., Massachusetts Institute of Technology, "The Future of Coal: Options for a Carbon-Constrained World," 2007, p. 44, http://web.mit.edu/coal/The_Future_of_Coal.pdf.

反映美國當前民主困境的政治僵局

Jeff Tollefson and Richard Van Noorden, "Slow Progress to Cleaner Coal," *Nature,* April 2012.

挪威、英國、加拿大和澳洲等國

Damien Carrington, "Q&A: Carbon Capture and Storage," *Guardian,* May 10, 2012.

必須設法為碳計價

David Talbot, "Needed: A Price on Carbon," *Technology Review,* August 14, 2006.

新一代反應爐卻遭遇重重困難

Liam Moriarty, "French Sour on Nuclear Power," *PRI The World,* April 24, 2012, http://www.theworld.org/2012/04/france-nuclear-power/.

專家認為他們的核反應爐設計前景看好

Korea Herald, "S. Korea to Proceed with Two New Reactors," *Jakarta Post,* May 6, 2012.

體積較小、也更安全的反應爐

Clay Dillow, "Can Next-Generation Reactors Power a Safe Nuclear Future?," *Popular Science,* March 17, 2011.

喜歡找到單一解決方案

Jon Gertner, "Why Isn't the Brain Green?," *New York Times,* April 16, 2009.

小小的錫箔片飄浮在環繞地球的軌道上

U.S. National Academy of Science, "Policy Implications of Greenhouse Warming: Mitigation, Adaptation and the Science Base," 1992, http://books.nap.edu/openbook.php?isbn=0309043867.

巨型太空傘，試圖阻擋陽光照射到地表

Robert Kunzig, "A Sunshade for Planet Earth," *Scientific American,* November 2008.

將大量的二氧化硫注入外大氣層

Ibid.

將不再是藍色，或至少不再那麼藍了

Ben Kravitz et al., "Geoengineering: Whiter Skies?," *Geophysical Research Letters* 39 (2012).

夜空的顏色也已經從黑色變成暗紅色

C. C. M. Kyba et al., "Red Is the New Black: How the Colour of Urban Skyglow Varies with Cloud Cover," *Monthly Notices of the Royal Astronomical Society* 425 (August 2012).

拖慢冰河與積雪融化速度

Tim Wall, "Peru's Peaks Go White to Guard Glaciers," *Discovery News,* December 5, 2011.

「我們必須自我解放，才能解救我們的國家」

Abraham Lincoln, "Annual Remarks to Congress," December 1, 1862.

當時人類的數目減到只剩下一萬人

"Humans: From Near Extinction to Phenomenal Success," BBC, 2012, http://www.bbc.co.uk/nature/life/Human.

結語

法國蕭維（Chauvet）岩洞中有 35,000 年歷史的史前壁畫，以及小雕像

Clottes, "Chauvet Cave (ca. 30,000 B.C.)," Heilbrunn Timeline of Art History; Judith Thurman, "First Impressions," *New Yorker,* June 23, 2008.

每個人擁有的基因有 99.9% 都相同

"Cracking the Code of Life," PBS NOVA, April 17, 2001, http://www.pbs.org/wgbh/nova/body/cracking-the-code-of-life.html; Roger Highfield, "DNA Survey Finds All Humans Are 99.9pc the Same," *Telegraph,* December 20, 2002; University of Utah Genetic Science Learning Center, "Can DNA Demand a Verdict?," http://learn.genetics.utah.edu/content/labs/gel/forensics/.

23,000 個基因

"Microbes Maketh Man," *Economist,* August 18, 2012.

數百萬蛋白質

"Proteomics," American Medical Association, http://www.ama-assn.org/ama/pub/physician-resources/medical-science/genetics-molecular-medicine/current-topics/proteomics.page.

遭到善於扭曲規則和誘因的人士所濫用

Mancur Olson, *The Rise and Decline of Nations: Economic Growth, Stagflation, and Social Rigidities* (New Haven, CT: Yale University Press, 1984).

「你將秉持今天面對現況的武器──理智」

Marcus Aurelius, *Meditations* (New York: Penguin, 1964), p. 106. Marcus Aurelius was praised by historians of the Roman empire, including Niccolo Machiavelli and Edward Gibbon.

國家圖書館出版品預行編目 (CIP) 資料

驅動大未來：牽動全球變遷的六個革命性
巨變 / 高爾 (Al Gore) 著 ; 齊若蘭譯 . -- 第
一版 . -- 臺北市 : 遠見天下文化 , 2013.11
面；　公分 . -- (財經企管 ; 515)

譯自 : The Future : six drivers of global
change

ISBN 978-986-320-331-5(平裝)
1. 未來社會　2. 社會變遷

541.49　　　　　　　　102022837

財經企管 515A

驅動大未來：
牽動全球變遷的六個革命性巨變
THE FUTURE：six drivers of global change

作者 ── 高爾
譯者 ── 齊若蘭
科學叢書總監 ── 林榮崧
責任編輯 ── 畢馨云、林文珠
封面暨版型設計 ── 張議文

出版者 ── 遠見天下文化出版股份有限公司
創辦人 ── 高希均、王力行
遠見・天下文化・事業群 董事長 ── 高希均
事業群發行人／CEO ── 王力行
出版事業部總編輯 ── 許耀雲
版權部經理 ── 張紫蘭
法律顧問 ── 理律法律事務所陳長文律師
著作權顧問 ── 魏啟翔律師
社址 ── 台北市 104 松江路 93 巷 1 號 2 樓

讀者服務專線 ──（02）2662-0012 ｜ 傳真 ──（02）2662-0007；2662-0009
電子信箱 ── cwpc@cwgv.com.tw
直接郵撥帳號 ── 1326703-6 號 遠見天下文化出版股份有限公司

排版廠 ── 極翔企業有限公司
製版廠 ── 東豪印刷事業有限公司
印刷廠 ── 柏皓彩色印刷有限公司
裝訂廠 ── 源太裝訂實業有限公司
登記證 ── 局版台業字第 2517 號
總經銷 ── 大和書報圖書股份有限公司 電話 ──（02）8990-2588
出版日期 ── 2013 年 11 月 29 日第一版第 1 次印行

定價 ── 500 元
書號 ── CB515A
ISBN ── 978-986-320-331-5
天下文化書坊 ── http://www.bookzone.com.tw